A Ideia de História na Antiguidade Tardia

MARGARIDA MARIA DE CARVALHO
GLAYDSON JOSÉ DA SILVA
MARIA APARECIDA DE OLIVEIRA SILVA
(Orgs)

Margarida Maria de Carvalho
Glaydson José da Silva
Maria Aparecida de Oliveira Silva
(Organizadores)

A IDEIA DE HISTÓRIA NA ANTIGUIDADE TARDIA

Editora CRV
Curitiba – Brasil
2021

Copyright © da Editora CRV Ltda.
Editor-chefe: Railson Moura
Diagramação e Capa: Designers da Editora CRV
Imagem da Capa: Wikimedia Commons
Revisão: Os Autores

DADOS INTERNACIONAIS DE CATALOGAÇÃO NA PUBLICAÇÃO (CIP)
CATALOGAÇÃO NA FONTE
Bibliotecária responsável: Luzenira Alves dos Santos CRB9/1506

I19

A ideia de História na Antiguidade Tardia / Margarida Maria de Carvalho, Glaydson José da Silva, Maria Aparecida de Oliveira Silva (organizadores) – Curitiba : CRV, 2021.
458 p.

Bibliografia
ISBN Digital 978-65-251-2153-6
ISBN Físico 978-65-251-2152-9
DOI 10.24824/978652512152.9

1. História Antiga 2. Antiguidade Tardia 3. Império Romano I. Carvalho, Margarida Maria de, org. II. Silva, Glaydson José da, org. III. Silva, Maria Aparecida de Oliveira, org. IV. Título V. Série.

CDU 94(37)   CDD 937

Índice para catálogo sistemático
1. História Antiga – 937

ESTA OBRA TAMBÉM SE ENCONTRA DISPONÍVEL EM FORMATO DIGITAL.
CONHEÇA E BAIXE NOSSO APLICATIVO!

2021
Foi feito o depósito legal conf. Lei 10.994 de 14/12/2004
Proibida a reprodução parcial ou total desta obra sem autorização da Editora CRV
Todos os direitos desta edição reservados pela: Editora CRV
Tel.: (41) 3039-6418 – E-mail: sac@editoracrv.com.br
Conheça os nossos lançamentos: **www.editoracrv.com.br**

Conselho Editorial:

Aldira Guimarães Duarte Domínguez (UNB)
Andréia da Silva Quintanilha Sousa (UNIR/UFRN)
Anselmo Alencar Colares (UFOPA)
Antônio Pereira Gaio Júnior (UFRRJ)
Carlos Alberto Vilar Estêvão (UMINHO – PT)
Carlos Federico Dominguez Avila (Unieuro)
Carmen Tereza Velanga (UNIR)
Celso Conti (UFSCar)
Cesar Gerónimo Tello (Univer .Nacional Três de Febrero – Argentina)
Eduardo Fernandes Barbosa (UFMG)
Elione Maria Nogueira Diogenes (UFAL)
Elizeu Clementino de Souza (UNEB)
Élsio José Corá (UFFS)
Fernando Antônio Gonçalves Alcoforado (IPB)
Francisco Carlos Duarte (PUC-PR)
Gloria Fariñas León (Universidade de La Havana – Cuba)
Guillermo Arias Beatón (Universidade de La Havana – Cuba)
Helmuth Krüger (UCP)
Jailson Alves dos Santos (UFRJ)
João Adalberto Campato Junior (UNESP)
Josania Portela (UFPI)
Leonel Severo Rocha (UNISINOS)
Lídia de Oliveira Xavier (UNIEURO)
Lourdes Helena da Silva (UFV)
Marcelo Paixão (UFRJ e UTexas – US)
Maria Cristina dos Santos Bezerra (UFSCar)
Maria de Lourdes Pinto de Almeida (UNOESC)
Maria Lilia Imbiriba Sousa Colares (UFOPA)
Paulo Romualdo Hernandes (UNIFAL-MG)
Renato Francisco dos Santos Paula (UFG)
Rodrigo Pratte-Santos (UFES)
Sérgio Nunes de Jesus (IFRO)
Simone Rodrigues Pinto (UNB)
Solange Helena Ximenes-Rocha (UFOPA)
Sydione Santos (UEPG)
Tadeu Oliver Gonçalves (UFPA)
Tania Suely Azevedo Brasileiro (UFOPA)

Comitê Científico:

Adriane Piovezan (Faculdades Integradas Espírita)
Alexandre Pierezan (UFMS)
Andre Eduardo Ribeiro da Silva (IFSP)
Antonio Jose Teixeira Guerra (UFRJ)
Antonio Nivaldo Hespanhol (UNESP)
Carlos de Castro Neves Neto (UNESP)
Carlos Federico Dominguez Avila (UNIEURO)
Edilson Soares de Souza (FABAPAR)
Eduardo Pimentel Menezes (UERJ)
Euripedes Falcao Vieira (IHGRRGS)
Fabio Eduardo Cressoni (UNILAB)
Gilmara Yoshihara Franco (UNIR)
Jairo Marchesan (UNC)
Jussara Fraga Portugal (UNEB)
Karla Rosário Brumes (UNICENTRO)
Leandro Baller (UFGD)
Lídia de Oliveira Xavier (UNIEURO)
Luciana Rosar Fornazari Klanovicz (UNICENTRO)
Luiz Guilherme de Oliveira (UnB)
Marcel Mendes (Mackenzie)
Marcio Jose Ornat (UEPG)
Marcio Luiz Carreri (UENP)
Maurilio Rompatto (UNESPAR)
Mauro Henrique de Barros Amoroso (FEBF/UERJ)
Michel Kobelinski (UNESPAR)
Rafael Guarato dos Santos (UFG)
Rosangela Aparecida de Medeiros Hespanhol (UNESP)
Sergio Murilo Santos de Araújo (UFCG)
Simone Rocha (UnC)
Sylvio Fausto Gil filho (UFPR)
Valdemir Antoneli (UNICENTRO)
Venilson Luciano Benigno Fonseca (IFMG)
Vera Lúcia Caixeta (UFT)

Este livro passou por avaliação e aprovação às cegas de dois ou mais pareceristas *ad hoc*.

SUMÁRIO

PREFÁCIO
A IDEIA DE HISTÓRIA DA ANTIGUIDADE TARDIA,
A SERVIÇO DA VIDA 9
Pedro Paulo A. Funari

PRÓLOGO 17
Julio Cesar Magalhães de Oliveira

EUSÉBIO DE CESAREIA 23
Harold A. Drake

A AUTOBIOGRAFIA COMO HISTÓRIA: a vida do sofista Libânio
de Antioquia 43
Érica Cristhyane Morais da Silva

O IMPÉRIO ROMANO ENTRE A *ROMANITAS* E A *BARBARITAS*:
as *Histórias abreviadas* de Aurélio Vítor 59
Moisés Antiqueira

A HISTÓRIA NA NARRATIVA DO *BREVIÁRIO* DE EUTRÓPIO
(SÉCULO IV D.C.) 91
Janira Feliciano Pohlmann

A ANTÍTESE DA HISTÓRIA EM GREGÓRIO DE NAZIANZO:
a *Oração 5* e as quatro mortes do Imperador Juliano 109
Margarida Maria de Carvalho

O LUGAR DA HISTÓRIA NAS BIOGRAFIAS DE EUNÁPIO
DE SÁRDIS 125
Maria Aparecida de Oliveira Silva

***QUINTUS AURELIUS SYMMACHUS EUSEBIUS* E A SUBLIMAÇÃO**
DO PENSAMENTO TRADICIONAL ROMANO 143
Viviana Edith Boch

A IDEIA DE HISTÓRIA EM PRUDÊNCIO: relendo os dois poemas
Contra Orationem Symacchi 161
Ana Teresa Marques Gonçalves

JERÔNIMO DE ESTRIDÃO: um intelectual tardo-antigo no qual a História Providencial, Teologia e a Política providenciais deveriam estar a serviço da consolidação ecumênica da Igreja Cristã 205
Graciela Gómez Aso

VEGÉCIO E A HISTÓRIA: as questões militares da Antiguidade Tardia 231
Bruna Campos Gonçalves

A ESCRITA DA *HISTÓRIA ECLESIÁSTICA* DE SÓCRATES DE CONSTANTINOPLA E A UNIDADE DA IGREJA NO CONTEXTO DA *CONTROVÉRSIA NESTORIANA* (SÉC. V D.C.) 249
Daniel de Figueiredo

SOZOMENO 271
Gilvan Ventura da Silva

A IDEIA DE HISTÓRIA EM PALÁDIO DE HELENÓPOLIS:
A História Lausíaca 289
Silvia M. A. Siqueira

GREGÓRIO DE TOURS – HISTORIADOR DOS FRANCOS:
um autor entre história local, nacional e universal 311
Glaydson José da Silva
Felipe Alberto Dantas

A IDEIA DE HISTÓRIA NA OBRA DE AGATIAS DE MIRINA 351
Lyvia Vasconcelos Baptista

PROCÓPIO DE CESARÉIA: um historiador da/na
Corte de Justiniano 373
Kelly Cristina Mamedes
Marcus Cruz

A DINÂMICA ENTRE O PASSADO, O PRESENTE E O FUTURO:
Isidoro de Sevilha e a ideia de História na Antiguidade Tardia 405
Renan Frighetto

MUIRCHÚ MOCCU MACHTENI – UM ARTIFEX DO PASSADO NA IRLANDA TARDO-ANTIGA 423
Dominique Santos

ÍNDICE REMISSIVO 439

SOBRE OS AUTORES 451

PREFÁCIO
A IDEIA DE HISTÓRIA DA ANTIGUIDADE TARDIA, A SERVIÇO DA VIDA

A Antiguidade Tardia é um conceito difícil de definir, cujas delimitações cronológicas e geográficas tampouco são consensuais. O termo foi utilizado de maneira não sistemática até o pós-segunda guerra mundial, quando a descolonização e outras mudanças sociais profundas favoreceram críticas à nomenclatura antes prevalecente: Baixo Império, invasões bárbaras, decadência e queda do Império, entre outros. A insurgência dos colonizados punha em evidência a carga de preconceito na adjetivação de bárbaros, atribuída a grupos humanos, à época e no passado. Invasões tampouco podiam aplicar-se à instalação legalizada por tratados (*foedi*), por longos séculos, no cerne do exército romano e que se utilizavam do latim e cuja elite estava bem inserida na cultura greco-latina. Léopold Sédar Senghor (1906-2001), à época, parlamentar e ministro francês, depois líder do Senegal e membro da Academie Française, tornava evidente o preconceito de termos como invasões e bárbaros (SENGHOR, 1998). Baixo Império e Queda do Império não caiam bem tampouco em tempos de descolonização e de continuidade pós-imperial de países com Grã-Bretanha e França! Assim como explodia a produção intelectual, até em decorrência dos avanços tecnológicos da modernidade, notava-se que a produção latina e grega tardia que havia chegado até nós era muito mais volumosa do que a dos séculos anteriores. Foucault (1981) em seu ensaio intitulado *Omnes et singulatim*, em latim!, vinculava o neoliberalismo, e os últimos dois mil anos, ao que se passara na Antiguidade Tardia: não por acaso, Peter Brown menciona em sua obra o filósofo francês, assim como este o citara (FOUCAULT, 1982, p. 308). De período de decadência para essencial!

Esta obra retrata bem essa ligação entre a modernidade e a antiguidade, ou como as circunstâncias da produção historiográfica não se desvinculam do presente. Três aspectos chamam a atenção: gênero literário; religiosidade; diversidade cultural. Não por acaso, os três estão no centro do debate, hoje: guerras de narrativa e religiosas, convivência e destruição. De início, o tema do gênero literário (Maria Aparecida; Érica, Moisés, Sílvia; Domique; Kelly) apresenta-se nas suas inúmeras facetas, todas a ressoar sua relevância hoje, a começar do mais profundo: a interpenetração da ficção e da reportagem (Drake; Sílvia; Dominique). O estilo jornalístico e apologético de Eusébio

(Drake) mistura-se à novidade das transcrições textuais de documentos (Daniel), todos fatores que nos podem fazer sentir uma aparente familiaridade com os procedimentos atuais. Linguagem jornalística constitui pré-requisito para atingir leitores além dos pares (KARNAL et al., 2017). A citação literal está no cerne da disciplina histórica moderna e dá a sua credibilidade (Daniel). As recriações de um Tácito, mais fiéis ao espírito do que à letra, foram preteridas (FUNARI; DUPRAT, 2019). Mesmo a apologia (Drake), em aparência tão distante, pode ser entendida em seu sentido: uma narrativa engajada, em defesa de algo (JENKINS, 2003). Podia ser em defesa da ordem e, hoje, de outros valores, mas o engajamento na escrita acomuna, assim como temas como presentismo (HARTOG, 2003), o temor escatológico, o sentido de inevitabilidade providencial (Margarida; Glaydson; Lyvia; Renan). A Guerra Fria (1947-1989) e o aquecimento global (KILLINGSWORTH et al., 1996), depois, contribuíram para a atração pelos tempos periclitantes da Antiguidade Tardia. O mundo parecia e parece estar ante o seu fim.

Em seguida e em relação ao mencionado acima, a religiosidade em destaque e em conflito tem sido ressaltada como característica e atrativa. Politeísmos e cristianismos, romanidade e cristandade (Graciela), *pax deorum hominumque* (Viviana) e Deus único (Ana Teresa) aparecem como a enfatizar o potencial de protagonismo social por meio da religiosidade (DIONNE, 2017). Não à toa o final da Antiguidade Tardia pôde ser colocado por volta do ano 800 e a consolidação de três monoteísmos: Judaísmo, Cristianismo, Islam (GONZÁLEZ-FERRÍN, 2018). Também, aqui, Guerra Fria e Pós-Guerra Fria contribuíram para a atenção à religiosidade, neologismo que permite abranger movimentos religiosos, mas também crenças políticas, em sua interpenetração (ARENDT, 2005). Comunismo (COHEN, 2010; RIEGEL, 2005; WARDEGA, 2012), Fascismo, Nazismo (ARON, 1944) ou neoliberalismo apresentam-se como crenças políticas, assim como integralismos ou fundamentalismos (VASCONCELLOS, 2008) religiosos stricto sensu. As perseguições religiosas da Antiguidade Tardia, as mortes e destruições, tão presentes na historiografia do período, tomaram renovado interesse pelos conflitos vivenciados pelos historiadores das décadas mais recentes (BOHMAN, 2009; REX, 2008; VOEGELIN, 1938, 1985). Paul Ricouer (Lyvia) e sua poética da religiosidade mostram como esses desafios da modernidade podem ter contribuído para o renovado interesse pela antiguidade tardia, também nesse aspecto.

O terceiro aspecto, bem presente ao longo deste volume, consiste na convivência do diverso, no multiculturalismo e multilinguismo (BIVILLE, 2018; MULLEN, 2012), no hibridismo (GARCÍA-CANCLINI, 1989). Aspectos também de particular discussão no contexto histórico contemporâneo já mencionado, a historiografia da antiguidade tardia mostra a sua relevância (Gilvan). Particular destaque está na convivência de muitos idiomas em uso (Graciela) ou na hibridação (Bruna). Os historiadores estudados no volume, embora tenham escrito nos idiomas oficiais, digamos assim, latim e grego, tinham como língua materna outras, como no caso mais óbvio do irlandês Muirchú (Dominique), mas também conviviam com vernáculos vários. Estes podiam ser derivados do latim ou do grego, mas também diversos outros, do aramaico (e outros idiomas semíticos) a falas celtas e germânicas. Esse multilinguismo e hibridação são milenares no Mediterrâneo antigo, mas a Antiguidade Tardia e sua historiografia fornecem pistas para entender o mundo atual, e vice-versa.

Para além dos inúmeros estudos específicos citados ao correr dos capítulos, diversos outros, no âmbito da teoria social e da história, contribuem para entender a historiografia antiga e moderna. Destaque-se o sociólogo francês Pierre Bourdieu (Janira), preocupado tanto com o funcionamento e a submissão social, também em termos simbólicos, assim como o arco de historiadores. Muitos trataram da Antiguidade Tardia, como Henri Irinée Marrou ou Paul Veyne, mas também são acionados Jacques LeGoff, Peter Burke, Roger Chartier, Carlo Gizburg, François Hartog, Reinhardt Koselleck, Paul Ricouer, com destaque para perspectivas culturais. Há, pois, um investimento epistemológico visível, para além da literatura especializada na historiografia de época tardia. Esta obra surge para tornar-se uma referência. A grande maioria das pessoas que escreveram são brasileiras, com contribuição adicional a completar o quadro. Portanto, o volume está inserido no grande crescimento e amadurecimento da universidade no Brasil, com destaque para a sua pós-graduação, bem inserida no diálogo com a ciência mundial. A Pós é recente, no país, da década de 1970, assim como tardia foi o ensino superior, isolado a partir de 1827, universitário só na década de 1930 (FUNARI; PEDROSA, 2011). Neste contexto, o crescimento foi imenso e modelar, em poucas décadas na vanguarda da América Latina, com universidades ibero-americanas muito mais antigas. A Universidade de São Paulo foi classificada como primeira na América Latina, em 2021, *alma mater* de grande parte das pessoas que escreveram neste volume, ao se considerar que os mais jovens foram orientados por veteranos da USP. Hoje, as pessoas que assinam o volume provêm de todas as regiões do Brasil e formam outros tantos quadros. Um volume como este pode contribuir para que o estudo, em geral, e da Antiguidade Tardia e da Historiografia, possa contribuir para empoderar e liberar. O contexto atual é sintomático e contribui para ressaltar a importância desde volume. A ressurgência do nacionalismo xenófobo, exclusivista, machista, regressivo e destrutivo, no mundo e também no Brasil, como parte desse mundo em conflito interno, constitui uma oportunidade, como neste volume, para mostrar que o passado pode ser para a convivência, para a alegria, não para a destruição e a tristeza, para usar termos do filósofo Bento Espinosa:

> Cupiditatem deinde qua homo qui ex ductu rationis vivit, tenetur ut reliquos sibi amicitia jungat, honestatem voco et id honestum quod homines qui ex ductu rationis vivunt, laudant etid contra turpe quod conciliandæ amicitiæ repugnant (ESPINOSA, *Ethica*, IV, 37, 1)[1].

A leitura desta obra poderá contribuir, oxalá, "Deus queria, e Deus há de querer" (essa a tradução da expressão árabe por trás de oxalá), para viver diferentes com suas diferenças, sem matar e destruir. Só isso já vale a leitura atenta desta obra!

Agradecimentos

Agradeço a Margarida Maria de Carvalho, Maria Aparecida de Oliveira Silva e Glaydson José da Silva pela oportunidade de ler e de escrever estas linhas sobre o volume organizado, assim como a Paulo Pires Duprat, Emilio González-Ferrín, Leandro Karnal, Renato Pedrosa e Pedro Lima Vasconcellos. Menciono, ainda, o apoio institucional da Unicamp, Fapesp e CNPq. A responsabilidade pelas ideias restringe-se ao autor.

Pedro Paulo A. Funari
Unicamp

---

[1] "Já o desejo que leva o homem que vive sob a condução da razão a unir-se aos outros pela amizade chamo de lealdade (honestas, honestidade). E chamo de leal (honesto) aquilo que os homens que vivem sob a condução da razão louvam, e de desleal aquilo que contraria o vínculo da amizade" (ESPINOSA, B. *Ética*. Tradução de Tomaz Tadeu. São Paulo, Autêntica, 2007).

REFERÊNCIAS

ARENDT, H. Religion and politics. *In*: KOHN, Jerome (ed.). *Hannah Arendt*: Essays in Understanding, 1930-1945. Londres: Harcourt, Brace & Co., 2005. p. 368-391.

ARON, R. *L'Avenir des religions séculières*. La France libre, 1944.

BIVILLE, F. *Multilingualism in the Roman World*, Oxford Handbooks online, 2018, Subject: Classical Studies, Ancient Linguistics Online Publication Date: Sep 2018. DOI: 10.1093/oxfordhb/9780199935390.013.101. Aval https://www.oxfordhandbooks.com/view/10.1093/oxfordhb/9780199935390.001.0001/oxfordhb-9780199935390-e-101

BOHMANN, G. Politische Religionen (Eric Voegelin und Raymond Aron) – ein Begriff zur Differenzierung von Fundamentalismen? Politische Religionen (Eric Voegelin und Raymond Aron), *Begriff zur Differenzierung von Fundamentalismen?* ÖZS, v. 34, n. 1, p. 3-22, 2009.

COHEN, G. *Political religion and British Communism*. 20th. c. Communism, v. 2, p. 197-214, 2010.

DIONNE, V. M. "Is Religious Pluralism a Heresy? What we can gather from Julian the Apostate's and Henri IV's politic of tolerance?", Representing Heresy in Early Modern France. *Essays and Studies*, ed. G. Scarlatti and L. Radi, Toronto: Center for Reformation and Renaissance, v. 40, p. 257-274, 2017.

FOUCAULT, M. «« Omnes et singulatim»: Towards a Criticism of Political Reason» («« Omnes et singulatim»: vers une critique de la raison politique»; trad. P. E. Dauzat; université de Stanford, 10 et 16 octobre 1979), in McMurrin (S.), éd., *The Tanner Lectures on Human Values*, t. II, Salt Lake City, University of Utah Press, 1981, p. 223-254.

FOUCAULT, M. *Dits et écrits*. v. IV, p. 308.

FUNARI, P. P. A.; PEDROSA, R. O Centro de Estudos Avançados da Unicamp: objetivos e perspectivas. *Estudos Avançados*, v. 25, n. 73, p. 61-72, 2011. Disponível em: https://www.revistas.usp.br/eav/article/view/10546

FUNARI, Pedro; DUPRAT. P. P. Discurso, gênero literário e histórico: a propósito do imperador Cláudio e de Tácito. *Revista Entre-Parênteses*, v. 8, n. 2, p. 1-24, 2019.

GARCÍA CANCLINI, N. *Culturas híbridas*: Estrategias para entrar y salir de la modernidad. México City: Grijalbo, 1989.

GONZÁLEZ-FERRÍN, E. A *Angústia de Abraão*. São Paulo: Paulus, 2018.

HARTOG, F. *Régimes d'historicité*: présentisme et expérience du temps. Paris: Le Seuil, 2003.

JENKINS, K. *Refiguring History*: new thoughts on an old discipline. Londres: Routledge, 2003.

KARNAL, L.; PURDY, S.; FERNANDES, L. E.; Morais, M. V. *História dos Estados Unidos, das origens ao século XXI*. São Paulo: Contexto, 2017.

KILLINGSWORTH, M. J.; PALMER, J. Millennial Ecology: The Apocalyptic Narrative from Silent Spring to Global Warming. *In*: HERNDL, Carl G.; BROWN, Stuart C. (ed.). *Green culture*: environmental rhetoric in contemporary America, University of Wisconsin Press, 1996. p. 21-45. ISBN 978-0299149949.

LEVINAS, E. *Altérité et transcendence*. Montpellier: Fata Morgana, coll. Essais, 1995.

MULLEN, A.; JAMES, P. *Multilingualism in the Graeco-Roman Worlds*. Cambridge; New York: Cambridge University Press, 2012.

REX, J. Secular substitutes for religion in the modern world. *Politics and Religion*, Belgrade, v. II, n. 2, p. 3-10, Autumn, 2008.

RIEGEL, K.-G. Marxism-Leninism as a political religion, *Journal Totalitarian Movements and Political Religions*, v. 6, n. 1, p. 97-126, 2005.

SEGHNOR, L. S. *Ce que je crois*: Négritude, francité, et civilisation de l'universel. [*S. l.*]: Grasset, 1988.

VASCONCELLOS, P. *Fundamentalismos, matrizes, presenças e inquietações*. São Paulo: Paulinas, 2008.

VOEGELIN, Eric. Religionsersatz: Die gnostischen Massenbewegungen unserer Zeit. *Vorträge und Aufsätze*, Tutzing, Akademie für politische Bildung, v. 3, n. 26, 1985.

VOELEGIN, E. *Die politischen Religionen*. Viena: Bermann-Fischer, 1938.

WARDEGA, J. Mao Zedong in present-day China – forms of deification. [Политикологија Религије]. *Politics and Religion*, v. VI, p. 181-197, 2 sem. 2012.

PRÓLOGO

Os antigos desenvolveram uma pluralidade de formas de pensar sobre o passado e de escrever a História (FUNARI; GARRAFFONI, 2016). Muitos desses modelos e reflexões foram revisitados ao longo dos séculos e inspiraram a historiografia moderna (MOMIGLIANO, 2004). Mas qual a contribuição específica da Antiguidade Tardia? É significativo da consolidação desse período como campo de estudos e de sua vitalidade entre nós que este volume se siga a outro excelente tomo sobre *A ideia de História na Antiguidade Clássica*, publicado em 2017 e também organizado por dois dos três editores deste livro (SILVA; SILVA, 2017). De fato, o entendimento de uma Antiguidade Tardia como período autônomo na história da Europa Ocidental, do Mediterrâneo e mesmo da Ásia até o planalto iraniano, e não apenas como o fim do mundo clássico ou início da Idade Média europeia, fez com que as formas de narrar e refletir sobre o passado no período que vai do século III ao século VIII pudessem ser compreendidas em seus próprios termos e em sua originalidade. É um pouco dessa riqueza e dessas especificidades que este livro pretende explorar.

Muitas das inovações da Antiguidade Tardia se devem à ascensão do cristianismo, que proporcionou a emergência de novas formas de pensar e escrever a história humana. Num certo sentido, a própria natureza do cristianismo como religião revelada no tempo e centrada nas ações e palavras de Jesus de Nazaré fazia com que essa reflexão fosse mais urgente para os cristãos do que jamais fora para os pagãos em sua própria época ou para qualquer outro grupo no passado (exceto, talvez, para os judeus). Afinal, se para os pagãos a função da História era, antes de tudo, moral e política, para os cristãos a história enquanto devir era o meio para Deus realizar seus projetos e a escrita da História (ou historiografia) tinha como finalidade compreender a economia divina (INGLEBERT, 2001, p. 287). No entanto, apesar da centralidade da ideia de que Deus intervém na história dos homens e do caráter histórico de livros como os *Atos dos Apóstolos*, as principais contribuições dos cristãos para a reflexão e a escrita da História não remontam aos primeiros tempos do cristianismo, mas à Antiguidade Tardia.

A ideia de uma História Universal cristã, com a justaposição das histórias sagrada e profana, por exemplo, surge apenas com as crônicas de Júlio Africano e Hipólito de Roma nos anos 220-250, quando os cristãos passam a integrar o cuidado com a cronologia à narrativa histórica. O esforço, como lembra Harold A. Drake em seu capítulo, é ampliado a partir de 300 com Eusébio de Cesareia, que consegue sincronizar as cronologias gregas e helenísticas com as datas para os hebreus desde Abraão e dos romanos desde a fundação de Roma. Mesmo assim, as histórias universais cristãs só se tornaram mais frequentes e bem-sucedidas a partir de 500 (INGLEBERT, 2001, p. 389-391), como é o caso do primeiro livro da *História dos Francos* de Gregório de Tours, no Ocidente latino, estudada aqui por Glaydson José da Silva e Felipe Alberto Dantas, ou da *Crônica* de João Malalas, no Oriente grego, sem mencionar as crônicas siríacas ou coptas dos séculos VI e VII, como a de João de Nikiu. A História Eclesiástica, outra inovação cristã, tem seus inícios a partir de 300, graças mais uma vez à obra de Eusébio. O caráter revolucionário de sua *História* é magistralmente ressaltado por Harold A. Drake, que observa como o bispo de Cesareia transformou o estudo do cristianismo numa história institucional, mas também o quanto seu método rompia com a tradição literária de escrita da História entre gregos e latinos ao entremear seu relato com extensa e direta citação de documentos. A riqueza e diversidade das histórias eclesiásticas escritas a partir do século V são bem representadas nos capítulos de Daniel de Figueiredo e Gilvan Ventura da Silva, que tratam, respectivamente, de Sócrates de Constantinopla e de Sozômeno, dois historiadores que adotam estratégias narrativas muito diferentes para descrever a história da Igreja no mesmo período. A esses gêneros historiográficos pode-se ainda acrescentar as histórias dos monges que emergem nos séculos IV e V, como a *História dos Monges do Egito* ou a *História Lausíaca*, analisada aqui por Silvia Siqueira, que transitam entre os gêneros histórico, biográfico e mesmo autobiográfico.

A reflexão histórica empreendida pelos autores cristãos não se restringiu à escrita da História propriamente dita. O exemplo do bispo Gregório de Nazianzo, discutido por Margarida Maria de Carvalho, mostra bem como a descrição de eventos históricos evocada por líderes cristãos em homilias, tratados e textos de combate visava ressaltar a ação da providência divina e possuía um caráter pedagógico. A visão providencialista da história como plano de Deus ajudou ainda a cristãos como Jerônimo, padre, monge e tradutor da Bíblia, aqui estudado por Graciela Gómez Aso, a interpretarem a História Romana, republicana ou imperial, e eventos contemporâneos, como o saque de Roma de 410, à luz de sua religião. No entanto, os modelos de interpretação do passado romano adotados pelos autores cristãos assumiram formas muito diversas, muitas delas em resposta às transformações patrocinadas pelos imperadores cristãos ou à crítica pagã aos infortúnios que assombravam o Império nos "tempos cristãos" (MADEC, 1994). Esses modos de compreender o passado variaram desde o triunfalismo de Eusébio, que atribuía ao Império Romano um papel teológico associado à difusão do cristianismo, até o distanciamento de Agostinho, que condenava o imperialismo romano em nome da justiça e insistia na transitoriedade de todos os impérios (INGLEBERT, 1996, p. 687-689). No caso do bispo de Hipona, a reflexão sobre o curso da história humana culminaria, com a *Cidade de Deus*, em uma verdadeira Teologia da História. Segundo essa concepção, a historicidade da experiência humana inicia-se com o pecado original, o tempo se torna tanto o veículo do pecado como o meio para a redenção e toda a história humana é compreendida como o caminhar de dois tipos de homens, os justos e os ímpios, ou de duas cidades, a cidade celeste e a cidade terrestre, mutuamente entrelaçadas e mescladas até o fim dos tempos (MARKUS, 1970). Como quer que seja, foi graças ao pensamento dos autores cristãos da Antiguidade Tardia que a História "se tornou para os ocidentais aquilo que revela a vontade de Deus ou o destino dos homens" (INGLEBERT, 1996, p. 690).

No entanto, insistir apenas nessa originalidade do pensamento cristão significaria esquecer que a continuidade da educação tradicional, a *paideia* (CARVALHO, 2010), fez com que a História no sentido antigo, como conjunto de exemplos morais e políticos, se perpetuasse no saber comum tanto a cristãos como a não cristãos ainda durante muito tempo. Professores de retórica como Libânio de Antioquia, no século IV, ainda consideravam Heródoto e Tucídides como modelos de escrita refinada e de eloquência a serem absorvidos por seus alunos. Como Érica Chrystiane Morais da Silva ressalta em seu capítulo, eles estabeleciam laços estreitos entre o gênero historiográfico e seus discursos e, em particular, o panegírico, na medida em que ambos se preocupavam em registrar a memória dos feitos e das obras dos imperadores. Mesmo autores de tratados técnicos, como Vegécio, estudado aqui por Bruna Campos Gonçalves, ainda se voltavam para os livros de História como fontes de modelos para o presente. Na verdade, histórias tradicionais, reunindo os eventos políticos e militares e os grandes feitos dos imperadores, continuaram a serem escritas tanto por pagãos como por cristãos, desde Amiano Marcelino (SILVA, 2007), no século IV, até Procópio de Cesareia, no século VI, este último aqui discutido por Kelly Cristina Mamedes e Marcos Cruz. Ainda mais abundantes a partir do século IV foram os breviários e notícias biográficas destinados à instrução da elite, como as *Histórias Abreviadas* de Aurélio Vítor e Eutrópio ou as *Biografias* de Eunápio, temas respectivamente dos capítulos de Moisés Antiqueira, Janira Feliciano Pohlmann e Maria Aparecida de Oliveira Silva. Como Lyvia Vasconcelos Baptista observa em seu estudo sobre o historiador Agatias de Mirina, é só no século VII que a produção historiográfica profana, classicizante, parece se esgotar.

É preciso ainda acrescentar que nem todas as inovações do período se deveram às preocupações propriamente religiosas dos autores cristãos. As histórias dos povos bárbaros, como a *História dos Francos* de Gregório de Tours e a *História dos Godos* de Isidoro de Sevilha surgem do novo contexto político da formação dos reinos sucessores no Ocidente latino e da preocupação dos historiadores de fortalecer tanto as aristocracias guerreiras como as realezas de cada um desses povos. Como Renan Frighetto ressalta em seu capítulo, é essa preocupação com a identidade dos novos reinos que explica algumas importantes inovações na escrita da História nessa época, como o rompimento com a noção de recomeço da História, a insistência no valor da escrita e do documento manuscrito como monumento e a consequente vinculação da História à Gramática e não mais à Retórica.

É a este mundo fascinante e diverso, contraditório e inovador que este livro convida a leitora e o leitor. Os capítulos selecionados abrangem desde autores incontornáveis, como Eusébio de Cesareia, até outros menos conhecidos, mas não menos instigantes, como Muirchú Moccu Machteni, historiógrafo da Irlanda do século VII. O confronto entre os capítulos permitirá aos leitores observar os embates entre diferentes visões sobre o passado e o sentido da História, como nos estudos de Viviana Edith Boch sobre o senador e orador pagão Quinto Aurélio Símaco e de Ana Teresa Marques Gonçalves sobre o funcionário imperial e poeta cristão Aurélio Clemente Prudêncio, autor precisamente de dois poemas contra Símaco. O conjunto do volume permite ainda a reflexão sobre as continuidades e rupturas com as formas de escrita da História na Antiguidade Clássica e, não menos importante, sobre os impactos e ressonâncias na posteridade das reflexões empreendidas na Antiguidade Tardia. É uma sorte que o público leitor brasileiro possa contar com uma obra tão rica e diversa que não apenas o introduz à ideia de História na Antiguidade Tardia, mas o convida também a refletir sobre as raízes *pós*-clássicas da historiografia moderna.

Julio Cesar Magalhães de Oliveira
Universidade de São Paulo

REFERÊNCIAS

CARVALHO, Margarida Maria de. *Paideia e retórica no século IV d.C.*: a construção da imagem do Imperador Juliano segundo Gregório Nazianzeno. São Paulo: Annablume: Fapesp, 2010.

FUNARI, Pedro Paulo A.; GARRAFFONI, Renata Senna. *Historiografia*: Salústio, Tito Lívio e Tácito. Campinas: Editora da Unicamp, 2016.

INGLEBERT, Hervé. *Interpretatio Christiana*: Les mutations des savoirs (cosmographie, géographie, ethnographie, histoire) dans l'Antiquité chrétienne (30-630 après J.-C.). Paris: Institut d'Études Augustiniennes, 2001.

INGLEBERT, Hervé. *Les romains chrétiens face à l'histoire de Rome*: Histoire, christianisme et romanités en Occident dans l'Antiquité tardive (IIIe-Ve siècles). Paris: Institut d'Études Augustiniennes, 1996.

MADEC, Goulven. Tempora Christiana: Expression du triomphalisme chrétien ou récrimination païenne? *In*: MADEC, Goulven. *Petites Études Augustiniennes*. Paris: Institut d'Études Augustiniennes, 1994. p. 233-259.

MARKUS, *Robert. Saeculum*: History and Society in the Theology of St. Augustine. Cambridge: Cambridge University Press, 1970.

MOMIGLIANO, Arnaldo. As raízes clássicas da historiografia moderna. Tradução de Maria Beatriz Borba Florenzano. Bauru: EDUSC, 2004.

SILVA, Gilvan Ventura da. História, verdade e justiça em Amiano Marcelino. *In*: JOLY, Fábio Duarte (org.). *História e retórica*: ensaios sobre historiografia antiga. São Paulo: Alameda, 2007. p. 165-182.

SILVA, Glaydson José da; SILVA, Maria Aparecida de Oliveira (org.). *A ideia de História na Antiguidade Clássica*. São Paulo: Alameda, 2017.

EUSÉBIO DE CESAREIA

Harold A. Drake[1]

Assim como Heródoto é conhecido como o "Pai da História" e Tucídides como o "Pai da História Científica", também o tema deste capítulo, Eusébio Pamphili, bispo da cidade capital Cesareia Marítima, na província romana da Síria Palestina, de cerca de 315 até sua morte uns vinte e cinco mais tarde, ficou conhecido como o "Pai da História da Igreja". Como seus predecessores, Eusébio foi o pioneiro em um método para lidar com o seu assunto, e, do mesmo modo que eles, ele recebeu o reconhecimento de seus sucessores, que decidiram começar suas próprias histórias onde ele tinha parado, em vez de percorrerem novamente o mesmo caminho. Diferentemente deles, no entanto, Eusébio foi por muito tempo excluído dos cânones dos grandes historiadores da antiguidade e, consequentemente, é muito menos conhecido fora de sua área. Em parte, isso se deve à tradicional fronteira que separava os clássicos da Igreja, e mais ainda à relativa mediocridade de seu estilo. Outro obstáculo reside no fato de que o campo que ele criou parece agora ser tão comum que a originalidade de seus esforços é facilmente negligenciada[2]. Ainda assim, o impacto de Eusébio não pode ser subestimado. Como notou um acadêmico, se não tivéssemos sua *Historia Ecclesiastica* (*História da Igreja*), "saberíamos menos sobre os três primeiros séculos do Cristianismo do que sabemos sobre o Mitraísmo" (WARMINGTON, 1998, p. 266). Se você teve que perguntar o que é Mitraísmo, então você entendeu o que eu quis dizer.

O objetivo deste capítulo é capturar a originalidade da *Historia Ecclesiastica* e de dois outros grandes escritos históricos de Eusébio – os *Cânones Cronológicos* e a *Vida de Constantino* – e desse modo avaliar o valor do bispo como uma fonte histórica.

---

[1] Professor Emérito de História Antiga da University of California – Santa Bárbara.
[2] Corke-Webster (2019) é um esforço para retificar esse erro. Ver, e. g., p. 9, onde ele argumenta que "Eusébio merece um lugar no cânone de autores entusiasmados e inovadores a quem todos os estudantes do mundo clássico deveriam ser apresentados, e a *Historia* merece uma reputação como um dos mais surpreendentes, interessantes e bem construídos escritos da antiguidade clássica". Johnson (2014, p. 86) chama a *Historia* de "um grande experimento literário".

A História de Eusébio

Eusébio foi amplamente reconhecido como o clérigo mais sábio de sua época, e o alcance e a extensão de seus trabalhos mais que confirmam essa convicção. Uma lista apenas parcial de seus escritos mais importantes teria que incluir – além dos textos históricos aqui considerados – sua *Preparação Evangélica* em quinze livros[3] e *Demonstração Evangélica* em vinte, que juntos constituem um forte argumento para a antiguidade e prioridade da fé cristã; *Onomasticon*, um dicionário geográfico dos nomes dos locais bíblicos; comentários sobre os *Salmos* e *Isaías*; *Mártires da Palestina*, um testemunho ocular dos efeitos da Grande Perseguição iniciada pelo imperador Diocleciano em 303, e uma *Defesa de Orígenes*, o maior teólogo dos primeiros séculos do Cristianismo. Ele era um orador experiente, e tido em tão alta conta devido à exatidão de seu conhecimento bíblico que o imperador Constantino o incumbiu de preparar cinquenta cópias da Bíblia para a sua nova capital Constantinopla[4].

Apesar de seus volumosos escritos, Eusébio nos conta muito pouco sobre ele mesmo. Uma observação na *Historia* (7.32.6), de que agora ele tinha atingido eventos de sua própria época, sugere que ele nasceu por volta do ano 260, e ele provavelmente morreu no final de 339 ou começo de 340[5].

Esse foi um momento crucial para um cristão viver. Em 250, o imperador Décio desencadeia a primeira ampla perseguição no Império contra os Cristãos (as que tinham ocorrido anteriormente tendiam a ser esporádicas e locais). Ela terminou com a morte de Décio em 252, mas recrudesceu em 257 com o imperador Valeriano. Quando Valeriano foi capturado pelos persas, no entanto, seu filho e coimperador, Galeno, a encerrou, e, em 260, deu à Igreja o reconhecimento de fato (*Historia* 7.13). No curso dos próximos quarenta anos, que foi o período em que Eusébio teria atingido a idade adulta e entrado na meia idade, os cristãos prosperaram, alcançando a posição mais alta do governo imperial. Essa "pequena paz da Igreja", como foi chamada, chegou a um fim traumático em 303. O ressurgimento da perseguição desencadeou uma tumultuada série de eventos. Deocleciano renunciou em 305, e o sistema de quatro governantes por ele criado, chamado Tetrarquia, começou a ruir logo depois.

---

3 Um livro antigo era um rolo de papiro. Ele equivale a um capítulo bem longo (algo como 50 páginas mais ou menos) de um texto impresso moderno.

4 SKEAT, 1969, p. 75-78; Robbins, 1989. Para um relato absorvente que liga dois manuscritos sobreviventes a Constantino, ver Skeat 1999.

5 O historiador da Igreja do século quinto, Sócrates, situa a morte de Eusébio antes da do filho de Constantino, Constantino II, que ocorreu em 340. Hansen *et al.* (2005, p. 28-31) (HE 2.4-5). Edwards (2015, p. 3): "Poucos autores que escreveram tão abundantemente se esconderam tão bem".

Um dos ambiciosos candidatos era Constantino, filho de um tetrarca, e pouco tempo antes de uma batalha decisiva em Roma pelo controle do império do Oriente, Constantino teve uma Visão da Cruz que lhe prometeu vitória se ele adotasse esse símbolo. O próprio Eusébio fornece o primeiro e mais conhecido relato desse evento, que ele diz ter ouvido dos lábios do próprio imperador:

> Por volta da hora do sol do meio-dia, quando o dia estava virando, ele disse que viu com seus próprios olhos, no alto do céu e pairando sobre o sol, um troféu em forma de cruz feito de luz, e um texto atado a ele que dizia 'Com este sinal, vencerás'. Tanto o imperador como todo o seu exército, que o acompanhava numa batalha, testemunharam o milagre e ficaram extasiados com o espetáculo (*Vida*, 1.28.1-2).

A subsequente conversão de Constantino ao cristianismo, seguida de um fim definitivo da Grande Perseguição com a morte dos últimos imperadores perseguidores, modificou a sorte dos cristãos mais uma vez. No quarto de século seguinte, até sua morte em 337, Constantino cumulou a Igreja de benesses e se tornou um ativo participante em suas disputas teológicas. Depois de eliminar seu coimperador no Leste, Licínio, em 324, Constantino convocou o Concílio de Niceia, que ocorreu em 325, para resolver questões levantadas pelo padre alexandrino Ário, a quem o concílio condenou como herético. O Concílio de Niceia incluiu bispos de todas as partes do Império, tornando-se o primeiro concílio ecumênico (ou "mundial") na história da Igreja. Uma versão da profissão de fé aí produzida, o Credo Niceno, ainda é recitada em igrejas cristãs.

Como demonstra o *Mártires da Palestina*, Eusébio foi diretamente afetado por esses eventos. Mas ele era mais que simplesmente uma testemunha. Como bispo de Cesareia, ele foi um participante ativo no Concílio de Niceia, assim como nas controvérsias que estouraram em seu rescaldo. E, como a citação sobre a Visão de Constantino mostra, ele havia desenvolvido uma familiaridade com o imperador, uma conexão que será explorada mais adiante na seção IV.

Apesar dos importantes eventos em que participou, a vida pessoal de Eusébio é praticamente uma página em branco, especialmente os primeiros anos. Estudiosos concluíram que ele deve ter nascido em Cesareia, com base no fato de que as congregações naquela época estavam predispostas a selecionar nativos como seus bispos, e James Corke-Webster encontrou alguma confirmação desse argumento admitido *a priori* em uma carta que Eusébio escreveu para sua congregação em seguida ao Concílio de Niceia. Para justificar a posição que ele assumiu no Concílio, Corke-Webster escreve: "Eusébio se refere ao Credo de Cesareia como o que ele recebeu 'tanto em nossa instrução catequética (*têikatechesei*) quanto quando nós recebemos batismo'". O batismo infantil ainda não era a norma no século IV, então Eusébio poderia estar se referindo a uma experiência adulta, mas, no mínimo, sua afirmação denota uma antiga conexão com a comunidade cristã de Cesareia[6].

Foi sem dúvida em Cesareia que Eusébio aprendeu os hábitos que marcam sua erudição (SCHOTT, 2013, p. 359). Nos anos 230, o grande teólogo Orígenes de Alexandria se mudou para Cesareia, onde foi recebido por um rico presbítero chamado Pamphilus, um estudioso da Bíblia independente; os dois criaram uma biblioteca invejável da qual Eusébio se tornou herdeiro. Apesar do pouco que sabemos, está claro que Eusébio era o aluno mais brilhante de Pamphilus. Após Pamphilus ter sido enrodilhado pela perseguição, Eusébio o visitou na prisão, e pode até mesmo ter sido preso também[7]. Na prisão, em coautoria com Pamphilus, ele escreveu uma *Defesa de Orígenes*, e depois que seu mentor foi martirizado no começo de 309, ele escreveu a *Vida de Pamphilus* que, infelizmente, se perdeu. Possivelmente, foi desejo de Pamphilus que Eusébio o sucedesse na escola.

A devoção de Eusébio a Pamphilus é uma das razões por que sabemos tão pouco sobre o início de sua vida. Em honra a seu mentor, Eusébio usou o nome de Pamphilus como seu patronímico – um gesto louvável, mas que apagou qualquer pista que poderíamos obter a partir do nome de sua família. Contudo, é improvável que qualquer informação obtida sobre os primeiros anos de sua vida possa se comparar à influência de Pamphilus e sua escola sobre o desenvolvimento intelectual e pessoal de Eusébio.

Por outro lado, a perseguição de Diocleciano e a prisão de Eusébio podem ter sido as mais importantes influências de todas. No fim de sua vida, o padre egípcio Potamon insinuou que Eusébio havia feito algo desonroso durante aquele período. Outro bispo, Epifânio de Salamis, escrevendo sobre o assunto meio século mais tarde, cita Potamon como se este gritasse com Eusébio,

> Eu perdi um olho pela verdade, mas você parece não ter sofrido qualquer ferimento físico, nem foi martirizado, mas você está vivo e sem mutilações. Como você saiu da prisão, a menos que tenha prometido àqueles

---

[6] Corke-Webster (2019, p. 18). Sobre batismo infantil, ver Jeremias 1960 e Jeremias 1963. A sugestão em relação à preferência por bispos nativos foi feita por Lightfoot 1911, p. 510. A carta de Eusébio para sua congregação foi citada por Atanásio de Alexandria. Ver Opitz 1934, p. 43 (Urk 22.3).

[7] As prisões romanas não foram construídas para lidar com encarceramento de longo prazo. Na realidade, os prisioneiros dependiam de amigos e parentes. No século segundo, Justin Martyr considerava o cuidado com os prisioneiros como uma das tarefas dos cristãos: Falls (1965, p. 107) (*Primeira Apologia* 67.7), e o satirista Luciano zombou dos cristãos por seu cuidado generoso com seu líder espiritual, que ele considerava um impostor: Casson (1962, p. 364-382) (de *obit. Peregrinus* 12-13). Ver Torallas Tovar (2006).

que nos impuseram as durezas da perseguição realizar atos ilegais, ou que os tenha de fato realizado?

Potamon fez tal acusação durante o Concílio de Tiro em 335, um sínodo muito teatral, e Epifânio completa que Eusébio ficou indignado com o comentário:

> Quando Eusébio ouviu isso, ele foi tomado pela indignação e, levantando-se, dispensou a corte, dizendo, 'Se você vem aqui e fala conosco dessa maneira, então seus acusadores estão dizendo a verdade. Porque se você banca o tirano aqui, quanto mais você deve fazer em seu próprio país?'[8]

Embora Gibbon tenha gostado de fazer a mesma insinuação no *Declínio e Queda* (GIBBON, 1909-1914: v. 2, 144, n. 179), não há razão para dar qualquer credibilidade a isso, uma vez que é muito improvável que a congregação de Cesareia elevasse Eusébio ao bispado caso ele tivesse se corrompido dessa maneira. Eusébio, de fato, aceitou a antiga tradição de fuga para evitar a perseguição, e pode até ter ele mesmo tomado essa rota (CORKE-WEBSTER, 2019, p. 185, 282). Mas, provavelmente, ele não teria escrito sobre aqueles que apostataram tão severamente como ele o fez caso ele fosse um deles, ou escrito *Mártires da Palestina*, testemunhando os julgamentos sofridos por aqueles que se recusaram a abjurar, incluindo muitos que eram seus colegas na escola de Pamphilus e, finalmente, o próprio Pamphilus[9].

Eusébio, de fato, como Potamon observou, escapou dos ferimentos, mas ele parece ter interpretado isso como um sinal de que ele foi poupado para uma tarefa mais importante. Em um louvor aos mártires durante um discurso que fez em 336, Eusébio recordou aqueles que foram deixados para trás "para serem uma centelha, uma semente de piedade para a posteridade, para se tornarem espectadores de Seu julgamento contra os ateus e intérpretes do que havia acontecido" (*Em louvor a Constantino* 7.10, tr. Drake 1976, p. 96). O fervor dessa declaração sugere que uma necessidade de justificar sua sobrevivência motivou o texto histórico de Eusébio.

Os Cânones Cronológicos

O efeito da formação de Eusébio é visível em seu primeiro grande trabalho histórico, os *Cânones Cronológicos* (doravante, *Crônica*), um esforço amplo para sincronizar as histórias de todos os grandes governantes do

---

8   EPIFÂNIO, *Panarion* 68.83-5, tr. Amidon 1990, p. 252.
9   Ver, e.g., *Historia* 8.2.3, onde ele condena "aqueles que foram sacudidos pela perseguição [e] aqueles que em tudo que se referia à salvação naufragaram, e por sua própria vontade afundaram nas profundidades da enchente", McGiffert 1890, p. 324. Para o texto, Bardy, 1952-1960.

Oriente Próximo, gregos e helenísticos, que ele combinou com datas para os hebreus desde o tempo de Abraão, e romanos desde o tempo de sua fundação por Rômulo (JOHNSON, 2014, p. 86-88; MOSSHAMMER, 1979; CROKE, 1982). A tarefa não foi tão simples como pode parecer hoje em dia, quando uma data de qualquer evento pode ser encontrada em um calendário da Era Cristã. Na Antiguidade, cada região começava com sua própria data inaugural (o primeiro ano "da fundação da cidade" de Roma, por exemplo, equivale ao nosso ano 753 AEC), e em vez de usarem uma série numérica, muitas regiões identificavam cada ano pelos nomes de seus governantes oficiais (Roma usou os nomes de seus cônsules anuais até o nono século).

No primeiro livro de seu trabalho de dois volumes, Eusébio reuniu dados que ele selecionou de crônicas e histórias existentes para cada uma dessas regiões, uma tarefa que requereu uma erudição meticulosa. Tendo reunido toda essa informação, ele então se encarregou de alinhar os sistemas cronológicos entre si, colocando todos em linhas do tempo paralelas que facilitaram aos leitores correlacionarem eventos como, por exemplo, a guerra do Peloponeso com a dinastia faraônica contemporânea do Egito e governantes na Assíria e Pérsia. A tarefa ficou mais fácil quando ele alcançou o ano dos primeiros jogos Olímpicos (776 AEC), pois os estudiosos gregos tinham, por muito tempo, utilizado esses intervalos de quatro anos para correlacionar eventos dos calendários individuais de cada região. Por exemplo, Dionísio de Halicarnasso, que escreveu no primeiro século AEC, datou a fundação de Roma dessa maneira: "Rômulo, o primeiro governante da cidade, começou seu primeiro reino no primeiro ano da sétima Olimpíada, quando Charops em Atenas estava no primeiro ano do seu mandato de dez anos como arconte". A data de Dionísio, que os romanos listaram no ano um a.u.c. ("da fundação da cidade", ou *ab urbe condita*) equivale a 751 ou 752 AEC em nosso calendário, embora estudiosos modernos prefiram a data 753 AEC como calculada pelo antiquário romano Varro[10].

Mesmo levando-se em conta o trabalho de cronógrafos anteriores como Júlio Africano, que escreveu cerca de um século antes, a *Crônica* de Eusébio foi uma grande conquista. Para realizar essa tarefa, Eusébio precisava não só de uma grande biblioteca, mas também de habilidade para ordenar e harmonizar dados coletados de múltiplas fontes[11]. Graças a Pamphilus, ele teve ambas. Mas, mais importante que esses recursos foi o exemplo dado por Orígenes, que, enquanto em Cesareia, criou o *Hexapla*, uma sinopse de seis diferentes

---

10 DIONÍSIO DE HALICARNASSO, Antiguidades Romanas 1.75.1, tr. Cary (1937, p. 251). Sobre a dificuldade em conciliar datação antiga e moderna, ver Bickerman (1968, p. 80-91).
11 Lightfoot (1911, p. 520) chama a biblioteca reunida por Pamphilus "a maior biblioteca cristã já reunida". Carriker 2003 procura reconstruir o conteúdo daquela biblioteca.

versões da Bíblia que ele colocou em colunas paralelas para fácil referência. Essa compilação massiva, que ele levou vinte anos para completar, deve ter inspirado Eusébio a fazer o mesmo com suas tabelas cronológicas, as quais um estudioso caracterizou como a mais importante e inovadora parte de seu trabalho. (JOHNSON, 2014, p. 87).

De uma maneira importante, as linhas do tempo de Eusébio diferiam da *Hexapla* de Orígenes. Onde o número de colunas bíblicas permanecia estável, as tabelas de Eusébio eram gradualmente reduzidas para duas por volta do período do primeiro imperador romano, Augusto, e então para apenas uma após a destruição do templo de Jerusalém na primeira guerra judia (66-70 EC). Essa estrutura forneceu a base para duas das mais consistentes e influentes ideias de Eusébio: primeiro, que o cristianismo era um retorno a uma forma antiga e pura de monoteísmo; segundo, que Deus pretendia que o Império Romano fosse um colaborador do cristianismo.

O primeiro desses objetivos foi tema do massivo projeto apologético de Eusébio, a *Preparação Evangélica* e a *Demonstração Evangélica*, com o qual ele almejava rebater críticos que alegavam que o cristianismo não tinha um pedigree antigo e também argumentar que a filosofia começara não com os gregos, mas com os hebreus (GIFFORD, 1903; FERRAR, 1920). Uma linha do tempo para os judeus que começava com Abraão o ajudou a demonstrar seu ponto de vista. Ela mostrou que Moisés e os outros patriarcas estavam ensinando os fundamentos da filosofia grega centenas de anos antes dos filósofos de quem os gregos tanto se orgulhavam. Portanto, Platão era nada além de um recém-chegado que havia, na realidade, tirado suas melhores ideias dos judeus.

Eusébio também usou Abraão para fornecer uma antiga linhagem aos cristãos. Ele não afirmou que Abraão e os outros patriarcas eram cristãos, mas, ao contrário, ele disse que eles eram tão naturalmente afinados com Deus que eles não precisavam de uma religião formal para guiá-los; eles eram "amigos de Deus". Claro, os patriarcas eram hebreus; mas seus descendentes lineares abandonaram essa religião natural, especialmente durante o período da escravidão, e por isso Moisés teve que inventar um elaborado conjunto de leis para trazê-los de volta para sua fé ancestral. Jesus, com sua morte e ressurreição, trouxe uma nova repartição que tornou as medidas improvisadas de Moisés desnecessárias. Uma vez que os judeus não aceitaram essa repartição, eles abandonaram o ensinamento patriarcal; os cristãos eram agora os verdadeiros hebreus.

Eusébio estabeleceu a base para sua segunda alegação reduzindo suas linhas do tempo primeiro para duas e depois para uma, coincidindo aproximadamente com o nascimento e ministério de Jesus. Eusébio usou essa correlação para argumentar que o Império e o cristianismo eram ambos parte do plano de Deus (CHESNUT, 1986, p. 137). Uma vez mais, essa não era uma ideia original. No século II, os cristãos defenderam sua lealdade prometendo rezar ao seu Deus em nome de Roma. O bispo Melito de Sardis, que morreu por volta de 180 EC, levou essa argumento um pouco mais longe. Em um trabalho endereçado a Marco Aurélio, o famoso imperador "rei-filósofo" que governou de 161 a 180 EC, Melito chamou atenção para a quase simultânea ascensão do primeiro imperador romano, Augusto, com o nascimento de Jesus, alegando então que a paz e a prosperidade que prevaleceram desde aquele período provavam que o cristianismo havia sido uma força positiva para Roma.

Eusébio certamente conhecia o argumento de Melito, já que ele o incluíra no livro quatro da *Historia Ecclesiastica* (4.26.7-9). De muitas maneiras, este trabalho parece demonstrar a verdade do argumento de Melito.

A *Historia Ecclesiastica*

No começo de a *Historia Ecclesiastica* (doravante *Historia*), Eusébio implorou aos seus leitores indulgência, lamentando que estivesse iniciando uma viagem numa estrada solitária e inexplorada, com apenas migalhas deixadas por outros para guiá-lo (*Historia* 1.1.3). Não era incomum que autores antigos fizessem tais comentários, mas Eusébio tinha mais razão que a maioria. O último trabalho que registrou eventos na história cristã foi o *Atos dos Apóstolos*, agora parte do cânone do Novo Testamento, que tinha sido escrito mais de dois séculos antes. O *Atos*, como nos diz o título, registrou feitos dos primeiros missionários, principalmente de São Paulo. Desde então, a religião passou por grandes mudanças, não apenas em tamanho e extensão, mas também na maneira como foi organizada, como foi ensinada, e também na especificidade de suas crenças. Como ele iria organizar esse desenvolvimento espalhado em uma narrativa coerente?

A expansão da fé de uma pequena comunidade na Judeia para todas as partes do Império e além era um tema óbvio, o qual Eusébio adorava proclamar; mas, para fazer isso, ele precisava de uma ideia central. Nas primeiras frases de seu trabalho (*Historia* 1.1-3), Eusébio listou os assuntos que abordaria em cada geração que havia passado desde o tempo dos apóstolos até a sua própria época. Dois deles – o destino dos judeus, que mostraria como eles haviam sofrido por terem rejeitado a mensagem evangélica, e as mortes dos mártires que haviam provado a verdade daquela mensagem ao suportarem as torturas da perseguição – forneceram-lhe uma boa contradição, mas para definir a fé, ele encontrou seu sentido no conceito de "sucessão apostólica", a ideia de que havia uma linha espiritual que poderia ser diretamente delineada desde os primeiros tempos até os líderes de sua própria época. Eusébio não concebeu essa ideia sozinho – ela estava presente nas cartas atribuídas a Clemente de Roma e nos escritos de Irineu de Esmirna, ambos datando do século II. Irineu, que se tornou bispo de Lugduno (Lyon) no sul da França, também testemunhou a emergência de bispos como líderes das comunidades cristãs locais. Foram os bispos que, devido à "imposição das mãos", herdaram a autoridade dos apóstolos e, através deles, a do próprio Jesus.

Eusébio escreve o restante do primeiro livro sobre o nascimento e o ministério de Jesus, mas mesmo aqui ele utiliza seu trabalho – a *Crônica*, servindo-se da explicação de um laço com Abraão que ele desenvolveu aí, juntamente com uma explicação teológica da Encarnação, para rebater críticos que alegavam que o cristianismo era algo novo (*Historia* 1.2-4). O erudito bíblico que há nele também aparece numa discussão de discrepâncias nos relatos evangélicos (*Historia* 1.7). Ele fecha o livro com a Ascensão, mas apenas após relatar um caso não-evangélico que terá uma longa história: como Jesus mandou um tecido com o qual ele havia limpado o rosto para o rei Abgar de Edessa (a moderna Urfa no sudeste da Turquia) que o havia convidado para uma visita[12].

A *Historia* era revolucionária. A estrutura do primeiro livro mostra que Eusébio não tinha a intenção de escrever uma crônica, uma história de eventos da atividade cristã desde os dias dos apóstolos, e tampouco pretendia focar nas curas e milagres para demonstrar seu ponto de vista. Embora a *Historia* apresente uma narrativa cronológica, ela priorizará temas que enfatizam a instituição ("a Igreja") e seus oficiais (bispos, padres), incluindo aqueles que dedicaram suas vidas ou eloquência àquela instituição. A decisão de Eusébio de enfatizar a identidade corporativa da "Igreja" e seus oficiais transformou o estudo do cristianismo numa história institucional. Essa foi a decisão que deu à história da Igreja o decididamente único sabor que a definiu ao longo dos séculos[13].

Isso foi algo consideravelmente novo. Ao procurar modelos, Eusébio certamente usou o trabalho de Josefo, um escritor judeu do primeiro século EC, cuja obra *Antiguidades Judaicas* contava a história do povo hebreu desde os tempos bíblicos até seus dias (JOHNSON, 2014, p. 91-2). Mas os judeus eram uma etnia reconhecida de longa data; por isso, mesmo estando dispersos

---

12 Para a história dessa imagem e discussão do evento histórico por trás dela, ver SEGAL, 1970; Av. CAMERON, 1983.

13 Para a abordagem temática de Eusébio, ver Verdoner (2011, p. 109-147); para a abordagem institucional, Markus (1975, p. 15) e Harries (1991, p. 270) observam que o tipo de história da Igreja de Eusébio "foi reconhecido na época como sendo distinto de, e mais limitado que, outras formas de história cristã, um termo que poderia ser aplicado a qualquer versão de eventos passados fabricados para propósitos cristãos". Devore (2013, p. 224) enfatiza a importância que Eusébio atribuiu a intelectuais como um meio de demonstrar igualdade com a tradição filosófica grega.

ao redor do mediterrâneo na época de Josefo, este pôde ainda tecer uma narrativa coerente em torno de sua história compartilhada e livros sagrados. Eusébio enfrentou o desafio oposto: ele teve que criar uma história coerente para um povo que não tinha uma de fato antes do ministério de Jesus e cujo desenvolvimento desde aquela época (como todas as "heresias" com as quais Eusébio lida mostram) refletia entendimentos muito diferentes sobre o seu próprio passado (JOHNSON, 2006).

Uma história de cada comunidade teria sido inadequada, assim como impossível (não havia internet na Antiguidade). Mas outro modelo estava disponível para Eusébio. As grandes escolas filosóficas da Antiguidade, como os platônicos e os estoicos, haviam desenvolvido um método para registrar sua história relatando os atos de seus sucessivos líderes. De forma semelhante, Eusébio decidiu usar os bispos das mais proeminentes cidades do Império, juntamente com os escritos de excepcionais defensores da fé, como seu marco cronológico. Esses bispos lhe permitiriam demonstrar como a fé tinha seguido imaculada de geração em geração (MOMIGLIANO, 1990, p. 140).

Debates tanto dentro como entre as escolas filosóficas forneceram a Eusébio meios de identificar a verdadeira crença ("ortodoxia"). O significado essencial da palavra grega *hairesis* é "escolha". Estudantes usaram essa palavra para indicar a escola filosófica que eles haviam escolhido seguir. Mas em seus debates, as escolas começaram a utilizar o termo para denotar uma *má* escolha, dando assim à "heresia" o significado que tem hoje. Ao mostrar como líderes sucessivos haviam combatido as tentativas de enganar os alunos e assim permaneceram fiéis às ideias de seus fundadores, as histórias das escolas filosóficas ofereceram a Eusébio uma maneira de distinguir heréticos em cada geração, e de equiparar os bispos que protegeram firmemente seus rebanhos inocentes com os chefes das escolas filosóficas que fizeram o mesmo.

A *Historia* acabou chegando a dez livros. Eles seguem a mesma estrutura que Eusébio desenvolveu na *Crônica*, usando os reinos dos imperadores como marcos, mas aqui o foco não são as tradicionais guerras e governos. Ao contrário, os imperadores aparecem principalmente apenas em referência à maneira como eles tratavam os cristãos. No livro 2, o sucessor de Augusto, Tibério, pensa favoravelmente a respeito de Jesus, mas Nero inicia uma perseguição; no livro 3, Vespasiano começa uma caçada à linhagem de Davi, e seu filho Domiciano inicia outra perseguição, ordenando que todos os descendentes de Davi sejam massacrados. Trajano e Adriano recebem crítica favorável nos livros 3 e 4 por protegerem os cristãos, e no livro 5 Marco Aurélio é ajudado por uma tempestade milagrosa causada peles preces dos cristãos[14].

---

14   *Historia* 2.2, 2.25, 3.12, 3.17-19, 3.33, 4.9, 5.5.

Em vez das histórias imperiais comuns, Eusébio preenche seus livros com os relatos de bispos, controvérsias na Igreja, pensadores e escritores extraordinários, e os feitos heroicos dos mártires, que preferiram suportar a tortura e a morte do que renunciar à sua fé. De fato, Eusébio inverteu a tradicional história de Roma, deslocando os imperadores do centro para a periferia do seu relato.

A diferença fica até mais evidente em seus últimos livros. Orígenes domina o relato no livro 6, e quando Eusébio chega a eventos de sua própria época no livro 7 – o ponto onde normalmente se espera que o relato se expanda – ele cobre os quarenta anos entre Galiano e o início da perseguição de Diocleciano em um único capítulo. Por quê? Como Lightfoot notou, "Foi um período de progresso muito rápido, porém silencioso, quando a Igreja pela primeira vez se encontrava na feliz condição de não ter história" (LIGHTFOOT, 1911, p. 519). Sendo este o caso, não surpreende que os três livros finais da *Historia* cubram um período de pouco mais de vinte anos, pois esse foi um período de completa reviravolta, começando com o mais acertado e duradouro esforço para reprimir a fé e terminando com a conversão e exclusiva liderança de Constantino, o Grande.

Para fundamentar seu ponto de vista, Eusébio usou um método que era igualmente revolucionário. Para gregos e romanos, a História era um ramo da literatura. Os historiadores certamente pesquisavam seu tema e lutavam para ser precisos, mas, no produto final, a integridade literária era considerada muito mais importante do que a necessidade de pôr os pingos nos "is". Portanto, em vez de uma seca recitação de fatos, os autores lidavam com decisões políticas criando discursos que eles não hesitavam em colocar nas bocas dos principais personagens, não importando se eles os tinham realmente falado ou não.

A documentação, se é que houvesse, era limitada a breves passagens, e notas de rodapé eram desconhecidas. Eusébio mudou tudo isso para a História da Igreja. Embora normalmente clara, sua prosa não se eleva. Mas mais importante, o bispo não hesita em entremear seu relato com extensa e direta citação de documentos, muitos dos quais agora estão perdidos. Este era um traço que Eusébio também devia às escolas filosóficas, embora ele confiasse nisso muito mais que elas jamais o fizeram[15].

A razão pela qual Eusébio assumiu um projeto tão grande está intimamente ligada à data que os estudiosos atribuem ao trabalho. Num estudo importante, Timothy Barnes detectou um otimismo profundamente arraigado em relação ao papel conjunto da Igreja e do Império, que sustentou Eusébio

---

15 MOMIGLIANO, 1990, p. 140. Cf. JOHNSON, 2014, p. 86. "Citações de um leque tão amplo de textos diversos transformaram o trabalho de história de Eusébio em uma vibrante colagem literária".

através dos dias escuros da perseguição de Diocleciano e explicou sua entusiasmada aceitação de Constantino. Barnes baseou sua conclusão num estudo detalhado da *Historia,* na qual ele detectou várias edições, sendo que a primeira compreendia apenas os sete primeiros livros e fora publicada muito antes do início da perseguição de 303, tendo sido então atualizada com novas edições, com uma revisão final em 324. Nesse sentido, Barnes concluiu que a *Historia* reflete "as suposições otimistas de um cristão escrevendo no reinado de Diocleciano antes da ameaça da perseguição" (BARNES, 1981, p. 146).

Pesquisas mais recentes lançaram dúvida a respeito da ideia de uma publicação anterior e, ao contrário, aderiram à premissa de uma primeira edição que não apareceu até 313 ou até mais tarde, com apenas uma revisão em meados de 320 para incluir a guerra vitoriosa de Constantino pelo controle do Império Oriental[16]. Nesse caso, o otimismo percebido por Barnes deve ser interpretado de maneira diferente. Como Melito de Sardis, assim como seu ancestral intelectual Orígenes, Eusébio acreditava num papel conjunto de Roma e do cristianismo. Ele deu voz a esse otimismo apenas em 335, em outro discurso que ele proferiu perante Constantino, este sobre a Igreja do Santo Sepulcro recentemente construída em Jerusalém. Como uma de suas provas da influência benéfica do cristianismo, Eusébio ecoa Melito quando ele aponta que "no mesmo momento crítico, como se de uma única vontade divina, dois episódios benéficos foram produzidos pela humanidade: o império dos romanos e os ensinamentos do verdadeiro culto" (*De sepulchro Christi* 16.4, tr. DRAKE, 1976, p. 120).

Por essa época, Eusébio já tinha tido um quarto de século para refletir sobre o efeito da Conversão de Constantino, assim a confiança que ele projeta nessa passagem (ele equipara o papel do imperador ao empreender a guerra contra os perseguidores na Terra com o papel cósmico de Cristo ao lutar contra os demônios) não carece de explicação[17]. De forma semelhante, seu otimismo na *Historia* poderia ser explicado pela "pequena paz da Igreja" se ele estivesse escrevendo antes do início da perseguição em 303, quando ele teve quarenta anos de crescimento pacífico sobre o qual refletir. Mas o mesmo ocorreria se, ao contrário, ele tivesse escrito a *Historia* imediatamente após a perseguição de Diocleciano? Como Barnes observou, Eusébio pode muito bem ter visto a perseguição como uma aberração, uma interrupção em vez de uma negação dos planos de Deus (BARNES, 1981, p. 136). Mas se ele estivesse escrevendo a *Historia* no mesmo momento em que ele estava trabalhando no enorme projeto apologético que produziu a *Preparação* e a *Demonstração Evangélicas,* sua intenção fica mais complicada.

---

16 BURGESS, 1997, completado por DEVORE, 2013, p. 236-241; cf. JOHNSON, 2014, p. 20-21.
17 Para a prevalência na Antiguidade Tardia de uma "tendência a ver a sociedade humana como parte de uma hierarquia cósmica cuja estrutura deve ser replicada nas comunidades políticas do homem", ver NUFFELEN, 2011, p. 4.

Estudos mais recentes indicam que o bispo pretendia que todos esses trabalhos oferecessem aos cristãos um sofisticado entendimento de suas crenças e de seu papel distinto na história imperial. Ele utilizou o modelo das escolas filosóficas não apenas como um mecanismo de organização, mas como um modo de dotar sua religião com respeitabilidade intelectual. Na sequência da derrota dos imperadores perseguidores e da conversão de Constantino, ele procurou demonstrar que sua religião estava pronta para um tempo melhor[18].

Com efeito, esses estudos recentes mostraram como Eusébio utilizou sua abordagem documental para propósitos apologéticos. Subjacente a estes motivos estava a intensidade com a qual Eusébio acreditava que ele havia sido poupado de modo a testemunhar o triunfo do cristianismo ortodoxo. Em parte alguma o efeito deste motivo está mais claro do que na última parte de seu escrito histórico, sua *Vida de Constantino*.

A *Vida de Constantino*

Em algum momento entre a morte de Constantino em 337 e sua própria em (provavelmente) 339, Eusébio escreveu a *Vida de Constantino* (*de vita Constantini*, doravante *Vida*). Esta, também, foi uma inovação, não tanto por seu assunto – *Vidas* de imperadores eram um gênero bem conhecido – quanto por sua nova ênfase na religião do imperador. Em suas páginas de abertura, Eusébio censura a atenção dada a tiranos como Nero, e explica que seu relato ignoraria as guerras e ações civis que preenchem tais biografias e, em vez disso, se concentraria nas ações de Constantino que eram "caras a Deus" (*Vida* 1.11). Em outras palavras, ele queria escrever uma biografia imperial que se concentrasse na vida espiritual do imperador. Isso antecipou o que logo se tornaria o gênero para a escrita das vidas dos homens santos cristãos – as vidas de santos, ou hagiografia. Mas diferentemente de sua inovadora *Historia*, a *Vida* de Eusébio teve poucos imitadores. Como Arnaldo Momigliano sarcasticamente observou, descrever Constantino como um modelo de uma vida santa "não estava certamente além da ingenuidade de Eusébio, mas desprezava o respeito de qualquer um pela verdade" (MOMIGLIANO, 1963, p. 93).

Entretanto, o impacto da *Vida* no estudo da Era de Constantino foi imenso, pois seus quatro livros, que incluem cópias completas de cartas enviadas pelo imperador, são a única narrativa contemporânea que sobreviveu, e o prestígio de seu autor a tornou duplamente confiável. Eusébio encorajou os

---

18 DEVORE, 2013, p. 235, a *Historia* "pavimentou o caminho para que o futuro da Igreja se tornasse completamente entrelaçado com o do Império Romano no século quarto e para criar um Império Cristão". Ver JOHNSON, 2004; JOHNSON, 2004; SCHOTT, 2008; VERDONER, 2011; JOHNSON; SCHOTT, 2013; CORKE-WEBSTER, 2019.

leitores a pensarem nele como um amigo íntimo de Constantino: na primeira frase do trabalho, ele relembra discursos que ele proferiu para o vigésimo e trigésimo aniversários do imperador (*Vida* 1.1), e logo em seguida questiona como ele poderia permanecer em silêncio "quando o próprio Deus permitiu que nos uníssemos com um imperador tão grandioso que em toda a história não há relato de alguém como ele, e vê-lo, conhecê-lo, e compartilhar sua companhia?" (*Vida* 1.10.2)[19].

Toques assim tão pessoais permeiam a *Vida*. Eusébio precede a famosa história da Visão da Cruz de Constantino citada no início deste capítulo com a narrativa da confusão religiosa do imperador. A história da visão, que Eusébio diz ter ouvido da boca do próprio imperador, cobre esse relato, e ele o acompanha de uma descrição do estandarte de batalha que o imperador mandou fazer, "o qual o próprio imperador uma vez achou que eu deveria ver" (*Vida* 1.30). O efeito é fazer do próprio Constantino o autor de tudo o que Eusébio escreve sobre ele. Não surpreende assim que, por séculos, Eusébio tenha sido considerado o alter ego de Constantino, "como o principal conselheiro para o coração e a consciência de Constantino, como um confessor"[20].

Essa combinação de autoridade e prestígio acabou por se tornar uma faca de dois gumes. Por um lado, ela levou os estudiosos a considerar Eusébio até relativamente recentemente como o conselheiro íntimo de Constantino, e mesmo como o arquiteto de sua política religiosa. Por outro lado, ela também levou os estudiosos a responsabilizá-lo por tudo, desde erros fatuais até distorções na *Vida*. O mais famoso desses críticos foi sem dúvida Jacob Burckhardt, que apontou para "a maneira ou expressão conscientemente furtiva" do bispo e o chamou de "o primeiro historiador da Antiguidade completamente desonesto" (BURCKHARDT, 1949, p. 261, 283). Outros assumiram a conduta oposta: um erudito tão renomado quanto Eusébio não poderia ser culpado de tais erros; portanto, a *Vida* deve ser uma falsificação (GRÉGOIRE, 1938).

Aqui, como na *Historia*, Eusébio incluiu documentos para apoiar sua tese, entre eles nove cartas e éditos de Constantino e um longo discurso do imperador "Para a Assembleia dos Santos" que ele adicionou como um apêndice. Um desses documentos – um édito, aos provincianos, que Constantino emitiu depois de ter tomado o controle do leste de seu colega Licínio em 324 (*Vida* 2.48-60) – pareceu tão absurdo ao bizantinista belga Henri Grégoire que ele baseou todo o seu estudo contra a autenticidade da *Vida* na asserção de que esta carta devia ser uma falsificação (GRÉGOIRE, 1938, p. 580-81). Em uma das grandes ironias dos estudos constantinianos, um fragmento dessa carta foi descoberto na parte de trás de um papiro que poderia ser datado,

---

19 A menos que seja indicado o contrário, todas as traduções da *Vida* são de Cameron e Hall 1999.
20 PECOCK *apud* WEBB, 1981, p. 97.

pela letra, a um estilo usado no começo do século quarto (JONES; SKEAT, 1954). Uma década mais tarde, a questão da autenticidade foi decisivamente encerrada pelo editor de uma nova edição da *Vida* (WINKELMANN, 1961; WINKELMANN, 1962).

O problema dos erros e das distorções de Eusébio permanece, mas Timothy Barnes mudou significativamente a equação em 1981 quando atribuiu muitas das discrepâncias à probabilidade de que Eusébio tenha morrido com o manuscrito inacabado, e outras à distância de Eusébio da corte: longe de ser um conselheiro que estava constantemente ao lado de Constantino, Barnes notou que o número de ocasiões conhecidas em que Eusébio encontrou Constantino poderia ser reduzido a um mero punhado. Com efeito, essa mudança significou que, em vez de ser um confidente imperial, Eusébio era meramente um observador provinciano com conhecimento limitado dos atos e intenções do imperador. Barnes concluiu que ainda se poderia confiar em Eusébio desde que essas limitações fossem levadas em conta[21].

Assumindo que Barnes esteja correto, o que pensar da maneira como Eusébio se apresenta – como alguém que tinha muito mais intimidade com o imperador? Averil Cameron chamou atenção para o fato de que reivindicações de informações privilegiadas são típicas de panegíricos, mas a *Vida* não é exatamente um panegírico. Por isso, ela também avisou que a abordagem dos positivistas históricos – a classe de eruditos que acredita que os fatos, uma vez que estejam determinados por método científico, falam por si mesmos – simplesmente não pode ser usada para entender um autor como Eusébio. Ao contrário, Cameron argumentou, os "fatos" em um trabalho como a *Vida* não podem ser separados dos objetivos do autor ao apresentá-los; a *Vida* "tem que ser lida como um texto antes que possa ser lida como uma fonte"[22]. Na realidade, Cameron estava alegando que os objetivos de Eusébio e as estratégias retóricas que ele utilizou para alcançá-los necessitavam de tanta atenção quanto a informação fatual que ele fornece.

Um objetivo era certamente a crença de que ele tinha a missão de documentar o triunfo de sua religião. Menos de um ano antes do discurso de 336, no qual ele expressou a crença de que Deus havia poupado alguns cristãos durante a perseguição, de modo que eles pudessem ser "intérpretes do que havia acontecido" (acima), Eusébio começou outro discurso para Constantino com a frase explícita: "Eu posso ser um tipo de intérprete de suas intenções e me tornar o repórter de sua alma devota [...]" (*No Sepulcro de Cristo* 11.7,

---

21 BARNES, 1981, p. 255; BARNES, 1989. O estado inacabado da *Vida* foi discutido por Pasquali (1910), mas Pietri e Rondeau (2013, p. 23) minimizam seu efeito.
22 Av. CAMERON, 1997: esp. 145, 155. Para as alegações de Eusébio quanto a um conhecimento especial, ver Av. CAMERON, 1983, p. 83-4.

tr. DRAKE, 1976, p. 104). Eusébio anexou ambos os discursos à *Vida*, juntamente com a *Oração aos Santos* do próprio Constantino, e quando estas duas frases são lidas lado-a-lado, é praticamente impossível não concluir que ele se considerava um dos que haviam sido salvos para esse propósito.

Na *Vida*, essa determinação se manifesta não apenas em sua intenção declarada de excluir qualquer parte do plano de Constantino que não dissesse respeito ao cristianismo, mas mais ainda na maneira como ele colocava um brilho cristão em tudo o que o imperador fazia. Um exemplo notório é a maneira com que o bispo lida com a pilhagem por Constantino de tesouros da arte, ao longo do Oriente, para adornar sua nova capital Constantinopla. Assim Eusébio descreve a ação:

> A cidade que recebeu o nome do imperador estava completamente cheia de objetos de arte trabalhados em bronze consagrados em várias províncias. Para aqueles com o nome de deuses, os pecadores tinham, por muito tempo, oferecido em vão inúmeras hecatombes e holocaustos inteiros, mas, por fim, eles ganharam sentido, pois o imperador usou esses mesmos brinquedos para a risada e a diversão dos espectadores (*Vida* 3.54.3).

Isso era equivalente a negar que o imperador tivesse qualquer motivação estética ao expor essas obras como arte pública. Como Jonathan Bardill concluiu, "As tentativas de Eusébio de retratar Constantinopla como imaculadamente cristã e sua explicação para a presença das estátuas dos deuses pagãos aparentam desespero"[23].

Havia uma estátua para a qual nem mesmo Eusébio podia dar uma desculpa. Era uma estátua de Constantino à guisa do deus sol, Apollo, que ficava sobre uma coluna de porfírio no fórum de sua nova cidade[24]. Neste caso, o bispo seguiu uma prática antiga: ele simplesmente não disse nada. Os estudiosos estão cientes, há muito tempo, de que esse era o método preferido de Eusébio para lidar com questões desconfortáveis. Seu fracasso até em aludir às trágicas circunstâncias que levaram Constantino a condenar à morte sua esposa e o filho mais velho é uma prova disso, assim como a atenção superficial que ele dedica ao Concílio de Niceia, no qual suas próprias opiniões foram atacadas. Tais lapsos levaram o abade Duchesne a descrever a *Vida* com um "triunfo da reticência e da circunlocução" ("le triomphe de la réticence et de la

---

23 BARDILL, 2012, p. 266. O estudo clássico é de Mango (1963). Cf. SARADI-MENDELOVICI, 1990, p. 50. Para a estratégia de Eusébio ao lidar com interpretações contrárias (nesse caso, simbolismo solar), ver WALLRAFF, 2001, p. 266.

24 Identificado por Preger (1901). Bassett (2004, p. 192-199) fornece uma tradução das fontes literárias. Para a discussão das diferentes interpretações, ver (com ilustrações) BARDILL, 2012, p. 20-39; HIJMANS, 2009, p. 543-544. A coluna, sem a estátua, ainda está de pé na moderna Istambul. Ver OUSTERHOUT, 2014.

circonlocution", DUCHESNE, 1919, v. 2, p. 191). Esse não é exatamente um "argumento do silêncio", pois nem prova que Eusébio era ignorante dos itens que ele ignora, nem que seu silêncio significa que os eventos não devem ter ocorrido[25]. Ao contrário, antecipa uma estratégia agora comum de determinar a inclinação e a intenção dos autores pela maneira com que eles passam em silêncio por eventos bem conhecidos (HEDRICK, 1990).

Um resultado importante dessa abordagem foi uma nova ênfase em Eusébio como um apologista, um termo derivado dos tribunais de justiça, onde "apologia" (*apologia*) significava "defesa". Apologistas, como Melito de Sardis quando defendeu o destino paralelo de Roma e do cristianismo, defendiam a fé de seus críticos. A *Vida* não é uma apologia nesse sentido: não está direcionada a um imperador ou a outro oficial imperial, e não apresenta um caso para defender a sua fé. Como Momigliano observou, a *Vida* é algo novo – não tanto como um panegírico quanto como uma rapsódia. O gênero não é a questão: o que se deve ter em mente são os motivos apologéticos de Eusébio, sua intenção de mostrar que Constantino era tão dedicado à fé que suas ações não poderiam ter outro significado (Av. CAMERON, 1983, p. 83-84).

Toda essa crítica deixa aparentemente a reputação de Eusébio como historiador em frangalhos. Mas o que ela realmente denota é uma transformação na maneira como o estudo da história mudou nas décadas recentes.

Conclusão: Eusébio como Testemunha

No auge do positivismo histórico, o grande historiador francês do século dezenove, Fustel de Coulanges, foi ovacionado por seus alunos em sua palestra sobre a inerente superioridade da cultura francesa em relação ao barbarismo alemão. Em resposta, o grande Fustel disse calmamente, "Não me aplaudam. Não sou eu falando com vocês, é a história falando através de mim"[26]. Com este sentimento, Fustel incorporou a premissa de que os fatos, uma vez que tenham sido adequada e cientificamente identificados, falam por si mesmos. Em tal atmosfera, a *Historia* de Eusébio foi prontamente entendida como nada além de um recipiente que o bispo havia enchido com uma carga de dados que nos forneceram testemunho documental para os três primeiros séculos do desenvolvimento cristão.

---

25 A alegação de Edward Gibbon no *Declínio e Queda* de que nada identificado como a Verdadeira Cruz foi descoberto em Jerusalém porque Eusébio não fala nada a respeito é um exemplo do último. GIBBON, 1909/1914, p. 2: 481, n. 66.

26 "Ne m'applaudissez pas, ce n'est pas moi qui vous parle; c'est l'histoire qui parle par ma bouche" (*apud* MONOD, 1897, p. 138).

Os estudos históricos se tornaram muito mais sofisticados na era pós-moderna, com uma noção geral de que mesmo "apenas os fatos" vêm embrulhados num pacote interpretativo que pode distorcer nosso entendimento do assunto, e de que mesmo os historiadores mais objetivos não conseguem evitar a influência dos sentimentos predominantes em sua cultura de um modo geral. Nesse contexto, já não é elegante da parte dos historiadores alegarem não serem mais que transmissores de verdades históricas, ou pretenderem uma objetividade que já não pode ser alcançada.

Portanto, alguns julgamentos tradicionais sobre Eusébio precisam ser repensados. Gibbon, no *Declínio e Queda*, castigou Eusébio por este admitir "que relatou qualquer coisa que poderia redundar na glória, e que omitiu tudo que poderia tender à desgraça, da religião" (GIBBON, 1909-1914, v. 2, p. 144). Gibbon, presumidamente, tinha em mente a *Historia* 8.2.2-3, onde Eusébio afirma que ele não escreveria sobre cristãos que apostataram durante a perseguição, mas, ao contrário, se concentraria "apenas nos eventos que podem ser úteis, primeiro para nós mesmos, e depois para a posteridade" (tr. MCGIFFERT, 1890, p. 324). Ele faz uma asserção semelhante na *Vida* 1.11, escrevendo que apenas registrará os feitos de Constantino que ele considera dignos da posteridade.

Com efeito, Eusébio sinalizou *caveat emptor*: ele avisa seus leitores para não pensarem em sua narrativa como um relato completo, ou como se fosse livre de parcialidade. Hoje, tal sinceridade parece original, e não é pouco surpreendente que ainda possa deixar alguns estudiosos desconfortáveis. Ao mesmo tempo, no entanto, explica porque outros estudiosos argumentaram, por muito tempo, que o Eusébio historiador não pode ser separado do Eusébio apologista[27]. Os três trabalhos históricos pesquisados neste capítulo mostram a maneira como Eusébio coloca sua abordagem documental a serviço de um objetivo apologético.

A *Crônica* é, em seus métodos, um trabalho de pura erudição; ainda assim, mesmo aqui, Eusébio se encarrega de demonstrar a prioridade do pensamento judeu em relação à filosofia grega e de criar uma história alternativa para uma religião que não era nem grega nem judia. Esse tipo de objetivo abrangente é agora chamado de *meta-narrativa*. Ao observá-la, podemos notar como os "fatos" podem ser utilizados seletivamente.

---

27 Ver, e.g., SCHOTT, 2013, p. 361: "Graças à (um tanto tardia) chegada da linguística aos estudos da Antiguidade Tardia, as obras de Eusébio já não são vistas como 'evidência' transparente para a reconstrução da história da Antiguidade Tardia, mas como complexos textos literários que requerem análise discursiva e retórica". Para opiniões anteriores, LIGHTFOOT, 1911, p. 532: "Ele é antes de tudo um apologista"; STEVENSON, 1929, p. 35; MOMIGLIANO, 1963, p. 85, BURGESS, 1997, p. 496-497.

A *Historia* serve como um outro exemplo. Aqui, a metanarrativa objetivava fixar no relato a imagem de uma Igreja Ortodoxa unificada que sempre poderia ser claramente distinta da variedade de heresias contra as quais ela lutava. Este não é um dos objetivos declarados de Eusébio; ao contrário, é algo que era tão óbvio para ele que poderia passar despercebido. A combinação dessa suposição com a documentação abundante (e agora inestimável) que ele forneceu foi tão bem sucedida que sua visão foi apenas desafiada menos de um século atrás, quando Walter Bauer publicou sua obra influente, *Ortodoxia e Heresia no Início do Cristianismo*, na qual ele mostrava não que Eusébio estava errado ao identificar uma tradição ortodoxa consistente, mas que ao fazer isso ele mascarou a existência de tradições locais igualmente válidas que testemunham uma diversidade muito maior na comunidade cristã primitiva do que a metanarrativa de Eusébio nos permitiu acreditar (BAUER, 1971; DEVORE, 2013, p. 175-77).

Com a *Vida*, Eusébio pretendeu retratar Constantino como o imperador cristão ideal; como se soube por muito tempo, onde Constantino se desviasse desse ideal, era o imperador mais que o ideal que tinha que ceder. Para alcançar esse objetivo, Eusébio, como vimos, se estabeleceu como a pessoa mais qualificada para assumir tal tarefa. Um efeito dessa postura foi que ela emprestou tal autoridade para a sua interpretação dos documentos que ele forneceu, tais como as cartas de Constantino, que sua visão foi aceita mesmo quando não era fundamentada pelo documento, e ocasionalmente mesmo quando os documentos contradiziam o que Eusébio alegava que eles diziam (recordando a famosa frase de Groucho Marx, "Em quem você acredita – em mim ou no seus olhos?"). Essa mesma dúvida aparece sempre que o bispo faz generalizações indiscriminadas com pouca ou nenhuma evidência para fundamentá-las.

Juntamente com seus silêncios e omissão intencional, a *Vida* inclui outro perigo. A princípio, Eusébio leva seus leitores a acreditar que ele fez sua seleção a partir de uma grande quantidade de informação à sua disposição: "Eu devo escolher entre aquelas que chegaram até nós as mais significativas e dignas de registro" (*Vida* 1.11.1-2). Essa é uma tarefa que todo historiador deve empreender, mesmo hoje (talvez especialmente hoje, quando tanta informação perdida da Antiguidade está tão prontamente disponível), e os leitores assumem que a seleção foi feita de maneira a representar o todo. Mas agora que Eusébio foi derrubado do posto de destaque que ele se atribuiu, há razão para acreditar que ele tinha muito mais documentos em mãos do que ele realmente incluiu.

A crítica a Eusébio é justificável, mas precisa ser vista no contexto do aumento dos estudos religiosos como um campo de investigação, que trouxe consigo uma abordagem mais crítica e comparativa para o estudo da religião como um todo (SMITH, 1990). De forma alguma, isso diminui o que Eusébio alcançou como o pai de um novo campo da investigação histórica. Com o campo da História da Igreja, Eusébio moveu para o centro as questões que ele considerava mais significativas para a sua audiência, e moveu para a periferia os assuntos imperiais. Isso é normal, e isso ocorre em toda história de uma nação ou grupo particular. Cabe aos leitores de Eusébio lembrar que os imperadores nos primeiros séculos da ascensão do cristianismo tinham assuntos muito mais importantes para ocupar seu tempo.

A AUTOBIOGRAFIA COMO HISTÓRIA:
a vida do sofista Libânio de Antioquia

Érica Cristhyane Morais da Silva[1]

Introdução

Libânio de Antioquia não é considerado um historiador e muito menos escreveu uma história em seu sentido clássico e pós-clássico.[2] Não obstante, as obras desse sofista fundamentou a escrita da história de uma das principais cidades do império, Antioquia de Orontes, e se tornou, também, um importante testemunho rico em evidências que fundamentam a escrita da história do império romano do século IV d.C., um momento decisivo do mundo pós-clássico. A *Autobiografia* de Libânio é, por exemplo, uma das obras mais referidas e citadas pelos especialistas, estudiosos desse autor antigo, seja para busca de dados biográficos sobre ele, seja para busca de evidências que fundamentem a escrita da história do mundo em que o sofista viveu (VAN HOOF, 2011, p. 193). Embora muito citada, a *Autobiografia* de Libânio, dentre as obras desse autor, tem sido a menos estudada por si só e em seus próprios termos (VAN HOOF, 2011, p. 193; VAN HOOF, 2014, p. 7-38). E a *Autobiografia* de Libânio tem muito a oferecer em termos de sua relação com a historiografia na Antiguidade Tardia. O material autobiográfico é uma importante fonte de informação histórica e no qual incide meios de uma autenticação de fatos históricos e mediante os quais podemos reivindicar também, em alguma medida, uma natureza histórica para a percepção particular dos eventos narrados pelos seus autores por esta possuir características semelhantes à historiografia. Desse modo, a autobiografia e a história se entrelaçam e se imbricam. Não é arbitrário, portanto, que em uma expressiva coletânea sobre a historiografia grega e

---

1   Professora de História Antiga do Departamento de História da Universidade Federal do Espírito Santo (UFES). Pesquisadora membro do Laboratório de Estudos sobre o Império Romano (LEIR-ES; G.LEIR-Franca/SP). Professora/Pesquisadora no Programa de Pós-Graduação em História Social das Relações Política da UFES.
2   Os historiadores da Antiguidade Tardia são abundantes e definidos por meio de critérios fundamentais (como os que foram definidos pelos modelos herodoteano, tucidideano, polibiano, tacideano, eusebiano de narrativas históricas) que distinguem e definem aqueles autores antigos que podem ser chamados historiadores (MOMIGLIANO, 2004, p. 53-84; p. 157-186; p. 187-212; MOMIGLIANO, 1993a; FUNARI; GARRAFONI, 2016; SANT'ANNA, 2012, p. 141-153). Em várias coletâneas sobre a historiografia antiga no contexto da Antiguidade Tardia, em nenhuma delas, Libânio é listado ou considerado como historiador (MARASCO, 2003; ROHRBACHER, 2002; CROKE, EMMETT, 1983). Sobre a natureza do discurso histórico no contexto da Antiguidade Tardia, nós apresentaremos mais adiante. Não obstante, vide Brian Croke (2007, p. 567-581; 2017), Brian Croke e Roger Scott (2017, p. 27-54); Alan J. Ross (2016, p. 295-297).

romana antigas organizada por historiadores contemporâneos, a biografia seja incluída e que esta se apresente como uma das "vizinhas" significativas da História (MARINCOLA, 2007, p. 481-564).[3] Há sobreposições de gêneros, extrapolações de fronteiras e definições. Os biógrafos descrevem não apenas as próprias conquistas e seus fracassos, mas também como eles viveram suas vidas, os acontecimentos que os definiram e contextualizaram as suas ações; e como suas vidas ou as de outrem que julgaram homens exemplares servem como modelos a serem seguidos pelos seus contemporâneos e a serem rememorados na posteridade (STADTER, 2007, p. 528). Além disso, os biógrafos recorrem às mesmas fontes de evidências e as mesmas técnicas que as utilizadas pelos historiadores (STADTER, 2007, p. 528).

A natureza da escrita da história na Antiguidade Tardia

Henri Marrou (1958, p. 68-69) já havia afirmado que a História não se faz sem documentos. De fato, na contemporaneidade, a documentação é o fundamento da escrita da História, é imprescindível ao historiador a informação sobre o lugar de onde deve partir toda reflexão histórica. Todavia, não podemos esquecer, ou pelo menos deixar de considerar, as dificuldades impostas pela documentação sob a qual construímos nossa interpretação da realidade, mediante a qual produzimos uma perspectiva histórica possível. A documentação como fundamento, base da reflexão histórica, é desse modo o alicerce sob o qual a História é escrita. Uma outra questão importante para escrita da história é a presença de uma cronologia. O tempo é algo essencial.

Historicamente, a periodização é intrinsecamente e inevitavelmente anacrônica e esse fato deve ser destacado *a priori*. Os egípcios, gregos e romanos antigos, por exemplo, não pensaram suas vidas em termos de fases e divisões como os historiadores, estudiosos e especialistas o fazem ao produzir suas interpretações históricas. Todavia, poder-se-iam dizer que a periodização é como a "espinha dorsal" da História (HORNUNG, 2006, p. 1). De fato, a "Periodização é de vital importância para a História e toda geração tem que (re)considerar o passado em termos de sua própria perspectiva" (FLOWER, 2010, p. 4-6; SHAW, 2000, p. 1). A cronologia da história do Egito Antigo ainda tem sido, geralmente, fundamentada no sistema de dinastias cuja configuração cronológica foi herdada de Maneto, sacerdote egípcio do século III a.C., e preservada em sua obra intitulada 'História Egípcia'. Assim, desde Maneto, o chamado período faraônico (c. 3000 a 332 a.C.) tem sido dividido em períodos denominados de "dinastias" as quais se

---

3   Para convergências e divergências, fronteiras e relações entre os gêneros literários, vide, Tomas Hägg e Philip Rousseau (2000, p. 1-28); Philip Stadter (2007, p. 528-540); M. Debié (2010).

constituem de uma sequência de monarcas, os faraós, geralmente, unidos por fatores como a forma de governo ou o lugar principal de residência desses monarcas (SHAW, 2000, p. 1).

Em um capítulo introdutório, *Chronologies and Cultural change in Egypt*, Ian Shaw (2003) argumenta que essa abordagem política que divide a história do Egito em dinastias tem sido bastante útil didaticamente, no decorrer dos anos, como uma forma de caracterização da história em uma série de blocos convencionais onde cada um desses se constituem distintamente em relação ao outro. Todavia, segundo esse autor, essa cronologia dificulta a compreensão das mudanças sociais e culturais reveladas pelas evidências provenientes das escavações que vem sendo realizadas desde 1960. Para Shaw, na medida em que as evidências arqueológicas e históricas têm se ampliado e variado, se tornou mais aparente que o sistema de datação fundamentado na obra de Maneto, geralmente, exclui muito das novas tendências cronológicas que se processam fora da simples passagem do trono de um grupo de indivíduos para outro.

Para o historiador grego clássico Heródoto de Halicarnaso (*Historiae*, I, 1), é preciso preservar mediante a história as ações humanas que são condenadas a se apagarem pelo tempo. O conceito de História de Heródoto presente nas primeiras linhas da obra é particularmente significativo. Em *As Histórias*, de Heródoto, a recuperação de eventos remotos ocorre mediante depoimentos de outrem num todo que implica a arbitragem das várias versões numa relação conflituosa entre aqueles que testemunham, mas há também conflitos entre as testemunhas e o próprio árbitro, aquele que conta a história (BAKKER, 2002, p. 18-19). O historiador grego clássico expressa ainda uma preocupação com o destino de sua obra, exigindo de sua futura audiência o que ele próprio propôs fazer: ouvir criticamente, questionar, julgar, e ainda registrar (BAKKER, 2002, p. 32). João Crisósotmo (*De Statui*, Hom. VIII, 1) também reivindica para 'As Escrituras' o status de narrativa histórica: "Tendes escutado, ultimamente, como As Escrituras trazem consolo e conforto, apesar de serem uma narrativa histórica. Por exemplo, "No início, Deus criou o céu e a terra," é uma declaração histórica…".

Na História Eclesiástica, Eusébio de Cesáreia (*Historia Ecclesiastica*, I, 1) diz ter como objetivo o registro, em escrito, das sucessões daqueles que ele categoriza como santos apóstolos, buscando também relatar sobre os tempos desde a época de Jesus Cristo até a sua própria época, bem como relacionar os diversos eventos importantes que se diz terem ocorrido na história da Eclésia distinguindo aqueles que governaram e lideraram a Eclésia nas províncias mais importantes do Império. Eusébio ainda argumenta que fará esse registro recorrendo às memórias e passagens de escritores antigos, buscando dar a estes materiais "um tratamento histórico". Eusébio (*Hist. Eccl.*, I, 2) acrescenta também que é um tema necessário, já que não tem conhecimento de que nenhum escritor cristão tenha dado a devida atenção a esse tipo de escrita e que espera que o valor dessa obra seja evidente para aqueles que reconhecem a importância do conhecimento da história.

Três histórias, mas três concepções diferentes de como escrever e compreender a história. Todavia, esses autores se preocupam com a maneira com que, particularmente, as suas narrativas históricas serão contadas bem como também se preocupam com a maneira com que suas obras serão recepcionadas, compreendidas e difundidas posteriormente. Essa é uma preocupação que se insere dentro da relação que aproxima a história e a historiografia, como é concebida contemporaneamente, da matriz do conceito de memória. Os antigos não concebiam a história separada da memória, mesmo considerando que são como duas coisas distintas[4].

Os gêneros literários produzidos no contexto da antiguidade não são enclausurados em apenas um gênero, podendo manter características de outras formas de textos havendo, por vezes, distanciamentos, mas também proximidades significativas. Desse modo, um panegírico pode ter características de história e vice-versa, ou biografia e hagiografias e serem intercambiáveis, cronografias e histórias e, em nosso caso de estudo, vínculos entre história e biografia. Na Antiguidade Tardia, a escrita da História tem características peculiares. Há fluidez entre os gêneros literários, embora isso não seja um marco distintivo do contexto da Antiguidade Tardia, as transgressões e sobreposições marcam também a historiografia tardo-antiga de modo ímpar. O gênero historiográfico tardo-antigo tem relações estreitas com o panegírico, a cronografia e a biografia sendo muito difícil definir fronteiras precisas entre estes (ROSS, 2016, p. 295-297; CROKE; SCOTT, 2017). A história e o panegírico convergem porque tratam de temas comuns: imperadores. Não obstante, a divisão entre estes dois gêneros consiste em um limite temporal; de um lado está a historiografia, que lida com os reinos de imperadores do passado, por outro panegírico que se refere à imperadores reinantes (ROSS, 2016, p. 298). A cronografia tardo-antiga busca sincronizar os eventos históricos de povos à um sistema de datações, uma cronologia para uma história universal e já no tempo de João Malalas era possível o intercambeamento entre cronografia

---

4   A memória está estreitamente relacionada com a história. Curiosa e não arbitrária, a mitologia grega antiga na qual Clio, musa da história, é filha de Zeus e Mnemosine que é uma divindade Titã, filha de Gaia e Urano e personificação da memória (HESIODUS, *Theogonia*, 53; 63). O mito de Clio e Mnemosine nos ensina, dessa forma, a íntima relação entre História e Memória. A tensão entre Clio e Mnemosine pode, por exemplo, ser compreendida mediante a ideia de oposição binária velho/novo, antigo/recente, ordem/desordem que, mesmo que seja, a priori, uma oposição, não se pode negar que se configura caracteristicamente e intrinsecamente como uma relação identitária no qual ao mesmo tempo em que se define a partir de exclusão, não existe em si sem a outra parte da relação, sendo assim, na perspectiva de Georges Balandier (1997, p. 121), como duas faces da mesma moeda. Sendo, portanto, uma constitutiva da outra.

e história (CROKE; SCOTT, 2017, p. 27-28). Desse modo, a história tardo-antiga é relativa à cronologia, às narrativas de "grandes homens" (uma história política em seu sentido tradicional e à moda de Maneto em termos de periodização), caracteristicamente marcada por procedimentos de investigação determinados e portadora de verdade. Considerando todos esses elementos, em Libânio de Antioquia, a história é parte integrante de várias de suas obras.

A História na concepção de Libânio de Antioquia

Libânio de Antioquia é um sofista neoplatônico que viveu no século IV d.C. e é renomado por sua escola de retórica (CRIBIORE, 2007), nasceu em 314 d.C., teve uma formação considerada greco-romana partindo de sua residência em Antioquia, aos 22 anos de idade, em direção à Atenas em busca de uma carreira como professor de retórica, um sofista (NORMAN, 1992, p. 1; QUIROGA PUERTAS, 2005, p. 175-178). Segundo Quiroga Puertas (2005, p. 175-178), primariamente, o termo sofista refere-se ao ensino da retórica, mas o sofista, além de ser professor de retórica, "se converteu em um dos tentáculos da política" contribuindo, mediante seu poder de persuasão, "para conseguir compensações ou prerrogativas econômicas na obtenção de recursos para a construção de pórticos, aquedutos". De acordo com Raffaella Cribiore (2007, p. 1), Libânio é considerado um "expoente do renascimento da literatura grega que se inicia com a Segunda Sofística, ensinada em Antioquia na Síria do século IV d.C.". Ademais, como Quiroga Puertas argumenta, "grande parte dos sofistas pertenciam a estamentos poderosos da alta sociedade provincial romana". Assim, como sofista, Libânio partilha com os membros de uma elite os privilégios e uma situação abastada desfrutando ainda de uma posição que lhe permite exercer bastante influência.

Durante o século IV d.C., de acordo com Hidalgo de La Vega (1995, p. 58), os sofistas podiam atuar, grosso modo, em vários níveis e esferas como, por exemplo, podiam interferir culturalmente, construindo justificativas ou oposições ao poder monárquico no sentido de uma produção de uma teoria política; podiam ainda nas suas relações com a comunidade, ocupar cargos públicos, servirem como mediadores em conflitos internos às cidades onde estavam locados ou em conflitos entre cidades rivais, podiam atuar como evergetas e, por isso, serem objetos de honras públicas e, por fim, o sofista, compreendido como um intelectual pode atuar como mediador entre sua cidade e o basileus. Assim, Libânio desfrutava de uma posição social e política cuja autoridade era reconhecida. As obras deste sofista demonstram grande eloquência e persuasão e pela autoridade que demonstram se relacionam, em grande medida, às narrativas de verdade da Antiguidade Tardia: a historiografia.

Na *Autobiografia* (*Or.* I), bem como no *Panegírico à Constâncio II e Constante* (*Or.* LIX), Libânio destaca o historiador Tucídides como um autor cujos procedimentos e obra são extraordinárias, um modelo a ser seguido:

> 148. Eu tenho uma cópia das *Histórias*, de Tucídides. A escrita é tão refinada e pequena que era fácil transportar a obra completa o que eu fazia com frequência enquanto meu servo me seguia: o que era para ser um fardo, era meu prazer. Nesta obra, eu costumava ler sobre a guerra entre Atenas e Esparta e isso teve impacto em mim como o teve em outras pessoas antes de mim. Em nenhuma outra obra eu teria tal prazer em ler sobre isso. (LIBANIUS, *Or.* I, 148).

> 126. Agora vou dizer algumas palavras em imitação de Tucídides. Porque eu não aceito imediatamente qualquer relato sem uma inquirição apropriada nem fujo das dificuldades na minha busca pela verdade e tive recorrer ao que estava disponível, mas com dificuldade e com a maior exatidão, eu dediquei todo o meu tempo à esta obra e, por isso mesmo, não há razão para desconfiarem de mim. (LIBANIUS, *Or.* LIX, 126).

Como podemos observar, com base nestes excertos, Libânio destaca particularmente Tucídides como historiador pela "escrita refinada" e pelos procedimentos de inquirição dos relatos e fontes de informação com o objetivo de alcançar a verdade dos fatos narrados.[5] Todavia não apenas Tucídides, mas também Heródoto, ambos, compõem o conjunto de recomendações de leituras dadas pelo sofista à seus amigos e alunos para que desenvolva eloquência (Lib. *Ep.* 181, 5). Assim, embora Tucídides apareça como modelo histórico à Libânio, Heródoto parece também ter grande influência nas técnicas e estratégias de escrita de Libânio, particularmente, em sua *Autobiografia* como veremos em seção posterior neste capítulo.

Alan J. Ross (2016, p. 304-309), ao analisar a Oração LIX, de Libânio, um panegírico dedicado, simultaneamente, à dois imperadores, filhos de Constantino – Constante e Constâncio II – apresenta significativas observações sobre a percepção do sofista sobre a escrita da história na Antiguidade Tardia. A problemática da qual se ocupa Alan Ross é a de buscar compreender a relação que há entre o panegírico e a historiografia por meio da análise da Oração LIX, de Libânio. Para Ross (2016, p. 305-306), Libânio sinaliza duas importantes características nesta obra, primeiro, uma transição na estrutura do discurso e, segundo, apresenta uma justificativa de mudança nos procedimentos adotados pelo sofista para a composição do discurso no qual

---

5   A tradição tucidideana se mostra, particularmente, duradoura, cópias da obra de Tucídides e recomendações de leituras eram realizadas ainda na Antiguidade Tardia. Vide Brian Croke (2007, p. 567-571) e A. F. Norman (1964, p. 159 e 168).

"explicitamente marca a distinção entre o que é história e o que venha a ser um panegírico". Segundo Ross (2016, p. 306), a distinção entre história e panegírico definida por Libânio é peculiar e diferente das definições oferecidas pelos historiadores tardo-antigos:

> Para Libânio, a divisão entre ambos, história e panegírico, não é determinada pela cronologia, em vez disso, é simplesmente uma questão da seleção de material. Considerando que o historiador tem o dever de cobrir todos os eventos, o panegirista tem o dever de selecionar aqueles acontecimentos que são mais adequados para elogiar o destinatário. E se os historiadores e teóricos criticaram o panegirista por sua falta da verdade (e, por sua vez, fortaleceu as alegações de verdade de seus próprios escritos), Libânio reivindica implicitamente o monopólio da historiografia sobre a verdade, ignorando a maneira como os historiadores definem seu gênero em oposição ao seu. Ele não pretende relatar eventos de uma maneira diferente, ele será meramente mais restritivo aos eventos que ele escolhe narrar. Por implicação, os eventos que ele narra será tão confiável e verdadeiro como se eles tivessem sido narrados por um historiador.

Outras observações importantes ressaltadas por Ross acerca da percepção de Libânio sobre a aproximação entre panegírico e história correspondem à função do discurso. Ao tratar dos feitos de imperadores romanos reinantes (e vivos), Libânio aborda os temas da historiografia imperial tradicional cobrindo uma lacuna material que os próprios historiadores procuram evitar (ROSS, 2016, p. 307). Neste sentido, revela a importância do panegírico como depositário da memória dos feitos e das obras dos imperadores que podem servir como matéria-prima para os historiadores, fontes de informações e produção de memória o que torna a função do panegírico, deste modo, a de "prover *cognitio rerum* e, portanto, preservar o conhecimento" (ROSS, 2016, p. 308). Assim, em síntese, a tônica na forma "seleção do material" para caracterizar a distinção entre história e panegírico desloca o debate sobre a questão da verdade dos fatos e sobre a reivindicação do monopólio desta última pelos historiadores (ROSS, 2016, 308). Libânio estaria, portanto, também relatando verdades assim como os historiadores tardo-antigos o afirmam fazer. Neste sentido, Libânio, na Oração LIX[6], estaria em concorrência direta com os historiadores como bem destaca Alan Ross (2016, p. 308):

---

6 Como podemos destacar no excerto da Oração LIX, parágrafos 56 e 57, analisado por Alan Ross (2016, p. 305-306): 56. "Parece que nosso discurso, uma vez que faz um progresso gradual, segue agora em direção aos feitos os quais foram conquistados em condições arriscadas e de perigo. **Na verdade, eu considero mais perigoso tomar de assalto aqueles que falam disso do que importunar os próprios homens que foram forjados em batalha** [grifo nosso]. Logo, não é algo trivial falar dos eventos mais importantes do que o é realizá-los. É importante dizer isso como uma forma de introdução logo de início.

Se os historiadores e teóricos criticaram o panegírico por sua falta de verdade (e por sua vez fortaleceram as alegações de verdade de seu próprio gênero), Libânio implicitamente protesta contra o monopólio da historiografia sobre a verdade ao ignorar a maneira pela qual os historiadores definem seu gênero em oposição à definição dele. Ele não pretende relatar eventos de uma maneira diferente, ele será apenas mais restritivo nos eventos que ele escolhe narrar. Por implicação, os eventos que ele narra serão tão confiáveis e verdadeiros como se fossem narrados por um historiador.

A história em Libânio de Antioquia é, portanto, aquele testemunho apresenta acontecimentos de forma detalhada enquanto, no panegírico, os testemunhos serão narrados de maneira mais restrita, porém com status de verdade. Para além disso, os acontecimentos narrados pelos panegiristas-historiadores serão eventos que tornar-se-ão públicos pela primeira vez implicando uma nova relação entre o orador e a audiência (ROSS, 2016, p. 308-309). Seguindo os preceitos constituídos a partir dessa concepção de história, a *Autobiografia*, de Libânio, apresenta, em seus parágrafos 95 à 285, uma escrita que aproxima esta obra à historiografia tardo-antiga.

A História na Autobiografia de Libânio de Antioquia

Toda biografia é, fundamentalmente, história porque depende da História, fortalece e enriquece a História e, além disso, se insere em uma cronologia e ser estruturada a partir dos contextos doméstico, da comunidade e profissional da vida de um indivíduo (JACKSON, 2004, p. 63; ROTBERG, 2010, p. 305)[7]. A *Autobiografia* de Libânio é uma obra que poderíamos compreendê-la a partir desses preceitos e sob a baliza da escrita da história na Antiguidade Tardia.

Os estudos sobre a *Autobiografia* de Libânio são poucos. Encontramos dois capítulos de livro de Lieve Van Hoof (2011, 2014), uma introdução à tradução do documento realizado por A. F. Norman (1992) e as traduções da obra realizadas por Jean P. Wolf (1967), Martin e Paul Petit (2003)[8], A. F.

Porque não é nossa intenção escrever uma história que pretende ser um relato que abrange tudo, muito menos me estender acerca de um acontecimento que exclui qualquer interesse exterior. Nossa intenção é dedicar um panegírico aos redentores do nosso mundo. 57. É o dever de um historiador, detalhar todas as conquistas em sequência, mas ao homem que deseja proferir um encômio é melhor não omitir qualquer forma de elogio do que recontar cada detalhe inteiramente. E assim, essa é a técnica que adotamos para relatar sobre a educação e a formação que mencionamos de cada um deles, sem ter que detalhar cada coisa que cada um fez e esta é a mesma forma que adotaremos para relatar sobre os feitos militares deles."

[7] Sobre um debate mais completo sobre a biografia no mundo antigo, vide N. J. Austin (1983, p. 54-65); F. Cairns e T. Luke (2018); Arnaldo Momigliano (1993b); B. Mcging e J. Mossman (2006). E sobre a relação entre biografia como história, há uma vasta lista de referências, vide L. W. Banner (2009); R. J. Barman (2010); F. West (1973).

[8] Originalmente publicado em 1978.

Norman (1992), Antonio Melero Bellido (2001). Nesse sentido, podemos observar que pouco foi explorado o conteúdo do texto da *Autobiografia*. Quando muito, se discute sobre a forma, a estrutura e estilo da obra. Sobre a composição e organização da obra, o texto se divide em duas partes: uma parte composta pelo intervalo entre o parágrafo §1 ao §155, escrito no ano 374 d.C. e uma segunda parte com os parágrafos remanescentes – §156 ao §285 – foi escrita após 374 d.C. (VAN HOOF, 2011, p. 193). Organizados de forma cronológica, embora esta possa ser uma construção retórica do sofista (VAN HOOF, 2011, p. 205-206). Em sua *Autobiografia*, Libânio está comprometido com a verdade e com "a apresentação dos fatos reais de sua vida por meio da narrativa de seu passado e das circunstâncias presentes" (VAN HOOF, 2014, p. 9). Não obstante, Lieve Van Hoof (2011, p. 194) define a *Autobiografia* de Libânio como "uma obra retórica com objetivos próprios, e, por isso, precisa ser estudado em seus próprios termos antes de compreendermos sob outros aspectos". Para Van Hoof (2001, p. 194), "os fatos não estão dispostos por si sós e muito menos em razão de uma narrativa da vida inteira de Libânio, mas os fatos serão utilizados ou omitidos com a finalidade de alcançar um objetivo específico". Mas mesmo que esta obra seja uma construção retórica e não uma expressão de realidade,[9] a demanda de Libânio por um status de verdade à sua narrativa já potencializa sua autoridade junto a sua audiência e, portanto, o aproxima da historiografia tardo-antiga bem como coloca-o em concorrência com os historiadores. Na própria abertura da *Autobiografia*, Libânio (*Or*. I, 1) declara suas intenções com essa narrativa de sua vida:

> Algumas pessoas possuem uma má impressão sobre a minha fortuna. Há alguns que, pela fama que recebo devido aos aplausos que recebo em razão de minha oratória, afirmam que sou o mais feliz dos homens: há, por outro lado, aqueles que, considerando meus incessantes infortúnios e dores, pensam que eu seja o homem mais miserável do mundo. **Agora, cada um desses veredictos está muito distante da verdade, e devo me esforçar para corrigi-los por meio de uma narrativa de minhas circunstâncias passadas e presentes** [*grifo nosso*], para que todos saibam que o céu me concedeu uma mistura de fortunas e que eu não sou o mais feliz nem o mais infeliz dos homens.

Libânio afirma ser necessário escrever sobre sua vida "para corrigir" as impressões falsas sobre si, ou seja, narrar verdades sobre sua vida mesmo que seja sua visão particular sobre os acontecimentos. Na decisão de fazer essa narrativa,

---

9   Nenhum discurso é imparcial, isento de interesses. Quaisquer que sejam a sua natureza, os discursos estão permeados pelos interesses do grupo social do qual são produto, são apreensões e interpretações da realidade que imporão sua forma de compreender o mundo e, assim sendo, incorrerão em práticas sociais (CHARTIER, 1990, p. 17).

o sofista produz uma Autobiografia recheada de eventos que cobrem desde o nascimento, formação, profissão e relações familiares, profissionais e de amizades que cobrem um arco cronológico de 314 a 393 d.C. (VAN HOOF, 2014, p. 15). Lieve Van Hoof (2014, p. 15) produziu um esquema definindo a estrutura da *Autobiografia* de Libânio, como podemos observar na Tabela 1. Conforme as estatísticas apresentadas por Van Hoof, na Tabela, podemos depreender que 191 parágrafos da *Autobiografia*, de Libânio, perfazendo 67%, foram dedicados às autoridades e aos imperadores. Entre os parágrafos 29 e 94, há uma também extensa narrativa sobre as viagens e trajetórias de Libânio em direção à várias cidades do império romano. E este é um dado bastante significativo.

Tabela 1 – Estrutura da *Autobiografia*, de Libânio

Parágrafos	Anos correspondentes	§/ano	Acontecimentos
§1-28 = 28	314-340 = 26	1,0769	Anos iniciais e formação educacional
§29-34 = 6	340 = 1	6,0000	Viagem de Atenas à Constantinopla
§35-47 = 13	341-342 = 2	6,5000	Constantinopla (I)
§48 = 1	343 = 1	1,0000	Nicéia
§49-73 = 25	344-349 = 5	5,0000	Nicomédia
§74-85 = 12	349-354 = 5	2,4000	Constantinopla (II)
§86-94 = 9	353-354 = 1	9,0000	Visita à Antioquia
§95-117 = 23	354-361 = 7	3,2857	César Galo e governadores sob Constâncio II
§118-135 = 18	361-363 = 2	9,0000	Juliano
§136-138 = 3	363-364 = 1	3,0000	Joviano
§139-155 = 17	364-374 = 10	1,7000	Valente (versão original)
§156-179 = 24	364-378 = 14	1,71443	Valente (acréscimos ao texto)
§180-285 = 106	378-393 = 15	7,0667	Teodósio I
§1-285 = 285	314-393 = 79	3,6076	Vida completa – Total = Média

Fonte: Van Hoof (2014, p. 15, tradução nossa).

Em termos de conteúdo, Lieve Van Hoof (2011, 2014) tem dado contribuições significativas ao debate sobre a obra. Chamamos especial atenção ao capítulo intitulado *Libanius and the EU presidency: career moves in the 'Autobiography'*, onde Van Hoof (2011, p. 193-206) argumenta que as viagens e a mobilidade acadêmica de Libânio, suas escolhas, em sua trajetória profissional, ocupa um lugar chave dentro da *Autobiografia*. Para Van Hoof (2011, p. 205):

> [...] enquanto os especialistas modernos tendem a seguir a interpretação de Libânio sobre si mesmo como o grande sofista de Antioquia em seus

vinte e um anos na cidade desde 353 e o qual recebe muito menos páginas dedicadas a esse assunto em relação aos dezessete anos precedentes nos quais viaja à diferentes lugares. Dada a importância da mobilidade e escolhas de carreiras na vida de Libânio, logo, uma grande parte da Autobiografia refere-se à justificativas e motivações destas.

Lieve Van Hoof apresenta uma argumentação e evidências que, de fato, nos fornece importantes análises da *Autobiografia*, de Libânio. A importância da mobilidade, das escolhas das cidades a serem visitadas, resididas e onde optou por trabalhar revelam um Libânio preocupado com a excelência de sua formação profissional baseados em critérios tradicionais de estabelecimentos – Atenas, como centro de conhecimento, Constantinopla como uma cidade emergente, Nicomédia como a cidade próspera. Todavia, nos parece ainda plausível argumentar que essa mobilidade, viagens e trânsitos pelas cidades do império pode ter algo de relativo também a forma de concepção histórica herodoteana, pelo menos em seus procedimentos investigativos para escrita de uma narrativa (mesmo que retórica) mediante viagens, o registro para a memória da verdade. A viagem é um tema literário, a escrita das viagens é, obviamente, importante para uma etnografia bem como para áreas afins, a história, por que descreve o Outro que pode revelar muito de Si mesmo (MOSSMAN, 2006, p. 281).

Considerações finais

Libânio de Antioquia nunca escreveu uma história em sentido clássico e pós-clássico, mas reclamou para si a autoridade reconhecidamente pertencente aos historiadores: a de que as obras historiográficas escritas por estes eram chanceladas com um status de relato verídico. A *Autobiografia* do sofista, por seu turno, não se trata de um relato pessoal e de acontecimentos individuais. A vida de Libânio é pública, política e mais imbricada e fundamentada em procedimentos historiográficos do que podemos imaginar à primeira vista. O historiador Tucídides pode ter sido um manual, um guia, mas Heródoto também revela sua presença mediante o qual Libânio trata, seus temas, os testemunhos e suas fontes de informação que se relacionam com a história de sua vida em Antioquia, Nicomédia, Constantinopla e Atenas. Além disso, a concorrência com os historiadores de sua própria época significa a demanda desse autor por uma autoridade de fala e de lugar de verdade às suas obras e a promoção de uma perspectiva e representação de um mundo que merecia ser guardado na história, na memória e, por conseguinte, legado à posteridade como testemunho real recheado de fatos históricos mesmo se constituindo como um testemunho particular.

REFERÊNCIAS

Documentação escrita

EUSEBIUS OF CAESAREA. Ecclesiastical History. *In*: LAKE, K. *Eusebius of Caesarea*: Ecclesiastical History. Londres: Harvard University Press, 1926.

HERODOTUS. Herodoti Historiae. Volume I: Books I-IV. *In*: HUDE, C. *Herodoti Historiae*. Oxford Classical Texts. 3. ed. Oxford: Oxford University Press, 1927.

HESIODO. *Teogonia, a origem dos deuses*. São Paulo: Iluminuras, 2007.

JOHN CHRYSOSTOM. The Homilies on the Statues to People of Antioch. *In*: SCHARFF, P. *A Select Library of the Nicene and Post- Nicene Fathers of the Chriatian Church*, v. IX. Michigan: T&T Clark: WM. B. Eerdmans Publishing Company, 1996. p. 315-514.

LIBANIUS. Letter 181. *In*: NORMAN, F. A. *Libanius*: Autobiography and Selected Letters. Londres: Harvard University Press, 1992. v. 2, p. 400-405.

LIBANIUS. Oration 1 – Autobiography. *In*: NORMAN, F. A. *Libanius*: Autobiography and Selected Letters. Londres: Harvard University Press, 1992. v. 1, p. 52-337.

Obras de apoio

AUSTIN, N. J. Autobiography and history: some later roman historians and their veracity. *In*: CROKE, B.; EMMETT, A. M. *History and historians in Late Antiquity*. Sydney: Pergamon Press, 1983. p. 54-65.

BAKKER, E. J. The making of History: Herodotus' Histories Apodexis. *In*: BAKKER, E. J.; JONG, I. J. F. de; WEES, H. Van. *Brill's Companion to Herodotus*. Leiden, Boston, Köln: Brill, 2002. p. 3-32.

BALANDIER, G. *A desordem*. Rio de Janeiro: Bertrand Brasil, 1997.

BANNER, L. W. Biography as history. *The American Historical Review*, v. 114, n. 3, p. 579-586, 2009.

BARMAN, R. J. Biography as history. *Journal of the Canadian Historical Association*, New Series, v. 21, n. 2, p. 61-75, 2010.

BELLIDO MELERO, A. *Libanio*: Discursos I – Autobiografía. Madrid: Gredos, 2001.

CAIRNS, F.; LUKE, T. (org.). *Ancient biography*: identity through lives. Liverpool: Francis Cairns Publication, 2018.

CHARTIER, R. *A história cultural*. Rio de Janeiro: Bertrand Brasil, 1990.

CROKE, B. Late Antique Historiography, 250-650 CE. *In*: MARINCOLA, J. *Companion to Greek and Roman historiography*. Oxford: Blackwell Publishing, 2007. p. 567-581.

CROKE, B.; SCOTT, R. Byzantine chronicle writting. *In*: JEFFREYS, E. *Studies in John Malalas*. Leiden: Brill, 2017. p. 27-54.

DE TEMMERMAN, K.; DEMOEN, K. *Writing biography in Greece and Rome*: narrative technique and fictionalization. Cambridge: Cambridge University Press, 2016.

DEBIÉ, M. Writing History as 'Histoires': The biographical dimension of East Syriac Historiography. *In*: PAPACONSTANTINOU, A. *Writing 'True Stories'*: Historians and Hagiographers in the Late Antique and Medieval Near East. Turnhout: Brepols, 2010. p. 43-75.

FUNARI, P. P. A.; GARRAFONI, R. S. *Historiografia*. Campinas: Unicamp, 2016.

GRANT, M. *Greek and roman historians*: information and misinformation. London: Routledge, 1995.

HÄGG, T. *The art of biography in Antiquity*. Cambridge: Cambridge University Press, 2012.

HÄGG, T.; ROUSSEAU, P. Introdução: Biography and panegyric. *In*: HÄGG, T.; ROUSSEAU, P. *Greek biography and panegyric in Late Antiquity*. Cambridge: Cambridge University Press, 2000. p. 1-28.

HORNUNG, E. New Kingdom. *In*: HORNUNG, E.; KRAUSS, R; WARBURTON, D. A. *Ancient Egyptian chronology*. Leiden: Brill, 2006. p. 197-217.

JACKSON, M. Biography as History. *Journal of Medical Biography*, n. 12, p. 63-65, 2004.

MARASCO, G. *Greek and roman historiography in Late Antiquity*: fourth to sixth century. Leiden: Brill, 2003.

MARROU, H-I. *Sobre o conhecimento histórico*. Rio de Janeiro: Zahar, 1958.

MARTIN, J; PETIT, P. *Libanius*: Discours I – Autobiographie. Paris: Les Belles Lettres, 2003.

MCGING, B.; MOSSMAN, J. *The limits of ancient biography*. Swansea: The Classical Press of Wales, 2006.

MOMIGLIANO, A. *As raízes clássicas da historiografia moderna*. Bauru: Edusc, 2004.

MOMIGLIANO, A. *Ensayos de historiografia antigua y moderna*. Mexico: Fondo de Cultura Económica, 1993a.

MOMIGLIANO, A. *The development of greek biography*. Cambridge: Harvard University Press, 1993b.

MOSSMAN, J. Travel writing, History and Biography. *In*: MCGING, B.; MOSSMAN, J. *The limits of ancient biography*. Swansea: The Classical Press of Wales, 2006. p. 281-304.

NORMAN, A. F. The library of Libanius. *Rheinisches Museum für Philologie*, Neue Folge, 107. Bd., 2. H., p. 158-175, 1964.

ROHRBACHER, D. *The historians of Late Antiquity*. London: Routledge, 2002.

ROSS, A. J. Libanius the Historian? Praise and the presentation of the past in Or. 59. *Greek, Roman and Bizantine Studies*, v. 56, p. 293-320, 2016.

SANT'ANNA, H. M. Políbio e os princípios de sua investigação histórica: algumas considerações. *Revista Mundo Antigo*, ano 1, v. 1, n. 2, p. 141-153, 2012.

SHAW, I. Introduction: Chronologies and Cultural change in Egypt. *In*: SHAW, I. *The Oxford History of ancient Egypt*. Oxford: Oxford University Press, 2003. p. 1-15.

STADTER, P. Biography and History. *In*: MARINCOLA, J. *Companion to Greek and Roman historiography*. Oxford: Blackwell Publishing, 2007. p. 528-540.

VAN HOOF, L. Libanius' life and life. *In*: VAN HOOF, L. *Libanius*: a critical introduction. Cambridge: Cambridge University Press, 2014. p. 7-38.

VAN HOOF, L. Libanius and the EU presidency: Career moves in the Autobiography. *In*: LAGACHERIE, O.; MALOSSE, P-L. *Libanius, le premier humaniste*: Études em hommage à Bernard Schouler. Alexandria: Edizioni dell'Orso, 2011. p. 193-206.

WEST, F. Biography as history. *Proceedings of The Australian Academy of the Humanities*, n. 4, p. 43-57, 1973.

O IMPÉRIO ROMANO ENTRE A *ROMANITAS* E A *BARBARITAS*: as *Histórias abreviadas* de Aurélio Vítor

Moisés Antiqueira[1]

"Nascido no campo de um pai pobre e inculto", diz Sexto Aurélio Vítor em uma das poucas referências explícitas que teceu sobre si mesmo nas *Histórias abreviadas*, "alcancei até este momento uma vida bastante honrada graças a tão nobres estudos" (AURÉLIO VÍTOR. 20, 5). Esse passo é prenhe de significados, seja por conta da imagem que o historiador buscava projetar acerca de si próprio, mas, sobretudo, por evidenciar um dos pressupostos que norteavam a maneira como ele conferiu inteligibilidade ao passado, ao presente e ao futuro do Império Romano. Analisar as ideias acerca da história imperial romana, tal como se notam na narrativa de Aurélio Vítor, constitui o objetivo do presente trabalho.

Aurélio Vítor, "arrivista da cultura"

O trecho das *Histórias abreviadas* com o qual abrimos nosso texto demarca a condição de "arrivista" que Claude Lepelley (1992 *apud* ENJUTO SÁNCHEZ, 2004, p. 142) vincula a alguns literatos tardo-antigos nascidos na África romana. "*Parvenu de la culture*", Aurélio Vítor trilhou caminhos similares aos de alguns escritores afro-romanos ao tempo da Antiguidade Tardia: possivelmente advindo de uma família que integrava a cúria de sua localidade, adquiriu certos saberes comumente associados à aristocracia senatorial e, em razão disso, reuniu condições de adentrar nas estruturas administrativas imperiais. Esse processo permitiu-lhe que conquistasse uma nova posição na sociedade. Quer dizer, a ascensão social que sujeitos como Aurélio Vítor vivenciaram – a qual ele próprio aludiu em sua obra – era fruto do ingresso na e do pertencimento à "burocracia" e/ou cortes imperiais, exprimindo um processo de mobilidade social (e geográfica) na época tardo-antiga que não se fundamentava nos critérios mais usuais para a definição de *status*, a saber, o nascimento e a riqueza.

Portanto, se por um lado Aurélio Vítor não dispunha de ascendência ilustre, por outro devemos tomar algum cuidado com o discurso que formulou a

---

[1] Professor Adjunto C dos Cursos de Graduação e Pós-Graduação em História da Universidade Estadual do Oeste do Paraná (UNIOESTE), campus de Marechal Cândido Rondon. E-mail: moises.antiqueira@gmail.com

respeito de si mesmo. Parece pouco provável que um indivíduo letrado como ele tivesse nascido em um ambiente marcado pela pobreza, como se afirma na narrativa. Elaborar um texto latino em prosa evidencia que Aurélio Vítor teve acesso ao letramento que escapava, pois, à maioria da população do Império. Como ressalta William V. Harris (1991, p. 330), nas províncias ocidentais a capacidade de ler e escrever em latim se restringia, basicamente, às elites citadinas. Neste sentido, soa mais plausível que Aurélio Vítor fosse advindo de uma família de pequenos terratenentes[2]; assim sendo, ele faria parte de um grupo familiar que possuía recursos ao menos suficientes para garantir que um de seus membros se instruísse na gramática e na retórica latinas.

Malgrado isso, é preciso salientar que a obra fornece poucas informações sobre o autor. Uma reconstrução sólida da trajetória de vida de Aurélio Vítor foi efetuada por Harold W. Bird (1984), que se serviu, dentre outros, de textos historiográficos e epigráficos da segunda metade do século IV. Bird (1984, p. 5) sugere que Aurélio Vítor teria nascido por volta de 320; o local de nascimento seria o norte da África, como salientado em meio à tradição manuscrita medieval a partir da qual o texto dele foi transmitido. Os manuscritos se referem a ele como "*Victor Afer*", isto é, "africano". Ademais, a narrativa rende louvores a Cartago, qualificando-a como "glória do mundo" (AURÉLIO VÍTOR. 40, 19), ao mesmo tempo em que denota grande reverência à figura do púnico Aníbal (AURÉLIO VÍTOR. 37, 2). Trata-se de sinais que demonstravam uma afeição diante da *patria natura*, da "pátria local" (ANTIQUEIRA, 2012, p. 24), o que nos leva a crer que Aurélio Vítor era originário da província da África Proconsular, cujo principal centro político correspondia, pois, à cidade de Cartago.

De maneira concreta, sabe-se que Aurélio Vítor se encontrava em Sírmio, na Panônia Segunda, durante o ano de 361 (AMIANO MARCELINO. 21, 10, 6). O que teria se passado durante esses prováveis quarenta anos iniciais de sua vida permanece um mistério. Bird (1984, p. 7) aventa a hipótese de que ele tenha migrado para a cidade de Roma em fins dos anos 330 e lá permanecido durante a década seguinte. Teria sido em Roma que Aurélio Vítor ingressou no corpo de funcionários imperiais, talvez como um notário (uma espécie de "secretário") a serviço da corte, visto que o notariado era composto, no geral, por indivíduos de baixa extração social. Sua chegada à Sírmio se deu, possivelmente, na segunda metade da década de 350, a julgar pela frase lisonjeira

---

2   À guisa de ilustração, a narrativa dedica aos *actuarii* palavras acerbas, descrevendo-os como "venais, trapaceiros, cúpidos", entre outros qualificativos (AURÉLIO VÍTOR. 33, 13). Ora, os *actuarii* cumpriam com funções fiscais ao tempo da dinastia constantiniana, sendo um dos elos por intermédio dos quais os *curiales* entregavam ao Estado imperial o montante dos tributos que haviam arrecadado. A crítica veemente lançada aos *actuarii* talvez contenha indício de uma experiência pessoal, como filho de um pequeno proprietário de terras na África romana, membro da cúria local (BIRD, 1984, p. 47).

destinada a Anatólio, que esteve à frente da prefeitura do pretório da Ilíria entre 357 e o começo do ano de 360 (AURÉLIO VÍTOR. 13, 6). Quiçá ele tenha exercido naquela localidade o ofício de "numerário", responsável por questões fiscais e financeiras relativas à citada magistratura (BIRD, 1984, p. 10) ou tenha desempenhado funções de natureza jurídica (CHRIST, 2005, p. 197).

A sorte de Aurélio Vítor se transformaria por inteiro pouco depois. A morte de Constâncio II (337-361) em novembro de 361 tornou possível que seu primo, Juliano (360-363), se situasse como o único *Augusto* a governar a totalidade do território imperial. Nos meados daquele ano, Juliano se encontrava na Ilíria, em razão dos preparativos para uma guerra contra Constâncio II que, então, emergia como possibilidade real. Ainda que seja impossível determinar uma cronologia precisa quanto ao fato, importa destacar que Amiano Marcelino (21, 10, 6) registraria que Juliano alçou Aurélio Vítor ao governo consular da Panônia Segunda. E, embora igualmente se desconheça por quanto tempo ele exerceu aquela função – parece pouco provável que Aurélio Vítor tivesse se mantido no cargo ao tempo de Valentiniano I (364-375) –, vale registrar o impacto causado na vida dele, uma vez que aos governadores de província era conferido o estatuto de "claríssimo", isto é, passavam a integrar a ordem senatorial no século IV.

Quase três décadas haveriam de se passar até que viessem à tona outros dados sobre Aurélio Vítor. No último quadrimestre de 388, Aurélio Vítor foi escolhido por Teodósio I (379-395) para ocupar a prefeitura da cidade de Roma, magistratura dotada de grande prestígio e que foi ocupada por ele até junho de 389, quando Ceiônio Rúfio Albino o substituiu. Isso ilustrava o peso que Aurélio Vítor adquiriu no seio da *nobilitas* da *Vrbs Roma*. Considerando-se a provável idade avançada e a inexistência de informações posteriores a respeito dele, supõe-se que tenha falecido ainda no segundo semestre de 389 ou pouco depois.

Diante do exposto, a trajetória de Aurélio Vítor pode ser vista como sintomática das transformações que afetavam a configuração da elite política imperial a partir da era constantiniana. Enquanto, durante a época do Principado, o pertencimento à ordem senatorial gabaritava o indivíduo para o exercício de funções públicas, no decorrer do século IV o estatuto de senador era concedido, pelo contrário, aos sujeitos que passassem a ocupar determinados cargos político-administrativos, nas províncias ou junto às cortes imperiais (SMITH, 2011, p. 135). Nesses termos, a carreira de Aurélio Vítor assinalava as possibilidades de mobilidade social abertas àqueles que possuíssem familiaridade com a cultura letrada e que eram incorporados ao aparato burocrático na medida em que o Estado imperial tornou-se estruturalmente mais complexo, demandando, por conseguinte, uma ampliação de seus quadros – processo que, no entender de John Matthews (2000, p. 440), ensejou a constituição de uma "elite de serviço governamental".

Em resumo, os valores e práticas próprias do universo das letras pavimentaram a ascensão social de Aurélio Vítor. Resta investigar, pois, a expressão mais concreta de suas habilidades literárias, ou seja, a obra histórica que ele compôs quando ainda se enumerava dentre tantos outros funcionários vinculados à prefeitura do pretório da Ilíria. Suas *Histórias abreviadas* veicularam as inquietações e aspirações dos integrantes da burocracia imperial das províncias ocidentais na metade do século IV, assim como uma visão do passado que seria corrente – ou talvez fosse, acrescento eu – no interior das camadas razoavelmente letradas, mas que não pertenciam aos círculos mais elevados da sociedade daquela época (STARR, 1956, p. 574).

Um biógrafo ou um historiador?

Ao final da narrativa, lemos que Constâncio II estava à frente do Império "na condição *Augusto* há vinte e três anos" (AURÉLIO VÍTOR. 42, 20). Depreende-se que o imperador ainda vivia quando da composição da obra. Ora, Constâncio II e seus dois irmãos sucederam ao pai, Constantino (306-337), aos 09 de setembro de 337. Logo, o vigésimo terceiro ano de seu reinado encerrou-se na data de 08 de setembro de 360. Deste modo, o ano de 360 corresponde, a princípio, ao momento da composição das *Histórias abreviadas*.

No entanto, não há consenso entre os comentadores modernos quanto ao período de elaboração da narrativa ou, para ser mais exato, debate-se ainda a existência de passagens que aludiriam a eventos posteriores a 360. Por exemplo, Charles E. V. Nixon (1991, p. 120) argumenta que o último capítulo das *Histórias abreviadas* teria sido necessariamente concluído durante a primavera do ano seguinte, uma vez que Aurélio Vítor (42, 17) escreveu que "em pouco tempo Juliano subjugou esses povos selvagens, uma vez capturados os seus famosos reis". Com tais palavras, o autor relatava as batalhas que Juliano comandou contra povos germânicos no interior das Gálias. Nixon sugere que o uso da oração *captis famosis regibus*, no plural, remeteria tanto a Cnodomário, rei dos alamanos vencidos em Estrasburgo (agosto de 357), quanto a Vadomário, outro líder alamano igualmente derrotado por Juliano, porém entre os meses de maio e junho de 361, na Récia. Diante disso, não é possível apontar uma datação precisa para a redação da obra. Em que pese isto, é plausível supor que Aurélio Vítor a elaborou entre 360 e os meados de 361 – isto é, em momento anterior à sua indicação como governador da província da Panônia Segunda.

Outro ponto importante concerne ao título da narrativa. É comum, mesmo nos dias de hoje, denominar o texto de Aurélio Vítor como *Sobre os Césares* ou *Livro dos Césares*. Todavia, o título (*Liber*) *de Caesaribus* foi cunhado apenas em 1892, por parte do filólogo alemão Franz Pichlmayr. A primeira edição moderna da obra, organizada por Andreas Schott em 1579 na Antuérpia, não fazia menção alguma àquele título. Porém, Schott foi o responsável por definir a divisão textual em 42 capítulos que se tornou padrão para o texto de Aurélio Vítor.

Cabe ressaltar, sendo assim, os efeitos dos procedimentos adotados por Schott e Pichlmayr no que se refere à maneira como a obra tem sido comumente interpretada. A segmentação da obra em 42 capítulos foi formulada a fim de que cada um deles abarcasse, grosso modo, o reinado de cada um dos imperadores "legítimos" que se sucederam dentro do intervalo temporal abarcado por Aurélio Vítor, o qual se inicia com a batalha do Ácio (31 AEC) e finda com Constâncio II no ano de 360. Ao fazê-lo, Schott assumiu o pressuposto de que a narrativa consistia em uma sequência de *vitae*, quer dizer, de "biografias" imperiais. Três séculos mais tarde, Pichlmayr ratificava a mesma ideia: o título de *Livro dos Césares* cristalizava a percepção de que Aurélio Vítor havia redigido um conjunto de biografias acerca dos imperadores romanos, seguindo a trilha aberta por Suetônio nas primeiras décadas do século II.

Controvérsias à parte, o texto efetivamente se caracteriza pelo emprego da *brevitas*, "brevidade", como fundamento composicional. Dito isto, parece não haver dificuldade em se definir as *Histórias abreviadas* como um epítome ou breviário de história. Assim, para o contexto da segunda metade do século IV, tornou-se corrente o ponto de vista de que os breviários visavam perpetuar, em um nível mais elementar, alguma forma de conhecimento a respeito do passado romano – algo que atendia, pois, às necessidades da nova camada dirigente imperial que se constituiu a partir das transformações políticas e sociais ocorridas nas décadas finais do século III. Tratar-se-ia de grupos advindos das regiões mais periféricas do Império (ou mesmo de áreas situadas para além dos *limites* do mundo romano), cuja ascensão política estava relacionada às atividades militares que desempenhavam, e que se revelavam pouco familiarizados com os fatos mais básicos pertinentes à milenar história de Roma.

Os breviários, neste sentido, veiculavam de modo didático e acessível um panorama relativo a eventos e personagens do passado, conectado às novas instanciações do "público leitor", isto é, os sujeitos envolvidos com a administração, a defesa e a manutenção do Estado romano, os quais, em razão de suas origens, careciam tomar contato com a história do Império que, no tempo presente, lhes competia governar (MOMIGLIANO, 1993, p. 100). Por seu turno, a elaboração de uma narrativa abreviada encaixava-se à situação de indivíduos como Aurélio Vítor, que dificilmente poderiam dedicar-se em tempo integral à composição de uma obra histórica (BONAMENTE, 2003, p. 88).

Acerca disso, Fabio Gasti (2015, 2018) toca em duas questões que nos permitem aprofundar a discussão. A primeira concerne à "renovação dos gêneros literários" que se observa a partir da era imperial, nos termos de uma "reorganização consciente" que os próprios escritores promoveram em relação a vários desses gêneros. Disto resultou um "cruzamento" ou *pot-pourri* de modos discursivos como elemento característico da literatura ao tempo dos Césares (GASTI, 2015, p. 345-346).

O segundo ponto diz respeito à assertiva de que os breviários de história do século IV dispunham de alto grau de coesão, se tomados como um todo. Isto se notaria, inclusive, naquilo que poderíamos denominar como *intentio auctoris*

> [...] isto é, a percepção da parte do historiógrafo da oportunidade de conferir ao próprio produto [de seu trabalho] uma determinada forma, de aderir, em outros termos, a um determinado estilo e de selecionar os conteúdos, em primeiro lugar, e portanto apresenta-los de acordo com certa modalidade compositiva; algo que [...] conduz a refletir sobre as expectativas por parte do público e sobre as características histórico-culturais de um certo setor da produção de textos (GASTI, 2018, p. 55)[3].

A questão das "expectativas" nutridas pelos leitores remete a um público que, como vimos, é geralmente associado à nova elite política imperial, tida como pouco afeita ao universo das letras. Portanto, um discurso historiográfico *breve*, conciso e superficial, seria direcionado àquele grupo social. Ora, em algumas passagens de sua narrativa, Aurélio Vítor exprimiu sua dedicação à "forma breve": vide, por exemplo, a declarada intenção de se assinalar a ocorrência de presságios e prodígios quando do reinado de Filipe (244-249), limitando-se, contudo, a recordar brevemente (*memorare brevi libet*) apenas um daqueles fenômenos (AURÉLIO VÍTOR. 28, 3).

Em que pese isto, me interessa aqui a percepção que Aurélio Vítor acalentava em relação ao seu trabalho. Ora, inquirir sobre os sentidos de um texto implica uma investigação de caráter indiciário, nos termos consagrados por Carlo Ginzburg. Assim, afirmo que a opção por dada "modalidade compositiva" – no caso, a *brevitas* – não resultava na produção de uma narrativa que visava um público pouco ou nada letrado. Isto é, o próprio texto das *Histórias abreviadas* projeta um tipo de leitor mais refinado e dotado de um conhecimento mais profundo a respeito da cultura histórica romana.

Com isto, argumento que a obra de Aurélio Vítor não se assemelha aos demais epítomes latinos que lhe eram quase coetâneos, na medida em que

---

3   No original, temos: "[...] *cioè la percezione della parte dello storiografo dell'opportunita di conferire al proprio prodotto una determinata forma, di aderire, in altri termini, a un determinato stile e di selezionare i contenuti, in primo luogo, e quindi presentarli secondo certe modalita compositive; il che [...] porta a ragionare sulle aspettative del pubblico e sulle caratteristiche storicoculturali di un certo settore della produzione dei testi*".

ele não objetivava promover e divulgar, de modo simplificado, um apanhado referente a acontecimentos históricos e personalidades de vulto, mas antes tecer uma interpretação a respeito da história imperial romana em sua totalidade. Todavia, ao adotar a brevidade enquanto princípio narrativo – algo que, como sublinha Nelu Zugravu (2012, p. 252), havia se transformado em uma manifesta forma de expressão cultural à época – Aurélio Vítor recorreu inúmeras vezes a figuras de linguagem e outros recursos estilísticos que tornam o seu discurso tortuoso e, por vezes, de difícil compreensão.

Para tanto, as remissões feitas aos períodos monárquico e republicano da história de Roma configuram vestígios, *indícios* importantes. À guisa de ilustração, analisemos a presença de Caio Mário nas *Histórias abreviadas*. Aurélio Vítor (33, 8) citou diferentes imperadores "gálicos" em fins da década de 260, dentre os quais se enumera até mesmo um "humilde ferreiro", de nome Mário. O retrato desfavorável que o historiador traçou acerca da história imperial durante os anos 250-260 encerrava, na figura de Mário, uma metonímia: a condição modesta do ferreiro evidenciava, conforme o autor, o esvaziamento da *res Romanae* naqueles tempos, a ponto de que não teria causado estranheza alguma o fato de um *humilior* pretender restaurar um mundo "que outro Mário, de mesma profissão e fundador da linhagem e do nome, consolidara" (AURÉLIO VÍTOR. 33, 11).

Ao mesmo tempo, Aurélio Vítor fazia de Caio Mário, personalidade da época tardo-republicana, alguém que também teria exercido o ofício de ferreiro. Se trata de uma observação que se articula com outra passagem da narrativa, que discorre sobre a ambição e a arrogância desmedidas as quais, segundo o autor, seriam típicas dos *humiliores* que haviam tomado o poder em Roma:

> Quanto a tais coisas, tenho aprendido que [...] os mais humildes, em especial quando alcançam altos cargos, são imoderados em sua soberba e em sua ambição. Assim Mário, ao tempo de nossos pais, e por isso Diocleciano [284-305], em nossa época, avançaram para além da condição comum, pois que um espírito desprovido de poder é insaciável, tal como alguém recobrado da inanição (AURÉLIO VÍTOR. 39, 5-6).

Nesse ponto da obra, a questão da suposta *ambitio* de Diocleciano ocupava lugar de destaque: em parágrafo anterior, um indignado Aurélio Vítor dizia que se tratava do primeiro governante, desde Calígula (37-41) e Domiciano (81-96), a permitir que fosse chamado de *dominus* e adorado e invocado à maneira de um *deus* (AURÉLIO VÍTOR. 39, 4). Nesses termos, Diocleciano foi apresentado como *exemplum* que comprovava os perigos relativos à ascensão ao poder por parte de homens de baixa extração social.

Porém, quais seriam os fatores que justificariam que o cônsul romano da virada do século II para o I AEC fosse empregado como um modelo passível de comparação? As *Histórias abreviadas* não contêm coisa alguma que pudesse fundamentar a ilação estabelecida entre Caio Mário e Diocleciano – com exceção, pois, da suposta origem humilde do primeiro. Na verdade, Aurélio Vítor desejava salientar os eventuais vícios de um imperador como Diocleciano e, para reiterá-la, lançava mão de um paralelo com uma personalidade do passado mais remoto. Contudo, o cotejamento entre as personagens somente adquiriria pleno sentido se os pressupostos não-ditos que o subjaziam fossem compartilhados entre o autor e seus leitores. Julgo que um público dotado de um escasso conhecimento sobre a história romana não reunia condições de compreender, com propriedade, a figura de linguagem utilizada na passagem ora analisada.

Logo, a indeterminação configura uma estratégia textual, para além da própria brevidade que, decerto, já condicionava o laconismo demonstrado pelo autor. Significa dizer que os silêncios observados na narrativa induziriam o ato participativo do leitor, de modo a se transformarem em um estímulo para a atribuição de significados. No entanto, para que o leitor pudesse fruir a obra em toda a sua complexidade, haveria de dominar previamente alguns saberes históricos, que escapavam ao conhecimento de neófitos como os que, por exemplo, haviam ascendido a partir das fileiras do exército imperial. Por isso, entendo que o texto de Aurélio Vítor visava outro tipo de leitor.

Isto nos leva a retomar a primeira das observações efetuadas por Gasti, a qual expusemos anteriormente. A noção de que vigorava uma indefinição entre os gêneros literários durante a Antiguidade Tardia se nota em Eugen Cizek (1994, p. 108), que define as *Histórias abreviadas* como um breviário, cujo conteúdo, por sua vez, seria biográfico. Já Miguel P. Sancho Gómez (2009, p. 37) alega que o trabalho de Aurélio Vítor equivalia a uma mistura bem-acabada entre biografia e epítome, pautado na perspectiva de que não era incomum que as obras historiográficas tardo-antigas pertencessem a um gênero principal fazendo-se acompanhar, contudo, por um ou mais gêneros secundários.

Embora adequadas, reputo que essas proposições podem ser aprofundadas. De imediato, destaco as peculiaridades da narrativa: como apontado na página anterior, as *Histórias abreviadas* não cumpriam exatamente com a função social comum à tradição epitomatória do século IV. Além disso, ao contrário de breviários como os de Eutrópio e Festo, que escreveram cerca de uma década depois (369 e 370, respectivamente), o de Aurélio Vítor não promovia um discurso de caráter áulico e se caracterizava por uma saliente subjetividade, permeado por várias reflexões pessoais sobre a história e sobre os protagonistas daquela (ZUGRAVU, 2012, p. 253).

O segundo ponto concerne ao caráter biográfico da narrativa. Muito embora diferentes escritores gregos e romanos tenham postulado diferenciações claras entre "história" e "biografia", na prática essas distinções emergiam de modo mais oblíquo. A narrativa histórica – quer fosse vista como relato de acontecimentos únicos que se sucediam ou se justapunham ao longo de dado intervalo temporal ou como expressão singular de uma "verdade universal" acerca da natureza humana – englobava, pois, a ação individual. A isso adicione-se o fato de que a progressiva institucionalização do regime do Principado acentuou a centralidade que se conferia à atuação de determinados sujeitos, em particular os imperadores.

Por isso, a meu ver ainda impera uma imprecisão conceitual que norteia a percepção que se veicula a respeito do texto de Aurélio Vítor: confundem-se os modos do discurso com o eventual gênero literário ao qual a obra se encaixa. Significa dizer, pois, que as *Histórias abreviadas* não configuram uma biografia, no sentido de mirar, como objeto principal de investigação, um conjunto de vidas individuais. Decerto temos uma narrativa que apresenta uma nítida "tendência biográfica", algo que remetia à posição dos *principes* no interior da sociedade imperial, na medida em que a história romana, após a ascensão de Augusto, passou a ser concebida a partir dos imperadores.

A intenção de Aurélio Vítor de compor uma *história imperial*, e não exatamente um conjunto de biografias imperiais, pode ser identificada na oração que abre a obra. Diz-se que, "por volta do setingentésimo vigésimo segundo aniversário da cidade, começou em Roma o costume de obedecer a um único homem" (AURÉLIO VÍTOR. 1, 1). A narrativa se inicia, em conformidade com a cronologia varroniana, a partir do ano 722 *ab urbe condita* (isto é, 31 AEC), elegendo como ponto fundante o estabelecimento do "costume" (*mos*) acima referido. Assim, por meio justamente da concisão textual, o historiador definiu o tema de seu trabalho e, por extensão, aclarou também a forma como concebia o regime imperial. Igualmente, o "costume de obediência" sinaliza que os imperadores correspondiam ao elemento unificante dentro do relato.

Disto resulta uma narrativa histórica que tinha por objetivo avaliar, do início ao fim, aquilo que hoje costumamos denominar por "período imperial romano" – algo que se materializa, por exemplo, mediante uma sequência de intervalos temporais no interior das *Histórias abreviadas*. No entanto, por ora cabe salientar que a ênfase sobre a ação e a conduta dos sucessivos *Augusti* e *Caesares* não faz da obra uma biografia imperial. Para tanto, resgato a sugestão feita pelo filólogo Friedrich Leo (2006 [1901], p. 307) de que o texto de Aurélio Vítor configura um "cruzamento" (*Kreuzung*) entre história e biografia. Tomo a hipótese formulada por Leo menos em razão da já postulada ideia de mistura dos gêneros, mas antes por ressaltar a dimensão historiográfica: as *Histórias abreviadas* mantiveram-se vinculadas às bases constitutivas da historiografia levada a cabo no decorrer da Antiguidade romana.

Por isso, o título de *Historiae abbreviatae* (*Histórias abreviadas*), presente nos manuscritos medievais que transmitiram a obra, é aquele que melhor a define: se trata de uma *historia*, embora abreviada. Em que pesasse o emprego da *brevitas*, Aurélio Vítor havia observado os procedimentos metodológicos comuns à historiografia greco-latina elaborada em Roma, como vistos em Políbio ou Salústio, por exemplo. Ou seja, a avaliação das ações e motivações dos imperadores situava-se como fundamento de causalidade. Desta maneira, a tentativa de desvendamento de uma lógica dos acontecimentos envolvia, de fato, o enaltecimento e o vitupério dos *purpurati*, porém visando o estabelecimento da verdade, e não somente a composição de modelos exemplares.

Sendo assim, a inclusão de um material biografizante, isto é, a presença de elementos concernentes à vida individual, revelava-se não apenas apropriado como necessário ao relato historiográfico, na medida em que as qualidades e as imperfeições das personagens históricas afetavam o encadeamento dos acontecimentos (FARRINGTON, 2011, p. 328). Isto fez-se sentir na escolha de eventos ou temas incluídos na obra, dentre os quais podemos citar a reflexão sobre o *quinquennium Neronis*, ou seja, o pretenso período de cinco anos em que Nero (54-68) teria engrandecido o mundo romano de modo ímpar (AURÉLIO VÍTOR. 5, 2-4); a tentativa frustrada de Septímio Severo (193-211) em destruir os escritos atribuídos ao seu rival Dídio Juliano (erroneamente chamado de "Sálvio") (AURÉLIO VÍTOR. 20, 1-2); ou mesmo o incerto edito de Galieno (253-268), mediante o qual o referido imperador teria vedado a presença dos senadores dentro do exército imperial (AURÉLIO VÍTOR. 33, 33; 37, 5). A despeito da facticidade ou não de cada um desses episódios, o autor os inseriu na narrativa com vistas a sustentar uma avaliação acerca do poder, da sociedade imperial e dos valores romanos, de forma que a análise efetuada não se restringia ao caráter e ao comportamento dos imperadores envolvidos.

Romanos, bárbaros e a história do Império romano

Como vimos anteriormente, a existência de um poder autocrático, instituído a partir de Augusto, conferia unicidade ao texto de Aurélio Vítor. Eis que temos um dos traços singulares das *Histórias abreviadas*, a saber, o fato de se abarcar o reinado do monarca vivente (Constâncio II), algo bastante incomum se considerarmos a historiografia praticada durante a era imperial. A dinâmica e as alterações observadas no que tangia ao exercício do *imperium* estimularam a investigação da história do Império romano em sua totalidade, o que tornava imperativo escrever sobre o tempo presente: assim, a fim de pontuar e esclarecer as transformações ocorridas no decurso de quase quatro séculos (do reinado de Augusto ao de Constâncio II), Aurélio Vítor estabeleceu balizas temporais que assinalavam a emergência de processos novos e significativos para a compreensão do Império romano em sua historicidade. Karl Christ (2005, p. 187, 193) argumenta que o historiador se mostrava ciente dos aspectos específicos de cada época por ele relatada, do que resultava um grande esforço no sentido de definir uma periodização exata, a fim de assinalar ao leitor os pontos de viragem entre uma época e outra. À guisa de conclusão, Aurélio Vítor ansiava por tornar inteligível a era imperial.

Assim sendo, as *Histórias abreviadas* congregam cinco recortes temporais que não se confundem ou se restringem, portanto, a reinados específicos; antes, englobam um determinado número de imperadores – e, quando for o caso, de dinastias –, conotando uma forma original de se apresentar o decurso da história imperial, algo que não encontra paralelo na produção historiográfica anterior à obra (BOER, 1972, p. 28). Segue abaixo uma síntese acerca dessa periodização:

1. O primeiro período se estende da batalha do Ácio até o término das guerras civis ocorridas em 68-69 e a morte de Vitélio (abril a dezembro de 69). Nesse ponto da narrativa, Aurélio Vítor reafirma aos leitores a natureza breve de sua empreitada, externando, igualmente, um ponto de vista a respeito da importância dos *mores* e da erudição (AURÉLIO VÍTOR. 8, 7-8).

2. A dinastia Flaviana domina o segundo período, cujo final, porém, confunde-se com o falecimento de Nerva (96-97), ocasião que permite ao historiador refletir sobre a ascensão política dos *externi*, dos "não itálicos" – construindo, inclusive, uma comparação com o passado longínquo, por meio da figura do mítico rei Numa Pompílio (c. 715-673 AEC) (AURÉLIO VÍTOR. 11, 12-13).

3. O mais extenso dos períodos, em termos cronológicos, é o terceiro, o qual abarca as dinastias dos Antoninos e dos Severos. Ao assassinato de Severo Alexandre (222-235) segue-se a mais longa das digressões encontradas na narrativa, cujo teor expressa a aproximação de Aurélio Vítor com um discurso comum à historiografia tardo-republicana e alto-imperial, mediante a caracterização de um processo de decadência moral e política da *res Romanae* após o final da época severiana (AURÉLIO VÍTOR. 24, 7-11).

4. O quarto período começa com a elevação de Maximino (235-238) ao trono e se encerra com a morte de Probo (276-282). Os reinados de Caro e seus filhos, Numeriano e Carino (entre 282 e 285), configurariam uma espécie de preâmbulo à ascensão de Diocleciano, relacionada a importantes alterações nos *mores* romanos (AURÉLIO

VÍTOR. 39, 2-4). Antes, porém, o falecimento de Probo congrega uma ocasião para o historiador inquirir sobre o papel dos senadores no decorrer da história imperial e, em particular, em sua própria época (AURÉLIO VÍTOR. 37, 5-7).

5. Finalmente, o quinto e último período, cujo início se articula com o sistema tetrárquico e se prolonga até o próprio momento da enunciação narrativa, sob o reinado de Constâncio II. Chama a atenção o silenciamento de Aurélio Vítor em face do cristianismo e da relação mantida por Constantino (306-337) e seus filhos com a religião cristã, estratégia retórica no sentido de aludir àqueles temas como algo *indigno* de ser rememorado e, ao mesmo tempo, fomentar uma memória histórica acerca da dinastia Constantiniana em termos pagãos (ANTIQUEIRA, 2014, p. 51).

Diante do exposto, ressalte-se que essas etapas são sinalizadas por meio de pequenas digressões de ordem pessoal, as quais permitem que nos deparemos com as questões privilegiadas por Aurélio Vítor. Trata-se, em suma, de interrupções e intromissões na trama dos acontecimentos que possibilitam que tracemos um "perfil ideológico" acerca do autor (Sancho Gómez, 2009, p. 39) ou, dito de outra forma, configuram a "tendência" ou "ideia orientadora" que distingue o ofício do historiador daquele do cronista (MÜLLER, 1998-1999, p. 419). Tendo isso em mente, nota-se uma construção binária que permeia a tessitura narrativa, a saber, uma oposição entre *romanitas*, "romanidade", e *barbaritas*, "barbaridade", como se vislumbra na passagem abaixo:

> A partir de então [i. e., depois da morte de Severo Alexandre], os imperadores, na medida em que estavam mais desejosos de dominar os seus do que submeter os estrangeiros e tomando as armas mais uns contra os outros, precipitaram o Estado romano como se fosse rumo a um abismo; foram elevados ao poder imperial, de forma indiscriminada, os bons e os maus, os nobres e os ignóbeis, inclusive muitos bárbaros. [...] Assim, a força da *fortuna*, uma vez alcançada a licenciosidade, conduz os mortais de acordo com seu pernicioso capricho; aquela, contida durante muito tempo pela virtude tal como um muro, depois que quase todos foram subjugados pelos vícios, entregou o bem público aos tipos mais ínfimos por nascimento e instrução (AURÉLIO VÍTOR. 24, 9; 11).

De imediato, faz-se oportuno frisar que os vocábulos *romanitas* e *barbaritas* não são empregados no texto. Contudo, exprimem concepções sobre as quais Aurélio Vítor fundamentou, em boa medida, as suas reflexões sobre a história do Império Romano. A palavra *Romanitas* emerge na literatura latina no princípio do século III, designando os modos de vida que diferenciariam os romano-itálicos, quer dizer, as maneiras de pensar e de agir próprias do centro do sistema (a cidade de Roma e a Itália) e que teriam se espalhado pelas províncias ocidentais. Por conseguinte, a "romanidade" exprime uma forma de viver, idealmente concebida, que abrangia atitudes, crenças, práticas e representações para além do direito de cidadania romana (INGLEBERT, 2002, p. 251), sobre as quais, portanto, se alicerçava a construção de uma identidade mutual. A *barbaritas* corresponde à ausência desses valores social e culturalmente compartilhados pelos "romanos" e, em vista disso, assume conotação negativa.

Retornando ao texto de Aurélio Vítor, em meio ao discurso moralizante presente no passo 24, 9; 11 compete destacar uma associação entre os *ignobiles* e os "bárbaros", genericamente aludidos ao final do trecho como "ínfimos por nascimento e instrução". A diferenciação entre "nascimento" (*genus*) e "instrução" (*institutum*) englobava duas dimensões de ideia de "barbaridade": temos, por um lado, a ótica de que o *barbaricum* denotava uma realidade territorial razoavelmente definida, em especial no contexto do século IV. Por outro, há uma remissão ao ponto de vista de que "*Barbaritas* e *Romanitas* não eram definições territoriais fixas, objetivas, mas conceitos culturais mutáveis" (WHITTAKER, 2004, p. 204)[4].

Na sequência da digressão elaborada por Aurélio Vítor, inicia-se o relato sobre o reinado de Maximino, o sucessor de Severo Alexandre. Cabe registrar que, ao contrário do que se lê na *História Augusta* (*Vida dos dois Maximinos*. 1, 5), as *Histórias abreviadas* não indicam qual teria sido o local de nascimento do *princeps*. Por isso mesmo é que os parcos detalhes a respeito de Maximino adquirem relevância, sintomáticos de uma ideia que perpassa a narrativa do início ao fim, qual seja, a associação entre barbaridade, inexistência de cultura letrada e o ofício das armas. Assim, salientam-se duas informações a respeito de Maximino, quais sejam, a de que se tratava do primeiro imperador advindo das fileiras do exército imperial e a de que seria um homem "rude e semi-analfabeto" (*litterarum fere rudis*) (AURÉLIO VÍTOR. 25, 1).

Nesses termos, Maximino foi retratado como um ser barbarizado na medida em que Aurélio Vítor valorizava uma romanidade baseada sobremaneira no domínio das letras – a ponto, inclusive, de apregoar que "o reconhecimento das artes liberais tem tanto valor que nem sequer os modos de vida cruéis impõem um obstáculo à memória dos escritores" (AURÉLIO VÍTOR. 20, 2). A romanidade que se verifica no texto das *Histórias abreviadas* confunde-se, pois, com a noção de *humanitas*, pautada na fusão entre a educação letrada e o comportamento tido por propriamente humano – norteado, por sua vez, por uma tradição que se apregoava como ancestral (os *mores maiorum*)

---

4   No original, lê-se: "Barbaritas *and* Romanitas *were not fixed, objective territorial definitions but shifting cultural concepts*".

–, algo que distinguiria o indivíduo civilizado daquele tido por "selvagem" (VEYNE, 1992, p. 283). Daí que não fosse necessário apontar onde o imperador, "ínfimo por instrução", teria nascido: Maximino era rotulado como um "bárbaro" por não se revelar suficientemente "romano" – ou, melhor dizendo, por não dominar os códigos culturais e literários que caracterizavam a noção de romanidade propalada pelo autor.

Ademais, a ênfase que Aurélio Vítor conferiu à formação letrada coaduna-se com a sua própria condição de *parvenu*, matizando o peso que a origem e o nascimento poderiam exercer no que concerne ao *status* social. Isto motivou a construção de uma das imagens mais singulares presentes no texto, relativas ao imperador Septímio Severo:

> Nascido em um meio humilde (*ortus medie humili*), foi instruído primeiro nas letras, posteriormente no fórum; pouco acomodado com isto, como de costume em circunstâncias críticas, enquanto tentava ou ansiava alcançar melhores condições por variadas formas, ascendeu ao poder imperial (AURÉLIO VÍTOR. 20, 28).

Em passo anterior, as informações pessoais acerca do próprio historiador eram complementadas nos seguintes termos:

> Creio que isto, de fato, seja próprio de nossa estirpe, a qual, por algum destino pouco fecunda em homens bons, todavia conduziria cada um destes a obter o seu lugar proeminente. Tal como ocorreu com o próprio [Septímio] Severo, pois não houve na república alguém mais ilustre do que ele (AURÉLIO VÍTOR. 20, 6).

Septímio Severo descendia de uma rica família de nível equestre da cidade de Lépcis Magna, cuja linhagem materna, entretanto, remontava à Península Itálica. A rigor, seria impossível defini-lo como alguém "nascido em um meio humilde". Aurélio Vítor elaborou uma trajetória peculiar para o imperador, à revelia dos fatos, fazendo dele o *exemplum* mais bem acabado de ascensão sociopolítica por parte de um *humilior*. Dito de outra maneira, o soberano de origem provincial, instruído na arte da retórica e na prática jurídica, havia atingido o cume da pirâmide social mediante, pois, o seu *labor*. Eis que a linhagem não era encarada como fator decisivo para se governar o Império romano, mas sim a aquisição dos saberes e o cultivo das *virtutes* necessárias para tanto.

Ora, neste sentido Aurélio Vítor retrojetou em um personagem do passado as suas vicissitudes pessoais (BIRD, 1984, p. 7), buscando legitimar, no presente, a via por meio da qual havia superado os obstáculos relativos ao nascimento. O enaltecimento de Septímio Severo é explicado por vários estudiosos, como Willem den Boer (1972, p. 57) e Ana T. M. Gonçalves (2001, p. 31), como expressão das origens afro-romanas comuns ao governante e ao historiador, malgrado a distância temporal que os separava. Penso que aquela ideia de uma *patria* comum propiciou a Aurélio Vítor a construção de um *locus* narrativo a fim de que engrandecesse a si próprio, justapondo sua trajetória de vida a uma representação idealizada do *princeps* originário das províncias africanas.

Essa convergência entre a imagem que o autor projeta sobre si mesmo e a seleção de determinados acontecimentos é reforçada por intermédio do relato dedicada a Nerva. Definindo-o erroneamente como natural da ilha de Creta (AURÉLIO VÍTOR. 12, 1), o historiador exaltava a elevação ao trono por parte dos "não itálicos", na medida em que:

> Até este momento [ou seja, até a aclamação de Nerva], regeram o Império os nascidos em Roma ou na Itália e, a partir de então, também os vindos de fora (*advenae*); não sei se, à maneira de Tarquínio Prisco, não foram, de longe, melhores. E, ao menos para mim, tendo ouvido e lido muito, é completamente sabido a cidade de Roma ter se distinguido principalmente por causa da virtude dos estrangeiros (*externorum virtute*) e dos talentos importados (AURÉLIO VÍTOR. 11, 12-13).

O elogio aos "provinciais" pode ser compreendido a partir de dois vieses. Por um lado, manifesta a subjetividade do historiador e sua ânsia por endossar a sua própria voz autoral: Aurélio Vítor, provincial e homem de letras, que "ouviu e leu muito", também se enumeraria (a seu modo, é claro...) entre aqueles que, tal como Nerva e Tarquínio Prisco, contribuíram para a grandeza de Roma. Nesse caso, as origens "cretenses" de Nerva – na realidade, o imperador pertencia à nobreza itálica, natural da cidade de Narni – configuram um deslize que evidencia, porém, os sentidos que Aurélio Vítor procurou imprimir ao seu texto.

Por outro lado, a diferenciação entre "itálico" e "não itálico/provincial" evocava a noção de que os originários da *Vrbs* e da Itália continuariam a possuir, mesmo após a *Constitutio Antoniniana* de 212, uma qualidade política superior àquela dos provinciais no relativo aos componentes tradicionais da *civitas* romana, quais sejam, o Senado e o *populus Romanus*. Sendo assim, os *externi* deveriam se distinguir em razão de suas virtudes, fator que os tornaria melhores intérpretes da romanidade (NERI, 2001, p. 265)[5].

---

5   Friedhelm L. Müller (1998/1999, p. 416) postula que o anseio de Aurélio Vítor por elevar-se ao plano dos maiores historiadores romanos, buscando superar o estilo de um Salústio ou um Tácito, era compreensível em face da condição dele de *homo novus*, de "arrivista", que tinha em mente a necessidade de mostrar-se superior aos demais.

Assim, "provinciais" como Nerva se incluíam entre os bons governantes uma vez que, de modo prudente e moderado, tinha conferido o *imperium* a Trajano, homem de origem provincial (de fato) que trouxe ordem a um mundo romano então debilitado pelos crimes de toda a sorte cometidos por Domiciano (AURÉLIO VÍTOR. 11, 1) e ameaçado pela avidez dos soldados, que planejavam uma sedição devido à morte de Domiciano, que os agraciava "a partir de generosos donativos" (AURÉLIO VÍTOR. 11, 9; 11).

Logo, compete sublinhar as cores negativas com que as *Histórias abreviadas* se referem à soldadesca. Lembremos que, nos meados do século IV, muitos homens nascidos para além dos *limites* imperiais foram integrados à sociedade romana a partir, em especial, da esfera militar. Por certo, ao menos desde o século II, se forjou um alto nível de interação entre os dois lados das fronteiras reno-danubianas, de modo que os "bárbaros" já serviam ao exército imperial, formando unidades auxiliares. Igualmente, na medida em que as legiões engendraram uma capacidade de atuação cada vez maior na política interna romana, sobremaneira a partir do século III, assistiu-se ao envolvimento de indivíduos, nascidos para além do Reno e do Danúbio, nas próprias estruturas políticas imperiais. Sob Diocleciano e Constantino, concretizar-se-ia um processo em que os soldados romanos e seus dependentes (em sua maioria, provinciais de origem danubiana), assim como alguns "bárbaros", passaram a ocupar o centro do sistema imperial (BURNS, 2003, p. 259).

Além disso, no século IV a existência de lideranças políticas bem definidas, entre os grupos étnicos exteriores ao *limes*, torna mais viável às autoridades romanas que estabelecessem acordos mediante os quais recrutavam soldados de excelente nível, que dispensavam maior treinamento. No que respeitava aos conflitos civis ocorridos ao tempo de Aurélio Vítor – refiro-me, pois, à década de 350 como um todo –, tal fator implicava uma vantagem considerável, posto que no bojo das guerras intestinas não haveria tempo suficiente para que novos efetivos internos fossem preparados adequadamente para participar de várias batalhas.

Com efeito, Alain Chauvot (1984, p. 145) ressalta que, ao longo do século IV, os vocábulos gregos e latinos relativos à acepção de "bárbaro" eram empregados, em alguns casos, a fim de designar os soldados. Ademais, ainda se mantinha operante a ótica de que os indivíduos egressos das fronteiras ao norte do Império equivaliam a seres inatamente selvagens, *feroces*, desprovidos dos predicados morais e das capacidades intelectuais comuns aos homens civilizados. Ou seja, se tratava do "outro", daquela alteridade a ser evitada ou suprimida. Por isso, o texto aponta a "ferocidade dos povos externos", ao passo que, sob outras circunstâncias, fala também em "ferocidade dos soldados" (ver, respectivamente, AURÉLIO VÍTOR. 1, 2; 36, 1). A partir desses pressupostos, concebia-se a ideia de que os "bárbaros" viviam por aguardar a oportunidade para dar vazão a essa violência congênita, por meio da invasão das cidades que integravam o Império e a pilhagem de suas riquezas. Por isso, não surpreende notar que Aurélio Vítor relatasse, por exemplo, que os germanos devastaram as Gálias durante o reinado de Severo Alexandre e, depois, ao tempo de Constâncio II (AURÉLIO VÍTOR. 24, 2; 42, 17).

Tal sinonímia "soldado/bárbaro" nos ajuda a compreender o papel desestruturador que Aurélio Vítor atribuiu à ação dos homens de armas em diferentes momentos da história imperial – pois que se narra que era frequente que eliminassem ou se rebelassem contra o *princeps* reinante. Por sua vez, todo episódio que ameaçasse a harmonia social e política era reputado, por sua vez, como expressão de *barbaritas*. Em razão disto, os soldados situavam-se como um vetor de barbarização da sociedade romana. No entanto, o historiador concebia a presença de "não romanos" no interior do exército não apenas em sua própria época, mas também nos primórdios da era imperial.

Assim, vejamos. Nas *Histórias abreviadas*, a consolidação do poder monárquico relacionava-se aos eventos que diziam respeito à transição entre os reinados de Calígula e Cláudio (41-54), narrados da seguinte forma:

> Por causa disto [i. e., da aspiração de Calígula à realeza], foram instigados aqueles que possuíam a virtude romana, por responsabilidade de Quereia, a aliviar tão grande estrago para a república, apunhalando-o; ter-se-ia repetido a distinta façanha de Bruto, que havia expulsado Tarquínio, se o exército fosse servido somente por cidadãos romanos (*Quirites*). Entretanto, quando os cidadãos, em razão da desídia, foram impelidos pelo desejo de admitir estrangeiros e bárbaros (*externos barbarosque*) no exército, corrompidos os costumes, a liberdade foi oprimida, tendo aumentado o ardor por riquezas (AURÉLIO VÍTOR. 3, 14-15).

Soa interessante constatar que Aurélio Vítor sustentava uma diferenciação entre os *Quirites*, os *externi* e os *barbari*. Os *externi*, a princípio, não se confundiriam com os *barbari*; ou seja, os "não itálicos" (ou provinciais) se distinguiriam daqueles indivíduos cujas raízes se encontravam em regiões que não se circunscreviam às fronteiras imperiais. Por ora, salientemos a crítica lançada à indolência dos romano-itálicos – os *Quirites*, em sentido estrito –, que teriam permitido que não apenas os "bárbaros", mas igualmente os "provinciais" integrassem o exército de Roma. Nestes termos, a "verdadeira" *militia Romana* havia desaparecido ao tempo de Calígula, dada a corrupção dos *mores* por parte dos romanos na acepção da palavra.

Por seu turno, a presença dos *externi* e dos *barbari* se revelaria crucial para a sequência da narrativa. Eliminado Calígula, o advento de Cláudio marcaria o tênue suspiro de uma espécie de tentativa de restauração senatorial.

Pois que um centurião e epirota de nascimento, de nome Vímio, encontrou um medroso Cláudio escondido em dado lugar do palácio, exclamando "aos seus companheiros que, se tinham bom senso, estavam diante do *princeps*" (AURÉLIO VÍTOR. 3, 16). Na continuidade do texto, afirma-se que Cláudio, tido por inofensivo por aqueles que não o conheciam, conseguiu sobreviver incólume no seio de sua família. Desprezado, acabou por ganhar a simpatia dos soldados e dos plebeus. Após ser retirado do local em que havia se ocultado, Cláudio foi rodeado pelo restante dos soldados que havia se deslocado para a residência imperial e por uma grande multidão (AURÉLIO VÍTOR. 3, 17-18). Todavia,

> [...] quando os senadores tiveram notícia daquilo, para lá se atiraram prontamente, para ver se poderiam fazer-se prevalecer e suprimir tal ousadia. Mas, uma vez que o conjunto de cidadãos e todas as ordens estavam destroçadas por várias e lúgubres discórdias, todos se submetem àquilo como se se tratasse de um comando. Assim, foi confirmada a potestade real em Roma (*ita Romae regia potestas firmata*) [...] (AURÉLIO VÍTOR. 3, 18-20).

A vinculação entre a soldadesca e a plebe reforça, a meu ver, o caráter negativo que se conferia àquele acontecimento. Recordemos que as *Histórias abreviadas* não tratam o *vulgus* com grande condescendência (BIRD, 1984, p. 31). Aurélio Vítor parece privar a plebe da capacidade de agir de forma moderada e justa, assinalando o quão raro seriam os episódios, no decurso da história imperial, nos quais se estabeleceu um consenso entre os senadores e o povo de Roma, como se deu no caso em que foi decidido, por unanimidade, que o falecido Marco Aurélio (161-180) receberia todas as honrarias possíveis (AURÉLIO VÍTOR. 16, 15). Neste caso, o historiador se fundamentava sobre um *topos*, de viés senatorial, que se fazia presente na historiografia latina desde a época republicana, qual seja, a ótica de que a plebe romana era inconstante, um grupo social movido pelas paixões e que, assim, contrapunha-se à prudência arrogada como inerente aos *patres*, aos senadores. Nas *Histórias abreviadas*, é possível observar tamanha perspectiva por intermédio do apoio entusiasmado que o povo de Roma teria concedido a governantes retratados como ilegítimos, casos de Júlio Valente (que assumiu o poder na *Vrbs* no ano de 250 e, segundo a narrativa, o fez contando com o "ardoroso desejo" da plebe; cf. AURÉLIO VÍTOR. 29, 3) e de Maxêncio (306-312) (AURÉLIO VÍTOR. 40, 5).

Em suma, o passo transcrito anteriormente veiculava a ideia de que a ascensão de Cláudio equivalia à sobreposição dos militares na cena política imperial (BOER, 1972, p. 29). O motivo para o fracasso da ação impetrada pelos senadores residia no fato de que Cláudio sucedeu a seu sobrinho por causa da existência de soldados "não romanos" no interior das coortes pretorianas, ou seja, indivíduos para quem os *mores maiorum* coisa alguma significavam. A presença de Vímio, "nascido no Épiro, centurião das coortes" (*ortus Epiri, centurio e cohortibus*), no interior do palácio, ilustraria aos leitores um processo de enfraquecimento da romanidade que se estendia à corte, isto é, ao centro do sistema político imperial[6]. Sendo assim, tratemos do modo como Aurélio Vítor retratou os senadores e os soberanos romanos.

Sob o signo da ambiguidade: imperadores e o Senado de Roma nas *Histórias abreviadas*

Para a elaboração da seção que finaliza nosso capítulo, compete questionar em que medida a dicotomia *romanitas* e *barbaritas* pode ser vista no que tange aos sucessivos *principes* e ao Senado da cidade de Roma. Principiemos com os senadores. A tradição historiográfica latina pagã do século IV manteve-se escorada sobre uma forte tendência pró-senatorial. Aurélio Vítor não constituiu exceção à regra: sua narrativa dá vazão a uma memória histórica que se alicerçava sobre mecanismos que se forjaram ainda ao tempo dos Júlio-Cláudios, quando a proeminência política da *domus* imperial sobre a aristocracia senatorial se tornou manifesta e, logo, acalentou momentos de tensão, senão de conflito explícito, entre imperadores e senadores. Como ensina Aloys Winterling (2012, p. 6-7), a representação negativa formulada a respeito de *principes* como Calígula, Nero e Domiciano derivava de relatos elaborados por escritores que pertenciam ou dispunham de laços pessoais com a ordem senatorial; ora, autores como Tácito e Suetônio reproduziram a aversão que os senadores (ou uma parcela deles) havia nutrido perante aqueles imperadores, cuja ação política expressava claramente a natureza autocrática do regime do Principado, algo que evidenciava, portanto, o fato de o Senado de Roma ter sido privado de uma efetiva capacidade decisória.

Malgrado isto, Aurélio Vítor não se furtou em censurar o comportamento da ordem senatorial. É o que se verifica nos comentários pessoais inseridos após se mencionar o falecimento de Probo, governante apresentado na narrativa como rígido no que concernia à disciplina castrense, o que fez com que os seus próprios soldados o assassinassem (AURÉLIO VÍTOR. 37, 4). Assim, por meio do estabelecimento de uma relação entre passado e presente, afirmava-se que

---

6 Reitera-se esse ponto de vista em outras passagens da obra, como nos casos em que se admoestou o relacionamento de Galieno com Pipa, tida por "concubina" de ascendência germânica (AURÉLIO VÍTOR. 33, 6) ou no tocante à presença de reféns de origem bárbara na corte de Constante (337-350), o que leva o historiador a veladamente aludir à possível homossexualidade do governante (AURÉLIO VÍTOR. 41, 24), algo que se chocava com os *mores* romanos.

[...] a partir de então, a força dos militares se recobrou e do Senado foi arrancado o poder e o direito de nomear o imperador (*senatui imperium creandique ius principis*) até a nossa época, não se sabe se por ter o próprio Senado assim desejado por desídia, por medo ou fosse por aversão às dissensões internas. Por certo, pôde ter recuperado a prerrogativa de servir ao exército, perdida por causa do edito de Galieno, pois as legiões moderadamente haviam se resignado quando Tácito [275-276] reinava; nem mesmo Floriano [julho-setembro de 276] teria se lançado inadvertidamente, e tampouco o *imperium*, por decisão dos soldados rasos, teria sido concedido a um homem qualquer, ainda que fosse bom, se tão distinta e grande ordem passasse um tempo nos acampamentos (*amplissimo ac tanto ordine in castris degente*). Em verdade, visto que os senadores têm se regozijado com o ócio e ao mesmo tempo temem por suas riquezas, cujo desfrute e afluxo estimam como maior do que aquilo que é eterno, construíram uma via para que os militares e quase os bárbaros dominassem a eles próprios e aos seus descendentes (AURÉLIO VÍTOR. 37, 5-7).

Por intermédio de um discurso nitidamente moralizante, o historiador problematizava a evolução sociopolítica da aristocracia senatorial no decorrer dos séculos III e IV. Aurélio Vítor demonstrava ter ciência de que a ausência dos senadores à frente das legiões configurava em um fator que, por sua vez, se relacionava com o enfraquecimento político do Senado de Roma: a perda da prerrogativa de indicar os imperadores emerge no texto como indício mais saliente desse processo (ANTIQUEIRA, 2011, p. 2355). Ao mesmo tempo, a passagem em questão aborda outro fenômeno significativo para a época em que Aurélio Vítor vivia, isto é, a presença cada vez maior de indivíduos de origem "bárbara" no seio das fileiras militares. Ora, como vimos anteriormente, as *Histórias abreviadas* tecem um panorama em que a barbarização do exército imperial pode ser remontada ao tempo de Calígula e Cláudio. Dito de outra maneira, desde os primórdios da história do Império os "romanos" já haviam negligenciado a arte da guerra, delegando-a aos "não romanos" (cf. AURÉLIO VÍTOR. 3, 15). A marginalização política do Senado configura, portanto, mais um elemento que se somaria a esse longo processo de barbarização dos soldados.

É preciso ressaltar, pois, que Aurélio Vítor condiciona o desaparecimento dos senadores nos campos de batalha a uma proibição imposta por Galieno (AURÉLIO VÍTOR. 33, 34; 37, 5). Se trata de uma ilação relevante, que desvela, inclusive, os vínculos que o historiador cultivava em relação a uma tradição histórica de matriz senatorial (e pagã) e os respectivos valores e ideais a ela correlatos, como demonstrei em estudo anterior (ANTIQUEIRA, 2011, p. 123). A despeito da facticidade ou não desse *Gallieni edictum*, as ações políticas e militares promovidas por Galieno nas décadas de 250 e 260 podem ter provocado desavenças entre o imperador e o Senado romano, de forma que aquelas tensões ganharam espaço em meio à memória histórica posto que a época de Galieno sintetizava, nas *Histórias abreviadas*, o estado de desordem a partir do qual foram caracterizados os meados do século III. Por isso é que o reinado do citado soberano foi descrito como momento de *anime desperatione* (AURÉLIO VÍTOR. 33, 5).

Por trás da noção de que teria existido esse "edito", repousa uma perspectiva muito cara a Aurélio Vítor, a saber, a enorme importância que se confere à ação e à conduta dos imperadores. Discorreremos sobre isso na sequência do capítulo. Por ora, no entanto, vale sublinhar outro ponto. A crítica que o historiador dirigiu aos senadores, reprovando-os visto que teriam se preocupado mais com suas riquezas, *divitia*, do que com suas obrigações militares, pode ser rotulada como excepcional, levando-se em conta a inclinação pró--senatorial que ainda marcava a historiografia latina pagã do século IV. Os senadores apresentados por Aurélio Vítor (37, 5-7) mostrar-se-iam indignos uma vez que ignoravam os próprios *mores maiorum* que a eles competia zelar e que, ao mesmo tempo, simbolicamente serviam para legitimar o prestígio social que possuíam. Portanto, temos mais uma faceta dessa noção de romanidade que fornece sustentação à tessitura narrativa. Durante a era imperial, o Senado de Roma expressava, de maneira concreta, a perenidade da *Vrbs*, de seus valores e instituições – situação que propiciava o estabelecimento de conexões com o passado republicano e mesmo monárquico.

Por isso é que a menção feita "aquilo que é eterno" carece ser enfatizada. Os senadores haveriam de corresponder aos guardiões da *aeternitas* de Roma, ou seja, das tradições imemoriais que autores como Aurélio Vítor concebiam como fundamento da romanidade (e o comando das legiões, por parte dos membros da Cúria romana, também figurava como algo "tradicional"). Não por acaso, os governantes que buscaram promover alterações explícitas nos costumes romanos são representados, no geral, como inimigos do Senado. Para tanto, citemos os casos de Domiciano, que ordenou que se modificasse a denominação do mês de outubro, intitulando-o a partir de seu próprio nome ou de Cômodo (180-193), que teria feito o mesmo no que tangia ao mês de setembro (AURÉLIO VÍTOR. 11, 4; 17, 2). Episódios como esses assinalavam de que modo os caprichos pessoais de determinados imperadores se chocavam com o princípio da *res publica*, da "coisa pública", a qual se confundiria com as mais antigas instituições romanas e, logo, com o próprio Senado.

Entretanto, o historiador lamentava o fato de que o afastamento da ordem senatorial em relação ao exército decorresse, em seu entender, da *desidia* exibida pelos *nobiles*. Em outras palavras, os senadores são objeto de uma repreenda fundamentada sobre o próprio padrão de comportamento que deveriam, em teoria, seguir e promover (ENJUTO SÁNCHEZ, 2004, p. 140). Ao não fazê-lo, teriam permitido a si mesmos e a seus descendentes que fossem dominados pelos soldados – ou, nos termos das *Histórias abreviadas*, pelos "bárbaros".

A remissão feita à descendência desses senadores conduz o leitor ao tempo da enunciação narrativa. Ali encontramos um imperador que materializa a visão depreciativa formulada por Aurélio Vítor acerca dos militares/bárbaros e que, ao mesmo tempo, atestaria na obra o enfraquecimento político do Senado. Trata-se de Vetranião, que governou a Ilíria durante boa parte do ano de 350. Sobre ele, diz-se que seria

> [...] inteiramente desprovido de letramento e de um caráter bastante bruto, e por tal razão um péssimo homem dada a sua rústica insensatez; enquanto se encarregava dos soldados devido ao comando da infantaria no Ilírico, havia se assenhoreado do poder de forma ímproba, embora houvesse surgido dos locais mais inóspitos da Mésia (AURÉLIO VÍTOR. 41, 26).

Sendo assim, retornamos ao ponto com que abrimos o capítulo. Se, no entender de Aurélio Vítor, o domínio das letras justificava o *status* social que ele próprio desfrutava, tal fator configurava igualmente um dos principais critérios a partir do qual os diferentes imperadores eram avaliados. A *rusticitas* de Vetranião expressaria o quão inadequada teria sido a sua escolha por parte de seus comandados, evento que se sucedeu sem que houvesse qualquer tipo de interferência por parte dos senadores; ademais, a representação barbarizada era reforçada na medida em que se destacava o local de nascimento do líder militar, isto é, algum lugar ermo de uma região (a Mésia) geograficamente contígua ao rio Danúbio, para além do que se localizava o *barbaricum*.

A menção à "rústica insensatez" nos propicia trazer à tona mais um ponto relativo à dicotomia *romanitas/barbaritas*. Manuel J. Rodríguez Gervás (2008, p. 156-157) ressalta que, no bojo do processo de extensão gradativa do direito de cidadania romana aos provinciais de condição livre, que alcançaria o seu termo ao tempo de Caracala (211-217), o conceito de *humanitas* adquiriu carga semântica similar ao termo *civilitas*, qualidade daquele que agiria de acordo com os valores da "civilização", isto é, da vida nas cidades. A aristocracia senatorial e as elites citadinas locais se agarraram a um discurso mediante o qual a sinonímia *humanitas/civilitas* configurava uma pronunciada barreira no interior desse corpo cívico ampliado. Dessa forma, consolidou-se um mecanismo de diferenciação social, pelo qual se impunha sobre grande parcela dos habitantes do Império, os *humiliores*, inferiorizados do ponto de vista econômico e jurídico, a marca da *rusticitas*, da exclusão em face da herança cultural clássica que era transmitida pelo ensino.

Ademais, a integração ao mundo romano por parte de indivíduos que migraram das regiões transdanubianas contribuiu para reforçar essa divisão simbólica. No que concernia às relações de produção, os grupos populacionais exteriores que se assentavam em regiões menos urbanizadas do Império, a partir da segunda metade do século III, passaram a se misturar com aquela já indiferenciada massa de cidadãos que vivia nas áreas rurais. O "bárbaro", inserido no campo, comungava da mesma rusticidade que marcava a existência de tantos outros cidadãos romanos, ainda que estes dispusessem de um estatuto jurídico superior. A presença desse elemento "bárbaro" nos territórios mais fronteiriços – como era o caso da Ilíria e da Mésia citadas em relação a Vetranião – findava por ratificar a vinculação entre barbaridade e rusticidade.

Em oposição a isso, Aurélio Vítor reiterava os vínculos que existiriam entre romanidade e vida citadina. Em meio ao retrato extremamente negativo traçado acerca de Galieno e sua época, declarava-se que, "enquanto houver cidades" (*dum urbes erunt*), os piores imperadores seriam reputados como iguais ou semelhantes a Galieno (AURÉLIO VÍTOR. 33, 29). A isto adicione-se outra passagem da obra, relativa à atividade edilícia que Vespasiano (69-79) tinha promovido durante o seu reinado. Diz Aurélio Vítor (9, 8) que, "[...] por todas as terras em que impera a lei romana, cidades foram reconstruídas com extraordinário embelezamento [...]". O sentido de ambos os trechos é semelhante, qual seja, veicula-se a ideia de que o mundo romano confundir-se-ia com as cidades e, por extensão, com as práticas associadas ao universo citadino, tais como a educação letrada e o domínio das leis.

Por fim, enfatizemos outra questão que se vislumbra nas *Histórias abreviadas*. Embora censurasse os imperadores da dinastia Júlio-Cláudia (com exceção de Augusto) por conta de seus vícios, o historiador os descreveu como "tão cultos nas letras e também na eloquência" (AURÉLIO VÍTOR. 8, 7). A adesão à *eruditio* e o reconhecimento de que se tratava do elemento que traduzia a superioridade social de um indivíduo ou grupo pode ser vista na passagem que se segue:

> Ainda que seja suficientemente aceito que o modo de vida importa mais que estas coisas, entretanto todo homem bom, em especial o sumo governante, necessita, se possível, de cada uma das duas coisas em conjunto: mas se, pelo contrário, o modo de vida regride enormemente, ao menos obtenha o prestígio da elegância, bem como da erudição (AURÉLIO VÍTOR. 8, 8).

A proposta, de certa forma resignada, que se lê no passo acima relaciona-se com o peso gigantesco que Aurélio Vítor vinculava ao comportamento moral dos imperadores: sentencia-se que as virtudes dos príncipes eram capazes de reverter uma situação desesperadora, enquanto, pelo contrário, os vícios daqueles poderiam levar o mundo romano à ruína (AURÉLIO VÍTOR. 35, 14) ou que "nada [era] bom ou ruim na *res publica* que não [fosse] levado igualmente ao seu oposto por causa dos costumes daqueles que governam" (AURÉLIO VÍTOR. 13, 7). Se trata de uma perspectiva comum a uma cultura histórica já cristalizada no século IV, em que os aspectos impessoais e coletivos dos acontecimentos eram associados à pessoa do imperador e, logo, à sua vida e costumes (*vita moresque*). Por seu turno, isto se relacionava também ao fato de que se compreendia que as representações simbólicas da romanidade passavam pela figura unificadora do *princeps*, que definia e defendia o *orbis Romanum* e assumia, por conseguinte, papel nuclear nas diferentes formas de registro da memória sobre o passado e o presente (ANDO, 2000, p. 19). Portanto, o imperador configurava um ponto de referência comum aos diferentes grupos sociais e étnicos que integravam essa unidade política que denominamos por "Império Romano".

Daí que as *Histórias abreviadas* operassem a partir de "imagens ideais" que, no decurso da história imperial, foram construídas e ressignificadas em função de interesses diversos. A despeito de eventuais variações, esses modelos arquetípicos oscilavam entre a figura do "bom" e do "mau" imperador. Yves Roman (2001, p. 9 *et seq.*) ressalta que o modelo do "bom *princeps*" contemplava a ideia de submissão às leis e à tradição romana (o que envolvia, pois, reiteradas manifestações de deferência perante o Senado de Roma). Ou seja, se tratava de um imperador que agiria à maneira de um cidadão como outro qualquer, em que pesasse o *imperium* que concentrava em suas mãos. Similarmente, revelar-se-ia capaz de dominar suas próprias paixões, mostrando-se frugal à mesa e comedido em seus atos. Visando assegurar o bem-estar de seus concidadãos, não poderia negligenciar a defesa do *limes* ou os assuntos relativos à administração das províncias e à arrecadação parcimoniosa dos tributos.

Já o "mau imperador" ignorava as necessidades dos habitantes do Império, pois se mostrava negligente em relação aos negócios públicos – tornando-se, assim, presa fácil de esposas, oficiais militares, libertos, eunucos e assim por diante. Propenso à glutonaria e aos prazeres da bebida, seria incapaz de dominar seus instintos mais primários. Igualmente importante, esse antimodelo associava-se à noção de *crudelitas*: para manter-se no poder, recorria à violência excessiva, escancarando a natureza monocrática do poder que exerce. Em resumo, o "mau imperador" contrariava as convenções e expectativas socialmente aceitas, de forma que, não raro, perdesse a vida devido a uma ação sangrenta, levada a cabo por aqueles que o rodeavam ou por ocasião de uma guerra civil.

A narrativa de Aurélio Vítor obedece, de fato, a esses *topoi* retóricos e historiográficos. Aliás, a diferenciação entre bons e maus soberanos já se encontrava canonicamente estabelecida, de modo que os breviários do século IV que lidam com a era imperial a empregavam de maneira sistemática (SEHLMEYER, 2009, p. 113). Entretanto, cabe assinalar alguns elementos mais específicos que se observam no texto. Como vimos anteriormente, o "bom imperador" haveria de ser culto e erudito; isto nos conduz, pois, ao desfecho do episódio envolvendo Vetranião:

> [...] pela força da eloquência de Constâncio, Vetranião foi deslocado do poder imperial e Constâncio o relegou ao ócio da vida privada. Tal glória, desde o nascimento do Império, processou-se de maneira única por causa da oratória e da clemência. Pois, quando grande parte dos exércitos de ambos houvesse se reunido, mantida como uma espécie de audiência em um julgamento, aquilo que geralmente era obtido com dificuldade ou com muito sangue, ele realizou por meio da eloquência. Tal fato ensinou de modo suficiente que não somente na paz, mas em verdade na guerra, a capacidade oratória (*dicendi copiam*) efetivamente importa [...] (AURÉLIO VÍTOR. 42, 1-4).

O trecho ora exposto comporta a oposição entre os tipos ideais mencionados em parágrafos anteriores. A rusticidade de Vetranião é contraposta à civilidade exibida por Constâncio II. A formação retórica de Aurélio Vítor o impulsionava a julgar a ação política dos imperadores em função de seus dons oratórios, *dicendi copiam* (LANA, 1979, p. 22). Neste caso, a imagem de um "Constâncio II eloquente" visava salientar que a estabilidade no interior do Império dependeria – ou poderia depender – mais das palavras do que das armas. Donde se esclareceria a curiosa observação de que seria possível que a sociedade romana, em algum momento, abrisse mão de seus soldados: o historiador proclamou tal ideia devido às revoltas de Saturnino, no Oriente, e Bonoso, em Colônia, durante o reinado de Probo. Naquele ensejo, escreveu Aurélio Vítor que "depois de ter recuperado e pacificado todos estes territórios, se conta que Probo disse que em breve os soldados não mais fariam falta" (AURÉLIO VÍTOR. 37, 3). Ou seja, dentro da tessitura narrativa, o *exemplum* formulado a partir do tempo presente (por meio de uma representação bastante estilizada acerca de Constâncio II) configurava uma experiência que concretizava àquilo que o texto, ao remeter-se ao passado, projetava como expectativa para o futuro.

A meu ver, o episódio relativo à deposição de Vetranião fomentava uma solução simbólica para a questão das guerras civis que marcaram o Ocidente do Império durante a década de 350 e, mais especificamente, se avizinhavam no horizonte mais imediato de Aurélio Vítor, por conta da aclamação de Juliano como *Augusto* em fevereiro de 360, ocorrida à revelia de Constâncio II. Em última análise, propunha-se um desenlace quimérico para uma sensível problemática, qual seja, a integração, no seio da urbanizada sociedade imperial, da nova e ascendente aristocracia composta por militares de profissão, que emergiu no âmago das crises sociais dos meados do século III e assumiu feição mais bem definida depois da época de Diocleciano (SMITH, 2011, p. 138). Quer dizer, a centralidade dos *homines militares* na cena política imperial implicou a diminuição da relevância usualmente conectada à cultura literária tradicional (MATTHEWS, 2000, p. 438). O apego de Aurélio Vítor à *eruditio* soa como uma resposta ressentida diante da mobilidade social experimentada por grupos visto por ele como indignos, ou seja, "bárbaros" (ver também BIRD, 1984, p. 80).

Por seu turno, as manifestações que as *Histórias abreviadas* exprimem em favor da *humanitas*, necessária para a formação de um exímio orador e, logo, governante, parecem resultar da concepção que Aurélio Vítor fazia de si próprio, tal como assinalado anteriormente. Nestes termos, o domínio dos elementos associados à cultura romana – e, no caso, ressalto sobretudo aqueles relativos à cultura letrada – fornecia a um indivíduo os meios para que concretizasse os seus anseios pessoais, mas, ao mesmo tempo, tais elementos passavam a determinar, em alguma medida, quais seriam as expectativas que se desejava que fossem materializassem no interior da sociedade (WOOLF, 1998, p. 12-13).

Portanto, os bons imperadores imporiam a *disciplina* aos soldados os quais, retratados como incultos e, por conseguinte, barbarizados, emergiam em diferentes passagens do texto como os responsáveis pelas desordens que ameaçavam a *res publica*. Aurélio Vítor enaltecia os soberanos que se revelassem hábeis o suficiente para manter os militares sob controle – o que redundava, ao mesmo tempo, em uma demonstração de respeito perante as hierarquias sociais, bem como uma maneira de ratificá-las. Por isso é que estudiosos como Italo Lana (1979, p. 23) argumentam que a obra separava os imperadores em dois grandes grupos, os *docti* e os *indocti*, de maneira que no primeiro se reuniriam os considerados "bons" príncipes e, inversamente, no segundo seriam agrupados os "maus".

No entanto, as *Histórias abreviadas* contêm algumas sutilezas que escapam a esquemas herméticos como o sugerido por Lana. Note-se, por exemplo, o ajuizamento feito a respeito dos tetrarcas:

> Foi o Ilírico, na verdade, a terra natal de todos eles: ainda que pouco civilizados (*humanitatis parum*), mas instruídos nas penúrias do campo e do exército, foram ótimos o bastante para a república. Por isto consta que os

homens se fizessem, com mais facilidade, virtuosos e prudentes pela experiência da adversidade e, pelo contrário, os que estão isentos de privações, julgando a todos de acordo com os seus recursos, velam menos pelas coisas. Porém, a concórdia entre eles ensina, sobretudo, que foram a virtude inata e a boa formação militar, tal como estabelecida por Aureliano e Probo, quase suficientes para assegurar a valia deles (AURÉLIO VÍTOR. 39, 26-28).

Como escreve Christ (2005, p. 187), os ajuizamentos presentes nas *Histórias abreviadas* não eram condicionados por um tipo ideal, rígido e inflexível, de imperador; dadas as épocas em que se inseriam, Aurélio Vítor soube valorizar tanto as virtudes dos Antoninos quanto as dos tetrarcas. A meu ver, isto demonstra que o historiador estava ciente quanto ao fato de que a história é o terreno do movimento, da mudança.

Disto decorre que, embora a erudição e os dotes literários fossem reputados como requisitos fundamentais para os *principes*, as façanhas militares empreendidas pelos tetrarcas (e, igualmente, por Aureliano e por Probo), em meio ao conturbado contexto político e militar da segunda metade do século III, tornaram-lhes dignos e merecedores de um elogio excepcional, se levarmos em conta os tons que prevalecem na obra (KOLB, 2001, p. 54-55). Em razão das circunstâncias, Diocleciano e os demais tetrarcas equivaliam a bons imperadores: a rusticidade deles – própria das "penúrias do campo e do exército" – era ressignificada, a ponto de, ainda que não suplantasse a falta de civilidade, figurar na narrativa como uma espécie de pureza, de uma "virtude inata" necessária para a tarefa árdua de lidar com diversas ameaças externas e revoltas internas que haviam eclodido em simultâneo e que fomentaram a criação do próprio colegiado tetrárquico (cf. AURÉLIO VÍTOR. 39, 17-25).

Daí que a ambiguidade desse o tom das representações formuladas acerca dos imperadores nas *Histórias abreviadas*. Ao passar em revista a história do Império romano, Aurélio Vítor retratou-os mediante certos matizes, os quais, reputo, conferiam credibilidade à narrativa – algo em consonância com a intenção de "[…] não permitir que as pessoas honestas [fossem] furtadas da recompensa de serem recordadas, tampouco que [fosse] concedida fama ilustre e eterna aos ímprobos […]" (AURÉLIO VÍTOR. 33, 26). Para tanto, era preciso focar-se tanto nos exemplos tidos por positivos quanto naqueles reputados como negativos. Nestes termos, a *fides rerum gestarum* de que nos fala o historiador residia na alegada probidade que caracterizava a narrativa, isto é, no proclamado esforço de legar a posteridade um balanço acerca de determinados acontecimentos e personagens de acordo com a forma com que teriam se configurado no passado (CIZEK, 1994, p. 112)[7].

---

7   As contradições que movem o discurso de Aurélio Vítor também se refletem em outros pontos. Por exemplo, embora o relato contenha inúmeras passagens moralizantes, por vezes seus comentários baseavam-se somente em rumores ou insinuações (CHRIST, 2005, p. 199).

Na ausência de um prefácio, o passo 33, 26 nos dá uma indicação quanto aos princípios que nortearam a composição das *Histórias abreviadas* (SEHL-MEYER, 2009, p. 12). De fato, o texto se sustenta sobre uma dicotomia entre atos concebidos como positivos ou negativos, que merecem louvor ou, quando for o caso, reprimenda. Mas os retratos pincelados por Aurélio Vítor, no que respeita aos imperadores romanos, não se mostram absolutos ou inflexíveis; pode-se apontar o emprego de cores intermediárias, que resultam em representações matizadas, mesmo contraditórias, acerca das personagens centrais do texto, como se nota no já citado caso envolvendo a Tetrarquia na virada do século III para o IV. Aurélio Vítor explorou as incoerências dos personagens abordados, do que resultava um nível incomum de sutileza se considerado o caráter abreviado da narrativa (BOER, 1972, p. 80). Desta forma, as *Histórias abreviadas* almejavam transmitir uma sensação de confiabilidade (*fides*), como se redigidas *sine ira et studio*, para empregarmos a célebre fórmula taciteana (TÁCITO. *Anais*, 1, 1, 3).

Consequentemente, não surpreende que Aurélio Vítor encerrasse o texto com a seguinte frase: "e, para dizer brevemente a verdade (*atque uti verum absoluam brevi*): assim como nada é mais preclaro que o próprio imperador, deste modo nada é mais atroz que a maior parte daqueles a serviço dele" (AURÉLIO VÍTOR. 42, 25). Mesmo que a passagem diga respeito ao reinado de Constâncio II, serve também para concluir a narrativa em sua totalidade. Assim sendo, Aurélio Vítor exprimiu no passo derradeiro de seu texto a "verdade" – mesmo que pautada em axiomas morais – que havia alcançado em relação ao processo histórico iniciado a partir de Augusto.

Quer dizer, a história imperial, definida em razão do costume de obedecer a um único homem, era por si só ambígua: se, por um lado, coisa alguma haveria de mais ilustre do que os *purpurati*, por outro a concentração do poder nas mãos de um indivíduo continha *per se* os elementos que a fragilizavam, como por exemplo a existência de servidores que não se encontravam à altura da majestade que cercava os soberanos – e, por tabela, a má escolha dos subordinados refletiria a falta de cuidado do monarca diante da tarefa primordial que lhe havia sido confiada, ou seja, a preservação do *Imperium Romanum*. Logo, por meio da frase que finaliza a obra, Aurélio Vítor articulou o passado, o presente e o futuro da história imperial sob o signo da ambiguidade e da contradição.

REFERÊNCIAS

Documentação

AMMIANUS MARCELLINUS. *History*. Translation by John C. Rolfe. Cambridge, MA; London: Harvard University Press, 2000 [1940]. v. II.

AURÉLIO VÍTOR. *Histórias abreviadas (Sobre os Césares)*. Tradução de Moisés Antiqueira. [*S. l.: s. n.*], 2016. Disponível em: https://www.academia.edu/29742323. Acesso em: 11 out. 2018.

S. AURELIUS VICTOR. *Die römischen Kaiser. Liber de Caesaribus*. Herausgegeben, übersetzt und erläutert von Kirsten Groß-Albenhausen und Manfred Furhmann. Darmstadt: Wissenchaftliche Buchgesellschaft, 1997.

TACITUS. *Histories*. Books IV-V. *Annals*. Books I-III. Translation by Clifford H. Moore and John Jackson. London; New York: William Heinemann; G. P. Putnam's Sons, 1931.

THE SCRIPTORES HISTORIAE AUGUSTAE. v. II. Translation by David Magie. Cambridge, MA; London: Harvard University Press, 1993 [1924].

Bibliografia

ANDO, Clifford. *Imperial ideology and provincial loyalty in the Roman Empire*. Berkeley: University of California Press, 2000.

ANTIQUEIRA, Moisés. "... *amplissimo ac tanto ordine in castris degente*": Aurélio Vítor e o Senado romano no século III d.C. *In*: CONGRESSO INTERNACIONAL DE HISTÓRIA, 5., 2011, Maringá. Anais [...]. Maringá: UEM, 2011. p. 2349-2357.

ANTIQUEIRA, Moisés. Aurélio Vítor e a África romana: uma manifestação de "*amor patriae*" na historiografia tardo-antiga. *Revista Eletrônica Antiguidade Clássica*, v. 9, n. 2, p. 16-26, 2012.

ANTIQUEIRA, Moisés. Existiu um edito de Galieno? *Revista Eletrônica Antiguidade Clássica*, v. 7, n. 1, p. 121-139, 2011.

ANTIQUEIRA, Moisés. Silêncio e memória: cristianismo e dinastia constantiniana em Aurélio Vítor. *Revista de História* (USP), São Paulo, n. 170, p. 47-76, jan./jun. 2014.

BIRD, Harold W. *Sextus Aurelius Victor*: a historiographical study. Liverpool: Francis Cairns, 1984.

BOER, Willem den. *Some minor Roman historians*. Leiden: Brill, 1972.

BONAMENTE, Giorgio. Minor Latin historians of the fourth century A.D. *In*: MARASCO, Gabrielle (ed.). *Greek and Roman historiography in Late Antiquity, fourth to sixth centuries A.D.* Leiden: Brill, 2003.

BURNS, Thomas. *Rome and the barbarians, 100 B.C. – A.D. 400*. Baltimore: Johns Hopkins University Press, 2003.

CIZEK, Eugen. La poétique de l'histoire dans les abrégés du IVe siècle ap. J.-C. *Revue Philologique*, Paris, v. 68, p. 107-129, 1994.

CHAUVOT, Alain. Représentations du *Barbaricum* chez les barbares au service de l'empire au IVe siècle après J.-C. *Ktèma*, Strasbourg, v. 9, p. 145-157, 1984.

CHRIST, Karl. Kaiserideal und Geschichtsbild bei Sextus Aurelius Victor. *Klio*: Beiträge zur Alten Geschichte, Berlin, v. 87, n. 1, p. 177-2000, 2005.

ENJUTO SÁNCHEZ, Begoña. Aproximación a la figura del *"parvenu"* en el siglo IV d.C. A la búsqueda de una identidad. *Studia Histórica*: Historia Antigua, Salamanca, v. 22, p. 139-159, 2004.

FARRINGTON, Scott T. Action and reason: Polybius and the gap between encomium and history. *Classical Philology*, Chicago, v. 106, n. 4, p. 324-342, 2001.

GASTI, Fabio. Cicerone nella tradizione dei breviari. *Ciceroniana on line*. Paris, Roma, v. 2, p. 55-74, 2018.

GASTI, Fabio. La forma breve della prosa nella storiografia latina d'età imperiale e tarda. *Koinonia*, Napoli, v. 39, p. 345-365, 2015.

GONÇALVES, Ana T. M. A figura do *optimus princeps* nos breviários de história romana. *Hélade*, Rio de Janeiro, v. 2, n. 2, p. 23-33, 2001.

HARRIS, William V. *Ancient literacy*. Cambridge, MA: Harvard University Press, 1991 [1989].

INGLEBERT, Hervé. Citoyenneté romaine, romanités et identités romaines sous l'Empire. *In*: INGLEBERT, Hervé. (éd.). *Idéologies et valeurs civiques dans le monde romain*. Nanterre: Picard, 2002.

KOLB, Franz. *Herrscherideologie in der Spätantike*. Berlin: Akademie Verlag, 2001.

LANA, Italo. La storiografia latina pagana del IV sec. D.C. *Koinonia*, Napoli, v. 3, p. 7-28, 1979.

LEO, Friedrich. *Die griechisch-römische Biographie nach ihrer literarischen Form*. Boston: Adamant Media, 2006 [1901].

MATTHEWS, John. The Roman Empire and the proliferation of elites. *Arethusa*. Baltimore, v. 33, p. 426-449, 2000.

MOMIGLIANO, Arnaldo. Historiografia pagana y historiografia Cristiana en el siglo IV. *In*: MOMIGLIANO, Arnaldo. *Ensayos de historiografia antígua y moderna*. México, DF: Fondo de Cultura Económica, 1993.

MÜLLER, Friedhelm L. Ein unbemerktes Herodot-Zitat, Bildung und Karriere bei S. Aurelius Victor. *Acta Classica*, Debrecen, v. 24-25, p. 407-428, 1998-1999.

NERI, Valerio. *Cives* e *peregrini* nella Roma tardoantica: l'esaltazione dell'*origo* romana. *In*: BARZANÒ, Alberto et al. (org.). *Identità e valori*. Fattori di aggregazione e fattori di crisi nell'esperienza politica antica. Roma: "L'Erma" di Bretschneider, 2001.

NIXON, Charles E. V. Aurelius Victor and Julian. *Classical Philology*, Chicago, v. 86, p. 113-125, 1991.

RODRÍGUEZ GERVÁS, Manuel J. La retórica del siglo IV. Espacios de integración y exclusión del bárbaro. *Studia Histórica*: Historia Antigua, Salamanca, v. 26, p. 149-165, 2008.

ROMAN, Yves. *Empereurs et sénateurs*. Une histoire politique de l'Empire romain. Paris: Fayard, 2001.

SANCHO GÓMEZ, Miguel P. Actitud y pensamiento de Sexto Aurelio Víctor: algunos rasgos de un historiador en la Roma tardía. *POLIS*: Revista de ideas y formas políticas de la Antigüedad Clásica. Alcalá de Henares, v. 21, p. 37-57, 2009.

SEHLMEYER, Markus. *Geschichtsbilder für Pagane und Christen. Res Romanae* in den spätantiken Breviarien. Berlin; New York: Walter de Gruyter, 2009.

SMITH, Rowland. Measures of difference: the fourth-century transformation of the Roman imperial court. *American Journal of Philology*, Baltimore, v. 132, p. 125-151, 2011.

STARR, Chester G. Aurelius Victor: historian of Empire. *American Historical Review*. Washington, DC, v. 61, n. 3, p. 574-586, 1956.

VEYNE, Paul. *Humanitas*: romanos e não-romanos. *In*: GIARDINA, Andrea (ed.). *O homem romano*. Lisboa: Presença, 1992.

WHITTAKER, Charles R. *Rome and its frontiers*: the dynamics of Empire. London; New York: Routledge, 2004.

WINTERLING, Aloys. Loucura imperial na Roma antiga. *História* (São Paulo), São Paulo, v. 31, n. 1, p. 4-26, jan./jun. 2012.

WOOLF, Greg. *Becoming Roman*: the origins of provincial civilization in Gaul. Cambridge: Cambridge University Press, 1998.

ZUGRAVU, Nelu. Le idee politiche di un *homo novus* della Tarda Antichità – Sesto Aurelio Vittore. *Classica et Christiana*, Iasi, v. 7, n. 1, p. 249-266, 2012.

A HISTÓRIA NA NARRATIVA DO *BREVIÁRIO* DE EUTRÓPIO (SÉCULO IV D.C.)

Janira Feliciano Pohlmann[1]

Uma *história breve* e seu contexto de produção

> Como a vontade de tua gentileza quis, reuni, por ordem cronológica e com brevidade, os feitos memoráveis da história dos romanos, tanto os referidos aos assuntos de guerra como aos civis, desde a fundação da cidade até nossos dias (EUTRÓPIO. *Breviário*, prólogo).

Já no prólogo de sua obra, o *magister memoriae* Eutrópio esclareceu ao leitor o objetivo de sua narrativa: escrever "por ordem cronológica e com brevidade", os feitos dos romanos desde a fundação da cidade até o início do governo de Valentiniano I (364-375) e Valente (364-378). A preocupação do autor com a rememoração dos eventos passados é notória. Como historiadora ciente das reconstruções do passado em cada presente, perguntei-me quais foram os elementos destacados por Eutrópio para elaborar sua "breve história" dos romanos? Que tipo de história Eutrópio contou? Para quem? Tais questionamentos nortearam as análises apresentadas neste capítulo.

Os dados biográficos de Eutrópio são escassos. Sabe-se que este autor foi contemporâneo aos imperadores Juliano e Valente, informações, estas, registradas no próprio *Breviário* (X, 14, 1; X, 18, 3). Nasceu pouco depois do ano 320, talvez na Itália ou em alguma província da Ásia, e morreu logo após 390. A data exata é desconhecida, mas Libânio escreveu-lhe neste ano e, depois disso, não existem mais notícias suas (FALQUE, 2008, p. 10-16).

O *Breviário* eutropiano é composto de breves histórias sobre os romanos, desde a fundação da cidade de Roma por Rômulo até a morte de Joviano e a ascensão de Valentiniano I e Valente, em 364. Escrito em latim, foi fruto de uma encomenda do augusto Valente ao autor que naquele momento desempenhava a função de *magister memoriae*, um cargo que lhe permitia ter acesso ao arquivo imperial e à uma vasta documentação sobre a história romana.

Com relação à narrativa dos períodos monárquico e republicano, filólogos e historiadores apontam que Eutrópio seguiu a tradição de Tito Lívio

---

1 A autora realiza Pós-Doutorado em História na Universidade Estadual Paulista, *campus* de Franca. É bolsista da Fundação de Amparo à Pesquisa do Estado de São Paulo (FAPESP), processos 2016/20942-9, BEPE 2017/26939-2 e BEPE 2018/03187-8. E-mail: janirapo@yahoo.com.br

(FALQUE, 2008, p. 22). A esta, acrescento que o próprio *magister memoriae* citou um relato de Fabio Píctor e o denominou "historiador": "Mas toda a Itália se uniu em defesa dos romanos, segundo relata o historiador Fabio, que participou nesta guerra [contra os galos, em 234 a.C.]" (EUTRÓPIO. *Breviário*, III, 5). Acredito, portanto, que a *História de Roma* deste senador e historiador romano também tenha feito parte das leituras de Eutrópio. No que se refere à época imperial, o autor lançou mão da documentação que tinha acesso devido à sua atuação junto aos imperadores e ao seu cargo de *magister memoriae*.

O *Breviário* de Eutrópio foi lido e reinterpretado até o século XIV, quando Tito Livio passou a dominar a historiografia latina (VALERO MORENO, 2005, p. 91). Ainda hoje, o *Breviário* é utilizado nas aulas de latim dos currículos italianos, por obedecer às regras gramaticais e de clareza (GASTI, 2012, p. 83). É um livro que tem despertado o interesse de muitos linguistas que investigam o "estilo simples" da escrita eutropiana (BORDONE, 2010; GASTI, 2012), a recepção desta obra (VALERO MORENO, 2005), e o gênero da história breve (GASTI, 2014) – uma maneira de fazer história que respondeu às demandas de sócio-políticas do século IV d.C.

O texto de Eutrópio apresentava aos novos letrados um compêndio da história romana. Ressalto que as reformas militar, econômica, social, política e cultural levadas a cabo a partir de Diocleciano (284-305 d.C.), possibilitaram que muitos *homens novos* frequentassem escolas, ascendessem socialmente e alcançassem cargos públicos. Estes novos funcionários da burocracia imperial geralmente não tinham uma formação literária como aqueles pertencentes à tradicional ordem dirigente e, por isso, precisavam de informações resumidas, adquiridas de forma rápida. Embora o filólogo Juan Miguel Valero Moreno ressalte que Eutrópio não tenha respondido à solicitação de Valente que havia pedido um folheto, quase de caráter analítico, e não uma narrativa breve (VALERO MORENO, 2006, p. 24), a obra eutropiana respondia, sim, à uma demanda concreta que ganhou espaço no século IV d.C.

O destinatário dos breviários buscava nestas narrativas o conhecimento dos fatos considerados essenciais aos serviços que prestava ao Império, não os pormenores das antigas artes. Sendo assim, este gênero literário tinha um público específico e vinculado à administração imperial. Neste caso, Fabio Gasti afirma que o caráter de brevidade e de simplicidade do *Breviário* não corresponde à falta de habilidades do *magister memoriae* com a narrativa, mas, ao contrário, a narração eutropiana configura uma escolha do autor que documenta a vontade de alinhar-se à difusa prática compiladora da época, natural e compartilhada por quem escrevia histórias naquele momento (GASTI, 2012, p. 91). Ao lado de Aurélio Vítor e Festo, Eutrópio, então, dedicou-se a um estilo de escrita pulsante e necessário à manutenção da agilidade da burocracia imperial de sua época.

Entretanto, o próprio autor apontou os limites para o gênero narrativo ao qual se dedicava:

> Esta era a situação do Império dos romanos no consulado do mesmo Joviano e de Varroniano, no ano 1118 desde a fundação da cidade. Dado que se chegou até nossos ínclitos e veneráveis príncipes [Valentiniano I e Valente], daremos fim a nossa obra. Pois o restante há de ser narrado com um estilo superior. Agora não omitimos estas questões, então as reservamos para uma redação mais cuidadosa (EUTRÓPIO. *Breviário*, prólogo).

A análise deste trecho me faz perceber que, para Eutrópio, as histórias breves tinham a função de apresentar, de forma resumida, o que já havia sido registrado detalhadamente por narrativas mais longas, provavelmente pelas histórias, aquelas que o *magister memoriae* considerava pertencer a um "estilo superior". Observo aqui algumas das orientações aristotélicas sobre a brevidade da narrativa: "Um discurso deste tipo é mais simples, o outro é multicolor e complicado. Quanto aos fatos bem conhecidos, é necessário apenas recordá-los" (ARISTÓTELES. *Retórica*, III, 1416b). Sob esta perspectiva, é provável que Eutrópio acreditasse que as narrativas breves seriam responsáveis por rememorar os feitos que já tinham ganhado as palavras escritas, já as novidades, como o coetâneo governo de Valente, caberiam às tradicionais histórias, como aquela longa e pormenorizada obra que haveria de ser elaborada por Amiano Marcelino entre 382 e 397.

No século IV, portanto, as narrativas historiográficas longas e breves eram formas de conhecimento complementares, nunca excludentes. Como Eutrópio deixou claro, ele escrevia uma história breve, mas os acontecimentos atuais deveriam ser narrados por um estilo que garantisse as minúcias das novidades. Não é objetivo deste capítulo discutir cada um destes gêneros. No momento, saliento que estas maneiras de contar histórias atendiam a necessidades e públicos diferentes em um mesmo contexto.

Além de narrar "com brevidade", o autor ressaltou que escreveria em "ordem cronológica" (EUTRÓPIO. *Breviário*, prólogo). E assim o fez. Como aludiu Jacques Le Goff, "matéria fundamental da história é o tempo: portanto, não é de hoje que a cronologia desempenha um papel essencial como fio condutor e ciência auxiliar da história" (LE GOFF, 1990, p. 12).

No caso de Eutrópio, sua narração obedeceu à ordem dos acontecimentos e foi identificado com diferentes expressões. "Em 21 de abril, no terceiro ano da sexta olimpíada, no ano 394 depois do fim de Tróia" (EUTRÓPIO. *Breviário*, I, 1, 2): esta indicação aparece uma única vez e refere-se à fundação de Roma. Foi a maneira encontrada pelo autor para identificar o início dos tempos romanos. Depois desta citação, as demais datas estavam relacionadas a fatos ocorridos entre os romanos e seguiam fórmulas tradicionais da antiguidade:

como "no quadragésimo terceiro ano de seu reinado" (I, 3, 2); "no nono ano da expulsão dos reis" (EUTRÓPIO. *Breviário*, I, 12); "no ano 302 desde a fundação da cidade [de Roma]" (I, 18); "no consulado de Caio Fabio Licinio e Caio Claudio Canina" (II, 15). Estas fórmulas iniciavam cada uma das rememorações dos acontecimentos do passado feitas por Eutrópio, trazendo estes fatos para o tempo presente, como requeria sua narrativa historiográfica.

Certamente, a obra não apresenta nenhuma discussão sobre a releitura e reelaboração dos acontecimentos passados pelo filtro do historiador – os debates contemporâneos devem permanecer no seu devido lugar. Observo, todavia, que por mais que um autor se declarasse imparcial e protetor da verdade, sua parcialidade já se apresentava na escolha de seus temas e, no caso de Eutrópio, a emissão de valores com respeito aos governantes esclarecia suas preferências e ressaltava sua parcialidade. De acordo com a tradição historiográfica herdada dos gregos e à moda de Cícero, a narrativa eutropiana era considerada como um "testemunho dos tempos, luz da verdade" (CÍCERO, *Sobre o orador*, II, 36). Ela foi escrita para recordar ou ensinar "os feitos memoráveis da história dos romanos", como requeria Eutrópio no prólogo de sua obra.

Logo no início de sua história, portanto, o autor advertiu de que maneira iria proceder à sua narrativa: de forma breve e cronológica. Além disso, evidenciou que escrevia por solicitação de Valente: "Como a vontade de tua gentileza quis" (EUTRÓPIO. *Breviário*, prólogo). Tal menção oferecia autoridade à narrativa eutropiana, pois o autor falava/redigia como integrante do círculo de poder imperial e com o aval do próprio augusto. Em conformidade com as diretrizes do sociólogo francês Pierre Bourdieu, noto que a autoridade concedida por Valente a Eutrópio conferiu ao autor uma "capacidade de se *fazer ouvir*", pois além de um instrumento de comunicação e de conhecimento, a língua é um instrumento de poder (BOURDIEU, 1977, p. 5-6, grifos do autor). Sob este ponto de vista, uma solicitação feita pelo imperador, permitia a Eutrópio "falar" em nome do governante, uma situação que legitimava o *Breviário* como um compêndio de histórias verdadeiras e úteis para aquele contexto.

Observo, todavia, a diferença entre um discurso que se edificava como verdadeiro e as possíveis verdades que ocorreram no processo histórico. Para analisar o que era a história para Eutrópio, considero as afirmações da historiadora britânica Averil Cameron na introdução de sua obra *Christianity and the rhetoric of Empire: the development of christian discourse*: as sociedades possuem discursos característicos que fornecem "uma chave para o poder social" e disseminam conhecimentos através da oralidade e da escrita (CAMERON, 1991, p. 1). Deste modo, entendo que o *Breviário* foi mais um dos instrumentos que buscavam determinada integração social a partir da elaboração de verdades que forneciam unidade e identidade a um Império romano repleto de multiplicidades.

Os elementos geográficos, as cidades e as guerras no *Breviário*

O *Breviário* foi produzido dentro de e para um ambiente que circundava o poder imperial: foi encomendado por Valente e servia como um curso intensivo de história romana para uma nova ordem administrativa. Sendo assim, os acontecimentos destacados deveriam atender ao propósito deste grupo, neste ínterim, a atenção do autor estava voltada às ações militares e políticas.

Esta é uma obra composta em dez livros, sendo o primeiro dedicado à Monarquia e aos primeiros anos da República; do segundo ao sexto, o autor abordou a República; do sétimo ao décimo, o assunto foi o Império.

Há uma diferença notória entre as narrativas dos seis primeiros livros, de caráter quase analítico – mas ainda assim narrativo –, e os últimos quatro, de caráter biográfico para a época imperial. Na primeira parte da obra (EUTRÓPIO. *Breviário*, I, 1 – VII, 7), o autor concentrou-se na exposição das ações bélicas que levaram os romanos a estender seus limites. No livro I, por exemplo, ele narrou as guerras de Tarquínio, o Antigo (616-578 a.C.), contra os sabinos e a anexação de suas terras à Roma (I, 6) e a submissão das cidades de Gabio e de Suesa-Pomecia por Tarquínio, o soberbo (534-510 a.C.) (EUTRÓPIO. *Breviário*, I, 8). Nos livros II e III, entre várias guerras contra os sírios, egípcios, sardos, ilírios, galos e outros povos, Eutrópio tratou das guerras púnicas e das empreitadas da família dos Cipiões para proteger os romanos dos cartagineses.

Na parte da obra dedicada ao período imperial, a guerra continuou presente, mas as pequenas biografias dos imperadores tornaram-se o foco na narrativa. O latinista italiano Antonio La Penna afirma que, no gênero historiográfico, Amiano Marcelino proporcionou um lugar de destaque às biografias imperiais. Uma proeminência oferecida também por Eutrópio e Aurélio Vítor em suas histórias breves (LA PENNA, 1986, 1958).

Nesta parte do *Breviário*, Eutrópio exprimiu seus juízos com relação às atitudes imperiais, realçando os vícios e as virtudes de cada um destes governantes, conforme o modelo de Suetônio. Observo que Valero Moreno discorda da adoção da tradição suetoniana por parte Eutrópio, uma vez que a narrativa eutropiana prescindiria da explicação moral dos feitos dos personagens. Entretanto, Valero Moreno argumenta que por meio das pistas deixadas por Eutrópio ao longo de seu texto é possível verificar os juízos de valor emanados do autor (VALERO MORENO, 2006, p. 16-17).

Sob meu ponto de vista, estes julgamentos não são nada sutis e o texto eutropiano seguiria, sim, os princípios de escrita de Suetônio. Neste ínterim, compartilho da consideração de Emma Falque de que o modelo suetoniano influenciou a redação do *Breviário* e, para as biografias dos imperadores mais destacados, Eutrópio adotou o esquema: origem, vida privada do césar, formação militar, política interior, retrato (costumes, cultura, gostos literários...), a morte, duração do reinado, elogio ou condenação do imperador (FALQUE, 2008, p. 21). Conforme este modelo, Eutrópio cobriu Augusto (31 a.C.-14 d.C.) com elogios positivos: "Tanto lhe amaram os bárbaros que os reis aliados do povo romano fundaram cidades em sua honra, que chamaram Cesareas" (EUTRÓPIO. *Breviário*, VII, 10, 3). Em contraposição, o autor reprovou as ações de Tibério, elaborando para este imperador uma narrativa repleta de vícios: "Tibério [14-37 d.C.] governou com imoderado torpor, grave crueldade, ímpia avareza e torpe lasciva. Nunca lutou pessoalmente" (EUTRÓPIO. *Breviário*, VII, 11, 1).

No *Breviário*, imperadores considerados "bons" eram apresentados adornados pela civilidade (*civilitas*), felicidade (*felicitas*), moderação (*moderatio*) e clemência (*clementia*). Enquanto aos "maus" governantes caberiam a tirania e os vícios da avareza (*avaritia*), crueldade (*crudelitas*), ferocidade (*saevitia*) e luxúria (*libido*). Estes juízos de valores a respeito do caráter dos governantes não apareceram nas narrativas eutropianas da Monarquia e da República. Mesmo ao citar a guerra levada a cabo por Tarquinio, o soberbo, contra os romanos, o autor não julgou a índole deste rei (EUTRÓPIO. *Breviário*, I, 11). Em contrapartida, estas avaliações de caráter foram frequentes nas biografias imperiais.

Para compor este cenário de guerras, atitudes políticas e militares, reprovação e/ou aprovação do governante, o autor trouxe para sua obra rios (mares e oceanos), montes e cidades frequentados pelos romanos. O Monte Palatino foi citado como ponto de nascimento de Roma (EUTRÓPIO. *Breviário*, I, 1, 2). As cidades dos ceninenses, dos antemnates, dos crustuminos, dos sabinos, dos fidenates e dos veios, que circundavam Roma, foram mencionadas como os primeiros alvos de guerras dos romanos (I, 2). O rio Anio foi palco de batalhas entre romanos e galos, em 365 a.C. (II, 5). Ao longo de todo o *Breviário*, rios, cidades e montes demarcaram territórios desejados ou conquistados pelos romanos por meio de guerras. Mesmo a referência ao Monte Palatino como berço da cidade estava vinculada à ação bélica de defender estas terras e iniciar as guerras contra povos vizinhos: primeiramente contra os sabinos, de quem se raptaram as donzelas para serem esposas dos romanos (EUTRÓPIO. *Breviário*, I, 2, 2).

A guerra, então, esteve presente desde os primeiros dias da era monárquica e se perpetuou durante a República e o Império. Mesmo antes de fazer guerra contra outros povos, Rômulo, o fundador de Roma, precisou enfrentar seu próprio irmão para proteger suas terras. Além disso, Rômulo e Remo eram filhos de Marte, o deus da guerra, e da vestal Reia Silvia. A partir destas elaborações discursivas, os romanos atrelaram suas origens à guerra e, através dela, destacaram sua capacidade de estender seu domínio sobre outros povos.

Como aludiu Demétrio Magnoli na *Apresentação* de *História das Guerras*: "O armamento, a motivação, a estratégia, os objetivos têm mudado muito, mas elas existem há milhares de anos" (MAGNOLI, 2006, p. 6). E durante todo este tempo, no passado e ainda hoje, muitos escritores têm dedicado suas habilidades para abordar tal temática. Como acontecimentos inseridos no cotidiano dos romanos, os assuntos de guerra deveriam ser conhecidos por todos, por isso, foram tratados por muitos autores antigos. Para citar apenas alguns escritores que, no século IV, dedicaram-se o tema aponto o *Elogio a Constâncio* de autoria do imperador Juliano; as *Orações* de Libânio, dedicadas a Juliano; os panegíricos de Quinto Aurélio Símaco Eusébio, em louvor aos imperadores da dinastia valentiniana; o tratado *Sobre a fé* de Ambrósio, bispo de Milão; o panegírico a Graciano redigido por Ausônio; as *Histórias* de Amiano Marcelino; e o *Breviário* de Eutrópio, obviamente. Em todos estes casos, ressaltava-se a noção pliniana do *optimus princeps* responsável por ampliar e defender os territórios romanos através da guerra. O historiador Michael McCornick sustenta que o dever do imperador de dilatar os limites territoriais era uma força que nutria e, simultaneamente, era nutrida pelo mito de um Império romano eternamente vitorioso (MCCORMICK, 1990, p. 3).

No *Breviário*, rios, oceanos, montes e cidades assinalavam espaços de guerras, vitórias e derrotas:

> Sucedeu-o [a Numa Pompilio] Túlio Hostílio [673-641 a.C.], quem empreendeu novamente as guerras: venceu os albanos, que distam doze milhas da cidade de Roma; derrotou também em combate os fidenates e os de Veios, os primeiros estão a seis milhas de Roma e os outros a dezoito. Ampliou a cidade adicionando o monte Celio. (EUTRÓPIO. *Breviário*, I, 4).

> [445 a.C.] Pouco depois os galos senones chegaram à cidade e, após perseguir os romanos, aos que venceram há quase onze milhas de Roma junto ao rio Alia, tomaram inclusive a cidade. (EUTRÓPIO. *Breviário*, I, 20, 3).

> [Júlio César (60-44 a.C.)] submeteu em nove anos quase toda a Gália, que se estende entre os Alpes, o rio Ródano, o Reno e o oceano ao redor até três mil e duzentas milhas. (EUTRÓPIO. *Breviário*, VI, 17, 3).

Por meio de passagens como estas, Eutrópio fez conhecer não só as ações bélicas, mas seus lugares, o que possivelmente tornava os feitos do passado mais concretos para seu público. O que era lido poderia ter acontecido na cidade do leitor, logo ali, nas margens do rio onde sua família pescava ou desenvolvia atividades comerciais. Neste ínterim, recordo o alerta do historiador francês Jacques Le Goff: "o interesse do passado está em esclarecer o presente" (LE GOFF, 1990, p. 13-14). Assim, através da narrativa historiográfica, o passado é reinterpretado continuamente no tempo presente, realçando alguns acontecimentos e apagando outros, propositadamente ou não.

Na história contada por Eutrópio, os elementos geográficos e os nomes das cidades (ou de seus povos) recordavam aos leitores os desafios enfrentados pelos romanos para defender o poder de império e dar continuidade à herança de Rômulo. Desafios que eram reescritos e recontados porque deviam integrar a memória coletiva para criar identidades comuns, gerar sentimentos de pertencimento e desejos de proteção de uma determinada tradição. Eutrópio apresentou ao seu público da IV centúria os lugares que, em algum momento, pertenceram ao poder de império e que, talvez, pudessem ser recuperados. Também exibiu os espaços que ainda faziam parte daquele Império no qual vivia, lugares adquiridos através das guerras e de algumas outras estratégias de negociação, como os tratados de amizade (EUTRÓPIO. *Breviário*, II, 15; III, 14, 4) e os acordos de paz (EUTRÓPIO. *Breviário*, I, 8, 1; II, 12, 4; II, 19, 2; III, 2; III, 23, 1; X, 17, 1).

Observo que este historiador salientou as distâncias que estes lugares ficavam a partir da cidade de Roma. Conforme os trechos destacados anteriormente, os albanos estavam a doze milhas de Roma; os fidenates, a seis milhas; os veios, a dezoito; e, em nove anos, Júlio César acrescentou à República três mil e duzentas milhas. Esta estratégia literária fornecia dimensões concretas para o alcance do poder de império e demonstrava o crescimento da cidade de Roma para além de suas fronteiras.

Emma Falque nota que Eutrópio entregou sua obra ao imperador Valente quando este recentemente havia celebrado seu triunfo sobre os godos e assumido o título de *Gothicus Maximus*, no verão de 369, depois de vencer Atanarico (FALQUE, 2008, p. 13). O *Breviário*, então, respondia ao contexto de um século IV que continuava a conviver com as ameaças das tribos estrangeiras e com o desejo de proteger e ampliar os domínios romanos. Para isso, Eutrópio rememorou as conquistas territoriais que proporcionaram vastidão ao Império e asseguraram a legitimação da utilidade pública dos governantes. Mesmo que o autor não tenha escrito a respeito do governo de Valente, a comparação estava implícita: Valente agia como os virtuosos governantes do passado que angariaram benefícios aos romanos através da vitória sobre os estrangeiros, por isso, precisava de funcionários que o auxiliassem na administração pública e merecia ser apoiado pelos súditos.

A história breve de Eutrópio, portanto, foi desenvolvida tendo a guerra como um motor dos feitos dos homens do passado e do presente. Devido ao cuidado do autor em descrever batalhas, vitórias e derrotas romanas, Valero

Moreno classifica o *Breviário* como um tratado técnico de estratégia militar de caráter propedêutico (VALERO MORENO, 2005, p. 595-596). Os inimigos agitavam o cotidiano romano e ofereciam movimento aos textos escritos e falados. Através da guerra, os líderes ampliaram a dominação do poder de império para muito além da cidade de Roma e, por isso, tiveram o privilégio de celebrar triunfos e serem rememorados. Também através da guerra a cidadania romana ganhou novos espaços que precisavam ser resguardados e bem administrados por funcionários ligados à burocracia imperial. Homens públicos que, por vezes, tinham sido formados sob os princípios das artes liberais e que, outras vezes, tinham recentemente ascendido socialmente e, por isso, necessitavam conhecer rapidamente a história do Império para o qual dedicavam seus serviços.

A citação de elementos geográficos como os rios Alia, Anio, Reno, Ródano e Elba, os montes Palatino, Capitólio, Álgido, Celio, Aventino, Janículo, Quirinal, Viminal e Esquelino, e de cidades ou de seus povos como Gabios, Preneste, Coriolos, Piceno, Apulia, sabinos, albanos, latinos, galos, persas, entre outros, conferiam ao *Breviário* a concretude às ações de guerras passadas. A partir de suas argumentações, Eutrópio uniu a atuação dos sujeitos recordados a lugares físicos, transportando a narrativa para a vida prática do leitor. Estas ações e estes lugares, por sua vez, existiram em um determinado tempo, marcado cronologicamente na obra eutropiana.

Magistraturas, leis e cerimônias rememoradas por Eutrópio

Além de fornecer ao leitor um panorama geográfico do que se tornou o Império, Eutrópio também apresentou as instituições e as celebrações coletivas que mantinham aquela sociedade em funcionamento.

O autor registrou que, logo após a fundação de Roma, Rômulo elegeu entre os homens mais velhos cem deles, "com quem o conselho se pudesse governar" (EUTRÓPIO. *Breviário*, I, 2, 1). Estes foram chamados de senadores, em razão da idade, visto que o substantivo latino *senator* é uma derivação do substantivo/adjetivo *senex*, ou seja, idoso, velho, senil. Dentro da ordem senatorial, dois membros eram escolhidos anualmente para exercerem a liderança: eram os cônsules. Embora a configuração do senado tenha mudado ao longo dos séculos, este grupo se manteve vinculado ao poder de império, quer fosse como seu detentor, em época republicana, quer fosse como conselheiro do portador deste poder, durante a Monarquia e o Império. Vinculada ao poder máximo dos romanos, esta ordem administrava a sociedade romana com o intuito de manter uma ordenação que garantisse seu *status quo*. Uma situação que certamente desagradava parte dos romanos que não via na ordem senatorial membros que defendessem as causas plebeias.

Contra o grupo senatorial e seus líderes Eutrópio afirmou que o povo de Roma (*populus Romae*) "criou os tribunos da plebe, uma espécie de juízes e defensores, para poder, por meio deles, proteger-se" (EUTRÓPIO. *Breviário*, I, 13, 2). Este fato havia ocorrido no ano de 494 a.C., em um momento de enfrentamentos entre patrícios e plebeus. O autor denominou estes conflitos como sedição (*seditionem*) e destacou a organização levada a cabo pelo povo de Roma para se defender dos próprios romanos. Neste caso, o autor não emite nenhum juízo de valor. De acordo com o mencionado anteriormente, a narrativa eutropiana dos períodos monárquico e republicano possui um caráter analítico, isento do julgamento do autor. Entre plebeus e patrícios, não se sabe para quem o autor "torcia". Sabe-se, todavia, que a história de Eutrópio, assim como ressaltou as guerras contra o inimigo estrangeiro, também tratou dos conflitos internos que abalaram a ordenação dos romanos.

Além dos senadores, cônsules e dos tribunos da plebe, a ditadura foi outra magistratura que teve sua criação citada pelo autor no momento da guerra contra Tarquinio, o soberbo. Eutrópio fez uma rápida analogia entre o poder daquela magistratura e poder imperial exercido por Valente naquele momento:

> Não pode considerar-se nada mais semelhantes a este poder imperial que agora ostenta Vossa Tranquilidade, que a antiga ditadura, especialmente desde que Otaviano augusto, de quem falaremos adiante, e antes que ele Caio César, reinaram com o título e honras da ditadura (EUTRÓPIO. *Breviário*, I, 12, 2).

Ressalto que a ditadura era uma magistratura que carregava consigo a obrigação de fazer guerras em defesa dos romanos e da eternidade do poder de império. No trecho destacado, o autor comparou esta magistratura exercida por Augusto e Júlio César ao poder de Valente. Observo que este paralelo foi feito entre governantes que exerceram na passagem da República para o Império tal magistratura vinculada ao poder pessoal e não a ocasiões de perigo extraordinários e designações temporárias, como ocorria na República. Ao se proclamar ditador eterno em 49 a.C., Júlio César absorveu a prerrogativa de fazer guerras às funções do governante supremo dos romanos. Esta ligação entre poder de império e ditadura foi aprimorado discursivamente ao longo do governo de Augusto e já na época de Valente era uma prática comum: cabia ao imperador declarar guerras.

Além das magistraturas, a promulgação das primeiras leis romanas teve seu espaço no *Breviário*. O historiador afirmou que Numa Pompilio havia sido um rei benéfico para a cidade de Roma pois lhe havia fornecido leis que normatizaram as condutas dos romanos (EUTRÓPIO. *Breviário*, I, 3, 1).

O jurista Carlos Pérez Ruiz adverte que a "norma" anuncia um valor de obrigatoriedade e é própria do enunciado jurídico (Pérez Ruiz, 1196, p. 68). Eutrópio teve a necessidade de destacar as benfeitorias prestadas pelo monarca Numa Pompilio por meio da instituição das primeiras leis romanas, ou seja, por meio das condutas que deveriam ser obrigatoriamente permitidas ou proibidas em prol do adequado funcionamento do poder de império. O autor, então, emitiu sua opinião sobre o assunto ao relacionar "leis" e "benfeitoria" (*profuit*: lucrativo, benéfico). Eutrópio sustentou que antes de Numa Pompilio, habituados com as batalhas e sem leis, os romanos eram considerados semibárbaros (*semibarbari*) (EUTRÓPIO. *Breviário*, I, 3, 1). A ação deste rei havia sido, então, favorável à ordenação dos romanos e, consequentemente, à conservação do poder de império e do bem comum, como requeria a máxima aristotélica.

Neste ponto, faz-se necessário esclarecer o que compreendo por "ordem". Para isso, recorro ao historiador Norberto Luiz Guarinello que afirma que ordem não é "um comando, uma força aplicada pontualmente, mas uma ordenação de vida, que se dá e se reproduz no tempo [...], que aparece aos viventes como parte natural e necessária da vida" (GUARINELLO, 2010, p. 119). Para Eutrópio, portanto, a intituição das leis nutriria as condutas imprescindíveis para que os romanos abandonassem seus traços de barbárie e passassem a integrar o mundo da civilidade (*civilitas*), formado por leis e magistrados que a administravam. Tais lições foram rememoradas no *Breviário* para serem reforçadas e manterem-se como práticas constantes. Afinal, o público a quem se destinava este livro era responsável pela gerência das leis e pela administração no século IV EC.

A obra eutropiana também ressaltou a importância das cerimônias, em especial, as do triunfo. Recordo que Eutrópio dedicou o *Breviário* a Valente logo após o imperador celebrar seu triunfo sobre os godos. Esta era uma cerimônia que remontava aos tempos monárquicos e foi usufruída por muitos governantes e generais ao longo da história dos romanos. O autor registrou triunfos comemorados por generais, monarcas, cônsules, imperadores e informou que Tarquinio, o antigo (616-579 a.C.) "foi o primeiro a entrar na cidade com as honras do triunfo" (EUTRÓPIO. *Breviário*, I, 6, 1). O triunfo de Cipião, o africano, ao final da segunda guerra púnica também integrou a breve narrativa eutropiana (III, 23, 1). O historiador Michael McCormick afirma que uma vitória imperial podia ser traçada através da paisagem física e mental do mundo romano tardio, através do estudo das moedas e disposições legais, dos panegíricos, monumentos, serviços de domingo, jogos e, principalmente, pela cerimónia do triunfo (MCCORMICK, 1990, p. 5). Não é minha intenção, neste trabalho, investigar cada um dos triunfos recolhidos por Eutrópio. Observo, entretanto, a natureza pública deste cerimonial repleto de rituais que consagravam o imperador como um líder vitorioso, por isso, útil aos romanos.

Tal cerimônia colocava o comandante vitorioso em campo de batalha no centro da vida urbana. O público citadino, ausente de determinados espaços de guerra, era então avisado física e mentalmente da vitória do governante. Um sucesso que se vinculava à memória coletiva da comunidade e ganhava as palavras faladas dos presentes e as palavras escritas dos autores. Eutrópio, rememorou muitos dos antigos triunfos romanos em tempos do triunfo de Valente, destacando a utilidade pública de um governante para a manutenção da ordem entre os romanos e para a eternidade do Império.

Em sua breve história, Eutrópio se preocupou em registrar a criação das magistraturas e das leis, bem como ressaltar a os triunfos merecidos por aqueles líderes vitoriosos. Sob seu ponto de vista, conhecer estes elementos sócio-políticos e culturais era imprescindível para a correta administração exercida por aqueles homens novos que recentemente tinham ascendido socialmente e ofereciam seus serviços aos assuntos públicos romanos. Através de magistraturas, leis, guerras, vitórias e celebrações o poder de império era legitimado, mantido e recebia ares de superior a qualquer outro poder do mundo Antigo. Uma idealização frequente em documentos oficiais e na literatura imperial, reelaborada e rememorada por Eutrópio.

Divinização do poder imperial na narrativa eutropiana

O historiador espanhol Ramón Teja alega que no período tetrárquico houve a afirmação do caráter divino do poder imperial, marco de uma importante mudança ideológica-política (TEJA, 1999, p. 43). É certo que mesmo antes de Diocleciano, elementos que diferenciavam o imperador dos demais romanos já pululavam nos textos escritos e nos discursos visuais. Aureliano (270-275 EC), por exemplo, se proclamou "nascido deus e senhor" (*deus et dominus natus*) e, conforme o historiador brasileiro Renan Frighetto, "foi o primeiro governante romano a cingir sobre sua cabeça o diadema, investido pela vontade divina" (FRIGHETTO, 2012, p. 89). Diocleciano, por sua vez, reuniu elementos que estavam dispersos na tradição e os organizou em torno do poder imperial concedendo-lhe uma dimensão divina característica desta época imperial conhecida como *Dominatio*, na qual o imperador era quase um deus, escolhido e guiado pelas divindades para salvaguardar os romanos.

Esta mudança visual e ideológica na imagem imperial foi registrada no *Breviário*:

> [Diocleciano] foi um príncipe muito diligente e hábil e o primeiro que introduziu no Império romano uma fórmula mais própria da realeza (*regiae*) do que da liberdade romana (*romanae libertatis*), pois ordenou que deviam adorá-lo (*adorarique*) todos aqueles que o saudavam. Vestiu

roupas e calçados adornados com pedras preciosas. Quando antes a insígnia do imperador era somente a clâmide púrpura e quanto ao resto não havia atributos especiais. (EUTRÓPIO. *Breviário*, IX, 26).

A narrativa eutropiana relembrou a exaltação da figura imperial proposta por Diocleciano. Se antes o governante só se destacava dos demais romanos pela vestimenta púrpura, dali em diante as pedras preciosas – depreciadas na época de Calígula (37-41 EC), Nero (54-68 EC), e Heliogábalo (218-222 EC) – passariam a ornar o detentor do poder de império.

Eutrópio destacou a ordem de Diocleciano para que ele fosse "adorado". O ritual da *adoratio*, por sua vez, exigia a prosquínese (*proskynesis*) e, assim, incorporou-se um tradicional ato persa à ritualística romana. De acordo com Teja, a prosquínese foi um dos elementos mais significativos do rito de adoração e, a partir da Tetrarquia, perdeu sua conotação religiosa ao agregar valores divinizantes ao poder imperial (TEJA, 1999, p. 42).

Mesmo com tantas apropriações estrangeiras levadas a cabo por Diocleciano, Eutrópio o caracterizou como "um príncipe muito diligente e hábil" (EUTRÓPIO. *Breviário*, IX, 26) e capaz de organizar um Império que enfrentava o usurpador Carausio e guerras no Egito, em África e no Oriente (EUTRÓPIO. *Breviário*, IX, 22, 1).

E não apenas a adoração concedeu sacralização ao poder imperial. Discursos que estabeleciam relações diretas entre divindades e governantes ajudaram a alimentar esta natureza divina. Para suplantar aquela situação conflituosa sobre a qual Eutrópio tratou, Diocleciano havia dividido o poder de império entre dois augustos, ele mesmo e Maximiano, e dois césares, Galério e Constancio – uma divisão conhecida pela historiografia como Tetrarquia. Para marcar seu lugar superior nesta hierarquia Diocleciano vinculou-se a Júpiter e associou Maximiano a Hércules. De acordo com esta elaboração discursiva, como pais, os dois augustos administrariam o poder imperial com o apoio de seus filhos, os césares. Diocleciano, entretanto, seria o pai de todos, pois era Júpiter, pai do próprio Hércules, a quem Maximiano estava relacionado. Embora Eutrópio não tenha registrado a associação de Diocleciano a Júpiter, a vinculação de Maximiano a Hércules e as ligações familiares e políticas entre augustos e césares foram descritas no *Breviário* (EUTRÓPIO. *Breviário*, IX, 22).

Na narrativa eutropiana, esta aliança havia produzido vitórias importantes para os romanos. Observo que o autor escrevia em um momento em que uma diarquia era estabelecida. Após Juliano (360-363) e Joviano (363-364) governarem como imperadores únicos, Valentiniano e Valente voltaram a dividir o poder de império para dirigirem os territórios romanos do Ocidente e do Oriente, respectivamente. No *Breviário*, as experiências positivas do passado legitimavam a continuidade de determinadas ações no presente, como um governo feito sob leis, a expansão territorial, o ato de guerrear e a separação do poder imperial por "ínclitos e veneráveis príncipes" – expressão utilizada por Eutrópio para se referir a Valentiniano e Valente (EUTRÓPIO. *Breviário*, X, 18, 3). O *magister memoriae* não questionava a divisão do poder, mas deseja que ele fosse exercido por augustos fies às tradições romanas e distantes da tirania, por isso "ínclitos" e merecedores de veneração.

Recordo que as histórias devem ser entendidas como discursos que organizam passado e presente de acordo com o ponto de vista de seu autor. Para investigar a recepção e a leitura do *Breviário*, Valero Moreno considera o texto como um discurso de práticas – políticas, sociais e culturais – aceitas ou condenadas por uma comunidade. Sustenta, ainda, que tal texto é construído com base em uma retórica capaz estabelecer processos de formação ideológica e de sentido (VALERO MORENO, 2005, p. 593). E aqui menciono novamente a característica dos discursos de difundir determinados conhecimentos através da oralidade e da escrita e, com isso, exercer o poder social (CAMERON, 1991, p. 1).

Com estas diretrizes em mente, observo a importância da arte da retórica para a vida pública na Antiguidade. A retórica era um método de ordenamento do discurso que fornecia clareza à mensagem, facilitando seu entendimento e reprodução pelo público. Herança grega, a retórica e as demais artes liberais formaram o patrimônio do saber da sociedade romana e serviram como instrumento de ascensão social para aqueles que as dominavam. Fabrizio Bordone assevera que Eutrópio adotou a retórica com o intuito de conferir dignidade e consciência literária à sua obra (BORDONE, 2010, p. 152). Eutrópio, portanto, vinculou-se a uma tradicional maneira de escrever. Por meio da ordenação retórica das palavras, suas ideias persuadiam seus leitores a auxiliar na administração do poder de império e na manutenção de um determinado *status quo* que o beneficiava, afinal, ele participava deste círculo de poder imperial e devia seu cargo e sua visibilidade pública ao imperador.

As *verdades* elaboradas na breve história eutropiana reforçaram os benefícios que as guerras e as leis traziam para aquela sociedade; validavam a divisão do poder imperial entre os augustos do passado e do seu presente; reconheciam a divinização do poder de império e, simultaneamente, a ligação entre augustos e divindades. Desta maneira, a história de Eutrópio ajudou a legitimar a utilidade pública da figura imperial, rememorou entre os romanos uma identidade comum, ofereceu-lhes causas para defender e conferi-lhes uma determinada integração social – idealizada, de fato, mas ainda assim um desejo que impulsionava ações e teorias políticas.

Considerações finais

Em um contexto agitado pela mobilidade social, em que homens de procedência diversa alcançavam importantes cargos públicos, Eutrópio recebeu do imperador Valente a incumbência de elaborar uma história dos romanos. Esta obra foi entregue ao augusto em 369, logo após sua vitória contra os godos liderados por Atanarico. Assim sendo, a vinculação entre a narrativa eutropiana e o poder de império era visível. O autor escreveu com o aval do soberano, o que concedia ao seu discurso o caráter de oficialidade e a noção de verdadeiro. As elaborações ali apresentadas adquiriam estatuto de verdade e promoviam entre os romanos sentimentos de pertença. No *Breviário* estariam os principais fatos históricos que deveriam compor o conhecimento daqueles novos funcionários públicos que se uniram à burocracia imperial.

E que informações eram estas que mereceram ser rememoradas de forma breve e cronológica? Elementos geográficos (rios, mares, montes), cidades e guerras forneciam ao leitor uma noção espacial do Império. Através de palavras ordenadas retoricamente, Eutrópio transferia o leitor para os campos de batalha e o fazia percorrer a imensidão dos territórios que foram anexados no passado e que deveriam ser corretamente dirigidos no presente. Esta administração, por sua vez, ocorria através das magistraturas, das leis e das cerimônias. Elementos, estes, que manteriam uma ordenação social específica e benéfica aos detentores de poderes, como o próprio autor e Valente. Enfim, destaco a divisão do poder imperial e a divinização deste poder como conhecimentos recordados e difundidos na narrativa eutropiana.

Percebo, portanto, que Eutrópio contou uma história entrelaçada ao poder imperial e à administração que auxiliava na legitimação de tal poder. Era significativo oferecer a estes novos homens motivos para trabalhar: a defesa das leis, dos territórios e do imperador. Ao mesmo tempo, o autor proporcionou a Valente modelos de governantes virtuosos e viciosos que deveriam ser, respectivamente, seguidos e rechaçados. Sua breve história, portanto, foi elaborada para disseminar conhecimentos entendidos como essenciais. Por estes motivos, observo que a narrativa eutropiana integrou o conjunto de discursos que alimentaram a teoria sócio-política vigente. Ao reelaborar "os feitos memoráveis da história dos romanos, tanto os referidos aos assuntos de guerra como aos civis" (EUTRÓPIO. *Breviário*, prólogo), o autor contribuiu para a formação de novos homens públicos que prestavam seus serviços à conservação de uma determinada ordenação social.

Agradecimentos

Agradeço aos organizadores da obra *A ideia de História na Antiguidade Tardia* pelo convite para a publicação deste capítulo: Profa. Dra. Margarida Maria de Carvalho, Profa. Dra. Maria Aparecida de Oliveira Silva e Prof. Dr. Glaydson José da Silva.

Meus agradecimentos também a Fundação de Amparo à Pesquisa do Estado de São Paulo, pelo financiamento de minhas pesquisas de pós-doutorado no Brasil e no exterior (processos 2016/20942-9, BEPE 2017/26939-2 e BEPE 2018/03187-8). Ao investigar as imagens oficiais do imperador Graciano necessitei compará-las a outras imagens imperiais construídas no contexto do século IV d.C. Neste caminho, encontrei no *Breviário* de Eutrópio um de meus documentos de trabalho e uma dentre as tantas maneiras de fazer história na Antiguidade Tardia.

REFERÊNCIA

Documentação

ARISTÓTELES. *Retórica*. Coordenação de António Pedro Mesquita. 2. ed. rev. Lisboa: Imprensa Nacional-Casa da Moeda, 2005. (Biblioteca de Autores Clássicos, Obras completas de Aristóteles, v. VIII, t. I).

CÍCERO. *Sobre el orador*. Introducción, traducción y notas de José Javier Iso. Madrid: Editorial Gredos, 2002.

EUTROPIO. Breviarium ad Urbe condita. *In*: EUTROPIO. *Breviário*. Aurelio Víctor. Libro de los Césares. Introducciones, traducción y notas de Emma Falque. 1. reimpr. Madrid: Editorial Gredos, 2008.

EUTROPIO. *Breviarium ab urbe condita*: Cum versionibus Graecis et Pauli Landolfique additamentis Berolini. [*S. l.*: *s. n.*], 1879. Disponível em: http://www.dmgh.de/de/fs1/object/display/bsb00000787_meta:titlePage.html?sortIndex=010:010:0002:010:00:00. Acesso em: 10 nov. 2017.

Bibliografia

BORDONE, Fabrizio. La lingua e lo stile del Breviarium di Eutropio. *Annali Online do Lettere*, Ferrara, v. 2, p. 143-162, 2010.

BOURDIEU, Pierrre. A economia das trocas linguísticas. Reproduzido de BOURDIEU, P. L'économie des échanges linguistiques. Langue Française, 34, maio 1977. Traduzido por Paula Montero. Disponível em: http://docplayer.com.br/57743-A-economia-das-trocas-linguisticas-1.html Acesso em: 10 out. 2017.

CAMERON, Averil. *Christianity and the rhetoric of Empire*: the development of christian discourse. Oxford: Universtiy of California Press, 1991. (Sather Classical Lectures, v. 55).

FRIGHETTO, Renan. *Antiguidade Tardia*: Roma e as monarquias romano-bárbaras numa época de transformações (séculos II-VIII). Curitiba: Juruá, 2012.

GASTI, Fabio. Eutropio e il destino dei "simplici". *In*: LATINA DIDAXIS, 27., 20-21 apr. 2012, Genova. *Atti* […]. A cura di Silvana Rocca. Genova, Bogliasco: COEDIT: Università degli Studi di Genova, 2012. p. 83-103.

GASTI, Fabio. La forma breve della prosa nella storiografia latina d'età imperiale e tarda. *Koinonia*, v. 39, p. 345-365, 2015.

GUARINELLO, Norberto Luiz. Ordem, integração e fronteiras no Império Romano: um ensaio. *Mare Nostrum*, v. 1, p. 113-127, 2010.

LA PENNA, Antonio. *La cultura letteraria a Roma*. Roma; Bari: Laterza, 1986.

LE GOFF, Jacques. História e memória. Tradução Bernardo Leitão *et al.* Campinas: Editora da UNICAMP, 1990.

MAGNOLI, Demétrio (org.). *História das guerras*. 3. ed. São Paulo: Contexto, 2006.

MCCORMICK, Michael. *Eternal victory*: triumphal rulership in Late Antiquity, Byzantium and the early Medieval West. Cambridge: Ney York: Port Chester: Melbourne: Sydney; Paris: Cambridge University Press; Editions de la maison des sciences de l'homme, 1990.

PÉREZ RUIZ, Carlos. *La construcción social del Derecho*. Sevilla: Universidad de Sevilla, 1996.

TEJA, Ramón. *Emperadores, obispos, monjes y mujeres*: Protagonistas del cristianismo antiguo. Madrid: Editorial Trotta, 1999.

VALERO MORENO, Juan Miguel. La recepción y a lectura del *Breviario de historia romana* de Eutropio en la Edad Media latina y romance. *In*: CONGRESO INTERNACIONAL DE LA ASOCIACIÓN HISPÁNICA DE LITERATURA MEDIEVAL, 9., 18-22 sept. 2001, *Actas* [...]. Coruña. Coruña: Toxosoutos, 2005. v. III, p. 591-612.

VALERO MORENO, Juan Miguel. *Las transformaciones del discurso historiográfico*: el caso de Eutropio. London: University of London, 2006.

A ANTÍTESE DA HISTÓRIA EM GREGÓRIO DE NAZIANZO:
a *Oração 5* e as quatro mortes do Imperador Juliano

Margarida Maria de Carvalho[1]

Considerações preliminares

Para a escrita da História, atualmente, recorremos a documentações textuais ou materiais, metodologias e teorias no intuito de analisá-la. No entanto, desde a antiguidade, a História é construída através de diversas interpretações. O mesmo ocorre com os autores da Antiguidade Tardia, sejam cristãos ou não. Neste capítulo, temos o objetivo de nos aproximar da ideia de História de Gregório de Nazianzo, citando como exemplo, a possibilidade de extrairmos essa concepção da *Oração 5*, ou *Contra Juliano*, redigida em 365 d.C. A hipótese que nos guia para o alcance dessa meta é a de que, para nosso autor cristão, História, filosofia e providência divina se mesclam a todo instante.

Gregório de Nazianzo ou Gregório Nazianzeno nasceu em 329 d.C., em Arianzo, propriedade pertencente à sua família, localizada ao sul da cidade de Nazianzo. Ele faleceu no ano de 390 d.C., na mesma cidade em que nasceu. Sua família era detentora de muitas propriedades e fazia parte da elite local. Seu pai, conhecido como Gregório, o Velho (276-374 d.C.), foi casado com Nona (? -374 d.C.), com quem teve três filhos: Gorgônia (século IV d.C.), Gregório e Cesário (331-368 d.C.). Gregório, pai do nazianzeno, possuiu o cargo de *principalis* ou líder *curialis*, isto é, vinha de uma família de decuriões ou senadores municipais, bem como foi bispo de Nazianzo. Gregório, o jovem, cresceu, portanto, em um ambiente bastante cristianizado e, mais tarde, seguiu a carreira religiosa do pai (MCGUCKIN, 2001). Observemos uma imagem de nosso personagem:

---

1   Professora de História Antiga do Departamento de História e do Programa de Pós-graduação em História da UNESP/Franca. Coordenadora do Grupo do Laboratório de Estudos sobre o Império Romano – G.LEIR UNESP/Franca. Bolsista de Produtividade em Pesquisa do CNPq – Nível 2.

Figura 1 – Gregório de Nazianzo

Fonte: Núcleo de Estudos de Filosofia, Patrística e Patrologia. Pais da Igreja (2018). São Gregório de Nazianzo II[2].

    De acordo com Miguel Spinelli, o nazianzeno, que viveu no território atualmente conhecido como Turquia, teve seu nome derivado do vocábulo *egrêgora*, cujo sentido é estar acordado ou permanecer vigilante. Gregório era um nome comum entre aqueles recém-batizados, visto que os designavam como despertos para o cristianismo. Tal nomeação representava um posicionamento contra os não cristãos (SPINELLI, 2002, p. 145).

    Nazianzo era uma pequena cidade no oeste da Capadócia com *status* de município. Ela era uma rota de passagem entre Constantinopla e Antioquia, fato que ganhou destaque com as guerras entre os romanos e persas, já que Antioquia era um local comum de estadia para as campanhas militares. Nazianzo também servia como uma parada para os membros da corte imperial, funcionários governamentais e homens de letras. Dessa forma, ao ter o papel de entreposto, essa cidade mantinha contato com outras regiões do Império Romano (DALEY, 2006). Atentemo-nos ao mapa da região de Nazianzo:

---

[2] Disponível em: http://paisdaigreja.com.br/sao-gregorio-de-nazianzo-ii/. Acesso em: 19 abr. 2021.

Figura 2 – The World of Gregory of Nazianzus³

Fonte: Beeley (2008, p. xvii).

Nosso personagem estudou gramática em Nazianzo, sob a supervisão de Cartério. Na sequência, foi para Cesareia da Capadócia, por volta de 345 d.C. Um ano depois, ele continuou sua educação em Cesareia Marítima. Foi nessa cidade da Palestina que Gregório se aprofundou nos estudos de Orígenes (185-253 d.C.) e se inseriu nos debates teológicos do século IV d.C. Não custa lembrar que, naquela Cesareia Marítima, Orígenes fundou uma importante biblioteca, especializada em obras cristãs. Por fim, Gregório passou rapidamente por Alexandria, e, entre 348-358 d.C. ou 349-359 d.C., permaneceu por dez anos em Atenas, antes do seu retorno para Nazianzo. Nesta cidade, frequentou a famosa Escola de Atenas, onde conviveu com Basílio de Cesareia (330-379 d.C.), com quem construiu uma forte ligação de amizade, e conheceu Juliano (331-363 d.C.), foco de suas inventivas (TRISOGLIO, 1996). Vejamos uma representação do Imperador neoplatônico:

---

3   BEELEY, Christopher A. Gregory of Nazianzus on the Trinity and the Knowledge of God. In: BEELEY, Christopher A. *Your Light We Shall See Light*. New York: Oxford University Press, 2008. p. xvii.

Figura 3 – Imperador Juliano[4]

Fonte: Lucano (2008).

Após a estadia na Escola de Atenas, Gregório se envolveu na carreira de retórico. Entretanto, permaneceu pouco tempo nessa posição, uma vez que se ordenou entre o final de 361 d.C. e o início de 362 d.C. Assim, ao ser ordenado, tornou-se conselheiro de seu pai e foi dispensado, ao mesmo tempo, de suas obrigações como decurião (MORESCHINI, 1997). Ressaltamos que o cargo de decurião ou de senador municipal era hereditário e, nesse momento do século IV d.C., em várias cidades do Império Romano, esse tipo de carreira enfrentava dificuldades associadas aos altos encargos que recaíam sobre essa ordem. No caso de Gregório, a opção de seguir a carreira religiosa para ser um bispo era vista positivamente pelos seus concidadãos. Isso porque, caso se tornasse um bispo, haveria uma grande facilidade dele se conectar com outras regiões do Império Romano, tal como se aproximar do Imperador em nome de sua cidade natal.

A seguir, faremos alguns breves comentários acerca da *Oração 5* e de seu contexto e analisaremos o conceito de História do padre capadócio diretamente ligado à sua concepção de filosofia e providência divina. Todos esses parâmetros estão inseridos na *paideía* do autor.

A *Oração 5* e o conceito de História para Gregório de Nazianzo

Conforme Spinelli, a *Oração 5* pode ser traduzida como um ataque político ao Imperador Juliano e representa um reflexo cultural da formação

---

[4] LUCANO, Breno. Filosofia e Reflexão Crítica. *Portal Veritas*, [s. l.], 2008. Juliano, o Apóstata. Disponível em: http://portalveritas.blogspot.com/2008/12/juliano-o-apstata.html. Acesso em: 19 abr. 2021.

helênica de Gregório de Nazianzo. Tanto a *Oração 4* quanto a *Oração 5* foram escritas como uma reação adversa à lei escolar de Juliano, contida na carta 61 do Imperador, com efeito de decreto, e no *Códex Teodosiano* (XIII, 3, 5). Ao estabelecer essa lei, Juliano impediu Gregório de continuar atuando como professor de retórica (SPINELLI, 2002, p. 147).

Concordamos com Susanna Elm quando comenta que as proclamações feitas por Juliano, paulatinamente, tornaram-se cada vez mais radicais em termos de ações político-religiosas, favorecendo os não cristãos (ELM, 2012, p. 162). Desde seu período como coimperador (360-361 d.C.), à revelia de Constâncio II (317-361 d.C.), Juliano já demonstrava seu favoritismo à filosofia neoplatônica. É possível verificarmos tal episódio ao interpretarmos as moedas emitidas por ele no período supracitado. Nelas, sua representação já é caracterizada pela barba do filósofo neoplatônico, que pode ser vista subsequentemente (SÁNCHEZ VENDRAMINI, 2020, p. 400-406).

Figura 4 – Moeda de Juliano como coimperador[5]

Figura 9: Juliano II. AV solidus. 4.36 gr. Arles.
Anverso: FL CL IVLIA_NVS P F P AVG busto drapeado à direita com diadema de pérolas e couraça. Reverso: VIRTVS EX-ERC GALL Soldado com capacete que sustém um troféu na mão esquerda y coloca a mão direita sobre a cabeça de um cativo ajoelhado. Em campo, águia con coroa de louros no bico. Em exergo KONS (TAN ligado). RIC VIII 304.

Fonte: Sánchez Vendramini (2020, p. 402).

Apesar da lei referenciada, pensamos que Juliano não agiu contra os cristãos o tempo todo de seu governo, como nos mostra Javier Arce:

---

5 SÁNCHEZ VENDRAMINI, Darío N. A representação do Imperador e de sua política nas moedas de Juliano, o Apóstata. *In*: CARVALHO, Margarida Maria de; SILVA, Márcia Pereira da; PAPA, Helena Amália (org.). *Imagens e Textos*: Interpretações sobre Cultura e Poder na Antiguidade. São Paulo: Alameda, 2020. p. 402.

> Um caso curioso e notável ao nosso conhecimento é representado por Valério Máximo, prefeito da cidade de Roma, nomeado por Juliano em 361, que, embora fosse pagão, tinha profundos laços familiares e pessoais com o cristianismo... Sem dúvida, havia mais cristãos na corte e na administração de Juliano. Mas não sabemos seus nomes. Um fato sintomático pode ser o caso de alguns funcionários que, embora pagãos, foram brandos e tolerantes com os próprios cristãos, como Salústio e Candidiano e outros como Vitálio, que foi perdoado (ARCE, 1976, p. 218).

No que tange às seis primeiras orações de Gregório de Nazianzo, ressaltamos que é possível a percepção da união de elementos cosmológicos com a sua vida pessoal. São essas obras que constituem o centro de sua concepção sobre a natureza da divindade, a interação do divino com a humanidade e a forma como esse conjunto de ideias deve ser transmitido pelo líder cristão niceno aos habitantes do Império. Lembramos que, dentro desse conjunto de orações, estão as inventivas *4* e *5* contra Juliano. Nesses textos, o futuro bispo de Nazianzo descreve conselhos ao considerar a vida filosófica inerente à função do sacerdote. Particularmente, utilizaremos a *Oração 5* como uma amostra de sua ideia de História, filosofia e providência divina.

Quando a nossa documentação alvo foi redigida, em 364/365 d.C., ocorreu a usurpação de Procópio (326-366 d.C.), primo materno de Juliano. Além do laço consanguíneo, Procópio tinha sido encarregado por Juliano de comandar uma pequena parte do exército romano, na tentativa fracassada de desviar a atenção de Sapor II (309-379 d.C.) enquanto o Imperador atacava Ctesifonte. Tal personagem fazia parte dos possíveis sucessores imperiais, já que possuía uma legitimidade maior do que aquela de Joviano (331-364 d.C.) e Valente (328-378 d.C.). Para além do vínculo familiar e de seu papel no exército de Juliano, houve boatos de que Procópio foi indicado como *princeps* (CURRAN, 2008).

> A *Oração 5* destinou-se a um público bastante específico, ou seja, pessoas envolvidas em cargos imperiais, fundamentalmente cristãos. Em meio a esse público, estava o futuro Imperador Valente, um dos responsáveis por processos judiciais contra os membros do governo de Juliano. No mesmo discurso, o nazianzeno descreve o papel do filósofo ativo ao encaminhar figuras de destaque no governo do Império, incluindo o próprio Imperador, e nicenos influentes. Portanto, Gregório tornou-se o exemplo do filósofo ativo (ELM, 2012, p. 469-477).

Para compreendermos o sentido de História nos escritos do nazianzeno, é necessário entendermos a sua *paideía*, isto é, a sua formação educacional e cultural. Ele buscou interpretar as escrituras bíblicas e se dedicar ao cristianismo de uma maneira que não abandonasse os fundamentos filosóficos de Platão e Aristóteles. Gregório estudou na Escola de Atenas durante dez anos e utilizou o helenismo a serviço do credo niceno, quer dizer, a crença na consubstancialidade entre pai, filho e espírito santo. O mais importante era como integrar as escrituras sagradas à *paideía*. Dentro da disputa religiosa entre cristãos nicenos, arianos e outros, existiam suposições adequadas ao acesso dos indivíduos à educação e à sua posição social (CARVALHO, 2010).

De acordo com Ben Fulford, não podemos dizer que o futuro bispo de Nazianzo era um historiador à moda de Heródoto (485-425 a.C.), Tucídides (460-400 a.C.), Políbio (203-120 a.C.), Eusébio de Cesareia (265-339 d.C.) ou Amiano Marcelino (325/330-395 d.C.). Seus escritos não tratam de feitos bélicos, grandes homens ou dados eclesiásticos, muito menos de uma história com a pretensão de ser universal. Entretanto, levando em consideração a sua *paideía*, Gregório tinha amplo conhecimento dos estudos clássicos (FULFORD, 2013, p. 51-52). Como veremos mais adiante neste item, os eventos históricos descritos pelo nazianzeno eram oriundos da providência divina e possuíam um caráter pedagógico.

Nas palavras de Moreschini, uma das originalidades do padre capadócio se traduzia em afirmar uma conexão entre os intelectos divino e humano. Tal relação não pertencia somente à esfera humana, mas também atingia todos os aspectos da racionalidade, incluindo os discursos cristãos e a iluminação mística. A razão, para Gregório, vinculava-se diretamente à fé. Deus é a origem de todo o conhecimento e é através dele que a humanidade pode se instruir. Retomando a imagem platônica do sol, que nos permite enxergar tudo, deus ilumina a humanidade e lhe dá o conhecimento. Quando deus ilumina a alma humana, ela é capaz de se reconhecer como sua semelhante (MORESCHINI, 1997, p. 100-107).

Os escritos de Gregório acerca de deus e da sua criação, cujo âmago é constituído pela humanidade, além do ensino da lei de deus como salvação, elucidam que os atos divinos são mais do que meras intervenções. Essa ideia é compatível com a ordem criada por deus, contudo, com a possibilidade da ocorrência de causalidades e do exercício do livre arbítrio. Toda a criação divina possui ordem, forma, qualidades e atributos próprios, inserida em um contexto particular dentro de uma conjuntura mais ampla. A criatividade de deus é ilimitada e os sistemas por ele ordenados resultam em uma história humana que atua como um arquétipo (FULFORD, 2013, p. 51-77). Logo, a providência divina é aquela que comanda a História. Assim, a noção de deus em Gregório é basilar para captarmos seu olhar teológico da História. Acrescentamos ainda que essa ideia teológica da História une-se totalmente à prática filosófica do nazianzeno.

Deus se manifesta na natureza e em suas criaturas, pois, tal como o sol, não é possível vê-lo diretamente, apenas os seus reflexos. De mais a mais, os seres humanos não são capazes de apreender todos os mistérios divinos. A ilimitabilidade e a asseidade são atributos importantes para Gregório quando ele caracteriza deus, este ser que sempre existiu, existe e existirá. A ação divina não pode ser comparada a uma simples causa histórica. Os historiadores analisam as causas históricas de maneira explicativa e supérflua, consequentemente, deus não se resume a elas, pois ele não pode ser compreendido.

A base filosófica de Gregório de Nazianzo consiste na seguinte afirmação feita por Elm:

> Ao reivindicar para si a verdadeira vida filosófica, Gregório exigiu tudo o que o Imperador acabara de negar aos cristãos. Ao adicionar a escritura à matriz, ele fez ainda mais: ele sustentou que o deus cristão foi o originador, bem como o *télos* da vida filosófica. O *Lógos* havia criado *lógoi*, e era para o *Lógos* que o *lógoi*, sob a liderança do verdadeiro filósofo, guiaria o *oikouménē* (ELM, 2012, p. 162).

É interessante destacarmos que tanto Gregório quanto Juliano, dentro de suas respectivas filosofias religiosas, acreditavam que a existência humana e a sociedade só poderiam sobreviver em harmonia por meio da crença em um deus único ou da honra aos deuses. A questão é: qual divino era, para cada um deles, o verdadeiro? O nazianzeno considerava os princípios filosóficos de Juliano sob um ponto de vista negativo e os aproveitou para, em sua opinião, demonstrar o contrário. Em resumo, os dois tiveram uma *paideía* muito semelhante, mas cada um a utilizou defendendo seus pontos de vista religiosos. Para Juliano, como indica a citação abaixo, somente um sacerdote inserido na filosofia neoplatônica poderia conduzir a humanidade. Analogamente, no caso de Gregório, somente o bispo dotado da filosofia cristã teria condições de direcionar os fiéis à salvação.

> Os sacerdotes não devem apenas abster-se de qualquer ação impura, qualquer prática licenciosa, mas também abster-se de proferir ou ouvir palavras indecentes. Devemos, portanto, proibir todas as piadas grosseiras e conversas obscenas. Assim – para que você saiba o que quero dizer –, um sacerdote não deve ler Arquíloco, ou Hipônax, ou qualquer outro daqueles que escrevem como eles. Que ele evite também, na comédia antiga, tudo que seja do mesmo gênero, ou, melhor ainda, que o rejeite inteiramente. Só a filosofia pode nos servir e devemos preferir, entre os filósofos, aqueles que, em sua educação, escolheram os deuses como guias, como Pitágoras, Platão, Aristóteles e a escola de Crisipo e Zenão (JULIANO, *Carta 89b*, 300c e 300d).

Percebe-se, dessa forma, que Juliano e Gregório possuíam uma educação muito similar. Ambos invocavam aquilo que era divino, associado à filosofia, e que era superior a tudo e a todos. Não obstante, Gregório, em seus escritos, fez questão de afirmar o contrário, mostrando-se como o opositor de Juliano. O mais importante para o nazianzeno era reforçar, em nossa opinião, o quanto divergia das ideias do neoplatônico. Por esse motivo, o autor cristão batizou o Imperador helênico como o Apóstata, ou melhor, aquele que nega o cristianismo. Ao nomeá-lo como tal, Gregório marcou o contraste existente entre a sua conduta de vida e a de Juliano. Essa conduta se mesclava com a sua ideia de História, entrelaçada à filosofia e à providência do deus cristão.

A providência divina contra Juliano

É possível averiguarmos o sentido de História para Gregório de Nazianzo em todas as suas orações, sobretudo nas inventivas *4* e *5*. Temos o interesse de analisar aqui passagens da *Oração 5* que nos levam aos pensamentos do futuro bispo nazianzeno à providência divina, que se confunde com sua noção de História e filosofia. Interpretaremos seu pensamento histórico por meio de relatos dos acontecimentos em torno da morte do Imperador Juliano. Em nossa documentação, temos quatro temas centrais: a inaptidão de Juliano em não conseguir interpretar os presságios do deus cristão quanto aos acontecimentos relativos ao Templo de Jerusalém; sua conduta atabalhoada na campanha contra os persas; a morte e o enterramento de Juliano; o tratado de paz assinado entre Joviano e os persas.

Gregório inicia a sua escrita acerca da destruição do Templo de Jerusalém. Juliano, ao tentar reconstruir o referido templo, queria desafiar o próprio deus cristão e teve a sua tentativa frustrada. A passagem abaixo cita os chamados sinais divinos que teriam contrariado a vontade do Imperador, alertando-o para não enfrentar os desígnios de deus.

> Como os sábios deste mundo responderão a isso quando se cercarem de ornamentos imponentes, aqueles que arrastam barbas largas e que usam diante de nós o manto elegante dos filósofos? Oponha-me por sua vez seus argumentos, você que escreve estes longos discursos e compõe essas histórias indignas de confiança, você que fica sem fala para observar o céu, que conta tantas mentiras sobre as coisas celestiais e que se relacionam com os movimentos das estrelas, nascimentos e acontecimentos! Fale comigo, por sua vez, das estrelas, da Coroa de Ariadne, do Cabelo de Berenice, do Cisne luxurioso, do Touro violento e, se você quiser, de sua Serpentaire, do Capricórnio, do Leão e de todos os outros seres que você só veio a conhecer por causa do mal que eles fazem e que você colocou na

categoria de deuses ou estrelas. Onde você encontra esse círculo em sua ciência? Onde está essa estrela que se mudou do Oriente para Belém para guiar e liderar seus Reis Magos? Eu também tenho algo a dizer sobre os fenômenos celestes: aquela estrela manifestou a vinda de Cristo, a de hoje é a coroa da vitória de Cristo (GREGÓRIO DE NAZIANZO, *Oração 5*, 669b e 669c).

Para o autor da documentação, a História teria um dono: deus. Portanto, Juliano jamais poderia saber mais do que deus, aquele que criou e originou a História de cristãos e judeus. Como o Imperador não era um dos eleitos por deus e não era próximo a ele, não tinha a capacidade de codificar a vontade divina. Por esse motivo, Gregório não considerava Juliano como um verdadeiro filósofo ou profeta e sim como um apóstata, merecedor de seu fim (ELM, 2012, p. 448-450).

Nosso personagem descreve a morte de Juliano em uma batalha contra os persas. O curioso é que ele ressalta esse acontecimento de quatro formas diferentes. Em primeiro lugar, relata-se que o Imperador teria sido morto por um persa quando estava se deslocando pelo campo de batalha. Em segundo lugar, Juliano teria subido em um local elevado para averiguar a situação de suas tropas. Nesse momento, ao mencionar que não gostaria de retornar ao território romano com muitos soldados, o que seria motivo de chacota, um de seus soldados, dotado de raiva, o teria esfaqueado. Em sua terceira versão, Gregório comenta que um bufão bárbaro seria o responsável pela morte do Imperador. Na quarta e última versão, o nazianzeno aponta um sarraceno como o assassino. Não se sabia, entretanto, de que lado ele lutava, se dos romanos ou dos persas. Das descrições acima, temos conhecimento da segunda e da terceira somente pelo testemunho de Gregório. Já as outras duas, coincidem com a *Oração 24*, de Libânio, e com a *História Eclesiástica* (VII, 15), de Filostórgio. A seguir, vemos a passagem que indica as quatro mortes:

> É assim que os eventos têm se desenrolado até agora. Sobre o que se seguiu, a opinião não é unânime: todos têm uma opinião diferente e um partido diferente, tanto os que participaram da batalha como os que não participaram. Alguns declaram que ele foi perfurado por um dardo lançado pelos persas enquanto ele tentava ordenar as suas tropas e que seu destino foi como o de Ciro, filho de Parisátide, que, marchando contra seu irmão Artaxerxes com os Dez Mil e lutando ferozmente, perdeu a vitória por causa de sua temeridade. Outros dizem algo assim. Ele havia escalado o topo de uma altura para obter uma visão geral de seu exército a partir deste observatório e para perceber o que a guerra havia deixado para ele. O número pareceria alto e superaria as suas expectativas. Ele então teria gritado: "Seria uma indignidade trazer tantas pessoas de volta ao território

romano", como se quisesse negar-lhes a vida. Um soldado enfurecido por essas palavras não teria contido a sua raiva e teria lhe dado um soco no estômago independentemente de sua própria salvação. Segundo outros, é um daqueles bufões bárbaros, que seguem os soldados para recriar quando estão tristes e para intensificar as suas bebedeiras, quem se atreveu a fazer este gesto. Existem até pessoas que atribuem a glória a um sarraceno. De qualquer forma, recebe uma ferida fatal que trouxe salvação a todo o mundo: um único golpe o faz sofrer o castigo que merecia por tantas entranhas em que criminosamente depositou sua confiança. O que mais admiro é a maneira como esse homem vaidoso, que imaginada saber tudo por esse meio, não previu nada: a ferida que receberia nas próprias entranhas (GREGÓRIO DE NAZIANZO, *Oração 5*, 680a-681a).

No que diz respeito à segunda morte de Juliano, exposta na *Oração 5*, David Woods descreve duas associações possíveis do evento com dois autores da antiguidade. A primeira está ligada a Heródoto, quando este nos transmite que Xerxes (518-465 a.C.), observando seu exército de uma colina, na luta contra o exército grego, em 480 a.C., lamentou publicamente a perda de seus soldados. A segunda faz parte de uma tradição conservada por Zonaras (1074-1130 d.C.), que também se passa em uma colina. Nessa ocasião, Constâncio II, depois de sua batalha contra o usurpador Magnêncio (303-353 d.C.), chorou abertamente a morte de tantos soldados, independentemente do lado em que guerreavam. Levando em consideração a contextualização histórica da guerra contra os persas, Woods suspeita que a morte descrita por Gregório esteja conectada com a obra de Heródoto. De todo modo, a intencionalidade do autor cristão foi dicotomizar a compaixão de Xerxes ou Constâncio II com a frieza de Juliano para com os seus soldados. Ainda segundo Woods, a intenção do nazianzeno não foi a de depreciar a figura de Juliano. As informações obtidas por Gregório seriam provenientes de uma leitura apressada das fontes gregas ou de uma leitura equivocada de fontes latinas (WOODS, 2015, p. 297-298). Em que pese às boas suposições do historiador irlandês, não concordamos com a afirmação de que Gregório não tinha a intenção de menosprezar a imagem do Imperador. Do nosso ponto de vista, o autor cristão tinha como propósito criticar as ações do governante neoplatônico, a fim de ressaltar suas ideias cristãs.

O próximo excerto da *Oração 5* mostra, claramente, a questão do destino daquele que não acreditava no deus cristão. Por se dedicar a outro tipo de crença e de filosofia, Juliano estaria predestinado a uma morte intempestiva e cruel. Então, Gregório evidencia, nitidamente, a sua visão do que seria a História:

> Também vale a pena não omitir uma linha do homem que, somado a tantos outros, denota claramente o seu fanatismo. Ele estava deitado na margem

do rio, gravemente ferido. Ele sabia que muitos, entre aqueles que gozaram da glória antes dele, usaram o artifício para se esconder da vista dos homens, a fim de fazer crer que ultrapassaram a condição humana e que assim conseguiram meios para serem tomados por deuses. Apreendido pelo desejo de obter a mesma honra e ao mesmo tempo envergonhado pela maneira como ia morrer por alguma imprudência inglória, o que ele imagina e o que ele faz, já que não existe maldade nem além da vida? Ele se compromete a se lançar ao rio com a ajuda de alguns fiéis iniciados em seus mistérios. E, se um dos eunucos da corte entendeu o que estava acontecendo e o denunciou, não conseguiu obstruir essa tentativa pelo horror do crime que ela constituía; essa catástrofe teria dado aos tolos um novo deus. Então foi assim que Juliano governou; foi assim que ele liderou suas tropas; foi assim que ele também perdeu a vida (GREGÓRIO DE NAZIANZO, *Oração 5*, 681a e 681b).

Adiante, percebe-se o retrato desdenhoso que o nazianzeno fez ao relatar a primeira vez que viu Juliano na Escola de Atenas. Todas as características elencadas por nosso autor vão ao encontro de um quadro depreciativo de quem elegia um deus diferente do dele. O deus cristão era o dono da História, por conseguinte, todos aqueles que se comportavam e discursavam em oposição a esse deus eram pessoas cujas ações eram inócuas:

> Os outros tiveram essa experiência quando o poder lhe deu rédea solta; mas eu já o via, de alguma forma, há muito tempo, desde o momento em que o conheci em Atenas. Ele tinha ido para lá logo após as mudanças que afetaram a situação de seu irmão e depois de obter a permissão do Imperador Constâncio II. Esta viagem teve um duplo motivo: o primeiro foi honroso, isto é, a vontade de visitar a Grécia e as suas escolas; o outro foi mantido em segredo e conhecido apenas por um pequeno número de pessoas: Juliano queria consultar sobre o seu destino com os arúspices e impostores desta região, porque a impiedade ainda não tinha liberdade para se espalhar. No entanto, sei que não me enganei, então, nas previsões que fiz a respeito dele, embora não esteja entre os que têm talento para este tipo de coisas. O que me tornou um profeta foi a desigualdade de seu caráter e também uma estupidez prodigiosa, se é verdade que bom profeta é aquele que sabe fazer previsões corretas. Eu não prenunciava nada de bom naquele pescoço frágil, aqueles ombros se mexendo e se contorcendo, aqueles olhos inquietos que olhavam por toda parte, aquele olhar exultante, aqueles pés vacilantes que não se seguravam no lugar, aquela narina que exalava insolência e desdém, daquelas gargalhadas sem medida e convulsivas, desses sinais de aprovação ou negação que não tinham rima nem razão, dessa palavra cortada pela respiração cujo fluxo parou repentinamente, dessas questões incoerentes e não inteligentes, dessas respostas

que não foram melhores, que se sobrepunham sem regularidade apesar das regras da escola (GREGÓRIO DE NAZIANZO, *Oração 5*, 692a – 692c).

Finalizamos este item com uma citação que confirma a nossa hipótese. Para Gregório, somente o seu deus é o dono da verdade e da História e castiga aqueles que se opõem a ele. Juliano seria o apóstata demoníaco que nunca honrou aquele que deu origem à História.

> Sua palavra dissipou as trevas, sua palavra produziu luz, lançou os alicerces da terra, formou a abóbada do céu, arranjou as estrelas, espalhou o ar, fixou os limites do mar, fez fluir os rios, deu vida aos animais, formou o homem à sua semelhança, colocou todas as coisas em ordem. Foi novamente a sua palavra que dissipou as trevas de nossos dias e devolveu tudo à luz, ordem e harmonia. Demônios gananciosos e enganadores não exercem mais o poder, a criatura não é mais indigna sob o pretexto de ser honrada, por ser um objeto de adoração no lugar de deus (GREGÓRIO DE NAZIANZO, *Oração 5*, 704b e 704c).

Partamos, nesse momento, para as nossas considerações finais.

Considerações finais

Todas as orações de Gregório de Nazianzo nos levam à sua ideia de História, articulada à filosofia e à providência divina. A escolha da *Oração 5* pode ser justificada na medida em que o autor utiliza Juliano como o oposto da vontade divina e das metas do bom cristão. Nota-se, igualmente, que os princípios teológicos do futuro bispo de Nazianzo não estão isentos de características políticas, já que ele não era contra a expansão territorial do Império Romano – isso na ocasião da guerra de Juliano contra os persas –. Gregório considera o Imperador neoplatônico como um líder delirante, amparado por ficções não cristãs. Ao contrário de Juliano, Constâncio II e Joviano representam os verdadeiros líderes romanos por serem cristãos, mesmo Constâncio II sendo ariano. Não nos esqueçamos de que nosso autor lutava, concomitantemente, contra todos aqueles que ameaçavam o poder imperial ao se associarem à imagem de Juliano. Malgrado os decretos senatoriais apoiando Juliano como *divi* e os escritos de seus defensores, como Libânio, Juliano não se encontrava entre os seres divinos. A sua alma não era eterna, porque ela não foi recebida pelo verdadeiro e único deus. A vingança em nome dos cristãos já havia sido escrita por deus e não cabia aos seus fiéis interferir em seu julgamento.

REFERÊNCIAS

Documentação

GRÉGOIRE DE NAZIANZE. *Discours 4-5. Contre Julien*. Introduction, texte critique, traduction et notes par Jean Bernardi. Paris: Les Éditions du Cerf, 1983.

JULIAN. *Letters*. Epigrams. Against the Galilaeans. Fragments. With an English translation by W. C. Wright. Cambridge: Harvard University Press, 1913a. (Loeb Classical Library, v. 157).

JULIANO. *Contra los Galileos*: Cartas y Fragmentos. Testimonios. Leyes. Introducciónes, traducción y notas por José García Blanco y Pilar Jiménez Gazapo. Madrid: Editorial Gredos, 1982a. (Biblioteca Clásica Gredos, v. 47).

JULIEN. *Lettres et fragments*. 5. ed. Texte établi et traduit par Joseph Bidez. Paris: Les Belles Lettres, 2004. t. 1, p. 2.

LIBANIUS. *Julianic Orations*. Edited and translated by A. F. Norman. Cambridge: Harvard University Press, 1969. (Loeb Classical Library, v. 451).

PHILOSTORGE. *Histoire ecclésiastique*. Texte critique de Joseph Bidez. Traduction par Édouard des Places. Introduction, révision de la traduction, notes et index par Bruno Bleckmann, Doris Meyer et Jean-Marc Prieur. Paris: Les Éditions du Cerf, 2013.

THEODOSIANI. Libri XIII: cvm constitvtionibvs sirmondianis et leges novellae ad theodosianvm pertinentes. Edidervnt Th. Mommsen et Pavlvs M. Meyer. Zurich: Weidmannos, 1970/1971. 4 v.

Bibliografia

ARCE, Javier. Los cambios en la administracion imperial y provincial com el Emperador Fl. Cl. Juliano (362-363). *Hispania Antiqua*, Valladolid, n. 6, p. 207-220, 1976.

BEELEY, Christopher A. *Gregory of Nazianzus on the Trinity and the Knowledge of God*. In Your Light We Shall See Light. New York: Oxford University Press, 2008.

BLOWERS, Paul M. On the "Play" of Divine Providence in Gregory Nazianzen and Maximus the Confessor. *In*: BEELEY, Christopher A. (ed.). *Re-reading Gregory of Nazianzus*. Essays on History, Theology, and Culture. Washington D.C.: The Catholic University of America Press, 2012. p. 199-217.

BØRTNES, Jostein. Rhetoric and mental images in Gregory. *In*: BØRTNES, Jostein; HÄGG, Tomas (ed.). *Gregory of Nazianzus*: Images and Reflections. Copenhagen: Museum Tusculanum Press, 2006. p. 37-59.

CAMERON, Averil; GARNSEY, Peter (ed.). *The Cambridge Ancient History*: Volume XIII: The Late Empire, A.D. 337-425. New York: Cambridge University Press, 2008. p. 78-108.

CARVALHO, Margarida Maria de *Paideia e retórica no séc. IV d.C.*: a construção da imagem do Imperador Juliano segundo Gregório Nazianzeno. São Paulo: Annablume, 2010.

CURRAN, John. From Jovian to Theodosius. *In*: CAMERON, Averil; GARNSEY, Peter (ed.). *The Cambridge Ancient History*. Volume XIII: The Late Empire, A.D. 337-425. New York: Cambridge University Press, 2008. p. 78-108.

DALEY, Brian. *Gregory of Nazianzus*. London: Routledge, 2006.

ELM, Susanna. *Sons of Hellenism, Fathers of the Church*: Emperor Julian, Gregory of Nazianzus, and the Vision of Rome. Berkeley; Los Angeles; London: University of California Press, 2012.

FULFORD, Ben. *Divine Eloquence and Human Transformation*. Rethinking Scripture and History through Gregory of Nazianzus and Hans Frei. Minneapolis: Fortress Press, 2013.

HOUSSIAU, Monseigneur Albert. Vie contemplative et sacerdoce selon Grégoire de Nazianze. À propos du livre de Francis Gautier. *Revue théologique de Louvain*, Louvain, v. 37, n. 2, p. 217-230, 2006.

McGUCKIN, John. *Saint Gregory of Nazianzus*. An Intellectual Biography. Crestwood; New York: St. Vladimir's Seminary Press, 2001.

MORESCHINI, Claudio. *Filosofia e letteratura in Gregorio di Nazianzo*. Milano: Vita e Pensiero, 1997.

MORESCHINI, Claudio. Gregory Nazianzen and Philosophy, with Remarks on Gregory's Cynicism. In: BEELEY, Christopher A. (ed.). *Re-reading Gregory of Nazianzus*. Essays on History, Theology, and Culture. Washington D.C.: The Catholic University of America Press, 2012. p. 103-124.

PETRARU, Gheorghe. Le théologien, la théologie et l'Église dans l'Orthodoxie. *Revue théologique de Louvain*, Louvain, v. 34, n. 3, p. 343-353, 2003.

SÁNCHEZ VENDRAMINI, Darío N. A representação do Imperador e de sua política nas moedas de Juliano, o Apóstata. In: CARVALHO, Margarida Maria de; SILVA, Márcia Pereira da; PAPA, Helena Amália (org.). *Imagens e Textos*. Interpretações sobre Cultura e Poder na Antiguidade. São Paulo: Alameda, 2020. p. 393-422.

SPINELLI, Miguel. *Helenização e recriação de sentidos*: a Filosofia na Época da Expansão do Cristianismo – Séculos II, III e IV. Porto Alegre: EDIPUCRS, 2002.

THOMAS, Gabrielle. *The Image of God in the Theology of Gregory Nazianzus*. New York: Cambridge University Press, 2019.

TRISOGLIO, Francesco. *Gregorio di Nazianzo il teologo*. Milano: Vita e Pensiero, 1996.

USACHEVA, Anna. *Knowledge, Language and Intellection from Origen to Gregory Nazianzen*. Frankfurt: Peter Lang Edition, 2017.

WOODS, David. Gregory of Nazianzus on the Death of Julian the Apostate (Or. 5.13). *Mnemosyne*, Leiden, v. 68, n. 2, p. 297-303, 2015.

O LUGAR DA HISTÓRIA NAS BIOGRAFIAS DE EUNÁPIO DE SÁRDIS

Maria Aparecida de Oliveira Silva[1]

Introdução

A escrita biográfica de Eunápio de Sárdis segue a tradição iniciada pelos autores do terceiro século de nossa era, quando os chamados neoplatônicos se debruçam sobre as vidas dos principais filósofos platônicos e neoplatônicos, dentre os quais temos iatrosofistas e oradores. Em geral, são personagens que se sobressaem por seus conhecimentos e domínio da filosofia neoplatônica, tal vemos nas biografias eunapianas que compõem as *Vidas dos filósofos e dos sofistas*. O título escolhido por Eunápio nos remete aos escritos de Filóstrato e Diógenes Laércio, por exemplo, que dão conta da vida e do pensamento de diversos filósofos, desde os seus contemporâneos até os mais antigos.

A época de Eunápio, séculos IV e V de nossa era, não mais contemplava a filosofia da antiga Grécia, nem mesmo seus versos e prosas. O Cristianismo estava em ascensão e a chamada literatura pagã foi perdendo espaço para a hagiografia, as biografias de santos, beatos e servos de Deus, enquanto os escritos históricos passam a incorporar justificativas divinas para os fatos. O estabelecimento da mitologia cristã estava em pleno curso e fortalecia seu discurso por meios de seus exegetas. Não por acaso, o grande nome da obra eunapiana é o imperador Juliano, o último imperador romano a tentar preservar o pensamento filosófico pagão. Em razão disso, Eunápio nos mostra que seus biografados faziam parte do círculo de amizades do imperador, e o único que se recusou a integrá-lo foi Crisâncio de Sárdis.

Portanto, o quarto século de nossa era representa um período decisivo para os que se autodenominavam herdeiros da tradição literária grega. Neste grupo estavam filósofos, sofistas, iatrosofistas e retores que seguiam de modo direto ou indireto a filosofia de Platão. Então conhecidos como neoplatônicos, os homens desse grupo escreviam em um tempo no qual o Cristianismo estava em forte crescimento e se colocava como a religião eleita pelo imperador Constantino, época em que os helenos são identificados como pagãos e passam de homens respeitados a perseguidos. Ciente dos acontecimentos de seu tempo, Eunápio redige uma história da filosofia neoplatônica para que

---

1   Pesquisadora do Grupo Heródoto/Unifesp, membro do Grupo Taphos/MAE/USP e líder do Grupo Labham/UFPI.

os pósteros não esquecessem os preceitos filosóficos de um pensamento que estava sendo suplantado pela teosofia cristã. Sob outra perspectiva, Eunápio narra a história do Neoplatonismo dentro do Império Romano a partir de Plotino, considerado o primeiro grande filósofo neoplatônico.

As escolhas biográficas de Eunápio

As biografias de Eunápio dialogam com seu tempo por meio de uma narrativa permeada de fatos históricos, na qual o autor demonstra a validade da filosofia neoplatônica com o intuito de que não fosse esquecida ou abandonada em prol da filosofia cristã. Não por acaso, a biografia que abre as *Vidas dos filósofos e dos sofistas* é a de Plotino de Licópolis (204-270 d.C.), discípulo de Amônio e considerado o fundador do Neoplatonismo. O entusiasmo de Eunápio na escrita da biografia de Plotino se faz notar logo no início de sua narrativa, quando afirma que em seu tempo Plotino era mais lido que Platão. Discípulo de Plotino em Roma, antes de Longino em Tiro, a segunda biografia é a de Porfírio de Tiro (233-301 d.C.) que foi responsável pela compilação e correção dos escritos do seu mestre Plotino, além de ter escrito uma *Vida de Plotino*. Porfírio ainda mantém a tradição dos filósofos anteriores de escrever sobre gramática, cronologia, história, literatura e metafísica, também escreveu uma obra intitulada *Contra os cristãos*.

A terceira biografia é a de Iâmblico (245-325 d.C.), destacado filósofo neoplatônico oriundo da Síria, onde frequentou e passou a integrar uma escola filosófica neoplatonista que tinha como diretrizes filosóficas as obras de Plotino. No entanto, Iâmblico se reconhecia como um filósofo de todas as escolas; por sua dispersão, suas reflexões resultam em análises superficiais e desconexas. Em razão disso, a partir de Iâmblico, costuma-se afirmar que o Neoplatonismo inicia seu processo de decadência. Eunápio parece seguir esse raciocínio, pois seus biografados subsequentes não são mais filósofos voltados para uma vida contemplativa e preocupados com o desenvolvimento de uma doutrina filosófica, como Platão ou Plotino, mas de homens que se assemelham a magos e mágicos, que operam milagres e são tratados como seres intermediários entre os deuses e os homens.

Nesse sentido, a quarta biografia trata da vida de Edésio da Capadócia (280-355 d.C.) que, embora ele tivesse homens desonestos e ávidos pelo poder ao seu redor, conseguiu manter-se em seu propósito filosófico. Em seguida, temos Máximo de Éfeso (310-372 d.C.) que é visto como um filósofo e teurgo neoplatônico, discípulo de Iâmblico, que protagonizava acontecimentos maravilhosos por suas habilidades mágicas, conhecido também por sua influência junto ao imperador Juliano, mas, após a morte do imperador, foi executado por práticas de magia, em 371 a.C. A biografia de Prisco de Epiro (305-395 d.C.), um filósofo da Escola de Atenas, amigo e conselheiro do imperador Juliano, é a sexta vida que merece a atenção de Eunápio, pois junto com Máximo de Éfeso, Prisco também foi preso pelo Império Romano sob a acusação de magia. No entanto, Prisco conseguiu provar sua inocência e foi libertado pelo imperador Valentiniano. Outro biografado é Juliano de Cesareia (275-340 d.C.) que se notabilizou com o ensino da arte retórica, por isso negligenciou a filosofia em prol da oratória, quando lecionou em Atenas.

A próxima biografia é de um sofista cristão, o armênio Proerésio (272-367 d.C.) que foi professor de retórica de Eunápio em Atenas, onde era reconhecido por suas lições, um eminente sofista; um fato curioso de sua vida é que seu epitáfio foi escrito por Gregório de Nazianzeno. A oitava biografia foi dedicada a Epifânio da Síria (c. 335 d.C.), conhecido também como o Árabe, foi poeta, professor de retórica em Laodiceia e Atenas, também foi correspondente de Libânio. A décima biografia é a de Diofanto (c. 360 d.C.), o Árabe, um sofista que lecionava em Atenas e foi professor de Libânio, e ainda foi considerado um dos sucessores de Juliano, o Sofista. Na sequência, Eunápio nos traz a biografia de Sópolis (c. 360 d.C.), um professor de retórica em Atenas, também um dos sucessores de Juliano, o Sofista, sendo considerado o mais insignificante deles. Em seguida, vem a vida do sofista Himério (315-395 d.C.), nascido em Prusa, na região da Bitínia, que se destacava por seu estilo floreado, que também fez parte do grupo de filósofos que frequentavam a corte do Imperador Juliano. Himério exerceu por quinze anos a função de professor de retórica em Atenas, mas antes havia estudado retórica com Proerésio na mesma cidade.

A décima terceira biografia é a de Libânio de Antioquia (314-394 d.C.), um discípulo de Diofanto, que desenvolveu sua formação autodidata em Antioquia, depois estudou alguns anos em Atenas e retornou para Antioquia onde foi mestre da arte retórica em sua própria escola. Outro que merece a atenção de Eunápio é Acácio de Cesareia (? – 366 d.C.) que foi correspondente de Libânio. Acácio descendia de família nobre que seguia a tradição antiga da hereditariedade da profissão, algo muito comum na parte Oriental do Império, terminou seus dias na Palestina. Zenão de Chipre (? – 340 a.C.) também é biografado por nosso autor, que nos informa que ele foi professor de retórica e de medicina em Alexandria, conhecido por ser um iatrosofista, ou seja, um médico sofista. Zenão era mais um dos sofistas que se correspondia com o imperador Juliano, de quem recebia elogios por seu talento oratório, e foi ainda mestre de Magno e Oribásio.

A biografia seguinte trata da vida de Magno (c. 380 d.C.), um sofista e professor de medicina em Alexandria que foi discípulo de Zenão de Chipre.

O iatrosofista nasceu em Nísibis, na região da Mesopotâmia, e após a sua morte, Palada compôs-lhe uma epigrama que o situava no Hades, onde estava Edoneu que disse a Magno no momento de sua chegada que este ressuscitaria até os mortos. Oribásio de Pérgamo (320-403 d.C.), um físico que se tornou médico e professor do imperador Juliano, que, segundo Eunápio, foi graças ao iatrosofista que Juliano ascendeu ao trono. Oribásio tornou-se também amigo e conselheiro do imperador, e ainda o acompanhou na campanha contra a Pérsia. Em seguida, vem a biografia de Crisâncio de Sárdis (c. 360 d.C.), um neoplatônico, discípulo de Edésio, que ficou conhecido por ter se recusado a integrar a corte do imperador Juliano, por tal motivo o seu trabalho não foi tão difundido; apesar disso, Eunápio demonstra admiração pelo sofista. A última biografia é sobre a vida de Helespontio, um antigo discípulo de Crisâncio em Sárdis, que nasceu na Galatia. Helespontio era conhecido como sofista e filósofo, há registro de uma carta de seu mestre Libânio escrita para ele, datada de 355 d.C.

Durante a exposição dos biografados selecionados por Eunápio, percebemos que sua obra nos traz um retrato da inserção da filosofia e da retórica gregas no Império Romano Tardio, em particular nas regiões ditas orientais do império. Outro dado interessante é notarmos a permanência da cidade de Atenas como um centro importante de ensino e aprendizagem da cultura grega. Grande parte dos biografados, como o próprio Eunápio, estudou filosofia e retórica em Atenas, e teve contato com o berço da cultura grega, passeou pela Acrópole, conheceu seus monumentos e leram parte de suas grandes obras. O mapeamento dos biografados nos direciona a diversas questões que se abre depois do apogeu romano atingido nos séculos anteriores e, especialmente, a expansão do pensamento religioso de matiz cristã dentro do Império Romano.

A obra de Eunápio se configura assim como um testemunho de uma época em que o Cristianismo começa a conceber sua doutrina filosófica que, ainda sem base própria, apoia-se em correntes filosóficas gregas que se filiam ao neoplatonismo. Dentre os preceitos platônicos mais difundidos em seu tempo estava a noção de imortalidade da alma presente em seu diálogo intitulado *Timeu*, que sofreu influência direta do pensamento de Pitágoras sobre a imortalidade da alma. A virtude platônica se manifesta em um ser justo e moderado, que conduz sua alma ao estado pleno a ponto de torná-la um ser à parte, com vida própria e eterna. No entanto, à época de Eunápio, a virtude platônica está no filósofo que domina a arte retórica e que desenvolve sua sabedoria a ponto de interferir na realidade sensível por meio da cura e, em alguns casos, da ressurreição. Este aspecto mítico-religioso da filosofia platônica contrasta com o seu pensamento filosófico que pensa a cidade e os cidadãos, que se mostra útil ao mundo da política, não da religião.

Vidas dos filósofos e dos sofistas é uma obra que consiste em um importante documento histórico para se perceber a inserção do Cristianismo no pensamento filosófico dos sofistas dos terceiro e quarto séculos de nossa era. Os autores tardios tratam seus sábios como indivíduos de conduta ilibada e que operam milagres por meio de uma sabedoria advinda do contato direto com a filosofia. A transcendência pagã de Plotino que reverbera em Porfírio e Iâmblico opera sob as bases da filosofia platônica, sem qualquer relação com a doutrina cristã que se esboça no quarto século, esta que mais tarde também será rejeitada pelo dogmatismo cristão que acusará de ser pagã, em razão de seu diálogo com correntes filosóficas não-cristãs. Embora Eunápio tenha estudado com Proerésio, um cristão, o seu maior mestre foi Crisâncio, com quem aprendeu a filosofia neoplatônica em Sárdis, assim nosso autor critica o cristianismo e se preocupa com o seu crescimento dentro do Império Romano.

Outro dado importante levantado por Eunápio é a presença determinante do Imperador Juliano na vida desses filósofos. O imperador também conhecido como o Apóstata, porque não se converteu à religião cristã, entre os anos de 361 e 363 d.C., o tempo de duração de seu governo, formou um grupo heterogêneo de filósofos e retores que, embora alguns fossem cristãos, tinham como fio condutor de seu pensamento a filosofia neoplatônica. Flávio Cláudio Juliano nasceu em Constantinopla, imperador advindo do lado oriental do Império Romano, o que demonstra a influência não apenas filosófica, retórica e médica do lado oriental do império, mas também sua grande representatividade econômica e política. O imperador Juliano mostra-se um governante resistente à cristianização do Império Romano e, principalmente, um fomentador da cultura literária grega por meio de sua filosofia, retórica e medicina. Esta última é associada a práticas de magia e curandeirismo após a sua morte, o que resultou na condenação de parte daqueles sofistas, retores e iatrosofistas que o cercavam. O cristianismo então assume a cena política, cultural e religiosa do Império Romano do fim do século quarto de nossa era.

Perspectivas históricas na composição biográfica de Eunápio

Eunápio compõem sua obra na terceira pessoa, como um narrador onisciente, que conhece o passado, o presente e o futuro de suas personagens, bem como suas atividades e o seu modo de vida. As suas personagens pertencem ao lado oriental do Império Romano, são filósofos que desempenharam outras funções como oradores, médicos e sofistas. Com isso, Eunápio nos faz ver que, em sua época, os antigos centros intelectuais como Atenas[2], Alexandria e Constantinopla foram ultrapassados por Nicomédia, Antioquia, Esmirna e Cesareia. Estes novos centros também convivem com a crescente influência do Cristianismo nas correntes filosóficas, nas práticas médicas, na retórica etc., elementos que contribuem para o abandono do paganismo e a entrada do Cristianismo no Império Romano por meio de seus imperadores. Nesse sentido, Juliano, o Apóstata, é o último imperador que tenta em vão conter o avanço da nova filosofia cristã que transforma e ressignifica a dita filosofia pagã que se declara neoplatônica.

Em seu prólogo[3], Eunápio expressa sua intenção de escrever uma obra que traga o máximo possível de informações verdadeiras para que estas se estabilizem e se mantenham como verdadeiras. Nosso autor acredita que o distanciamento do fato e as versões que surgem depois na tradição oral[4] colaboram para a distorção da narrativa, conforme lemos a seguir:

> ἐπεὶ δὲ ὀλίγοι τε ἢ παντελῶς ἐλάχιστοί τινες ἦσαν οἱ περὶ τούτων γράφοντες, ἵνα τοῦτο εἴπῃ τις μόνον, οὔτε τὰ ἀπὸ τῶν πρότερον γραφέντων λήσεται τοὺς ἐντυγχάνοντας, οὔτε τὰ ἐξ ἀκοῆς ἐς τόνδε καθήκοντα τὸν χρόνον, ἀλλ' ἀμφοτέροις ἀποδοθήσεται τὸ πρέπον, τῶν μὲν γεγραμμένων κινηθῆναι μηδέν, τὰ δὲ ἐκ τῆς ἀκοῆς ὑπὸ τοῦ χρόνου κατασειόμενα καὶ μεταβάλλοντα διαπῆξαι καὶ στηρίξαι τῇ γραφῇ πρὸς τὸ στάσιμον καὶ μονιμώτερον.

> Mas, visto que há poucos ou certamente uns pouquíssimos os que escreveram sobre esses assuntos, somente para que se diga algo sobre isso, que não sejam esquecidas as palavras dos escritores de outrora nem o que foi transmitido pela tradição oral até o nosso tempo, mas o que for apropriado será atribuído a ambas fontes, porque nada do que foi escrito foi alterado, mas o que veio através do tempo pela tradição oral tornou-se tumultuado e confuso, mas que pode ser fixado e estabelecido pela escrita para que seja algo estável e duradouro (EUNÁPIO, *Vidas dos filósofos e dos sofistas*, I, 1, 6)[5].

---

2   Eunápio estudou em Atenas quando tinha quinze anos de idade e lá permaneceu até os dezenove, entre 362 e 367 a.C. (BANCHICH, 1996, p. 304).
3   Breebaart conclui que Eunápio expõe sua metodologia de modo elaborado em seu proêmio, o que nós aqui denominamos prólogo (1979, p. 363).
4   Apesar de Eunápio temer as alterações que a oralidade pode nos trazer, como notou Watts, ele pertencia a um círculo intelectual que mantinha entre si a tradição oral, com relatos e preceitos que não se encontravam registrados em livros (2005, p. 336).
5   Doravante, todas as traduções são de minha autoria.

Então, percebemos a semelhança entre a sua disposição da escrita biográfica de Eunápio com a de Plutarco, a quem devota admiração declarada na parte que trata da apresentação dos autores que escreveram uma história da filosofia, como veremos nas próximas páginas. Em ambos os autores, a escrita biográfica está acompanhada de uma narrativa histórica[6], pois seus biografados são personagens públicas cujas trajetórias políticas e histórias de vida são conhecidas por muitos, e esta reputação que ultrapassa fronteiras também abre caminho para novos relatos em novos territórios e novas épocas, somente a história serve de fundamento para se elaborar uma escrita biográfica digna de memória, por ser digna de confiança. A resposta de Eunápio para essas questões está em uma escrita criteriosa em que se registre a verdade, dentro de suas possibilidades, para que as distâncias temporal e espacial não descaracterizem os fatos.

Depois de esclarecer seu percurso e sua finalidade com a escrita das vidas dos filósofos em seu prólogo, Eunápio elabora uma breve lista, uma espécie de catálogo, onde lembra os autores que também escreveram uma história da filosofia, tal lemos neste trecho:

> Τὴν φιλόσοφον ἱστορίαν καὶ τοὺς τῶν φιλοσόφων ἀνδρῶν βίους Πορφύριος καὶ Σωτίων ἀνελέξαντο. ἀλλ' ὁ μὲν Πορφύριος (οὕτω συμβάν) εἰς Πλάτωνα ἐτελεύτα καὶ τοὺς ἐκείνου χρόνους· Σωτίων δὲ καὶ καταβὰς φαίνεται, καίτοι γε ὁ Πορφύριος ἦν νεώτερος. τῆς δὲ ἐν τῷ μέσῳ φορᾶς φιλοσόφων τε ἀνδρῶν καὶ σοφιστῶν ἀδιηγήτου γενομένης κατὰ τὸ μέγεθος καὶ τὸ ποικίλον τῆς ἀρετῆς, Φιλόστρατος
> μὲν ὁ Λήμνιος τοὺς τῶν ἀρίστων σοφιστῶν ἐξ ἐπιδρομῆς μετὰ χάριτος παρέπτυσε βίους, φιλοσόφων δὲ οὐδεὶς ἀκριβῶς ἀνέγραψεν·

> Porfírio e Sótion reuniram a história da filosofia e as *Vidas* dos filósofos. Mas Porfírio, (assim aconteceu) foi até Platão e o seu tempo; e Sótion mostra que foi até seu tempo, embora Porfírio fosse mais novo. E a respeito das escolas dos filósofos e dos sofistas que estavam entre as épocas deles não foi relatado conforme a grandeza e a complexidade de sua virtude, enquanto Filóstrato, o lêmnio, vomitou sua superficialidade graciosa em suas *Vidas* dos melhores sofistas, não descreveu com exatidão a vida de nenhum dos filósofos; (EUNÁPIO, *Vidas dos filósofos e dos sofistas*, II, 1, 1-2).

---

6   Blockey nos informa que Eunápio utilizava uma tábua sinóptica das Olimpíadas e dos arcontes que cobria o período de mil anos (1971, p. 711), diante desse dado, notamos a sua preocupação não somente com o registro dos fatos, como também com a sua cronologia.

Ao iniciar a lista dos nomes de filósofos e sofistas que considera importantes para a história da filosofia, Eunápio cita os nomes de alguns filósofos que não tiveram suas vidas biografadas. O primeiro a ser lembrado é Amônio de Lâmprias, que Eunápio afirma ter sido um dos maiores filósofos de sua época, mas que, infelizmente, não teve sua vida biografada e o pouco que conhecemos de sua vida são informações deixadas por Plutarco Queroneia o longo de sua extensa obra. Ao registrar que Amônio foi mestre de Plutarco em Atenas, Eunápio faz uso da oportunidade para elogiar este filósofo que claramente admira, vejamos:

> ἐν οἷς Ἀμμώνιός τε ἦν ὁ ἐξ Αἰγύπτου, Πλουτάρχου τοῦ θειοτάτου γεγονὼς διδάσκαλος, Πλούταρχός τε αὐτός, ἡ φιλοσοφίας ἁπάσης ἀφροδίτη καὶ λύρα [...]
>
> Entre eles, estava Amônio do Egito, que foi mestre do diviníssimo Plutarco, e o próprio Plutarco, cuja filosofia é toda encanto e lira [...](EUNÁPIO, Vidas dos filósofos e dos sofistas, II, 1, 3).

Além do encanto provocado no leitor por seu estilo agradável, que a disposição de suas palavras no texto se compara à combinação harmoniosa das notas em uma música, Eunápio nos mostra que a escrita biográfica de Plutarco também contém preceitos filosóficos:

> αὐτίκα οὖν ὁ θεσπέσιος Πλούταρχος τόν τε ἑαυτοῦ βίον ἀναγράφει τοῖς βιβλίοις ἐνδιεσπαρμένως καὶ τὸν τοῦ διδασκάλου, καὶ ὅτι γε Ἀμμώνιος Ἀθήνησιν ἐτελεύτα, οὐ βίον προσειπών. καίτοι γε τὸ κάλλιστον αὐτοῦ τῶν συγγραμμάτων εἰσὶν οἱ καλούμενοι παράλληλοι βίοι τῶν ἀρίστων κατὰ ἔργα καὶ πράξεις ἀνδρῶν· ἀλλὰ τὸ ἴδιον καὶ τοῦ διδασκάλου καθ' ἕκαστον τῶν βιβλίων ἐγκατέσπειρεν, ὥστε, εἴ τις ὀξυδορκοίη περὶ ταῦτα, [καὶ] ἀνιχνεύων κατὰ τὸ προσπίπτον καὶ φαινόμενον, καὶ σωφρόνως τὰ κατὰ μέρος ἀναλέγοιτο, δύνασθαι τὰ πλεῖστα τῶν βεβιωμένων αὐτοῖς εἰδέναι.
>
> Assim então, o inspirado Plutarco escreve de modo espaçado sobre a sua própria vida e a de seu mestre em seus livros, também que, certamente, Amônio morreu em Atenas. Todavia, o mais belo dos seus escritos são as chamadas *Vida paralelas* dos homens virtuosos por seus feitos; mas a sua própria e a do seu mestre escreveu espaçadamente, de modo que, se alguém passar a vista sobre elas, e na sequência que surgem e aparecem, e ler parte por parte com sensatez, poderia conhecer a maior parte da vida vivida por eles. (EUNÁPIO, *Vidas dos filósofos e dos sofistas*, II, 1, 7-9).

Não por caso, Eunápio exalta o filósofo Plutarco, pois, em seu extenso prólogo da *Vida de Péricles*, o queronense elabora um discurso em que exalta a filosofia e enfatiza a necessidade humana de buscar o bem (PLUTARCO, *Vida de Péricles*, I, 2). Plutarco nos faz ver a importância do pensamento filosófico para a formação do caráter de suas personagens, dado que será analisado ao longo de todas as suas biografias. Desse modo, a conduta de seu biografado é avaliada por meio de suas ações, já que esta personagem ilustre atua como um exemplo para os vindouros, que irão se espelhar e emular os atos e feitos dos grandes homens da história (PLUTARCO, *Vida de Péricles*, I, 4).

Plutarco usa a história como exemplo, seleciona episódios e acontecimentos que refletem o caráter do seu biografado, que servem de modelo de conduta para os ouvintes e leitores coetâneos e futuros. Assim, a história atua como condutora de sua narrativa, o que lhe permite elaborar a linearidade exigida por um relato biográfico, isto é, nascimento, vida e morte. E história também atua como o principal argumento de Plutarco para emitir seus pareceres sobre as ações de suas personagens[7] (PLUTARCO, *Vida de Péricles*, II, 2-3). Portanto, a história comprova o que a filosofia ensina, a saber, que o homem virtuoso tem sua história pessoal mesclada à política e seus traços de caráter se manifestam em suas ações e, consequentemente, na história de sua cidade. Por seu turno, a biografia registra os preceitos das duas, que somente os versados em filosofia são capazes de compreender. Plutarco deixa entrever que o leitor conhece melhor os fatos, leia-se a história, melhor que os preceitos filosóficos, somente os iniciados na filosofia poderiam usufruir das duas ao mesmo tempo, e então aproveitá-las como uma espécie de Espelho de príncipe[8].

É interessante destacar que, ao lembrar os autores que redigiram biografias de filósofos e sofistas, Eunápio tem a percepção de havia antes dele uma tradição literária voltada para a história da filosofia. Nesse sentido, Eunápio dá continuidade a essa tradição e a atualiza com seus relatos, pois se trata obra que narra uma breve história da filosofia neoplatônica, que contém principais ideias dessa corrente desde a época de Plutarco (40-125 d.C). Eunápio de Sárdis era sofista, historiador, biógrafo enquanto Plutarco era um erudito que versava com maestria sobre os mais diversos assuntos, e ambos nutriam o mesmo amor pelo conhecimento e pela prática da virtude, uma vez que o

---

7   Para mais detalhes sobre esse tema, consultar Silva (2017).
8   O Espelho de príncipe é um gênero literário que se difundiu na Idade Média, e o mais conhecido deles é *O príncipe*, de Nicolau Maquiavel, escrito em 1513. No entanto, no mundo antigo, o primeiro escrito do gênero que se tem notícia foi a *Ciropedia*, de Xenofonte, século IV a.C., entre os romanos, o mais conhecido é o *Da clemência*, de Sêneca, século I d.C.

conhecimento é um instrumento que nos possibilita conhecer a virtude. Se Plutarco de Queroneia se destaca por ter sido o primeiro grande biógrafo de língua grega, Eunápio de Sárdis é conhecido por ter sido o último. Como vimos, em sua obra *Vidas dos filósofos e dos sofistas*, Eunápio discorre sobre sua metodologia e finalidade no seu prólogo, tal como faz Plutarco.

O prólogo é uma espécie de prefácio onde Plutarco justifica a seleção das personagens, bem como os caminhos escolhidos para a escrita e a comparação delas. Nos prólogos plutarquianos, também encontramos discussões que nos fazem pensar o lugar do mito na história, a função da história na biografia, o papel da filosofia na história, entre outras questões. E ainda, como assinala Beneker, o prólogo está relacionado ao conteúdo de sua narrativa e versa sobre como o tema será desenvolvido ao longo de sua exposição (2014, p. 147), o que nos permite ver como Plutarco elabora conceitos que nos levam a compreender o processo de composição de sua escrita biográfica.

Eunápio segue o caminho de Plutarco, uma vez que os prólogos das biografias de Plutarco reúnem suas percepções de como se deve escrever uma biografia. O olhar de Plutarco se volta para explicar qual a finalidade de sua narrativa, porque utiliza a história para compô-la explicando que a história serve de base as análises das ações de suas personagens. Do mesmo modo, Eunápio demanda de seu leitor o aprendizado da filosofia e requer ainda que tenha conhecimentos de história e literatura produzida pela tradição literária grega[9]. A filosofia atua como um filtro que seleciona as boas ações e os atos virtuosos dos biografados, pois este leitor munido de conhecimentos filosóficos é racional e capaz de ler de modo crítico as biografias de homens que não foram completamente virtuosos, mas que tiveram momentos virtuosos.

Eunápio principia seu prólogo esclarecendo o leitor sobre a finalidade de sua obra e elementos que considerou durante a escrita de suas biografias. Em razão disso, nossa análise da escrita eunapiana se dará a partir de seu prólogo, que iremos traduzir em sua totalidade, de forma espaçada, a fim de que possamos discutir sua elaboração. Desse modo, traduzimos estas primeiras linhas de seu prólogo:

> Ξενοφῶν ὁ φιλόσοφος, ἀνὴρ μόνος ἐξ ἁπάντων φιλοσόφων ἐν λόγοις τε καὶ ἔργοις φιλοσοφίαν κοσμήσας (τὰ μὲν ἐς λόγους ἔστι τε ἐν γράμμασι καὶ ἠθικὴν ἀρετὴν γράφει, τὰ δὲ ἐν πράξεσί τε ἦν ἄριστος, ἀλλὰ καὶ ἐγέννα στρατηγοὺς τοῖς ὑποδείγμασιν· ὁ γοῦν μέγας Ἀλέξανδρος οὐκ ἂν ἐγένετο μέγας, εἰ μὴ Ξενοφῶν) καὶ τὰ πάρεργά φησι δεῖν τῶν σπουδαίων ἀνδρῶν ἀναγράφειν.

---

9 Sacks afirma que a restrição de Eunápio a alguns eventos de seu tempo é produto de sua tradição que segue os valores dos antigos helenos (1986, p. 63).

Xenofonte, o filósofo, foi o único homem dentre todos os filósofos que adornou a filosofia com palavras e feitos (as primeiras estão nas palavras contidas em seus escritos em que escreve sobre a virtude ética, os outros foram tanto porque foi o melhor nas ações, ma também porque formou estrategos com seus exemplos; assim, o grande Alexandre não teria se tornado grande se não fosse Xenofonte), e porque também afirma que se deve registrar os fatos sem importância dos homens sérios (EUNÁPIO, *Vidas dos filósofos e dos sofistas*, I, 1, 1-2).

Convém notar que o fato de Eunápio ter iniciado sua narrativa citando o nome de Xenofonte, um ateniense do século IV a.C., que teria sido um discípulo de Sócrates, indica sua intenção de demonstrar que o aprendizado da filosofia capacita o homem a raciocinar e a atuar de modo lógico e justo. Eunápio menciona Xenofonte como um modelo de conduta, pois se trata de um homem que desenvolveu sua habilidade filosófica[10], que nos deixou escritos que comprovam sua competência no campo da escrita histórica, além de ter se tornado um grande estratego, um modelo para os pósteros, a ponto de inspirar Alexandre, o Grande. Sob essa perspectiva, Eunápio buscar responder aos críticos dos filósofos, pois alegam que os amantes da filosofia são homens que se prendem aos pensamentos, nãos às ações. Convém ressaltar que este é um discurso que existe desde a época clássica da Grécia e que permanece em seu tempo[11].

Dando prosseguimento ao seu prólogo, Eunápio nos esclarece a finalidade de sua obra, afirma que sua escrita está centrada dos feitos destacados de seus biografados, como lemos no seguinte excerto:

ἐμοὶ δὲ οὐκ εἰς τὰ πάρεργα τῶν σπουδαίων ὁ λόγος φέρει τὴν γραφήν, ἀλλ' εἰς τὰ ἔργα. εἰ γὰρ τὸ παίγνιον τῆς ἀρετῆς ἄξιον λόγου, ἀσεβοῖτο ἂν πάντως τὸ σπουδαζόμενον σιωπώμενον.

E o meu relato não traz uma escrita voltada para feitos aleatórios dos homens diligentes, mas para seus feitos importantes. Pois se o jogo cênico da virtude é digno de relato, eu seria impiedoso se silenciasse

---

10 Como notou Andersen, havia a ideia entre os autores desse período denominado Segunda Sofística a ideia de que Xenofonte era um filósofo que uniu palavras às ações, um filósofo que não se prendeu apenas à contemplação dos preceitos filosóficos. Porém, o mais surpreendente na narrativa eunapiana é a afirmação de que Xenofonte inspirou Alexandre, o Grande, o que Andersen considera um efeito estilístico (1993, p. 129).

11 Em um artigo bastante instigante, Corrêa (2016) discorre sobre a desvalorização do filósofo e da filosofia já na Grécia Antiga.

por completo o que foi alcançado com diligência (EUNÁPIO, *Vidas dos filósofos e dos sofistas*, I, 1, 2)[12].

Ao longo de seus relatos notamos que os feitos importantes também são pequenas ações que reverberam e se tornam cruciais em determinadas circunstâncias. Portanto, Eunápio tanto considera as pequenas ações do cotidiano como os grandes feitos, pois em seu entender ambos refletem a ética e a virtude de seu biografado. Fatos políticos e pequenas ações de suas personagens históricas são importantes e dignos de memória. Então vemos outro ponto de contato entre as biografias plutarquianas e as eunapianas, visto que Plutarco nos esclarece a importância dos pequenos acontecimentos:

> οὔτε γὰρ ἱστορίας γράφομεν, ἀλλὰ βίους, οὔτε ταῖς ἐπιφανεστάταις πράξεσι πάντως ἔνεστι δήλωσις ἀρετῆς ἢ κακίας, ἀλλὰ πρᾶγμα βραχὺ πολλάκις καὶ ῥῆμα καὶ παιδιά τις ἔμφασιν ἤθους ἐποίησε μᾶλλον ἢ μάχαι μυριόνεκροι καὶ παρατάξεις αἱ μέγισται καὶ πολιορκίαι πόλεων.

Pois não escrevemos histórias, mas biografias, e nem a virtude e o vício têm sua demonstração completa nas ações mais renomadas, ao contrário, muitas vezes, o reflexo do caráter se faz em um assunto simples, uma fala e uma brincadeira mais que os combates e seus milhares de mortos, e as grandiosas batalhas campais e os cercos de cidades (PLUTARCO, *Vida de Alexandre*, I, 2).

O propósito de Plutarco é narrar a história de uma vida a partir de suas ações quotidianas, ocorre que este pode coincidir com a vida de um comandante militar que passa muitos dias, ou meses, até anos, guerreando e vivendo em um acampamento militar, como é o caso das biografias de Alexandre e César. É interessante notar que Plutarco deixa claro que não são as batalhas nem as guerras que lhe interessam, mas as ações privadas, ainda que em campo de batalha ou em cima de uma tribuna, pois no decorrer desses acontecimentos existem as pequenas ações que também revelam o caráter de seu biografado, como o autor nos explica neste excerto:

> ὥσπερ οὖν οἱ ζωγράφοι τὰς ὁμοιότητας ἀπὸ τοῦ προσώπου καὶ τῶν περὶ τὴν ὄψιν εἰδῶν οἷς ἐμφαίνεται τὸ ἦθος ἀναλαμβάνουσιν, ἐλάχιστα τῶν λοιπῶν μερῶν φροντίζοντες, οὕτως ἡμῖν δοτέον εἰς τὰ τῆς ψυχῆς σημεῖα μᾶλλον ἐνδύεσθαι, καὶ διὰ τούτων εἰδοποιεῖν τὸν ἑκάστου βίον, ἐάσαντας ἑτέροις τὰ μεγέθη καὶ τοὺς ἀγῶνας.

---

12 Este é o único momento em que Eunápio se coloca no texto na primeira pessoa, pois, como veremos no próximo excerto, ele utiliza a terceira pessoa do singular.

> Portanto, tal como os pintores apreendem as semelhanças das imagens do semblante de seu rosto, que revelam o seu caráter, e muito pouco se preocupam com o restante das partes do corpo, assim nós devemos mergulhar mais nos sinais da alma, e representar através deles a vida de cada um, deixando aos outros as ações grandiosas e os combates (PLUTARCO, *Vida de Alexandre*, I, 3).

Tal semelhança nas escolhas narrativas de Plutarco e Eunápio demonstra o pensamento histórico desses autores, pois ambos se voltam para os feitos marcantes. De fato, os grandes historiadores gregos de outrora e os historiadores gregos romanos de seu tempo tratam essencialmente das grandes guerras e dos grandes feitos militares. Embora encontremos alguns relatos que nos leve a entendê-los como biográficos, a obra de um historiador em si não se atém somente à vida privada de nenhuma personagem ilustre, a vida pública é para onde se voltam os olhares dos historiadores gregos e romanos.

Então, em seu prólogo, Eunápio nos informa para quem a sua obra se destina, tal vemos neste registro:

> διαλεχθήσεται δὲ ὁ λόγος τοῖς ἐντυγχάνειν βουλομένοις, οὔτε περὶ πάντων ἀσφαλῶς (οὐ γὰρ πάντα ἀκριβῶς ἦν ἀναλέγεσθαι), οὔτε ἀποκρίνων ἀλλήλων φιλοσόφους ἀρίστους καὶ ῥήτορας, ἀλλὰ παρατιθεὶς ἑκάστῳ τὸ ἐπιτήδευμα.
>
> E o relato há de dialogar com aqueles que queiram lê-lo, não sobre todos os fatos com certeza (pois não foi possível recolher todos com precisão), e não distinguirei os melhores filósofos e retores, mas exporei o ofício e o modo de vida de cada um. (EUNÁPIO, *Vidas dos filósofos e dos sofistas*, I, 1, 3).

Ciente das limitações de um relato histórico, Eunápio adverte seu leitor sobre a impossibilidade de reconstituição fidedigna dos fatos, dada a dificuldade imposta por informações desencontradas, ou mesmo por escassez delas. O relato de Eunápio se distancia assim da tradição historiográfica grega que se comprometia com a verdade de sua exposição, em uma época em que o registro da verdade se constituía em uma premissa da narrativa histórica, visto que descreve o que realmente aconteceu, não o que poderia ter acontecido, como assim registra Aristóteles:

> ὁ γὰρ ἱστορικὸς καὶ ὁ ποιητὴς οὐ τῷ ἢ ἔμμετρα λέγειν ἢ ἄμετρα διαφέρουσιν (εἴη γὰρ ἂν τὰ Ἡροδότου εἰς μέτρα τεθῆναι καὶ οὐδὲν ἧττον ἂν εἴη ἱστορία τις μετὰ μέτρου ἢ ἄνευ μέτρων)· ἀλλὰ τούτῳ διαφέρει, τῷ τὸν μὲν τὰ γενόμενα λέγειν, τὸν δὲ οἷα ἂν γένοιτο. διὸ καὶ φιλοσοφώτερον

καὶ σπουδαιότερον ποίησις ἱστορίας ἐστίν· ἡ μὲν γὰρ ποίησις μᾶλλον τὰ καθόλου, ἡ δ' ἱστορία τὰ καθ' ἕκαστον λέγει. ἔστιν δὲ καθόλου μέν, τῷ ποίῳ τὰ ποῖα ἄττα συμβαίνει λέγειν ἢ πράττειν κατὰ τὸ εἰκὸς ἢ τὸ ἀναγκαῖον, οὗ στοχάζεται ἡ ποίησις ὀνόματα ἐπιτιθεμένη· τὸ δὲ καθ' ἕκαστον, τί Ἀλκιβιάδης ἔπραξεν ἢ τί ἔπαθεν.

Pois o historiador e o poeta não se diferem por narrar acontecimentos em versos ou em prosa (pois se poderia colocar em versos os livros de Heródoto e não seriam menos uma história em verso que em prosa); mas por isso diferem, por um narrar as coisas (5) ocorridas e o outro as que poderiam acontecer. Por isso também, a poesia é algo mais filosófico e sério que a história; pois a poesia é mais sobre os acontecimentos em geral, enquanto a história narra os acontecimentos particulares. E porque é próprio do universal ocorre de alguém dizer ou fazer coisas, conforme a verossimilhança e a necessidade, de acordo com o (10) que a poesia almeja mesmo colocando nomes nas suas personagens; enquanto a do particular, algo que Alcibíades fez ou que lhe sucedeu (ARISTÓTELES, *Da arte poética*, 1451b1-10)[13]

A questão da limitação narrativa do historiador se abre e nos faz pensar sobre a veracidade dos relatos, pois não basta apenas ter a intenção de relatar a verdade, é preciso que se tenha em mãos testemunhos, relatos e provas suficientes a uma narrativa completa e mais próxima da verdade. E é nessa incompletude que Eunápio tece sua narrativa, porque, ainda que incerta, fornece elementos para que o leitor possa refletir e tirar suas conclusões na direção da verdade:

> τὸ δὲ ἄριστος ὅτι ἦν εἰς ἄκρον ὁ γραφόμενος ὑπὸ τοῦ λόγου, τῷ βουλομένῳ ταῦτα δικάζειν ἐκ τῶν ὑποκειμένων σημείων καταλιμπάνει (βούλεται μὲν γάρ) ὁ ταῦτα γράφων. καὶ ὑπομνήμασιν ἀκριβῶς ἐντετύχηκεν, δι' ὧν, ἢ διαμαρτάνων τῆς ἀληθείας, ἐφ' ἑτέρους ἀναφέροι τὸ ἁμάρτημα, ὥσπερ ἀγαθός τις μαθητὴς κακῶν τετυχηκὼς διδασκάλων, ἢ κατηγοριῶν ἀλήθειαν ἔχοι καὶ τοὺς ἡγουμένους ἀξίους θαύματος, καὶ τό γε ἴδιον ἔργον αὐτοῦ καθαρὸν εἴη καὶ ἀμώμητον, ἀκολουθήσαντος οἷς ἀκολουθεῖν προσῆκεν.

E quem esta narrativa descreve atingiu uma distinção real, o autor desses relatos (porque é isso o que ele deseja) deixa àquele que quiser que julgue a partir das provas aqui apresentadas. Ele leu comentários precisos e detalhados e, portanto, se se distanciar da verdade, pode atribuir seu erro a outros, como um bom aluno que caiu nas mãos de professores

---

13 Tradução de Maria Aparecida de Oliveira Silva (2015).

inferiores; ou, se acerta no que diz, pode obter a verdade ao fazer críticas e ser guiado por aqueles que são dignos de respeito; para que assim sua própria obra seja irrepreensível e protegida de críticas, visto que ele seguiu aqueles que era seu dever seguir (EUNÁPIO, *Vidas dos filósofos e dos sofistas*, I, 1, 4-5).

Eunápio demanda conhecimento do seu leitor, para que este não incorra na interpretação errada dos fatos, o que requer dele uma formação filosófica que o capacita a discernir o que é bom e o que é mau. O papel da filosofia então é ensinar o iniciado as concepções de bem e de mal; em razão disso, o leitor se torna capaz de descartar os relatos fantasiosos e de apreender a verdade dos fatos por meio da razão. E o aprendizado através da história se torna proveitoso quando o leitor possui uma formação filosófica para compreender os fatos como um filósofo, ou um sábio. Além das características apontadas, a biografia eunapiana dialoga com a história por meio de uma composição que, apesar das imprecisões, pretende ser precisa. O autor analisa o caráter de suas personagens através da história, avaliando suas ações, porque concretas e refletem o caráter de seu biografado. Desse modo, as ações de suas personagens dão forma a um construto no qual edificam o seu caráter e fornecem ao seu leitor exemplos e contraexemplos de conduta.

Conclusões

Eunápio presenciou a ascensão do Cristianismo no Império Romano, também lamentou a renúncia aos deuses pagãos e o fato do paganismo ter sido finalmente abolido em 391 de nossa era. Somam-se a esses acontecimentos a invasão da Grécia e sua destruição por Alarico, sendo a cidade de Elêusis, um importante centro religioso, completamente arrasado em 395. Em meio a esse catastrófico cenário para os amantes dos deuses helenos, as escolhas de seus biografados representam um retrato do momento histórico no qual Eunápio escreve. A forma e o conteúdo utilizados na escrita de suas biografias revelam sua intenção de que sua obra nos sirva como um registro histórico sobre a ascensão do Cristianismo no Império Romano e a sua inserção no pensamento intelectual, a ponto de criar uma filosofia cristã para explicar suas práticas e divulgar seus preceitos religiosos, até então vistos como superstições pelos antigos pagãos, como a cura milagrosa de doentes crônicos ou a ressurreição de mortos.

Eunápio nos mostra que o Cristianismo sai das estradas e montanhas desérticas, dos grilhões e das catacumbas para se abrigar em casas e palácios romanos, ocupando espaços e mentes dos poderosos. Portanto, mais que simples biografias em defesa do neoplatonismo, as biografias compostas por Eunápio se assemelham a uma ode à filosofia grega, à magnitude e à variedade de suas escolas filosóficas, sem deixar de lado sua história e religião. Registros que atualizam a cultura grega em sua longa duração, que tentam mostrá-la como necessária aos homens de seu tempo, pois se trata de uma cultural milenar, preservada por meio de sua tradição literária surgida a partir de Homero.

Em um segundo momento, Eunápio nos faz ver o crescimento do Cristianismo no Império Romano a ponto de os homens de confiança do imperador não serem mais os filósofos, sofistas, iatrosofistas e retores pertencentes à comunidade grega, mas os que postulavam os ensinamentos cristãos. Portanto, em Eunápio, a história atua como um meio de preservar a memória daqueles que refletiram e escreveram sobre a filosofia de seu tempo, neoplatônicos que se diluíam em meio a um ambiente cristão, no qual as crenças em curas e ressurreições provindas de mortais considerados sábios e elevados. E a história de Eunápio utiliza documentos escritos e testemunhos orais confiáveis para firmar uma tradição literária, para evitar que a oralidade, com o tempo, também trouxesse desvios ao relato. Eunápio nos remete ao ofício de um pintor que imortaliza uma paisagem que serve de testemunho de uma época e de parâmetro para aos vindouros.

REFERÊNCIAS

Traduções e edições

ARISTÓTELES. *Da arte poética*. Edição bilíngue. Tradução e notas de Maria Aparecida de Oliveira Silva. Prefácio de Fernando Brandão dos Santos. São Paulo: Martin Claret, 2015.

EUNAPE. *Vies de Philosophes et de Sophistes*. t. 1: Introduction, t. 2. Edition critique. Traduction fraçaise et notes par R. Goulet. Paris: Les Belles Lettres, 2014.

PLUTARCH. *Life of Alexander*. Lives. Translated by Bernadotte Perrin. Cambridge; Massachusetts; London: Harvard University Press, 2004. v. VII.

PLUTARCH. *Life of Pericles*. Lives. Translated by Bernadotte Perrin. Cambridge; Massachusetts; London, Harvard University Press, 2002. v. III.

Artigos, livros e capítulos de livros

ANDERSON, Graham. *The Second Sophistic*: a Cultural Phenomenon in Roman Empire. London; New York: Routledge, 1993.

BANCHICH, Thomas M. Eunapius in Athens. *Phoenix*, v. 50, n. 3/4, p. 304-311, 1996.

BENEKER, Jeffrey. The nature of virtue and the need for self-knowledge in Plutarch's Demosthenes-Cicero. *In*: OPSOMER, J.; ROSKAM, G.; TITCHENER, F. B. (ed.). *A versatile gentleman*: consistency in Plutarch's writing. Studies offered to Luc Van der Stockt on the occasion of this retirement. Leuven: Leuven University Press, 2016. p. 147-160.

BLOCKLEY, R. C. Dexippus of Athens and Eunapius of Sardis. *Latomus*, v. 30, n. 3, p. 710-715, 1971.

BREEBAART, A. B. Eunapius of Sardes and the Writing of History. *Mnemosyne*, v. 32, 1979, p. 360-375.

CORRÊA, Paula da Cunha. The 'Ship of Fools' in Euenus 8b and Plato's Republic 488a-489a. *In*: SWIFT, L.; CAREY, C. (org.). *Iambus and Elegy*: New Approaches. Oxford: Oxford University Press, 2016. p. 291-309.

SACKS, Kenneth S. The Meaning of Eunapius' History. *History and Theory*, v. 25, n. 1, 1986. p. 52-67.

OPSOMER, J.; ROSKAM, G.; TITCHENER, F. B. (ed.). *A versatile gentleman*: consistency in Plutarch's writing. Studies offered to Luc Van der Stockt on the occasion of this retirement. Leuven: Leuven University Press, 2016.

SILVA, Glaydson José da; SILVA, Maria Aparecida de Oliveira (org.). *A ideia de História na Antiguidade Clássica*. São Paulo: Alameda: Fapesp, 2017.

SILVA, M. A. O. História e Biografia em Plutarco: o público e o privado na Vida de Sólon. *In*: SILVA, Glaydson José da; SILVA, Maria Aparecida de Oliveira (org.). *A ideia de história na Antiguidade Clássica*. São Paulo: Alameda: Fapesp, 2017. p. 255-282.

SILVA, M. A. O. *Plutarco historiador*: análise das biografias espartanas. São Paulo: Edusp, 2006.

SILVA, M. A. O. *Plutarco e Roma*: o mundo grego no império. São Paulo: Edusp, 2014.

SWIFT, L., CAREY, C. (org.). *Iambus and Elegy*: New Approaches. Oxford: Oxford University Press, 2016.

WATTS, Edward. Orality and comunal identity in Eunapius' "Lives of the sophists and philosophers". *Byzantion*, v. 75, 2005, p. 334-361.

QUINTUS AURELIUS SYMMACHUS EUSEBIUS E A SUBLIMAÇÃO DO PENSAMENTO TRADICIONAL ROMANO[1]

Viviana Edith Boch[2]

> Que o meu discurso te agradou não me alegra tanto como o senado, o melhor agrupamento do gênero humano, escutou-o com uma apreciação favorável (SÍMACO, *Cartas*, I, 52).

Com essas palavras dirigidas a Vétio Agório Pretextato, membro de seu círculo de amigos, Quinto Aurélio Símaco exaltou a excelência e a *uirtus* da ordem senatorial em um momento-chave de grandes mudanças na estrutura política, social e religiosa do Império. Para ele, não havia mais grupo excelso, a partir disso, que os identificara como "a melhor parte do gênero humano", concebia os membros desse *ordo* como aqueles que estavam capacitados para exercer com excelência as funções do governo. Tais ideias residiam em sólidas tradições. A lenda que relacionava Enéias com a origem de Roma, a nova Troia, teve grande transcendência devido ao aparecimento dos livros sibilinos em tempos da monarquia etrusca. A cidade assumiu essas profecias e aceitou que Rômulo pertencia à linhagem de Enéias. A esses oráculos, recorreram os romanos buscando respostas em tempos de crise, esperando a proteção prometida pela providência divina (HUBEŇÁK, 1997, p. 140). O próprio Júpiter quis dar origem ao *populus romanus*, segundo se anunciava na *Ilíada*, quando Posídon, temeroso pela extinção da raça dardânica, exclamava:

> Salvemo-lo, pois, da morte, para que não se irrite o Cronida se o vir perecer nas mãos de Aquiles! Seu destino quer que se salve, para que não se extinga a linhagem de Dárdano, que foi a quem mais quis Zeus de todos os filhos que teve de mulheres mortais. Em vez disso, o Cronida odeia os da raça priâmida. Por isso, o vigoroso Enéias reinará sobre os troianos, e seus filhos, e os filhos destes, e quantos deles nasçam nos tempos vindouros. (HOMERO, *Ilíada*, XX, 336).

---

1 Tradução de Maria Aparecida de Oliveira Silva.
2 Facultad de Filosofía y Letras. Instituto de Historia Universal. Universidad Nacional de Cuyo. Mendonça, Argentina, vivianaedithboch@gmail.com.

Logo após a queda de Tróia, o poder recaiu sobre Enéias e seus descendentes, que alcançariam o império do mundo. Essa lenda imortalizada por Virgílio na *Eneida*, no tempo de Augusto, nutriu a mentalidade da intelectualidade romana ao longo de sua história. O augúrio de Posídon pode se encontrar nos primeiros versos deste poema e identificar sua conexão lendária (BAUZÁ, 2015, p. 115-116): "E agora canto as armas horrendas do deus Marte / e ao herói que forçado ao desterro pelo destino / foi o primeiro que da orla de Troia chegou a Itália / e às praias lavínias" (VIRGÍLIO, *Eneida*, I, 1-5). Neste capítulo, é interessante indagar o alcance de tais ideias profundamente incorporadas nos principais representantes do *ordo* senatorial pagão romano do século IV, em específico, em Quinto Aurelio Símaco. Suas profundas convicções, enraizadas em um passado ancestral, caracterizaram seu procedimento nos âmbitos social e político. Através de seus escritos, pretende-se inferir sua percepção do futuro de Roma e de seu destino, ou seja, sua visão da história. Com esse fim, serão examinados seus argumentos em prol da defesa de suas crenças e adesão aos costumes tradicionais. Buscar-se-á identificar a relevância de sua figura e o alcance de sua influência no devir histórico de sua época. Para atingir esse propósito, será realizada uma minuciosa análise dos escritos do retor e das contribuições historiográficas mais relevantes que serão citados ao longo deste estudo.

Como antecedente desta temática, resulta necessário mencionar a obra de Janira Feliciano Pohlmann, que analisou em detalhe os discursos dirigidos a Valentiniano, o Grande, tanto em seus aspectos linguísticos como em seu significado histórico e cultural. Do seu ponto de vista, Símaco buscou exaltar, mediante sua capacidade retórica, a figura de Valentiniano mostrando-o como defensor eterno do Império, capaz de assegurar sua sobrevivência temporal. Destaca que, embora o retor não buscou realizar uma obra histórica segundo os cânones clássicos, recorreu ao seu método para deixar na memória das gerações futuras as virtudes romanas, as grandes façanhas e a excelência da cidade chamada a reger os destinos do mundo e civilizá-lo. Como homem de letras, buscou narrar esses eventos com a finalidade de legitimar sua eternidade (POHLMANN, 2012, p. 60-75).

No pensamento de Quinto Aurélio Símaco, existiu uma concepção da história baseada na narração dos fatos do passado ou, através deles, penetrou em concepções profundas capazes de transcender esse âmbito? Responder a essa interrogação constitui o interesse central deste estudo. Símaco, autor neoplatônico, encontrou-se interpelado por uma realidade de época na qual a ideia de Roma *Aeterna*, baseada em um sólido andaime de ritos, crenças antigas e *mos maiorum*, começavam a ser discutida por pensadores cristãos. De acordo com ele, elaborou uma autêntica defesa das ideias tradicionais que a sustentavam e davam sentido à *romanitas*.

O retor, como os membros de seu círculo de amigos, aderia a uma ideia pagã do destino histórico do Império, surgido do querer divino, de claras raízes lendárias. Tendo em conta a contribuição do passado, involucrado em seu presente, projetava seu pensamento para o futuro. A Cidade *Aeterna* havia sido chamada a um império sem fim, como pressagiava o próprio Júpiter nos versos de sua *Eneida*. Como sustenta Yves Daugé, todo romano estava convencido do valor transcendente da romanidade, de sua importância filosófica e seu alcance metafísico (DAUGÉ, 1981, p. 543). Apesar dessa convicção comum, cristãos e pagãos diferiam na maneira de concebê-lo. Quinto Aurélio Símaco Eusébio, como representante do segundo grupo, a raiz dos eventos que lhe tocou viver, caracterizados pela ascensão do cristianismo em todas os âmbitos, representou uma das últimas vozes defensoras de um Império construído de acordo com uma lógica política que agonizava (BOCH, 2017, p. 30). Nas seções seguintes deste capítulo se intentará explicar as razões que fundamentam a abordagem hipotética inicial.

Considerações gerais

Para compreender as características particulares do quarto século, é oportuno recordar que nesse período se sucederam momentos de intranquilidade e inquietações espirituais e políticas, assim como novidades e conquistas. Entre elas cabe mencionar o aparecimento do códice, a difusão da língua latina, produto do crescimento do aparato burocrático no Império e, por sua vez, o retrocesso do grego na *pars occidentis*. De notória importância foi também o desenvolvimento das Universidades: a de Atenas, especializada em filosofia; a de Roma tinha cátedras de retórica, gramática, filosofia, direito e medicina.

A partir de Constâncio II, Constantinopla contou com este tipo de estudos avançados. Também Autun, Bordeaux, Marselha, Tréveris, Milão e Cartago tiveram as suas. No Oriente, tinham grande prestígio as Universidades de Alexandria, Antioquia, Nicomédia e Beirute, esta última famosa por seus estudos de direito (LE GLAY, 2002, p. 435-437). Do ponto de vista religioso, Constantino não modificou a concepção de *religio* vigente em Roma, realizou sim algumas modificações quanto aos rituais considerados como *superstitiosi* e, por isso, fora da *religio* oficial como a *aruspicina*, a magia nociva e as práticas relacionadas a ela, consideradas perigosas tanto para os habitantes do Império como para o aparato político. Essas medidas restritivas somente foram uma atualização das existentes nas normas consuetudinárias. A novidade na política constantiniana em relação a esse aspecto foi o reconhecimento da existência de outra *religio*: o cristianismo (MORENO RESANO, 2007, p. 103-105).

Esse processo de mudança se produziu não somente no campo legislativo, mas também no intelectual e, conforme isso, corresponde a uma reflexão necessária, centrada em um fator determinante: a ascensão cristã. A massa intelectual da época se encontrou dividida: por um lado, esteve integrada por aqueles que aderiram a essa fé e, por outro, os pensadores pagãos. Os primeiros, concentrados em aprofundar o processo de difusão de seus ideais e em dar forma dogmática a suas crenças. Homens como Ambrósio de Milão – cuja linha de pensamento chegou a sua plenitude com Agostinho de Hipona –, caracterizaram o processo. Os segundos não deixaram de se fazer sentir, compelidos pelas circunstâncias históricas nas quais se encontravam inseridos. Seu tempo os levou a unir esforços para garantir a pervivência de sua cultura. O próprio imperador Juliano é um exemplo desses intentos. Libânio, conhecido retor de Antioquia, destacava no discurso fúnebre que elaborou em sua honra a devoção do imperador aos cultos pagãos: "seu coração era afetado de modo especial cada vez que contemplava os santuários destruídos, as cerimônias de mistério suspensas, os altares derrubados, os sacrifícios sem celebrar" (LIBÂNIO, L. XVIII, *Discurso fúnebre por Juliano*, 23-24).

A transformação produzida no plano das crenças não foi um acontecimento novo e esporádico, mas que respondeu a um processo especulativo de longa data na realidade imperial. O paganismo nesse período continuava vigente e a penetração social das crenças cristãs não foi imediata, somente o tempo e a reflexão provocaram os indivíduos a abandonar seus costumes tradicionais solidamente enraizados. As inscrições da época comprovam a permanência de sacrifícios e cultos pagãos. Os *ludi* continuaram sendo celebrados e, através deles, os magistrados romanos manifestavam sua permanente presença política e relevância social. Os livros sibilinos continuaram sendo consultados e os ritos de iniciação ainda eram realizados (BOCH, 2018, p. 71). Em tais circunstâncias se produziram dois processos paralelos, por um lado, o avanço do cristianismo endossado pelo poder imperial e, por outro, as tentativas de subsistência dos ideais tradicionais incorporados em uma elite pagã que buscava perpetuar suas crenças ancestrais e ritos pátrios capazes de assegurar a *pax deorum hominumque* e, portanto, a eternidade da cidade *caput mundi* (VIOLA, 2010, p. 32).

Um senador fiel porta-voz da romanidade

Em um ambiente político e cultural cheio de contradições e conflitos religiosos, desenvolveu-se a vida e a obra de *Quintus Aurelius Symmachus Eusebius*, eloquente orador e destacado retor. Nasceu em Roma por volta de 340, no seio de uma família detentora de uma importante fortuna imobiliária, mas sem longa trajetória. Seus membros pertenceram à ordem equestre até a época de Constantino, quando ascenderam ao grupo dos claríssimos (JONES; MARTINDALE; MORRIS, 1971, p. 865-870). Quanto aos seus antecessores, seu avô, Aurélio Valério Tuliano Símaco, alcançou o consulado em 330, no entanto, o dado mais relevante o forneceu seu pai, Lúcio Aurélio Aviano Símaco, que ocupou a prefeitura de Roma em 364-365 e os cargos de cônsul, Pontífice Maior, *Quindecimvir sacris faciendi*, além de encabeçar uma embaixada enviada pelo senado romano ao Imperador Constâncio II em 361 (VALDÉS GALLEGO, 2000, p. 7). No que se refere a sua formação, sabe-se que estudou os autores clássicos cujos textos organizou com a finalidade de assegurar a transmissão da *sapientia maiorum* (VIOLA, 2010, p. 84). Destacou-se por seus dons de oratória e eloquência, os membros do senado o designaram *princeps senatus* e recorriam a ele para integrar embaixadas destinadas a enviar suas mensagens à corte.

Valentiniano I o considerava especialmente e durante as etapas de descanso de suas campanhas em Roma, organizava esplêndidas festas nas quais Ausônio cantava em versos as suas façanhas e Símaco as celebrava em prosa. Nesse sentido, destaca-se o *Discurso* que havia redigido em honra desse imperador e proferiu em 25 de fevereiro de 369, quando se cumpriam cinco anos de sua ascensão ao trono, na ocasião de sua visita a Tréveris. Nesta oportunidade, teria o encargo de entregar-lhe uma oferta de ouro em nome do senado romano, em seu texto se lê:

> Em uma palavra, como se tivesses sido designado para o timão do próprio mundo, passando por diversas regiões do céu te apropriaste das experiências de todos os pontos cardeais. Com razão, uma ausência tua tão longa não pode prejudicar hoje algumas províncias, as que protege teu conhecimento inicial delas. Um príncipe que conhece todas as partes de seu Império, é semelhante a um Deus que o observa todo de uma vez. (SÍMACO, *Relatórios, Discursos. Primeiro Panegírico de Valentiniano Augusto, o Grande*, 1, 2-3).

No primeiro discurso, Símaco não somente exaltava as vitórias militares, mas também os laços existentes entre essas atividades, as tarefas do governo e o valor das virtudes daqueles que as exercem com clara referência ao senado romano:

> No meio dessas atividades bélicas, expedições ao exterior e sempre novos louros às custas dos inimigos, não houve nenhuma irrupção nos assuntos civis. Posso dizer que, uma vez afugentadas as intrigas foram devolvidos os cargos públicos à virtude e que já não são as riquezas, mas as condutas que têm o caminho aberto para as insígnias das magistraturas, que agora são equivalentes à sorte do campo e a da cúria (SÍMACO, *Relatórios, Discursos. Primeiro Panegírico de Valentiniano Augusto, o Grande*, 1, 23).

No segundo discurso a Valentiniano I, o Grande, o retor enfatizou a ação civilizadora do Império, já que os bárbaros ansiavam por se unir a ele: "A civilização excluiu os indígenas e, como se as áreas intermediárias estivessem já livres, o vizinho distante reclama um tratado com Roma" (SÍMACO, *Relatórios, Discursos. Segundo Panegírico de Valentiniano Augusto, o Grande*, 2, 12). A história, como narração de eventos gloriosos, cumpria uma finalidade específica: perpetuá-los na memória das gerações vindouras. (POHLMANN, 2012, p. 70-75). Sua visão da história não se limitava ao imanente, pois se projetava em um âmbito transcendente. O respeito por Roma e seu Império, as virtudes cívicas e o *mos maiorum* encarnado no senado romano, foram diretrizes claras seguidas por Símaco nesses discursos. O retor, convencido da eternidade da cidade *caput mundi*, converteu-se em representante da romanidade, de uma bagagem de crenças ancestrais, costumes e tradições que buscavam imortalizar. Expôs essas ideias no *corpus* de seus escritos. Seus discursos, seus relatórios oficiais, suas numerosas cartas dirigidas aos mais variados destinatários constituem uma efetiva prova de coerência de suas propostas. Através deles e de sua atuação política, é possível compreender o alcance de seu pensamento (BOCH, 2018, p. 53-60).

Para Quinto Aurélio Símaco, o senado romano era a imagem visível das *maiestas populi romani*, o depositário da *auctoritas*, o guardião da aliança primigênia com Júpiter e, portanto, da *pax deorum*, cuja manutenção assegurava a permanência histórica de Roma. Na ocasião da designação de seu pai, o orador dirigiu um discurso ao senado romano em agradecimento por seu apoio à sua designação, possivelmente realizada no ano 376, para o consulado ordinário do ano seguinte, embora ele tenha morrido um ano antes. Nesta alocução, manifestou suas ideias em prol dos membros da ordem senatorial: "Onde estão aqueles que formaram em seus espíritos a ideia falsa de que é mais eficaz a ousadia de uma facção que as vontades dos bons? [...] Os tempos devolveram à classe patrícia esse direito" (SÍMACO, Discurso 4, 4).

No discurso recomendando a designação de Flávio Severo para seu ingresso, pode notar-se sua admiração e reconhecimento ao *ordo* senatorial: "[...] o novo deixa diante das portas sagradas da cúria os ornamentos de seus maiores e entra acompanhado unicamente de suas virtudes, que são as únicas que também podem dar a conhecer uma estirpe não queríamos elogiar" (SÍMACO, *Discurso* 6, 1). Segundo os costumes e as práticas misteriosas, os senadores eram os legítimos depositários e guardiões eternos de um destino que os ligava a um passado ancestral (GRAMMATICO, 2006, p. 166).

À possível desestabilização religiosa representada pelo cristianismo, agregou-se a desintegração da administração social tradicional causada pela reorganização da administração imperial realizada por Constantino, em especial na modificação do acesso aos cargos vinculados à condução imperial.

Mantiveram-se certas prerrogativas a ordem senatorial em relação ao controle da cidade de Roma e à designação em funções de verdadeira gravitação como o governo de províncias ou prefeituras do pretório. A paulatina e acentuada inclinação de outorgar tarefas do governo a pessoas provenientes de diferentes ordens sociais e das fileiras cristãs, assim como a criação de um novo senado em Constantinopla, modificou com rapidez o equilíbrio político vigente e as características específicas da elite romana chamada para dirigir o Império. Dessa forma, produziu-se uma quebra na continuidade da tradição da *auctoritas-potestas*, sobre a qual se fundamentava o direito dos *viri veri romani* de exercer preeminência política. Alterou-se o procedimento habitual na formação senatorial ao transgredir o *cursus honorum* regular, ao nomear funcionários por canais não habituais de designação; assim, o imperador violou a autêntica tradição romana.

As mencionadas decisões políticas, junto com um marcado apoio ao cristianismo – tanto de Constantino como de seus sucessores, com exceção de Juliano – conduziram à acentuação da consciência da crise que viveram os últimos baluartes de tradicionalismo político e religioso romano que consideravam o cristianismo responsável pela destruição definitiva do Império. A nova elite, da matriz constantiniana, não mantinha a *dignitas* própria do senador romano e não podia então cumprir a missão divina outorgada pelo próprio Júpiter ao verdadeiro *populus romanus*, ideia incompatível com a especificidade confessional do cristianismo (VIOLA, 2010, p. 67-68).

A análise do epistolário de Símaco subsidia dados significativos para esta investigação. Sua principal contribuição histórica se encontra em seu conjunto e no que revela acerca dos ideais da elite senatorial de Roma no século IV. Sua mensagem consistia em transmitir que os aristocratas da época compartilhavam uma cultura bem definida e que, necessariamente, devia ser mantida (HEATHER, 2011, p. 39). Uma extensa rede de contatos, *de amicitia*, caracterizava as trocas epistolares entre os aristocratas que habitavam em diferentes localidades do Império. Suas cartas, nas quais foram destacadas as virtudes, a origem e a adesão aos *mores maiorum* dos destinatários, permitem compreender o interesse do autor em mostrar a excelência dos membros da referida elite e destacar seu direito de ocupar um lugar de direção na condução da política. Os personagens que recomendava eram dignos dela por seus *mores*, deduzíveis do *genius* senatorial, como prova a carta que endereçou a Celsino Ticiano, vigário da África, recomendando-lhe a Gelásio, nomeado administrador do patrimônio da casa imperial:

> Gelásio, a quem desejo êxito, assumiu uma responsabilidade na casa imperial, ocupação que lhe confere certa dignidade, embora abrigue uma honradez maior em seu caráter [...] Oxalá, não necessites de sua ciência,

dado que suas demais qualidades, próprias de um homem virtuoso, podem lhe render o voto favorável (SÍMACO, *Cartas*, I, 66).

Outros exemplos são testemunho de observações similares por parte do autor, como prova sua carta dirigida a Flaviano: "Se ainda não conheces os costumes louváveis e os honrados princípios de meu filho Nicásio, aceite uma manifestação muito apropriada em seu favor, a de meu querido Promoto, um homem notável por suas virtudes e sua cultura" (SÍMACO, *Cartas*, II, 16). Para Símaco, as virtudes senatoriais deveriam ser exaltadas com a intenção de mostrar a excelência de seus possuidores, dignos das maiores honras e privilégios. Eram *boni* e *probi*, conforme documentado em uma carta dirigida a Ausônio:

> Uma velha máxima diz que as artes se nutrem honras. A prática de nossa época confirmou: de fato, nenhum personagem famoso na guerra ou ilustre na paz experimentou seu valor ficar sem um prêmio [...]. Claro que sabes o quão raro és naquela poeira do fórum, a união de uma boca eloquente e um bom coração [...] Essas qualidades floresceram em meu amigo e se uniram em uma conjunção tal que não se esgotou por se interpor ao pudor, nem transbordou em detrimento de sua vergonha. Ele nunca corrompeu as atrações de sua língua para obter um pagamento e [...] trocou opulência por lealdade, o benefício por glória. (SÍMACO, *Cartas*, I, 43).

Símaco sustentava que os magistrados do posto senatorial tinham como dever *prestare favorem* a seu grupo, em nome da mesma *virtus* pela qual eles concordaram com o exercício do poder político. A rede de contatos que teceu com amigos e conhecidos estava sempre se adensando (RODA, 1973, p. 72). Enquanto se organizava e se configurava uma robusta armação de interesses, de onde todos os participantes alcançavam e concediam benefícios. Essas relações de *amicitia* não somente abarcavam os membros da elite romana, mas também os aristocratas de outras regiões do Império ocidental. Os membros dessas aristocracias, apesar das distâncias, tinham plena consciência de pertencer a um todo com profundas raízes firmadas na romanidade.

Símaco: político e mediador

Símaco se representou com os personagens mais destacados do Império. Dirigiu cartas amistosas a representantes do paganismo vinculados aos cultos proveniente do Oriente, como Pretextato ou Rústico Juliano; os cristãos em processo de conversão como Petrônio Probo ou a cristão abertamente decididos como Ambrósio. Embora tenha manifestado ser um irredutível defensor do paganismo romano tradicional, como o demonstra sua intervenção no caso da Vestal Primigênia ou pelos conhecidos eventos relacionados à defesa do Altar da Vitória, também teve atitudes de abordagem, nas quais estava disposto a ajudar cristãos importantes. Em uma carta destinada a Celsino Ticiano, intercedeu em favor do bispo de Cesareia da Mauritânia: "Talvez estranhe que te recomende a um bispo, com efeito, agindo como um homem de bem, Clemente salvaguardou Cesareia" (SÍMACO, *Cartas*, I, 64). Em outra epístola dirigida a Adriano expressou:

> Talvez outras recomendações minhas devam se atribuir à benevolência. Esta provém do discernimento. Assim é, confio a teu coração venerável a meu irmão Bispo Severo, digno ser louvado pelo testemunho de todas as doutrinas religiosas. A desesperança de igualar seus méritos e seu próprio pudor não me permite dizer mais coisas sobre ele. Além disso, assumi o papel de testemunha, não de um panegirista, e te reservo o exame de seu caráter (SÍMACO, *Cartas*, VII, 51).

A fama que Símaco adquiriu por moderação e disponibilidade ao diálogo lhe permitiu obter a amizade dos indivíduos mais comprometidos com a condução do Império, como foi o caso do citado Estilicão, de quem obteve favores e a quem também beneficiou. Não é fácil identificar até que ponto foram avaliadas por Símaco com total lucidez as vantagens de tal política, mas, sem sombra de dúvidas, a atitude de benevolência para com os cristãos influiu na decisão dos senadores pagãos de elegê-lo como interlocutor diante de um imperador cristão. Isso estava diretamente relacionado às expectativas desses senadores de recuperar privilégios irremediavelmente perdidos, ponto de vista que o orador compartilhava.

Os motivos pelos quais colocou tanto interessou nos trâmites dos jogos relacionados com à ascensão às magistraturas de Mêmio estiveram certamente vinculados à preparação dessas *editiones*. Elas se converteram na única obrigação efetiva que era concedida aos magistrados após as reformas realizadas na época pelo poder imperial. No entanto, parece apropriado perguntar se essa foi sua única causa ou se existiram razões mais profundas.

A partir do epistolário em análise de depreende que esses espetáculos constituíam uma trama de expressões simbólicas enlaçadas com o Estado. Neles, religião, política e tradições funcionavam em um todo orgânico (GARRIDO MORENO, 2000, p. 51-52). Celebrados diante de deuses e homens, os jogos conformavam um momento de encontro entre organizadores e espectadores, durante o seu desenvolvimento, o imaginário nutria com sua policromia de aspectos à realidade e lhe infundia um significado especial a todos os observadores (GARRIDO MORENO, p. 52-53). Estes, no século IV, conformaram o ambiente propício de pervivência dos ideais que representava o *ordo* senatorial e funcionaram como ambientes de persuasão propícios com fins propagandísticos. É fundamental compreender a relevância que essas atividades lúdicas tiveram na época que se analisa e que o deram um sentido peculiar à vida cotidiana (BOCH, 2018, p. 154-155).

    Como consequência de seu significado socialmente reconhecido, convertiam-se na melhor ocasião para facilitar a pervivência dos valores tradicionais emblemáticos na cultura romana tradicional. Do mesmo modo que a Roma do Alto Império fez sentir, através dessas atividades sua presença em todas as províncias, as ações de Símaco vinculadas aos preparativos para as *editiones*[3] de seu filho, tenderam a revalorizar esses princípios a fim de perpetuá-los. Funcionaram como veículos propagandísticos propícios à continuidade e à conservação daqueles ideais ancestrais que justificavam a permanência da elite tradicional romana na condução do Império (RODA, 1973, p. 653).

    A maior parte de suas epístolas foi dedicada à preparação desses eventos cujas características estavam relacionadas ao contexto político que cercava a vida de Símaco. A partir de 383, foi relacionado à insurreição de Magno Máximo produzido na Gália. Sua derrota em 389 foi um completo desastre para ele, tendo de se refugiar em uma igreja novaciana. Conseguiu colocar-se a salvo graças à intercessão do bispo Leôncio. Apesar de tal contratempo, Símaco obteve o perdão de Teodósio e sua reabilitação foi consolidada em 391 ao ser nomeado para exercer o consulado. Dadas as recentes circunstâncias, pôde organizar com moderação seus *ludi consularis*; por tal motivo, são escassas as epístolas que se conhece referentes a esse evento (BELTRÁN RIZO, 2005, p. 299-300).

    No que diz respeito às cartas sobre os preparativos da questura de Mêmio, tampouco teve o brilho que o orador havia desejado e que, de fato, acompanharam a preparação da posterior celebração de sua pretura anos depois. Para a *editio praetoria* de Mêmio, desencadeou uma atividade enorme e, portanto, uma profusa correspondência. Existem sessenta cartas relacionadas à sua organização. A família do aristocrata que queria iniciar uma carreira política, devia assumir cargos dos jogos correspondentes à *editio* desta magistratura para ascender no *cursus honorum*. No século IV, a entrada ao senado ocorria após o exercício da pretura. A elite senatorial era consciente de que a principal atribuição do pretor era a organização de jogos. Esses magistrados deveriam proporcionar *ludi* aos romanos no início do ano, duravam sete dias e incluíam jogos no teatro, no anfiteatro e no circo (BELTRÁN RIZO, 2003, p. 63). As cartas de Símaco evidenciam claramente os laços de amizade e ajuda mútua

---

3   Conhece-se edições organizadas por ele para o seu próprio consulado celebrado em 391, assim como para a questura e a pretura de seu filho Mêmio, correspondentes a 393 e 401.

que existiam entre os membros da elite senatorial nas regiões ocidentais do Império. Como exemplo, é apropriado citar sua epístola dirigida ao hispânico Helpídio: "Os deveres do senado incitam nosso zelo pelos trabalhos desejados. O certo é que, no próximo ano, aguarda a pretura de meu filho [...] Convém certamente que, por nossa afeição mútua, compartilhes comigo as preocupações" (SÍMACO, *Cartas*, V, 83).

Considerava que os administradores do posto senatorial deveriam prestar favores aos do seu grupo em nome da *virtus* pelo qual eles ocupavam funções de governo. Eram dignos de conduzir os outros homens, já que eram depositários e protetor das tradições ético-culturais propriamente romanas. Essa *virtus* própria dos senadores tinha sua legítima expressão no exercício de cargos públicos (BOCH, 2018, p. 160). No umbral de uma nova época em que paulatinamente o cristianismo se difundia com o apoio inegável do poder político, Símaco tentou se apegar aos seus costumes tradicionais, já que corriam o risco de desaparecer, condenando ao esquecimento seu estilo de vida e mesmo a sua razão de existir. Através de sua conduta político-social e seu papel como mediador e porta-voz do senado romano, o orador tentou perpetuar os princípios e ideais que deram sentido à romanidade.

As ações de Quinto Aurélio Símaco calibradas nos detalhes e reveladas nos documentos até agora citados, não podem ser interpretadas de maneira simplista. Seus escritos evidenciam sua concepção sobre o destino de Roma chamada a conduzir a humanidade através do *ordo* senatorial, a um Império sem fim. Sua ideia da história e da missão civilizadora da cidade *caput mundi* foi claramente esboçada. Na seção a seguir, os principais relatórios serão analisados, em especial a terceira *relatio* que permite esclarecer seu pensamento.

O significado da terceira *relatio*

Os eventos relacionados à retirada do Altar da Vitória da Cúria senatorial, assim como o debate que surgiu entre Símaco e o bispo milanês Ambrósio, foram profusamente tratados em numerosos estudos historiográficos[4].

---

4   No ano 357, Constantino retirou da Cúria senatorial o altar da Vitória, o imperador Juliano a repôs fiel à sua política de retorno ao paganismo e Graciano, de acordo com sua abordagem ao cristianismo, voltou a retirá-la. Nesse contexto, aconteceu o pedido da facção pagã do senado romano para que fosse restituída, encomendando à Símaco realizar a defesa. O orador redigiu sua alegação conhecida como terceira *relatio* lida na Corte imperial à época de Valentiniano II e que motivou o conhecido debate com o bispo Ambrósio de Milão, cujos argumentos se encontram em suas *Cartas* LXXII e LXXIII. Numerosos estudos abordam o tema e, entre outros, não menos importantes podem ser citados: CASINI, N. Le discussioni sull' ara Victoriae nella Curia Romana. *Studi Romani*, v. 5, p. 501-517, set./oct. 1957; CANFORA, F. *Simmaco e Ambrogio o di una antica controversia sulla tolleranza e sull' intolleranza*. Bari: Adriática, 1970; MAZZARINO, S. *Tolleranza e intolleranza*: la polémica sull´ara della Vittoriall basso Impero. Antico, tardico ed era costantiniana, T. I., Bari, Dedalo, (339-377), 1974; MOMIGLIANO, A. *et al. El conflicto entre el paganismo y el cristianismo en el siglo IV*.

Por esse motivo, esta seção abordará somente os aspectos relacionados ao pensamento de Quinto Aurélio Símaco em relação com a temática que interessa neste capítulo.

A terceira *relatio* escrita a pedido da facção pagã do senado romano, solicitando a restituição do altar mencionado, condensa os fundamentos de seu pensamento político-religioso e, portanto, sua ideia de história. Em sua alegação, buscou abordar os assuntos relacionados ao *ius* sagrado, o *ius* divino e sua relação com a eternidade de Roma. O desaparecimento deste símbolo da Cúria ameaçava o equilíbrio existente no passado entre ordem transcendente e imanente, a permanência da ordem divina na ordem civil. Esta relação havia caracterizado a história do Império e dado fundamento a sua missão no mundo chamado para a unificação do mundo. Implicava a ruptura da *pax deorum hominumque*, vinculada diretamente à manutenção do culto e colocava a cidade de *Caput Mundi* em risco de desaparecer (VIOLA, 2010, p. 125-126). Símaco escreveu para Valentiniano II em Milão seu relatório lembrando o Imperador de sua responsabilidade na manutenção das tradições:

> Efetivamente, a quem favorece vossa defesa das instituições dos antepassados, das leis e do destino da pátria mais que a glória da época? Tal glória é mais importante a partir do momento em que entendais que não é lícito fazer nada contrário à tradição de nossos pais (SÍMACO, *Relatórios*, 3, 2).

Neste documento, o orador destacava a relação existente entre a manutenção dos cultos secretos e a subsistência do Império. O altar da Vitória era o local exato onde os senadores juravam obediência a seus imperadores e fidelidade à cidade *Caput Mundi*, e dessa maneira fundavam sobre o gênio de Roma sua *auctoritas*. Sua restituição era essencial para continuar com a situação jurídico-religiosa vigente por séculos, capaz de proteger a prosperidade de Roma e assegurar a concórdia pública: "Por conseguinte, reclamamos da situação dos cultos que por muito tempo foi benéfica para o Estado" (SÍMACO, *Relatórios*, 3, 2). A terceira *relatio* permite reconstruir as ideias próprias da elite senatorial, apegada ao *mos maiorum*, ao cumprimento dos ritos que lhes asseguravam a grandeza da pátria (VIOLA, 2010, p. 128).

Madrid, Alianza, 1989; MARSHALL, F. *O Altar Da Vitória em Roma*: espaço e sacralidade. *Semana de Estudios Romanos*, v. XII, Pontificia Universidad Católica de Valparaíso, p. 185-195, 2004; HUBEÑÁK, F. El affaire del altar de la victoria. Uno de los últimos estertores de la romanidad pre-cristiana. *Semanas de Estudios Romanos*, Chile, Pontificia Universidad Católica de Valparaíso, Instituto de Historia Vice-Rectoría de Investigación, v. XIII, p. 223-254, 2006. VIOLA, L. M. A. *Quinto Aurelio Simmaco*: Lo Splendore della Romanitas. La perfezione dell' uomo religioso romano-italiano e la costituzione della civiltà universale della Pace. Roma: Victrix, 2010; BOCH, V. Quinto Aurelio Símaco y la inmortalización de nn paradigma. *Europa*, Mendoza, n. 7, 2013; BOCH, V. La agonía del paganismo: el círculo de Símaco y sus contemporáneos. Buenos Aires: EDUCA, 2018.

De acordo com essas apreciações, Símaco questionou as ações contrárias à tradição ritual, que comprometiam seriamente o bem-estar geral. O abandono das ações propiciatórias que se realizavam em frente a este altar, garantidora de seus triunfos militares, colocava em perigo o Império: "Quem é tão próximo dos bárbaros que não reclame a ara da Vitória? Somos precavidos com relação ao futuro e evitamos os presságios produzidos por mudanças de situação" (SÍMACO, *Relatórios*, 3, 3). Tratava para que o imperador não violasse a ordem instituída pelos deuses que assegurava a proteção para cada cidade e confirmava o êxito de sua missão na história:

> O certo é que cada um tem seus próprios costumes, seus próprios ritos: a inteligência divina atribuiu às cidades cultos diversos para sua proteção; como as almas entre os que nascem, os Gênios do destino se distribuem entre os povos. (SÍMACO, *Relatórios*, 3, 8).

Em sua exposição, Símaco buscava justificar o destino de Roma, designado por Júpiter a permanecer na história com a tarefa de civilizar a humanidade. A ideia da Roma *aeterna* deveria ser guardada pelos ótimos Padres em cujas mãos estava a manutenção dos costumes secretos e o aparato ritual garantidor da *pax deorum*. Tais considerações foram expressas pelo orador através da metafórica imagem de uma Roma envelhecida que reclamava o respeito aos seus direitos:

> Imaginemos agora que Roma se apresenta e se dirige a vós com estas palavras: "Vós, que sois os melhores entre os príncipes, os pais da pátria, respeitai meus anos, aos que me conduziu a piedade de alguns ritos! Que possa seguir as cerimônias ancestrais, posto que não me pesa! Que possa viver de acordo com meu costume, porque sou livre! Esse culto submeteu o mundo às minhas leis, os ritos sagrados afastaram Aníbal das muralhas, dos interiores do Capitólio (SÍMACO, *Relatórios,* 3, 9).

O passado ancestral devia ser conservado, o futuro de Roma estava em perigo por decisões político-religiosas do imperador e o avanço das ideias cristãs, defendidas nessa ocasião por Ambrósio de Milão, nas epístolas LXXII e LXXIII. Símaco exortava Valentiniano II a restituir o mencionado altar e proteger a *religio* tradicional. A suspensão do culto havida dado lugar à ira dos deuses que eram outrora apaziguados pela mediação dos ritos pátrios. Para Nilo Casini, a terceira *relatio* de Símaco converteu-se em um notável manifesto do paganismo, de tal maneira que se transformou no aguilhão com o qual as duas religiões irreconciliáveis da época se mediram em uma última prova (CASINI, 1957, p. 517).

Considerações finais

Em momentos decisivos para a história do Império, onde a conjuntura política e religiosa fazia prever grandes mudanças, Quinto Aurélio Símaco encarnou a voz da facção tradicional do senado romano. Formado na convicção da Eternidade de Roma, se tornou um fervoroso defensor da romanidade. A noção de perenidade da cidade *caput mundi* garantida pelo secreto pacto com o pai dos imortais, embasada no respeito ao *mos maiorum*, atualizada pelos ritos secretos, encontrava-se interpelada pelo avanço das ideias cristãs. Os escritos do orador permitem compreender o alcance da problemática da época que os justificava.

Conforme o sustentado ao longo deste capítulo, Símaco se esforçou para revitalizar os costumes tradicionais que nos permitiam entender o sentido do devir temporal no Império. Roma, a nova Troia, escolhida por desígnio divino para dirigir os destinos do mundo e civilizar a humanidade, somente poderia se sustentar com a anuência dos deuses e sua atualização permanente por meio de ações propiciatórias. A manutenção do *pax deorum hominumque* foi fundamental para sua continuidade, assim como a condução do senado romano. Para o retor e o senado era a personificação das *maiestas populi romani*, o depositário da *auctoritas* e guardião da *pax deorum hominumque*, cuja custódia assegurava a continuidade de Roma e seu império.

De acordo com as considerações já desenvolvidas, é possível sustentar que o retor tinha uma profunda concepção de história. Aderia a uma ideia pagã do destino do Império surgido da vontade divina. Em coincidência com Feliciano Pohlmann, sustenta-se que Símaco não buscou narrar em seus escritos a história, mas, a partir dela, intentou fundamentar o relato de eventos históricos para transmitir às gerações futuras os ideais claramente romanos que justificavam a aparição na história da cidade chamada a reger os destinos do mundo. Sua visão da história não se limitou ao imanente, pois se projetava em um âmbito transcende, isto é, na permanência da ordem divina na ordem civil.

A ideia de história que tinha Quinto Aurélio Símaco Eusébio estava descoberta em cada um de seus discursos, cartas, relatórios e em cada seção da terceira *relatio*. Esses documentos foram a síntese da mentalidade desses últimos suspiros do paganismo romano. Eles continham em diferente grau de complexidade e beleza, segundo o objetivo que cada um deles perseguia, a sublimação do ideal imperial romano. Tendo em conta a contribuição do passado, involucrado em seu presente, projetava seu pensamento para o futuro. Para o retor, a destruição do Império aconteceria como consequência do abandono dos ideais tradicionais e ruptura da *pax deorum*. Buscou perpetuar em cada uma de suas produções o espírito da *romanitas* antes de seu desaparecimento depois do devir brumoso das épocas.

REFERÊNCIAS

Fontes primárias

HOMERO. *La Ilíada*. Traducción, prólogo y notas por Montserrat Casamada. BARCELONA, Iberia: Novena Edición, 1959.

LIBANIO. *Discursos* II. Introducción, traducción y notas de Ángel González Gálvez. Madrid: Gredos, 2001.

SANT´AMBROGIO. *Discorsi e Lettere* L, X, (Maur. 17), 1. (70-77). Introd., trad., note e indici di Gabriele Banterle. Roma: Città Nuova Editrice, 1988.

SÍMACO. *Cartas*. Introducción, traducción y notas de José Antonio Valdés Gallego. Madrid: Gredos, 2000.

SÍMACO. *Informes. Discursos*. Introducción, traducción y notas de Valdés Gallego. Madrid: Gredos, 2003

VIRGILIO. *Eneida*. Introducción de José Luis Vidal. Traducción y notas de Javier de Echave-Sustaeta. Barcelona: RBA libros, 2008.

Bibliografia

BAUZÁ, H. F. Virgilio, Horacio y la construcción del Imperium. *Semanas de Estudios Roman*os, Valparaíso, Chile: Pontificia Universidad Católica de Valparaíso, v. XIII, p. 149-161, 2006.

BAUZÁ, H. F. Consideraciones al mito de la sibila. *Semana de Estudios Rom*anos. v. X. Instituto de Historia. Vice-rectoría de Investigación y Estudios Avanzados, V. X. (p. 45-64). Homenaje al Profesor Adolfo Etchegaray Cruz-SS-CC. Chile: Universidad Católica de Valparaíso, 2000.

BELTRÁN RIZO, E. Gloria et favor populi: los ludi venatorii. *In*: SÍMACO, Q. Fabio Memio (ed.). *Ludica, annali di storia e civiltà del gioco*. [*S. l.*: *s. n.*]: Fondazione Benetton Studi Ricerche: Viella, 2003. v. 9.

BELTRÁN RIZO, E.; JIMÉNEZ SÁNCHEZ, J. A. La editio quaestoria en el Bajo Imperio: el ejemplo de Quinto Memio Símaco. *Gerión.*, v. 23, n. 1, p. 287-314, 2005.

BOCH, V. A construção de um arquétipo: o caso de Vetio Agorio Pretextato. *In*: CARVALHO, M. M.; ABREU FUNARI, P. P.; UMPIERRI CARLAN, C.; PAPA, H. A. (org.). *Religiões e Religiosidades na Antiguidade Tardia*. Curitiba: Prismas, 2017. p. 69-87.

BOCH, V. Disquisiciones políticas y religiosas en tiempos de Valentiniano II: el debate entre Símaco y Ambrosio de Milán. *Limes*, v. 27, p. 211-236, 2016.

BOCH, V. Quinto Aurelio Símaco y la Inmortalización de un paradigma. *Europa*, v. 7, p. 133-151, 2013

BOCH, V. *La agonía del paganismo. El círculo de Símaco y sus contemporáneos*. Buenos Aires: EDUCA, 2018.

CAMERON, A. *The Last pagans of Rome*. Oxford: Oxford University Press, 2011.

CANFORA, F. *Simmaco e Ambrogio o di una antica controversia sulla tolleranza e sull" intolleranza*. Bari: Adriática, 1970.

CASINI, N. Le discussioni sull' ara Victoriae nella Curia Romana. *Studi Romani*, v. 5, p. 501-517, set./oct. 1957.

DAUGÉ, Y. A. *Le barbarie. Recherches sur la conception romaine de la barbarie et de la civilisation*. Bruxelles: Latomus, 1981. v. 176.

GARRIDO MORENO, J. El elemento Sagrado en los ludi y su importancia en la romanización del Occidente romano. *Iberia, Revista de la Antigüedad*, v. 3, p. 51-82, 2000.

GRAMMATICO, G. Creusa y Lavinia: Dos rostros femeninos en la estela del destino. *Semanas de Estudios Romanos*, Valparaíso, Chile: Universidad Católica de Valparaíso, Instituto de Historia, Vice-rectoría de Investigación y Estudios Avanzados, v. XIII, p. 163-186, 2006.

HEATHEr, P. *La caída del Imperio Romano*. Traducción castellana de Tomás Fernández Aúz y Beatriz Eguibar. 2. ed. Barcelona: Crítica, 2011.

HUBEÑÁK, F. El affaire del altar de la victoria. Uno de los últimos estertores de la romanidad pre-cristiana. *Semanas de Estudios Romanos*, Valparaíso, Chile: Pontificia Universidad Católica de Valparaíso, Instituto de Historia Vice-rectoría de Investigación, v. XIII, p. 223-254, 2006.

HUBEÑÁK, F. *Roma:* el mito político. Buenos Aires: Ciudad Argentina, 1997.

JONES, A. H. M.; MORIS, J. *The prosopography of the Later Romain Empire, AD 260-395.* Cambridge: University Press Cambridge, 1971. v. I.

LE GLAY, M. *Grandeza y caída del Imperio Romano.* Traducción de Antonio Seisdedos. Madrid: Cátedra, 2002.

MARSHALL, F. O altar da vitória em Roma: espaço e sacralidade. *Semana de Estudios Romanos*, Valparaíso, Chile: Pontificia Universidad Católica de Valparaíso, v. XII, p. 185-195, 2004.

MARTINDALE. J. R. *The prosopography of the Later Romain Empire.* Cambridge, Cambridge University Press, 1980. v. II.

MAZZARINO, S. Tolleranza e intolleranza: la polémica sull'ara della Vittoria. *Il basso Impero. Antico, tardico ed era costantiniana*, T. I, Bari, Dedalo, p. 339-377, 1974.

MOMIGLIANO, A. y otros. *El conflicto entre el paganismo y el cristianismo en el siglo IV.* Madrid: Alianza, 1989.

MORENO RESANO, E. "Constantino y los cultos tradicionales". *Monografías de Historia Antigua,* n° 10. Departamento de Ciencias de la Antigüedad, Área de Historia Antigua. Grupo Hiberus. Zaragoza, Universidad de Zaragoza, 2007.

MORENO RESANO, E. La semblanza de Constantino. *Gerión*, v. 24, n. 1, p. 341-353, 2006.

POHLMANN, J. F. O ilustre diálogo de Quinto Aurélio Símaco Eusébio com a tradição pagã e com homens públicos cristãos. *Revista Vernáculo*, n. 23/24, p. 89-99, 2009.

POHLMANN, J. F. *Alianças entre a retórica e o poder*: um estudo sobre as orationes de Quinto Aurélio Símaco Eusébio (século IV). 2012. 128 f. Dissertação (Mestrado em História) – Universidade Federal do Paraná, Curitiba, 2012.

RODA, S. Nobilità burocrática, aristocrazia senatoria, nobilità provinciali. *Storia di Roma*, t. III, Torino, p. 643- 673, 1992.

RODA, S. Simmaco nel gioco politico del suo tempo. *Studia et Documenta Historiae et Iuris*, Dir. Gabrius Lombardi. Pontificia Universitas Lateranensis Romae, p. 53-114, 1973.

VILELLA MASANÁ, J. Las cartas del epistolario de Q. Aurelio Símaco enviadas a Hispania. *Cassiodorus*, Barcelona, v. 2, p. 51-72, 1996.

VIOLA, L. M. A. *Quinto Aurelio Simmaco. Lo Splendore della Romanitas. La perfezione dell'uomo religioso romano-italiano e la costituzione della civiltà universale della Pace.* Roma: Victrix, 2010.

A IDEIA DE HISTÓRIA EM PRUDÊNCIO:
relendo os dois poemas *Contra Orationem Symacchi*

Ana Teresa Marques Gonçalves[1]

Aurélio Prudêncio Clemente, nascido em 348 d.C., possivelmente em território hispânico, acabou se tornando um dos mais importantes poetas cristãos. Sua relevância foi sendo construída ao longo da Antiguidade Tardia e do Medievo, ao ter seu trabalho poético citado por autores como Sidônio Apolinário, Genádio, Avito, Verecundo, Gregório de Tours, Venâncio Fortunato, Julião de Toledo, Isidoro de Sevilha, Beda, Teodulfo de Orleãs, Alcuíno, Agobardo e Rábano Mauro. Trata-se, desta forma, de um autor que usou seu conhecimento da retórica clássica para elaborar vasta obra poética. Exímio construtor tanto de epigramas quanto de longos poemas, Prudêncio colocou sua formação clássica a serviço de sua fé cristã ao elaborar oito conjuntos de poemas[2] nos quais se ateve a confirmar suas crenças cristãs e a auxiliar no trabalho de proselitismo, ou seja, de conversão de gentios e de confirmação dos já convertidos ao Cristianismo. Portanto, Prudêncio não foi um historiador, nem na concepção antiga latina de Tito Lívio e Tácito nem na grega de Dionísio de Halicarnasso ou Dion Cássio, muitos menos numa concepção moderna do termo. Sua preocupação não foi construir um relato em prosa dos feitos humanos, membros de uma sociedade, ao longo do tempo, a partir de um levantamento de testemunhos orais e/ou escritos, no intuito de conservar feitos

---

[1] Professora Associada IV de História Antiga e Medieval na UFG. Doutora em História pela USP. Bolsista Produtividade II do CNPq. Coordenadora do LEIR-GO. anateresamarquesgoncalves@gmail.com

[2] A coleção poética prudentina nos chegou composta pelos seguintes títulos: *Praefatio* (um prefácio, uma apresentação de toda sua obra); *Cathemerinon* (conjunto de Hinos cristãos para serem usados cotidianamente pelos conversos); *Apotheosis* (seis refutações às heresias, também produzidas em forma de hinos); *Hamartigenia* (um poema sobre a origem do pecado); *Psychomachia* (poema sobre as contendas entre vícios e virtudes pelo domínio da alma humana); *Contra Orationem Symmachi* (dois livros contrários aos argumentos pagãos de Símaco, que defendia a permanência do altar da deusa Vitória na porta do Senado de Roma, cuja remoção foi ordenada por Graciano em 382 d.C.); *Liber Peristephanon* (Livro das Coroas, no qual 14 poemas sobre os heróis cristãos defendem o martírio corajoso); *Tituli Historiarum* ou *Dittochaeon* (48 epigramas de tema bíblico, 24 sobre o Antigo Testamento e 24 sobre o Novo Testamento); e *De Opusculis suis Prudentius* ou *Epilogus* (que pode ser traduzido como: "Prudêncio acerca de suas próprias composições", pois da mesma forma que nos chegou um proêmio à sua obra, também nos chegou um epílogo, no qual o autor se apresenta como um cantor de Cristo, visto que não teria bons atos para ofertar a Deus nem riquezas que lhe capacitasse para oferecer esmolas, Prudêncio consagra seus versos, para que sua voz pudesse proclamar o nome de Cristo, afirmativa esta que tem levado os comentadores da obra prudentina a crer na *recitatio* de seus versos e até mesmo em vê-los como letras de canções).

dignos de nota, capazes de alterar e transformar vidas humanas, como fizeram os autores de obras que foram taxadas de *historiae* ainda na Antiguidade.

Repensando o gênero histórico

O grego Aristóteles, em sua *Poética,* no IV século a.C., já se preocupava em diferenciar os escritos históricos dos escritos poéticos:

> Pelas precedentes considerações se manifesta que não é ofício de poeta narrar o que aconteceu; é sim o de representar o que poderia acontecer, quer dizer: o que é possível segundo a verossimilhança e a necessidade. Com efeito, não diferem o historiador e o poeta, por escreverem verso ou prosa (pois que bem poderiam ser postas em verso as obras de Heródoto, e nem por isso deixariam de ser história, se fossem em verso o que eram em prosa), diferem sim em que diz umas coisas que sucederam, e outro as que poderiam suceder. Por isso a poesia é algo de mais filosófico (indicações de modo de vida aplicáveis) e mais sério do que a história, pois refere aquela principalmente o universal, e esta o particular. Por referir-se ao universal entendo eu atribuir a um indivíduo de determinada natureza pensamentos e ações que, por liame de necessidade e verossimilhança, convêm a tal natureza; e ao universal, assim entendido, visa a poesia, ainda que dê nomes aos seus personagens; particular, pelo contrário, é o que fez Alcibíades ou o que lhe aconteceu (ARISTÓTELES. *Poética,* IX. 50.1).

A busca pelo que realmente aconteceu, típico do gênero histórico, como atentou Aristóteles, é consequência do modelo de relato eleito pelo escritor, mas deve se submeter às regras mais amplas da retórica. Deste modo, o gênero histórico como qualquer outra forma de relato que deve atender às prerrogativas da arte de escrever tem que buscar a beleza e o agrado na forma e no conteúdo. Atendo-se à verossimilhança, ao possível de ter ocorrido, ao captável pela imaginação, a história parte do particular para o geral. Relata casos específicos, visando modelar *exempla*. Une de forma atávica passado, presente e futuro, numa cadeia causal que conduz o interesse do leitor/ouvinte. De igual maneira, cabe ao historiador, enquanto mestre da linguagem, escolher um bom tema, as melhores palavras e lançar mão de seu repertório de imagens para produzir a mais adequada narrativa.

Esta arte da eloquência e da persuasão é compartilhada por historiadores e poetas, por isso a retórica era a ferramenta fundamental para que ambos gerassem suas produções. A ambos interessava tudo o que competia ao humano, mesmo quando se versava sobre temas mitológicos. As origens e as relações travadas com o divino interessavam aos mortais na medida em que tinham função propedêutica. Aprendia-se com o passado, firmava-se o presente e supunha-se o futuro. Quinto Horácio Flaco, na famosa *Epístola aos Pisões*, também conhecida como *Arte Poética*, defende que o que mais interessava ao poeta era o fator humano:

> A base e a fonte da boa composição é um sólido entendimento. [...] O homem que aprendeu os seus deveres para com a pátria e os amigos, a espécie de amor que deve ter par um pai, um irmão ou um hospede, as obrigações de um Senador e de um Pretor, e as qualidades exigidas de um Cônsul para comandar os seus exércitos no campo de batalha, tal homem conhecerá certamente as qualidades apropriadas a qualquer uma de suas personagens. Sustento que o poeta experiente, como um artista imitativo, deve tomar a vida humana e as pessoas como seus modelos, e delas derivar uma linguagem que seja verdadeira perante a vida (HORÁCIO. *Epístola aos Pisões,* LXXII).

Cabia ao escritor se conhecer e ser um bom romano para poder imprimir veracidade aos seus relatos. Sua narrativa, poética e/ou histórica, seria impregnada pelo autor, ou seja, pelo responsável pela composição. Além de humanidade, o *auctor* deveria escolher bem o assunto a tratar:

> Escolhei um assunto que esteja de acordo com as vossas habilidades, refleti longamente sobre o que sois capazes de executar, e sobre o que está além de vosso alcance. O homem que escolher um assunto dentro de suas possibilidades jamais perderá tempo procurando palavras, e os seus pensamentos serão claros e bem ordenados. A virtude e o atrativo da ordem, creio que tenho razão de afirmar, é o que fazem com que o poeta esteja dizendo a qualquer momento o que o seu poema exige a qualquer momento. Ele estará adiando certas coisas ou as pondo de lado definitivamente e mostrando o que acha admirável e o que não merece atenção (HORÁCIO. *Epístola aos Pisões,* LXII).

A seleção de conteúdo e a sua disposição de forma inteligível eram atos compartilhados por poetas e historiadores.

Apresentando Prudêncio, sua obra e seu contexto

No caso prudentino, o poeta usou sua verve para estimular a adesão aos princípios cristãos. No *Epílogo* que fecha seu *corpus* literário, Prudêncio enfatiza os motivos que o levaram a construir seus poemas:

> Aquele que é piedoso, fiel, inocente e casto ofereça ao Deus Pai os dons de sua consciência, que abundam no interior de sua alma bem aventurada.

Outros recorrem ao seu dinheiro para que dele possam viver os necessitados. Eu consagro meus rápidos iambos e meus fluidos versos, pois estou faltoso de santidade e não sou rico como para aliviar aos pobres. Apesar de tudo, Deus aprova meus poemas prosaicos e os escuta de forma benevolente (PRUDÊNCIO. *Epilogus,* 1-4).

Assim, fica bem claro que o trabalho de Prudêncio como Questor e como *Magister Officiorum*[3] do Imperador Teodósio não permitiu que o poeta enriquecesse a ponto de poder distribuir esmolas, ato esperado dos convertidos cristãos. Coube a ele oferecer seu conhecimento poético à causa proselitista. Seus poemas mais extensos são hinos em louvor aos mártires (*Líber Peristephanon)* e uma epopeia que descreve a luta do bem contra o mal pelo domínio da alma humana (*Psychomachia*), que não fica nada a dever à *Ilíada* e à *Odisseia* de Homero e à *Eneida* de Virgílio, reconhecidamente seus principais modelos métricos. Em todos, podemos perceber sua preocupação com o tempo e com o espaço de seu contexto histórico, mas as obras mais impregnadas por elementos históricos são os dois poemas que nos chegaram com o título de *Contra Orationem Symacchi.*

Algumas curiosidades sobre estes dois poemas devem ser logo mencionadas. Primeiro, trata-se das únicas obras prudentinas que nos chegaram com um título em latim e não em grego. O porquê ainda é um grande mistério. Segundo, o nome de Quinto Aurélio Símaco não aparece mencionado diretamente em nenhuma parte dos poemas, mas até os copistas medievais perceberam que os mesmos se dedicavam a responder à solicitação do Senador de que o altar e a estátua da deusa Vitória fossem recolocados no ambiente da Cúria, visto que, em vários manuscritos encontrados na Biblioteca de Paris, os copistas inseriram partes das *Orações* de Símaco referentes ao tema, produzindo interpolações no texto poético prudentino. Terceiro, acreditamos tratar-se de um exercício retórico de Prudêncio, na linha típica do que era produzido pelos retores pagãos, com o intuito de demonstrar sua capacidade em debater sobre questões polêmicas históricas e mitológicas, pois a remoção do altar e da estátua da deusa Vitória e a produção das obras simaquianas, solicitando o retorno dos mesmos à Cúria, ocorreram respectivamente em 382 d.C. e 384 d.C., enquanto os poemas prudentinos, compostos em hexâmetros, foram divulgados em 402 d.C. (CUNNINGHAM, 1976, p. 57), portanto, quase vinte anos depois da polêmica. A possibilidade de permissão de retorno de alguns símbolos pagãos aos seus lugares de disposição originais, por ordem do Imperador Honório, talvez tenha suscitado em Prudêncio a vontade de retomar a questão simaquiana, utilizando para isso de seu profundo conhecimento retórico.

---

3   Função criada durante o governo do Imperador Constantino, na qual o funcionário deveria copiar e arquivar as decisões judiciais tomadas pelo *Dominus*. Tal trabalho indica a formação clássica de Prudêncio e seu amplo conhecimento da língua latina, da retórica e da eloqüência.

Símaco (340 a 402 d.C.) foi um destacado Senador e orador, que foi Áugure, Procônsul da África em 373 d.C., por indicação de Valentiniano I, Prefeito da *Urbs* em 384 d.C., cargo indicado pelo Imperador Valentiniano II para administrar a cidade de Roma, e Cônsul em 391 d.C. Chegaram-nos nove livros contendo várias cartas de Símaco e algumas cópias de discursos realizados no Senado e para os Imperadores. Dentre estes, temos quatro famosas petições instigando a restauração do culto às divindades tradicionais romanas que havia sido abandonado pelo Estado em favor de práticas cristãs (FERNÁNDEZ LÓPEZ, 2002, p. 24). Integrando uma facção senatorial mais integrada com a cultura tradicional, num dos discursos (*Relatio* 3), Símaco defende o retorno do altar e da estátua da deusa Vitória, que haviam sido retirados da Cúria em 382 d.C. por ordem do Imperador Graciano.

Martha Malamud defende que Prudêncio teve grande influência da obra de Ausônio, tutor do Imperador Graciano, na sua formação literária (MALAMUD, 1990, p. 274), o que pode explicar que uma questão ocorrida durante o governo deste *Dominus* reapareça em sua obra. Símaco, inicialmente, tentou convencer Graciano a devolver a estátua para seu lugar original, onde estava desde o ano de 29 a.C., quando o Imperador Otávio mandou erguê-la em homenagem à vitória naval de *Actium* sobre as tropas de Marco Antônio e Cleópatra[4]. Sem surtir efeito na demanda, ele capitaneou uma embaixada formada por Senadores ao Imperador Valentiniano II, em 384 d.C. Sua solicitação nos chegou no âmbito de sua obra, da mesma forma que duas cartas (*Epístolas* 17 e 18) produzidas pelo Bispo Ambrósio de Milão[5], mentor espiritual de Graciano, também em 384 d.C., buscavam responder às solicitações simaquianas. Estas cartas serviram de fonte de argumentação para a construção dos poemas prudentinos (FERRANDI, 2017, p. 11).

Relembremos que, em 390 d.C., o Imperador Teodósio (379 a 395 d.C.), casado com Galla, irmã de Valentiniano I, que por sua vez era o pai de Graciano e Valentiniano II[6], publicou um Edito no qual determinava que todos os povos do Império aderissem ao Cristianismo, e em 391 d.C., em outro Edito,

---

4 Em 357 d.C., Constâncio II havia ordenado a retirada do altar, mas este acabou reinstalado por ordem do Imperador Juliano.
5 Lembremos que Graciano e sua mãe Justina estavam habitando em *Mediolanum*, onde Ambrósio era Bispo desde 373 ou 374 d.C. Graciano em 381 d.C. conclamou o Concílio de Aquiléia no qual se combateu o arianismo (Ário defendia uma natureza menos divina para Cristo e a não possibilidade de existência da Santíssima Trindade), e em 382 d.C., o Concílio de Roma, no qual o priscilianismo se tornou heresia (Bispo Prisciliano de Ávila defendia que a eucaristia deveria ser realizada com leite e uvas e acreditava ser melhor o cabelo longo para os clérigos).
6 Valente, irmão de Valentiniano I, foi morto pelos Godos na famosa batalha de Adrianópolis em 378 d.C. Graciano foi assassinado em 383 d.C., quando se preparava para lutar com o usurpador Máximo, e Valentiniano II foi estrangulado por Arbogasto em 392 d.C., que, por sua vez, apóia a ascensão de Flávio Eugênio, derrotado por Teodósio na Batalha do Rio Frígido em 394 d.C. Sobre este assunto, vide: SILVA, 2018 e SILVA; MENDES, 2006.

baniu a prática dos sacrifícios pagãos e proibiu o acesso aos templos pagãos (MALAMUD, 1990, p. 275). Contudo, seu filho Honório teria iniciado uma discussão sobre a permanência ou não de alguns símbolos pagãos em lugares públicos (FERNÁNDEZ LOPEZ, 2002, p. 26), como estátuas, altares, relevos e pinturas no interior de edifícios enquanto obras de arte referentes a uma *Roma Aeterna,* forte e combativa, e não como indicativos da continuidade de uma fé pagã. Seria contra este debate que Prudêncio estaria se insurgindo, utilizando as obras de Símaco e Ambrósio como referências retóricas. Seu maior intuito seria, então, estimular o jovem *Princeps* a continuar na trilha cristã aberta pelo pai Teodósio.

Segundo T.D. Barnes, havia invadido a Península Itálica em 401 d.C. e a facção senatorial pagã responsabilizava o abandono dos antigos ritos pelos cristãos por esta desgraça, mesmo pensamento defendido por Símaco tantos anos antes, o que tornou sua obra ainda válida para refutação (BARNES, 1976, p. 375). Os apoiadores dos dirigentes cristãos tinham que aproveitar a oportunidade para defender a mudança religiosa e cultural ocasionada pela expansão da crença cristã.

Para Fernández López, a poética prudentina demonstra uma fricção entre a cultura tradicional, cheia de elementos pagãos incompatíveis com a nova religião, e a cultura cristã. Desta fricção teria surgido uma síntese frutífera entre a cultura clássica e a religião cristã, da qual Prudêncio seria um dos formadores (FERNÁNDEZ LÓPEZ, 2001, p. 21). Desta forma, a obra prudentina seria prova das fricções contínuas travadas entre gentios e conversos.

O estilo retórico prudentino

Estes dois poemas integram um estilo retórico que se desenvolveu muito a partir do II século d.C.: a *Refutatio,* também denominado de o *Contra Orationem* (FERNÁNDEZ LOPEZ, 2002, p. 25), ou seja, textos produzidos contra um discurso apresentado anteriormente, que precisava ser combatido ponto por ponto, usando toda a eloquência e toda a *peithós* do escritor. O caráter polemista impregnou a retórica cristã nos tempos prudentinos. Segundo Margarida Maria de Carvalho e Daniel de Figueiredo, no capítulo "O Significado do Contra nos Discursos Político-Religiosos da Antiguidade Tardia: o *Contra os Galileus* do Imperador Juliano (361-363 d.C.)", foi se construindo um tipo de literatura capaz de integrar características de crítica política, discussão religiosa e elogio imperial típico de um combate de ideias travado por cristãos e pagãos, que gerou o estilo literário dos "Contra" (CARVALHO; FIGUEIREDO, 2013, p. 213). Primeiro, precisava-se eleger um problema a ser debatido; segundo, escolher uma obra específica a ser refutada. Frente à necessidade de se repensar o retorno de certos símbolos pagãos como obras de arte e meros adornos estéticos, no governo de Honório no V século d.C., Prudêncio retoma Símaco e Ambrósio e a questão do altar da Vitória.

Jacques Fontaine defende que a poesia prudentina tornou-se uma "arte espiritual" e que a mesma deve ser comparada sempre com a poesia de Paulino de Nola, pois ambos seriam os constituidores de uma poesia litúrgica e hínica em língua latina, com ampla influência bíblica, dedicada aos convertidos e aos gentios. Este tipo de composição se interpunha entre as Escrituras e uma aristocracia letrada, traduzindo a mensagem cristã em uma linguagem apropriada à cultura de seu público. Ambos são apresentados como os dois grandes poetas cristãos da época teodosiana. Enquanto Paulino, nascido em Bazas na Aquitânia, estudou em Bordeaux com Ausônio e tornou-se Bispo de Nola, aos pés do Vesúvio, Prudêncio permaneceu no meio laico, como *comes primi ordinis* do também hispânico Imperador Teodósio, mas muito amigo do Bispo de Calagurris, Valeriano (FONTAINE, 1981, p. 143-147). O que mais os aproximava seria sua preocupação em utilizar seu conhecimento retórico para cantar e contar as vitórias cristãs.

Os dois poemas dedicados a refutar os argumentos de Símaco têm mais de dois mil versos e não apresentam uma continuidade plena de concepção. O primeiro ressalta as virtudes de Teodósio e se detém a combater a ideia de que os deuses pagãos seriam os responsáveis pelas vitórias romanas. O segundo combate os argumentos elencados por Símaco para defender as virgens vestais e os sacerdotes pagãos e ressalta a vitória de Honório e Estilicão sobre os Godos, na batalha de *Polentia*. Para Etienne Ferrandi, na sua Tese *La Lutte Contre le Paganisme dans l'Oeuvre de Prudence,* defendida em 2017, nosso poeta elaborou uma teologia da História neste dois poemas. Utilizando a expressão *imperium sine fine*, encontrada na *Eneida* de Virgílio (I. 279), o Império Romano é mostrado por Prudêncio como formado pela graça do Deus cristão. As vitórias romanas foram concedidas para que a fé cristã imperasse sobre todos os povos. Assim, a História é utilizada com fins apologéticos (FERRANDI, 2017, p. 103). Roma e os romanos seriam instrumentos utilizados pela deidade cristã para espalhar os ensinamentos da nova filosofia de vida cristã. É desta maneira que encaramos a ideia de História em Prudêncio, como indica o título deste capítulo.

A ideia de História no poema I *Contra Símaco*

Interessante notar que cada poema se inicia com uma referência aos apóstolos Paulo e Pedro. O primeiro poema prudentino começa com uma referência ao temporal que empurrou Paulo e seus companheiros para a Ilha de

Malta. Lá, ao recolher lenha para acender uma fogueira, acabou mordido por uma víbora; Cristo protege seu discípulo e o veneno não lhe causa qualquer dano, enquanto a cobra acaba morrendo queimada nas chamas da fogueira:

> Paulo, discípulo de Deus, o primeiro que com sua sagrada pluma dominou os difíceis corações dos gentios, que seguiu com pacífico ensino a Cristo entre povos selvagens de rudes rituais para fazer com que distantes nações pagãs conhecessem a Deus [...], foi empurrado em certa ocasião por terrível temporal (PRUDÊNCIO. *Contra Símaco I,* I. 1-5).

Interessante como nosso poeta coloca em relevo o fato de Paulo ter produzido obras escritas, pelo uso de sua "sagrada pluma", que se transformou numa arma de conversão, do mesmo modo como sua poesia podia ser elemento de proselitismo. O navio de Paulo, que quase sucumbiu ao temporal é metafórica e poeticamente comparado à comunidade cristã, que estava sempre em perigo de afundar, por isso os cristãos deveriam se manter sempre alertas aos perigos postos pelos gentios. Para Prudêncio, Símaco e suas belas palavras seriam como a cobra aparecida para Paulo, mas cujo veneno não fez efeito pela intercessão de Cristo:

> Agora após a tempestade e a violência do ponto furioso em que se movia a nave da Sabedoria, quando assustada embaixo do governo de reis idólatras apenas podia avançar com as velas abaixadas e os seus, açoitados pelo torvelinho do século, os transportava nadando através de ondas raivosas, agora a lei piedosa tem sofrido constante revolta. [...] Estando em certa ocasião a Impiedade escondida e imóvel, com torpe movimento mordeu a direita da Justiça, fervendo pela ira do céu abrasada. [...] A cobra, ainda que desacostumada, se põe a rastejar sobre as rochas e balançar sua cabeça de sagaz oratória, mas a mão, a que esta ferida não causou dano, expulsou sem efeito o alento desta boca eloqüente. Derramando em vão o veneno de seu talento, permaneceu apenas na epiderme dos cristianizados (PRUDÊNCIO. *Contra Símaco I,* I. 45-79).

O barco de Paulo que se debateu nas ondas do mar Mediterrâneo bravio, mas não afundou, é comparado na poesia prudentina à comunidade cristã, a "nave da Sabedoria", que foi atacada pelos martírios e pelos atos dos gentios, como os do Imperador Juliano, um dos "reis idólatras", mas não foi a pique. Agora, no governo de Honório, voltava-se a debater as decisões de Teodósio, o autor de a "lei piedosa". A cobra perigosa é a eloqüência de homens como o orador Símaco, capazes de persuadir, mesmo estando há muito tempo "desacostumada", ou seja, com a voz calada pelos Imperadores cristãos. Porém, Prudêncio defende que este tipo de oratória, que voltou à luz, como a víbora que picou Paulo, não surtirá efeito sobre os homens de seu tempo. O "veneno do talento" ficará restrito à pele dos cristianizados, não adentrando suas almas e seus corações. Belíssima alegoria da ação da retórica, que pode servir tanto aos pagãos quanto aos cristãos, dependendo do mote para o qual servia de instrumento.

Cristo é denominado logo no início do poema de "Salvador da estirpe de Rômulo" (PRUDÊNCIO. *Contra Símaco I,* 80), pois perdoaria a todos que lhe pediam, visto que os gentios agiriam por ignorância e, assim, cometeriam erros constantes; dentre eles a perseguição aos convertidos. Prudêncio passa, então, no segundo canto, a elogiar Teodósio e suas medidas legislativas em prol do Cristianismo:

> Acredito que nossa cidade, repleta dos vícios dos gentios, havia já se afastado dos antigos traços de sua dolência e que nada deste mal restaria depois que a medicina do Imperador fosse aplicada na capital, naquelas desmedidas dores. Porém, posto que renovada praga trata de perturbar a salvação dos filhos de Rômulo, temos que implorar os remédios do Pai; não permita que Roma perca com sua antiga preguiça, nem que as togas de nossos líderes se sujem de humo e de sangue (PRUDÊNCIO. *Contra Símaco I,* II. 1-8).

Esta passagem, que abre o segundo canto do poema, parece-nos esclarecer o motivo de sua produção: perigos estão reaparecendo e novas medidas precisam ser tomadas pelo *Princeps* em defesa da manutenção da fé cristã. A metáfora do Imperador como médico é suficientemente explicativa. Para indicar o bom caminho ao jovem Honório, seria hora, então, de retomar a imagem de Teodósio como grande estadista e homem de fé, para que seu filho e herdeiro pudesse se espelhar nele e em suas ações à frente do governo[7]:

> Então, aquele ínclito Pai da Pátria e *rector* da orbe não conseguiu nada quando impediu que o antigo erro considerasse deus umas formas que vagavam em meio de obscuros ares, ou que consagrasse como supremo poder divino os elementos da natureza que são obra do Pai que tudo criou? Ele foi o único homem que se preocupou que a ferida pública de nossos costumes não tivessem uma ligeira cicatriz fechada a flor da pele [...], enganando o médico, pois profundamente tratava-se de uma ferida

---

7   Honório governou as províncias ocidentais de 395 a 423 d.C., enquanto seu irmão Arcádio liderou as províncias orientais de 395 a 408 d.C. Honório estava sob a tutela de Estilicão, vândalo cristão ariano casado com a sobrinha de Teodósio, Serena, e pai de Maria, casada com Honório. Como Prudêncio produziu suas obras em latim, sabemos que teve origem hispânica, viajou para Roma duas vezes e trabalhou bastante tempo em Milão, ao lado de Teodósio, acreditamos que o poeta estava visando influenciar Honório, que estava no Ocidente, muito mais que Arcádio, que estava envolvido com as questões orientais.

infectada, [...]; ele se movimentou para que a parte interior do homem vivesse mais nobremente e soubesse manter-se protegida do veneno interior da alma que havia sido purificada da infecção mortal. Este havia sido o remédio dos tiranos, [...] que de má forma mimaram inclusive os Senadores, pois permitiram que estes se fundissem no Tártaro com Júpiter e seu grupo gentio de deuses (PRUDÊNCIO. *Contra Símaco I*, II. 9-28).

Etienne Ferrandi chega a mostrar imagens muito comuns em vários suportes de mensagens, como moedas, relevos e estátuas, dos Imperadores cristãos portando à mão uma representação do globo terrestre, a orbe, que se tornou um símbolo visual da expansão da fé cristã pelo território imperial (FERRANDI, 2017, p. 109). Vemos como este tipo de imagem invadiu também os versos de Prudêncio no intuito de caracterizar o poder do *Dominus* como defensor dos conversos. Teodósio aparece referido como *Pater Patriae*, título muito antigo que indicava o poder de vida e morte do soberano sobre seus súditos, e responsável por impedir a continuidade do costume romano religioso tradicional de se deificar potências abstratas, como os Lares, os Manes e os Penates, e virtudes, como a Concórdia, a Abundância e a própria Vitória, que passavam a ter culto, templo e grupos de sacerdotes para realizar ritos em sua honra. O argumento prudentino é de que tudo isso na realidade não mereceria deificação, pois se trataria de forças advindas de Deus, o criador de toda a *physis*. Na argumentação prudentina, Teodósio já havia, como médico, exposto uma ferida latente e curado as chagas em putrefação, com suas leis, mas estas feridas estavam sendo reabertas pelo filho Honório ao se deixar levar pelos Senadores pagãos, "mimados" pelos tiranos, como Juliano, Máximo e Eugênio[8].

Demonstrando seu profundo conhecimento da literatura pagã, inclusive em língua grega, Prudêncio cita *A República* (V. 473) de Platão: "É belo o acerto de um homem muito sábio: 'Um Estado seria suficientemente afortunado no caso de que ou bem seus reis fossem sábios ou bem seus sábios reinassem'" (PRUDÊNCIO. *Contra Símaco I*, II. 31-33). Com este argumento clássico, Prudêncio apresenta Teodósio como um sábio por excelência e exemplo de conduta a ser seguida:

> Este Imperador não é destes poucos que, quando foram tocados pelo diadema, veneraram a doutrina da sabedoria celeste? Pois olhe, é um líder sábio o que tocou a linhagem humana e a gente togada. O Estado de nossa Roma se robustece feliz sob o comando da Justiça. Obedece ao mestre que ostenta o cetro do governo. Os adverte que o funesto erro e a superstição de vossos velhos avós devem permanecer longe de vós e que não se considere

---

8 Máximo foi derrotado por Teodósio em 388 d.C. e Eugênio em 394 d.C.

deus senão aquele que se sobressai no mais alto sobre todas as coisas e criou a imensidão do grande orbe. Acaso se pensa que Saturno governou melhor aos avós latinos? Ele educou os rústicos espíritos e rudes corações dos homens com editos como os seguintes: 'Sou um deus. Venho fugido. Dá-me um esconderijo. Ocultas a um velho expulso de seu trono pela força de seu filho, um tirano. É de meu agrado esconder-me aqui fugitivo e desterrado. Ao povo e ao lugar dá-se o nome de Lácio" (PRUDÊNCIO. *Contra Símaco I*, II. 33-48).

Para Prudêncio, Teodósio usou seu poder para fazer reinar a justiça, ao impor a fé cristã aos romanos, e esta medida contribuiu para fortalecer ainda mais a pátria. Willy Evenepoel demonstra que a partir deste canto o poeta defende que o politeísmo pagão foi trazido de fora, inicialmente pelos troianos cantados na *Eneida* de Virgílio e contados na *História Romana* de Dionísio de Halicarnasso, e que encontrou seu caldo de cultivo em povos ainda incivilizados, em tempo de *rusticitas*, o que a ênfase poética em "rústicos espíritos" e "rudes corações" permite inferir (EVENEPOEL, 1981, p. 319). Para o poeta, os romanos seriam monoteístas no início, mas foram enganados pelos visitantes e acabaram se transformando em politeístas. A fé cristã, então, seria uma retomada dos primórdios religiosos, uma correção de um desvio com o retorno para o verdadeiro caminho.

Como explica Luis Rivero García (1997, p. 15), o nome do Lácio (*Latium*) por vezes era confundido com a etimologia do verbo esconder-se (*lateo*), leitura encontrada também na *Eneida* (VIII. 322-323) de Virgílio e nos *Fastos* (I. 238) de Ovídio, o que demonstra mais uma vez a farta cultura latina de Prudêncio. Desta forma, o Lácio era antes de tudo um lugar para se esconder, como foi feito por Saturno na mitologia romana. Este deus acabou emulado com Cronos e, assim, acabou-se assumindo que ele foi da Grécia para a Península Itálica quando seu filho Júpiter o destronou e o lançou de cima do monte Olimpo. Instalou-se no Capitólio e aí teria fundado uma povoação fortificada, sendo acolhido pelo deus Jano e passado a ensinar aos homens o cultivo da vinha (GRIMAL, 1992, p. 414). Foi a chegada de deuses estrangeiros que teria retirado os itálicos da verdadeira senda do cristianismo monolátrico, segundo o ideário poético prudentino. O termo *tyranus* aparece para descrever os Imperadores não cristãos, os usurpadores e os deuses pagãos, como Júpiter. Pois, para o poeta, a História Romana se mesclava à mitologia, na descrição de seus primórdios, como em todos os historiadores, por exemplo, Tito Lívio e Dionísio de Halicarnasso. As descrições das origens dos povos itálicos eram repletas de vinculações entre o humano e o divino.

E a partir desta referência a Saturno, Prudêncio passa a rever e criticar várias deidades da mitologia romana. É aqui que seu relato demonstra todo o seu conhecimento dos cânones clássicos pagãos e toda a sua desenvoltura em criar narrativas próprias para os deuses, a partir da mitologia existente. Prudêncio joga luzes e sombras na construção de seus personagens, criando imagens distorcidas das divindades pagãs, no intuito de desmoralizá-las frente aos crentes. Sua intenção, parece-nos, é ressaltar que estes deuses não mereceriam o culto humano e nada poderiam trazer de bom para os romanos. Ele relê os relatos mitológicos a seu bel prazer, selecionando as passagens mais escabrosas, de acordo com a ética cristã em construção, para ressaltar o ridículo que seria manter os ritos favoráveis a estas divindades. Os romanos deveriam retornar para os cultos iniciais, pré-Saturno, deus estrangeiro que teria desvirtuado o correto caminho monoteísta. Sua crítica ao evemerismo, ou seja, à deificação das forças da natureza e dos homens bons, é bastante intensa, pois para Prudêncio nem homens nem forças naturais poderiam ser deificadas, pois no início da História humana só haveria um Deus, que assistiu por muito tempo os romanos se afastarem do bom caminho. Logo, a fé cristã não seria uma novidade na História da humanidade, mas um retorno aos primórdios da existência humana.

O uso da mitologia

A História em Prudêncio teria começo e fim com a divindade cristã. Ela estaria presente na criação do mundo (*Gênesis*) e na sua recriação com o Juízo Final. No meio do caminho, os homens haviam se equivocado e passado a tornar forças naturais, virtudes, cidades e outros homens em seres divinos, como fizeram os romanos, mas estes já estariam a partir de Teodósio retomando a correta via. Deste modo, era importante usar sua poesia para demonstrar a fragilidade das potências divinas romanas.

Após apresentar Saturno como deus estrangeiro e fugitivo covarde, ao se esconder no Lácio, o poeta passa a apresentar um Júpiter licencioso, capaz de seduzir várias mulheres, como Europa, Leda e Dánae, e desvirtuar um rapaz troiano, Ganimedes, para desespero e ciúmes de sua irmã e esposa Juno, ao levá-lo para o convívio dos deuses e impedi-lo de formar uma família na Terra:

> Esta é a causa e a origem do mal, que a estupidez boba inventou a existência de séculos de ouro sob o reino do antigo forasteiro (Saturno) e que com seu engenho o astuto Júpiter urdia múltiplos ardis e variados enganos, de forma que cada vez que quisesse mudar sua pele e seu aspecto, pensavam que ele era um boi, que caçava como águia rapaz, qual cisne se relacionava com outra e que se convertia em moedas e assim penetrava no regaço de uma menina. Por que não havia de crer nisto a rústica necessidade de alguns homens pouco civilizados, acostumados a produzir, entre gados e

animalescas maneiras de agir, um espírito desprovido do sentido divino? Para qualquer coisa que a astuta dissipação desse canalha os fez crer; aquele povo infeliz teve pronta sua orelha. Ao mandato de Júpiter seguiu--se uma era ainda mais corrompida, que ensinou aos rudes camponeses a serem escravos do pecado (PRUDÊNCIO. *Contra Símaco I,* II. 73-85).

Crer nos princípios cristãos era, assim, avançar no processo civilizatório; era retomar um caminho perdido, mas também avançar para melhores campos. Era abandonar superstições e acolher melhores costumes. Era sair da rusticidade para uma História mais civilizada, na concepção prudentina. Seria possível ser mais feliz se parassem de escutar mentiras, pois os rústicos sempre tinham disponíveis "suas orelhas". Reforça-se a importância da eloqüência ser usada para bons temas e não para a implantação de crenças equivocadas, o que permite que no próximo poema Prudêncio critique a eloquência usada por Símaco em prol de falsas prerrogativas.

O primeiro poema avança dispondo as piores características dos deuses pagãos, pois diferente do Deus do Novo Testamento, pleno de amor e perdão, e afastados do Deus vingativo do Antigo Testamento, os deuses pagãos eram repletos de falhas de caráter como os seres humanos que os adoravam. Mercúrio é apresentado como "aquele cuja experiência produziu ladrões" e que com a "guia de uma vara em sua mão fez voltar à luz almas já apagadas" (PRUDÊNCIO. *Contra Símaco I,* II. 89 e 90-91). Lembremos que Mercúrio era a divindade protetora dos viajantes e dos comerciantes, mas no poema é apresentado como não o protetor, mas o criador de ladrões, e por portar o caduceu como um dos símbolos identificadores e guiar as almas dos falecidos para o mundo dos mortos, é identificado como capaz de trazê-las de volta para apoquentar os humanos: "A Antiguidade de mente simples admirou a este artífice de feitorias e o venerou por cima do âmbito humano, inventando que era transportado através das nuvens e que com seus pés alados cruzava veloz os ligeiros ventos" (PRUDÊNCIO. *Contra Símaco I,* II. 100-104).

Assim, Prudêncio percebe o andar da História humana de um tempo no qual os homens tinham uma "mente simples" e cultuavam deuses simplórios para um tempo presente no qual o pensamento humano teria se tornado mais abrangente e capaz de entender uma divindade única mais abstrata passível de trazer todas as benesses ao ser cultuada. Das invenções e das superstições dos tempos passados se teria avançado para práticas culturais e religiosas mais civilizadas. A seguir, no poema, temos menções a Príapo e a Hércules. Sobre o primeiro, informa-se: "Este é um conhecidíssimo deus que veio de sua pátria Helesponto até a Península Itálica com suas liturgias vergonhosas. Ele recebe a cada ano leite e tortas de oferendas e protege os vinhedos do campo sabino; dá vergonha vê-lo com essa vara imensamente fincada"

(PRUDÊNCIO. *Contra Símaco I*, II. 11-15). Obviamente Prudêncio se refere à representação do falo ereto de Príapo, divindade protetora dos jardins e dos cultivos, apresentada como mais uma estrangeira aos romanos e cultuada com ritos vistos como vergonhosos pelos cristãos. Já Hércules é relembrado em seu amor pelo jovem Hilas (PRUDÊNCIO. *Contra Símaco I*, II. 117-120), que o acompanhou na expedição dos Argonautas em busca do Velocínio de Ouro, e que acabou morto ao ser levado para o fundo de um rio pelas ninfas, transtornadas pela sua beleza, ao ir buscar água para o herói. Mais do que destacar a origem humana do herói ou os seus famosos trabalhos, Prudêncio opta por criticar seu amor homoafetivo, que levou à morte do jovem.

Baco também é mostrado como um homem transformado em deus, bem ao estilo evemerista: "Um jovem tebano, depois de haver derrotado os indianos se converteu em deus" (PRUDÊNCIO. *Contra Símaco I*, II. 124). Ele é apresentado como um ser ébrio ("ávido de vinho"), seguido por sátiros e mênades, sempre alteradas pela ação das fúrias:

> Com este coro bailando ao seu redor, o ébrio adúltero descobre exposta numa praia distante uma prostituta de corpo soberbo que um jovem traidor havia abandonado ali uma vez saciado de seu amor desonesto. No calor do vinho, toma para si esta Neera e faz com que permaneça ao seu lado nos prazeres de seu úmido desfile triunfal e que leve a régia coroa como ornamento em sua cabeça. Neste ponto, o fogo de Ariadne se funde às estrelas celestes; com esta honra, paga Líber o preço de uma noite; uma meretriz ilumina a abóbada etérea (PRUDÊNCIO. *Contra Símaco I*, II. 135-144).

Ariadne, filha de Parsífae e Minos, que ajudou Teseu com seu novelo de lã a entrar e sair do labirinto, para matar o Minotauro, é apresentada como uma rameira e o herói ateniense é tachado de "jovem traidor". Chamada de Neera, hetaira citada por Demóstenes no IV século a.C., no famoso *Discurso contra Neera*, a princesa cretense se converteu em constelação, para tristeza de Prudêncio, que vê o céu maculado pela presença de tais seres imortalizados de forma equivocada. Dioniso/Baco a teria resgatado de Naxos, onde havia sido abandonada por Teseu. Sua poesia busca sublinhar o absurdo de tais crenças, que misturam seres de naturezas diversas com potestades naturais.

Tal concepção teria seu auge com a divinização dos Imperadores após a morte, pelos rituais da *consecratio* e/ou *apoteose*. Na visão prudentina, o culto ao *genius* do *Princeps*, estimulado a partir do governo de Otávio, seria a demonstração cabal da estupidez e da ignorância dos pagãos:

> A plena estupidez do vulgo ingênuo considerava naquela época de grande poder todos os reis, até o ponto de que um soberano pudesse cruzar com seus antepassados no reino eterno, situado sobre as alturas do céu.

Acreditava-se, na época, que o poder real, por pequeno que fosse, continha a força de toda a grandeza divina e o comando de todo o céu; com incenso e um pequeno santuário se tributavam honras inclusive aos líderes e, enquanto o medo, o amor ou a esperança iam incrementando estas honras, aquele costume ancestral avançou enormemente em prejuízo das pobres gentes. Essa imagem de falsa *pietas* começou a estender-se entre seus descendentes, ignorantes devido ao efeito de uma confusão nebulosa. Então, a mesma veneração que anteriormente havia correspondido aos reis vivos passou aqueles que já haviam desfrutado do dom da luz e transladou altares ante suas negra urnas. Disto começaram a burlar as prendas de amor, os deslumbramentos, o segredo de amor por rapazes muito jovens, a mancha constante do leito conjugal, porque estava a corte habituada a rir com as faltas de seus reis, e a descendência destes deuses, perdida em luxo, passou a não ter em conta o sagrado recato (PRUDÊNCIO. *Contra Símaco I,* II. 145-163).

Numa só passagem, Prudêncio critica o culto aos Imperadores divinizados, as honras dadas ao *genius* dos *Princepes* vivos e a devassidão da corte imperial. Tudo atribuído a uma falsa *pietas* e à ignorância da verdadeira fé, que permitia adultérios, estupros e relações homoeróticas no âmbito da casa imperial. E é neste contexto que o poeta cristão insere suas críticas ao culto da *dea Roma,* a cidade divinizada, e à deusa Vênus. Lembra que Roma foi fundada pelo filho de um deus, Marte, com uma Vestal, Réia Silvia, que deveria ter se mantido virgem, no culto da deusa Vesta. Vênus, por sua vez, é descrita como "uma mulher de sangue augusto que se ligou a um insignificante homem particular (Anquises, pai de Enéias)" (PRUDÊNCIO. *Contra Símaco I,* II. 165-173). Desta maneira, a cidade nasceu de uma violação (Marte–Réia) e de uma união desagradável entre humanos e divinos (Vênus–Anquises):

> É este rumor ou erro que induziu nossos avós itálicos a celebrarem rituais sagrados para Marte no campo de Rômulo e a marcar o Capitólio [...] com a inscrição de seu bisavô Júpiter e da pelasga Palas (Minerva), e a chamar de sua casa na Líbia (África) a Juno, deuses aparentados com Marte (PRUDÊNCIO. *Contra Símaco I,* II. 180-186).

A noção de que os deuses do panteão latino foram todos trazidos do exterior, maculando o solo itálico, permanece no poema, bem como a ideia de que todos não passavam de homens e mulheres divinizados/deificados:

> Converteu-se Roma em lar único daquelas divindades de origem terrena e cabe contar nela tantos templos de deuses quantas tumbas de heróis pelo mundo. Os Manes que a lenda enobrece, nosso povo os venera e adora.

> Este tipo de deuses os tiveram Anco, Númitor, Numa, Iulo. Tais eram as divindades que fugiram das chamas de Pérgamo. Assim é Vesta, assim é o Paládio, assim é o espectro dos Penates [...] (PRUDÊNCIO. *Contra Símaco I*, II. 189-196).

O poeta mistura reis lendários, que são citados na *História Romana* de Tito Lívio, como Anco Márcio e Numa Pompílio, com Númitor e Iulo/Ascânio, que aparecem na *Eneida*, demonstrando que para ele não haveria tanta distinção entre História e Poesia. E separa passado e presente: no tempo dos avós existiram outros tipos de deuses diversos do que se cultuava em seu tempo. O tempo histórico é aqui vivamente representado na poesia prudentina:

> Tão rápido quanto a vã superstição se calou no peito pagão de nossos antepassados, recorreu-se sem pausa aos mil relevos das gerações. [...] A infância das crianças bebe o erro com seu primeiro leite. [...] Em pequeno, eu havia contemplado a figura que representa a Fortuna com seu rico corno (cornucópia) (PRUDÊNCIO. *Contra Símaco I*, II. 200-204).

Prudêncio deixa bem claro que em sua concepção estas estátuas não eram obras de adorno, mas símbolos religiosos que deveriam ser combatidos, para se evitar o erro da crença. No combate à *uana superstitio*, o poeta defende o emprego da *ratio*. A ignorância deveria ser combatida com a razão: "Considerando verdadeiras todas aquelas coisas feitas pela autoridade do Senado, confiou sua fé a estátuas e se considerou donos do éter a essa fila de imagens de rosto terrível" (PRUDÊNCIO. *Contra Símaco I*, II. 223-225).

Prudêncio passa a criticar as festas e as cerimônias realizadas em prol destas divindades:

> A Jano inclusive, ao chegar seu festejado mês, se fazem oferendas em meio a auspícios e banquetes sagrados que levam a cabo como inveteradas homenagens, celebrando a alegre festa de suas calendas. [...] Seguindo este antigo costume em uma época já instruída, a posteridade venerou a Augusto com um mês, com santuários, com sacerdotes, com altares; em sua honra sacrificou um novilho e um cordeiro [...]. Testemunho disto são as inscrições, o delatam os *senatus consulta*, que fixam um templo para o César como se de Júpiter se tratasse. [...] Lívia se converteu em Juno (PRUDÊNCIO. *Contra Símaco I*, II. 245-252).

O poeta se cerca de testemunhos, como as inscrições epigráficas e os textos dos *senatus consulta*, para denunciar os falsos ritos dedicados a falsos deuses, como Otávio e Lívia deificados. Prudêncio se apavora com o fato de Lívia se casar grávida com Otávio e afirma que tal ato foi estimulado por

Apolo (PRUDÊNCIO. *Contra Símaco I*, II. 264). Ao adentrar na vida dos Imperadores pagãos, o poeta cita o caso de Adriano com Antínoo, que foi "colocado em celestial assento; aquele que foi a delícia de um Imperador agora torna-se divinizado; que num purpúreo regaço foi despojado de seu papel de homem" (PRUDÊNCIO. *Contra Símaco I*, II. 272-274), sendo, então, comparado poeticamente a Ganimedes. Os Príncipes são citados como exemplos de homens que atuaram crendo em errôneas concepções:

> Com semelhantes auspícios fizeram suas guerras Trajano, Nerva, Severo e Tito e os esforçados Neros, a quem uma glória terrena tornou varões ilustres e um valor imenso os alçou acima da fama, quando na realidade jaziam sob o peso de uma religião retirada da terra. Que vergonha que tais homens estivessem convencidos que tantos eles quanto os exércitos romanos podiam ser dirigidos por Marte (PRUDÊNCIO. *Contra Símaco I*, II. 279-285).

Os nomes dos Imperadores seguem uma necessidade métrica, visto que nem todos combateram (como é o caso de Nerva e de Nero) outros povos. A argumentação poética decifra que não foram os deuses pagãos, como Marte, que protegeram as forças bélicas romanas, mas Cristo, que por meio dos latinos queria chegar a todo o mundo: "Sua prosperidade vinha disposta pelo governo de Cristo Deus, que quis que os governos ocorressem segundo pautas pré-fixadas, permitindo que crescessem os triunfos dos romanos, e que quis incorporar-se ao mundo na plenitude dos séculos" (PRUDÊNCIO. *Contra Símaco I*, II. 289-292). Sem saber, os Príncipes romanos combatiam em nome de Cristo, muito antes do sonho de Constantino.

Prudêncio aproveita sua pena para criticar a divinização de aspectos da natureza, que pra ele nada mais eram que manifestações do deus cristão. Os oceanos eram erroneamente chamados de Netuno (PRUDÊNCIO. *Contra Símaco I*, II. 301); os vulcões, como o Etna, eram denominados de Vulcano (PRUDÊNCIO. *Contra Símaco I*, II. 306); e o sol era chamado de Hélio (PRUDÊNCIO. *Contra Símaco I*, II. 309). O poeta se questiona como se poderia cultuar uma parte (o sol) pelo todo (o Deus cristão que teria feito o sol): "O verdadeiro deus é aquele maior do que o que não tem nenhuma matéria; aquele que carece de um fim, que preside toda a natureza, que todas as coisas abarca e completa" (PRUDÊNCIO. *Contra Símaco I*, II. 325-327).

Prudêncio critica a realização dos Jogos gladiatoriais no Anfiteatro (*munera* e *venationes*): "Que significa esta prática ímpia dos enlouquecidos jogos?" (PRUDÊNCIO. *Contra Símaco I*, II. 382). Aproveita para criticar os cultos realizados em nome de Prosérpina, Ceres e Plutão:

> Não é uma vergonha que o povo rei, dono de poderoso cetro, considere tais sacrifícios necessários para o bem estar da pátria; que peça a ajuda da religião às grutas subterrâneas? [...] Estes são os sagrados rituais herdados dos primeiros tempos de nossos antepassados, enredados nos quais a sede do poder supremo apresentava aquele sórdido aspecto, quando um Imperador duas vezes vencedor (Teodósio) pela morte de uma dupla tirania[9] voltou seu rosto triunfal para as belas muralhas. [...] Compadecido, deu um grito e disse: 'Abandona esse lamentável aspecto, mãe leal. É certo que és famosa pela beleza de teu muito rico ornato, que alças uma cabeça chamativa por teus soberbos despojos e que repousas em abundante ouro [...]. Todo o que surge no mundo a ti se submete; isto o decidiu o próprio Deus, cuja vontade permite que sejas rainha e senhora, mandes sobre a orbe e poderosa pões abaixo de teus pés tudo que é mortal. [...] Não tolerarei que sob meu principado mantenhas teus antigos equívocos, que rendas culto aos enganos de deuses carcomidos (PRUDÊNCIO. *Contra Símaco I*, II. 390-435).

Uma das características mais inovadoras de Prudêncio foi o fato dele versificar discursos proferidos por personagens históricos, como o Imperador Teodósio. A inclusão de discursos permite que o retórico explore seu poder de argumentação, visto que parte de algo que o personagem deveria ter dito e como deveria ter dito. No caso prudentino, a verve do autor ainda se agiganta pelo fato de ter que versificar em hexâmetros um discurso imaginado inicialmente em prosa. Neste excerto, o poeta se refere à tomada de decisão teodosiana de proibir os cultos pagãos, após ter combatido e vencido dois usurpadores pagãos:

> Não seja deus para ti a terra nem seja deus um astro do céu, nem deus o oceano nem a força que abaixo está enterrada, condenada às ínferas trevas por seus lamentáveis merecimentos. Mas tampouco sejam deuses as virtudes dos homens. [...]. Fiquem com estas divindades as gentes estrangeiras. [...] Foi com estes ensinamentos que, uma vez cruzados os Alpes, Constantino se fez invencível e como vingador veio e acabou com tua lamentável servidão, quando Maxêncio te oprimia com sua corte infecta. [...] A ponte Mílvio, ao precipitar nas águas do Tibre o tirano quando o teve acima, deu assim uma prova de que a divindade viu que era dirigida às tropas vitoriosas do líder cristianizado, que se acercava da cidade, a posse da mão vingadora [...] (PRUDÊNCIO. *Contra Símaco I*, II. 442-495).

Primeira referência histórica ao embate sobre a ponte Mílvio, em 312 d.C., no qual Constantino, vindo da Gália, derrotou o pagão Maxêncio, que

---

[9] Referência às tentativas de usurpação de Máximo e Eugênio.

governava Roma desde 306 d.C. Para o poeta, foi a adesão ao símbolo cristão da cruz que permitiu a vitória constantiniana. Ao final do entrave bélico, lembremos que Constantino tornou o Cristianismo uma *religio licita*. Prudêncio defende que Constantino realmente se converteu à fé cristã e passou a ser contra à realização dos jogos:

> Aquele Senado adorou o lema do exército vingador e o nome venerável de Cristo que resplandecia em suas armas. [...] Gostaria que abolisses já tuas festas pueris, teus rituais ridículos e os ofertórios indignos de tão grande Império. [...] Sejam feitas estátuas dos convertidos, obras dos grandes artistas, erguendo-se bem limpas. Que estas se convertam nos mais belos adornos de nossa pátria (PRUDÊNCIO. *Contra Símaco I*, II. 494-503).

A conversão constantiniana teria promovido o início da adesão dos Senadores à fé cristã. E passou-se, então, a se combater os rituais antigos, denominados de "pueris", "ridículos" e "indignos" por Prudêncio. Para não se retomar os símbolos pagãos, o poeta sugere que novas obras de arte sejam erigidas em honra aos mártires e aos Imperadores cristianizados, mas que elas não tivessem à sua frente altares de qualquer tipo, para a realização de nenhum tipo de ritual, por isso as estátuas permaneceriam "limpas". A verdadeira glória teria sido impingida pela adesão ao Cristianismo:

> Advertida a cidade por tais proclamas, repudiou seus velhos erros e de seu antigo rosto sacudiu os turbulentos sinais da idade, disposta já sua *nobilitas* a provar as sendas eternas, ao seguir a Cristo após o chamamento de seu magnânimo Príncipe e a depositar sua esperança na eternidade. [...] Roma ficou vermelha de vergonha por seus séculos vividos [...], detesta os anos passados em companhia de credos desprezíveis. [...] Com a finalidade de que tão importante Império, por haver expulsado a *pietas*, não aguarde a acusação de crueldade, reclama a penitência que se assinalou e com amor pleno se passe para fé de Cristo. Menos proveitosas para a cidade foram as láureas vitoriosas de Mário quando arrastou Iogurta, o númida, em meio aos aplausos da plebe; não tanto cuidado te demonstrou, Roma, o Cônsul de Arpino matando Catilina entre justas correntes, quantos benefícios têm previsto e te concedeu em nosso tempo este Imperador singular (Teodósio). São muitos os Catilinas que ele expulsou de nosso lar, que preparavam não cruéis incêndios para nossas casas ou adagas para os Senadores, mas sim negros Tártaros para as almas e tormentos para o interior dos homens. [...] Assim, vestido de toga o triunfador do oculto inimigo alcança sem sangue preclaros troféus e habitua o Estado de Quirino a basear seu poder perdurável em um reino superior. [...] Ensina um Império sem fim para que a virtude de Rômulo nunca seja uma anciã e para que a glória alcançada não conheça velhice (PRUDÊNCIO. *Contra Símaco I*, II. 508-546).

Prudêncio modela novamente um Teodósio vitorioso e imbatível pelas leis proclamadas e compara as glórias cristãs às pagãs, retomando a História de Roma desde a República. Ele modela os personagens e as ações para garantir aos seus versos uma *nàrratio* historicizada. Mais salvífica para os romanos que a vitória sobre *Iugurta* (104 a.C.), como nos reconta Salústio, ou a debelação da conjura de Catilina, como indicada por Cícero nas *Catilinárias*, que teriam posto em grave perigo a sobrevivência da *res publica*, teria sido à conversão aos princípios cristãos. O poeta demonstra novamente deter grande conhecimento da literatura pagã e da explicação histórica perpassada por esta. Teodósio, o herói por excelência destes poemas prudentinos, salvou mais do que os bens dos romanos; salvou suas almas. Gerou um *imperium sine fine,* ao estilo épico virgiliano, e impediu a velhice da cidade. A verdadeira glória na epopéia prudentina é alcançada pelo herói Teodósio ao usar as leis ("vestido de toga", portanto, sem usar força bélica) em benefício da conversão à fé cristã.

Ao usar seus poderes para beneficiar os cristãos, Teodósio teria garantido a adesão dos Senadores, "aquele conselho de velhos Catões" (PRUDÊNCIO. *Contra Símaco I,* II. 545), que o seguiram e também teriam se convertido. Prudêncio passa, então, a enumerar famílias importantes de seu tempo que aderiram à causa cristã: os Amníadas, os Probos, os Olíbrios, os Paulinos, os Basos (PRUDÊNCIO. *Contra Símaco I,* II. 551-560).

Antonio Baldini sustenta que uma da principais contribuições da obra prudentina é ilustrar a conversão de várias famílias da ordem senatorial ao Cristianismo (BALDINI, 1988:150). Vê-se isso claramente neste poema: "Seiscentas casas posso contar de sangue de antigos nobres que se voltaram para os estandartes de Cristo e emergiram das desoladas profundidades da abominável idolatria" (PRUDÊNCIO. *Contra Símaco I,* II. 566-568). O número seiscentos não tem a intenção de exatidão, mas sim de demonstrar o aumento dos conversos entre os estratos mais elevados da população imperial romana.

Torna-se importante manter os convertidos no reto caminho, insuflando-os a visitar as igrejas cristãs e as tumbas dos mártires: "Ou bem freqüenta o pé do monte Vaticano a tumba em que estão encerradas as famosas cinzas, toma de amor pelo Pai, ou bem em grupos acode ao templo de Latrão, para poder voltar dele com o sinal sagrado da unção real" (PRUDÊNCIO. *Contra Símaco I,* II. 583-585). Prudêncio faz referência à primitiva basílica construída com permissão de Constantino sobre a tumba de Pedro, onde hoje se assenta a famosa Basílica construída no século XVI. E também à Igreja de São João de Latrão, construída também com permissão de Constantino em 313 d.C., que foi residência do Bispo de Roma, e que ocupava um terreno pertencente a Plaucio Laterano, condenado em 65 d.C. por ter conspirado contra Nero (RIVERO GARCÍA, 1997, p. 48). São passagens como estas que permitem afirmar que realmente Prudêncio esteve em Roma.

A divisão do Senado em seu tempo, entre facções pagãs e cristãs, só aprece diretamente referenciada quase ao fim do poema:

> Se para que as decisões dos pais conscritos prosperassem legalmente era necessário, nos velhos tempos, que se contassem trezentos Senadores com a mesma opinião, conservemos as leis de nossos antepassados e que ceda a débil voz do grupo menor e guarde silêncio no interior de sua pequena facção (PRUDÊNCIO. *Contra Símaco I*, II. 604-608).

Fica claro nestes versos que o Senado estava dividido, mas que a facção cristã estava em maior número. Assim, qualquer debate, como o do retorno das imagens pagãs ao cenário citadino, deveria ser ganho pelos convertidos, na visão prudentina. Somente no verso 609 começam menções mais diretas à obra de Símaco. Interessante como Prudêncio utiliza mais de seiscentos versos para discutir o panteão romano, para só então se lançar ao combate retórico com o ideário simaquiano:

> Nosso bom soberano (Valentiniano II) reparte aos seguidores do antigo culto as mais altas dignidades, lhes permite rivalizar com os seus em glória e não impede que homens envoltos pelo paganismo passem para as alturas que lhes correspondem, já que os assuntos celestes não são jamais obstáculo para que os indivíduos terrestres avancem pelo seu costumeiro caminho. Ele mesmo te outorgou o posto de Cônsul e te obsequiou com o dourado manto da toga, ele cuja religião te desagrada, ó defensor de deuses caducos, tu, o único que sustentas que tem que reinstalar os enganos de Vulcano, de Marte, e de Vênus, as estátuas de pedra do velho Saturno, a frenética loucura de Febo (Apolo), os festivais megalenses em honra da mãe ilíaca (Cibele), os báquicos ritos do deus de Nisa (Baco), as pantomimas de Ísis que chora sem trégua a perda de Osíris, objeto de riso até entre seus próprios calvos, e tantos outros fantasmas albergados no Capitólio (PRUDÊNCIO. *Contra Símaco I*, II. 617-632).

Prudêncio critica o fato de Símaco solicitar a volta dos antigos cultos, frente a um soberano que permitia ainda os cultos pagãos. Interessante notar que ele não faz referência direta nem ao nome de Símaco nem à deusa Vitória, o que nos leva a crer que sua preocupação mais tangível era realmente o debate de seu tempo sobre o retorno de símbolos pagãos como adornos aos prédios públicos, como *ornamentum curiae*. A presença da estátua e do altar da deusa Vitória transformavam o Senado num *templum*, e isto deveria ser evitado tanto em 384 d.C. quanto no tempo de Prudêncio. O poeta finaliza este primeiro poema afirmando não temer comparações com a eloquência simaquiana, reconhecida por todos:

> Não temo que qualquer um alegue que confio demasiado em mim e pense que organizo um combate de talentos. Guardo suficiente conhecimento de mim mesmo e conheço minhas próprias fraquezas. Não ousaria, com meus poucos dotes oratórios, provocar os dardos de tão poderosa língua. Permaneça ilesa tua obra e que seus excelentes escritos conservem a fama conseguida com o raio de sua oratória. Mas seja-me permitido conservar o peito resguardado de tuas feridas e repelir seus dardos com a proteção de meu escudo poético (PRUDÊNCIO. *Contra Símaco I*, II. 644-653).

Apesar de alardear seus frouxos dotes poéticos e oratórios, no fim do primeiro poema, Prudêncio continua sua jornada e produz um segundo poema contra a retomada dos ídolos pagãos.

A ideia de História no poema II Contra Símaco

O segundo poema se inicia com uma lembrança de Simão Pedro enfrentando uma tempestade em alto mar e sendo salvo por Cristo, que anda sobre as águas e vem salvar o seu discípulo. O poeta se imagina como Pedro, que abandona a segurança do barco para enfrentar o mar bravio de mãos dadas com Cristo e por chamado e instrução deste:

> A mim, que abandonei o resguardo do silêncio, minha língua loquaz me lança em perigos incertos, como o discípulo Pedro, não confiando em meus méritos, mas em minha fé, como aquele que com os frequentes pecados rodopia como náufrago em meio aos mares" (PRUDÊNCIO. *Contra Símaco II*, I. 46-51).

Usando os "ventos da eloquência" (PRUDÊNCIO. *Contra Símaco II*, I. 56) e agarrado às mãos do Cristo poderoso, o poeta inicia sua obra. Como afirma Etienne Ferrandi, a religião que Prudêncio defende é demonstrada como mais antiga que a politeísta romana defendida por Símaco. A conversão ao Cristianismo seria um retorno a uma religião primitiva, mais do que uma evolução. O panteão acabou formado por homens divinizados, potências estrangeiras e os *di captiui*, ou seja, divindades cujas estátuas foram trazidas para Roma após suas sociedades terem sido vencidas pelos romanos. A grande pergunta prudentina é: como estes deuses que não conseguiram defender seus primeiros crentes conseguiriam defender os conquistadores romanos? Seria necessário romper com hábitos antigos e substituir a *Providentia Deorum* pela *Providentia Dei* (FERRANDI, 2017, p. 99-103): "Como já Roma acredita em nosso Cristo, passarei em revista às objeções de meu adversário, rebatendo suas palavras com minhas palavras" (PRUDÊNCIO. *Contra Símaco II*, II. 3-4).

Usando Símaco e Ambrósio como inspiração para sua refutação, o poeta passa a versejar sobre os argumentos simaquianos favoráveis ao retorno do altar da Vitória à Cúria. Lembremos que Símaco, como Prefeito da *Urbs*, deveria restabelecer os ornamentos no interior dos templos, que haviam sido espoliados com o passar dos anos. O primeiro argumento simaquiano que é debatido pelo poeta é que a Vitória sempre foi algo desejável pelos romanos e que o culto à deusa auxiliou nas conquistas latinas. Começa o segundo canto com um elogio a Honório e Arcádio, filhos e herdeiros do Imperador Teodósio, e netos do Conde Teodósio, general de Valentiniano I nas campanhas da África e da Bretanha:

> Aos senhores de armas, na florida primavera da juventude, nascidos nos quartéis de seu pai, criados sob a imagem de seu avô, estimulados pelos exemplos acumulados em sua própria *domus,* este astuto orador os incita como se tocasse os clarins de guerra, promove seus ânimos e proclama palavras como estas: "Se são caras, varões, vitórias que haveis alcançado ou as que adiante haveis de alcançar, conserve durante vosso governo a deusa virginal no templo a ela consagrado" (PRUDÊNCIO. *Contra Símaco II,* II. 8-17).

Prudêncio se apresenta como *orator catus*, ou seja, um homem treinado na eloqüência e esperto, astuto, que com sua poesia incita os jovens governantes a declarar guerra aos erros pagãos. Propõe que se mantenha a imagem da Vitória, a "deusa virginal", no interior de seu próprio templo, visitada apenas por aqueles que ainda lhe rendiam culto, sem expô-la aos olhares dos Senadores na Cúria. O poeta descreve o que seria verdadeiramente necessário para que os romanos mantivessem sua glória: "o esforço incansável, o grande valor, uma especial energia de espírito, o ardor, a fogosidade e o esmero trazem a vitória, bem como a força no manejo das armas" (PRUDÊNCIO. *Contra Símaco II,* II. 24-27). Se os homens não conseguiam isso nos campos de batalha, por que deveriam pedir o auxílio a uma imagem feminina?:

> Se estas qualidades faltaram aos guerreiros, por que uma Vitória de ouro em templo de mármore moveria suas plumas brilhantes e vestida com muita riqueza lhes assistiria e a verias ofendida porque se abandonaram as lanças? Por que soldado desconfias de tuas próprias forças e prepara-te para o inútil socorro de uma figura feminina? (PRUDÊNCIO. *Contra Símaco II,* II. 28-33).

Os legionários não conseguiam obter com seus próprios esforços uma vitória bélica e a partir dela o controle de novos territórios e tributos, bem como de fama e glória, para o poeta era inexplicável que pedissem ajuda a uma figura do gênero feminino. Segundo Prudêncio, o Deus cristão era, antes de mais nada, uma figura do gênero masculino, mais interessado e apto para questões militares. Mais uma vez a história contada aos romanos é criticada pelo poeta. Ele chama os escritos de Homero de "sonhos vazios" (PRUDÊNCIO. *Contra Símaco II*, II. 46), por relatar vitórias conquistadas com o apoio direto de divindades como Ártemis e Atena, também femininas e virginais, e faz referência a Apeles, pintor grego do século IV a.C., o único por quem Alexandre Magno desejava ser retratado, segundo Plínio, o Antigo (*História Natural*, XXXV. 79), capaz de captar o humano e o divino em suas pinturas. Estes escritores e artesãos cometiam o erro de usar sua verve artística, seu talento, para espalhar falsas versões e enganos: "Por que as fábulas dos poetas os abastecem de objetos de culto tomados de quadros e de imagens de cera? Por que o sacerdote do Berecinto arruína e corta suas partes porque a poesia havia castrado o belo Átis?" (PRUDÊNCIO. *Contra Símaco II*, II. 50-54). Os poetas e os artesãos pagãos forneciam elementos para que o culto aos deuses do politeísmo permanecesse vivo. O segundo verso exposto acima faz referência ao sacerdote de Cibele, Átis, citado por Ovídio e Catulo, em seu ato de se emascular, ao tentar se aproximar da natureza feminina da deusa Cibele. Assim, Prudêncio atenta para o perigo de a arte escrita ou esculpida levar os homens ao erro, inspirando condutas vistas como erradas pelos cristãos:

> Estupidez pagã deixa de uma vez de dar forma a seres incorpóreos, inventando-lhes membros; deixa de recobrir com plumas as costas de um ser humano; atitude vã é ter por ave uma mulher e por um grande abutre a que é ao mesmo tempo uma grande deusa. Riquíssima Roma, queres decorar teu Senado? Recolhe os despojos arrebatados com armas e sangue e amontoa, vencedora, os diademas dos reis que matastes, rompe os vergonhosos adornos dos deuses que rechaçastes. Então, a vitória conseguida não somente se manterá na terra, mas também sobre os astros, em meio ao templo celeste (PRUDÊNCIO. *Contra Símaco II*, II. 57-62).

A ignorância teria levado os gentios a confundir animais com deuses e homens. Se é pra decorar o Senado, para Prudêncio, seria melhor abandonar adornos trazidos pela força das armas e do derramamento de sangue, com referência a governantes que foram depostos pela força romana, e colocar no lugar referências ao verdadeiro motivo da vitória: o Deus cristão. Assim, Prudêncio passa a combater o segundo argumento de Símaco: que os homens acham doce seguir seus costumes e tradições (PRUDÊNCIO. *Contra Símaco II*, II. 70-71): "A nossos antepassados todo o culto aos ídolos lhes resultou sempre proveitoso e frutífero. [...] Tem cada povo sua própria tradição, um caminho pelo que apressar seus passos em direção a tão grande mistério" (PRUDÊNCIO. *Contra Símaco II,* II. 89-91).

O *mos genti*, ou seja, o costume das gentes, da população, auxilia a explicar tantas vitórias e conquistas, mas não as mantêm. Esta passagem da poética prudentina mexe com algo muito profundo na cultura romana que é a noção de *mos maiorum*, isto é, os costumes dos ancestrais, sempre chamados à baila pelos escritores quando querem explicar uma ação e/ou justificar um ato empreendido. Contudo, este argumento persuasivo deveria ser contraposto por um outro elemento cultural, visto que o Cristianismo trazia em seu bojo novas propostas de condutas e o realinhamento de algumas ações antigas. Para responder a tão profundo argumento, Prudêncio coloca a Fé para falar em seu poema:

> A estas palavras tão magníficas, a esta ação do oleiro artístico tão fino, somente a Fé poderia responder [...]. A fé convida a crer que o onipotente é aquele que não somente outorga bens no presente, mas que também os promete no futuro e sem término no largo passo dos séculos, para que nem tudo acabe diluído num nada vazio e pereça após um breve desfrute da luz. Tens de dar valor ao autor do presente a partir do presente em si. Dons eternos são concedidos por um ser eterno; mortais outorgam dons mortais. [...] Diz a Fé: 'Se quereis às regiões celestes, expulsa de vosso espírito as colheitas terrenas. Pois quando a terra jaz por debaixo, submetida em seu movimento, e quando se separa do solo a morada celeste do côncavo céu, tanto se distanciam vossos mundanos atos dos meus futuros, o doente do são, a maldade do carinho, o tenebroso da claridade serena (PRUDÊNCIO. *Contra Símaco II,* II. 91-128).

A Fé personificada opõe o critério do *mos* ao da *ueritas,* argumentação típica da retórica clássica em que se busca persuadir pelo argumento mais forte, mais lógico, mais verídico. Nega-se o *fatum*, o destino irrefutável e impossível de ser rompido. O avançar da História e das mudanças políticas teria destruído esta lei vista como natural (RIVERO GARCÍA, 1997, p. 58). Ainda há certo livre arbítrio no poema prudentino, que inundará o Gnosticismo, contrapondo-se à fatalidade do pensamento pagão do destino já traçado. Os dons prometidos pela divindade cristã preenchem a temporalidade, o presente e o futuro, para que nada termine no vazio. A *regia caeli,* a morada celeste, é uma bela menção à vida cristã após a morte. Os atos efetivados sobre a terra garantem a ascensão aos céus, usando o bom senso e o conhecimento dos princípios cristãos para separar o bem do mal. Para isto, os conversos deveriam ter moderação e virtude:

> Para que não acumules ouro em excesso; para que não desejes contemplar com ambição e vaidade as cores das pedras preciosas; para que não andes mostrando-se aos ventos do povo e se excedas em ornatos de um cargo; [...] para que não consagres aos sentidos do corpo tudo que queres ou fazes; para que não se anteponha o útil ao justo; e para que deposites em mim (a Fé) toda a esperança de que nunca perecerão os dons que eu lhe darei e que estes hão de durar uma longa jornada. Isto é o que Deus nos garante. Que homem esforçado, com bens e capaz, preferirá para si qualquer coisa breve ao invés das eternas, ou quem em seu juízo perfeito considerará preferíveis os gozos do corpo aos prêmios da sua alma viva? Não é esta a única distância que separa o homem das bestas, o fato de que os bens dos quadrúpedes se encontram ante seus olhos e eu em troca espero aquilo que me reserva para um longo período fora do alcance de minha vista? (PRUDÊNCIO. *Contra Símaco II*, II. 150-169).

Enquanto o pagão deveria se preocupar com seu tempo da Terra, o convertido deveria se ocupar com as boas práticas e o uso da moderação para garantir os verdadeiros bens no futuro: a ascensão ao reino celeste após a morte. Apesar de serem ambos obras divinas, os homens e as bestas/feras se afastariam pelo exercício da virtude, da escolha do bom caminho, da frugalidade, do não excesso. A *utilitas* adviria do real valor das coisas, da necessidade de uso, do compartilhamento que garantiria o bom uso: "A natureza mostra que todas as coisas reverdecem depois de sua morte. [...] Eu sou o Senhor (*dominus*) capaz de criar e de restabelecer o que havia perecido e se dissipado" (PRUDÊNCIO. *Contra Símaco II*, II. 196-205). Todos os bens da vida presente eram visto como criados pelo Deus cristão, também responsável por garantir a vida eterna após o passamento. E seria a própria observação das coisas da natureza (*natura/phýsis*) que garantiria a certeza de que o que era enterrado voltaria à vida, como semente em solo arado. Seria pela lei divina que os seres de sexos distintos se engendrariam e se multiplicariam (PRUDÊNCIO. *Contra Símaco II*, II. 223-224). Os romanos teriam erroneamente dividido esta força divina em partes e passado a adorá-las separadamente (PRUDÊNCIO. *Contra Símaco II*, II. 239). Todavia, para Prudêncio, o verdadeiro templo de um deus único era o corpo humano e os melhores ornatos eram suas boas ações:

> Amo o templo do espírito não o de mármore. Nele perduram os dourados cimentos da Fé (*fides*), se eleva sua estrutura que resplandece com a nívea brancura da Piedade (*pietas*), a elevada Justiça (*iustitia*) cobre suas alturas, por dentro o Pudor (*pudicitia*) pinta os solos com a vermelha flor da castidade e custodia sua entrada (PRUDÊNCIO. *Contra Símaco II*, II. 249-254).

As quatro maiores virtudes da raça humana cristianizada que deveriam ser empreendidas para manter a pureza da alma seriam a Fé, a Piedade, a Justiça e o Pudor/Castidade. Enquanto na *Eneida* de Virgílio o escudo de Otávio Augusto (*clipeus*) demonstra a importância das quatro virtudes cardeais morais e políticas: *uirtus, iustitia, pietas e clementia*, o poema prudentino ressalta as quatro grandes virtudes cristãs capazes de manter o contrato de fidelidade travado entre o converso e seu deus.

Se os costumes dos ancestrais, na colocação simaquiana, deveriam garantir a permanência da vitória romana sobre outros povos, então, para Prudêncio, seria melhor que se voltasse também para uma vida mais frugal e menos luxuosa, como se vivia em seu tempo. Em oposição à ideia de permanência dos rituais e cerimônias dedicados aos deuses pagãos, o poeta defende um retorno à simplicidade de uma divindade única:

> Se é necessário render culto sagrado e manter tudo aquilo que o costume (*mos*) sustenta nos rudes anos do nascimento do mundo, façamos rodar para trás o tempo, passo a passo, até seu começo. [...] O sacrifício de gado proporcionava vestimenta e uma fria cova, uma pequena morada; voltemos para as grutas; voltemos a vestir pedaços de peles costurados.[...] Regressem de novo a seus selvagens costumes e retornem a seus antigos hábitos (PRUDÊNCIO. *Contra Símaco II,* II. 278-294).

Prudêncio sabe que é impossível inverter o curso da História. O que foi feito pode ser lamentado, mas não desfeito. Seu argumento retórico complica sua defesa, visto que no primeiro poema havia defendido que a primeira religião romana fora monoteísta. Então, um retorno aos primórdios era benfazejo. Contudo, apesar de monoteísta, o deus poético prudentino é mais amável e amoroso, como o deus do Novo Testamento, em comparação com o deus do Antigo Testamento, mais irascível e vingativo. Assim, defendendo um retorno a uma fé originária no primeiro poema, Prudêncio desenvolve esta ideia no segundo poema, indicando que o mundo sofreu uma evolução de costumes impossível de ser retrocedida e que a nova fé carrega sua novidade na recomposição de novos costumes criados a partir de uma nova filosofia de vida, na qual a piedade e a caridade se modificaram, mas se estabeleceram. Trata-se, logo, de uma evolução e de uma retomada do verdadeiro caminho. De uma ponte entre o início, que não pode ser retomado, um meio equivocado e um presente de *fides* com a divindade cristã. Não se precisa retornar a viver em grutas ou portar vestes de peles de animais; os homens togados estão além disso, porém a volta do monoteísmo, do culto ao todo e não às partes, na concepção prudentina, poderia garantir uma vida melhor:

A Roma antiga não se mantém tal qual no passado, mas tem se transformado ao passar dos anos e tem mudado seus ritos, seu ornato, suas leis, suas armas. Têm muitas práticas que não existiam no reinado de Quirino. Instaurou algumas coisas com melhor critério; algumas abandonou. Não deixou de modificar seus próprios costumes e as leis que no princípio havia instituído as orientou em sentido contrário. A que me objetas tu, Senado romano, aos ritos tradicionais quando as mudanças de parecer e um critério instável têm modificado freqüentemente os decretos dos Senadores e do povo? Além disso, cada vez que é proveitoso abandonar o antigo uso e desenvolver novo culto aos passados hábitos, nos alegramos de que se tenha descoberto algo e de que ao fim saia à luz o que estava em segredo. Sempre cresce e melhora a vida do homem com lentos avanços e se servindo de uma experiência prolongada. Assim está disposta a ordem móvel do tempo mortal. Assim vai mudando a natureza suas fases: a primeira infância titubeia instável o andar e o caráter do menino; com sangue fogoso ferve a juventude; a continuação chega a firme idade da força madura; por último vem a velhice, melhor pelo seu conhecimento das coisas, mas débil de forças, sempre desfalece o corpo mesmo com a mente firme. [...] É tempo de que se conheça as coisas de Deus, capaz graças ao entendimento da mente serena de indagar com mais empenho seus mistérios e atender ao fim a sua salvação eterna (PRUDÊNCIO. *Contra Símaco II,* II. 303-334).

O poeta identifica a passagem do tempo histórico, que constrói e destrói na mesma medida. O tempo impõe mudanças, transformações. A adoção das práticas cristãs seria uma delas. Os Senadores vinham alterando as leis romanas há muito tempo e estas mudanças são utilizadas por Prudêncio como argumento de reforço para sua ideia de que os costumes se transformavam pela simples passagem do tempo. E ao contrário da defesa de piora dos tempos, de uma idade do ferro após a idade do ouro, que impregna o imaginário do homem antigo desde Hesíodo, o poeta descortina um caminho para a luz. O passado serviria realmente de reservatório de *exempla* e auxiliaria no avanço da humanidade para o verdadeiro ouro: o reino celeste. Enquanto os pagãos separavam o tempo dos homens, curto e passageiro, do tempo dos deuses, eterno e imutável, pois os deuses não envelheciam, o poeta identifica uma possibilidade de encontro das duas temporalidades: após a morte a expectativa da ressurreição garantiria a vida eterna ao lado de cristo para os convertidos. O ato de fé da conversão, da adesão aos princípios cristãos, imporia uma nova relação com o tempo; o humano deixaria de ser tão restritivo. Deste modo, a história humana da *infantia* à *senectude* se alteraria do ponto de vista da finitude. O fim estabelecido para a humanidade seria outro, junto a Deus e ao resto da Trindade. O Cristianismo, assim, redefiniria os conceitos de Tempo e de História na poética prudentina.

Prudêncio retoma no meio do segundo poema um argumento fundamental no primeiro: que Roma se apoderou de deuses vencidos e acabou se afastando da verdadeira *religio*:

> Foi quando Roma, dominadas outras cidades por seu valor e havendo obtido importantes triunfos, criou para si incontáveis deuses Em meio às ruínas fumegantes de velhos templos se apoderou das imagens inimigas e as levou cativas para casa, venerando-as como divindades. [...] Cada vez que a ilustre Roma acolheu entre aplausos a quadriga de um general em triunfo, tantas vezes erigiu altares a deuses e se forjaram novas divindades com os despojos; divindades que, dispostas ao lado de suas muralhas pátrias, não puderam prover proteção alguma a seus próprios santuários [...], não conservaram seus próprios ritos [...]. Assim que em vão te aferras, perverso culto, ao que de nossos pais herdamos (PRUDÊNCIO. *Contra Símaco II*, II. 347-370).

Como deuses que não conseguiram garantir a vitória de seus cultuadores originários poderiam proteger os romanos? Este argumento é novamente retomado na poesia prudentina. Mas o *sollers orator*, ou seja, o hábil orador Símaco afirma ainda que cada ser e mesmo a cidade tem um *genius* para defendê-lo. Se já era difícil para Prudêncio compreender a vinda de deuses estrangeiros representados em imagens de pedra, imagina suportar o culto aos *genii* citadinos e pessoais:

> Para começar, ignoro o que é um gênio ou que estado lhe enquadra, qual é seu poder e de onde nasce, se é um espírito sem forma nem corpo ou possui alguma forma e aspecto; quem sabe de quais tarefas se encarrega. [...] Instituiu os costumes e criou as leis do fórum ou intervém nas trincheiras dos acampamentos, empunha as armas dos destacados soldados, os estimula com os clarins, os incita contra os inimigos? [...] Por que pensas, Roma, como uma prisioneira a quem se prescreveu um destino imutável? Por que inventas laços com seu horóscopo? (PRUDÊNCIO. *Contra Símaco II*, II. 375-411).

Frente ao argumento de que as vitórias romanas se deviam ao agir de potestades divinizadas e bastante abstratas, o poeta versifica sobre a História dos romanos, suas formas de governo e seus soberanos:

> Quando a cidade estava surgindo a governou um regime monárquico, não sem estabelecer os anciãos em uma parte da administração do poder.

> Logo vemos que os líderes da estirpe senatorial começaram a governar o Conselho. Depois os plebeus exerceram o comando durante longo tempo, associados e mesclados com os patrícios, dirigindo com igual autoridade a guerra e a paz. A *nobilitas* se fez forte no Consulado; a plebe se apoiou confiante nos Tribunos. Desagrada de repente (*subito*) este regime e se criam os decênviros escoltados por doze lictores com seus fasces e também com uma foice cada um. De novo se entrega todo o Estado à autoridade dos líderes e se concede aos Cônsules o privilégio de dar seu nome aos registros de cada ano. O sangrento triunvirato turvou os últimos tempos da *Res Publica*. No meio deste mar tempestuoso, errou o destino, o gênio ou o espírito deste povo. Ensinado a retomar o reto caminho, cingiu com um diadema uma cabeça augusta, chamando-o de pai da pátria, piloto do povo e do Senado, condutor do exército e ditador ao mesmo tempo, censor íntegro e árbitro dos costumes, protetor dos bens e riquezas, vingador dos crimes, dispensador de honras. Pois após tantos acontecimentos, depois de mudar tantas vezes de parecer, chegou ao fim penosamente o regime que aprovas e que o respeito do povo conserva com fidelidade, por que dúvidas em reconhecer as leis divinas, antes ignoradas e por fim descobertas? [...] Sujeita ao domínio de Cristo, serve a Deus, detestando seus cultos anteriores (PRUDÊNCIO. *Contra Símaco II*, II. 415-445).

Em poucos versos, Prudêncio recria poeticamente boa parte da História de Roma, com o intuito de perceber nela a ação de um único Deus. O poder político sempre acabou tendendo para um único líder, como a fé deveria estar restrita a um único Deus. A divisão de poderes entre Honório e Arcádio poderia complicar as decisões tomadas anteriormente de forma unilateral por Teodósio. A defesa de um poder regulador unitário se faz presente na poética prudentina. Interessante notar os poderes concedidos a Otávio Augusto, que se estendem desde organizador dos exércitos a distribuidor de benefícios. O poeta destaca que tal poder centralizado ainda detinha fidelidade por parte dos súditos, por isso era fundamental bem governar em seu benefício. Esta visão unitarista se reflete no resto do poema, quando o poeta reclama que não haveria apenas um *genius* em Roma, mas cada porta, casa, terma ou estábulo contava com seu próprio gênio, que ele denomina de *umbra* (fantasma/sombra) (PRUDÊNCIO. *Contra Símaco II*, II. 449).

Continuando a História dos romanos, o poeta se refere às Leis das Doze Tábuas (PRUDÊNCIO. *Contra Símaco II*, II. 463), à batalha naval de *Actium*, que contrapôs às forças bélicas de Otávio às de Marco Antônio e Cleópatra (PRUDÊNCIO. *Contra Símaco II*, II. 533-535)[10], às importantes famílias dos Fabrícios, dos Cúrios, dos Drusos, dos Camilos, que teriam defendido

---

10 "Sob o comando de um homem da estirpe de Iulo venceu o exército fogoso enviado pelo álgido desde a sua região gelada" (PRUDÊNCIO. *Contra Símaco II*, II. 533-535).

Roma na Realeza e na República (PRUDÊNCIO. *Contra Símaco II*, II. 558-561), demonstrando grande conhecimento da História de Roma. Entretanto, tais fatos e personagens são elencados para combater a ideia de que fortes inimigos masculinos poderiam ser combatidos por virginais potências femininas: "Breno, Antíoco, Perses, Pirro e Mitrídates foram vencidos por Flora, Matuta, Ceres e Laurentina?" (PRUDÊNCIO. *Contra Símaco II*, II. 562-563). E mais: "Ninguém é culpado se os *fata* governam a vida e as ações humanas" (PRUDÊNCIO. *Contra Símaco II*, II. 473). Se não haveria uma divindade reguladora, e tudo dependeria da ação cega do destino, não haveria razão para culpa e castigo, o que desnortearia a vida em sociedade. Para Prudêncio, a astrologia não poderia mudar ações (PRUDÊNCIO. *Contra Símaco II*, II. 480), da mesma forma que cada homem seria responsável por seu próprio caráter, sendo compelido a agir por seus merecimentos e seus castigos (PRUDÊNCIO. *Contra Símaco II*, II. 475-576):

> Não tolero que se denigra o nome de Roma, suas tão bem sucedidas guerras e os títulos conquistados com tamanho empenho de sangue. Subtraindo-se das invictas legiões e retirando de Roma os prêmios que lhe são próprios, aquele que dedica a Vênus tudo o que foi realizado com bravura rouba a palma dos vencedores. Vã seria, então, nossa admiração pelas quadrigas que figuram na parte mais elevada dos arcos triunfais" (PRUDÊNCIO. *Contra Símaco II*, II. 552-558).

Verifica-se como o poeta conhece a forma de construção dos arcos triunfais romanos e possivelmente deve ter admirado alguns deles quando visitou Roma. Ao invés de dedicar a Marte as vitórias bélicas, o poeta faz questão e dedicá-las de forma jocosa e irônica à sua amante Vênus, identificada com o gênero feminino como a Vitória. A sucessão de nomes de famílias aristocráticas, de deusas e de inimigos de Roma não segue uma lógica cronológica, mas uma disposição métrica. Seu aparecimento se deve também à necessidade de construção dos hexâmetros. O mesmo ocorre no relato dos desastres sofridos pelos romanos e não imputados aos deuses pagãos, como a batalha de *Cannas* contra Aníbal; a luta dos Fábios contra Véios; e a batalha de *Carrae* dos Partos contra as forças bélicas de Marco Licínio Crasso (PRUDÊNCIO. *Contra Símaco II*, II. 570-578). Se as vitórias eram devidas às preces romanas aos deuses, por que as mesmas não seriam responsáveis pelas derrotas?

O mais forte argumento prudentino se coloca quando ele defende que todas as vitórias romanas permitiram que o Cristianismo se espalhasse por todo o mundo conhecido, por isso o Deus cristão era o responsável pelas conquistas:

> Deus, querendo unificar povos de línguas diferentes e reinos de culturas diversas, decidiu que se submetesse a um só mando toda a terra de costumes civilizados e suportassem os suaves laços de um jugo repleto de concórdia, para que o amor à religião mantivessem unidos os corações dos homens; pois não existe união digna de Cristo se um espírito único não reunir vários povos. Somente a Concórdia conhece a Deus, somente ela rende culto, adequado e calmo, ao Pai benigno. [...] Deus ensinou às nações de todos os territórios a inclinar a cabeça sob as mesmas leis e a tornar todos romanos [...] Uma lei comum os fez iguais (PRUDÊNCIO. *Contra Símaco II*, II. 588-608).

E desta expansão teria surgido um mundo de concórdia, piedade e paz (PRUDÊNCIO. *Contra Símaco II*, II. 593-597). O poeta é um cidadão romano convicto, visto que identifica a *humanitas* envolvida nas conquistas romanas. A expansão territorial e o sujeitar-se ao comando romano teria sido benigno para os conquistados, já que garantiu a possibilidade de conversão a todos. E seria a Sabedoria e a *ratio* que permitiriam perceber este avançar da história humana. O termo *ratio* aparece muitas vezes na poesia prudentina, pois para o poeta a conversão seria uma decisão racional e não emocional, tomada após a percepção dos ganhos e das benesses de fazê-la. O ato de conhecer a História dos romanos já permitiria perceber a ação divina nela e a razão para a mesma se efetivar ao longo do tempo. Deste modo, o Império não seria romano, mas de Deus, por ele promovido para que todos se tornassem cidadãos romanos submetidos a mesma ordem e a mesma lei. Prudêncio ressalta a importância de se terem tribunais comuns, comércio e casamentos entre os povos (PRUDÊNCIO. *Contra Símaco II*, II. 616-618), para a expansão dos benefícios entre todos.

Sendo assim, o poeta cristão permite que a própria Roma, depois da Fé e do próprio Deus, discurse por meio de seus versos. A transformação da cidade em divindade era combatida por Prudêncio, mas sua utilização como alegoria versificada era importante para a construção de sua argumentação e de sua fidelidade aos cânones retóricos clássicos. Após fazer referências aos odiados Nero[11], Décio[12] e Aníbal Barca, Roma disserta sobre uma importante vitória bélica ocorrida no período de Prudêncio:

> Intentou a pouco um tirano geta destruir a Península Itálica e veio desde o seu Hístrio pátrio (Danúbio) depois de haver jurado assolar estes territórios, de destruir em chamas nossos dourados palácios, de cobrir com seus

---

11 "Nero, após matar sua mãe, foi o primeiro que bebeu o sangue dos apóstolos" (PRUDÊNCIO. *Contra Símaco II*, II. 669-670).
12 "Décio alimentou sua fúria em um frenesi de gargantas cortadas" (PRUDÊNCIO. *Contra Símaco II*, II. 673).

sacos de peles de feras a nossos próceres togados. [...] O líder de nosso exército e nosso Império foi um jovem poderoso coma ajuda de cristo e seu companheiro e pai Estilicão; o unido deus de ambos foi Cristo. As trombetas não ressoaram até que se rezassem em seus altares e tivessem marcado a cruz em suas frentes (PRUDÊNCIO. *Contra Símaco II*, II. 709-713).

O Rei Visigodo Alarico penetrou com suas tropas a Península Itálica em 401 d.C., chegando até as portas de Mediolanum (Milão), onde se encontrava Honório e seu sogro e tutor Estilicão. Foi vencido em seis de abril de 402 d.C., domingo de Páscoa, na batalha de Polentia, e expulso da Itália na batalha de Verona em 403 d.C. Conseguiu pilhar Roma em 410 d.C, quando Átalo se encontrava em Ravena (RIVERO GARCÍA, 1997, p. 93). Os Visigodos entraram pela primeira vez no território imperial em 376 d.C., empurrados pelos Hunos, tendo cruzado o rio Danúbio. Como enfatiza Etienne Ferrandi, o tema da Vitória também se encontra presente pela derrota dos Visigodos em Polentia (atual Pollenzo no Piemonte). O rei estrangeiro entrou na Península após pilhar o Épiro, onde havia se estabelecido em 397 d.C., por um acordo de *foedus* com os romanos. Ao final de 401 d.C., o Prefeito da *Urbs*, Longiniano, fez ser restaurada em toda a sua extensão a Muralha de Aureliano, parecendo já intuir uma possível e posterior tentativa de invasão a Roma. Prudêncio percebe a *providentia dei* nas ações de Estilicão e defende a dominação sobre o universo como veículo para a conversão. Valoriza um modelo de vitória que depende mais da *fides* homens-Cristo que da *uirtus bellica* (FERRANDI, 2017, p. 109-110). Seria uma demonstração clara que o valor guerreiro dos romanos não teria arrefecido com a cristianização e que o abandono dos cultos pagãos não teria gerado a derrota iminente. Pelo contrário, os cristãos no poder continuaram permitindo grandes vitórias, como a vitória de Polentia demonstraria de forma cabal. Também era necessário enfatizar a boa imagem do Imperador Honório, o herdeiro ocidental de Teodósio, mesmo usando a referência a Valentiniano II e a Símaco:

> A ti, Príncipe, se deve uma glória viva, o reconhecimento vivo de teu valor, porque persegues uma honra imortal. Serás associado com Cristo para sempre, porque sob tua guia conduzes meu reino até as regiões celestes. Não te comova, eu te peço, a voz do grande orador (Símaco) que, chorando os cultos fenecidos, sob a aparência de ser meu legado, se atreve, com os dardos de seu engenho e com a força de sua eloqüência, a atacar nossa fé e não vê que tu, Augusto, e eu nos temos consagrado a Deus, em cuja honra temos fechado os sórdidos templos e destruído os altares impregnados de sangue apodrecido. Que seja Cristo o único que preserve nossos palácios (PRUDÊNCIO. *Contra Símaco II*, II. 756-767).

Deve-se comemorar um duplo triunfo: a expulsão dos Visigodos e a conversão ao Cristianismo que permitiu que o Príncipe liderasse os convertidos até o reino celeste. Tanto Valentiniano II quanto Honório merecem as loas de Prudêncio, pois auxiliaram no processo de cristianização. Além disso, lembremos que o excerto ressaltado acima foi proferido pela própria cidade de Roma, na poesia prudentina, regozijando-se do fechamento dos templos pagãos e do abandono dos altares de sacrifício. A Roma prudentina é uma cidade altiva, ainda capital imperial, que personifica o combate ao retorno dos símbolos pagãos em qualquer tempo. Este deslocamento temporal de uma ideia válida para os dois Imperadores permite que o poeta exercite ainda mais seus instrumentos retóricos:

> Não nego que para todos os seres vivos seja comum o desfrute do ar, dos astros, do mar, da terra e da chuva. O injusto e o justo vivem juntos embaixo de um mesmo céu, uma mesma brisa toca o ímpio e o pio, o casto e o impudico, a rameira e a mulher casada, e o sopro que mantém a vida alimenta por igual a boca do sacerdote e a do gladiador. […] Fecunda igualmente os campos do ladrão e do honrado camponês. A corrente pura de água no verão acode igual quando estão cansados o viajante e o salteador. O mar serve igual o pirata e o mercador […]. O universo, portanto, nos serve, não nos julga. […] A vida é coisa comum, mas não o são os méritos (PRUDÊNCIO. *Contra Símaco II,* II. 782-807).

Os convertidos e os gentios dividem o mesmo espaço na Terra. Desta maneira, tudo que ocorre com uns afeta os outros: más colheitas, doenças, guerras, etc…Todavia, a forma como cada um lida com os eventos depende de sua formação e de suas crenças. A natureza é mostrada na poesia prudentina como instrumento da ação divina e não como manifestação de *omina*. Não seria fonte do sagrado, mas ambiente de demonstração do poder de Deus. Para todos os povos há o mesmo cenário para ocorrência dos dons divinos:

> No fim, o romano, o daha, o sármata, o vândalo, o huno, o getulo, o garamante, o alamano, o saxão, o galaula, todos andam sobre uma mesma terra; o céu é para todos o mesmo e é um mesmo oceano que rodeia nosso mundo. Os animais bebem de nossas fontes. […] Mas tão distantes estão o romano e o bárbaro quanto separação existe entre um quadrúpede e um bípede ou entre um mudo e um ser dotado de fala. Assim, se separam quem convenientemente segue os preceitos de Deus e um culto insensato (Símaco) e suas aberrações. […] Quem busca a divindade em urnas e tumbas e aplaca com sangue seus fantasmas não será aquele que venera o supremo senhor do céu, ofertando sua justiça e engalanando o templo que se localiza em seu peito (PRUDÊNCIO. *Contra Símaco II,* II. 808-843).

Esta passagem demonstra bem os vários povos com os quais os romanos entraram em contato com o avançar dos anos imperiais. As invasões constantes dos limites tinham se tornado corriqueiras para os homens da passagem do IV para o V século d.C. Símaco é mais uma vez o "culto insensato" que não sabe usar sua eloquência para as coisas consideradas certas por Prudêncio. O que acabaria diferenciando os romanos dos bárbaros seria o bom uso da civilização, da formação, do estudo e da cultura em prol do Cristianismo. De nada adiantaria ter o conhecimento e a fluidez linguística de um exímio orador como Símaco se não souber usar seu talento para dignificar o nome de Deus. Na visão prudentina, seria a ignorância que impelia ao erro. Por isso, seria fundamental que os homens cultos, como os Senadores pudessem agir de acordo com o melhor para o Império, impedindo o retorno dos símbolos pagãos aos espaços públicos:

> Outra é a verdade, pois a multidão de caminhos leva consigo múltiplas revoltas e deixa um errando com maior perplexidade. Somente carece de erro o caminho direito, que não sabe torcer outras sendas e não se preta a dúvidas com múltiplas bifurcações (PRUDÊNCIO. *Contra Símaco II*, II. 849-852).

Para combater a ignorância, o desconhecimento e a superstição, Prudêncio indica o uso da *ratio*, isto é, de pregações sustentadas por argumentos lógicos e persuasivos, pois "Deus é guia de caminho simples" (PRUDÊNCIO. *Contra Símaco II*, II. 883):

> O aspecto primeiro deste caminho é agreste, árido, amargo, difícil, mas ao final é belíssimo, dotado de grandes riquezas e banhado por uma luz eterna, tal que chega a compensar as passadas fatigantes. O guia do caminho ramificado é o demônio (*daemon*) que confunde a rota com cem desvios. Por um lado traz barbudos (os falsos filósofos) sofistas e por outros homens poderosos por riqueza ou posição. Os atrai com línguas de pássaros, os engana por meio de harúspices, os tonteia com os discursos de uma velha Sibila possessa, os enreda com a astrologia, os equivoca com práticas mágicas, os inquieta com presságios, os embasbaca com por meio de áugures, os espanta com tripas. [...] Para nós, ao contrário, que buscamos o único senhor da vida, a luz é nossa rota e o dia claro é nossa esperança. Caminhamos com a Fé, gozamos dos bens futuros, que não chegam na vida presente (PRUDÊNCIO. *Contra Símaco II*, II. 885-905).

Lembremos dos martírios e perseguições elencados por Prudêncio no seu longo poema *Liber Peristephanon* ou *Livro das Coroas*, que demonstra como o caminho para a redenção seria difícil no início. Temos também, nesta passagem, uma listagem dos saberes antigos, considerados meras superstições ou falsos rituais pelos cristãos, como a haruspicina, a astrologia, o augúrio, entre outros. As imagens antitéticas abundam: luz e trevas; desvio e caminho reto; desespero e esperança.

Virgens vestais e cristãs: pudor e castidade

O último argumento simaquiano combatido por Prudêncio diz respeito ao cancelamento de benefícios dados por séculos às virgens Vestais e a outros corpos sacerdotais, que teriam gerado uma fraca colheita para os romanos. Quando analisamos as mártires Eulália e Agnes, vimos como as mulheres passavam a ostentar virtudes quase masculinas ao enfrentar os suplícios martiriológicos na poesia prudentina. Neste poema, Prudêncio compara abertamente as virgens que deveriam manter as chamas da deusa Vesta sempre acesas com as virgens cristãs, obviamente em benefício da imagem destas últimas:

> A última queixa que o legado expõe com profunda dor é que se nega o trigo aos fogos de Palas, o óbolo às mesmas virgens e o sustento a seu casto coletivo, e que se retira das chamas de Vesta seu habitual pressuposto. Afirma que por isto os campos secaram e o fruto está mais escasso (PRUDÊNCIO. *Contra Símaco II*,II. 910-915).

O poeta demonstra grande conhecimento das áreas cerealíferas do Império Romano. Ele cita os principais provedores de grãos de Roma: Egito, África (designada no poema como Líbia), Sicília (representada pelas cidades de Leontini, atual Lentini, e Lilibeo, atual Marsala) e Sardenha. Questiona a falta de grãos, indicada pelo orador:

> Quem vem com fome para os espetáculos do Circo Máximo? Que parte de Roma padece terríveis fomes porque estão vazios os celeiros onde se reparte o pão ou que moinho do Janículo está parado e não trabalha? Quão grande é o volume de frutos que aporta de cada província e que fecunda abundância repousa sobre o fértil mundo; isto indica a distribuição que em nome do estado se faz para o povo e que nutre tão grandes multidões. Talvez um ano um pouco menos fértil tenha ocorrido; isto não é surpreendente nem coisa nova neste mundo. O conheceram nossos antepassados, que com freqüência passaram fome [...] (PRUDÊNCIO. *Contra Símaco II,* II. 946-957).

As colheitas ruins e boas dependeriam de fenômenos da natureza e não da ausência da *pax deorum*. O argumento simaquiano é que o homem estava explorando em demasia a natureza e de forma equivocada e não sofrendo o castigo das divindades pagãs; isto no V século d.C.: "É por antigos erros que os elementos da natureza se mostram instáveis e retirados de seus limites próprios em geral dão resultados distintos dos que marcam sua lei ou o curso do ano" (PRUDÊNCIO. *Contra Símaco II,* II. 973-976). Compara, então, o campo arável ao corpo humano, templo da verdadeira Sabedoria:

> Não de outro modo um funcionamento incorreto de nosso corpo deriva em geral de alguma falha, não se mantém a ordem adequada e, por anomalia em sua direção, acaba por danificar seus membros. Pois é a mesma a condição do mundo e a deste corpo que levamos: uma mesma natureza sustenta um e outro (PRUDÊNCIO. *Contra Símaco II,*II. 989-994).

Há doenças no corpo humano e doenças no solo arável, ambas ocasionadas pela má direção do espaço. O argumento prudentino é forte: "Se esta praga que perversamente nasce de um mundo desleal está vingando as meninas vestais, por que não arrasa unicamente os campos dos cristianizados, promotores que se negam a entregar a vossas virgens as prebendas estabelecidas?" (PRUDÊNCIO. *Contra Símaco II,*II. 1000-1005). Por que as más colheitas estariam acontecendo em todos os lugares? Lembremos que neste mesmo poema, o poeta destaca a ocorrência de uma mesma natureza compartilhada por todos os seres vivos, que não é jamais juiz, mas apenas instrumento da ação divina. Assim, a fome natural advinda do esgotamento do solo, de poucas ou muitas chuvas, de pragas, entre outros fatores, acometeria a todos; o que muda seria a forma de enfrentar os problemas: os pagãos se queixando e os cristãos vendo uma oportunidade para o jejum: "Para aqueles cuja esperança se orienta em direção a uma vida eterna é insignificante todo bem aportado pela idade presente" (PRUDÊNCIO. *Contra Símaco II,* II. 1017-1019). Os convertidos se preocupariam mais com o futuro do que com o presente, pois visavam alcançar o reino celeste.

O homem sábio seria aquele que cultivaria ao mesmo tempo o campo e o espírito, com atenção constante (PRUDÊNCIO. *Contra Símaco II,* II. 1020-1023). Logo, as virgens cristãs seriam mais bem conduzidas que as vestais:

> Nossas virgens belíssimas (*uirginibus pulcherrima*) também têm recompensa: o pudor e o rosto coberto com o véu santo, a honra de sua vida privada, sua beleza que não é conhecida nem exposta ao público; seus parcos e frugais banquetes, sua alma sempre sóbria e o voto de castidade que termina somente com o passamento de sua vida (PRUDÊNCIO. *Contra Símaco II,*II. 1053-1060).

Diferentemente das Vestais, sustentadas pelo Estado, as virgens cristãs teriam apenas ajuda das comunidades cristianizadas e bens futuros. Enquanto as pagãs ficavam um tempo (trinta anos) a serviço de Vesta, as cristãs deveriam fazer votos para sempre. As Vestais participavam de festas públicas e ocupavam importantes posições na audiência do Anfiteatro (PRUDÊNCIO. *Contra Símaco II*,II. 1094), onde ocorriam os *ludi* gladiatoriais e as *venationes*, muitas vezes ajudando a decidir se um gladiador deveria morrer ou se manter vivo; já as cristãs deveriam se ater à vida em comunidade, sem grandes exposições e sem nenhuma demonstração de luxo.

A última parte do poema é dedicada a solicitar a Honório que cessassem os jogos que implicavam na supressão de vidas humanas, o que ajuda a situar a produção do poema antes de 404 d.C., quando foram suprimidas as lutas de gladiadores (RIVERO GARCÍA, 1997, p. 61). Prudêncio aproveita o fato das Vestais freqüentarem estes ambientes para demonstrar sua crueza e sua indigência aos olhos cristãos.

> Que a dourada Roma não conheça nem mais um dia este tipo de crime, eu rogo a ti, o mais augusto líder do reino de Ausônia (Itália), e que ordenes que este rito tão repugnante, igual aos demais, seja suprimido. [...] Ele (Teodósio) proibiu que a cidade se tingisse com o sangue de touros, agora impede tu (Honório) que se ofereçam as mortes de uns pobres homens. [...] Que Roma seja devota a Deus, que seja digna de tão alto Príncipe, ao mesmo tempo poderosa por seu valor e alheia aos pecados (*crimenes*); o líder (*dux*) que ela segue nas batalhas siga também na *pietas* (PRUDÊNCIO. *Contra Símaco II*, II. 1114-1133).

Já que Teodósio havia proibido os sacrifícios de animais aos deuses em 391 d.C., não fazia sentido ainda se permitir o sacrifício de vidas humanas num ambiente cercado de estátuas de seres divinizados, portanto num cenário templário. De Pedro andando sobre as águas, sustentado por Jesus, a uma Roma cristianizada sustentada por Teodósio e Honório, o poeta nos apresenta um panorama da História de Roma no V século d.C. Batalhas, Jogos, invasões, más colheitas, de tudo um pouco preenche a poesia de Prudêncio e lhe serve de mote para usar sua retórica em prol do proselitismo cristão.

Considerações finais

Portanto, para Prudêncio, os primeiros habitantes da Península Itálica haviam estado no caminho certo, de crença em um deus único, mas coma vinda de povos e deuses estrangeiros e pela prática da deificação de homens e de forças da natureza, acabaram se afastando do reto caminho. O desvio os levou ao Paganismo, ao culto de um panteão extenso e intrincado. Assim, a conversão ao Cristianismo era uma retomada do verdadeiro caminho para a salvação. Era ao mesmo tempo uma evolução e um retorno. Nem como adorno as imagens destes deuses deveriam ornamentar os prédios públicos. O poeta não se mostra um iconoclasta empedernido capaz de destruir estátuas e outros símbolos gentios, mas também não defende a permanência dos símbolos pagãos como forma de memória de outros tempos.

O relato histórico tanto poderia exemplificar quanto iludir, a partir da necessidade que impunha sua ocorrência. Para o poeta cristão, os escritores auxiliaram na difusão de falsas crenças ao contar fábulas de homens divinizados e de forças da natureza deificadas. Por isso, o próprio Homero é chamado de fabulador, criador de mitos e de equívocos. Cristo seria a verdadeira musa para a criação de uma narrativa verdadeira da estória humana. A Fé serviria como parâmetro de veracidade. Por isso, a poesia prudentina, versificando as cartas de Ambrósio de Milão para combater o retorno de concepções que por vezes eclodiam desde Símaco, era antes de tudo um ato de fé na capacidade de Honório de manter o processo de cristianização do Império Romano.

REFERÊNCIAS

Documentação textual

AMBROZIO. *Opera Omnia*. Tradução de Gabriele Bouterle. Roma: Nerone Editrice, 1988.

ARISTÓTELES. *A Poética*. Tradução de Valentin García Yebra. Madrid: Gredos, 1974.

BÍBLIA SAGRADA. *Nova Versão Internacional*. São Paulo: Vida, 2003.

CASSIO DIONE. *Storia Romana*. Tradução de Alessandro Stroppa. Milano: BUR, 1998.

DIONÍSIO DE HALICARNASO. *Historia Romana*. Tradução de Carlos Miralles. Madrid: Gredos, 2009.

HOMERO. *Ilíada*. Tradução de Carlos Alberto Nunes. São Paulo: Tecnoprint, 1985.

HORÁCIO. *Arte Poética*. Tradução de David Jardim Júnior. São Paulo: Cultrix, 1995.

HORÁCIO. *Epístola a los Pisones*. Tradução de Marcelo Macías y García. Madrid: Orense, 1990.

OVÍDIO. *Obras*. Tradução de Antônio Luís Seabra. Rio de Janeiro: W.M. Jackson, 1948.

PLATON. *Ouevres Completes*. Tradução de M. Croiset. Paris: Les Belles Lettres, 1966.

PLÍNIO, O ANTIGO. *História Natural*. Tradução de Maria Luísa Harto Trujillo. Madri: Akal, 2002.

PLUTARCO. *Vidas Paralelas*. Tradução de Gilson César Cardoso. São Paulo: Paumape, 1992.

PRUDÊNCIO. *Obras Completas*. Tradução de Alfonso Ortega e Isidoro Rodriguez. Madrid: BAC, 1981.

PRUDÊNCIO. *Obras*. Tradução de Luis Rivero García. Madrid: Gredos, 1997. v. 1/2.

PRUDÊNCIO. *Poetry*. Tradução de J. H. Thomas. London: Harvard University Press, 1993. (Loeb).

SÍMACO. *Orationes*. Tradução de José Antonio Valdés Gallego. Madrid: Gredos, 2003.

SUETÔNIO. *Vidas dos Doze Césares*. Tradução de Agostinho da Silva. Lisboa: Horizonte, 1975.

TACITO. *Annali*. Tradução de Bianca Ceva. Milano: Rizzoli, 1997.

TERTULIANO. *Apologético e Aos Gentios*. Tradução de Carmen Castillo García. Madrid: Gredos, 2001.

TERTULIANO. *Opere*. Traduzione di A. Resta Barrile. Bologna: Arnoldo Mondadori, 1994.

TITUS LIVIUS. *The History of Rome*. Tradução de John Herry Freese. New York: Lightning Souce, 2009.

VIRGÍLIO. *Eneida*. Tradução de Odorico Mendes. Campinas: Ed. Unicamp, 2005.

Bibliografia

AAVV. *Dicionário Patrístico e de Antiguidades Cristãs*. Petrópolis: Vozes, 2002.

BALDINI, A. Il Contra Symmachus di Prudenzio e la Conversione del Senato. *Rivista Storica dell'Antichitá*, Roma, v. 18, p. 115-157, 1988.

BARNES, T.D. The Historical Setting of Prudentius´Contra Symmachus. *American Journal of Philology*, New York, v. 97, p. 373-386,1976.

BICKERMAN, E. Consecratio. *In*: BICKERMAN, E. Le Culte des Souverains dans l'Empire Romain. Genève: Fondation Hardt, 1973. t. 19, p. 3-25.

BLOCH, Herbert. El Renacimiento del Paganismo en Occidente a fines del Siglo IV. *In*: MOMIGLIANO, Arnaldo *et al*. El Conflicto entre el Paganismo y el Cristianismo en el Siglo IV. Madrid: Alianza, 1989. p. 207-232.

BOWERSOCK, G. W. *Hellenism in Late Antiquity*. Ann Arbor: The University of Michigan Press, 2008.

BOWERSOCK, G. W.; BROWN, P; GRABAR, O. (ed.). *Interpreting Late Antiquity*: Essays on the Postclassical World. London: Harvard University Press, 2001.

BROWN, Peter. *A Ascensão do Cristianismo no Ocidente*. Lisboa: Presença, 1999.

BROWN, Peter. *Authority and the Sacred*. Cambridge: University Press, 1997.

BROWN, Peter; RUGGINI, L. C.; MAZZA, M. *Governanti e Intellettuali*: Popolo de Roma e Popolo di Dio. Torino: Giappichelli, 1982.

CAMERON, Alan. Paganism and Literature in Late Fourth Century Rome. *In*: AAVV. *Christianisme et Formes Littéraires de l'Antiquité Tardive en Occident*. Genève: Fondation Hardt, 1976. p. 360-378.

CAMERON, Averil. *Christianity and the Rhetoric of Empire*: The Development of Christian Discourse. Berkeley: University of California Press, 1994.

CAMERON, Averil. Dialoguing in Late Antiquity. Harvard: University Press, 2014.

CAMERON, Averil. Remaking the Past. *In*: BOWERSOCK, G. W.; BROWN, P; GRABAR, O. (ed.). *Interpreting Late Antiquity*: Essays on the Postclassical World. London: Harvard University Press, 2001. p. 1-20.

CARVALHO, Margarida Maria de; FIGUEIREDO, Daniel de. O Significado do Contra nos Discursos Político-Religiosos da Antiquidade Tardia. *In*: GONÇALVES, Ana Teresa M. *et al. Saberes e Poderes no Mundo Antigo*. Coimbra: Imprensa, 2013. p. 213-228.

CUNNINGHAM, Maurice P. Contexts of Prudentius'Poems. *Classical Philology*, Chicago, v. 71, n. 1, p. 56-66, 1976.

CUNNINGHAM, Maurice P. *The Problem of Interpolation in the Textual Tradition of Prudentius*: Transactions and Proceedings of the American Philological Association. New York, 1968. v. 99, p. 119-141.

DEPROOST, P.-A. *L'Apôtre Pierre dans une Épopée du VI Siècle*. Paris: Institut d'Études Augustiniennes, 1990.

DODDS, E. R. *Pagans and Christians in an Age of Anxiety*. Cambridge: University Press, 1965.

EVENEPOEL, Willy. Ambrose versus Symmachus: Christians and Pagans in AD 384. *Ancient Society*, London, v. 29, p. 283-306, 1988.

EVENEPOEL, Willy. Prudentius: Ratio and Fides. *L'Antiquité Classique*, Paris, v. 50, p. 318-327, 1981.

FEARS, J. R. The Cult of Virtues and Roman Imperial Ideology. *Aufstieg und Niedergang Romischen Welt*, Berlin, v. 2, n. 17, parte 2, p. 827-948, 1981.

FERNÁNDEZ LOPÉZ, Jorge. Rhetor Invitus: Prudendio entre la Fé, la Tradición y la Retórica. *Berceo*, La Rioja, n. 143, p. 21-29, 2002.

FERRANDI, Etienne. La Lutte contre le Paganisme dans l'Oeuvre de Prudence. Marseille: Ed. Université Aix Marseille, 2017.

FISHWIICK, D. Prudentius and the Cult of Divus Augustus. Historia. *Berlin*, v. 39, p. 475-486, 1990.

FONTAINE, Jacques. *Naissance de la Poésie dans l'Occident Chrétien*. Paris: Institut d'Études Augustiniennes, 1981.

FOX, R. L. *Pagans and Christians*. London: Penguin, 1986.

FREYBURGER, G. *Fides*. Paris: Les Belles Lettres, 2009.

GÁSPÁR, D. Christianity and the Imperial-Cult. *Acta Classica Debreceniensis*, Debrecen, v. 33, p. 99-103, 1997.

GRIMAL, Pierre. *Dicionário da Mitologia Grega e Romana*. Rio de Janeiro: Bertrand, 1992.

HARDIE, Philip. How Prudentian is the Aeneid? *Dictynna*, Paris, v. 14, p. 1-12, 2017.

HIDALGO DE LA VEGA, Maria José. *El Intelectual, la Realeza y el Poder Político en el Imperio Romano*. Salamanca: Ediciones Universidad, 1995.

HOPKINS, Keith. *A World Full of Gods*: The strange Triumph of Christianity. New York: Plume, 2001.

JONES, D. L. Christianity and the Roman Imperial Cult. *Aufstieg Niedergang und Romischen Welt*, Berlin, v. 2, n. 23, parte 2, p. 1023-1053, 1980.

KENNEDY, G. A. *Classical Rhetoric and its Christian and Secular Tradition*. Chapel Hill: The University of North Carolina Press, 1999.

LANA, Ítalo. *Due Capitoli Prudenziani*. Roma: Studium, 1962.

LEMOS, Márcia Santos. Os Embates entre Cristãos e Pagãos no Império Romano do Século IV: Discurso e Recepção. *Dimensões*, Vitória da Conquista, v. 28, p. 153-172, 2012.

LEVINE, Robert. Prudentius´ Romanus: The Rhetorician as Hero, Martyr, Satirist and Saint. *Rhetorica*, London, v. 9, p. 5-38,1991.

MACMULLEN, Ramsay. *Christianisme et Paganisme du IV au VII Siècles*. Paris: Les Belles Lettres, 1998.

MALAMUD, Martha. Making a Virtue of Perversity: the Poetry of Prudentius. *In*: BOYLE, A.J. *The Imperial Muse*. Victoria: Aureal, 1990. p. 274-298.

MOMIGLIANO, Arnaldo et al. *El Conflicto entre el Paganismo y el Cristianismo en el Siglo IV*. Madrid: Alianza, 1989.

PEREIRA, Maria Helena da Rocha. *Estudos de História da Cultura Clássica*. Lisboa: FCG, 1989.

RIVERO GARCÍA, Luis. Introdução e Notas. *In*: PRUDÊNCIO. *Obras*. Tradução de Luis Rivero García. Madrid: Gredos, 1997. v. 1/2, p. 7-147.

ROSA, Claudia Beltrão da. A Religião na Urbs. *In*: SILVA, Gilvan Ventura da; MENDES, Norma Musco. *Repensando o Império Romano*. Rio de Janeiro: Mauad, 2006. p. 137-160.

SILVA, Gilvan Ventura da. *A Escalada dos Imperadores Proscritos*. Vitória: GM, 2018.

JERÔNIMO DE ESTRIDÃO:
um intelectual tardo-antigo no qual a História Providencial, Teologia e a Política providenciais deveriam estar a serviço da consolidação ecumênica da Igreja Cristã[1]

Graciela Gómez Aso[2]

Investigar o período Tardo-antigo exige de nós, como historiadores, um desdobramento interpretativo e analítico cauteloso e metódico. Os textos que interpretamos emergem de um contexto em que as posições filosóficas, políticas, teológicas e religiosas refletem um perfil cultural e ideológico da época em que cada autor pagão e cristão se posicionou diante de um Império enfraquecido, um culto ao Império em declínio, e em que a fé e o prolífico trabalho discursivo (epistolar ou homilético) dos bispos cristãos desencadearam um tempo de tensão que exacerbou os espíritos contra o que era dito e escrito.

Nos intelectuais romano-cristãos, a vivência, o testemunho, o posicionamento estavam permeados pela posição que a elite eclesial postulava ante os eventos históricos do Império Romano em decadência. A posição teológica da elite eclesial impactou cada um dos bispos e influenciou seus discursos sobre a realidade social e política. Os bispos não responderam como um corpo homogêneo à crise de seu tempo, mas reagiram como um corpo eclesial em defesa de seu Deus e de sua igreja. Cada bispo responde aos cânones filosófico-teológicos de seu contexto local, embora permeado pela condição ecumênica de uma igreja cristã já posicionada entre a elite imperial e no próprio estado romano, tanto no Oriente quanto no Ocidente.

Jerônimo de Estridão era um homem de seu tempo (séculos IV e V). Ele nasceu na Dalmácia e viajou e se estabeleceu sucessivamente em Roma, Constantinopla, Síria e Belém. Jerônimo era um intelectual formado com os melhores mestres e um polemista de sangue e escrita combativa.

O contexto da vida de Jerônimo foi marcado por várias balizas pessoais que o aproximaram e o afastaram sucessivamente do poder de Roma. O contexto histórico do Império Romano o confrontou com a realidade de um Estado

---

1 Tradução de Jorge Elices Ocón – Pós-doutorando do Programa de Pós-Graduação em História da Universidade Federal de São Paulo – Bolsista FAPESP.
2 Diretora do PEHG- Programa de Estudos Históricos Greco-romanos (Departamento de História, Faculdade de Ciências Sociais – Pontifícia Universidade Católica da Argentina).

cercado pelas *gentes barbarae* e por reis *barbaricos* que lideravam comitivas de guerreiros de distinta origem étnica. A queda de Roma do ano 410 nas mãos do *Rex Gothorum* Alarico foi um ponto de inflexão em sua vida, como evidenciado por suas epístolas e homilias.

Jerônimo foi um daqueles intelectuais cristãos que, como bispos-escritores, fizeram da palavra uma ferramenta de difusão e de doutrina cristã. No interior da igreja, suas epístolas foram cuidadosamente unidas com esmero para espalhar entre os sacerdotes de seu entorno os postulados dogmáticos e teológicos necessários para consolidar a posição da igreja cristã diante de seus mais astutos detratores. Fora da igreja, seu trabalho se concentrou em brindar com claridade e solidez o posicionamento filosófico, político e ideológico da igreja de Belém, em face da ação dos bárbaros e dos ditos dos pagãos.

Concordo com Lellia Cracco Ruggini (2011) que a visão providencialista de escritores pagãos e cristãos emergiu como um recurso histórico para conotar e apreciar a dimensão cultural, social e política que a queda de Roma produziu nos mesmos. Para esta autora "Os cinquenta anos que vão da derrota dos romanos em Adrianópolis por obra dos godos (378) até a norte de Agostinho na África romana em tempos da consolidação do reino dos vândalos (430), foi o que produziu um giro determinante na história e na cultura do Império romano. Aí se formaram visões providencialistas tanto pagãs quanto cristãs, ou seja, a intervenção de uma Providência superior nos eventos humanos" (CRACCO RUGGINI, 2011, p. 21). No mesmo sentido, os trabalhos de Zecchini (1991) (ZECCHINI, 1991, p. 61-76) e Pohl (POHL, 2008, p. 22-23) são fundamentais.

O saque de Roma (*Civitas Aeterna*) pelo *Rex Gothorum* Alarico entre 24 e 26 de agosto de 410 restaurou na elite dominante e na elite intelectual a visão providencialista da história que foi construída discursivamente no contexto da crise da República tardia. Na Antiguidade tardia (séculos IV e V), a aristocracia urbana senatorial de Roma, tanto pagã como cristã, buscou modelos interpretativos de autores formados em gramática e retórica alto imperial, com a intenção de replicar ações e discursos que levariam a soluções eficazes ante o massivo ingresso de *gentes barbarae* no território da *Pars Occidentalis* do Império.

Consideramos que as migrações bárbaras e a conseqüente instalação do *barbaricum* em vastos territórios do Império quebraram o significado providencial da história construída no tempo de Otaviano, o Augusto. Esse modelo discursivo serviu de base ideológica para a expansão e consolidação do Império ecumênico. Nesse contexto discursivo, Roma havia sido fundada *in sensu aeternum*.

Os bárbaros eram na época da queda de Roma, em 410, atores principais. Os romanos-pagãos e os romanos-cristãos foram os outros atores desse triângulo interpretativo que é o eixo nevrálgico de nossa reflexão histórica.

Cada pensamento escrito, cada palavra simples ou provocativa fazia parte de uma construção discursiva que tocava o terreno histórico e colocava ações e palavras em uma evolução temporal ligada ao eixo passado-presente-futuro. Portanto, antes dos escritos de Jerônimo de Estridão, devemos nos abrir para uma interpretação que nos permita trabalhar sua prolífica obra intelectual com base em uma análise metódica do discurso baseada em seus escritos.

Analisaremos a Jerônimo, sua obra epistolar e homilética e, em particular, sua posição historiográfica/teológica sobre a barbárie, não podemos ignorar do mesmo perfil de estudo, falar sobre Roma, sua história, seu significado histórico, dos símbolos religiosos, políticos e teológicos que, na época de sua queda, mais uma vez nutriram as posições de Jerônimo como parte da elite intelectual cristã. Com base nisso, podemos nos perguntar: 410 foi uma enorme articulação histórica e historiográfica? E nesse contexto historiográfico, como funcionava o trabalho intelectual de Jerônimo?

É nossa intenção analisar a concepção histórica e historiográfica de Jerônimo de Estridão sobre a história de Roma e sobre o tripé de seus protagonistas em função da queda de Roma: bárbaros, pagãos e cristãos. Que papel Jerônimo atribuiu às deduções escatológicas, providencialistas e messiânicas baseadas na história universal, na história da Igreja e, portanto, na história da Salvação? E, portanto, disse o intelectual: ele se apresentava como um teólogo da história ou como um historiador cristão providencial?

A formação romano-cristã de Jerônimo

Jerônimo nasceu em Estridão, Dalmácia, perto do norte da Itália. Em torno à data de seu nascimento, as versões levaram a controvérsias (JAY, 1973; BOOTH, 1979; RICE, 1985). Kelly, depois de um estudo exaustivo, dá como data de seu nascimento o ano 337 (KELLY, 1975, p. 337-339).

De uma família cristã nicena, cujos membros adotaram a vida religiosa, Jerônimo estudou em Roma. Ele teve a sorte de frequentar a escola de Elio Donato em Roma. Nesse sentido, o gramático mais influente do século IV. Com ele, entre aproximadamente 360 e 367, realizou os estudos usuais de gramática, leitura e comentário de poetas e historiadores, de obras filosóficas, dialéticas e retóricas, além de declamação de *controversiae* no campo filosófico-retórico (MUÑOZ GARCÍA DE ITURROSPE, 2011, p. 61). Ele era um excelente conhecedor de escritores clássicos, como Virgílio, Horácio, Tácito e Quintiliano, além de Homero e Platão, a quem recordava de memória geralmente. Ele terminou de se educar no Ocidente em Trier e Aquileia. Sua permanência em Treveris, perto da residência de Valentiniano I, permite deduzir seu provável interesse em seguir carreira na administração imperial. Em Aquileia, ele se interessou pela vida de Antônio Abad e, a partir do ano 373, começou a vida monástica na companhia de seus amigos Cromácio, Rufino e Bonoso. Em Roma, ele aprofunda seu contato com locais sagrados e se relaciona com a palavra e a doutrina cristã. A cidade era para ele um espaço que lhe permitia perceber a coexistência da *Romanitas* clássica e da tradição apostólica, posicionamento que o acompanhará ao longo de sua vida intelectual.

No Oriente, recebeu aulas particulares de Apolinário de Laodicéia, em Antioquia, teólogo e heresiarca cristão, que colaborou com Atanácio de Alexandria nas disputas cristológicas contra os arianos, e Dídimo, o cego, entre 368 e 374, um professor com um método de memorização que foi impressa nas retinas de intelectuais posteriores graças ao retrato vívido de Rufino de Aquileia:

> [...] dedicou-se por noites ininterruptas não à leitura, mas à ouvir, de modo que o que foi fornecido a outros pela visão lhe fosse dado pelo ouvido. E como geralmente acontece que, depois de um trabalho de estudo, chega o sonho para quem lê, Dídimo, por outro lado, aproveitou esse silêncio não para descanso ou desocupação, mas, como uma espécie de animal ruminante, considerou novamente os alimentos recebidos e o que ele veio a conhecer através de uma leve leitura feita por outras pessoas, ele reteve de tal maneira em sua memória e em sua mente que parecia que ele não apenas ouvira tudo o que lera, como o havia gravado nas páginas de sua mente. Dessa maneira, em um curto espaço de tempo, ele alcançou tal acervo de ciências e erudição que se tornou doutor da escola eclesiástica (RUFINO DE AQUILEIA. *Historia Eclesiástica*, Libro 11,7).

Para verificar a heterogeneidade da cultura clássica e cristã, ele partiu para o Oriente. Lá, ele aperfeiçoou o grego e aprendeu hebraico. Ele praticou a vida ascética com os monges do deserto e é aí que decide dar preeminência à vida cristã, embora seus escritos nos mostrem que ele não esquece a cultura clássica. Em Antioquia, ele recebeu aulas de Apollinar de Laodicéia, e em Constantinopla, de Gregorio de Nazianceno. Nesta cidade, traduz a *Crônica* de Eusébio. Retorna a Roma em 382 como intérprete de Paulino de Antioquia e Epifânio de Salamina. Ele se tornou secretário do papa Dâmaso e guia espiritual de alguns aristocratas romanos. Após a morte do papa Dâmaso, voltou ao Oriente. Em 385 ele se estabeleceu em Belém.

Após sua instalação na Palestina, rompe com o ambiente clerical romano e retoma uma vida monástica. Em Belém, ele se dedicou totalmente ao estudo da cultura cristã, bíblica e eclesiástica. Traduziu o Antigo Testamento do hebraico para o latim entre 390 e 405 e, de 393 a 402, dedicou-se a escrever grandes comentários bíblicos. Após a querela origenista, ele rompe laços com Rufino de Aquileia, seu amigo de juventude. Jerônimo, que já foi entusiasmado com as teorias de Orígenes, por volta de 402 se opõe a ele e o sistematicamente o condena. Em seu trabalho contra Rufino, ele apresenta um resumo de sua evolução intelectual:

> Sou filósofo, rhetor, gramático, dialético e sou trilíngue (em hebraico, grego e latim) (HIER. Ap. Ruf. III, 6).

Como pode ser visto acima, Jerônimo sempre reivindicou sua formação cultural da qual se orgulhava. Essa cultura profana permitiu que ele citasse todos os grandes autores, retores ou filósofos gregos e latinos:

> Nós, oh homens sapientíssimos! Frequentamos escolas e lá aprendemos as *teorias aristotélicas* ou [...] de *Gorgias*, [...] que não é o mesmo que escrever como polemista ou como filósofo. [...] Leiam, eu imploro à Demóstenes, leiam à Tulio; e, porque talvez não gostem dos oradores, cujo ofício é dizer o plausível mas não tanto o verdadeiro, leiam à *Platão*, *Teofrasto*, *Xenofonte* e outros filósofos (HIER. *Ep.* 49, 13; CSEL, v. 54, 55, 56; MPL 030).

> Talvez seja necessário citar à *Pitágoras* e *Arquitas de Taranto* e Publio Scipio que, no sexto livro do *De Republica*, falam...? (HIER. *Ep.* 49, 19; CSEL, v. 54, 55, 56; MPL 030).

> E tenho nesta parte como mestre à Tulio, que transferiu o *Protágoras* de *Platão* e o *Econômico* de *Xenofonte* e as belíssimas orações de *Ésquines* e *Demóstenes*, que pronunciaram um contra o outro (HIER. *Ep.* 57, 5; CSEL, v. 54, 55, 56; MPL 030).

Na vida do bispo de Jerônimo, o ano 376 serviu de conjuntura em seu devir intelectual. A partir dessa data, sua formação clássica foi aplicada a temáticas e questões bíblicas e cristãs de maior impacto. Sem dúvida, sua chegada ao Oriente e o que ele aprendeu com Gregorio de Nazianceno pesaram sobre ele. Na Epístola 22, do ano 384, dirigida a um de seus discípulos romanos de ascendência aristocrática durante seu tempo nos claustros de Roma como secretário do Papa Dâmaso, Jerônimo expressa aquele sonho em que se sente acusado de ser um amante da cultura clássica acima da cristã diante a corte de Deus:

> Mas não conseguia me livrar da minha biblioteca que, com extrema diligência e trabalho, eu havia reunido em Roma. Então, triste de mim, jejuei para ler mais tarde à Tulio. Depois das longas vigílias da noite, depois das lágrimas que rasgara das profundezas do meu interior a memória

dos pecados passados, pegava à Plauto em minhas mãos. Se mais tarde voltasse para mim mesmo e decidisse ler um profeta, o estilo descuidado me repelia e, não vendo a luz porque meus olhos estavam cegos, pensei que não era minha culpa, mas do sol. Enquanto a serpente antiga estava brincando comigo assim [...] uma febre entrou na minha medula que queimava meu corpo exausto [...] arrebatado no espírito, sou arrastado para o tribunal do juiz. Havia tanta luz lá e os assistentes irradiavam um brilho tão claro que, derrubado pelo chão, não ousava erguer os olhos. Questionado sobre minha condição, respondi que era cristão. Mas quem estava sentado disse: <Você mente; é um ciceroniano, não um cristão. Pois onde estiver o seu tesouro, aí também estará o seu coração> (Mt. 6,21) [...] Finalmente, prostrados aos pés do presidente, os espectadores imploraram que ele perdoasse minha juventude e concedesse penitência pelo erro. Isso sim, se alguma vez no futuro lia livros de cartas gentilícias, teria que sofrer a punição. [...] Depois do sonho e, posteriormente, li os livros divinos com tanto zelo, como nunca havia colocado anteriormente na leitura dos profanos" (HIER. Ep. 22,30; CSEL, v. 54, 55, 56; MPL 030).

Retrato fresco e vívido da vida de Jerônimo. O manejo da retórica com um estilo entre casual e cáustico tornou seus escritos meritórios, provocativos e com um estilo simples e ousado. Sua cultura clássica o perpassou em todas as suas obras. Como parte das epístolas que mostram sua posição diante da cultura clássica, é interessante resgatar a carta 60 de Heliodoro, datada em 396:

Vamos aprovar tudo isso como uma espécie de berço da fé nascente: **aquele que era um soldado leal sob a bandeira de outro merece ser coroado de louros assim que começar a servir seu verdadeiro rei**. Deixando o cinto e trocando de roupa, tudo o que tinha do salário militar deu para os pobres. Pois tinha lido: **Você não pode servir a dois senhores**... (HIER. Ep. 60, 10; CSEL, v. 54, 55, 56; MPL 030).

Jerônimo pode declamar contra a beleza do estilo que deve fugir diante da humanidade (HIER. Ep. 48, 4). Pode ostentar ter feito um esforço para escrever simplesmente para os mais simples (HIER. Ep. 10, 3). Pode, seguindo Tertuliano, rir dos argumentos de Aristóteles que serão confundidos com o julgamento final (HIER. Ep. 14, 11): "*O filósofo é considerado um ser de glória e um escravo da popularidade*". Pode, seguindo Tertuliano, relacionar "aos filósofos com os patriarcas heréticos" (HIER. Ep. 133, 2). Pode qualificar de alimento demoníaco as canções dos poetas, a sabedoria do século, a pompa verbal dos *rhetores*. Ele adverte contra Virgílio e as comédias (HIER. Ep. 21, 13), mas a cultura clássica o perpassou ao longo de sua obra, mesmo quando ele faz sua tradução extraordinária da *Bíblia* do hebraico, língua bárbara em seu conceito, ao latim, para que chegue até o povo de Deus dentro do Império Romano.

Um exemplo claro de uma síntese clássica-cristã é a Epístola 52, do ano 394, na qual, a pedido do jovem sacerdote Nepociano, ele narra conselhos ou esboços de uma regra da vida sacerdotal. Nela, Jerônimo, com quase 50 anos, conta a ele, depois de recordar quatro passagens virgilianas que enviou a seu tio Heliodoro em 376 (HIER. Ep. 14, 4): *"E porque não pareça que eu reivindique apenas testemunhos das letras pagãs, conhece também os mistérios dos volumes divinos"* (HIER. Ep. 52, 2; CSEL, v. 54, 55, 56; MPL 030). Ele também citou referências profanas, particularmente filosóficas, já que a velhice é mais propícia à sabedoria do que a juventude: *"... a senescência daqueles que adornavam sua juventude com artes nobres e meditavam sobre a lei do Senhor dia e noite"* (HIER. Ep. 52, 2; CSEL, v. 54, 55, 56; MPL 030). Jerônimo se apresentou como o ideal do filósofo cristão. A educação clássica certamente era insuficiente para esse cristão romano, mas era necessária. Essa é a mensagem que ele queria deixar para o jovem padre. Ele queria assim ilustrar o propósito da sabedoria da velhice. Jerônimo, na mesma epístola, cita a filósofos e poetas gregos, a Nestor da *Ilíada*, e a Catão, o Velho, que desprezava o grego, mas o estudara.

Como vimos, esse amor humanista pela cultura clássica parecia ser reforçado no encontro com Gregório de Nazianceno em Constantinopla. É assim que ele menciona que advertiu o jovem padre Paulino de Nola em relação ao ano 394: *"Eu não gostaria que você se ofendesse pela clareza e humildade das palavras nas Sagradas Escrituras [...] porque elas eram pronunciadas assim para uma audiência rústica"* (HIER. Ep. 54, 10; CSEL, v. 54, 55, 56; MPL 030). Ele chegou a compartilhar via epistolar que duvidava que o hebraico fosse a língua principal da humanidade (HIER. Ep. 18 A, 6). Qualificou inclusive essa língua e sua escritura como bárbaras (HIER. Ep. 20, 4). Para ele, apenas o bom latim era um sinal de civilização, mas, embora formado na retórica ciceroniana, Jerônimo se mostra fiel a Deus.

Jerônimo: sua jornada intelectual da Roma pagã à Roma cristã do Papa Dâmaso

Tendo entrado na concepção de Jerônimo da Roma cristã e da Igreja dos Apóstolos, os mártires, os pilares da fé no Ocidente, devemos esclarecer que, quando jovem, ele foi batizado e, mais tarde, ordenado sacerdote. Ao longo de sua vida, deixou de se considerar um homem da Igreja de Pedro e Paulo como a única referência em questões de fé. Pouco depois de chegar a Roma, foi eleito secretário de Dâmao, bispo de Roma. Nesse contexto, foi definido como um *homo romanus*.

Alguns anos depois, por causa de seu espírito combativo, ele foi forçado a deixar Roma quando da morte de Dâmaso por aqueles homens de poder que demonstraram hostilidade em relação a ele. Após as fortes controvérsias das quais fazia parte, uma visão crítica de seu mundanismo é percebida em suas epístolas.

> Roma com seus tumultos, a fúria de sua arena, as loucuras de seu circo, a vergonha de seus teatros [...] Para nós, é bom nos aproximarmos de Deus e depositar nossa esperança no Senhor" (HIER. *Ep.* 54, 10; CSEL, v. 54, 55, 56; MPL 030).

Tudo isso estava longe do ideal ascético que Jerônimo havia apreciado em Paula, Eustóquia e nos outros aristocratas romanos. Tampouco hesitou em escrever que estava feliz em deixar Babilônia para retornar a Jerusalém (HIER. Ep. 45, 6). Para esse escritor sanguinário, a realidade foi modelada na forja de suas batalhas teológico-políticas.

Jerônimo insistiu em citar o Apocalipse para identificar Roma com a Babilônia. Considerou Roma, a cidade das sete colinas e águas abundantes, como a residência de demônios e espíritos impuros, mas também acrescentou:

> Confesso que a Santa Igreja está lá, estão as relíquias dos apóstolos e mártires, está a verdadeira confissão de Cristo e a fé pregada pelos apóstolos. Lá pisoteada a gentilidade, o nome cristãos se eleva dia após dia no alto. Mas o próprio Fausto, o poder, a grandeza da cidade, o ser vistos e ver, sendo visitado e visitar, louvar e injuriar, ouvir ou falar e ter que suportar, mesmo com relutância, tanto barulho das pessoas, são coisas muito estranhas à profissão e descanso dos monges (HIER. Ep. 46, 12; CSEL, v. 54, 55, 56; MPL 030).

Nesta carta, o triunfo social e político do cristianismo aparece em Jerônimo muito distante da Cidade de Deus (a igreja), que ele considerava apoiada pelo monasticismo. A Roma cristã de Jerônimo estava próxima da Roma do papa Dâmaso. Essa Roma foi erigida por ele como o contramodelo da Roma pagã. Jerônimo recebeu um grupo de mulheres e jovens aristocráticos, essenciais no que seus biógrafos chamavam de "Senado Cristão". Nesse contexto cultural e social, o "evergetismo" pagão foi substituído pela caridade cristã.

Como vimos nas citações acima, Roma era sinônimo de cidade, de mundo urbano. Jerônimo, um homem de sentimento e ação monástica, estava preocupado com o fato de Roma manter um perfil excessivamente urbano. Aquela cidade que abrigava a cadeira de Pedro devia olhar para o mundo e pregar em um sentido ecumênico. Vemos em Jerônimo o homem que reconheceu o papel teológico do clérigo romano. Jerônimo, nos dias de Dâmaso, promoveu e consolidou a imagem papal diante do mundo.

Na época da tradução da *Crônica* de Eusébio de Cesaréia, Jerônimo se depara com um problema insolúvel, o da harmonização entre o *Catálogo*

Liberiano ou a lista de papas sucessivos da tradição latina, que apresentava a Pedro como o primeiro bispo de Roma entre 30 e 55, e a tradição grega de Irineu e a *Crônica* de Eusébio, onde Pedro era considerado o apóstolo fundamental da Igreja Romana, mas não como o primeiro bispo de Roma, e onde sua estadia em Roma teria durado de 42 a 67. Jerônimo, em sua tradução da *Crônica*, mostra que a cronologia modifica os termos de uma perspectiva petrina. Seu senso de *Romanitas* foi mais do que demonstrado nos marcos intelectuais de sua vida monástica-intelectual e em seu trabalho pastoral diante dos paroquianos romanos, das mulheres romanas em seu ambiente e da figura papal de Dâmao que consolidou Roma como cabeça da cristandade e do mundo romano.

Jerônimo antes da queda de Roma por ação dos bárbaros

Segundo a análise de Muñoz García de Iturrospe, Jerônimo tentou, em seu trabalho intelectual, "servir de ponte ou fazer uma síntese entre a língua e o estilo clássicos e a língua e o estilo novo, próprio dos escritores cristãos." (MUÑOZ GARCÍA DE ITURROSPE, 2009, p. 67).

Em relação aos bárbaros, podemos estabelecer no epistolar de Jerônimo as seguintes posições, diretamente relacionadas aos anos em que foram escritas:

1. Posição tendente a estabelecer sua identidade romano-cristã (anos 374-395).
2. Posição de forte conotação cristã em relação aos embates que o Império Romano estava sofrendo (ano 396).
3. Posição apocalíptica baseada na entrada maciça de bárbaros e ao mesmo tempo em adaptabilidade aos novos tempos (397-419/420).

Entre 374 e 395, Jerônimo assumiu uma posição que parecia ser assimilada à posição grega em relação aos bárbaros. Convicção? Posicionamento assumido devido ao contato com a cultura grega? Não sabemos ao certo. Podemos inferir que, por inferência, ele foi capaz de aderir a uma posição do perfil grego em relação aos "outros", aqueles que não pertencem à cultura grega, os *barbaroi*, na bagagem de sua formação clássica.

Nesse período, percebe-se uma visão do "outro", carregada de "epítetos pejorativos", que parecem ter lhe permitido consolidar sua identidade. Esta posição é característica da primeira etapa de seus escritos epistolares.

Os gregos do século V a. C. consolidaram um modo discursivo e retórico de ascensão sofisticada. Essa modalidade foi assimilada durante a guerra contra os "outros", neste caso, os persas.

O historiador inglês Robin Osborne, estudioso da antiguidade grega, expressou que, nos tempos difíceis das Guerras Persas, a cultura helênica tinha experimentado uma mudança de sentido em relação aos bárbaros. Assim, sua apreciação dos outros mudou culturalmente do domínio dos costumes para o domínio da natureza do ser; "Dos *nomoi*, o uso do termo derivado da *physis*" (OSBORNE, 2002, p. 196).

Diante dos "outros" considerados fora do ecumeno grego, consolidou-se um "nós helênico" (BUONO CORE, 2009, p. 355), que levou ao abandono do termo ancestral "*xenós*" e sua substituição pelo de "*βάρβαρος*", um conceito pejorativo. É atribuído a uma língua diferente, a uma cultura diferente, particularmente inferior. Assim, o "nós" helênico foi separado do "eles" dos "outros". Progressivamente, deram origem ao uso de um *etnônimo pejorativo*, ou termo desqualificante do outro, às vezes acompanhado por um *exônimo pejorativo*, termo localizado em um determinado espaço geográfico no qual ocorriam condições sociais e culturais opostas às do povo grego.

Com base nessas oposições culturais, Koselleck falou da categoria de "opostos assimétricos" (KOSELLECK, 2012, p. 205), que estabeleceu uma dualidade entre o falante que se reconhecia como valioso e superior, como um "nós" cultural e étnico, e o lugar e condição de "eles", os diferentes, sem cultura, afastados da circunstância do falante. Não esqueçamos o que Koselleck disse: "a partir da qualificação de "contrários assimétricos, articula-se à identidade de uma pessoa ou de um grupo e a sua relação com os outros" (KOSELLECK, 2012, p. 205).

Vemos em Jerônimo uma prática semelhante à descrita acima nesta série de parágrafos. Com eles e destacando os termos que demonstram a posição de Jerônimo em relação aos "outros" (bárbaros), compartilharei uma série de parágrafos de epístolas.

Na Epístola 3, dirigida a seu velho amigo Rufino, no ano de 375, quando as nuvens escuras da discórdia não haviam surgido, Jerônimo recorda nostalgicamente os tempos da infância e desliza sua visão sobre os bárbaros com seu olhar de soslaio:

> Um único colo das amas-de-leite, os **mesmos** braços dos aios nos acalentaram e, depois dos estudos em Roma, nós dois comemos o mesmo pão, **nos salvaguardamos** no **mesmo** albergue ao lado das **margens meio bárbaras** do Reno (HIER. Ep. 3, 5; CSEL, v. 54; MPL 030).

Na carta 15 dirigida ao bispo de Roma, Dâmaso, escrita no deserto da Síria entre 376 e 377:

> Pelos **meus** pecados, migrei para este deserto que separa a Síria **dos limites da barbárie** e, porque essas **distâncias enormes nos separam**, não me

é possível solicitar de sua santidade constantemente [o santo do Senhor]. É por isso que ainda estou aqui, **os confessores egípcios, teus companheiros**, e, barquinho insignificante, me escondo atrás dos grandes navios cargueiros" (HIER. Ep. 3, 5; CSEL, v. 54; MPL 030).

Na carta-tratado 22, correspondente ao tópico *De virginitate servanda*, dirigida a Eustoquia, filha da menor de Paula, nobre matrona romana do círculo de mulheres aristocráticas, provavelmente escrita em 384, diz:

> O homem levanta-se diligentemente com o sol, elabora o plano de suas visitas, examina os atalhos nas ruas e o velho importunado quase entra nos quartos daqueles que dormem. Se ele vê [...] algum belo pano de mãos, alguma outra joia do enxoval, admira-a, manuseia-a, se lastima pela falta dela e acaba não por pedir, mas por arrancá-la. [...] **Sua boca é bárbara e sem vergonha, sempre armada para soltar um insulto** (HIER. Ep. 22,28; CSEL, v. 54; MPL 030).

Na epístola 3, o uso do exônimo pejorativo "bárbaro" é percebido como assimilável a "eles", aqueles que vivem nas fronteiras, região dos outros. Como em um espelho, o "nós" é apresentado, neste caso, os amigos Jerônimo e Rufino.

Na Epístola 15, o uso do "oposto assimétrico" é claramente observado: "eu-nós" (indistinto neste caso) como diverso do local ("*exônimo pejorativo*") da barbárie associada aos confins, à fronteira, ao lugar "deles".

A carta 22 nos permite reconhecer uma visão tradicional de Jerônimo sobre a realidade social de sua época. Nesse contexto, ele fala sobre um homem que, por ser infeliz, faz pouco caso dos outros. Este homem, que por seu comportamento se assimila às regras morais de um cristão, é pelo contrário assimilável a um bárbaro. A conotação é a de um *barbarofono cultural*; sua linguagem, que carrega uma cultura diferente, o distância das virtudes cristãs.

O ano 396, de acordo com nossa interpretação, abriu uma nova etapa discursiva em Jerônimo em relação aos bárbaros. A carta 60 a Heliodoro se nos apresenta como conjuntural ou demonstrativa de uma articulação discursiva na vida intelectual do betlemita.

O epistolar de Jerônimo é composto por 154 cartas, das quais 124 são de sua autoria. A carta 60 corresponde ao tópico de uma *consolatio*. Essa epístola, conhecida como *Consolatio Magna*, foi endereçada ao monge-bispo de Altinum, Heliodoro, pela morte súbita de seu jovem sobrinho Nepociano. Este jovem era sacerdote de sua igreja e discípulo de ambos. Essa epístola-*consolatio* também procurou fornecer ao falecido uma *laudatio* exemplar.

A temática desta carta conjuntural é contundente: analisar, em contraste com a morte do jovem sacerdote, a morte iminente do Império Romano-Cristão.

O modelo epistolar tardo-antigo, influenciado pela *Rethorica*, exigia três partes bem definidas em sua estrutura:

a) **Um início ou *salutatio*,** em que o motivo (exórdio) da carta era expressamente esclarecido, quase sempre um assunto que interessava tanto ao remetente quanto ao destinatário.
b) Uma parte central que, coincidindo com o que os retóricos chamavam de ***tratado***, apresentava frequentes digressões e argumentações, passagens narrativas e satíricas, intercaladas com expressões que sublinhavam a fé e o afeto compartilhados, bem como o respeito à hierarquia eclesiástica.
c) O fim (***subscriptio***) era geralmente ajustado ao tom do resto, com elementos habituais, como a evocação de amizade recíproca e com tendência a reiterar a questão levantada no exórdio (portanto, começo e fim estavam unidos ao propósito enigmático do discursivo).

Essa epístola 60, devido ao seu status de *consolatio/laudatio*, deixa de lado a **salutatio** e passa firme e decididamente ao desenvolvimento. Nisso, a distorção discursiva tentou gerar, em seu interlocutor e em seu círculo intelectual local, um forte impacto emocional através de um discurso enigmático: Jerônimo usou a **oração fúnebre para Nepociano** como uma analogia da **oração fúnebre do Império Romano**:

> **Ele era cajado dos cegos,** pão dos famintos, **esperança dos miseráveis, consolo dos que choravam [...]** Todo o seu discurso e todo o seu convite **era ouvir de bom grado, responder modestamente, aceitar o que era reto, refutar sem acrimônia o torcido. Ele se importava mais em instruir** e não em derrotar aquele de opinião contrária [...] (HIER. Ep. 60, 9; CSEL, v. 55; MPL 030).

Nepociano, o sacerdote cristão morto no auge de sua existência, foi o "**bem**" que representou o sentimento dos cristãos romanos, contemporâneos de Jerônimo.

A figura oposta da retórica era a do império romano em sua senescência, atingido por suas próprias misérias, diretamente associadas aos imperadores ou aos bárbaros que atuam como *magister militum* desses jovens imperadores filhos de Teodósio: Estilicão e Rufino.

O contexto de 396 é importante. É o da continuidade de Teodósio, morto em 395. Por testamento, Honório seria imperador da *Pars Occidentalis*, com apenas 10 anos de idade. O general Estilicão, de origem vândala, seria seu chefe do exército (*magister militum*). Arcadio, de 17 anos, assumiria como imperador da *Pars Orientalis*, com a orientação e o apoio do Prefeito do Pretorio Rufino, de origem gaulesa:

> **Quero repetir para você as misérias dos imperadores próximos a nós e as calamidades de nosso tempo**, tais e tantas que não é por tanto chorar que não vê essa luz que nos ilumina, quanto de **felicitar quem escapou de tanto desastre** (HIER. Ep. 60, 15; CSEL, v. 55; MPL 030).

Se analisarmos a mensagem inserida no texto, fica claro que as misérias desses homens próximos a "nós", cristãos, foram uma calamidade, um desastre. Esses jovens eram cristãos, eram filhos de Teodósio (nascido em um berço cristão). Eles viveram um tempo de "misérias" e "calamidades". Jerônimo as considera produzidas pelos bárbaros inseridos em cada corte imperial?

Esta carta de consolação se arrisca a postular uma Teologia da História, na qual a queda de Roma foi um sinal de punição divina antes da soma dos pecados humanos: "***A nuestros pecados deben los bárbaros su fuerza, por nuestros vicios es vencido el ejército romano***" (HIER. Ep. 60, 17; CSEL, v. 55; MPL 030).

Jerônimo viu, com um sentido providencialista, que a ruína do Império Romano era um castigo de Deus. Sua "teologia política e histórica" foi expressa de forma simples. Os bárbaros eram um sinal de Deus. As calamidades vêm com os bárbaros para produzir uma mudança de atitude na população. O terror produzido, a punição enviada, devia livrar os cristãos e toda a população do Império do pecado em que haviam caído.

Jerônimo difunde, diante de Heliodoro e sua comunidade cristã, uma advertência: toda a linhagem humana estava em perigo frente ao ingresso e destruição que os bárbaros produziram:

> [...] **Minha alma está horrorizada ao contar os desastres de nosso tempo. Vinte e mais anos atrás, de Constantinopla aos Alpes Julianos, o sangue romano é derramado diariamente. Cítia, Trácia, Macedônia, Tessália, Dardânia, Dácia, Épiro, Dalmácia e todas as Panônias estão devastadas, despovoadas e saqueadas por godos, sármatas, cuados, alanos, hunos, vândalos e marcomanos.** Quantas matronas, **quantas virgens de Deus** e pessoas livres e nobres **foram ridicularizadas por esses animais! Os bispos foram cativos, os padres e clérigos assassinados, as igrejas destruídas. Os altares serviram de estábulo para os cavalos, as relíquias dos mártires foram desenterradas** (HIER. Ep. 60, 17; CSEL, v. 55; MPL 030).

Aqui ele apresenta termos-chave, figuras retóricas que nos permitirão compreender a intencionalidade da mensagem: "alma horrorizada", "desastres do nosso tempo", "vinte anos nos quais sangue romano é derramado", "enumeração de *gentes* ou *nationes barbarae*", "Virgens de Deus como escárnio dessas bestas", "bispos em cativeiro", "sacerdotes assassinados", "igrejas em ruínas", "altares como estábulos", "relíquias de mártires desenterrados". Toda uma série de tópicos cristãos importantes. Aqui está a dobra interpretativa: "eles", os bárbaros, desde Adrianópolis (378), produziram uma saraivada de desastres nos tempos romanos. Por (quase) vinte anos a vida foi alterada. Com os imperadores cristãos e com uma igreja consolidada, os eventos foram desastrosos, porque foram realizados por bestas selvagens, uma conotação extrema que separa não apenas a cultura, mas a percepção étnica dos "nós cristãos-romanos" contra "eles" bárbaros e bestas. O dispositivo discursivo gira no sentido cristão no final do parágrafo e os bárbaros se tornam "selvagens" quando atacam virgens cristãs, quando assassinam clérigos, quando param cavalos nas igrejas, quando desenterram relíquias cristãs.

O fechamento da carta não é menos apocalíptico: *"Quando proibimos lamentar a morte de alguém, lamentamos os mortos de todo o mundo"* (HIER. *Ep.* 60, 17; CSEL, v. 55; MPL 030).

É necessário, diante desta peça epistolar, fazer uma parada interpretativa. Precisamos analisar essa epístola com base no trabalho realizado ao longo de nosso estudo. Qual era a visão antropológica de Jerônimo desses bárbaros?

A esse respeito, é bom lembrar que Ives Daugé (1981), um interessante autor belga em sua obra paradigmática "Le Barbare", distinguiu na cosmovisão romana clássica duas modalidades antropológicas em relação ao "outro": **alienação** (segundo ela, o outro é apreciado sem conotação pejorativa) e o modelo de **alteridade** (nele ele se refere aos demais a partir de adjetivações excludentes pejorativas) (DAUGÉ, 1981, p. 12). É o caso do capítulo 17, seção da segunda categoria:

> **Que vergonha, que rigidez de alma que beira o incrível! O exército romano, vencedor e dono do mundo, é derrotado, apavorado e aterrorizado ao ver homens que não conseguem andar...** (HIER. Ep. 60, 17; CSEL, v. 55; MPL 030).

A assimetria entre "nós-romanos" e "eles-bárbaros" fica clara para nós. De uma instância de perfil interpretativo da ascendência grega, se passa à clássica que os romanos criaram da barbárie. Jerônimo percebe que a *Romanitas* vai dar lugar à *Christianitas* em processo de consolidação e dá sua opinião sobre o assunto.

Desde o ano 397 e até praticamente a morte do betlemita, reconhecemos dois tipos de epístolas em relação ao "bárbaro":

1. Aqueles que acentuam o contraste entre "bom-nós" e "mau-eles".
2. Aqueles em que a figura discursiva pretende, por um lado, rejeitar os bárbaros, embora, por outro, tente integrá-los e aceitá-los, com um sentido adaptativo, desde que se tornem cristãos.

No primeiro grupo, analisamos as Epístolas 77 e 121. A primeira foi dirigida a Oceano, parente de Jerônimo. A data de sua escrita era o ano de 400. O objetivo da epístola era informar a Oceano de sua tristeza pela morte de uma boa cristã: Fabíola. O texto de referência utiliza o recurso de figuras opostas para expor as diferenças culturais entre uma boa cristã e os bárbaros, assimiláveis ao mal.

No contexto dos anos 395 a 400, de acordo com o relato vívido de Amiano Marcelino, os hunos chegaram à Trácia e dali migrariam para a costa sírio-palestina. O bispo-monge e sua comunidade de escribas, estenógrafos e exegetas se estabeleceram ali. Diante disso, ele apresenta os hunos como a representação do mal na Terra:

> Quando procurávamos uma casa digna de uma matrona tão nobre (Fabíola), *uma notícia repentina* que se espalhou por toda parte *sacudiu todo o Oriente*: desde a distante Meótis, entre o congelado Tânis e os ferozes povos dos Masságetas, através do lugar onde, entre as montanhas do Cáucaso, as muralhas de Alexandre contêm aos povos selvagens, *surgiram enxames de hunos, voando aqui e ali em seus cavalos ágeis, semeavam o terror e a morte por toda parte* (HIER. *Ep.* 77, 8; CSEL, v. 55; MPL 030).

Da visão romano-cristã, os hunos apavoraram todo o Oriente. Esses bárbaros espalham terror e morte em seu rastro. Essa descrição bem conhecida em Jerônimo, típica de um "*etnônimo* pejorativo", indicava em poucas palavras a condição da migração huna: eram como um enxame de homens a cavalo. O "mal" prefigurado. Figura assimilável ao medo e morte prematura. Diante disso, o bispo faz um esboço do que prenunciou na região da Palestina e sua cidade, Belém:

Separe Jesus de agora em diante do mundo romano casais selvagens! Apareciam em todos os lugares nos momentos mais inoportunos e, ganhando em velocidade à fama, não eram movidos nem pela religião, nem pelas dignidades, nem pela idade, mesmo que fosse uma infância gaguejante [...]. Era um boato unânime entre todos os que estavam indo para Jerusalém e sua sede excessiva de ouro os empurrou para esta cidade. Os muros abandonados de Antioquia foram reparados. Tiro queria se separar da terra e procurava a ilha antiga. Nós mesmos estávamos em transe, até forçados a fretar navios, ir para a costa e impedir a chegada de inimigos. Em meio à fúria dos ventos, temíamos mais aos bárbaros do que ao naufrágio, não tanto por nossa salvação pessoal, mas por cuidar da pureza das virgens" (HIER. *Ep.* 77, 8; CSEL, v. 55; MPL 030).

Jerônimo busca a Deus providente neste parágrafo. Ele quer se livrar das bestas: os hunos. O relato das características dos hunos é mais do que generoso: eles aparecem em todos os momentos e em todos os lugares, são ágeis, velozes e não são comovem diante das religiões, dignidades ou a idade das populações atacadas. Ele fica impressionado com o que acompanha a migração dos hunos. Para ofendê-los, faz se valer do seu desejo de ouro, pois com ele espoliavam as populações atacadas. O ouro era o meio para libertar vilas e cidades. Diante desses ladrões de ouro, o betlemita apresenta a imagem de Fabiola:

> Os conselhos dos amigos não podiam contê-la: a tal ponto ele desejava pular como de entre correntes, da urbe. *A administração do dinheiro e sua distribuição cautelosa a chamava à linhagem da fidelidade. Seu desejo não era tanto dar esmolas aos outros, como dissipar ao mesmo tempo tudo que era seu, pedi-la aos outros por amor de Cristo* (HIER. Ep. 77, 8; CSEL, v. 55; MPL 030).

Essa era a imagem da bondade, da mulher romano-cristã que dava esmolas, que ajudava aos necessitados, que entregou sua riqueza aos pobres para seguir a Cristo. Jerônimo lamenta que, ao voltar a Roma, Fabiola tenha morrido.

O contraste entre essas duas figuras de linguagem era claro: o Apocalipse estava chegando.

A epístola-tratado 121 foi dirigida a Algasia, uma mulher gaulesa, provavelmente aristocrática, devido à sua condição de mulher educada interessada em questões filosófico-teológicas, particularmente relacionadas ao Antigo Testamento. Seus requisitos levaram Jerônimo a enviar essa carta entre 400 e 401, quando os hunos começaram a ocupação dos territórios da Trácia e da Ásia Menor. O sentido apocalíptico do relato é intenso, mas nos permitirá trabalhar de acordo com nosso objeto de estudo:

> **O apóstolo** tenta remediar esse erro e **expõe a eles o que esperar antes da chegada do anticristo**. Quando viram que aquilo foi cumprido, puderam saber que o **anticristo** estava chegando, ou seja, **o homem do pecado e o filho da perdição**, que se opõe e se eleva acima de tudo o que se chama Deus ou religião e que se senta no templo de Deus (2 Thess. 2:4). Se não **viera primeiro**, diz, **a** deserção – o que em grego é chamado **apostasia**, para que **todas as nações sujeitas ao Império Romano se desintegrem dele** – e não seja revelado – ou seja, manifestar-se de antemão àquele que

anunciam as palavras de todos os profetas – **o homem do pecado** – no qual é a fonte de todos os pecados – e **o filho da perdição** – ou seja, o filho do diabo, já que ele é a perdição de todos, **que se opõe a Cristo** (HIER. Ep. 121,11; CSEL, v. 55; MPL 030).

O *exemplum* usado é a segunda carta do apóstolo Paulo aos cristãos de Tessalônica. Nessa epístola, Paulo antecipa as condições do próximo Apocalipse. Esse tempo chegará quando o povo de Deus se deparar com o anticristo, o homem do pecado e o filho da perdição. Suas características centrais, na história de São Paulo, eram concretas: ele se oporia a Deus, à religião e ocuparia o templo de Deus. Figura antecipatória dos tempos que virão em Roma, de acordo com a apreciação de Jerônimo. Essa circunstância já havia ocorrido no caso da Babilônia, de acordo com o livro de Daniel, que é lembrado tangencialmente neste relato. Babilônia e Roma formaram um importante emparelhamento imperial na derivação dos *Regna* do Apocalipse. O posicionamento de Jerônimo teve uma relação direta com o avanço da cavalaria húngara nos territórios próximos a Jerusalém?

> **Isso não significa abertamente que tenha que ser destruído o Império Romano, que tem as mesmas regras que a eternidade**. Portanto, de acordo com o Apocalipse de João, **a prostituta roxa tem o nome de blasfêmia escrito em sua testa: "Roma Eterna"** (Apoc. 17, 3-5). De fato, de ter dito abertamente e com ousadia: **"O anticristo não virá se o Império Romano não for apagado antes" pareceria que havia apenas um motivo justo para perseguir a Igreja, então nascente** (HIER. Ep. 77, 8; CSEL, v. 55; MPL 030).

Aqui está o centro das preocupações Jeronimianas. Ele lamenta que o Império caia, porque, juntamente com ele já cristianizado, a Igreja Cristã Nicena cairia. O bispo cristão teme pelos destinos de sua igreja. Não devemos esquecer que esse *exemplum*, em particular o versículo 5 do livro 17 do Apocalipse de João, fala da mulher blasfema, sentada com uma escrita na testa: "*Babilônia, a grande, mãe das prostitutas e das abominações da terra*". Esse relato de Jerônimo era assimilável à nova Babilônia, a Babilônia ocidental: Roma.

O mesmo posicionamento é apresentado a nós na carta 114, dirigida a Teófilo, bispo de Roma. Nela, datada aproximadamente dos anos 402 e 405, ele relata aquilo que o torna quase pragmático diante de uma realidade que o preocupa "[...] **a súbita irrupção dos Isaurianos, a devastação da** Fenícia e da **Galiléia, o pânico** que se espalhou **pela Palestina** e, principalmente **por Jerusalém**, e tornará necessário **construir não livros, mas muros**" (HIER.

Ep. 114, 1; CSEL, v. 56; MPL 030). Esta é uma carta diferente dentro do epistolário, porque nela a betlemita decide hierarquizar ou priorizar os acontecimentos de sua vida. Embora não abandone seu tom cáustico, o medo é percebido por sua comunidade. É a única coisa que poderia fazer esse homem que ama livros e escritos ricos, privilegiar pedras e fortalezas, antes dos livros. As paredes, afinal, protegiam os livros sagrados. Figura interessante nesta imagem apocalíptica.

O segundo tipo de epístolas, entre o período 397 e 419/420, permite deduzir uma mudança dicotômica nos escritos de Jerônimo. Algumas epístolas referem que nem todos os bárbaros são assimiláveis ao anticristo e outras se referem à chegada na Igreja de mulheres que privilegiam sua fé a seu futuro pessoal. Nos dois casos, uma abertura à esperança é percebida.

Percebemos isso na carta 106, datada de 400, dirigida a Sunnia e Fretela, dois germanos interessados nas Escrituras Sagradas:

> **Quem poderia acreditar que a língua bárbara dos godos buscará a verdade hebraica** e, enquanto os gregos dormem e até disputam entre si, a própria Germania **procura os oráculos do Espírito Santo?** Realmente percebo que **Deus não é um aceitador de pessoas, mas qualquer nação que teme a Deus e faz justiça é aceita** (Act. 10, 34-35). **A mão calejada de manejar a espada e os dedos mais puxados para o arco ficam amaciados para o estilo e a caneta, e os peitos bélicos se voltam para a mansidão cristã** (HIER. Ep. 106, 1; CSEL, v. 55; MPL 030).

Esta é uma carta em que a retórica leva a deduções esperançosas para o futuro do orbe. Embora alguns críticos considerem Sunnia e Fretela como mulheres godas (ANTIN, 1951, p. 267-400), e até De Bruyne acredita que ambos os godos eram fruto da imaginação de Jerônimo para produzir uma mudança de tendência baseada nos godos, instigadores do império (DE BRUYNE, 1929, p. 1-13), a carta é apresentada a nós como diferente, como encorajadora do futuro da *Christianitas* que em outras epístolas parecia perto de seu fim irremediável.

Duas cartas indicam a visão histórica de Jerônimo sobre a entrada dos bárbaros e a atitude a ser tomada pelos cristãos. Uma delas é a Epístola 123, dirigida a Geruquia, uma mulher aristocrática da Gália que consulta Jerônimo sobre os benefícios de permanecer casta após sua viuvez; a epístola nos permite observar uma figura retórica que parece resgatar os tempos vindouros, desde que sejam cristãos. Esta epístola foi escrita em 409, o ano da ocupação da Gália pelos bárbaros. Tal era a magnitude do fato que Jerônimo esboça essa frase emblemática: *"Que estou fazendo? O navio está quebrado, e eu estou discutindo sobre a mercadoria?"* (HIER. Ep. 123, 15; CSEL, v. 56;

MPL 030). Essa figura retórica coloca-o como bispo em uma situação difícil, porque de que adianta falar sobre a castidade das mulheres cristãs quando o Império (o navio) está prestes a naufragar.

A outra carta é a 130, que, apesar de uma data improvável, nos leva a pensar, pelo tom de suas palavras, que é contemporânea do cerco de Roma por Alarico em 408 ou da queda de Roma em 410. É dirigida a Demetríada, virgem de Cristo, filha de uma das principais famílias de Roma, a *gens* Anicia. Demetríada era uma jovem aristocrática, cercada por estirpe e riquezas. A figura retórica ou tópico cristão utilizada é a da mulher virginal prestes a cair nas mãos dos bárbaros:

> **Você não sabe**, desafortunada, não sabe **a quem deve sua virgindade. Pouco você tremeu nas mãos dos bárbaros**, se cobriu no colo e com as capas de sua avó e mãe, **se viu prisioneira e que sua castidade não estava mais em tuas mãos**, ficou horrorizada com os rostos ferozes dos inimigos e contemplou com um gemido silencioso, como **as virgens de Deus foram sequestradas**" (HIER. Ep. 130, 5; CSEL, v. 56; MPL 030).

O tom, a temática e a profusão de figuras retóricas fazem desta carta uma verdadeira semelhança da passagem da *Romanitas* à *Christianitas*. Enquanto, nas palavras de Jerônimo, a "[...] *cidade, uma das cabeças do mundo, era agora a tumba do povo romano*" como resultado da ação do *Rex Gothorum* em Roma, a menina entregue em casamento decidiu desprezar seu futuro marido para tomar os hábitos:

> Quebre todos os atrasos. **O amor perfeito lança fora o medo** (1 Io 4,18). **Pegue o escudo da fé, a loriga da justiça, o capacete da saúde e vá para a batalha**. Também a guarda da castidade tem seu martírio (HIER. *Ep.* 130, 5; CSEL, v. 55; MPL 030).

A mensagem de Jerônimo é clara: amor perfeito é o que Demetriade deve a Deus, que a livrará do medo. Como cristã, deverá usar o escudo da fé (associado à paz e não à guerra), a loriga ou armadura da justiça (a dos homens, desde que tenha em conta seu fundamento na justiça divina) e o capacete protetor da salvação, que devido à sua condição de cristã, alcançará no reino celestial. Com essas armas anteriormente típicas de uma Roma guerreira, a jovem cristã irá para o combate que os cristãos e sua Igreja terão que enfrentar nos anos vindouros. Essa, pelo menos, é a esperança de Jerônimo.

Jerônimo: Um intelectual na encruzilhada do seu tempo: Teólogo da História ou Historiador Providencial Cristão?

Em Jerônimo, "Roma Cristã" era sinônimo de "Império Romano Cristão". Depois de Teodósio, Jerônimo viu com satisfação a vitória da Ortodoxia nicena e aceitou o eusebianismo político, que consistia na aliança entre o Estado Romano e a religião cristã. Aceitou a ideia eusebiana de um imperador protetor do cristianismo; mas nos escritos de Jerônimo as relações entre o Império e a Igreja tiveram altos e baixos. Assim, dependendo da situação, Roma era a fortaleza do paganismo decaído, a cidade dos apóstolos ou a do cristianismo mundano.

Jerônimo se interessa na história, uma vez que o cristianismo era uma religião divina que interveio no tempo e na história dos homens. Para ele, a história mostra que os judeus estavam equivocados e os cristãos estavam certos. De Pompeu a Adriano, passando por Vespasiano e Tito, os romanos serviram de instrumento a Deus para indicar sua preferência e os judeus foram submetidos a César, ao estado romano que os dominou. A igreja preferiu a Cristo, a sua palavra, que uma vez difundida, impactou no mundo:

> Lembre-se do clamor de seus pais: *deixe o sangue deles cair sobre nós e sobre nossos filhos* (Mt. 27, 25). *E, vamos, vamos matá-lo e a herança será nossa* (Mc 12,7). Y: *Não temos rei senão César* (Jn. 19:15). Você tem o que escolheu: até o fim do mundo, deve servir a César, *até que a plenitude dos gentios entre e então todo o Israel seja salvo* (Ro. 11, 25-26). E quem já foi a cabeça, agora passara à cauda" (HIER. Ep. 129,7; CSEL, v. 54, 55, 56; MPL 030).

A história sagrada tomou outra dimensão após sua estadia em Belém. Jerônimo lembrou na terra da Palestina a importância que esse lugar sagrado tinha para os cristãos:

> Parte de nossa fé é adorar a terra pisada pelos pés do Senhor e contemplar os vestígios recentes, por assim dizer, de sua nativalidade, sua cruz e sua paixão" (HIER. Ep. 47, 2; CSEL, v. 54, 55, 56; MPL 030).

Esta passagem nos lembra que data desta época a origem das peregrinações à Palestina. Constantino e Helena haviam construído a basílica de Belém (onde Jerônimo tinha seu *scriptorium*) e a rotatória do Santo Sepulcro em Jerusalém.

Todo cristão considera que sua religião tem a particularidade de se manifestar na história. Este foi o argumento invocado por Jerônimo para justificar suas traduções da Bíblia hebraica. A importância da história serviu para demonstrar que o plano divino foi atestado nas escrituras: "*Também a história que não contém mandatos, mas se refere ao que aconteceu, é chamada lei pelo Apóstolo*" (HIER. *Ep.* 121, 8; CSEL, v. 54, 55, 56; MPL 030).

Seu interesse pela história explica sua admiração por Eusébio de Cesaréia: "*que teceu lindamente a história da igreja*" (HIER. Ep. 84, 2; CSEL, v. 54, 55, 56; MPL 030). Jerônimo faz alusão à história eclesiástica, mas não endossa todas as idéias desenvolvidas por Eusébio. Ele compartilha com Eusébio o entusiasmo e o proclama pela vitória do cristianismo ecumênico: "*Agora* [...] *as vozes e letras de todas as pessoas ressoam com a paixão de Cristo e sua ressurreição*" (HIER. *Ep.* 60, 4; CSEL, v. 54, 55, 56; MPL 030).

De acordo com o que foi dito anteriormente, Jerônimo tornou explícito em sua epístola 60, escrita em 396, conhecida como elogio fúnebre de Nepociano, sua opinião sobre os imperadores que sucederam a Constantino. Ele aplicou em Constâncio II, que morreu em 361 sem glória, uma óptica providencialista nicena, oposta à dos arianos. O caso de Juliano foi ainda mais simples por causa de ser apóstata e perseguidor do povo cristão; sua morte em combate correspondia ao mesmo olhar providencial cristão. As coisas ficaram complicadas com Joviano. Este imperador era um cristão niceno e só manteve o poder durante sete meses. Os historiadores pagãos desencadearam sua visão providencialista pagã, na qual se afirmava que o que havia acontecido era obra de sua condição cristã.

Embora Jerônimo não tenha previsto o fim do mundo e o do Império Romano na carta 60, ele vê sinais que o prenunciavam. Mas essa certeza de um fim próximo do mundo não se conformava à sua tendência ascética. Como monge, Jerônimo era contrário ao milenarismo. Parecia absurdo para ele que os monges que formavam pelo ascetismo a cidade de Deus na Terra fossem recompensados por um milênio terrestre e carnal. Mas Jerônimo preservou a ideia de uma escatologia próxima e coletiva, um fim do mundo que ele considerava ligado ao fim do Império Romano.

Seu epistolário reflete o retrato de um homem com exaltado caráter diante dos acontecimentos de seu tempo. Seus escritos, ao mesmo tempo que resgatavam uma vívida pintura de época, também são evidência de ardentes controvérsias que aumentaram suas doenças, como ele expressa em suas últimas peças epistolares.

É importante resgatar que o gênero epistolar como modelo discursivo era comumente utilizado pelos pensadores cristãos. De tal forma que se pode constatar, tal como afirma Miranda, que "os modelos textuais do repertorio clássico constituíam padres, practicamente cânones que ocupavan um lugar destacado no sistema educativo e cultural da Antiguidade Tardia" (MIRANDA, 2007, p. 1959).

Em Jerônimo, a morte de Teodósio e o temor pelo tempo pós-teodosiano provocaram sua posição romana nos bárbaros. A carta 60 marca uma articulação em sua vida intelectual. Nisto, apreciamos uma posição em relação aos bárbaros mais realista e até cruel. O avanço dos godos, guardiões do Danúbio para os respectivos imperadores do Oriente e do Ocidente, após a morte do imperador Teodósio I, motivou-o a anunciar o fim do Império. Jerônimo não confiava nos filhos do imperador hispânico. Nessa circunstância, adjetiva sem contemplação que o que é produzido pelos bárbaros possa ser considerado: "desastre", "devastação", "pilhagem", "produto de animais selvagens". Essa postura é consistente com o que Daugé (1981) chama de alienação, posição que pode ser endossada nas seguintes citações:

> **Quero repetir para você as misérias dos imperadores próximos a nós e as calamidades de nosso tempo** (HIER. Ep. 60, 15; CSEL, v. 55; MPL 030).

> Quantas matronas, **quantas virgens de Deus** e pessoas livres e nobres foram **ridicularizadas** por esses **animais**! (HIER. Ep. 60, 17; CSEL, v. 55; MPL 030).

> **O exército romano, vencedor e dono do mundo, é derrotado, apavorado e aterrorizado ao ver homens que não conseguem andar...** (HIER. Ep. 60, 17; CSEL, v. 55; MPL 030).

Podemos deduzir de suas palavras, em alguns casos imbuídas de carga retórica, que a concepção de Jerônimo dos bárbaros os tornava irremediáveis.

Então, como Deus permitiu que eles entrassem no Império, atacando os homens da Igreja? A resposta o aproximou de uma visão providencialista da história: Deus o quis. Essa circunstância fazia parte do plano de Deus para os homens. E na mesma carta ele corroborou: "**Pelos nossos pecados**, os bárbaros devem sua força; **por nossos vícios**, o exército romano é derrotado" (HIER. *Ep.* 60, 17; CSEL, v. 55; MPL 030).

Quando os hunos se aproximaram da Palestina, por volta de 400, a leitura histórica de Jerônimo voltou-se para uma interpretação filosófica e até teológica dos fatos. Seu discurso considerou o sucedido a partir de um plano apocalíptico, os hunos foram assimilados ao anticristo:

> [...] **o homem do pecado,** [...] – filho da perdição – [...] **filho do diabo,** [...] **que se opõe a Cristo e, portanto, é chamado anticristo** e **se eleva acima de tudo o que é chamado Deus**, para que possa pisar [...] **toda verdadeira e comprovada religião**, e ele **se sentará no templo de Deus**, seja em Jerusalém, como alguns pensam, **seja na Igreja**, que parece

mais provável para nós, fazendo a ostentação de ser, ele mesmo Cristo e Filho de Deus. Se antes, diz o apóstolo, o Império Romano não fosse desolado e preceder ao anticristo (HIER: Ep. 121,11; CSEL, v. 55; MPL 030).

Conclusão

Em resumo, a partir dos parágrafos indicados acima, segue-se que Jerônimo de Estridão foi um historiador cristão providencialista. O pecado dos homens motivou a punição pela chegada dos bárbaros, considerados na categoria de um *etnônimo* pejorativo de alto impacto: o líder dos hunos era o anticristo. Átila era "o flagelo de Deus". Essa acusação retórica não era apenas cultural, era um sinal da providência de Deus na terra. A chegada dessas *gentes barbarae* aos portões de Jerusalém o levou a expressar essas linhas.

Que opinião Jerônimo adota sobre a queda de Roma nas mãos dos bárbaros?

Quando Roma caiu em 410, ele disse no Comentário a Ezequiel: "O saque da cidade de Roma me fora anunciado. **Fiquei chocado e espantado, como se me sentisse cativo na prisão dos santos; sou solícito e angustiado entre esperança e desespero. A luz da esfera terrestre foi extinta e a cabeça do Império Romano certamente foi cortada**" (HIER. Com. Ezeq, XIV, Prefácio 12, PL, 24, 16, 2-3).

Este parágrafo jeronimiano mostra como um cristão romano expressou como testemunha o que a queda da cidade que reconheceu como *caput mundi* lhe causou. Sua posição sensível o leva de volta ao seu tempo como *Homo Romanus*. Entre os intelectuais cristãos de sua época, como Agostinho de Hipona ou Ambrósio de Milão, ele é o único que adjetiva o que sente: angústia, consternação e estupefação. E em suas palavras não há imposição retórica. A luz histórica, a luz que intelectualmente iluminava o orbe havia caído. Mesmo quando a retórica a moldou, há um indício de profunda dor no que aconteceu.

A aparência é claramente teológica. Deus em sua providência indicou o devir histórico do homem. Diante desse sinal divino, Jerônimo adotou, no final de sua vida, a esperança. Essa esperança foi depositada nos bárbaros cristianizados e nos homens e mulheres da Igreja que seriam referentes de um novo tempo. Esta não é apenas uma visão providencial, mas teológica da história, porque o último fim será um momento feliz em que os cristãos vencerão as armadilhas – flagelos – mensagens de Deus para alcançar a paz monástica dos verdadeiros cristãos, mesmo dos bárbaros convertidos.

REFERÊNCIAS

Fontes primárias

JERÓNIMO DE ESTRIDON. *Contra Rufino*. Barcelona: Ed. Akal, 2003.

JERÓNIMO DE ESTRIDON. *Epistolas*. Madrid: BAC (Biblioteca de Autores Cristianos), 1962.

Bibliografia

ANTIN, Paul. *Essai sur Saint Jêrome*. París: Letouzey et Ané, 1951.

BOOTH, A. D. *The Chronology of Jerônimo's Early Years, Phoenix 35*. Toronto: University of Toronto Press, 1981.

BUONO CORE, Raúl. La barbarie: ¿una acusación recíproca? *Revista de Estudios Interdisciplinarios*: Historia Antigua II Córdoba, Encuentro Grupo Editor, 2009. (Comp. Cecilia Amés y Marta Sagristani).

CRACCO RUGGINI, Lelia. I barbari e l'Impero prima e dopo il 410 (in tema di providenzialismo). *In*: CRACCO RUGGINI, Lelia. *Studia Ambrosiana. Saggi e ricerche su Ambrogio e l'età tardoantica*. Milán: Biblioteca Ambrosiana, 2011.

DAUGÉ, Yves. *Le barbare. Recherches sur la conception romaine de la barbarie et de la civilisation*. Bruxelles: Latomus, 1981.

DE BRUYNE, Dom. *La lettre de Jerôme à Sunnia et Fretela sur la Psauter.* París: ZTNW, 1929.

JAY, P. Sur la date de naissance de saint Jérôme. *REL*, v. 51, 1973.

KELLY, J. N. D. *Jerôme, his life, writings and controversies*. Londres: Duckworth, 1975.

KOSELLECK, R. *Historias de conceptos*: estudios sobre semántica y pragmática del lenguaje político y social. Madrid: Trotta, 2012.

MIRANDA, L. R. San Jerónimo y la primera epístola: modelo retórico de conversión. *Circe*, Santa Rosa: Universidad Nacional de La Pampa, n. 11, 2007.

MUÑOZ GARCÍA DE ITURROSPE, M. T. El género epistolar en la Antigüedad Tardía: las cartas de San jerónimo. *In*: MUÑOZ GARCÍA DE ITURROSPE, M. T. *Curso de Cultura Clásica* 2009. Bilbao: Universidad del País Vasco, 2011.

OSBORNE, R. *La Grecia clásica 500-323*. Barcelona: Oxford University Press, 2002.

POHL, W. Aux origines d'une Europe ethnique. Transformations d'identités entre Antiquité et Moyen Âge, *Annales. Histoire, Sciences Sociales*, Paris: Armand Colin, v. 60, n. 1, 2005.

RICE, E. F. Saint *Jerônimo in the Renaissance*. Baltimore; Londres: The John Hopkins University Press, 1985.

ZECCHINI, G. Il rapporti con i barbari. *In*: SORDI, M. (ed.). *L'Impero romano-cristiano. Problemi politici, religiosi, culturale*. Roma: Coletti, 1991.

VEGÉCIO E A HISTÓRIA:
as questões militares da Antiguidade Tardia

Bruna Campos Gonçalves[1]

> Portanto, devemos recuperar o antigo costume, a partir dos livros de História ou de outros. [...] Esta necessidade obrigou-me, consultado os autores, a dizer o mais fielmente possível neste opúsculo aquelas coisas que o célebre Catão-o-Censor escreveu sobre o sistema militar, aquilo que Cornélio Celso e Frontino pensaram que devia ser exposto, aquilo que Paterno, um defensor zelosíssimo do direito militar, redigiu em livros, aquilo que foi estabelecido pelas constituições de Augusto, de Trajano e de Adriano. Com efeito, eu não me arrogo nenhuma autoridade, apenas organizo sob forma de resumos as matérias daqueles que acima referi e que se encontram dispersas. (VEGÉCIO, *Epitoma rei militaris*, I, 8).

A História segue seu próprio curso e, em cada momento, ao longo do tempo foi estudada e vista em diferentes perspectivas, dependendo do contexto em que se encontrava. Logo, pode-se dizer que a Antiguidade Tardia compreendia a História distintamente do que se conhece hoje como História. Dentre os autores desse período, um destacou-se em nossos estudos: Flávio Renato Vegécio.

Vegécio foi um autor da Antiguidade Tardia com grande destaque em sua época e nas que o seguiram. O tratado de ciência militar escrito por ele traz traços do contexto em que viveu, ao mesmo tempo em que se relaciona com diferentes autores que o precederam, inclusive usando-os como suporte para seus escritos. No trecho destacado acima, o autor não se coloca como um grande conhecedor do assunto, mas como herdeiro de uma literatura que deu suporte ao seu estudo.

Em sua época, sua obra não foi considerada do gênero história, especificamente, pois não tratava dos feitos dos homens ou dos acontecimentos. Em um primeira leitura, Vegécio parece preocupado com a elaboração de um resumo para guiar as ações militares de seu período. No entanto, a leitura atenta de sua obra pode trazer outras impressões e novos conhecimentos do seu período, o que leva a percepção de sua relação com a História e mesmo de como sua obra foi lida em diferentes épocas.

---

1   Pesquisadora do G.LEIR/UNESP, Franca. Doutora em História pela UNESP/Franca, Pesquisadora do G.LEIR – UNESP/Franca. E-mail: bruna.camposg@gmail.com

O presente capítulo visa estudar a obra de Vegécio e como se deu a sua relação com a História, seja utilizando-a ou fazendo parte dela. Logo, propõe-se analisar o contexto em que a *Epitome rei militaris* foi escrita e como o seu autor trabalhou a questão da História, além de um estudo de como sua obra foi recepcionada em outros tempos que não o do Vegécio.

Vegécio e seu contexto histórico

Primeiramente, cabe apresentar o autor, Flávio Vegécio Ranato. Também conhecido como *Publius Flavius Vegetius Renatus*, ou simplesmente Vegécio, este tornou-se bastante conhecido por sua obra sobre aspectos do militarismo romano na Antiguidade Tardia, *Epitoma rei militaris*. Escreveu, ainda, a *Digesta artis mulomedicina*, onde discorre sobre a medicina veterinária aplicada aos cavalos e mulas. Seus ideais militares percorreram todo o Ocidente medieval, visto que muitos reis e bons generais daquele período possuíam uma cópia da sua obra militar como exemplo da autoridade clássica e como um guia prático de assuntos militares (SHRADER, 1981, p. 167-169).

No entanto, a vida de Flávio Vegécio Renato permanece um grande mistério para os historiadores. Do seu nome à sua vida, da maior parte do que se conhece são suposições embasadas em suas obras, muito pouco, é certo. Os manuscritos possuem características marcantes dos séculos IV e V d.C., arco cronológico em que foram escritas as suas obras. O seu texto sobre a medicina veterinária nos auxilia a entender um pouco dos afazeres e *hobbies* do autor, sendo possível encontrar em ambos os trabalhos traços de sua formação cristã. Assim, a partir dos pequenos detalhes, pode-se formar uma malha de informações a respeito da pessoa por trás dessas obras.

Dentre os pequenos detalhes que chamam a atenção nos manuscritos destaca-se o próprio nome do autor, o qual foi escrito de diferentes maneiras, *Fl. Vegeti Renati*, somente *Renatus* ou outras variações, com grafias variadas. Na obra de medicina veterinária, seu nome aparece gravado de outra maneira, um pouco similar: *P. Vegeti Renati*. No entanto, a maneira de escrever indica que são do mesmo autor (MONTEIRO; BRAGA, 2011, p. 88). Dessa forma, acredita-se que o nome de nascença do autor seja *Publius Vegetius Renatus*, o prenome *Flavius* foi atribuído quando adentrou sua função administrativa, ficando: *Flavius Publius Vegetius Renatus*. Comumente conhecido como *Fl. Vegetius Renatus*, pois era habitual a grafia somente dos dois últimos nomes das pessoas com o título honorífico. (CHARLES, 2007, p. 24).

João Gouveia Monteira e José Eduardo Braga, ao introduzirem a tradução portuguesa/brasileira, indicam características significativas do nome do autor, por exemplo: o prenome *Flavius* era comum entre altos servidores imperiais do século IV e V d.C. Em concordância com seu posto na administração, o autor, em sua introdução, coloca-se como *vir illustris* e *comes*. Seriam tratamentos reservados aos mais altos escalões da burocracia imperial ou a chefes militares. (MILNER, 2001, p. xxxv; MONTEIRO; BRAGA, 2011, p. 89).

FLAVII VEGETI RENATI	O Compêndio da arte militar de
VIRI ILLUTRIS COMITIS	Flávio Vegécio Renato,
EPITOMA REI MILITARIS	Varão ilustre e conde,
LIBRI NUMERO QUATTUOR	Um número de quatro livros,
INCIPIUNT FELICITER	Começa em hora feliz.

Ao considerarmos que o próprio Vegécio nega qualquer conhecimento profundo das realidades militares de seu tempo, pode-se, então, concluir que ele era um burocrata da alta hierarquia administrativa a comando do Imperador. Qual especificamente teria sido seu cargo? É uma pergunta que a historiografia, embora ainda não tenha certeza, acredita que a alternativa mais provável é que tenha sido um *comes sacrarum largitionum* (GOFFART, 1977, p. 89; SHRADER, 1981, p. 168; MILNER, 2001, p. xxxv; GIACOMONI, 2008, p. 5).

Dado que seria como um ministro de finanças imperial, tendo uma familiaridade com algumas matérias militares, como o recrutamento, o treinamento e os equipamentos, temas bastante explorados em seu livro sobre a arte militar. Sabe-se somente que Vegécio detinha um posto e que esse não era militar, como deixa claro em seu texto, principalmente, no destacado acima.

Já o nome *Renatus* teria sua origem no cristianismo, significando recém-nascido, ou o que nasce de novo (CHARLES, 2007, p. 24; BRANCO, 2009, p. 161-163; MONTEIRO; BRAGA, 2011, p. 88), o que nos faz pensar que o autor era um cristão e que pertencia à administração imperial em algum cargo substancial.

Quanto a ser cristão, a historiografia parece concordar com esse fato, até porque, em alguns trechos de sua obra, deixa transparecer uma preferência ao culto cristão. Quando se refere ao juramento feito pelos soldados, Vegécio sublinha que as palavras proferidas se referem a Deus, ao Cristo e ao Espírito Santo, assim como ao Imperador também, permitindo-nos pensar no ambiente cristão que se desenvolvia dentro do exército.

> Com efeito, os soldados, marcados na pele com picadas de forma duradoura, quando são inseridos nos registros, costumam prestar juramentos que, por esse motivo, são chamados "sacramentos' do serviço militar. Também juram por Deus, por Cristo e pelo Espírito Santo e pela majestade do Imperador, a qual, a seguir a Deus, deve ser estimada e honrada pelo gênero humano (VEGÉCIO, *Epitome rei militaris*, II. 5).

Michael Charles, em 2007, questiona que tipo de cristão seria Vegécio, pois considera pouco provável que os soldados tenham feito o juramento que ele propõe em seu texto. Pontua que os votos deveriam ser referidos ao Imperador, como era costume desde Augusto. No entanto, não se sabe se esse destaque de Vegécio é por conta de antigos costumes ou por querer reavivá-los (CHARLES, 2007, p. 26-27). Contudo, não podemos descartar a possibilidade de serem praticados no período.

Em outros três momentos de sua narrativa, Vegécio mostra elementos que nos indicam uma afinidade religiosa com o cristianismo, como podemos ver nos trechos que se seguem:

> Portanto, se alguém deseja vencer os bárbaros em batalha campal, que peça por meio de todas as suas orações, com o assentimento de Deus e com a vontade do Imperador Invicto, que as legiões sejam restauradas com novos recrutas (VEGÉCIO, *Epitome rei militaris,* II. 18).

> Chama-se 'vocais' os que são pronunciados pela voz humana, tal como em vigilâncias noturnas ou em combate se diz, por exemplo, a título de senha, 'vitória', 'palma', 'coragem', 'Deus conosco', 'triunfo do imperador' e outros quaisquer sinais que aquele, que tem máxima autoridade no exército, quiser dar (VEGÉCIO, *Epitome rei militaris,* III. 5).

> Também o trânsito dos astros a que chamam planetas, quando eles entram ou saem dos signos zodiacais de acordo com o curso prescrito pelo arbítrio do Deus criador, costuma perturbar frequentemente a tranquilidade da natureza. (VEGÉCIO, *Epitome rei militaris,* IV. 40).

Percebe-se que todos os trechos que ressaltam algum tipo de religiosidade cristã estão nos livros subsequentes ao primeiro, ou seja, os livros cuja escrita fora encorajada pelo Imperador Teodósio[2]. Teria Vegécio apontado elementos cristãos somente para agradar ao Imperador? Em seu primeiro livro, faz menção ao nascimento de Marte em regiões altamente belicosas, como os Dácios, Mésios e Trácios[3], deixando os historiadores com algumas dúvidas. Com poucos dados da vida de Vegécio, precisar sua religião é uma tarefa hercúlea, mas, seja qual for sua religiosidade, seu texto se perpetuou na História como o primeiro manual militar cristão (BRANCO, 2009, p. 163).

Sabe-se que Vegécio teria vivido em finais do século IV e início do século V d.C., período de uma possível datação de sua obra sobre a arte militar.

---

2   Discutiremos mais adiante sobre a qual Imperador Vegécio se dirigiu em sua obra.
3   É manifesto que Dácios, Mésios e Trácios sempre foram altamente belicosos de tal forma que as lendas afirmam que o próprio Marte nasceu entre eles. (VEGÉCIO, *Epitome rei militaris.* I, 28).

O autor demonstra um alto conhecimento sobre os cuidados devidos aos cavalos e mulas em sua outra obra, *Mulomedicine*, o que nos leva a acreditar que Vegécio tinha pertencido a uma família abastada, possivelmente ligada à criação de cavalos.

A Espanha e a Gália eram os principais centros de criação de cavalos da época, e considerando que a incidência do nome Vegécio era maior nessa região, pode-se conjecturar que o autor em questão tenha vivido na mesma (MILNER, 2001, p. xxxiv; BRANCO, 2009, p. 161). Maria João Branco chama a atenção para o alto conhecimento de Vegécio sobre as diferentes raças de cavalos existentes não só no Império Romano, mas também dos originários de outros povos: os cavalos persas, arménios e sármatas a seu ver seria muito úteis para o dia a dia; os turíngios e burgúndios seriam ótimos em situações belicosas; e os que mais adorava seriam os cavalos hunos (BRANCO, 2009, p. 162). Dessa forma, podemos considerar que o autor era um homem viajado, tendo percorrido grandes distâncias.

Sendo assim, podemos dizer que Vegécio viveu intensamente seu momento, formado em um ambiente rico culturalmente, com grande conhecimento da literatura latina, principalmente daquela que abordava a temática militar. Cresceu na arte do cuidado dos cavalos e trabalhou ferreamente na administração Imperial no setor que cuidava das finanças ligadas ao recrutamento e abastecimento dos exércitos. Portanto, suas obras são frutos de seu conhecimento e vivência.

Vegécio e o uso da História

Embora encontremos vestígios de usos de outras fontes literárias nas duas obras atribuídas a Vegécio, a que daremos atenção nesse capítulo é a *Epitome rei militaris*, pois é nesta que o autor ressalta as questões militares de seu período. Como vimos em trechos anteriores o autor alega não ter nenhuma experiência militar ativa, no entanto, através da sua vivência no assunto e com seu conhecimento adquirido através da leitura, escreveu quatro livros substanciais sobre a organização militar do final do século IV e início do V d.C. Legando à posteridade uma obra crítica, marcada por intensos diálogos com os problemas vividos na sua contemporaneidade.

Embora tenha quem acredite que a obra de Vegécio seja só uma glorificação de tempos anteriores, cabe-nos percebê-lo como como fruto de seu tempo, e, como tal, Vegécio ganhou sua prodigiosa reputação, uma vez que se encontra mais próximo das condições militares de seu tempo do que de um passado santificado.

N. P. Milner, nessa mesma perspectiva, destaca que o autor da Antiguidade estava mais para um político que buscava reformar as instituições contemporâneas e o pensamento estratégico do que para um historiador interessado em contar histórias (MILNER, 2001, p. xxviii), o que não o inibiu de utilizar escritos e estudos de outros autores da antiguidade. Milner acaba por colocar a obra de Vegécio como uma documentação referente à Antiguidade Tardia e não como uma fonte para formação de militares ou compiladora de tradições passadas como era vista.

Cabe ressaltar que a documentação literária reflete as visões e intenções do autor dentro das particularidades de sua realidade histórica (CHARLES, 2007, p. 13). Seja qual for o tema ou mesmo o período histórico, o autor não consegue se desvencilhar de seu presente. Dessa forma, podemos inferir que a obra redigida por Flávio Vegécio Renato é derivada de seus ideais e aspirações, colaborando para um texto recheado pelo seu contexto.

Embora se compreenda o valor do contexto histórico para a escrita da obra muitas questões foram feitas a respeito da *Epitoma rei militaris* de Vegécio, desde que tipo de trabalho produziu a se este seria um trabalho original ou não. Ao analisar as tais questões, percebe-se que o próprio Vegécio coloca sua obra como uma compilação, quanto a nomeia de *epitoma*, destacando a vertente técnica de seu trabalho, distancia-se, assim, dos outros gêneros da antiguidade.

Josette Wisman descreve a obra de Vegécio como um resumo, um compêndio dos tratados e ordenações dos autores e imperadores do passado (WISMAN, 1979, p. 16-17), mas será que teria sido uma escrita original ou simplesmente um trabalho de cópia e cola? Para Peter Russell a obra não apresenta ideais originais, embora não descarta que Vegécio tenha intervindo em alguns trechos, fazendo apontamentos próprio.

Já, para Milner, a *Epitoma rei militaris* por mais que esteja no gênero dos compêndios de tratados técnicos, possui uma originalidade que parte do autor, o qual amplia a discussão traçadas pelos antigos que utiliza como fonte (MILNER, 1996, p. xvi-xvii). Vegécio não só utiliza do material de seus antecessores como amplia e o organiza de maneira própria, além de abrir um debate sobre os assuntos que lhe interessa.

No que concerne o conteúdo sobre os equipamentos militares, percebe-se que o autor estava bem informado a respeito do que era utilizado no exército em seu período, uma vez que ao citar o referido objeto bélico o autor o nomeia tanto com que se utiliza na contemporaneidade como o nome a que era referido anteriormente. Ressaltando, ainda que Vegécio descreve o uso de dardo característicos de seu período, como é o caso do *mattiobarbuli* ou *plumbata* como ficou mais conhecido.

Também o treino com os dardos de chumbo, a que dão o nome de *mattiobarbuli*, deve ser ministrado aos jovens. [...]. Além disso, costumavam transportar cinco *mattiobarbuli* metidos dentro dos escudos, os quais, sendo arremessados pelos soldados no tempo devido, fazem com que os escudeiros de infantaria quase pareçam imitar o ofício dos arqueiros. Na verdade, ferem gravemente os inimigos e os cavalos antes que eles não só possam chegar ao corpo a corpo, mas também antes de eles estarem ao alcance dos restantes mísseis. (*ERM*, I. 17).

Dentre outras discussões historiográficas a respeito da obra de Vegécio, uma das mais espinhosas é sobre a sua datação, e a questão marcante é: quando a *Epitome rei militaris* foi escrita? Há uma concordância entre os historiadores que a obra está inserida no contexto dos anos de 383 d.C. – ano da morte de Graciano, chamando o Imperador de *divus Gratianus*, título dado somente a governantes que já haviam falecido – e 450 d.C. – altura em que uma cópia foi corrigida em Constantinopla por um editor chamado Flávio Eutrópio (MONTEIRO, 2011, p. 94-95). Assim, o livro de Vegécio sobre a arte militar pode ter sido direcionada a qualquer dos Imperadores que governou nesse período.

Neste espaço de tempo, dentre os Imperadores e usurpadores, temos no Ocidente: Valentiniano II (375-392); Magno Máximo (383-388); Flávio Victor (386-388); Eugênio (392-394); Teodósio I (379-395); Arcádio (383-395); Honório (383-423); Constantino III (407-411); Constante II (409-411); Máximo (409-410); Prisco Átalo (409-410/414-415); Jovino (411-413); Sebastiano (412-413) e no Oriente: Teodósio I (379-395); Arcádio (395-408); Teodósio II (408-450).

Dos 17 relacionados acima, somente seis foram apontados pela historiografia como possíveis eleitos de Vegécio, sendo eles: Valentiniano II, Teodósio I, Arcádio, Honório, Valentiniano III e Teodósio II. A partir de pistas que o autor dá ao longo do texto, pode-se restringir ainda mais essa lista, Vegécio dirige seu discurso no singular, *imperator invictus*, então, a um único Imperador. A obra do militar permite uma variada interpretação o que permite uma disputa acirrada na historiografia, a qual fica entre os defensores de Teodósio I e os de Valentiniano III.

Justamente por ser um assunto delicado de ser tratado, Bishop e Coulston não apontam um Imperador específico para a obra, simplesmente dizem que ela pertencia ao final do século IV e início do V d.C. Na mesma direção encontramos Goldsworthy, mas este acredita que o período não se estenda até Valentiniano III. Southern, Dixon e Feugère localizam a obra no século IV d.C. e Goffart, reforçando os argumentos de Seeck e Gibbon, acredita que Vegécio tenha escrito a mando de Valentiniano III em meados de 430 d.C. Abaixo seguem os principais pontos das duas teorias mais respeitáveis.

Quadro 1

Teodósio (379-395 d.C.).	Valentiniano III (425-455 d.C.).
Encaixam-se no período cronológico: - Refere-se à batalha de Adrianopólis, porém não comenta o saque de Roma; - Aparece pelo menos 3 vezes como cidade inviolável; - Parece desconhecer a separação dos Hunos e Alanos.	Ao falar de uma infantaria sem proteção, dá a entender ser um período pós-trauma e que não teve tempo de rearmar a infantaria.
Ainda existia no seu tempo o recrutamento de camponeses, destacado por Vegécio.	Acreditam que teriam comparado o seu momento com outro da história, e, pela semelhança, creem que o livro teria sido escrito 20 anos depois do saque de Roma.
As escolas de gladiadores foram fechadas em 399 por Honório	
Ravena ainda não era a capital do Império Romano (401-402 d.C.).	Vegécio não cita nenhum autor grego, somente literatura latina, o que implica que tenha escrito para um Imperador do Ocidente.
Cálculo da Páscoa nos leva à reforma teológica de Teodósio I.	
Descreve Hunos e Alanos como um único povo, e não separados, como acontece depois no início do século V d.C.	
(MONTEIRO; BRAGA, 2011, p. 94-95; BARNES, 1979, p. 255; SHRADER, 1981, p. 168; MILNER, 2001,p. xl).	(GOFFART, 1977, p. 84; CHARLES, 2007, p. 19).

Ainda há quem acredite que a obra tenha sido endereçada a Valentiniano I, ou ainda que tenha sido do início do II século d.C. A única certeza é que a obra foi redigida entre 383 e 450 d.C., seja para Teodósio, a quem considero, ou a Valentiniano III, certo é que a obra é fruto de seu tempo e tem grande importância para o estudo da arte militar daquele período, pois retrata firmemente o que deveria ser esperado dos soldados e como deveriam ser treinados.

Ao entrelaçar a obra de Vegécio com outras documentações do período, como a obra anônima da *De rebus bellicis*, ou mesmo com o Amiano Marcelino, percebe-se que as descrições dos armamentos, inclusive dos maquinários, são bastante similares. Como é o caso do *marttiobarbuli* ou *plumbata* descrita por Vegécio e que é narrada pelo anônimo e pela arqueologia. Logo, Vegécio escreveu no mesmo período dos outros autores, ou seja, mais próximo do governo de Teodósio I.

Figura 1 – Plumbata[4] ou *mattiobarbuli* – dardos chumbados. Séc. IV d.C. 13,7 cm

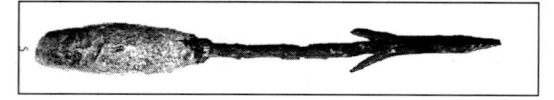

Fonte: M. B. Vujović (2009, p. 203-218).

---

4   Ver anexo XI. (GON-ÇALVES, 2016).

A *Epitome rei militaris* é composta por quatro livros, sendo esses divididos em capítulos. O primeiro livro, Vegécio teria escrito por conta própria, constitui de XXVIII capítulos sobre a mobilização e o treino dos recrutas; o segundo livro, o qual teria sido encomendado, é composto de XXV capítulos, os quais versam a respeito das responsabilidades dos comandantes militares; o livro terceiro tem XXVI capítulos esboçando a importância da tática e da estratégia militar; e, em seu quarto e último livro, procura mostrar, em XLVI capítulos, os melhores caminhos para se defender as cidades romanas e atacar as inimigas, além de destacar o arsenal naval que também poderia ser usado. Após escrever o primeiro livro, Teodósio pediu a Vegécio que continuasse seu estudo e que o escrevesse, dessa forma os três últimos livros forma encomendados pelo Imperador em questão.

O autor em seus livros propõe que as vitórias resultam do treino e da preparação adequada, assim como do aproveitamento das experiências marciais de outros povos. Para Vegécio era importante que nenhuma boa experiência fosse ignorada, não importando de onde ela vinha. Flávio Vegécio Renato redigiu uma obra específica a respeito da atividade militar, na qual buscou explicar as melhores condutas militares a serem seguidas por um comandante do Exército, perpassando pelas formas de recrutamento, de treinamento, de combate, entre outros assuntos ligados ao exercício de guerra e à administração do órgão militar. Para Vegécio era primordial um profundo treinamento das tropas e de seus comandantes nas artes bélicas, preparando-os para qualquer eventualidade no campo de batalha.

Vegécio buscou em seu texto apontar os preparativos que um combatente fazia para a batalha, desde o recrutamento, a organização e manutenção dos campos, aos equipamentos utilizados. Deixa entrever seu conhecimento sobre os povos que os cercavam e seu cristianismo, sem muito alarde e sem fugir da temática de seus livros: o exército e seu exercício. Deixou, para a posteridade, um retrato escrito das condições das forças militares do Império Romano do período, com destaque para a infantaria, pois não ressalta a cavalaria.

Dentre os equipamentos militares que chama a atenção em sua obra, Vegécio destacou dezoito os utilizados pelos soldados individualmente, sendo cinco de proteção pessoal, doze armas de ataque e uma arma para defesa coletiva. Apresenta, também, dezessete maquinários de guerra, que deveriam ser manejados por mais de um soldado e que poderiam auxiliar em batalhas e cercos; além de sete outros objetos que poderiam ser úteis numa luta. Destacando, sempre, a importância da manutenção desses equipamentos, de forma que cada campo deveria ter sua própria oficina para reparar e fabricar novos.

Todos os equipamentos destacados acima são mencionados por Vegécio em seus livros, dentre estes, muitos possuem descrições de como eram e de como funcionavam. Destaca, principalmente, a utilização de cada um para se ter uma melhor eficiência, os equipamentos de defesa servindo para proteger o soldado ao dificultar a penetração de metais pontiagudos, de modo a preservar a vida deste. Já os equipamentos de ataque têm seu uso destacado em diferentes situações.

Em seus estudos, utilizou muitos antigos autores que retrataram a organização militar, trazendo para seu texto um estudo sobre o assunto, uma vez que não era seu objeto de trabalho. Embora o autor deixe claro quem utilizou em seu estudo, ele não aponta o que foi retirado de cada autor, como faria os historiadores da atualidade. A relação que estabelece com a literatura antiga, ou pode-se dizer, com sua documentação, é diferente da que conhecemos hoje. O que importava para Vegécio era a memória que traziam e que referendava a glória do exército romano.

A obra de Vegécio nunca foi considerada como História, e acredita-se que o autor não tinha a intensão de fazer uma narrativa histórica, e, sim, um tratado da arte militar. Mas, mais que um manual didático, como pode ser considerada, a *Epitome rei militaris* traz ainda uma discussão política e filosofia em seu texto. Assim, Vegécio faz uso de uma rica documentação, debatendo-a em seu texto e não deixando de colocar sua posição, mas não sistematiza seu estudo e nem usa uma metodologia que pode-se qualificar como histórica, para seu período.

Em sua obra, Vegécio apresenta um estudo sobre o exército, como se organizava, e destaca o que julgava ser as melhores opções para mantê-lo seguro e eficiente na proteção do território imperial romano. Para tanto, dialoga com autores que o precederam e incorpora em sua *epitome* aspectos e teorias de cada um deles. Dessa forma, sua obra traz um panorama das condições do exército e busca apontar as melhores maneiras de conduzir a disciplina militar, se baseando não só no seu conhecimento empírico, mas também no literário.

Vegécio na História

Cristopher Allmand destaca a *Epitome rei militaris* como um *best-seller* medieval, apontando como causa do sucesso o fato de ser uma obra informativa e didática, com lições úteis. (ALLMAND, 1998, p. 32). Durante o período medieval, a obra foi recebida como um manual militar importante para quem estava ligada as questões bélicas, como os reis e generais. A obra militar de Vegécio foi um dos livros não religiosos mais compilados no período medieval, tendo-se conhecimento de pelo menos 320 manuscritos existentes. (SHRADER, 1981, p. 168).

Charles R. Shrader acredita que a divulgação da obra nesse período deu-se porque ela foi considerada um exemplo da autoridade clássica e um guia prático de assuntos militares, e todos queriam a fórmula que teria trazido tanta glória em outros tempos.

O vasto número de manuscritos existentes, já nos diz que foi uma obra bem popular no medievo, momento em que a compilação estava entregue nas mão de religiosos, os quais se preocupavam mais com as obras cristãs. A obra de *Epitome rei militaris* de Vegécio foi uma das poucas obras não cristã que foi compilada tantas vezes, com isso não é difícil encontrar um manuscrito numa biblioteca europeia.

Monteiro e Braga (2011) creditam o grande sucesso da *Epitome rei militaris* no medievo ao fato de Vegécio ser considerado um autor cristão, uma vez que em sua obra faz alusão ao cristianismo e rituais cristãos no exército, não só ao fato de ser militar. A obra de Vegécio, não foi só compilada tal qual foi escrita na antiguidade, a partir do século XIII ela foi, também, traduzida para as línguas vernáculas, tal como o anglo-normando, francês e o italiano, entre outros (MONTEIRO; BRAGA, 2011, p. 88).

Sua preservação e, principalmente, sua tradução nos aponta a importância que essa obra ganhou no mundo medieval, em algumas regiões mais que em outras. Segundo Monteiro e Braga (2011, p. 111) o francês foi a principal língua de tradução da *Epitoma*, o que sugere uma ampla divulgação no território franco no período do século XIII ao século XV. Porém, a obra de Vegécio foi encontrada em diferentes localidades, nas mãos de reis e nobres, e mesmo de outros interessados conforme foi se desenvolvendo a impressa e os livros. Ao que tudo indica, Vegécio deve ter sido o primeiro autor militar traduzido e impresso (MONTEIRO; BRAGA, 2011, p. 111).

De acordo com Philippe Richardot (1998, p. 44), o episcopado franco estimulou os príncipes e seus grandes vassalos a leitura do tratado de Vegécio, para que pudessem proteger o território conquistado por Carlos Magno. O apontamento do historiador traz outro dado importante: é a própria igreja, ou melhor, seus representantes, que estimularam a leitura e propagação da obra militar de Vegécio (RICHARDOT, 1998, p. 44).

Com o estímulo dos religiosos, muitos reis, príncipes, nobreza e militares possuíam uma cópia de Vegécio a que poderiam estudar a arte militar, o que não significa que todos os ensinamentos do livro foram postos em prática no período medieval, ou mesmo que fizeram uso desses conhecimentos, mas certo é que muitas pessoas envolvidas nos assuntos de guerra possuíam a obra em seu acervo.

Já no século XV, com a substituição do pergaminho pela impressa, o acesso a obra de Vegécio se expandiu a outras classes sociais, não se restringindo ao clero e aos poucos letrados da nobreza. Assim. estudiosos de muitas áreas e mesmo mercenários puderam usufruir desse conhecimento. Para Richardot "a tradução respondia frequentemente a um interesse prático por Vegécio: ele era traduzido para ser lido, e não para ornamentar uma biblioteca" (RICHARDOT, 1998, p. 50-51).

E pode-se perguntar: realmente eram lidos esses manuscritos? Allmand (1998, p. 136) em seus estudos dos manuscritos aponta que muitos tinham sinais de terem sido lidos, pois uma vasta proporção deles, principalmente os com texto latino, possuem marcas e anotações de lições, revelando uma apreciação cuidadosa, ou mesmo crítica, da *Epitome rei militaris*. Logo, é possível perceber a propagação a obra de Vegécio, a qual foi lida não só em sua época mas que teve, e tem, uma colocação na história, a princípio como instrumento técnico onde seus apontamentos podiam ser utilizados amplamente, com o tempo a leitura da obra passou a ter outras conotações e mesmo outro viés de seus leitores, principalmente depois das inovações militares como a pólvora (ALLMAND, 1998, p. 136).

Mesmo com as inovações das armas de fogo, a *Epitome* continuava a ser citada, mas não como antes. Milner (1996, p. xiv) destaca que a leitura de Vegécio não se circunscreveu somente a Antiguidade Tardia e o medieval, sendo possível notar a grande participação na obra A Arte da Guerra de Nicolau Maquiavel, escrita em 1521 em Florença. A obra de Vegécio deixa de ter ser lida de forma prática e começa a ser lida mais academicamente (MILNER, 1996, p. xiv).

Mesmo tendo gozado de grande reputação no medievo, a *Epitome rei militaris*, em meados do século XVI, perde espaço na academia após J. Lipsius acusar Vegécio de confundir as instituições de diversos períodos do Império Romano, uma acusação que se difundiu[5] (*apud* MILNER, 2001, p. xiv). A partir desse momento, teria sido olvidado pelos historiadores e estudiosos do tema, e só retornaria a ter vulto nos estudos no século XX, embora possamos encontrar uma tradução de John Clark de 1767 e alguns artigos de finais do século XIX, um deles de Otto Seeck[6]. Goffart e Sabbah[7] encabeçam as releituras da *Epitome rei militaris*, tirando dela a alcunha de compiladora da tradição para destacá-la como fruto do contexto vivido pelo seu autor (MILNER, 2001, p. xvi).

A *Epitome rei militaris*, de Vegécio, ao longo do tempo foi lida tanto pelos seus ensinamentos como pelo seu valor histórico. Da antiguidade Tardia, quando foi escrita, até os dias de hoje a obra passou por diferentes perspectivas

---

5   J. Lipsius teria escrito um comentário da obra de Vegécio em *De militia romana: comentarius ad Polybium* – Antwerp, 1596. Tivemos acesso a esse comentário através do texto introdutório da tradução de Milner para a referida obra no século XX.
6   SEECK, Otto. Die Zeit des Vegetius. *Hermes*, v. 11, p. 61-83, 1876.
7   SABBAH, G. Pour la datation thdodosienne du De Re Militari de Végèce, Centre Jean Palerne. *Mimoires II*, Univ. de Saint-Etienne, p. 131-155, 1980.

de leitura, de uma obra revolucionária em seu período, a um manual técnico no medievo e a uma fonte histórica para a modernidade. Assim, mostrando sua dinamicidade ao longo da História.

Considerações finais

Vegécio fez uso das ferramentas que tinha em mãos, de todo conhecimento que pode juntar seja em livros de autores renomados de sua época na arte militar, ou mesmo, sua própria vivência, e construiu sua obra que chamou de *Tratado*. Embora o próprio autor não se coloque num papel de historiador, pois não acredita estar fazendo a mesma história que seus contemporâneos faziam, sua obra entrou para a história e hoje é uma fonte riquíssima de seu período.

Mesmo alegando ser um compilador, Vegécio conseguiu imprimir a sua obra originalidade, debate e análise, uma vez que mais que trazer os antigos ensinamentos o autor interagiu com sua obra e trouxe traços próprios enriquecendo seu tratado. Sua obra hoje poderia ser chamada de uma obra de um historiador em muitos aspectos, principalmente, ao fazer uso de documentações e de uma "bibliografia especializada" de forma crítica. Mas para o período e para os padrões de História que o autor conhecia, sua obra se encontrava mais para uma compilação, ou um tratado de ordem prático.

Vegécio, assim, entrou para a História como um tratadista, mas poderia muito bem ter sido reconhecido como um historiador dos tempos modernos. Em sua obra, encontra-se muito conhecimento técnico, mas não deixa de apresentar a vida em um de seus aspectos, mostrando, dessa forma, a ação do homem belicoso.

Agradecimentos

Gostaria de agradecer aos organizadores, Margarida Maria de Carvalho, Glaydson José da Silva e Maria Aparecida de Oliveira Silva pela oportunidade. A Minha eterna orientadora, Margô, pelas conselhos e debates, e a Natália Frazão José pela paciência de ter lido todo o trabalho. Ressaltando que todas as ideias e escritas são de minha responsabilidade.

REFERÊNCIAS

Documentação

FLÁVIO VEGÉCIO RENATO. *Tratado de Ciência Militar*. Tradução de Adriaan de Man. Lisboa: Edições Sílabo, 2006.

FLÁVIO VEGÉCIO RENATO. Compêndio da Arte Militar. Tradução de João Gouveia Monteiro e José Eduardo Braga. São Paulo; Coimbra: Annablume; Imprensa da Universidade de Coimbra, 2011.

VEGETIUS, *Epitome of Military Science*. Translated with notes and introduction by N. P. Milner. Liverpool: Liverpool University Press, 2001.

Bibliografia

ALLANSON-JONES, L. *Artefacts in Roman Britain*: Their purpose and use. Cambridge: Cambridge University Press, 2011. p. 114-132

ALLMAND, Cristopher. The Fitteenth-Century English Versions of Vegetius'De RE Militari. *In*: STRICKLAND, M. (ed.). *Armies, Chilvary and Warfare in Medieval Britain ans France*. Stamford: Paul Watkins, 1998. p. 30-45.

BARNES, T. D. The date of Vegetius. *Phoenix*, v. 33, n. 3, p. 254-257, 1979. Disponível em www.jstor.org/stable/1087436. Acesso em: 17 set. 2014.

BISHOP, M. C. Weaponry and military equipment. *In*: ALLANSON-JONES, Lindsay. *Artefacts in Roman Britain*: their purpose and use. Cambridge: Cambridge University Press, 2011. p. 114-132.

BISHOP, M. C.; COULSTON, J. C. N. *Roman Military Equipment*: from the Punic Wars to the Fall of Rome. Oxford: Oxbow, 2006.

BOATWRIGHT, M. T.; GARGOLA, Daniel J.; LENSKI, Noel; TALBERT, Richard J. A. *The Romans from Village to Empire*: a History of Rome from Earliest to the end of the Western Empire. Oxford: Oxford University Press, 2011.

BOWERSOCK, G. W.; BROWN, P.; GRABAR, O. (org.). *Late Antiquity*: a Guide to the Postclassical World. Massachusetts: The Belknap Press of Harvard University Press, 1999.

BROWM, P. *O Fim do Mundo Clássico*: De Marco Aurélio a Maomé. Lisboa: Verbo, 1972.

BROWM, P. *Power and Persuasion in Late Antiquity*. Towards a Christian Empire. USA: The University of Wisconsin Press, 1992.

BURKE, P. *Hibridismo cultural*. São Leopoldo: Ed. Unisinos, 2003. (Coleção Aldus, v. 18).

CAMPBELL, B. *The Romans and their world*: a short introduction. New Haven: Yale University Press, 2011.

CARRIE, Jean-Michel; ROUSSELLE, Aline. *L'empire romain en mutation*: des Sévères à Constantin 192-337. Paris: Éditions du Seuil, 1999.

CHARLES, M. B. Vegetius on Armour: the *pedites nudati* of the *epitome rei militaris*. *Ancient Society*, n. 33, 2003, p. 127-167.

CHARLES, M. B. Transporting the troops in Late Antiquity: *naves onerariae*, Caludian and the Gildonic war. *The Calssical Journal*, v. 100, n. 3, p. 275-299, 2005. Disponível em www.jstor.org/stable/4133022. Acesso em: 25 jul. 2014.

CHARLES, M. B. *Vegetius in context*: Establishing the date of the *Epitoma rei militaris*. Stuttgart: Franz Steiner Verlog, 2007.

COULSTON, J. C. N. Roman Archery Equipment. *In*: BISHOP, M. C. (ed.). *The Production and Distribution of Roman Military Equipment*: Proceedings of the Second Roman Military Equipment Research Seminar. Oxford: BAR International Series 275, 1985. p. 220-366.

COULSTON, J. C. N. Arms and Armour of the Late Roman Army. *In*: DAVID, Nicolle. *A Companion to Medieval Arms and Armour*. Woodbridge: The Boydell Press, 2002. p. 3-24

COULSTON, J. C. N. Late Roman military equipment culture. *In*: SARANTIS, A.; CHRISTIE, N. *War and Warfare in Late Antiquity*: currents perspectives. Late Antique Archaeology Leiden: Brill, 2013. v. 8.2, p. 363-492.

DIGNAS, B.; WINTER, E. *Rome and Persia in Late Antiquity*: neighbors and rivals. Cambridge: Cambridge University Press, 2007.

ERRINGTON, R. Malcolm. *Roman Imperial Policy from Julian to Theodosius*. Chapel Hill: The University of North Carolina Press, 2006

GARDNER, A. Military Identities in Late Roman Britain. *Oxford Journal of Archaeology*, n. 18, v. 4, 1999, p. 403-418.

GARDNER, A. Soldier and spaces: daily life in Late Roman forts. *In*: LAVAN, L.; SWIFT, E.; PUTZEYS, T. (ed.). *Objects in context, object in use*: material spatiality in Late Antiquity. Leiden-Boston: Brill, 2007. (Late Antique Archaeology, v. 5, p. 657-684).

GIACOMONI, M. P. Ecos de uma tradição: usos e desusos da idéia de decadência na obra de Flavius Vegetius Renatus. *Alethéia*, Goiânia, v. 1, p. 1-16, 2008.

GOFFART, W. The date and purpose of Vegetius *De re militaris*. *Traditio*, v. 33, p. 65-100, 1977. Disponível em: www.jstor.org/stable/831025. Acesso em: 17 set. 2014.

GONÇALVES, B. C. *Treinamentos e Disciplinas militares do exército romano-bárbaro no século IV d.C.* Tese (Doutorado) – Programa de Pós-Graduação em História da Faculdade Ciências Humanas e Sociais da Universidade Estadual Paulista "Júlio de Mesquita Filho", Franca, 2016.

GUDEA, N. Contributions to the knowledge of the Late Roman Army (4th Century). *Apulum*, v. 47, p. 77-106, 2010.

JANNIARD, S. *Les Transformations de l'armée romano-byzantine (IIIe – VIe siècles apr. J.-C.)*: Le Paradigme de la Bataille Rangée. 2010. Thèse (Doctorat) – Ecole dês Hautes Études em Science Sociales, Paris, 2010.

KAZANSKI, M. Barbarian Military Equipment and its Evolution in the Late Roman and Great Migration Periods (3rd-5th c. A.D.) *In*: SARANTIS, A.; CHRISTIE, N. *War and Warfare in Late Antiquity*: currents perspectives. Leiden: Brill, 2013. (Late Antique Archaeology, v. 8.2, p. 493-522).

MARROU, H. Irenée. *Decadence Romaine ou Antiquité Tardive?* Paris: Éditions du Seuil, 1977.

MILES, R. Introduction: constructing identities in late antiquity. *In*: MILES, Richard. *Contructing Identities in Late Antiquity.* London: Routledge, 1999. p. 1-15.

MILNER, N. P. Introduction. *In*: VEGETIUS, *Epitome of Military Science.* Translated with notes and introduction by N. P. Milner. Liverpool: Liverpool University Press, 2001.

MONTEIRO, J. G.; BRAGA, J. E. Introdução. *In*: FLÁVIO VEGÉCIO RENATO. *Compêndio da Arte Militar.* Tradução de João Gouveia Monteiro e José Eduardo Braga. São Paulo; Coimbra: Annablume; Imprensa da Universidade de Coimbra, 2011.

RICHARDOT, P. *Végèce et la Culture Militare au Moyen Âge (Ve-XVe siècles).* Paris: Economica, 1998.

RICHARDOT, P. La datation du *De Re Militari* de Végèce. *Latomus,* t. 57, fasc. 1, p. 136-147, Jan./Marc. 1998a.

RUSSELL, P. The Medieval Castilian Translation of Vegetius, Epitoma de rei militaris: an Introduction. *In*: RUSSELL, P. *Spain and its Literature. Essays in Memory of E. Allison Peers. Part I*: From the Middle Ages to the Siglo de Oro. Liverpool: Liverpool University Press & MHRA, 1997. p. 49-63.

SHRADER, C. R. The influence of Vegetius'*De re military*. *Millitary Affairs,* v. 45 p. 167-172, 1981. Disponível em: www.jstor.org/stable/1987461. Acesso em: 19 set. 2012.

VUJOVIĆ, M. B. The plumbatae from Serbia. *Journal of the Serbian Archaeological Society*, v. 25, p. 203-218, 2009.

WARD-PERKINS, B. *The Fall of Rome*: and the End of Civilization. Oxford: Oxford University Press, 2005.

WISMAN, J. A. L'*Epitome rei militaris* et sa fortune au Moyen Age. *Le Moyen Age*, t. LXXXV, n. 1, p. 13-31, 1979.

A ESCRITA DA *HISTÓRIA ECLESIÁSTICA* DE SÓCRATES DE CONSTANTINOPLA E A UNIDADE DA IGREJA NO CONTEXTO DA *CONTROVÉRSIA NESTORIANA* (SÉC. V D.C.)

Daniel de Figueiredo[1]

Considerações iniciais

> Digo àqueles que pretendem ler esse trabalho que não me culpem porque, ao me preparar para escrever a história da Igreja, incluo nela as guerras que aconteceram à época, uma vez que posso autenticar os relatos. Eu faço isso por muitas razões: dentre elas tornar os fatos disponíveis, mas também, para aqueles que leiam os relatos não fiquem cansados com o excesso de argumentos dos bispos uns contra os outros. Mas, além dessas razões, para que se possa perceber que, quando os assuntos públicos estavam em tumulto, os da Igreja também estavam, como por uma espécie de simpatia (συμπάθεια). Se observarem atentamente, descobrirão que os males públicos e as dificuldades da Igreja têm um ponto em comum; descobrirão que eles acontecem ao mesmo tempo ou seguem um ao outro. [...] Então, eu não acredito que essa sucessão seja do acaso, mas decorrente dos nossos pecados. [...] Eu incluo continuamente os imperadores na história, pois, desde a época em que começaram a ser cristãos, os negócios da Igreja dependem deles e os grandes sínodos ocorrem por suas decisões. (SÓCRATES DE CONSTANTINOPLA, *Historia ecclesiastica*, 5, *Prooemium*).

Sócrates de Constantinopla escreveu sua *História Eclesiástica* na primeira metade do século V d. C.[2], período em que o imperador Teodósio II (408-450) governou o Império Romano do Oriente, já separado política e administrativamente da porção ocidental. Sua narrativa histórica abarca acontecimentos que vão do período de ascensão do imperador Constantino (306-337) até o ano de 439, ocasião em que o Prefeito Pretoriano do Ilírico, Talássio, foi consagrado bispo de Cesareia da Capadócia[3]. Nesse mesmo ano

---

1   Doutor em História pela Universidade Estadual Paulista "Júlio de Mesquita Filho" – UNESP/Franca.
2   Doravante, todas as demais indicações temporais se referem ao período "depois de Cristo", salvo indicação contrária.
3   O Prefeito Pretoriano na Antiguidade tardia era encarregado de funções administrativas e judiciais e não mais exercia funções militares como no período do Principado. Existiam em número de dois e eram as

que marca o final da sua narrativa histórica supõe-se que o conjunto da obra tenha sido publicado (MARAVAL, 2004, p. 11). O período da sua escrita é marcado por grande efervescência político-religiosa nas relações entre o poder imperial e a hierarquia eclesiástica oriental em formação. É nesse contexto que ocorre a emergência da *Controvérsia Nestoriana*, conflito no qual se enfrentaram os bispos Nestório de Constantinopla e Cirilo de Alexandria acerca das suas divergências em relação ao modo de interação entre as naturezas divina e humana do Cristo encarnado. O conflito dividiu a sociedade romana oriental, uma vez que ambos os bispos conquistaram expressivos apoios, tanto no clero quanto entre as aristocracias de funcionários imperiais, civis e militares. Essas associações potencializavam as ações das facções formadas, tanto no que se referia à busca por prestígio e poder na hierarquia eclesiástica quanto pelo anseio das aristocracias de funcionários por maior participação na centralizada estrutura administrativa imperial. Essa constatação permite caracterizar o conflito como político-religioso e administrativo (FIGUEIREDO, 2018).

Considerando o contexto de conflito ao qual Sócrates estava inserido ao compor sua narrativa histórica, o argumento a ser desenvolvido nesse capítulo é o de que a sua *História Eclesiástica* servia ao projeto político-religioso do imperador Teodósio II e seus estrategistas políticos no sentido de manobrarem a grande diversidade político-cultural da sociedade romano-oriental, naquele momento de crise, em especial na capital imperial, Constantinopla. Essa estratégia de gerenciar a diversidade era executada em proveito da manutenção da unidade imperial. As observações do autor, no excerto acima, expressam sua noção da história ao considerar que "os males públicos e as dificuldades da Igreja têm um ponto em comum" e que esse imbricamento ocorria "como por uma espécie de simpatia (συμπαθεία)". Tais indicações nortearão, neste capítulo, a análise da escrita da sua *História Eclesiástica*, em Constantinopla, na primeira metade do século V d.C. As inovações por ele efetuadas nesse gênero de escrita histórica, inaugurada no início do século IV, pelo bispo Eusébio de Cesareia (265-339), também podem ser entendidas à luz dos acontecimentos contemporâneos relacionados à emergência da *Controvérsia Nestoriana*.

Sócrates em Constantinopla no contexto da *Controvérsia Nestoriana*

Sobre a vida de Sócrates não se tem outras referências além daquelas fornecidas pelo próprio autor nesse seu único trabalho que chegou até nós, a *História Eclesiástica*. Por meio dela, sabe-se que ele nasceu, estudou e viveu

---

autoridades logo abaixo do imperador. No Império Romano do Oriente, de acordo com a *Notitia dignitatum*, se encarregavam do gerenciamento de duas grandes circunscrições, o Ilírico e o Oriente. As Prefeituras Pretorianas se dividiam em Dioceses e estas, por sua vez, em Províncias.

em Constantinopla e nada indica que tenha se distanciado muito da capital imperial do Oriente durante a sua vida (SÓCRATES, *HE*, 5.16; 5.24). Sócrates também informa que, na juventude, estudou com os gramáticos neoplatônicos Heládio e Amônio. Ambos os professores haviam sido sacerdotes do templo do deus helenístico-egípcio Serápis, em Alexandria, no Egito. Eles emigraram para Constantinopla após os conflitos entre neoplatônicos e grupos cristãos liderados pelo bispo Teófilo de Alexandria, em 391, que resultaram na destruição do templo. Desse modo, embora cristão, Sócrates teve acesso a uma educação baseada no estudo dos autores gregos clássicos e neoplatônicos, tais como os filósofos Platão e Plotino, que são mencionados nas suas reflexões acerca das querelas teológicas que emergiram no Império após a ascensão do imperador Constantino (SÓCRATES, *HE*, 2.35).

A partir dessas informações, especula-se que Sócrates tenha nascido na década de 380 e que, em torno dos dez anos de idade, já recebia instruções dos seus mestres egípcios (URBAINCZYK, 1997, p. 14-15). A alcunha de "Escolástico", ao qual muitas vezes ele é reconhecido, parece ter sido um acréscimo feito ao seu nome por uma versão armênia antiga da sua obra ou, ainda, por copistas medievais que teriam confundido Sócrates com o escritor Evágrio Escolástico, este sim, jurista que também escreveu uma *História Eclesiástica*, mas na segunda metade do século VI. Tal denominação era comumente associada a indivíduos eruditos ou instruídos que exercessem atividades na área jurídica. Contudo, nada indica, na obra de Sócrates, que ele tenha tido familiaridade com assuntos relacionados às leis (ROHRBACHER, 2002, p. 109).

O período em que Sócrates viveu e produziu o seu trabalho foi marcado por grande efervescência político-religiosa em Constantinopla e no Império Romano do Oriente como um todo. Após a aparente tranquilidade dos episcopados dos bispos Ático (406-425) e Sisínio (426-427), que sucederam ao turbulento episcopado do antioquiano João Crisóstomo (398-404) na chefia da Sé episcopal de Constantinopla (SÓCRATES, *HE*, 6.2; 7.2; 7.26), iniciou-se outro período de manifestada agitação nas relações internas da Igreja, a partir do ano de 428, com a investidura bispo Nestório, também oriundo de Antioquia (SÓCRATES, *HE,* 5.29).

Nesse momento, conflitos anteriores e latentes entre Antioquia e Alexandria pelo controle político-religioso da Sé da capital imperial, bem como a disputa entre seus bispos por preeminência na organização eclesiástica (BAYNES, 1926) se somaram à busca pelas elites orientais por maior participação político-administrativa na estrutura imperial centralizada em Constantinopla (FIGUEIREDO, 2018). Essas divergências vieram acompanhadas das diferenças teológicas acerca do modo pelo qual teria ocorrido o relacionamento entre as naturezas humana e divina no Cristo encarnado, motivo mais aparente na documentação e pelo qual a historiografia comumente analisa a *Controvérsia Nestoriana*.

Tais ideias opunham as culturas político-religiosas antioqua e alexandrina em assuntos que iam desde questões práticas como aquelas relacionadas à salvação da humanidade (soteriologia) até, inclusive, a formulação de uma ideologia de sustentação do poder imperial, cujo imaginário helenístico conferia ao imperador a condição de representante da divindade na terra. A perspectiva de Nestório buscava retomar as ideias dos bispos orientais Diodoro de Tarso (?-390) e Teodoro de Mopsuéstia (350-428), que na passagem do século IV para o V, no contexto de divisão das porções oriental e ocidental do Império, propuseram uma separação entre aquelas naturezas no Cristo, a segunda pessoa da trindade encarnada. A lógica desse pensamento, que viria a ser rotulado de *nestorianismo,* era a de que a salvação se tratava de tarefa humana de ascensão rumo a uma era perfeita, que se realizaria a partir da pedagogia dos exemplos do homem Jesus e, não necessariamente, prescindiria da união entre a carne e a divindade para sua consumação (FAIRBAIRN, 2007, p. 392). Contudo, para os opositores desse ideário, representados sobretudo por Cirilo de Alexandria, inspirado na soteriologia do bispo Atanásio (296-373), a união das naturezas divina humana seria imprescindível para que se operasse a redenção da humanidade. Somente o ensino e o exemplo do Cristo, como pregado pelos nestorianos, não seriam suficientes para a mudança do comportamento humano (LYMAN, 1993).

Como assinalou Sócrates no prefácio do seu livro V, transcrito na epígrafe desse capítulo, uma vez que os assuntos públicos e os negócios da Igreja estavam intimamente relacionados, a questão, desse modo, não ficava restrita à querela teológica. Nessa perspectiva, o historiador parece que se alinhava à preocupação do imperador Teodósio II que expressou esse mesmo sentimento em sua carta de convocação do Concílio de Éfeso I, que se realizou no ano de 431, com o objetivo de gerenciar o conflito entre as facções[4]:

> A condição de nosso Estado depende da piedade em relação a Deus e há um grande parentesco e afinidade entre os dois. Eles estão, de fato, mutuamente ligados e crescem cada um pelo progresso do outro, de sorte que a verdadeira religião brilha sustentada pela conduta justa e que o Estado prospera quando é sustentado por ambos. Intermediários entre a Providência e os homens, nós somos, de um lado, os servidores da Providência para o crescimento do Estado, e, por outro lado, passando em revista, por assim dizer, a todos os nossos súditos, nós fazemos com que eles vivam

---

[4] A prerrogativa dos imperadores da Antiguidade tardia em convocar e dirigir, mesmo por delegação, os Concílios da Igreja, constituía uma ferramenta de poder no sentido de gerenciar os conflitos que não envolviam apenas clérigos, mas também as elites dirigentes, civis e militares, que se associavam a eles.

em piedade e se conduzam como convém aos piedosos. Tomamos cuidado, como necessário, de um e de outro, pois não é possível que, se reivindicações são levantadas em [apenas] um dos dois, nós ñão nos importemos semelhantemente do outro – nós nos importamos, antes de tudo, de fazer com que a condição da Igreja permaneça tal que ela convenha a Deus e seja vantajosa para nosso tempo, que essa condição conheça a ausência de problemas graças à concórdia de todos, que ela conheça a ausência de facção graças à paz nos negócios eclesiásticos, que a piedosa religião permaneça irreprochável e que aqueles que fazem parte do clero e do grande sacerdócio se mantenham ao abrigo de toda reprovação quanto à sua vida (*ACO* I, 1, 1, p. 114-115).[5]

Ao também expressar a sua preocupação com as relações entre o Estado e a Igreja, que deveriam ser pautadas pela "piedade", ou seja, pela adoração da correta divindade em benefício do segurança do Estado, Teodósio II mirava a sua própria posição na chefia do poder imperial, uma vez que o imperador romano era a personificação do Império, que simbolizava mais do que qualquer outra coisa a unidade cultural, linguística e religiosa diversa, pois nele as várias tradições e povos estavam ideologicamente associados (DRIJVERS, 2015, p. 83). Nesse sentido, o que se entendia por Estado no período fundava-se em uma premissa distinta daquela pelo qual ele é entendido hoje em dia, como uma espécie de contrato social. A noção de que a divindade intervinha ativamente nos negócios humanos fazia com que um dos deveres primários dos líderes desse Estado, ou seja, os imperadores romanos, fosse assegurar a boa vontade divina para que suas intervenções fossem benéficas ao conjunto da sociedade. Caso contrário, a punição recairia sobre toda a comunidade e não apenas sobre aqueles que teriam provocado a ofensa às forças sobrenaturais (DRAKE, 2014, p. 219).

Assim, os discursos de Nestório e Cirilo buscavam estabelecer uma simetria entre a divindade com as funções do seu representante na terra, o imperador. Pode-se deduzir, então, na prática, que o pensamento de separação das naturezas representado por Nestório redundava em uma descentralização do governo imperial, resultando no distanciamento do imperador dos negócios de governo, na medida em que ao postular um deus transcendente, ele afastava a divindade da humanidade[6]. Contrariamente, o pensamento ciriliano,

---

5 Os *Acta conciliorum oecumenicorum* (*ACO*) reúnem cartas, tratados teológicos, registros escritos e transcrições de relatos verbais dos Concílios da Igreja em território romano na Antiguidade tardia. A obra reproduz os manuscritos medievais que preservaram esse material nas línguas grega e latina, reunidos e editados pelo filólogo alemão Eduard Schwartz (1914-).

6 É interessante notar como a teologia da união das naturezas em Cristo, de origem ciriliana (monofisismo), mesmo contrária aos dogmas do Concílio de Calcedônia (451), foi retomada e atualizada pelos juristas do final do Medievo para justificar a centralização do poder real através da ideologia dos "dois corpos do rei" (KANTOROWICZ, 1998, p. 28).

ao aproximar a divindade e a humanidade, na pessoa do Cristo, centralizava o poder na figura do imperador, pela relação íntima que estabelecia entre ele e a potência divina (BROWN, 2002, p. 103).

Nestório foi empossado no episcopado da capital imperial por indicação de Teodósio II, num momento em que as facções se agitavam pelo controle do episcopado da capital imperial[7]. Embora tanto Cirilo quanto Nestório reivindicassem que suas doutrinas eram ortodoxas, pois alegavam consonância delas com os postulados do Concílio de Niceia, ocorrido no ano de 325, Sócrates se inclinava a apoiar a facção ciriliana, que também era aquela que melhor convinha ao imperador. Ele pouco se adentrou aos intrincados conceitos que embasavam os argumentos teológicos em disputa, mas emitiu, entretanto, impressões dos comportamentos pessoais daqueles dois clérigos. No caso de Cirilo, apesar das fortes evidências que recaiam sobre esse bispo em relação ao assassinado da filósofa neoplatônica Hipátia, no início do seu episcopado, em Alexandria, o relato de Sócrates diluiu a responsabilidade da participação do bispo no episódio com toda comunidade cristã alexandrina:

> [...] como ela tinha entrevistas frequentes com Orestes [Prefeito], foi relatado de forma caluniosa entre a população cristã que teria sido ela quem impediu Orestes de se reconciliar com o bispo [Cirilo]. Por isso, alguns deles, cujo líder era um leitor chamado Pedro, levados por um zelo feroz e fanático, durante o descontraído retorno dela para casa, arrastam-na de seu carro e a levaram-na para uma igreja chamada *Cæsareum*, onde a despiram por completo e em seguida assassinaram-na com cacos de telhas. Depois de rasgar seu corpo em pedaços, eles levaram seus membros mutilados para um lugar chamado *Cinaron*, e lá os queimaram. Esse assunto trouxe opróbrio não apenas sobre Cirilo, mas sobre toda Igreja de Alexandria (SÓCRATES, *HE*, 7.15).

Já no que se refere a Nestório, a preocupação maior de Sócrates foi ressaltar a suposta ignorância desse bispo e estabelecer um elo entre ele e os precursores da heresia ariana, prática essa que, frequentemente, era reforçada por Cirilo:

> Nestório, assim, agitou as massas ao afirmar o dogma blasfemo de que o Senhor é um mero homem, tentando impingir na Igreja os dogmas de Paulo de Samósata e Fotino[8]. Um grande clamor levantou-se pela convocação de

---

[7] Apesar de a melhor representação das relações entre as naturezas no Cristo encarnado para o projeto de poder de Teodósio II seja aquela proposta pela cultura político-religiosa egípcia, liderada por Cirilo, o imperador necessitava contemplar as forças políticas ligadas a Nestório, que estava associado a muitos membros das elites que compunham a Corte imperial. O que se percebe é uma alternância do apoio imperial entre as duas facções no sentido de melhor gerenciar as demandas de ambas as partes.

[8] Uma das principais acusações de Cirilo de Alexandria a Nestório era a de que ele dividia o Cristo em dois e estabelecia uma subordinação entre a divindade e a humanidade, não reconhecendo a divindade do Cristo,

um Concílio geral para analisar a matéria em disputa. Tendo lido os escritos de Nestório, eu descobri tratar-se de um homem iletrado e expressarei abertamente a minha própria opinião sobre ele, livre de todas as antipatias pessoais, pois já me referi a seus defeitos. De igual modo serei imune às recriminações de seus adversários. Eu não posso admitir que ele seja um seguidor de Paulo de Samósata ou de Fotino ou que ele tenha negado a divindade de Cristo, mas ele parecia assustado com o termo *theotókos*,[9] como se fosse um fantasma terrível. O fato é que o alarme sem causa manifestado sobre esse assunto apenas expôs sua extrema ignorância. Por ser um homem de fluência natural como orador, ele era considerado bem-educado, mas na realidade era vergonhosamente iletrado. Na verdade, ele desconsiderou o trabalho penoso de um exame acurado dos antigos expositores e, inflado com sua prontidão de expressão, não deu atenção aos antigos e considerou-se o maior de todos (SÓCRATES, *HE*, 7.32).

Como Sócrates indicara, a unidade da Igreja justamente não era alcançada pelos obscuros argumentos de clérigos ambiciosos e, nesse sentido, o historiador preferiu desqualificar pessoalmente Nestório do que adentrar ao sofisticado pensamento teológico antioquiano que ele representava, seja por conveniência ou desconhecimento[10].

Na Antiguidade tardia, a cidade de Constantinopla sempre fora agitada pelo enfrentamento de facções que se opunham na arena político-religiosa e buscavam maior proximidade e influência junto ao poder imperial. Essa condição parece ter se tornado mais destacada após o governo do imperador Arcádio (395-408), pai de Teodósio II. A partir desse momento, os imperadores se sedentarizaram na capital e não acompanhavam mais as tropas em campanhas militares. Essa condição favorecia a permanência de grupos de pressão na capital imperial, que eram formados por representantes dos diferentes povos e culturas que se abrigavam no Império Romano do Oriente (SÓCRATES, *HE*, 5.10). Nestório, no final da sua vida, quando cumpria exílio decretado por Teodósio II em um deserto egípcio, deu uma noção de como se organizavam esses grupos, que podiam se aliar, em determinadas circunstâncias, na defesa de interesses comuns, mesmo pertencendo a formações político-religiosas por vezes concorrentes:

---

assim como fizera Paulo de Samósata (200-275), a quem o bispo alexandrino atribuía a origem do arianismo (SÓCRATES, *HE*, 7.32). Cabe ressaltar que Paulo de Samósata, além de bispo, foi funcionário na Corte da rainha Zenóbia, período que, durante o século III, constituiu-se o Reino de Palmira que abrangia grande parte do território oriental que foi destacado do Império Romano (JONES; MARTINDALE, 1971, p. 990-991).

9   Epíteto atribuído à Virgem Maria de "Portadora de Deus". Nestório negava essa designação afirmando que se Maria dera luz a um deus, ela também seria uma deusa (*ACO*, 1, 1, p. 29-32).

10 Análises aprofundadas da cultura político-religiosa antioquiana, que viria a ser rotulada, mais adiante, de "nestorianismo" podem ser consultadas nos trabalhos de Milton V. Anastos (1962), Carl E. Braaten (1963) e Roberta Chesnut (1978).

O mesmo ânimo animava a todos: judeus, pagãos e todas as seitas, eles se esforçaram por fazer aceitar sem exame as coisas que tinham sido feitas sem exame contra mim. Todos estavam de acordo, mesmo aqueles que tinham sido meus companheiros à mesa, nas preces e em pensamento; eles se juntaram numa amizade inseparável, por visitas e reuniões nas casas para confirmarem aquilo que foi feito contra mim (NESTÓRIO, *Liber Heraclidis*, 373).

Era, portanto, nesse ambiente heterogêneo que o imperador negociava a unidade imperial em torno de si. Desse modo, assim como Teodósio II expressou seu anseio pela unidade da Igreja como condição para a saúde do Estado romano, Sócrates demonstrava, também, uma intensa preocupação com essa unidade, assunto que perpassou por toda sua obra. Na percepção de Sócrates, Teodósio II era um notável imperador que trabalhava pela unidade da Igreja e, por essa atitude piedosa, ele era recompensado por Deus com a vitória contra seus inimigos e a obtenção de boas colheitas agrícolas em proveito dos seus súditos (SÓCRATES, *HE*, 7.22; 7.23).

Mas essa questão da unidade da Igreja que parecia tão almejada pelo imperador e propagandeada por Sócrates se tratava de algo bastante paradoxal. O que se observa nas cartas episcopais e imperiais preservadas nos Atos dos Concílios (*ACO*), acerca das negociações empreendidas por Teodósio II entre as facções que se formaram, é um descompasso entre o discurso e a prática em relação a busca pela propalada unidade da Igreja que redundaria na unidade imperial e o bem-estar do Estado. A despeito dessa retórica de unidade, observa-se que Teodósio II utilizou-se da estratégia de alternar seu apoio entre as duas facções, ora privilegiando nestorianos, ora cirilianos, nos diferentes eventos que marcaram as negociações relacionadas à controvérsia, tais como o Concílio de Éfeso I (431), as negociações da Fórmula da Reunião (433), o Sínodo de Constantinopla (448) e o Concílio de Éfeso II (449).

Essa atuação de alternância de apoio valeu ao imperador a imagem de fraco e manipulável por bispos e cortesãos poderosos, mas, ao contrário, revela uma estratégia que fomentava ainda mais a divisão entre as facções. O resultado era que ambos os grupos emergiam enfraquecidos mutuamente dos enfrentamentos que patrocinavam entre si. Ao final, o resultado era percebido como favorável ao poder de conciliação de Teodósio II (FIGUEIREDO, 2018, p. 173-246). Sócrates exaltou, em panegírico que dedicou ao imperador no livro 7 da sua História, essa percepção conciliatória da política imperial:

> Em primeiro lugar, esse príncipe, embora nascido e nutrido para o Império, não foi estultificado nem efeminado pelas circunstâncias do seu nascimento e educação. Ele evidenciou tanta prudência que ele aparecia para aqueles

que conversavam com ele para adquirir sabedoria por meio da experiência. Tal a sua fortaleza em sofrer com as dificuldades que ele suportaria corajosamente o calor e o frio; jejum com muita frequência, especialmente às quartas e sextas-feiras; e isso ele fez a partir de um esforço sincero para observar com precisão todas as formas prescritas da religião cristã. Ele tornou seu palácio não muito diferente de um mosteiro, pois ele, junto com suas irmãs, levantava-se de manhã bem cedo e recitava hinos em louvor da divindade. Por esse treinamento, ele aprendeu as sagradas escrituras de cor; e ele costumava discutir com os bispos sobre assuntos bíblicos como se ele fosse um sacerdote ordenado de longa data. [...] Teodósio, ao contrário, afastando-se dos silogismos de Aristóteles, exercia a filosofia nos atos, adquirindo do domínio sobre a raiva, o pesar e o prazer. Nunca se vingou de ninguém por quem foi ferido; nem ninguém nunca o viu irritado. E quando alguns dos seus amigos mais íntimos perguntaram a ele por que ele nunca puniu com a pena capital os infratores, ele respondeu: 'Não é uma coisa nem grande nem difícil para um mortal ser morto, mas é somente Deus que pode ressuscitar pelo arrependimento uma pessoa que uma vez morreu' (SÓCRATES, *HE*, 7.22).

Assim, para o imperador manter e manobrar a diversidade era necessário que não eliminasse adversários. Isso implicava negociar, também, com as forças de orientação nestoriana, que eram bastante representativas entre os funcionários da Corte imperial, oriundos de famílias aristocratas das mais diversas regiões do Império. Nesse sentido, inserimos Sócrates e a sua *História Eclesiástica* dentro do projeto imperial de assegurar a diversidade, mas mantendo o discurso que pregava a unidade da Igreja (essa busca por unidade era meta inatingível em função da diversidade de interesses de povos e culturas abrigadas no território romano oriental).

A estratégia incluía, também, a promoção da aura de santidade da família imperial, as construções públicas em Constantinopla que exaltassem essa condição, bem como as aparições do imperador fora do palácio imperial, nas processões às igrejas da cidade e a participação nos eventos do hipódromo, ocasiões em que ele podia auferir a disposição dos súditos em relação a sua atuação (VAN NUFFELEN, 2012, p. 185). Ademais, o projeto abrigava outras formas de exaltação imperial por meio da permissão e incentivo ao ensino da cultura helênica (conforme Sócrates teve a oportunidade de iniciar sua formação com professores neoplatônicos) e às atividades literárias religiosas e artísticas, que o historiador destacou na passagem acima. Nesse sentido, a *História de Eclesiástica* de Sócrates cumpria o papel de propagandear a busca pela unidade da Igreja e, ao mesmo tempo, exaltar a atuação imperial nessa busca. E Sócrates também estava inserido nesse esquema de privilegiar a diversidade por pertencer, como os argumentos abaixo indicarão, à seita minoritária dos novacianos.

Sócrates não deixou explícito na sua obra, mas as evidências são fortes a favor do pertencimento dele à Igreja Novaciana. Os integrantes dessa agremiação religiosa não eram rotulados como heréticos, pois o entendimento deles acerca da doutrina cristã estava em consonância com a proposição homoousiana da trindade estabelecida, no Concílio de Niceia[11]. Talvez por isso, não se tenha registros de que tivessem sido alvo de perseguições sistemáticas durante o período teodosiano (LEPPIN, 2003, p. 222). Entretanto, os novacianos eram cismáticos em relação às regras de rigor disciplinar que propunham para o comportamento pessoal dos cristãos. Eles também se opunham a algumas diretrizes organizacionais da Igreja "dominante", conforme rotulava Sócrates ao designar aquela agremiação que se dizia a legítima representante dos postulados emanados do Concílio de Niceia (SÓCRATES, *HE*, 5.22).

Além de se expressar de acordo com as questões disciplinares do grupo (SÓCRATES, *HE*, 5.19), Sócrates também dedicou espaço generoso na obra para relatar, de forma favorável, acontecimentos relacionados à seita, diferentemente do tratamento que veio a dispensar aos demais grupos considerados marginais e que disputavam espaço político em Constantinopla, tais como os arianos, os maniqueus, os macedônios, os quartodecimanos e, também, outros não cristãos, como pagãos e judeus que foram citados no seu trabalho (SÓCRATES, *HE*, 5.29-31). Ele também se preocupou em elencar, além dos líderes da hierarquia eclesiástica majoritária, a sucessão de alguns bispos novacianos na capital imperial, informando, inclusive, que teria recorrido a diversos contatos de informantes novacianos como fonte para seu trabalho. Assim, ele indica que o que escreveu sobre o Concílio de Niceia, acontecimento de suma importância para a história da Igreja, foi por meio das informações recebidas do presbítero novaciano Auxanon, que teria acompanhado o bispo novaciano Acésio àquela reunião (SÓCRATES, *HE*, 1.13). Dada a atenção dispensada aos membros dessa seita, acredita-se que Sócrates possa, inclusive, ter pertencido ao clero novaciano (MARAVAL, 2004, p. 11-12).

Embora existissem leis que buscavam coibir seitas consideradas heréticas ou cismáticas, como os novacianos e os donatistas, a aplicação delas parece ter sido seletiva. Na perspectiva da política imperial, a melhor estratégia era a de manter a diversidade que permitisse a utilização desses grupos no jogo em favor da unidade imperial (WESSEL, 2004, p. 22). Entretanto, bispos de metrópoles importantes poderiam invocar essa legislação para perseguir inimigos nas disputas de poderes locais, tais como fizeram Cirilo (SÓCRATES, *HE*, 7.7) e Nestório (SÓCRATES, *HE*, 7.29) no início dos seus respectivos episcopados.

---

11 No final do século IV, com base nos postulados do Concílio de Niceia, os padres capadócios (Basílio de Cesareia, Gregório Nazienzeno e Gregório de Nisa) estabeleceram a fórmula de ortodoxia que passou a ser vigente e que expressava a existência de uma divindade cristã composta por uma *ousia* e três *hipóstases*, ou seja, uma mesma entidade divina que se manifestava de três formas distintas (Pai, Filho e Espírito Santo), mas sem uma relação de subordinação entre elas.

Apesar dessas evidências que reforçam o pertencimento político-religioso novaciano do historiador, Hartmut Leppin (2003, p. 221-222) não acredita nessa perspectiva, apresentando como argumento principal o fato de que se Sócrates fosse um novaciano teria escrito uma história da Igreja Novaciana e não uma história da rotulada "Igreja dominante". Para Leppin, o trabalho de Filostórgio, por exemplo, também historiador da época, mas que pertencia a um dos ramos do arianismo, mostra que outra narrativa histórica da Igreja era possível no período. Mas essa possibilidade pode ser entendida pelo fato de o poder imperial não suprimir os opositores (como relatou Sócrates a respeito da docilidade do imperador em relação aos seus inimigos), ou mesmo, por vezes, até estimular a presença deles na arena política com a finalidade de contrabalançar e manobrar a diversidade em proveito da unidade imperial, conforme Nestório indicou que, em determinadas circunstâncias, inimigos de outrora poderiam se unir na defesa de interesses comuns.

Também, como ressaltou Theresa Urbainczyk (1997, p. 5), a grande preocupação de Sócrates era mais com a reconciliação do clero do que com suas visões teológicas concorrentes. Ele não via a Igreja separada do resto do Império, portanto, não escreveu a história da Igreja como uma entidade separada. Por mais que as questões teológicas cansassem pelo "excesso de argumentos dos bispos uns contra os outros", Sócrates enfatizava a busca pela unidade porque sabia que os conflitos eram, também, político-administrativos e que, muitas vezes, as querelas se perpetuavam por esse motivo. Um exemplo emblemático para indicar esse entrelaçamento de esferas é relato que ele faz do caso de um bispo considerado herético, mas que ao mudar de opinião e passar a pregar o credo homoosiano, conseguiu assumir o lugar do seu rival:

> Um certo Teodósio era bispo de Sinada, na Frígia Pacatiana. Ele perseguiu violentamente os hereges naquela província – e havia um grande número deles – e, especialmente da seita macedoniana[12]. Ele os expulsou não apenas da cidade, mas também do país. Nessa conduta ele não seguiu nenhum precedente da Igreja ortodoxa, nem o desejo de propagar a verdadeira fé. Mas escravizado por amor ao lucro imundo, ele foi impelido pelo motivo avarento de acumular dinheiro, extorquindo-o dos hereges. [...] Mas ele incomodou especialmente seu bispo [dos macedonianos] de nome Agapeto. E decidindo que os governantes da província não estavam investidos com autoridade suficiente para punir os hereges de acordo com o seu desejo, ele foi a Constantinopla pedir decretos de natureza mais rigorosa ao Prefeito Pretoriano. Enquanto Teodósio estava ausente cuidando desses negócios, Agapeto, que como eu disse presidia a seita macedoniana,

---

12 Os macedônios seguiam os ensinamentos do bispo Macedônio de Constantinopla que, em meados do século IV, negava a divindade do Espírito Santo.

chegou a uma conclusão sábia e prudente. Comunicando-se com seu clero, ele convocou todas as pessoas sob sua orientação e persuadiu-as a abraçar a fé homoousiana. Na concordância dessa proposição, ele seguiu imediatamente para a igreja atendida não apenas por seus seguidores, mas por todo o corpo do povo. Lá tendo oferecido a oração, ele tomou posse da cadeira episcopal na qual Teodósio estava acostumado a sentar-se e, pregando a doutrina da consubstancialidade reuniu o povo e tornou-se mestre das igrejas da diocese de Sinada. (SÓCRATES, *HE*, 7.3).

Essas considerações contextuais permitem melhor entender o projeto historiográfico de Sócrates para sua *História Eclesiástica*, bem como possibilita apreender a noção de história preconizada pelo autor.

Atualizando o gênero *História Eclesiástica*: a simpatia entre os males públicos e as dificuldades da Igreja

O bispo Eusébio de Cesareia ao inaugurar um novo gênero de escrita da história, no início do século IV, propôs, no parágrafo de abertura da sua obra, narrar as realizações dos santos apóstolos desde os tempos de Cristo, perpassando pelos registros de importantes matérias da história da Igreja, incluindo as ações dos seus líderes e as pregações e os escritos daqueles que haviam espalhado a palavra de Deus, inclusive, dos que teriam introduzido erros na doutrina. Preocupava-se, ainda, com o destino dos judeus, que, segundo ele, teriam conspirado contra o Salvador, com as lutas dos cristãos contra os gentios e com as provações dos mártires (EUSÉBIO DE CESAREIA, *HE*, 1.1).

O modelo mais próximo para o projeto de Eusébio, que se dispôs a narrar a história de um povo cristão, foi o do historiador judeu Flávio Josefo (37-100 d.C.), que apresentou a história do movimento religioso do povo judeu nas obras *Antiguidades Judaicas* e *Guerras dos Judeus*. Da mesma forma que Josefo, Eusébio fez uso da prática de incorporar transcrições textuais e citações de documentos. Nesse sentido, o bispo utilizou cartas de imperadores e textos promulgados pelos bispos no Concílios da Igreja (SÓCRATES, *HE*, 2.1). Tal método tinha por objetivo dar credibilidade a sua narrativa. Assim, ele promovia atualizações em relação à tradição historiográfica clássica que, inspirada em Tucídides e Tácito, era mais indiferente a essa prática de citação documental (MITCHELL, 2015, p. 33-36).

Sócrates, juntamente com os escritores gregos Sozomeno (aprox. 375-447) e Teodoreto de Ciro (aprox. 393-446), é considerado sucessor dessa forma de narrativa histórica eusebiana de incorporar a transcrição de documentos que serviram de fonte para o seu trabalho. Entretanto, Eusébio, ao cobrir o período de Cristo a Constantino, se preocupou mais em relatar os eventos relacionados à Igreja e sua hierarquia, enquanto Sócrates, num período de estreitamento das relações entre Igreja e Estado, desenvolveu sua teoria de simpatia nas relações entre ambas as esferas. O primeiro livro da sua *História Eclesiástica* reproduz parte da última seção do trabalho de Eusébio, no sentido de incluir documentos adicionais e, segundo ele, discutir de forma mais aprofundada o que considerava inadequado e incompleto na obra do seu antecessor no que dizia respeito às origens da heresia ariana e à divisão da Igreja após o Concílio de Niceia (SÓCRATES, *HE*, 1. *Prooem.*). Como forma de indicar maior precisão do seu trabalho, Sócrates viria, mais tarde, reescrever os dois primeiros livros da sua obra (SÓCRATES, *HE*, 2.1).

Essa preocupação com o arianismo demonstrada pelo historiador podia estar relacionada aos debates do conflito nestoriano, pois, conforme reproduzimos em excerto acima (SÓCRATES, *HE*, 7.32), o que mais os inimigos de Nestório o acusavam era de que sua doutrina da separação das naturezas se tratava de uma forma de retomar a doutrina de Ário ou uma das diferentes inovações a ela promovidas pelos seguidores do presbítero egípcio. Na perspectiva dos acusadores de Nestório, principalmente o bispo Cirilo, a doutrina dualista nestoriana considerava o Cristo como um mero homem e não um deus encarnado, estabelecendo, assim, níveis de subordinação entre as pessoas da trindade, conforme pregava, em diferentes graus, as vertentes arianas. Ou seja, tudo leva crer que a revisão tardia patrocinada por Sócrates nos relatos sobre o arianismo possa ter ocorrido nas circunstâncias de emergência da *Controvérsia Nestoriana,* com a posse de Nestório no episcopado de Constantinopla. Essa estratégia reforçava as acusações que Cirilo fazia, na mesma linha, ao bispo da capital imperial.

A obra de Sócrates não se trata de um livro de memórias, mas de trabalho calcado em testemunhos escritos e orais de quem teria presenciado os acontecimentos do seu tempo e os transmitiram ao historiador. Assim, ele afirma que: "Eu simplesmente não consigo escrever o tipo de coisa que os historiadores dizem. Entre eles é costume exagerar ou diminuir os fatos" (SÓCRATES, *HE*, 6. *Prooem.*) Essa preocupação de dar credibilidade ao trabalho por meio da citação das fontes não elimina, entretanto, a intencionalidade subjacente de se alinhar ao projeto que melhor convinha ao ideal teodosiano de unidade imperial. Projeto este que, como já indicado, comportava a propaganda de santidade da família imperial e a inclinação pelo ideário ciriliano de união do humano ao divino em Cristo, que projetava ainda mais a percepção de poder do imperador, em detrimento das aristocracias de funcionários.

Sócrates dá detalhes acerca dos diferentes tipos de fontes que usou, tais como cartas imperiais e episcopais, obras literárias, coleções de atas conciliares e testemunhos orais, sem, contudo, explicitar como teve acesso a elas

(URBAINCZYK, 1997, p. 48-49). Ele afirma que escreveu sua história a pedido de certo indivíduo de nome Teodoro, não dando mais informações a respeito, a não ser que se tratava de um homem santo de Deus (SÓCRATES, *HE*, 2.16; 6. *Prooem*; 7.48). Sócrates enfatiza que buscou escrever com clareza e simplicidade, em estilo direto para não entediar os leitores ou ouvintes (SÓCRATES, *HE*, 2.1). Isso sugere que sua história se destinava a uma grande público, a quem se referia como aqueles que "ouvem" (SÓCRATES, *HE*, 3.8; 4.25; 5.24) e que "a multidão e as pessoas simples querem apenas conhecer os fatos e não admirar a qualidade do estilo". Ademais, sua meta era agir "em conformidade com as leis da história, que pedem que o relato dos fatos seja sóbrio, verídico e desprovido de todo véu" (SÓCRATES, *HE*, 6, *Prooem*.). Nesse sentido, ao ter como objetivo alcançar o maior número de pessoas, Sócrates sugere que a utilidade da história seria a de edificar a multidão.

Por outro lado, o historiador rejeita a ideia de que queria se tornar conhecido na Corte imperial em decorrência do seu trabalho (SÓCRATES, *HE*, 7.22). Contudo, essa observação parece tratar-se de artifício retórico, pois ao enfatizar que escrevia de acordo com o que as fontes ao seu alcance transmitiam, "tomando todo o cuidado de conhecer os fatos e investigar cuidadosamente o assunto, para não escrever nada que seja fora da verdade" (SÓCRATES, *HE*, 5.19), ele buscava minimizar, com isso, qualquer indisposição com integrantes da Corte, cujos membros eram, majoritariamente, pertencentes à facção nestoriana (JANIN, 1960, p. 98). Sua precaução era se precaver contra os perigos de despertar a raiva daqueles a quem criticasse ou a quem ele pudesse vir a ser insuficientemente respeitoso (SÓCRATES, *HE*, 6. *Prooem*.).

A motivação principal do trabalho de Sócrates era a de registrar os conflitos na Igreja e a desunião que eles causavam, uma vez que, segundo ele, "se a Igreja tivesse permanecido sem divisões, estaria também tranquilo, pois onde os acontecimentos não fornecem material, não há necessidade de um narrador" (SÓCRATES, *HE*, 1.18). Conforme observa Pierre Maraval (2004, p. 15-17), o historiador utiliza o termo "Igreja" em diferentes sentidos: como uma instituição geral que abriga todos os cristãos; uma parte precisa desse todo (oposta a outras); a Sé de um bispo; ou o edifício onde se realizava o culto. A intenção do autor é situar essa *História Eclesiástica* dentro de uma história política geral, uma vez que ele indica a existência de uma justaposição entre os problemas públicos e os da Igreja (simpatia), seguindo, assim, a concepção eusebiana de Império cristão. Nesse intento, ele organizou sua narrativa em sete livros, bastante assimétricos, em que cada livro corresponde ao governo de um ou dois imperadores: Constantino (Livro 1), Constâncio II (Livro 2), Juliano e Joviano (Livro 3), Valentiniano I e Valente (Livro 4), Graciano e Teodósio I (Livro 5), Arcádio (Livro 6) e Teodósio II (Livro 7).

As *Histórias Eclesiásticas* na Antiguidade não são consideradas escritos propriamente teológicos, embora seus autores se dispusessem a escrever a história da verdadeira fé na qual acreditavam. Elas constituíam-se de narrativas triunfalistas que buscavam enaltecer a vitória dos fiéis na história. É nesse sentido que Eusébio louvava Constantino pela vitória do verdadeiro cristianismo e o estabelecimento de um Império cristão para a felicidade dos súditos. Essa perspectiva de elogiar o imperador governante viria a dar origem a uma longa tradição panegírica, bastante evidente nos escritores do século V, como Sócrates e Sozomeno. Conforme a perspectiva de Sócrates, não havia um sentido de progresso na ortodoxia, pois ele esperava para o futuro apenas a retomada de valores do passado, a paz e a ausência de querelas na Igreja sob o governo de bons imperadores (SÓCRATES, *HE*, 7.48).

Os fracassos e retrocessos na realização da implantação desse projeto seriam ocasionados pelas querelas entre os bispos e pelas guerras perdidas em virtude da falta de piedade. Ou seja, a não adoração da divindade correta por parte de maus imperadores como, por exemplo, Valente, por ser herege que professava uma das formas de arianismo, ou Juliano, por ser pagão, comprometia o estabelecimento da almejada unidade (LEPPIN, 2003, p. 229). Já as atuações dos bons imperadores, como Constantino e Teodósio II, eram primordiais para o estabelecimento do reino de Deus entre os homens. Para Sócrates, esses governantes atuaram como moderadores e juízes competentes em assuntos teológicos tanto no sentido de dirigir os bispos para a unidade como no de colocar em prática as decisões dos concílios da Igreja, cujos decretos eram elaborados pelos bispos em conformidade com a vontade do Espírito Santo.

Alguns livros (1, 2, 5 e 6) apresentam prefácio, o que sugere que tenham, inicialmente, circulado separadamente do conjunto da obra. Para as escritas dos livros 1 e 2, Sócrates indicou que havia se baseado na *História Eclesiástica* de Rufino de Aquileia (340-410), mas após constatar algumas imprecisões nessa fonte, sobretudo cronológicas, ele reescreveu algumas partes se apoiando em alguns trabalhos do bispo Atanásio de Alexandria (296-373) (SÓCRATES, *HE*, 1.13). A partir dessa revisão, a narrativa recebeu algumas mudanças de estilo, passando a incorporar a transcrição de cartas e documentos, conforme inspirado no trabalho de Eusébio, como já indicado. Assim, o trabalho de Sócrates se apoia em uma ampla variedade de fontes escritas e orais.

Dentre as fontes escritas destacam-se os trabalhos do seu inspirador Eusébio (principalmente a "Vida de Constantino"), Rufino, Atanásio, registros de atas conciliares, listas de bispos e a Crônica Latina de Constantinopla. Esta última bastante importante no que se refere a questões cronológicas. Outros trabalhos menos utilizados, mas também relevantes, são algumas orações do sofista Libânio, do filósofo Temístio, do imperador Juliano e de Eutrópio[13]. Sócrates citou, ainda, tratados, cartas e homilias de Nestório, Eunômio e Orígenes (ROHRBACHER, 2002, p. 112). Embora não tenha feito nenhuma indicação nesse sentido, estudiosos identificam bastante correspondência entre o trabalho de Sócrates e a *História Eclesiástica* de Gelásio de Cesareia (?-395). Os trabalhos de Gelásio e o de Rufino foram duas *Histórias Eclesiásticas* escritas no século IV e que cobriram o período dos imperadores Constantino (306-337) a Teodósio I (378-395) (URBAINCZYK, 1997, p. 48-64).

Os fatos presenciados pelo próprio autor e aqueles que ele diz ter ficado sabendo por meio de testemunhas oculares lhes foram transmitidos oralmente, destacando-se, sobretudo, aqueles relatados nos livros 6 e 7:

> Eu devo proceder para registrar com exatidão o que eu mesmo vi ou tenho sido capaz de averiguar a partir de observadores reais; tendo testado a verdade pela unanimidade das testemunhas que falavam dos mesmos assuntos, e por todos os meios eu poderia ter controle. O processo de averiguação da verdade foi de fato laborioso, visto que muitas e diferentes pessoas deram relatos diferentes e algumas afirmaram ser testemunhas oculares, enquanto outras professavam estar mais intimamente familiarizadas com essas coisas do que com quaisquer outras (SÓCRATES, *HE*, 6. *Prooem*.).

Conforme destaca Leppin (2003, p. 235-236), os historiadores da Igreja sempre tiveram a espinhosa tarefa de ter de considerar, ao mesmo tempo, o poder de Deus e o comportamento dos homens na determinação das causalidades históricas. Essa tentativa de tentar conciliar as ações humanas e as divinas para explicar os mecanismos que impulsionariam a história é, quase sempre, muito pouco aprofundada por esses autores. Sócrates, por exemplo, postulava uma noção de história que envolvia a simpatia entre os negócios da Igreja e os negócios públicos, mas sem dar maiores detalhes a respeito dessa sobreposição das esferas política e religiosa (SÓCRATES, *HE*, 5. *Prooem*.). Essa inovação apresentada em relação ao trabalho de Eusébio somente pode ser mais bem apreendida quando se analisa o contexto de inserção do autor na cidade de Constantinopla no período de emergência da *Controvérsia Nestoriana*. Os distúrbios na Igreja acerca das divergências de ideias teológicas relacionadas ao modo de interação entre as naturezas humana e divina no corpo do Cristo encarnado extrapolava o campo religioso e adentrava para questões de ordem ideológica de legitimação do poder imperial. Consequentemente, a querela mobilizava as aristocracias de funcionários e eclesiásticas que se associavam com o objetivo de maior participação nessa estrutura imperial que tendia a

---

13 Escreveu um Breviário que se trata de um compêndio organizado em dez livros, escrito no século IV por Eutrópio, que conta a história de Roma desde a sua fundação até o governo do imperador Valente (364-378).

concentrar poderes na figura do governante. Ou seja, tratava-se da convergência de incidentes político-religiosos e administrativos que pavimentavam o caminho das relações turbulentas entre os negócios públicos e os da Igreja e impediam a unidade e a paz.

Na concepção de Sócrates, a história também seria impulsionada pelos pecados humanos. As desavenças intermináveis na Igreja e os governos dos maus imperadores que se afastavam da verdadeira fé resultavam em sofrimento para toda coletividade, que se expressava em catástrofes naturais e derrotas militares. Mas, bons imperadores, como no caso do piedoso Teodósio II, garantiriam a prosperidade em todos os aspectos. Sócrates chegou a sugerir que esse imperador era um verdadeiro e moderado sacerdote (SÓCRATES, *HE*, 7.42), e descreve-o exercendo suas virtudes em diferentes ocasiões:

> Num certo ano, durante o qual o tempo havia sido muito tempestuoso, ele [Teodósio II] foi obrigado, pela ânsia do povo, a exibir os esportes habituais no Hipódromo. E quando o circo se encheu de espectadores, a violência da tempestade aumentou e houve uma forte queda de neve. Então, o imperador tornou muito evidente como sua mente foi afetada por Deus, pois ele fez o arauto fazer uma proclamação ao povo para esse efeito: 'É muito melhor e conveniente desistir do espetáculo e unir-se em oração comum a Deus, para que possamos ser preservados ilesos da tempestade iminente'. Mal tinha o arauto executado sua comissão, todo o povo, com a maior alegria, começou, de comum acordo, a oferecer súplicas e cantar louvores a Deus, de modo que toda cidade se tornou uma vasta congregação. O próprio imperador, em trajes oficiais, entrou no meio da multidão e começou os hinos. Tampouco ficou desapontado com sua iniciativa, pois a atmosfera começou a retomar a serenidade de que tanto gostava; e a benevolência divina concedia a todos uma colheita abundante em vez de uma deficiência esperada de grãos (SÓCRATES, *HE*, 7.22).

O destaque que o historiador confere à unidade do Império como indissociável da unidade da Igreja, é bem exemplificada pelo intercâmbio que se começa a visualizar no período entre as funções administrativas dos funcionários imperiais e a carreira eclesiástica. A função do bispo, embora não absorvida na estrutura administrativa imperial, começava a se despontar como um degrau no *cursus honorum* dos membros das elites dirigentes. No último capítulo do Livro 7 da sua obra, Sócrates viu com aprovação o fato do Prefeito Pretoriano do Ilírico, Talássio, ser ordenado bispo de Cesareia da Capadócia:

> Na mesma época, sob o décimo sétimo consulado de Teodósio, Proclo, o bispo [de Constantinopla], assumiu a execução de um ato, como nenhum dos antigos havia feito. Firmo, bispo de Cesareia da Capadócia, estando

morto, os habitantes daquele lugar vieram a Constantinopla consultar Proclo sobre a nomeação de um bispo. Enquanto Proclo considerava quem ele preferia ver [indicado bispo], aconteceu que todos os senadores vieram à igreja para visitá-lo num dia de sábado; dentre eles também estava Talássio, um homem que administrou o governo das cidades do Ilírico. E como foi relatado que o imperador estava prestes a confiar a ele o governo das partes orientais [Prefeitura Pretoriana do Oriente], Proclo colocou as mãos sobre ele e ordenou-o bispo de Cesareia, em vez de Prefeito Pretoriano. (SÓCRATES, *HE*, 7.48).

O interesse de Sócrates na unidade da Igreja sob um único imperador perpassou por toda a obra. Nessa perspectiva, ele modernizou o gênero *História Eclesiástica* ao incorporar na estrutura do seu trabalho a história política do Império. Ele lamentava a desunião ocorrida após a morte do imperador Constantino e concluiu sua história elogiando Teodósio II por ter criado as condições para o estabelecimento da tão almejada unidade na Igreja. Esse intento teria sido alcançado por ocasião da nomeação, por Teodósio II, do bispo Proclo (434-446) para ocupar a Sé de Constantinopla, em 434, após esse bispo patrocinar o translado do corpo do bispo João Crisóstomo para a capital imperial:

> Não muito tempo depois, Proclo, o bispo, trouxe de volta à Igreja aqueles que haviam se separado dela por causa dos relatos acerca da deposição do bispo João [Crisóstomo]. Ele acalmou a agitação por meio de um expediente prudente. Qual foi esse [expediente] que devemos agora contar? Tendo obtido a permissão do imperador, ele removeu o corpo de João [Crisóstomo] de Comana, onde ele havia sido enterrado, para Constantinopla, no trigésimo quinto ano após a sua deposição. E quando ele o carregou em procissão solene através da cidade, ele o depositou com muita honra na igreja nomeada de Os Apóstolos. Por este meio, os admiradores desse prelado [João Crisóstomo] foram conciliados e novamente associados em comunhão com a Igreja. Isso aconteceu no dia 27 de janeiro, no décimo sexto consulado do imperador Teodósio (SÓCRATES, *HE*, 7.45).

Sócrates encerra sua narrativa no ano de 439 e a morte do historiador pode ser datada entre esse ano do término do seu trabalho e a morte do bispo Proclo, em 446, pois ele se refere a esse clérigo sempre como ainda vivo no seu trabalho. Portanto, Sócrates não viveria para presenciar, ouvir dizer ou consultar registros da Igreja, cartas imperiais e episcopais acerca dos desdobramentos da *Controvérsia Nestoriana*, ainda no governo do imperador Teodósio II. As divergências entre as facções nestoriana e ciriliana seriam retomadas com intensa virulência por ocasião do Sínodo de Constantinopla, em 448, e do Concílio de Éfeso II, em 449.

Querelas teológicas na Antiguidade tardia não eram para ser resolvidas no sentido de se alcançar a paz entre a imensa diversidade de culturas político-religiosas que visejavam em ambas as porções do Império Romano, no século V. Os enfrentamentos se autoalimentavam, pois as disputas não envolviam somente divergências de ideias acerca da adoração da verdadeira divindade no sentido de garantir a salvação da humanidade. Tais enfrentamentos vinham associados a outros problemas tão profundos como questões relacionadas a disputas por poder e autoridade em uma estrutura que buscava ordenar a sociedade por meio de uma centralização na figura do imperador. A despeito da propagação do discurso de uma tão almejada unidade da Igreja, o que se percebe é a necessidade da manutenção da diversidade, pois um dos papeis do imperador era o de gerenciar conflitos, garantindo, assim, a unidade em torno da sua atuação e não a manutenção de uma facção ciriliana ou nestoriana fortalecida que pudesse colocar em risco a sua posição de governante. Por isso, era paradoxal, mas politicamente estratégico para o poder imperial, tolerar a diversidade de seitas, como a dos novacianos de Sócrates, principalmente por este historiador ter se engajado no projeto de enaltecer as qualidades conciliatórias do imperador em sua *História Eclesiástica*.

REFERÊNCIAS

Fontes

SCHWARTZ, Edidit Eduard et al. (ed.). *Acta Conciliorum Oecumenicorum*. Berlin; Leipzig: Walter de Gruyter & Co., 1914. t. I/II.

EUSÉBIO DE CESARÉIA. *História Eclesiástica*. Tradução de Wolfgang Fischer. São Paulo: Fonte Editorial, 2005.

NESTORIUS. *Le Livre d'Heraclide de Damas*. Traduit en français par F. Nau avec le concours P. Bedjan et M. Brière. Paris: Letouzey et Ané Éditeurs, 1910.

NOTITIA DIGNITATUM. Nueva edición crítica y comentario historico por Concepción Neira Faleiro. Madrid: Consejo Superior de Investigaciones Científicas, 2005.

SOCRATE DE CONSTANTINOPLE. *Histoire Ecclésiastique*. 4 v. Traduit par Pierre Périchon et Pierre Maraval. Paris: Les Éditions Du Cerf, 2004.

Obras de apoio

ANASTOS, Milton V. Nestorius was Orthodox. *Dumbarton Oaks Papers*, v. 16, p. 117-140, 1962.

BAYNES, Norman H. Alexandria and Constantinople: a study in ecclesiastical diplomacy. *The Journal of Egyptian Archaeology*, v. 12, n. 3/4. p. 145-156, 1926.

BRAATEN, Carl E. Modern interpretations of Nestorius. *Church History*, v. 32, n. 3, p. 251-267, 1963.

BROWN, Peter. *Poverty and leadership in the later Roman empire*. Hanover: University Press of New England, 2002.

CHESNUT, Roberta C. The two prosopa in Nestorius' *Bazaar of Heracleides*. *Journal of Theological Studies*, v. 29, n. 2, p. 392-409, 1978.

DRAKE, Harold A. Topographies of power in Late Antiquity and beyond. *In*: RAPP, Claudia (ed.). *The City in the Classical and Post-Classical World*:

changing contexts of power and identity. Cambridge: Cambridge University Press, 2014. p. 217-239.

DRIJVERS, Jan Willem. The *divisio regni* of 364: The End of Unity? *In*: DIJKSTRA, Roald; POPPEL, Sanne Van; SLOOTJES, Danielle (ed.). *East and West in the Roman Empire of the Fourth Century*: an end to unity? Leiden: Brill, 2015. p. 82-96.

FAIRBAIRN, Donald. Allies or Merely Friends? John of Antioch and Nestorius in the Christological Controversy. *The Journal of Ecclesiastical History*, v. 58, n. 3, p. 383-399, 2007.

FIGUEIREDO, Daniel de. *A atuação político-religiosa do imperador Teodósio II na controvérsia entre Cirilo de Alexandria e Nestório de Constantinopla (428-450 d.C.)*. 2018. 407 f. Tese (Doutorado em História) – Universidade Estadual Paulista "Júlio de Mesquita Filho", Franca, 2018.

JANIN, Raymond. Rôle des commissaries impériaux byzantins dans les conciles. *Revue des études byzantines*, t. 18, p. 97-108, 1960.

JONES, Arnould H.; MARTINDALE, John R.; MORRIS, J. *The Prosopography of the Later Roman Empire, AD 260-395*. Cambridge: Cambridge University Press, 1971.

KANTOROWICZ, Ernst H. *Os dois corpos do rei*: um estudo sobre teologia política medieval. Trad. Cid Knipel Moreira. São Paulo: Companhia das Letras, 1998.

LEPPIN, Hartmut. The Church Historians (I): Socrates, Sozomenus, and Theodoretus. *In*: MARASCO, Gabriele (ed.). *Greek and Roman Historiography in Late Antiquity*: Fourth to Sixth Century A.D. Leiden: Brill, 2003. p. 219-254.

LYMAN, J. Rebecca. *Christology and cosmology*: models of divine activity in Origen, Eusebius and Athanasius. Oxford: Clarendon Press, 1993.

MARAVAL, Pierre. Introduction. *In*: SOCRATE DE CONSTANTINOPLE. *Histoire Ecclésiastique*. Traduit par Pierre Maraval. Paris: Les Éditions Du Cerf, 2004. p. 9-35.

MITCHELL, Stephen. *A History of the Later Roman Empire – AD 284-641*. 2. ed. Chichester: Wiley Blackwell, 2015.

ROHRBACHER, David. *The Historians of Late Antiquity*. London: Routledge, 2002.

URBAINCZYK, Theresa. *Socrates de Constantinople*: Historian of Church and State. Ann Arbor: The University of Michigan Press, 1997.

VAN NUFFELEN, Peter. Playing the Ritual Game in Constantinople (379-457). *In*: GRIG, Lucy; KELLY, Gavin (ed.). *Two Romes*: Rome and Constantinople in Late Antiquity. Oxford: Oxford University Press, 2012. p. 183-200.

WESSEL, Susan. *Cyril of Alexandria and the Nestorian Controversy*: the making of a Saint and of a heretic. Oxford: Oxford University Press, 2004.

SOZOMENO

Gilvan Ventura da Silva[1]

A consciência histórica cristã

A emergência e difusão do cristianismo no Império Romano foram acontecimentos que comportaram um alto grau de complexidade, não apenas devido ao fato de se tratar de um processo histórico de longa duração, mas também da intensidade das transformações que os cristãos promoveram no sentido de suplantar as tradições greco-romanas e judaicas então disseminadas por um território transcontinental. De fato, desde o início os crentes em Jesus se consideraram portadores da Boa Nova, da revelação última sobre o sentido da vida e da morte contida na pregação de um camponês da Galileia que teria, na condição de Messias, de Ungido do Senhor, recebido a incumbência de não apenas anunciar o advento do Reino de Deus, conforme antecipado pelos profetas do Antigo Testamento, mas também de reformar os costumes, vale dizer, de abolir a Lei de Moisés e instituir um novo código de conduta que doravante deveria ser adotado tanto pelos judeus quanto por todos aqueles que se mostrassem sensíveis à Palavra, o que equivalia a introduzir, na comunidade cristã nascente, os gentios, isto é, os pagãos, tarefa que ficou a cargo de Paulo executar. O movimento liderado pelos apóstolos pode ser descrito como algo absolutamente inovador, uma vez que, rompendo com o monopólio religioso do Templo e de seus sacerdotes, os cristãos pretendiam difundir o monoteísmo para além dos círculos judaicos, inaugurando não apenas uma nova religião, mas, como sugere Boyarin (2007, p. 10), criando mesmo, no contexto da sociedade antiga, a ideia de *religião* tal como a conhecemos, ou seja, uma experiência de conexão com o divino liberada de quaisquer condicionantes étnicos ou políticos, o que reforçava o caráter universal e inclusivo da pregação de Jesus, mais tarde sintetizado por Paulo, na célebre passagem da *Epístola aos gálatas* (3: 28) segundo a qual, em Cristo, "não há nem judeu nem grego, não há escravo nem livre, não há homem nem mulher".

Não há dúvida que o cristianismo representou, no alvorecer da era imperial, uma experiência religiosa até então desconhecida, sendo justamente por essa razão que os cristãos foram de quando em quando acusados de *superstitio*,

---

[1] Professor Titular de História Antiga da Universidade Federal do Espírito Santo. Doutor em História pela Universidade de São Paulo, bolsista produtividade 1-C do CNPq e pesquisador do Laboratório de Estudos sobre o Império Romano (Leir). No momento, executa o projeto *Protesto, trabalho e festa na cidade pós--clássica: a ocupação da rua pela população de Antioquia (séc. IV e V d.C.)*.

de praticar uma crença que, sendo nova, não guardava filiação com nenhum culto ancestral, o que a tornava não apenas suspeita, mas também passível de coerção legal. Ocorre, no entanto, que os cristãos, por mais que se julgassem livres das amarras que os prendiam a este mundo enquanto aguardavam confiantes a segunda vinda de Cristo, nunca desprezaram por completo o lastro cultural que os unia aos judeus nem tampouco decidiram fazer tábula rasa do passado, tomando o ministério de Jesus como uma espécie de "marco zero", um momento fundador da própria História. Isso implica reconhecer que os cristãos, não obstante o esforço em apresentar a sua crença como um estilo de vida que exigia a renúncia a tudo aquilo que um dia haviam sido, de modo a serem reconhecidos como "homens novos", "renascidos" em Cristo, nunca pretenderam abrir mão do passado, seja daquele que eles mesmos construíam à medida que avançavam os trabalhos de evangelização, seja do passado mais longínquo, que os conectava às narrativas veterotestamentárias, das quais os patriarcas de Israel foram os protagonistas, o que nos impede de superestimar a obsessão pela Parúsia vigente nos círculos apocalípticos do Império que, obcecados pelos retorno iminente de Cristo, se consideravam *outsiders* em seu próprio mundo, colocando-se assim numa posição meta-histórica. Isso significa afirmar que desde os primeiros tempos os cristãos foram confrontados, por um lado, com a necessidade de registrar os ditos e feitos memoráveis dos seus heróis e, por outro, de produzir uma interpretação coerente da trajetória da Humanidade à luz dos preceitos evangélicos e da atuação cotidiana daqueles que, reunidos em assembleias (*ecclesiae*), formavam o corpo místico de Cristo consubstanciado na Igreja, esta última compreendida como a totalidade dos crentes, segundo a definição de Paulo (*1Cor.* 12: 12-30). Como observa Croke (2012, p. 405), no fim das contas isso exigiu dos cristãos a formulação de uma nova ideia de História que integrasse, numa mesma trama, os acontecimentos do passado com os do presente e futuro a partir da Encarnação, algo que veio a tomar forma lentamente ao longo dos séculos I e II.

    Aos cristãos nunca faltou, pois, uma atenção particular à dimensão histórica da sua crença, como comprova a quantidade de textos devotados a transmitir à posteridade a lembrança daqueles que outrora não hesitaram em oferecer o próprio corpo em defesa da fé, a exemplo das atas e paixões dos mártires. Antes disso, o próprio livro de *Atos dos apóstolos*, escrito na segunda metade do século I, constitui, sem dúvida, uma evidência praticamente irrefutável do interesse precoce dos cristãos em organizar a sua ação missionária num relato inteligível com vistas a informar os pósteros sobre como a Boa Nova foi anunciada e recebida entre judeus e gentios. Tendo em vista tal objetivo, o texto de *Atos* revela, em mais de uma oportunidade, a sua adesão às convenções da historiografia clássica, o que valeu ao seu autor – supostamente o apóstolo Lucas – o título de "primeiro historiador cristão", um juízo decerto exagerado, na medida em que a obra, fruto da "Idade Heroica" do cristianismo, é antes e acima de tudo o relato de uma comunidade que, empoderada por Deus, luta para se afirmar num meio hostil mediante a atuação de líderes excepcionais, como foram os apóstolos (ADLER, 2010, p. 585), razão pela qual a ênfase recai amiúde na *aretê* de indivíduos capazes de toda sorte de proezas, muito embora *Atos* contenha informações preciosas sobre os desafios impostos aos primeiros cristãos, realidade por vezes esquecida. Em todo caso, importa reconhecer que o interesse dos cristãos pelo passado na sua completude – e não apenas por aquele mais recente – foi um acontecimento até certo ponto tardio, remontando à segunda metade do século II, o que coincide com a institucionalização da própria Igreja que, cada vez mais submetida ao controle do episcopado monárquico, se apresentava como uma entidade destinada a durar, ainda que por vezes irrompessem, numa ou outra localidade, movimentos proféticos e apocalípticos – a exemplo do Montanismo – aos quais os bispos, organizados em sínodos e concílios, cuidaram de dar combate com ardor e determinação. Nesse momento, verifica-se a passagem (que não significou, em absoluto, uma substituição, mas antes um acréscimo) de um nível de consciência histórica voltado tão somente à produção de registros memoráveis das peripécias vividas pelos heróis do cristianismo para um nível em sintonia com as questões envolvendo o sentido da aventura humana sobre a Terra mediante a absorção de saberes e métodos de tratamento da História estabelecidos há séculos pelos gregos, o que deu ensejo ao surgimento de uma historiografia cristã propriamente dita.

Os cristãos e a escrita da História

Segundo argumenta Inglebert (2001), o surgimento de uma historiografia cristã cujo propósito era interpretar a totalidade dos eventos do passado judaico e grego de acordo com os fundamentos do movimento messiânico de Jesus é um acontecimento que se situa por volta de 160, tendo assumido três formas básicas: os cômputos, as crônicas universais e as histórias eclesiásticas, cujo aparecimento se sucede nesta ordem. O cômputo mais antigo do qual temos notícia foi elaborado por Taciano, um autor sírio que, na obra *Oratio ad graecos*, defende a antiguidade de Moisés, que teria vivido quatro séculos antes da Guerra de Troia, o que o tornava anterior a Homero e, portanto, mais respeitável. Para tanto, apoia-se em cálculos formulados por judeus alexandrinos, o que atesta de modo inequívoco a apropriação do patrimônio cultural judaico pelos cristãos, estratégia bastante conveniente no confronto com a cultura helênica. Um pouco depois, em 180, Teófilo de Antioquia, em *Três livros a*

Autólico, um texto apologético dedicado a um interlocutor – possivelmente imaginário – por nome Autólico, formula um cômputo da História com base numa cronologia bíblica e romana, sustentando que entre a Criação e a morte do imperador Marco Aurélio teriam transcorridos 5695 dias. Já Moisés teria antecedido em mil anos a Guerra de Troia. Por volta de 200, Clemente de Alexandria, em *Stromata*, propõe um cômputo de 5591 anos entre a Criação e a morte de Cômodo, em 192. O que distingue a obra de Clemente das anteriores é que o autor, ao elaborá-la, se valeu de um repertório bem maior de fontes, incluindo autores pagãos e judeu-helenísticos. Além disso, Clemente buscou construir uma cronologia comparada que incluía eventos bíblicos, gregos e romanos, mas sem tentar uma interpretação global da História. Seu trabalho se restringe a uma lista cronológica elaborada com base nas Escrituras e na sucessão dos impérios antigos. Nesse contexto, o Império Romano é visto como uma instituição claramente profana, a exemplo dos seus congêneres persa e macedônio (INGLEBERT, 2001, p. 3-4).

Superada a fase inicial na qual as referências ao passado mais distante encontravam-se dispersas em obras de caráter teológico e apologético, os cristãos passam a investir noutra modalidade de expressão da consciência histórica: as crônicas universais, um gênero historiográfico do qual são tidos como os fundadores, não obstante os influxos dos modelos gregos e judaicos. A primeira crônica cristã foi a de Júlio Africano, obra composta por volta de 221 em cinco volumes, mas que nos chegou apenas em fragmentos de difícil reconstituição, a despeito do empenho dos filólogos[2]. Nela, o autor propunha um sincronismo entre as tradições gregas, romanas e orientais e o quadro cronológico bíblico (ADLER, 2010, p. 585). Em seguida, por volta de 235, Hipólito de Roma, ao que tudo indica tomando por base a *Cronografia,* de Júlio Africano, e os *Stromata*, de Clemente de Alexandria, elabora uma crônica com base apenas nos acontecimentos contidos na Bíblia. A ela, acrescentou uma descrição etnográfica do mundo então conhecido. Já por volta de 303, Eusébio de Cesareia leva a cabo um projeto muito mais ambicioso ao redigir uma crônica universal cujo ponto de partida era o reinado de Nino, soberano da Assíria, sob o qual teria nascido Abraão, o primeiro dos patriarcas. Retomando os dados fornecidos por Júlio Africano e recorrendo a autores pagãos, Eusébio formulou uma apresentação sinóptica da história do mundo, dispondo em colunas os acontecimentos relativos aos diversos impérios, o que facilitava

---

2   Antes de Júlio Africano, Hegesipo, um autor palestino do século II, havia redigido uma obra, hoje perdida, intitulada *Hypomnemata (Memórias)*, que teria sido consultada por Eusébio. Embora Jerônimo, no seu *De viris illustribus* (2), qualifique a obra como a primeira do gênero da história eclesiástica, os especialistas não concordam quanto a este julgamento. Segundo Adler (2010, p. 594), *Memórias* pode ser considerada um texto historiográfico apenas em sentido lato, pois, ao que tudo leva a crer, seu conteúdo era uma coleção frouxa de reminiscências sobre as quais Eusébio impôs a sua própria ordem cronológica.

as comparações (INGLEBERT, 2001, p. 5-6)³. Do ponto de vista formal, o texto se reparte em duas colunas. Numa delas, o autor reproduz uma lista reis e imperadores ao passo que, na outra, assinala os principais acontecimentos da história judaico-cristã, de maneira que o passado pagão e o judaico-cristão são dispostos lado a lado (CROKE, 2012, p. 406). Na avaliação de Adler (2010, p. 586), a despeito das lacunas que costumava apresentar, a crônica foi por muito tempo o gênero dominante da historiografia cristã. Redigida num estilo conciso e austero, atendia bastante bem ao ideal evangélico de despojamento, sendo por isso mesmo acessível a um público mais amplo. Todavia, a partir de 310, a crônica passa a sofrer a concorrência de uma nova modalidade de escrita da História cujo pioneiro é Eusébio de Cesareia: a história eclesiástica.

A história eclesiástica, ou seja, a história de uma nação santa – *éthnos* – enquadrada por uma instituição divina – a Igreja – que se revela *pari passu* desde os tempos mais antigos pode ser considerada um gênero notadamente cristão, não obstante a contribuição dos modelos historiográficos gregos e judaicos. Num mundo em que o cristianismo emergia como uma força social de primeira grandeza, a *intelligentsia* cristã não poderia eximir-se da missão de elaborar sua própria interpretação sobre o sentido da História, sustentando então a interferência de Deus nos assuntos humanos em lugar da explicação clássica segundo a qual os eventos seriam guiados pela Fortuna, pelas grandes personalidades ou mesmo pelo acaso, o que configura, na avaliação de Downey (1965, p. 57), a transição de uma filosofia da História para uma teologia da História. Embora, a rigor, a *História Eclesiástica*, de Eusébio, não se encontre a serviço da teologia cristã, ela encerra, sem dúvida, uma dimensão teológica, pois o autor se propõe a narrar a trajetória da "verdadeira" fé desde o tempo dos patriarcas de Israel até os imperadores da época tardia, um *leitmotiv* inédito para a escrita da História no Mundo Antigo (LEPPIN, 2003, p. 233)⁴. Mas não apenas no que se refere ao conteúdo a *História Eclesiástica* representa um *turning point* em comparação à historiografia clássica. Em termos formais, ela também traz inovações substantivas, a começar pela citação extensiva de documentos, o que a torna uma narrativa sobre o passado e o presente da Igreja, mas também, de certa maneira, um catálogo de "provas', razão pela qual alguns historiadores, a exemplo de Inglebert (2001, p. 8), identificam na

---

3   Muito embora Eusébio de Cesareia tenha se notabilizado como o criador da história eclesiástica, não podemos perder de vista o caráter inovador da sua *Crônica* no que diz respeito à exposição dos acontecimentos históricos, o que explica o número elevado de manuscritos produzidos entre os séculos V e XVI. Já no século V, além do latim, a obra havia sido traduzida também para o armênio e, no século VI, para o siríaco (CROKE, 2012, p. 405; INGLEBERT, 2001, p. 20).

4   O dilema com o qual Eusébio teve de lidar dizia respeito à produção de uma narrativa histórica que tornasse compatível a dupla origem do *éthnos* cristão, ao mesmo tempo contemporânea da criação do mundo e da instauração do regime imperial por Augusto (MOMIGLIANO, 2004, p. 196).

obra traços da literatura jurídica. Da mesma forma, a tendência de Eusébio em rejeitar discursos inventados, procedimento bastante comum entre os cronistas antigos desde Tucídides pelo menos, era outro elemento que distinguia agudamente seu trabalho da tradição greco-romana. Além disso, a *História Eclesiástica* inovava no tratamento dispensado à cronologia, na medida em que se reportava a um passado remoto, enquanto a historiografia clássica manifestava a tendência a abandonar – ou resumir – os acontecimentos mais distantes no tempo em prol da abordagem de temas e assuntos contemporâneos ao narrador. Quanto a isso, vale a pena recordar que o projeto original de Eusébio era concluir sua obra em 311, com a promulgação do Edito de Tolerância por Galério, tendo acrescentado os últimos livros, dedicados à época constantiniana, apenas em edições posteriores (MARKUS, 1975, p. 2-3).

A história eclesiástica, tal como concebida por Eusébio, não despertou, ao menos de início, maior atenção nos círculos literários do Oriente e do Ocidente, como comprova a sua difusão um tanto ou quanto restrita. De fato, apenas décadas após a primeira edição a obra foi traduzida para o latim por iniciativa de Rufino, um monge de Aquileia que, por volta de 402, publica uma *História Eclesiástica* na qual apresenta, na íntegra, o texto de Eusébio acrescido de mais dois livros que cobriam os anos de 325 a 395. No Oriente, ainda no século IV, temos conhecimento de uma *História Eclesiástica* escrita por Gelásio de Cesareia em torno de 380. A obra, infelizmente, não chegou até nós. Esse relativo desinteresse dos cristãos para com a história eclesiástica parece conectada ao prestígio do qual as crônicas universais gozavam como principal instrumento de elaboração do passado, situação que será subitamente alterada sob o governo de Teodósio II (408-450)[5], quando Constantinopla se converte num importante centro literário, com o consequente incentivo à formação de profissionais para atuar nos diversos ramos da administração pública. Em 425, é fundada a "Universidade" de Constantinopla, um centro de estudos que permanecerá ativo pelo milênio seguinte[6]. Competições literárias eram então frequentes na cidade, o que representava um importante incentivo à escrita. A essa altura ocorre também a compilação do *Código Teodosiano*, tarefa de grande envergadura que agitou os meios jurídicos da

---

5   Optamos por datar o início do governo de Teodósio II em 408, ocasião em que passa a governar o Império sob a tutela do prefeito Antêmio, e não em 402, quando é proclamado corregente ao lado de seu pai, Arcádio. Embora, em 408, Teodósio fosse ainda um infante, contando apenas com sete anos de idade, é a partir desse momento que ele se apresenta de fato como responsável pelo governo do Império do Oriente, o que justifica nossa opção.

6   A "Universidade" de Constantinopla (*Pandidakterion*), cuja sede era o átrio do Palácio de Magnaura, foi instituída como um contraponto cristão à "Universidade" de Atenas. Quando da sua criação, possuía um *staff* de professores de grego e latim. A principal realização da Universidade foi, sem dúvida, a compilação do *Código Teodosiano*, tarefa iniciada em 429 e concluída uma década depois. A promulgação do *Código* por Teodósio II data de 15 de fevereiro de 438 (NORWICH, 1989, p. 145).

Capital (CHESNUT, 1977, p. 196). Tudo isso configura aquilo que autores, como Sabbah (1983, p. 80 *et seq.*), denominam a "Idade de Ouro" teodosiana, uma conjuntura de intensa efervescência cultural observada a partir da década de 430 sob o patrocínio de Teodósio II, da imperatriz Eudócia e do prefeito do pretório do Oriente, Ciro de Panópolis. Constantinopla adquire assim, na primeira metade do século V, um notável dinamismo intelectual, agregando uma pletora de professores de grego e latim ocupados com a formação educacional dos estratos superiores da sociedade. O "espírito da época", por assim dizer, exprimia a confiança dos literatos, juristas e integrantes da administração pública num futuro auspicioso para um Império cuja prosperidade dependia, em larga medida, dos benefícios do Deus cristão concedidos a soberanos que se mostravam comprometidos com a causa da Igreja pós-Niceia, ou seja, com a defesa do cristianismo ortodoxo (CROKE, 2012, p. 417). Num cenário como esse, a narrativa histórica é mobilizada para esclarecer aos contemporâneos os motivos do sucesso do *Imperium Christianum*, o que explica o florescimento, sob Teodósio II, da história eclesiástica. Retomando as diretrizes fixadas por Eusébio de Cesareia, juristas e retóricos se esmeram em oferecer a sua visão acerca da trajetória do cristianismo, com destaque para a associação Império/Igreja própria da Antiguidade Tardia. É nesse ambiente que vemos despontar autores como Filostórgio, Sócrates, Teodoreto de Ciro e, em particular, Sozomeno.

Filostórgio, autor de uma *História Eclesiástica* escrita sob a perspectiva dos eunomianos, uma das inúmeras variantes do arianismo, já se encontrava em Constantinopla desde a época de Teodósio, o Grande. Originário da aldeia de Borissos, na Capadócia, havia se dirigido à Capital do Oriente com o propósito de se especializar em retórica, filosofia e medicina. Sua obra, que recolhe os eventos ocorridos entre 321 e 425, teria sido publicada na década de 430, sendo, portanto, contemporânea das *Histórias Eclesiásticas* de Sócrates, Sozomeno e Teodoreto de Ciro (CROKE, 2012, p. 420). Sócrates, cognominado "Escolástico", isto é, advogado,[7] era um nativo de Constantinopla, cidade onde é educado e onde escreve a sua *História Eclesiástica*, que cobre o período de 306 a 439, sendo esta última data tomada, em geral, como indicativo do ano de publicação da obra (LEPPIN, 2003, p. 220-221). Já Teodoreto, autor nascido em Antioquia que, em 423, assume o episcopado de Ciro, uma cidade vizinha, trata, na sua *História Eclesiástica*, dos acontecimentos ocorridos entre 325 e 428. A publicação da obra parece coincidir

---

7   Ao contrário do cognome que porta, não há nenhuma evidência que Sócrates tenha exercido o ofício de advogado ou jurista, uma vez que sua obra não revela qualquer treinamento legal. Já os contatos pessoais que menciona não fazem parte dos quadros político-administrativos da cidade. Em face disso, Leppin (2003) considera improvável que Sócrates privasse de relações com a corte de Constantinopla.

com a morte de Teodósio II, em 450. Quanto a Sozomeno, a datação da sua *História Eclesiástica* é menos precisa que as demais, estimando-se que tenha sido concluída entre 439 e 448. Em contraposição a Filostórgio, Sócrates, Sozomeno e Teodoreto de Ciro são adeptos do credo de Niceia, o que nos permite constatar diversos elementos comuns em suas narrativas, em particular no que se refere ao julgamento que fazem dos imperadores e à denúncia das heresias como principal fator de ameaça à unidade da *Ecclesia*. Por esse motivo, os três autores têm sido amiúde intitulados "historiadores sinóticos da Igreja", embora tal rótulo seja um tanto ou quanto enganoso, na medida em que, na atualidade, os especialistas tendem a enfatizar as particularidades da história eclesiástica de cada um deles, em detrimento dos eventuais pontos de interseção (LEPPIN, 2003, p. 219).

Um historiador entre Heródoto e Eusébio

Sobre a vida e carreira de Sozomeno, não possuímos informações além daquelas que o próprio autor nos fornece em sua *História Eclesiástica*, o que por vezes nos obriga a recorrer a analogias ou suposições a fim de esclarecer um ou outro aspecto de sua biografia. Segundo o que registra o patriarca de Constantinopla, Fócio, em sua *Biblioteca*, o nome completo do autor era Salamanes Hermeias Sozomeno. Hermeias, derivativo do deus Hermes, era provavelmente o nome da família, ao passo que Salamanes, a transcrição grega de Shalam, um nome de origem semítica, lhe teria sido atribuído em homenagem ao monge Salamanes, responsável por sua educação (GRILLET, 1983, p. 10). Sozomeno era originário de Beteleia. A cidade, vizinha Gaza, na Palestina, era conhecida por abrigar um *pantheon*, um santuário a todos os deuses, donde provém seu nome, pois *bethel*, na língua nativa, significava "casa de todos os deuses" (ROHRBACHER, 2002, p. 117). Embora não tenhamos condições de precisar sua data de nascimento, supõe-se que Sozomeno teria nascido por volta de 380. Seu avô, um homem instruído e versado em matemática, era membro de uma ilustre família pagã da região até se converter ao cristianismo, fato atribuído à cura de certo Alafião, talvez um parente seu, pelo monge Hilarião de Gaza. Possuído por um demônio, Alafião fora socorrido, sem sucesso, por taumaturgos pagãos e judeus até que Hilarião, invocando o nome de Cristo, conseguiu livrá-lo da possessão. É quase certo que a conversão do avô de Sozomeno e de toda a família se situe após 329, uma vez que o exorcismo de Alafião não é mencionado na *Vida de Hilarião*, obra na qual Jerônimo relata os primeiros milagres do asceta, realizados em 329. Em 362, quando da perseguição de Juliano aos cristãos, o avô de Sozomeno parte em exílio com toda a família, retornando mais tarde à cidade. Em Beteleia, os descendentes de Alafião se tornaram discípulos de Hilarião, fundando, na região de Gaza, diversos mosteiros (GRILLET, 1983, p. 11-12). Desse ambiente monástico fariam parte os três monges da família de Alafião mencionados na *História Eclesiástica* (VIII, XV): Salamanes, Fouscão e Crispião, com os quais Sozomeno teria convivido na infância e juventude.

Devido à familiaridade com o monacato, estima-se que os primeiros anos da formação escolar de Sozomeno foram cumpridos num dos mosteiros de Gaza, pois sabemos que, sob o governo de Valente (364-378), multiplicavam-se pelo Egito, Síria, Capadócia e Palestina as "escolas monásticas", nas quais os jovens de família cristã podiam aprender rudimentos de leitura, escrita, cálculo e, sobretudo, os fundamentos da crença que professavam (ROHRBACHER, 2002, p. 118). Sua formação intermediária com toda certeza transcorreu sob a supervisão do *grammaticus*, em Gaza mesmo ou nos arredores, pois são perceptíveis os traços da cultura clássica em sua *História Eclesiástica*. Concluída a escola média, Sozomeno frequentou as lições do *rhetor*, muito provavelmente em Gaza que, na época tardia, era uma cidade florescente do ponto de vista cultural (DOWNEY, 1965, p. 64). Concluída esta etapa, o autor decerto optou por uma especialização em estudos jurídicos, como revela o seu ofício de *scholatiscos*. Não sabemos em qual instituição superior de Direito Sozomeno estudou, mas a alternativa mais provável é Berito (atual Beirute), localizada no Líbano e, portanto, vizinha de Gaza. De fato, Roma era um centro muito distante e, na ocasião, a "Universidade" de Constantinopla não havia sido ainda criada. Como único centro de ensino superior em Direito do Oriente, Berito atraía um elevado número de alunos, que cumpriam o programa curricular em quatro anos (GRILLET, 1983, p. 18-19). Se a data de nascimento sugerida para Sozomeno for plausível, seus estudos jurídicos devem ter sido concluídos por volta de 400-402. Em seguida, ao que parece, teria empreendido uma viagem a Roma, pois em 403-404 não se encontrava em Constantinopla, uma vez que, no longo relato que faz do exílio do bispo da cidade, João Crisóstomo, em nenhum momento dá a entender que teria sido testemunha ocular do acontecido (Soz., *Hist. Eccl.* VIII, XIX-XXII). Sabemos, com certeza, que em 443 ele se encontrava em Constantinopla, trabalhando ao lado de seu colega, Aquilino, nos tribunais da cidade. Na condição de *scholasticos*, Sozomeno estava habilitado a atuar como advogado, jurisconsulto ou mesmo como conselheiro jurídico (ROHRBACHER, 2002, p. 119). Embora não haja qualquer evidência que o associe aos trabalhos de compilação do *Código Teodosiano*, tem-se como certo que Sozomeno gozava de certo trânsito na corte imperial, como sugere o elogio que dedica a Pulquéria, irmã de Teodósio II, no último livro de sua obra (Soz.,

Hist. Eccl. IX, I). Ignoramos sua data de falecimento, mas tudo leva a crer que o autor vivesse ainda quando do episcopado de Proclo, morto em 446. Em todo caso, não possuímos mais notícias suas por volta de 448, o que nos leva a supor seu desaparecimento por essa época.

A *História Eclesiástica* é uma obra composta em 9 livros que abarcam o período compreendido entre o terceiro consulado de Crispo (324) e o 17º consulado de Teodósio II (439). Na sua elaboração, Sozomeno teria realizado uma ampla prospecção documental, incluindo a coleta de testemunhos orais e a consulta aos trabalhos de outros autores, em especial à *História Eclesiástica*, de Sócrates que, no entanto, não é em nenhum momento citada. Segundo o que ele próprio afirma acerca do seu método de coleta de informações:

> Eu registrei assuntos com os quais eu mesmo travei contato, e também aqueles relativos àquilo que eu ouvi de pessoas que conheceram ou viram os acontecimentos em seus próprios dias ou de uma geração anterior. Mas eu busquei registros de eventos mais antigos, entre as leis estabelecidas pertencentes à religião, entre as atas dos sínodos do período, entre as inovações que surgiram e nas epístolas de reis e sacerdotes. Alguns destes documentos encontram-se preservados em palácios e igrejas, outros dispersos e em possessão de pessoas instruídas. Eu pensei frequentemente em descrevê-los na íntegra, mas refletindo melhor, eu considerei mais conveniente, em virtude do volume de documentos, fornecer apenas uma breve sinopse do seu conteúdo (Soz., *Hist. Eccl.* I, 1).

A *História Eclesiástica*, logo no prefácio, contém uma dedicatória a Teodósio II, na qual Sozomeno autoriza o soberano a corrigir os eventuais erros que encontrar, talvez mais um indício da sua proximidade com a corte imperial[8]. Na disposição dos assuntos, a sequência cronológica adotada acompanha os anos de governo dos imperadores. Antes de iniciar a redação da *História Eclesiástica*, Sozomeno havia projetado escrever uma obra que compreendesse a História da Igreja de Cristo a Constantino, mas julgou desnecessária tal empresa em virtude dos trabalhos já existentes de Clemente (muito provavelmente o de Alexandria), Hegesipo, Júlio Africano e Eusébio de Cesareia (Soz., *Hist. Eccl.* I, 1). Em todo caso, como prólogo à *História Eclesiástica*, elaborou uma síntese em dois livros – infelizmente perdida – englobando os primeiros séculos do cristianismo. Os livros que compõem a obra são dispostos em pares, com exceção do último, o nono, claramente inconcluso. Dedicado aos acontecimentos ocorridos entre 408 e 439, o Livro IX recolhe

---

8   Textualmente, Sozomeno (*Hist. Eccl., praefatio*) se dirige a Teodósio II nos seguintes: "[...] Recebe de mim este escrito, organiza seus fatos e os depure com o seu trabalho, em virtude do seu conhecimento acurado, quer por adição ou subtração".

tão somente informações de natureza "secular", motivo pelo qual supõe-se que Sozomeno teria a intenção de mais tarde retomar o texto para completá-lo com eventos eclesiásticos. Alguns autores, a exemplo de Rohrbacher (2002, p. 121), vislumbram, nessa lacuna, um indício do método de trabalho de Sozomeno, que teria por hábito construir um arcabouço prévio dos processos históricos com base nas vicissitudes da política imperial para depois enxertar, nele, acontecimentos relativos à Igreja. Além disso, a existência de um livro incompleto sugere que a *História Eclesiástica* teria sido publicada em seções, assim como a de Sócrates.

A concepção de verdade histórica, para Sozomeno, é aquela contida no credo ortodoxo de Niceia, o que o leva a denunciar os "erros" cometidos pelas seitas que desfiguraram a verdadeira doutrina e a refutar alguns historiadores que considera mal-informados, dentre os quais Sócrates figuraria, sem dúvida, em primeiro lugar (GRILLET, 1983, p. 34). Ainda que a escrita da História requeira, em certa medida, a adoção de uma atitude imparcial, Sozomeno não hesita em proclamar-se um historiador comprometido com a causa de Niceia, devendo-se mencionar apenas sua reserva em tratar dos conflitos que irromperam na Igreja por conta das opiniões divergentes acerca da natureza de Cristo. Referindo-se aos heréticos e cismáticos, declara:

> Que um espírito maligno ou impertinente não me seja imputado por eu ter me mantido ao abrigo das disputas eclesiásticas concernentes à primazia e à preeminência das suas próprias heresias. Em primeiro lugar, como já mencionei, um historiador deve considerar secundário em importância tudo aquilo que não disser respeito à verdade. Além disso, a doutrina da Igreja Católica tem se mostrado, em particular, a mais genuína, pois ela tem sido frequentemente testada pelos complôs dos adversários. Além disso, a Igreja Católica tem mantido sua própria ascendência, tem recuperado seu próprio poder e tem conduzido todas as igrejas e o povo à recepção da verdadeira fé (Soz., *Hist. Eccl.* I, 1).

Mesmo em face de uma concepção por demais estreita de verdade histórica, a *História Eclesiástica*, de Sozomeno, não deve ser tida como uma mera apologia ao cristianismo, mas como um depoimento sobre a concepção que um historiador tem da sua crença e das controvérsias religiosas de seu tempo, e isso dentro de limites muito bem definidos. De fato, Sozomeno sustenta o ponto de vista da ortodoxia nicena como expressão da verdade tão somente como um pressuposto para a construção da sua narrativa, pois tudo o que se refere a assuntos de doutrina é tratado de modo sucinto, já que o enfoque do autor, para além dos acontecimentos políticos, abundantes na obra, se prende a temas de natureza literária e cultural (QUIROGA PUERTAS, 2015, p. 98).

Embora pouco inclinado às discussões teológicas, Sozomeno se revela bastante atento à *práxis* do cristianismo tardo antigo, enfatizando quatro aspectos: 1) a liturgia e as inovações cultuais, sem dúvida devido à importância do debate sobre elas, pois, nos séculos IV e V, multiplicam-se os concílios, que se reúnem não apenas para fixar a "correta" interpretação da doutrina, mas também para regular os ritos religiosos; 2) o monacato, fato espiritual mais marcante da Antiguidade Tardia, cuja origem e manifestações são objeto de extensa consideração por parte do autor. A sabedoria dos anacoretas e cenobitas (sua "filosofia") é tida por Sozomeno como o ideal mais elevado ao qual um cristão poderia aspirar; 3) o repúdio às perseguições e à intolerância religiosa, o que o leva a criticar diversas lideranças eclesiásticas, a exemplo de Marcelo de Apameia, responsável pela destruição do templo de Aulona; e 4) a difusão do cristianismo entre os "bárbaros" e o movimento de evangelização além do *limes*, tendo sido o primeiro historiador da Igreja a se interessar pelo assunto (GRILLET, 1983, p. 42-45).

Na *História Eclesiástica*, Sozomeno relata diversos milagres, que podem ser classificados em três categorias. Em primeiro lugar, menciona os *lugares santos*, como a fonte miraculosa de Nicópolis e a árvore curadora de Hermópolis, locais que assinalam a presença de Deus e sua vitória sobre o demônio. Em segundo lugar, trata da *potência miraculosa* concedida por Deus aos homens santos, apanágio dos monges do deserto e dos bispos, que devido a uma vida virtuosa recebem o dom de profetizar, de curar os doentes e de exorcizar. Por fim, descreve a ação da *Providência*, que anima a vontade e a inteligência dos homens mediante a intercessão de anjos e visões oníricas (GRILLET, 1983, p. 38-40). A atenção dispensada por Sozomeno a acontecimentos maravilhosos como se fossem fatos empíricos não deve ser encarada, de modo apressado, como fruto de uma visão de mundo fanática e obscurantista que anunciaria, de certo modo, o advento da Idade Média, cuja literatura sempre foi pródiga em valorizar a intervenção divina ou demoníaca na realidade. Pelo contrário, ao incluir o maravilhoso como objeto da narrativa histórica, Sozomeno recuperava um dos recursos estilísticos mais antigos do gênero historiográfico, bastando uma rápida consulta a Heródoto para verificar como o natural e o sobrenatural poderiam ser conjugados numa narrativa capaz de realizar a sutura entre ambos os planos, o que nos permite entrever o perfil do público consumidor de sua obra[9].

---

9   Ainda que Heródoto seja considerado um dos expoentes da historiografia antiga em virtude do seu trabalho metódico de investigação e da coleta laboriosa de informações, o que lhe permitiu não apenas redigir uma obra acerca dos acontecimentos pretéritos, mas também iluminar os distintos povos e culturas com os quais os gregos mantinham contato no século V a.C., é preciso reconhecer que, em sua narrativa, o fantástico, o maravilhoso e o sobrenatural ocupam um lugar não desprezível, o que por vezes o levou a ser rotulado

Como os leitores de Sozomeno apreciavam os acontecimentos maravilhosos (sonhos premonitórios, visões, aparições, profecias, curas), é bem possível que eles fossem detentores de uma "cultura histórica" afinada com os padrões clássicos, aprovando assim a adesão do autor à tradição inaugurada pelos gregos. Essa hipótese é reforçada pela inserção, na *História Eclesiástica*, de digressões etnográficas acerca das *externae gentes*, uma característica bastante peculiar da escrita da História desde Heródoto, mas que foi praticamente abandonada por Eusébio de Cesareia e sucessores. Sozomeno, pelo contrário, recupera os cânones d historiográficos greco-romanos de modo a tornar sua obra mais palatável à elite de Constantinopla, familiarizada com a cultura clássica (STEVENSON, 2003, p. 61). Na opinião de Leppin (2003, p. 224), o público de Sozomeno seria composto por indivíduos mais cultos que o de Sócrates, e decerto mais diversificado, comportando não apenas eclesiásticos, mas também leigos e pagãos, para quem, a despeito do verniz cristão, a cultura clássica ainda era a matriz intelectual por excelência. Um público como esse seria então capaz de assegurar o sucesso de uma obra de inspiração ortodoxa, mas isenta de fanatismo, e por isso mesmo mais refinada, como conviria à "Idade de Ouro" teodosiana. Nesse sentido, a *História Eclesiástica*, de Sozomeno, associava com rara habilidade os interesses cristãos à cultura literária grega.

Muito embora a principal fonte de informação de Sozomeno seja a *História Eclesiástica*, de Sócrates, não é correto afirmar que nosso autor tenha sido um êmulo ou epígono de Sócrates, de maneira que sua obra careceria de originalidade quando comparada à do antecessor. Na contramão do que se verificava há algumas décadas, os especialistas estão hoje muito menos interessados em assinalar as similitudes entre ambas as *Histórias* do que em iluminar as divergências que contêm, de modo a realçar as particularidades de Sozomeno. Na comparação entre as obras, a principal diferença que logo ressalta é de natureza estilística, pois ao contrário de Sócrates, que se mantém fiel ao modelo estabelecido por Eusébio de Cesareia ao inserir, no texto, documentos os mais variados (cartas de imperadores e bispos, atas de concílios, símbolos de fé), Sozomeno adota um estilo muito mais fluente, no qual a retórica adquire um papel preponderante. Ainda que não se furte a transcrever excertos de documentos, o autor não perde, em nenhum momento, o controle sobre a narrativa, o que aproxima uma vez mais o seu trabalho da historiografia clássica (SABBAH, 1983, p. 63-65). Outro aspecto relevante

---

como um mero "contador de estórias". Não se trata aqui, naturalmente, de minimizar a importância de Heródoto para a constituição da ciência da História, mas de reconhecer que, à época, os cânones literários com os quais operava atendiam a outro regime de historicidade, distinto do nosso (BALMACEDA, 2013, p. 32). É esse regime de historicidade que *mutatis mutandis* Sozomeno recupera no século V, ao romper, em certa medida, com a tradição da história eclesiástica inaugurada por Eusébio, voltando-se para os clássicos, dentre os quais seus principais modelos foram, sem dúvida, Heródoto, Tucídides e Xenofonte.

é o seu conhecimento do Direito, pois, em diversas passagens da *História Eclesiástica*, se refere a textos jurídicos, dos quais era um conhecedor *ex officio* (LEPPIN, 2003, p. 228). Na opinião de Harries (1986, p. 48), Sozomeno não apenas cita, em sua obra, a matéria legal então corrente, mas inclusive aquela extraída do *Código Teodosiano*, recém promulgado. Por outro lado, não é tampouco procedente supor que Sozomeno tenha se limitado a reescrever a obra de Sócrates, corrigindo-lhe os erros, na medida em que várias fontes empregadas por este foram novamente consultadas, como a *História Eclesiástica*, de Rufino; a *Vita Constantini*, de Eusébio; e os escritos de Atanásio. Sozomeno também teria ultrapassado Sócrates na coleta de novos documentos, incorporando as várias histórias de monge disponíveis à época, como a *História Lausíaca*, de Paládio de Helenópolis. Outra particularidade do autor é a ênfase na questão judaica, que não assume maior destaque em Sócrates, proveniente de uma cidade na qual a presença dos judeus era inexpressiva. Sozomeno, sendo originário da Palestina, encontrava-se a par das disputas entre cristãos e judeus, pródigas na região, que cuida de reproduzir nas páginas da sua *História Eclesiástica*. Por fim, em oposição a Sócrates, Sozomeno atribui ao episcopado uma atuação muito mais independente no Império Romano tardio, descrevendo os bispos não como indivíduos sujeitos ao controle dos soberanos, mas antes como reguladores da autoridade imperial (URBAINCZYK, 1997, p. 361-362).

Considerações finais

A *História Eclesiástica*, de Sozomeno, pode ser considerada, a justo título, uma obra destinada a celebrar as conquistas alcançadas sob o governo de Teodósio II, que pareciam inaugurar uma nova era para os orientais. De fato, a *História Eclesiástica* de Sócrates, que lhe serviu modelo, abriga duas concepções opostas do devir histórico. A primeira, de caráter otimista, postula o avanço progressivo do cristianismo mediante a atuação dos imperadores cristãos a partir de Constantino. A segunda, francamente pessimista, interpreta a História da Igreja como uma sucessão ininterrupta de controvérsias, querelas e conflitos, de maneira que o caos e a desordem representariam um fim inelutável, raciocínio bastante caro à historiografia antiga (KRIVUSHIN, 1997, p. 13-14). Já Sozomeno, apesar de seu apego aos parâmetros clássicos da escrita da História, não compartilhava, em absoluto, dessa visão, revelando-se antes um legítimo continuador da teoria de Melitão de Sárdis, um autor do século II que havia pela primeira vez estabelecido um paralelismo entre o nascimento de Cristo e a instauração do Principado por Augusto, o que tornava a cristianização do Império Romano uma questão de tempo (QUASTEN,

1949, p. 242). Nesse sentido, a *História Eclesiástica*, de Sozomeno, é um monumento ao Império Romano cristão, pois apesar das disputas intestinas que de quando em quando agitavam a Igreja, a tendência seria a de crescimento da piedade cristã sob a égide dos imperadores, como comprovavam os governos de Teodósio, o Grande, de Arcádio e de Teodósio II (CHESNUT, 1977, p. 196). Para Sozomeno, a comunidade cristã ortodoxa seria a defensora da paz e a guardiã de um futuro sem maiores sobressaltos, uma vez que os adeptos do cristianismo aumentavam continuamente, as revoltas irrompiam cada vez com menos frequência e os imperadores, ao lado do clero e dos apologistas, se aplicavam na promoção da fé. Na avaliação de Downey (1965, p. 66), Sozomeno talvez possa ser definido como um "historiador oficial", ou seja, não como um autor comissionado pelo governo imperial para escrever uma *laudatio* do regime, mas como um porta-voz dos sentimentos de triunfo e grandeza que animavam a corte de Constantinopla em meados do século V. Ao narrar o passado da Igreja, sua *História Eclesiástica* seria, ao fim e ao cabo, uma obra comprometida com a construção de um futuro promissor para o cristianismo que, sob o beneplácito dos imperadores, se irradiava para além do *limes*, traduzindo assim, sob outra roupagem, a concepção de *imperium sine fine* tão cara aos romanos desde pelo menos os tempos de Augusto.

REFERÊNCIAS

Fontes textuais

A BÍBLIA DE JERUSALÉM. Edição em língua portuguesa de Gilberto da Silva Gorgulho, Ivo Storniolo e Ana Flora Anderson. São Paulo: Paulus, 1995.

SOZOMENUS. The Ecclesiastical History. *In*: SCHAFF, P.; WACE, H. (ed.). *Nicene and post-Nicene fathers*. Translated by Chester D. Hartranfty. Peabody: Hendrickson, 2004. p. 181-427.

Obras de apoio

ADLER, W. Early Christians historians and historiography. *In*: THE OXFORD Handbook of Early Christian Studies. Oxford: Oxford University Press, 2010. p. 584-602.

BALMACEDA, C. La Antigüedad Clásica: Grecia y Roma. *In*: AURELL, J.; BALMACEDA, C.; BURKE, P.; SOZA, F. (ed.). *Comprender el pasado*: una historia de la escritura y el pensamiento histórico. Madrid: Akal, 2013. p. 9-58.

BOYARIN, D. *Border lines*: The partition of Judaeo-Christianity. Philadelphia: University of Pensylvannia Press, 2007.

CHESNUT, G. F. *The first Christian stories*. Paris: Beauschene, 1977.

CROKE, B. Historiography. *In*: JOHNSON, S. F. (ed.). *The Oxford Handbook of Late Antiquity*. Oxford: Oxford University Press, 2012, p. 405-436.

DOWNEY, G. The perspective of the Early Church historians. *Greek, Roman and Byzantine studies*, v. 6, n. 1, p. 57-70, 1965.

GRILLET, B. Introduction. *In*: SOZOMÈNE. *Histoire Écclesiastique*. Traduction par A. J. Festugière. Paris: Du Cerf, 1983. p. 9-58. l. I-II.

HARRIES, J. Sozomen and Eusebius: the lawyer as Church historian in the fifth century. *In*: HOLDSWORTH, C.; WISEMAN, T. P. *The inheritance of historiography 350-900*. Exeter: University of Exeter Press, 1986. p. 45-52.

INGLEBERT, H. Le développement de l'historiographie chrétienne dans le monde méditerranéen (II-VIIe siècles de notre ère). *Mediterraneo Antico*, v. 2, n. 4, p. 559-584, 2001.

KRIVUSHIN, I. V. Sozómeno frente a Sócrates: dos conceptos de la historia cristiana. *Erytheia*, n. 18, p. 11-21, 1997.

LEPPIN, H. The Church historians (I): Socrates, Sozomenus and Theodoretus. *In*: MARASCO, G. (ed.). *Greek and Roman historiography in Late Antiquity*: fourth to sixth century AD. Leiden: Brill, 2003. p. 219-254.

MARKUS, R. A. Church History and the Early Church historians. *Studies in Church History*, v. 11, p. 1-17, 1975.

MOMIGLIANO, A. *As raízes clássicas da historiografia moderna*. Bauru: Edusc, 2004.

NORWICH, J. J. *Byzantium*: the early centuries. New York: Alfred A. Knopf, 1989.

QUASTEN, J. *Patrology*. Notre Dame: Christian Classics, 1949.

QUIROGA PUERTAS, A. J. *Fidem tene, verba sequentur*. Rhetoric and oratory in the *Historia Ecclesiastica* of Socrates Scholasticus and Sozomen. *Veleia*, n. 32, p. 97-108, 2015.

ROHRBACHER, D. *The historians of Late Antiquity*. London: Routledge, 2002.

ROUECHÉ, C. Theodosius II, the cities, and the date fo the 'Church History' of Sozomen. *The Journal of Theological Studies*, v. 37, n. 1, p. 130-132.

SABBAH, G. Sozomène et Socrate. *In*: SOZOMÈNE. *Histoire Écclesiastique*. Traduction par A. J. Festugière. Paris: Du Cerf, 1983, p. 59-87. l. I-II.

STEVENSON, W. Sozomen, Barbarians, and Early Byzantine historiography. *Greek, Roman, and Byzantine Studies*, n. 43, p. 51-75, 2003.

URBAINCZYK, T. Observations on the differences between the Church Histories of Socrates and Sozomen. *Historia*, v. 46, n. 3, p. 355-373, 1997.

A IDEIA DE HISTÓRIA EM PALÁDIO DE HELENÓPOLIS: *A História Lausíaca*

Silvia M. A. Siqueira[1]

Apreciação geral do autor e da obra

Este capítulo tem por objetivo refletir sobre a ideia de História em Paládio[2], mais especificamente na obra *A História Lausíaca*[3]. Trata-se de um autor cuja trajetória é bastante instigante, um viajante que ultrapassou fronteiras viu e ouviu experiências diversificadas de cristãos e monges, sendo ele próprio um adepto da vida monacal e ascética em determinadas fases de sua vida. As informações sobre ele são esparsas, de modo geral, estão subdivididas em dois momentos decisivos para o cristianismo, qual seja, a intensificação e visibilidade maior da prática monástica, especialmente no Egito, e a questão do processo contra João Crisóstomo[4], de quem Paládio tomou partido e defendeu.

Na primeira parte de sua vida, possivelmente aos vinte anos, iniciou as suas viagens pelo deserto e seu treinamento na vida monástica e ascética. Inicialmente viveu na Palestina, na Laura de Duca (PALADIO, *A Historia Lausiaca* 48,2)[5], próximo de Jericó, em seguida passou três anos no Monte das Oliveiras acolhido por um monge de nome Inocêncio (Pal., *Hist.Laus.* 44,I). Depois foi para o Egito, segundo ele, em busca de conhecer homens e mulheres que viviam retirados do mundo em uma existência completamente dedicada ao ascetismo. Logo dirigiu-se para Alexandria local em que recebeu instrução sobre o modo egípcio de viver solitariamente, tendo sido recebido por um certo Doroteu, o tebano, que praticava uma vida de muita austeridade. Nessa fase Paládio ficou gravemente doente e mudou-se para a Nitria, sucessivamente dirigiu-se para um lugar do deserto conhecido como Célia (ou Celas, devido a quantidade de celas), foi nessa localidade que conviveu com Macário de Alexandria (Pal., *Hist.Laus.* 18,I), depois se tornou discípulo de Evágrio, que também residia ali. Após a morte do mestre e sofrendo com

---

1 Professora da Universidade Estadual do Ceará – silvia.siqueira@uece.br
2 Conhecido também como Paládio de Helenópolis, local em que ocupou o cargo de bispo, ou Paládio da Galácia, lugar onde nasceu.
3 Nesse trabalho utilizamos a edição do texto grego em dois volumes feita por Butler (1898 e 1904), o texto italiano com introdução de Mohrmann e o texto crítico e comentários, de Bartelink (2001).
4 Bispo e teólogo de Antioquia na Síria (±345 – ±407), um dos mais célebres oradores de sua época, por algum tempo dedicou-se à vida monástica, envolveu-se em controvérsias, sendo por isso enviado ao exílio.
5 Doravante utilizaremos a forma abreviada: o autor Paládio: Pal., A História Lausíaca: *Hist.Laus.*

doenças foi para Belém, para a companhia de Posidônio (Pal., *Hist.Laus.* 36). No ano de 400 tornou-se bispo de Helenópolis, na Bitínia, a partir dessa época iniciou a segunda fase da sua vida, quando se envolveu nas controvérsias vividas por João Crisóstomo, de quem compartilhou posição e tomou parte na comissão formada para ir até Roma em defesa do confrade, levando as cartas do Papa Inocêncio I e de Honório para o Imperador Arcádio. Ao retornar para Constantinopla, foi preso juntamente com seus companheiros e exilado na cidade de Siene (atual Assuan); assim voltou ao ambiente monástico, dessa vez por imposição, onde permaneceu até meados de 408 quando foi transferido para Antinópolis, na região Tebaída, aí permanecendo por mais quatro anos, só pôde retornar em 412, com a morte de Teófilo de Alexandria, quando retornou para a Galácia, em 413, onde morreu antes de 431, ocupando o cargo de bispo da cidade de Aspuna.

Das obras sabemos que é de sua autoria *Diálogo sobre a vida de João Crisóstomo*, redigida, possivelmente, no ano de 408, escrita no estilo de diálogo entre Teodoro, diácono de Roma e Paládio, narrando as vicissitudes do orador e bispo de Alexandria, João Crisóstomo, condenado e exilado. *A História Lausíaca*, composta, possivelmente, entre 419 e 420 d.C., dedicada à Lauso, o *praepositus sacri cubiculi*[6] na corte de Teodósio II. O modelo utilizado é a *Vida de Antônio* (2012), o primeiro relato da vida de um monge, escrita por Atanásio de Alexandria[7]. O uso dessa obra como inspiração e molde, especialmente o exemplo de Antônio e dos seus discípulos, pode ser entendido no contexto maior do fenômeno monástico.

Paládio passou pelo menos dezessete anos de sua vida entre os monges, ele é parte também desse contexto literário monástico, que reúne vários tipos de escritos: biografia, autobiografia, hagiografia, vida de santos, conjunto de textos anedóticos, sentenças e ditos populares etc., um grupo de informações com múltiplos pontos de vista e de métodos, com diversificados tipos de narrativas. A sua escrita é parte de um conjunto literário significativo cujo

---

6   Em tradução literal do latim é "responsável pelo sagrado quarto de dormir", trata-se de um alto cargo da corte do império romano, chefe dos assistentes pessoais do imperador. Por norma, deveria ser um eunuco, era o grande camareiro da corte e, como tal, tinha acesso a todos os aposentos do palácio imperial. Pode-se dizer que era uma espécie de intermediário entre o imperador e o mundo. O *praepositus* vestia e coroava o imperador, recebia em suas mãos tudo e depois entregava, podia ser confidente do soberano e não raro tornava-se uma verdadeira "eminência parda" na corte.

7   Conhecido como Atanásio de Alexandria (±295- ± 373), figura de elevada importância na história do cristianismo e de suas doutrinas, pouco se sabe de sua vida antes de assumir o cargo de bispo na cidade de Alexandria, em 328. Combateu ferozmente o arianismo; a intensidade de suas ações foi tamanha que no decorrer de sua vida foi exiliado várias vezes. Autor de obras apologéticas e dogmáticas, polêmico e com clareza de ideias, escreveu em copta, e sua vida caracteriza-se, sobretudo, pelo seu esforço na defesa do dogma trinitário. Entre as suas obras, a *Vida de Antônio* contribuiu de maneira determinante na difusão no ocidente latino do movimento monástico egípcio (STEAD, 2002, p. 188-192).

argumento principal é a vida monástica, que reúne um amplo conjunto elementos próprios da composição biográfica, em sentido lato da palavra.

Ambiente histórico e paisagem literária: o debate historiográfico

Muito do que foi escrito sobre os vários ascetas dos três primeiros séculos trazem informações escassas, algumas vezes obscuras, apenas a partir do IV e V séculos será possível encontrar documentação que retrata o modo de vida dos inúmeros eremitas e cenobitas que povoaram o deserto egípcio. No decorrer de aproximadamente um século é que as narrativas sobre as experiências solitárias do Egito passaram para a forma de escrita sobre as vidas de eremitas, as regras, os relatos[8]. Interessante é que essas figuras que se atiraram para a aventura da vida solitária exerceram um fascínio surpreendente entre a elite letrada, tanto do Oriente quanto do Ocidente (ROUSSELLE, 1983, p. 163); o meio aristocrático acolheu e transmitiu sua experiência com muita intensidade.

Não há como desvincular a obra paladiana do fenômeno monástico, especialmente porque o argumento do livro está ancorado nos atos de aproximadamente setenta pessoas que optaram pela vida nessa condição. Outrossim é um tipo de manifestação que deve ser analisada por meio de diferentes abordagens, sobretudo porque se trata de uma experiência espiritual e, também, de organização de vida presente em vários sistemas religiosos. A separação da sociedade, a ascese, o ardor das experiências, a força do desejo de Deus são elementos que proporcionam uma amplitude imensa para a compreensão da experiência histórica. A diversidade e a multiplicidade de questões exigem o entendimento do fenômeno de lugar para lugar, especialmente a partir do IV século, uma época em que se intensificaram as relações entre os monges e as hierarquias locais. Gradativamente, a fama da autoridade moral dos eremitas crescia e, não por acaso, cresceu as peregrinações, incrementando um "turismo monástico" voltado para visitar os locais ermos em que viviam. Atanásio de Alexandria compreendeu a importância do fenômeno, e não deixou de fazer uso dele para os seus objetivos institucionais e doutrinais (SIMONETTI; PRINZIVALLI, 1999, p. 397).

A *Vida de Antônio* (2012) trata de um modelo único de vida eremítica, contudo, gradativamente são criadas obras biográficas de vários ascetas homens e mulheres, como a *Historia monachorum in Aegypto*, cuja estrutura tem muita similaridade com *A História Lausíaca*, e que traz uma espécie de relato de

---

8   Apenas para mencionar alguns temos: Jerônimo escreveu a *Vida de Paulo de Tebas*, posteriormente, Sulpicio Severo compôs a *Vida de São Martinho*, João Cassiano fez *De institutis coenobiorum*. Curiosamente todos esses autores em algum momento de suas vidas experimentou o modo de vida monástico e ascético.

viagem feita no inverno entre 394-395 por monges palestinos para visitar seus confrades no deserto egípcio, essas obras narram ações e milagres de vários monges. Seguramente uma das funções de escritos desse tipo é a propaganda e a elaboração literária de um ideal ascético, o que há muito já comparecia nas anedotas e ditos populares conhecidos como *apoftegmi* dos pais, transmitidos oralmente e que depois foram compilados como *Apophtegmata Patrum* (1997) (Vida e ditos dos pais do deserto). Este último, deve ser considerado a parte porque os atos dos Pais de deserto foram recolhidos e agrupados, e traduzidos para sete idiomas desde a Antiguidade: "nada parecia mais útil do que essa verdadeira soma das experiências egípcias" (ROUSSELLE, 1983, p. 165).

Do ponto de vista histórico nos deparamos com vários problemas, em especial a tipologia do gênero de composição. *A História Lausíaca,* tanto do ponto de vista moderno quanto antigo, não pode ser considerada uma obra cujo gênero é especificamente historiográfico. O proêmio procura apresentar a justificativa da composição e o seu projeto singular legitimado pela sua própria experiência de vida do autor em diferentes fases: "Eu que estou vivendo o meu trigésimo terceiro ano de comunhão com os irmãos e de vida monástica, o vigésimo de episcopado e o cinquentenário da minha própria existência" (Pal., *Hist.Laus.* I,2). Mesmo após todo o seu conhecimento adquirido por meio de sua prática, o que justifica escrever o livro é sanar a vontade de saber de Lauso:

> […] tu desejas conhecer as vivências dos pais, homens e mulheres – aqueles que eu vi e aqueles que eu ouvi falar e aqueles com os quais eu morei no deserto do Egito, na Líbia, na Tebaída e em Siene (lá onde vivem os monges chamados Tabenesiotas, e ainda na Mesopotâmia, na Palestina, na Síria, e nas regiões do Ocidente, em Roma e na Campânia e nos arredores, para ti eu decidi expor tudo desde o princípio, sob a forma de narrativa, nesse livro" (Pal., *Hist.Laus.* I,2).

Temos um narrador que conta sobre homens e mulheres, cujo modo de vida é bastante peculiar, para um destinatário bastante ilustre que representa a mais alta corte da época. A história narrada é organizada por meio de ações que, de certa maneira, estão ligadas entre si em uma série cronológica; é localizada no deserto, o lugar físico, e remete pouco ou quase nada do contexto social, em um tempo muito específico. Tudo é desenvolvido por meio memória do autor, das narrações que ouvira de outras pessoas e, muitas vezes, com argumentos lendários e fantásticos, procura ensinar ao seu público leitor sobre as formas de vida ascética. Também traz em si elementos de propaganda, doutrinação que enaltece o valor espiritual da vida no deserto, uma fonte preciosa sobre o movimento monástico, mais especificamente no Baixo Egito (ZINCONE, 2002, p. 1062).

Nosso autor traz informações biográficas de importantes personagens como, por exemplo, João Crisóstomo (Pal., *Hist.Laus.* 35,1-12;41,4; 61,7), Evágrio (Pal., *Hist.Laus.* 11,5; 12,1; 23,1; 24,2; 26,1; 35,3; 38,1-3;47,3), Melânia (Pal., *Hist.Laus.* 5,2; 9; 10,2; 18,28; 38,8-9; 46, i; 54, 1-7; 58,2) e os muitos monges e monjas, pessoas muito importantes na época, demonstrando que o fenômeno monástico, nesse momento, é uma necessidade da elite, muitos nomes citados são de grupos sociais dos níveis alto e médio e de pessoas residentes nas cidades. A mensagem parece estar cuidadosamente direcionada para um público leitor elitizado, como é o caso de um certo Valente, palestino de boa estirpe, mas muito soberbo dos seus atos: "[...] colocar no meu modesto livro também as vidas de homens como este, para reforçar o ânimo daqueles que lerão [...] de tal maneira, se ocorrer aos meus leitores de realizar qualquer ação nobre, eles não se assoberbarão das suas virtudes (Pal., *Hist.Laus.* 25,6).

Os debates bibliográficos sobre o gênero literário trazem múltiplas questões: a de que as obras paladianas podem ser lidas seja como história, seja como biografias, as quais, de qualquer maneira, foram redigidas de acordo com os princípios da retórica forense, visto que a estrutura narrativa segue o princípio da teoria retórica da época (KATOS, 2011). Se, por um lado, considerado biográfico, por outro, Buck (1976), por meio de sua análise estrutural da *A História Lausíaca* argumenta que a narrativa é cuidadosamente composta a partir da moldura do gênero autobiográfico, nada mais do que uma estratégia para elucidar a sua própria cronologia de vida.

Biográfico ou autobiográfico, o estilo seguramente se espelha na obra de Atanásio acima mencionada que, no IV e V séculos, já estava traduzida para diversas línguas, tornando-se muito popular; o sucesso da obra inclui temas como o ambiente exótico da biografia e uma certa vivacidade romanesca. Temos vários elementos de um ambiente diversificado e plural, berço da emergência de novos gêneros literários, inclusive aquele que viria a ser conhecido como hagiografia – estilo que se ocupou da narrativa das vidas dos santos, monges e bispos cristãos. Nesse âmbito, muitos argumentos são retirados do gênero biográfico, caro a Suetônio, entretanto, com inserção de outros temas como o das *Paixões* e das *Atas dos mártires* elaborado no período das perseguições, bem como os relatos derivados das historietas romanceadas e do gênero fantástico.

Os vários elementos que já eram, naquele momento, tópicos para a narração da santidade monástica (*exempla*, tentações demoníacas, milagres de cura, etc.) são por ele fracionadas e adotadas para tratar dos diferentes temperamentos dos ascetas. Assim, não apenas a edificação e a santidade obtida, mas, também, a falta de santidade ou a perda dela, contrapartida inquietante de vidas vividas no extremo entre a virtude sublime e o orgulho luciferino:

histórias de ascetas que caem no pecado, ou histórias de pequenos despeitos e calúnias lançadas no cotidiano, às vezes desembocadas em tragédias, como no caso de duas monjas de Tabenese que se suicidam por conta de desentendimento entre elas, em meio à condenação de ambas por parte do presbítero que proibiu a celebração de missa devido à característica das mortes (Pal., *Hist. Laus.*, 33, 3-4).

Com tanta variedade procuramos então entrar na seara do que não é dito com as palavras, apenas acessível se compreendermos o conjunto dos diferentes códigos culturais ativos no séc. IV d.C. e que é caracteristicamente extratexto. Mais especificamente pensar em uma narrativa escrita por uma testemunha de um passado monástico profundamente idealizado por uma elite. Ademais, *A História Lausiaca* não pode ser considerada única e exclusivamente pelo viés textual, um meio incapaz de indicar as nuances e entrelinhas que o autor registra no texto como se fosse apenas pequenas narrativas simples com mensagens moralizantes. É preciso tentar atingir o silenciado para compreendermos personagens extremos como Dídimo que, não obstante a cegueira, possuía rara sabedoria e era capaz de dura disciplina da obediência (Pal., *Hist.Laus.*, 4,I-4); Efrém, cujos sentimentos nobres, grande sabedoria e imensa santidade (Pal., *Hist.Laus.*, 40,I-4) contrastam com Moisés, o etíope, um ladrão, homem de profunda maldade capaz de grandes atrocidades (Pal., *Hist.Laus.*, 19); Macário, o jovem que no auge dos seus dezoito anos cometeu um homicídio involuntário e fugiu para o deserto, construiu uma cela para si e ali viveu por vinte e cinco anos – o afastamento do mundo deu a ele a capacidade de afastar os demônios, assim como a alegria da redenção (Pal., *Hist.Laus.*, 15,I-3); Ptolomeu que, segundo Paládio, completamente dominado pela soberba fugiu do deserto e voltou para a cidade e se entregou ao alimento e ao vinho (Pal., *Hist.Laus.*, 27,I-2); uma virgem de Jerusalém, que também abandonou a vida ascética e foi tomada por um orgulho desmedido (Pal., *Hist.Laus.*, 28,I), que contrasta com Elias, que criou um monastério para mulheres, foi tentado, fugiu para o deserto onde encontrou anjos e se libertou (Pal., *Hist.Laus.*, 29,I-5) etc., apenas para citar alguns exemplos.

Paládio e os gestos de interpretação

O fato de trazer para os seus leitores as muitas histórias que ouvira faz questionar ser nosso interlocutor um repórter ou se quer fazer história? Esta resposta deve ser procurada considerando a questão temporal e os limites do tempo, problemática trabalhada por Momigliano (1993, p. 107), que ressaltou que no âmbito da historiografia os cristãos procuraram apresentar novos tipos de história e biografia; Eusébio de Cesareia, que trouxe para o cenário a

História Eclesiástica e as biografias dos santos inaugurada por Atanásio que, além de protagonizar a vida dos santos, traz e proporciona uma nova dimensão para a historiografia ao registrar a ação dos demônios. Não é exagero dizer que a invasão passiva do Império romano pelos bárbaros foi precedida e acompanhada pela invasão massiva da historiografia dos inúmeros demônios. E, assim, o argumento demoníaco se estabeleceu na biografia e, ocasionalmente, compareceu no campo dos Anais (MOMIGLIANO, 1993, p. 106). Biografia como a de Natanael, que desde o início de sua vida retirada teve de enfrentar as várias zombarias "do demônio, que de todos escarnece e engana [...]" (Pal., *Hist.Laus.*, 16, 2), no decorrer de trinta e sete anos lutou arduamente contra tentações a cada tentativa trocava de cela e procurava outra em local diferente

> [...] depois de três ou quatro meses o demônio chega à noite com um chicote de couro nas mãos, como se fosse um carrasco, e imitando o aspecto de um soldado com uniforme esfarrapado, chicoteava produzindo alto som. Então o beato Natanael disse-lhe: "quem sois? O que faz isso no meu quarto?" E o demônio responde: "Sou aquele que te expulsou da outra cela; vim para fazer você escapar também dessa". Então, compreendeu de ter sido ridicularizado, então voltou para a primeira cela (Pal., *Hist.Laus.*, 16, 2-3).

Paládio continua a narrar as inúmeras tentações demoníacas e as várias visões de demônios – ora soldado, ora menino de dez anos, ora em tempestade, ora em onagros que rugem e fogem. Também no relato sobre Macário de Alexandria [...] "o demônio então, que sempre desafia os atletas de Cristo [...] fez com que o santo tivesse a visão de "Setenta demônios (que) saíram das sepulturas no jardim para me encontrar" [...]. Mas o demônio também se transforma em uma jovem belíssima com um cântaro de água, seguida de um bando de antílopes e uma de suas fêmeas oferece as tetas intumescidas de leite à Macário... (Pal., *Hist.Laus.*, 18, 7-9).

Os sujeitos que comparecem na narrativa paladiana tem o corpo possuído por demônios, ou os sentidos corporais apurados que proporcionam a visão e a percepção demoníaca e tudo isso faz evidenciar os desejos, as paixões, os medos, a fome e a sede, a tristeza e o desornamento. As histórias de vida desses homens e mulheres são narradas de modo a extrapolar a simplicidade do cotidiano vivido, assim, essas vidas são descritas a partir daquilo que exorbita, seja por obra divina ou demoníaca. Este exagero é parte do modo de composição. Vale lembrar as considerações de Patricia Cox (1983) sobre as biografias greco-romanas, segundo ela, no curso de sua longa história, a biografia desenvolveu características que continuaram como marcas do gênero na Antiguidade Tardia, possibilitando o tipo de interação entre o mundano e o ideal que os biógrafos posteriores utilizaram. Este gênero de composição foi singular ao concentrar-se na vida de uma personalidade única com suas tendências panegíricas para o exagero. A história, por comparação, rejeitou narrativas idealizadas, concentrando-se em relatos cronológicos de eventos políticos e militares.

Ademais, as biografias antigas são constelações nas quais os gestos de cada biografado são cuidadosamente selecionados, não para registrar a história de uma vida, mas sugerir seu caráter. Nesse sentido, os gestos são reveladores e comparecem nas biografias por meio de imagens e anedotas mostrando a liberdade da imaginação biográfica e, ao mesmo tempo, agem para proporcionar um "significado" para a história. É este significado gestual o hiato onde ocorre a negociação entre o mundo humano e o mundo divino. Os biógrafos dos homens santos não "traduzem" ou "representam" as vidas dos seus heróis, eles estavam envolvidos na revelação. Suas biografias conseguem expor a luminosidade interna da vida de seus heróis precisamente porque a escrita biográfica é pedagógica e não descritiva (COX, 1983, p. XI-XV).

A movimentação é efetuada por Paládio em várias das figuras de *A História Lausíaca*, como é o caso de Pamáquio, ex-procônsul que teve uma vida perfeita e afastada do mundo justamente porque "de toda a sua riqueza distribuiu uma parte ainda em vida, e o resto deixou aos pobres no leito de morte" (*Hist.*, *Laus.*, 62); além dele nosso autor ainda lembra que do mesmo modo se comportaram o vigário imperial, Constâncio, outrora conselheiro dos prefeitos da Itália. Enfim [...] "homens ilustres e de alta espiritualidade, que se elevaram até o cume do amor de Deus. Eu acredito que todos eles ainda vivendo na carne, adestrado pela ascese à perfeição da vida" (*Hist.*, *Laus.*, 62).

Os exemplos acima mostram um aspecto social do mundo romano nesse período: a riqueza que fluía como um grande rio cujas alças se entrelaçavam com igrejas e a sociedade romana como um todo. De um lado o fluxo da riqueza, poder, papeis e funções de comando e de controle da aristocracia e da alta hierarquia eclesiástica, por outro lado, os pobres e humildes. Ademais, a riqueza estava ligada à honra e a sua posse deveria ser legitimada por meio dos atos de generosidade, seja para cristãos ou não cristãos. Os bispos cristãos, em seus sermões, condenavam as altas somas de dinheiro gastas nas construções de edifícios públicos e para a organização de jogos circenses, e apontavam para o fato de que o correto seria gastar com os pobres; visto pelos religiosos que esta forma de gastar nasce do desejo de ostentação, enquanto, se voltada para as esmolas e obras religiosas, eram produto da compaixão (BROWN, 2014). Assim, a gestualidade mencionada por Paládio está inscrita em um contexto maior, passível de entendimento por outros códigos; a compreensão gestual passa, necessariamente, pela linguagem simbólica que constitui os sujeitos e que atribui significados aos símbolos por meio de gestos de interpretação – os quais são definidos pela história e pela linguagem do sujeito. Os gestos de interpretação produzem sentidos, ou seja, "as palavras não têm sentido em si, elas não são transparentes. O que existe são efeitos de sentido produzidos pelo sujeito quando ele se defronta com as palavras, objetos simbólicos" (ORLANDI, 1996 *apud* BOLOGNINI, 2001, p. 100).

A história de Amônio ilustra o efeito de sentido; Paládio conta que este homem, discípulo de Pambo, que viveu no deserto juntamente com três irmãos e duas irmãs, onde havia a separação entre homens e mulheres em distâncias apropriadas. Amônio se destacava pelo conhecimento admirável das sagradas escrituras, tanto que foi pedido ao beato Timóteo para que o nomeasse bispo. Amônio, por sua vez, recusou a escolha, contudo, a recusa não foi aceita e a nomeação ao bispado seria feita. Inconformado, Amônio, diante da população, pegou uma tesoura e cortou de cima até a base da orelha esquerda: [...]" dizendo: Eis, a partir deste momento estarão convencidos que para mim é impossível me tornar bispo, já que a lei proíbe de ser conduzido ao sacerdócio quem é mutilado de uma orelha". E assim deixaram-no livre para partir. (Pal., *Hist.Laus.*, 11, 2), simbolizando a excepcionalidade da recusa do alto cargo objeto de muitas disputas e ambições. Mas este mesmo personagem é alvo de outras atitudes excepcionais, quando tinha "tentações voluptuosas" queimava com um ferro quente o seu membro que era coberto de feridas. E no decorrer de sua vida não ingeria comida cozida, a única exceção foi o pão. Havia memorizado o Antigo e o Novo testamento, enfim, uma mensagem de abandono da riqueza, do corpo.

Práticas espaciais entrar e sair do deserto

Para entendermos a ideia de história em Paládio, não há como negligenciar a questão espacial, visto que o fenômeno monástico passa a adquirir maior visibilidade em determinado momento e área geográfica e comparece na documentação referente ao Egito, no período entre o final do século terceiro e início do quarto século, na área relativa à Síria e à Capadócia, palco que testemunha a capacidade literária de um homem que viajou muito, se movimentou em um ambiente muito diversificado e encontrou no distanciamento e nos deslocamentos constantes a fonte de inspiração para a sua escrita.

O espaço é dinâmico, e nele é possível encontrar materialidade e ação humana "conjunto indissociável de sistemas de objetos, naturais ou fabricados, e de sistemas de ações, deliberadas ou não. A cada época, novos objetos e novas ações vêm juntar-se às outras, modificando o todo, tanto formal quanto substancialmente" (SANTOS, 2008, p. 46). É necessário entender a questão espacial como uma dimensão discursiva; uma prática espacial traz em si uma significação da espacialidade por meio de um sistema discursivo. *A História Lausíaca* conta com setenta e um capítulos cujos relatos apresentam as ações narradas por meio de saídas ou entradas que ocorrem ao mesmo tempo em um "espaço geográfico específico e em seu dublê semântico"; nesse sentido, são as práticas espaciais que matizam o ato de exceder e se destacam em uma base de competição ou de desafio (CERTEAU, 2015, p. 55).

A geografia paladiana tem a sua base no deserto árido, inóspito, distante, seco, povoado por seres naturais e sobrenaturais numa paisagem elaborada com fins a apresentar uma ideia de extensão que pode ser percebida por meio do deslocamento espacial, da quantidade de exemplos e modelos, de acontecimentos instrutivos, dos múltiplos quadros e situações de justaposição. O panorama geográfico descrito é significativo: "Mesopotâmia, Palestina, Síria, regiões do Ocidentes, Roma, na Campânia e lugares próximos" (Pal., *Hist. Laus.*, I, 2), coincide com os lugares mais citados na literatura monástica, Egito (talvez a região mais comentada), Alexandria e mais ao sul da cidade, no decorrer das ramificações do estuário do rio Nilo, onde estão as localidades da Nitria, das Celas e Setas, a Síria, Jerusalém. Não apenas contar, mas localizar parece ser indispensável; assim, Paládio identifica: "os anacoretas da Nitria" (7,I,6), "Amum da Nitria" (8,I,6), "Macário – o egípcio" (17,I,13), "Macário de Alexandria" (18,I,29), "Moisés – o etíope" (19,I,11), Pacômio e os tabenesiotas" (32,I,12), "Jovens de Licópolis" (35,I,15), "Os anacoretas de Antino" (58,I,5). Lugares que naquela época já compunham um itinerário tradicional de peregrinações e viagens turísticas; ademais nesse cenário é possível apresentar a excepcionalidade.

A ideia de isolamento do mundo, ou mesmo distanciamento da cidade é apresentada por meio do delineamento de uma geografia monástica; as áreas inóspitas são destacadas. A Nitria e a Célia, que aparecem na maior parte da obra, são o foco da memória paladiana: Amum (8,I,6), Amônio (11,I,5), que deixou a comunidade de Célia e buscou a Nitria porque queria um lugar muito afastado capaz de proporcionar a sua união com Deus, Macário – o Egípcio (*Id.*), Isidoro (I,I), Macário de Alexandria (*Id.*), Pambo (10,I,8). Nosso autor destaca no texto a ideia de que quando o personagem adquiriu familiaridade com as pessoas e o local, procurara partir para outro posto. O exemplo evidente é Macário de Alexandria, que se muda de um lugar para outro periodicamente, e outras descrições que proporcionam a ideia de deslocamento – o desprendimento por meio da mobilidade de um lugar ao outro. Além da preocupação com a espacialidade há também abundância na indicação da quantidade de pessoas que vivem em determinados locais, bem como a idade de alguns. Alexandria contava com dois mil monges; na Nítria cinco mil e seiscentos ascetas e eremitas; mil e duzentos monges e doze conventos de monjas em Antinoé; em Tabenise havia cerca de sete mil monges, dentre os quais mil e trezentos viveram no monastério dirigido por Pacômio, assim como um convento com quatrocentos monjas.

Paládio é um mestre da narrativa breve, conduzida com um estilo rápido, próprio da língua falada, de fácil entendimento, com apreciação particular ao revelar no último momento a solução inesperada para o leitor. Temas relativos à dor humana, arrependimento, morte são tratados como relatos episódicos, com narrativas diretas de sua lavra ou indiretas que ouviu de outrem. Como é o caso do milagre feito por Macário o egípcio, que livrou uma mulher de um efeito de magia; a ação foi feita por um certo egípcio que, ciente de ser a mulher casada, tentou seduzi-la, mas, como ela não cedeu, vingou-se de modo que o marido também a repudiasse, o mago então a transformou em uma égua. O marido desesperado procurou o padre da vila, sem conseguir resultado positivo se dirigiu ao deserto, até a cela de Macário, que deixou suas orações, abençoou a água e jogou sobre ela nua e assim aconselhou: "Não se afaste jamais da Igreja, nunca se abster da comunhão; tudo isso te aconteceu porque você não se aproximou dos sagrados mistérios por cinco semanas" (Pal., *Hist. Laus.*, 17, 6-9).

Para discorrer sobre diferentes formas de ascese Paládio utilizou o exemplo de Macário de Alexandria (que viveu na região da Célia), afirmando que viveu por lá nove anos, […] "os meus primeiros três anos foram os últimos da sua vida. Algumas coisas vi pessoalmente, outras ouvi dele, outras mais aprendi de outros" (Pal., *Hist. Laus.*, 18, I), ao narrar as várias estórias relatadas por Macário destaca a presença de muitos demônios, animais peçonhentos, ascetas doentes e velhos, Paládio insere uma pequena estória sobre uma hiena que levou o seu filhote cego até Macário e, depois de bater com a cabeça na porta da cela jogou a sua cria "o santo o pegou, tirou a ponta dos olhos e rezou; rapidamente o filhote abriu os olhos. E a mãe após amamentá-lo, partiu e levou seu filhote. No dia seguinte a hiena levou de presente a santo o velo de uma ovelha gorda" (Pal., *Hist. Laus.*, 18,27). O interessante é que Paládio usa uma simples historieta para trazer ao leitor o comentário, no passo seguinte, feito pela poderosa matrona romana Melânia Sênior, que informa ter ela recebido do próprio Macário o velo como retribuição pela hospitalidade que proporcionara ao santo (Pal., *Hist. Laus.*, 18, 28). Inadvertidamente o narrador traz indiretamente uma situação vivida pelos residentes no deserto, onde a hospitalidade é considerada um atributo sagrado indispensável para quem quer que seja, mas, sobretudo, para tantos discípulos em busca de mentores espirituais, ou mesmo para vistas recíprocas entre monges, bem como para as inúmeras pessoas que até lá iam apenas para visitar e conhecer esses pais do deserto.

O deserto é lugar da manifestação divina e dos profundos sentimentos humanos, é também local de tentação e da luta contra os muitos demônios que ali habitam, contra todos os vícios e maldades que dividem o coração humano. São esses seres sobrenaturais que produzem as guerras internas e também contra irmãos e irmãs. Podemos entender um pouco na breve narrativa sobre a jovem que se finge de louca para atingir a santidade através da sua capacidade de suportar as ofensas infligidas pelas outras monjas e a sua inabilidade de aceitar a sua santificação proporcionada por Piterum, um anacoreta que vivia no monte Porfirite (Pal., *Hist.Laus.*, 34, I, 7). A propósito desse episódio, De Certeau observa que ele ajuda a entender como a ação monástica antiga é argumento para a representação de formas excessivas como ardor exagerado – exaltação capaz de transpor os limites da natureza, lugar de muitos loucos, desequilibrados que o espírito tenta proporcionar equilíbrio. Relatos caracterizados por fronteiras a manter ou ultrapassar, ou seja, "em termos de excesso, que o relato de *A História Lausíaca* parece procurar o ponto onde entrar e sair se identificam – onde adiantar em sabedoria e perder o sentido coincidente" (CERTEAU, 2015, p. 55). Os personagens de Paladio se movimentam em uma moldura espacial; somente no interior dessa moldura é que a mudança temporal adquire certa espessura. Entender a vida desses sujeitos só é possível por meio da compreensão desse espaço, e não há como deixar de registrar que o tempo, matéria prima da história, é também uma dimensão espacial.

As histórias de Paládio: ver, ouvir e experimentar

Seguramente Paládio pôde compartilhar com seus leitores a sua visão dos lugares onde viveram homens e mulheres que optaram pela vida monástica, o seu trabalho pode ser entendido como uma espécie de memórias de um diário de viagem nas quais registrou o que ele viu, o que ele ouviu e o que ele experimentou. As conversas com os eremitas, as suas impressões de viagens, digressões autobiográficas são os pontos de destaque da obra paladiana (DELCORNO, 1988). A questão de experimentar para obter um conhecimento por meio da prática aparece claramente no ascetismo; uma separação do mundo, despojamento e purificação no deserto, esta experiência passou a ser conhecida como eremitismo, a forma mais rigorosa do monaquismo. A vida solitária em qualquer que seja a sua forma pode indicar a busca pela perfeição e a sua consequência de santificação.

Há vários modelos de santidade, segundo as épocas e as religiões; de qualquer maneira, os santos e santas são todos muito parecidos no sentido de que levam ao extremo o desapego, inclusive de si mesmos. O culto dos santos nasceu na época dos mártires, no século II, e se popularizou mais no decorrer do século III d.C.; gradativamente, a veneração se estendeu para os bispos dirigentes de suas igrejas e comunidades, aos monges evangelizadores, às virgens e viúvas consagradas, aos místicos, aos ascetas, enfim, aos grandes mestres espirituais. Contudo, sabemos que nessa época a ideia de santidade foi um fenômeno cultural do mundo romano que tem precedentes e como salienta Silva (2015), se estendeu tanto para cristãos como também não cristãos. Um fenômeno cultural e religioso bastante complexo: a ascese e o papel do "homem santo" – ambos ajudam a compreender as profundas alterações das relações sociais, especialmente com relação ao poder obtido por indivíduos capazes de estabelecer contato imediato com o divino.

Brown (2001, p. 15-21) argumenta que a mudança inequívoca, entre o II e o V século, foram as opiniões dos homens e mulheres sobre o deslocamento do "poder divino" na terra e, consequentemente, em relação aos termos das possibilidades de conquistar e ter acesso a este poder. Efetivamente porque ele estava representado na terra por um número limitado de pessoas excepcionais, com qualidade extraordinária, que só poderia ser obtida por meio da relação do santo com o sobrenatural. Uma mudança perceptível na organização social, nas carreiras por meio da concentração do "poder divino" em seres humanos, como os apóstolos, os mártires, os bispos notáveis e uma série de ascetas santos que vieram nas comunidades do Mediterrâneo oriental após Antônio. Enfim, esses agentes evidenciam o deslocamento do *locus* sobrenatural de pessoas cuja existência podia ser vista, ouvida e experimentada, como fez Paládio. A garantia da santificação é proporcionada graças às ferozes práticas de ascetismo, capazes de garantir a purificação que dá o aval para a posse da sabedoria capaz de proporcionar o conhecimento das revelações divinas. Possuir uma sapiência que desvenda os segredos do mundo divino é algo excepcional – a pessoa capaz de fazê-lo deve ser iniciada na linguagem sagrada, assim, a princípio, essas pessoas deveriam passar por uma iniciação, que lhes conferisse uma qualidade superior, daí "[...] que Paládio, bispo de Helenópolis, por volta de 400, ao desejar conhecer a autêntica piedade monástica tenha permanecido por quinze anos com os monges egípcios" (SILVA, 2015, p. 191), em suas palavras "Eu, portanto, o homem de Deus apaixonadíssimo pelos estudos, seguindo em parte estas sentenças, visitei muitos santos" (Pal., *Hist., Laus.*, I, 5). Ou seja, foi até os lugares para ver *in loco*, ouvir da fonte direta e, ao fim, viver uma experiência espiritual evidenciada por meio do ambiente que reúne alguns virtuosos companheiros de fé cuja separação produz a ideia de superioridade na sociedade, santificação produzida pela proximidade do mundo sobrenatural. Interessante é o caso de Crônio, que vivera em um lugarejo chamado Fênix, próximo ao deserto; ele partiu em oração, cavou um poço onde encontrou água cristalina e ali criou o seu eremitério após alguns anos, pouco a pouco foram se estabelecendo outras pessoas, até que, segundo Paládio, reuniu cerca de duzentos homens e Crônio passou a ser o presbítero desse grupo, visto que "a virtude da sua ascese vem dessa forma: por todo os sessenta nos quais viveu ao lado do altar onde celebrava os ritos sagrados, nunca saiu do deserto, e nunca comeu nenhum pão que não viesse por obra de suas próprias mãos" (Pal., *Hist., Laus.*, 47, 2).

Enfim, as histórias de ver, ouvir e experimentar colocam Paládio no mundo dos santos, gente que se destacava pela força da sua espiritualidade capaz de vencer a materialidade corporal, uma superação que produz santificação capaz de produzir milagres, ações prodigiosas e poderosas obras.

A narração de *A História Lausíaca* é feita em primeira pessoa: "No decorrer da minha narração não pretendo negligenciar nem aqueles que viveram de modo desprezível: nem falarei com o objetivo de exaltar aqueles que praticaram a retidão e de aguerrir os meus leitores" (Pal., *Hist., Laus.*, 6, I). A sua experiência com Dídimo: "Uma vez ele insistia para que eu fizesse a oração na sua cela e eu me recusava; então ele me contou uma estória" (Pal., *Hist., Laus.*, 4, I); E continuamente cita as suas fontes: "[...] me falou também de uma jovem de nome Alessandra [...]" (Pal., *Hist., Laus.* 5, I); "O beato Isidoro, após ter se encontrado com Antônio de santa memória, me contou um fato digno de ser escrito, que havia aprendido dele" (Pal., *Hist., Laus.*, 3, I); "Desse Amun contou um prodígio o beato bispo Atanásio, na biografia de Antonio [...]" (Pal., *Hist., Laus.*, 8, 6); "Me contou a beata Melânia:[...]" (Pal., *Hist., Laus.*, 10, I). E, assim por diante, ele demonstra ter ouvido muito; seus interlocutores, claramente identificados, são pessoas de prestígio da época. Alguns detalhes sobre as notícias são curiosos, o caso de Jerônimo é um exemplo: "Posidônio, depois de estar com ele por vários dias, me contou, ao pé do ouvido: "A nobre Paula, que cuida dele, morrerá primeiro, e assim se libertará, acredito, do seu ciúme. Por causa desse homem não será possível que um santo habite nesses lugares; antes a sua inveja afastará até o próprio irmão" (Pal., *Hist., Laus.*, 36, 6-7).

Uma ideia de História

Até aqui este trabalho se preocupou em trazer elementos para refletirmos sobre a ideia de História, como gênero literário, em Paládio; para tanto, procuramos apresentar o ambiente histórico e o debate historiográfico sobre o gênero narrativo mais apropriado ao autor. Verificamos, então, que dada a heterogeneidade da obra a sua interpretação deve ser efetuada por meio da leitura de determinados gestos e atitudes dos homens e mulheres que compõem

A História Lausíaca; no conjunto verificamos que só é possível conhecê-los por meio de práticas que estão circunscritas em espacialidades definidas que Paládio coloca em movimento por meio de entradas e saídas de diferentes lugares, especialmente o deserto. Mas também nos acercamos de um homem que legitima o seu discurso e a sua história por meio de narrações que movimentam os sentidos: ver porque observa muito, ouvir e, sobretudo procurar investigar e experimentar.

De todos os autores e críticos literários que escreveram sobre a História Lausíaca talvez Pasolini tenha expressado com muita singularidade o propósito da obra; segundo ele, o livro é uma história edificante de eremitas desprovidos de genialidade e sublimação, cujo único valor capaz de provocar surpresa é a quase angélica inconsciência de si. O alvorecer do quinto século se apresenta por meio deles, mediante uma história que é evitada. Os pobres dão a si o que fazer para ganhar o pão ou o paraíso, "falando em silêncio", e os poderosos parece que não ambicionam nada mais do que a sua edificação. E assim, para Pasolini, Paládio, o autor de uma história edificante, também ele um, entre vários monges afônicos, preciso, parvo, hipócrita e angélico que se utilizou do grego, língua incomparavelmente unitária capaz de representar a expectativa apocalíptica do além como "suspensão" histórica, na qual os mais irrelevantes e mesquinhos atos de "santos" ignorantes assumem proporções gigantescas (PASOLINI, 2006, p. 541).

Eis que a nossa problemática parte de uma história evitada e silenciosa, como fazê-la? E, mais especificamente, como pensar a sua ideia de História? A história evitada pode ser entendida como as ausências, o esquecimento, ou mesmo o não dito, e nesse âmbito Paládio é um mestre, em suas pequenas historietas como a de Saba, um homem comum de Jericó que à noite deixava em casa sua esposa e dirigia-se para os eremitérios no deserto e deixava diante de cada cela uma boa quantidade de verduras e, então, "Um dia veio ao seu encontro um leão, que o agarrou e o arrastou a um quilômetro de distância, afastando-o de seu caminho; e depois se retirou, limitando-se a levar o seu burro"(Pal., Hist., Laus., 52). Ora, trazer à memória um conto patético com a mensagem do leão, impedir a ida do homem bom ao deserto e trocá-lo pelo seu jumento é no mínimo curioso.

A princípio parece que o silêncio predomina; aparentemente, o autor se furta de proporcionar ao leitor algo mais. Pensamos esse silêncio com uma ausência que coloca no sentido da escrita histórica como memória de uma separação esquecida; para ele, a prática da escrita é memória, a própria relação com o tempo é um elo de pertencimento e de separação. Separação que indica uma "presença esvanecendo-se", que "instaura a necessidade da escrita" (CERTEAU, 1982, p. 315). Tanto a narrativa histórica quanto a escrita da história têm função simbolizadora, o que permite um situar-se por meio de uma linguagem de um passado e, ao mesmo tempo abrindo um espaço para o presente. Nesse sentido, nosso autor procura falar de disputas teológicas e controvérsias de sua época; não é por acaso que comparecem em seus capítulos dedicados a tratar sobre pessoas da elite.

A interpretação simbólica é inseparável da forma escrita e viabiliza uma narrativa que não está preocupada com informações completas e bem organizadas de fatos históricos, mas, sim, com um estatuto do acontecimento histórico, o que implica em pensar que o movimento da compreensão histórica não é apenas retrospectivo, visto que a prática historiográfica produz sentido e instaura uma inteligibilidade do passado; ademais, a configuração narrativa por meio da possibilidade de simbolização na escrita da história passa pela questão da imaginação, porque em alguma medida aqueles acontecimentos teriam que ser imaginados e expressos por meio de uma construção de diversas temporalidades históricas entrelaçadas entre si (DE CERTEAU, 1982, p. 54). Nesse sentido, pode-se fazer história de ausências, precisamente porque os textos e, até pessoas, como o simplório Saba, também se constituem uma realidade histórica que dependem de uma análise para que sejam inscritos num conjunto de correlações de diferentes dados sociais, culturais etc. (CERTEAU, 2015, p. 12). Nesse sentido, temos o lugar deserto e perigoso, o amigo dos eremitas que os alimenta e o leão que supostamente faz seu alimento o veículo do bom homem, o que não pode ser dito nesse caso? Nesse caso que história foi evitada?

Paládio seguramente se preocupou muito com a preservação da sua memória, não apenas aquela pretérita, mas da sua própria contemporaneidade "[...] uma coletânea de memórias santas e salutares para a alma, e um remédio inesgotável para o esquecimento" (Pal., Hist. Laus., I, 3). O medicamento é ministrado por meio de vários exemplos de modos de vida; muitos santos que, conforme suas palavras, visitou por meio de longas viagens, trajetos percorridos a pé. E, assim, "[...] percorri toda a terra governada pelos romanos" (Pal., Hist.Laus., I, 5) para escrever a vida de santos (Pal., Hist. Laus.,71, 5). Segundo ele, seu trabalho apresenta-se na forma de narração, portanto, supõe-se a presença de um enredo cuja trama se passa em determinado local, em um dado tempo, com uma sequência de várias ações das [...] "histórias dos pais, homens e mulheres – aqueles que eu vi e aqueles que ouvi falar e aqueles com os quais me entretive no deserto do Egito, na Líbia, na Tebaida e em Siena (onde vivem os monges chamados Tabenesiotas), e ainda a Mesopotâmia, na Palestina, na Síria [...]" (Pal., Hist.Laus., I, 2). O terreno onde nosso autor se move é fértil para estabelecer as relações entre a narrativa, história, esquecimento, ou para usar as palavras de Pasolini "um história evitada"; as historietas são breves, com poucas exceções, o estilo da composição é rápido, como se realmente estivesse contando em alta voz, para que o entendimento fosse instantâneo; em algumas delas, parece proporcionar um pequeno suspense cuja revelação do desfecho chega no último momento de modo inesperado. Predomina, também, um certo silêncio, o não dito, uma ausência que indica algo que deveria estar mas não está registrado e que podemos procurar apenas por meio da ação de Paládio em sua narrativa dedicada para Lauso, uma história escrita também a partir de ausências que cria simulacros e insere abundantes representações no lugar dela (CERTEAU, 2015, p. 15).

Pouca atenção tem sido dada para as circunstâncias nas quais o trabalho foi elaborado, especialmente sobre Lauso, a intenção da dedicatória pode ter sido um instrumento de reconciliação entre a corte Teodosiana e Paládio, cuja reputação caíra em desgraça quando atuou como advogado da causa de João Crisóstomo. O trabalho oferecido para homenagear importante figura pode influenciar o público leitor alvo da mensagem, a alta posição do camareiro no coração da casa imperial ajuda a supor que o contexto de produção dessa História para uma figura importante com acesso livre aos mais diversificados aposentos do palácio, inclusive lugares reservados às mulheres, seguramente não é casual, nem mesmo a menção às várias damas da alta sociedade. Ademais, faz muito sentido a tese de que A História Lausíaca é um documento de reconciliação, à medida em que a vontade do grande camareiro da corte de Teodósio II de receber a obra de um partidário conhecido de João Crisóstomo com as suas memórias monásticas pode ter a intenção de curar as feridas entre os seus partidários e a ordem política e religiosa estabelecida; então, a composição indica o espírito de conciliação ao oferecer aos leitores de Constantinopla o ideal monástico cujos fundamentos de sua espiritualidade se devem a Evágrio, o mestre de Paládio e o protegido de Melânia Sênior, e, ao mesmo tempo reconhece que, mesmo em meio à agitação da capital, o caminho para a perfeição espiritual está aberto àqueles que, do mesmo modo que Lauso, buscam com um coração sincero (SODE, 1999, p. 289).

Paládio apresenta em sua escrita elementos gerais da historiografia antiga, como a procura de preservar a memória dos eventos passados e a constante presença de elementos relacionados ao tempo; por meio da apresentação das idades dos muitos homens e mulheres registrados, ele explicitamente procura interpretar determinados acontecimentos por meio de causas e os seus efeitos: "Daqui a série de nossas perguntas: qual seria a causa pela qual, os homens que viviam assim, no deserto, podiam ser enganados no seu pensamento ou subvertidos pela corrente da devassidão" (Pal., Hist. Laus., 47, 5), indicando uma preocupação da preservação memorial por meio de exemplos de modos de vida de homens e mulheres santos, ademais ele, como aprendiz dessa santidade. A linguagem silenciosa efetivada por meio de gestos simbólicos de caráter para indicar a prática da bondade e da superação das fragilidades humanas. Assim temos relato sobre homossexualidade de Sisinio (Pal., Hist. Laus.,49,I,2); alcoolismo e doença sexualmente transmissível em Erão (Pal., Hist. Laus.,26, I-5); traição matrimonial na história de Paulo, o simples (22,I-3); suicídio e vários defeitos morais na narrativa sobre a mulher que se fingia de louca (Pal., Hist. Laus., 34,I,7); a filha do presbítero seduzida e grávida (Hist. Laus., 70,I,5). Em quase todos os capítulos encontramos reflexões sobre o presente e o passado como se fosse a própria natureza do seu relato. Enfim, nas palavras de Paládio: "E quanto a mim, é suficiente ter sido considerado digno de recordar todos esses eventos que coloquei por escrito" (Hist. Laus., 71,5).

A ideia de História em Paládio é seguramente uma narrativa escrita a partir da sua memória vivida e experimentada, a sua documentação é produzida por meio da oralidade, do vivido e ouvido em um passado recente; ele cita as suas fontes em algumas passagens inserindo, inclusive, as aspas para identificação e atribuição de autoria do testemunho. Entretanto, são os sujeitos dos quais ele se ocupa que ajudam a compreender a sua concepção de História, justamente porque ela está subentendida no que ele chama de "modo de vida de homens e mulheres"; por meio deles o corpo é o seu alvo predileto: seja porque é possuído por demônios, ou porque está assolado por doenças. Os elementos narrativos e visuais aparecem por meio das práticas monásticas e ascéticas, evidenciando o modo de agir, o comportamento, o conflito. Enfim, Paládio compôs a *A História Lausiaca* muito a seu modo; escreve por meio de exemplos, de santos, um pouco no sentido ciceroniano da História como *magistra vitae*, didaticamente para mostrar determinadas práticas de vida e de uma maneira muito singular de experimentar a religiosidade de sua época.

REFERÊNCIAS

ANONIMO. *Vita e detti dei padri del deserto*. A cura di Luciana Mortari. Roma: Cittá Nuova, 1997.

ATHANASE D'ALEXANDRE. *Vie d'Antoine*. Paris: Les Editions du Cerf: Sources Chrétiennes, 2012. v. 400

BOLOGNINI, C. Z. História e Gestos de interpretação no ato tradutório. *Cadernos de Tradução* (UFSC), v. VIII, p. 97-106, 2001.

BROWN, P. *Genesi della tarda antichitá*. Traduzione: Paola Guglielmotti Genesi Della Tarda Antichità. Torino: Einaudi Editore, 2001.

BROWN, P. *Per la cruna di um ago. La ricchezza, la caduta di Roma e lo sviluppo del cristianesimo, 350-550 d.C.* Torino: Einuadi, 2014.

BUCK, D. F. The strucuture of the Lausiac History. *Byzantion*, Leuven: Louvain: Peeters Publishers, v. 46, n. 2, p. 292-307, 1976. Disponível em https://www.jstor.org/stable/44171339. Acesso em: 12 set. 2018.

CERTEAU, M. de. *A escrita da História*. Tradução de Maria de Lourdes Menezes. Rio de Janeiro: Forense Universitária, 1982.

CERTEAU, M. de. *A fábula mística. Séculos XVI e XVII*. Tradução de Abner Chiquieri. Rio de Janeiro: Forense Universitária, 2015.

COX, P. B*iography in Late Antiquity: a quest for the Holy Man*. Berkeley; Los Angeles: University of California Press, 1983.

DELCORNO, C. Modelli agiografici e modelli narrativi. Tra Cavalca e Boccaccio. *Lettere Italiane*, Firenze: Casa editrice Leo S. Olschki s.r.l., v. 40, n. 4, p. 486-509, ott./dic. 1988. Disponível em: https://www.jstor.org/stable/26264494â. Acesso em: 30 out. 2018.

KATOS, D. S. *Palladius of Helenopolis*: The Origenist Advocate. New York: Oxford University Press, 2011.

MOHRMANN, C. Introduzione. *In*: PALLADIO. *La Storia Lausiaca*. Testo critico e commento a cura di G. J. M. Barttelink. Introduzione di Christine

Mohrmann. Tradizione di Marino Barchesi. Rocca San Casciano: Fondazione Lorenzo Valla: Arnaldo Mondadori Editore, 2001. p. XIX-XXIII.

MOMIGLIANO, A. *Ensayos de historiografía antigua y moderna*. Mexico: Fondo de Cultura Económica, 1993.

PALLADIO. *Diallogo sulla vita di Giovanni Crisostomo*. Traduzione, introduzione e note di Lorenzo Dattrino. Roma: Città Nuova editrice, 1995.

PALLADIO. *La Storia Lausiaca*. Testo critico e commento a cura di G. J. M. Bartelink. Introduzione di Christine Mohrmann. Tradizione di Marino Barchesi. Rocca San Casciano: Fondazione Lorenzo Valla: Arnaldo Mondadori Editore, 2001.

PALLADIUS. *The Lausiac History of Palladius*. A critical discussion together with notes on early Egyptian Monachism by Dom Cuthbert Butler. Cambridge: University Press, 1898.

PALLADIUS. *The Lausiac History of Palladius*. The Greek text edited with introduction and notes by Dom Cuthbert Butler. Cambridge: University Press, 1904.

PASOLINI, P. P. Palladio, La Storia Lausiaca; Pietro Citati, Alessandro (15 novembre 1974) *In*: PASOLINI, P. P. *Descrizioni di descrizioni*. Milano: Garzanti, 2006. p. 541-545.

RAPP, C. Palladius, Lausus and the Historia Lausiaca. *In: Novum Millennium*. Studies on Byzantine History and Culture dedicated to Paul Speck 19 december 1999. Burlingotn: Ashgate, 1999. p. 279-289.

ROUSSELLE, Aline. *Pornéia. Sexualidade e amor no mundo antigo*. Tradução de Carlos Nelson Coutinho. São Paulo: Brasiliense, 1983.

SANTOS, Milton. *Técnica, Espaço, Tempo: Globalização e meio técnico-científico- informacional*. São Paulo: Editora da Universidade de São Paulo, 2008.

SILVA, G. V. da. Ascetismo, Gênero e Poder no Baixo Império Romano: Paládio de Helenópolis e o status das Devotas Cristãs. *História*. São Paulo, v. 26, n. 1, p. 82-97, 2007.

SILVA, G. V. da. *Reis, Santos e Feiticeiros. Constâncio II e os fundamentos místicos da Basileia 337-361*. Vitória: Edufes, 2015.

SIMONETTI, M. PRINZIVALLI, E. *Storia della letteratura cristiana antica*. Bologna: Centro Editoriale Devoniano, 2011.

STEAD, G. C. Atanásio. *In*: DI BERARDINO, A. *Dicionário Patrístico e de Antiguidades Cristãs*. Tradução de Cristina Andrade. Petrópolis: Vozes: Paulus, 2002. p. 188-192.

ZINCONE, S. Paládio de Helenópolis. *In*: DI BERARDINO, A. *Dicionário Patrístico e de Antiguidades Cristãs*. Trad. Cristina Andrade. Petrópolis: Vozes: Paulus, 2002. p. 1062-1063.

GREGÓRIO DE TOURS – HISTORIADOR DOS FRANCOS: um autor entre história local, nacional e universal

Glaydson José da Silva[1]
Felipe Alberto Dantas[2]

> *Antes de descrever as lutas dos reis com as nações adversárias, dos mártires com os pagãos, das igrejas com os heréticos, eu desejo confessar minha fé, para que aquele que me leia não duvide que sou católico. Eu quis também, para aqueles que se desesperam com a aproximação do fim do mundo, indicar claramente o número de anos que escorre desde o começo do mundo, recolhendo nas crônicas e histórias um resumo dos fatos passados. Mas antes, eu suplico aos leitores que me desculpem se nas cartas e nas sílabas me acontece de transgredir as regras da arte da gramática, pois não as possuo plenamente.* ***Meu único cuidado é reter sem nenhuma alteração nem hesitação do coração aquilo que nos ordena acreditar na Igreja****, pois sei que aquele que se tornou culpado de pecados pode obter o perdão de Deus pela pureza de sua fé*[3].
> Gregório de Tours, *História dos Francos* (DLH, I: pref.).

Recepções e usos de Gregório de Tours como historiador

Em artigo de 1957, no qual é chamado a realizar um *portrait* de Lucien Febvre, seu predecessor à frente do movimento dos *Annales*, Fernand Braudel diz que História seria "o passado desembocando no presente" (BRAUDEL, 1957, p. 15). A frase foi utilizada para descrever a permanente oscilação do pensamento histórico de Febvre enquanto historiador que era chamado ao debate público e não se omitia à tomada de posição, mesmo que tivesse que rever posições anteriores para ajustá-las de acordo com o debate do momento. Tanto o papel do historiador que é levado a reformular seu trabalho historiográfico quanto a evidência de que a disciplina é e sempre será determinada

---

[1] Professor do Departamento de História da Escola de Filosofia, Letras e Ciências Humanas da Universidade Federal de São Paulo.
[2] Doutorando em História pela École des Hautes Études en Sciences Sociales – Paris/França.
[3] Tradução de Josemar Machado. Disponível em: https://www.ricardocosta.com/traducoes/textos/historia-dos-francos-c-591 Acesso em: 27 jul. 2021. Grifo dos autores.

pelos fluxos constantes do passado que se chocam e se modelam a partir de sua relação com o presente (como na célebre metáfora das ondas do próprio Braudel), não são novidades desde que, para citar um exemplo específico – de forma alguma restritivo – os historiadores do Renascimento descobriram a necessidade de reavaliar o passado em função da sensação que tinham da alteração das experiências do tempo vivido (por exemplo em BIONDO, 1453). Hoje, esse fenômeno, associado ao campo dos estudos de Recepção, é parte importante da epistemologia da História em diferentes frentes de seu conhecimento, presente na historiografia de vários países. Na França, por exemplo, possui linhas inteiras de pesquisa, recebendo títulos como o dos "usos do passado" ou "os passados no presente"[4]. Mas, frente aos movimentos atuais de revisionismos e negacionismos, presentes em vídeos do YouTube, blogs de extrema direita, sites conspiracionistas e mesmo na atuação de muitos historiadores "profissionais" – sempre prontos a navegarem na onda do momento e a entregarem, enfim, o graal da "verdade histórica", silenciada pelas velhas instituições culturais, acadêmicas e políticas – é importante evidenciar que, sim, a História muda de acordo com o presente. Porém, se ela muda, ela o faz seguindo movimentos que dizem respeito à produção do próprio conhecimento histórico, e sua relação indissociável com o presente, com temas e questões coevos, coetâneos aos analistas e ao estudo dos objetos analisados, com implicações diretas na metodologia e na epistemologia da própria disciplina histórica. Trata-se de um debate que não responde, simplesmente, a fenômenos de superfície e mediatizados, ou aos atuais *haters*, por exemplo, mas que recoloca a questão essencial da importância social da disciplina ou dos limites e possibilidades de apreensão das experiências sociais pelos historiadores. Velhas questões como a da pretensão de alcance da verdade, ou do que produz o discurso histórico que o diferencia da narrativa ficcional vêm à tona, na mesma conjuntura em que um presidente dos Estados Unidos se elege graças às *fake news* ou que o atual governo brasileiro nega, sistematicamente, o conhecimento científico, e empreende uma verdadeira caça às bruxas nas universidades brasileiras.

Essas palavras introdutórias parecem divagações, ao se tratar da obra de Gregório de Tours. No entanto, abordar as reflexões daquele que foi consagrado como o "pai da História da França" – "mito historiográfico colocado em xeque nos trabalhos mais recentes sobre Gregório" (HEINZELMANN, 1994; SILVA, 2020, p. 96) – implica realizar um percurso que só se faz por um viés

---

4   *Les passés dans le présent* é uma das linhas de pesquisas em História mais importantes hoje na França, congregando diversas instituições de pesquisa em um único laboratório, conseguindo, inclusive, algo que tem se tornado cada vez mais raro, hoje, na área de Humanidades no país, que é o financiamento pelo CNRS.

teórico. Seja pelo fato de Gregório ter sido um dos autores mais presentes em momentos de crise da aceleração do tempo e ruptura de paradigmas historiográficos na França ao longo de séculos (as transformações nos "regimes de historicidade", como definido por François Hartog – 2013) – sendo constantemente detratado, reavaliado e elevado de acordo com as novas conjunturas políticas e novos paradigmas historiográficos que se seguiram ou que lhes davam fôlego, seja pelo fato de o próprio Gregório ter manifestado em sua obra a percepção da experiência de um novo tempo, ao qual cabia a confecção uma nova historiografia adequada para ele, a partir das ferramentas da escrita História, sejam aquelas advindas da Antiguidade, das quais ele ainda era tributário e deixa mostras, sejam aquelas que cabem ser desenvolvidas pelos grandes historiadores que aceitam o desafio do tempo.

Georgius Florentius Gregorius – que se tornaria conhecido como Gregório de Tours, nasceu em Clermont, na região da Auvergne (Auvérnia), na cidade hoje correspondente a Clermont-Ferrand, por volta de 538/539 d.C., tendo falecido no ano de 594. De 573 ao ano de sua morte, governou a diocese de Tours. "*O nome Gregório de Tours, pelo qual ficou conhecido entre os historiadores modernos identifica a cidade da qual tornou-se bispo [...], e não a cidade de seu nascimento*" (SILVA, 2020, p. 93). Oriundo de família ilustre (seu pai era membro da elite senatorial galo-romana em Arvernes e familiares maternos também integravam a ordem senatorial, em Bourges), sua ascendência familiar tinha estreitos laços com o clero da Gália – "alguns parentes próximos foram bispos em Lyon, Langres e Clermont e, dos dezoito bispos da diocese de Tours, treze faziam parte de sua família" (MACEDO, 1999, p. 19). É na cidade de Tours que sucede, como bispo, seu primo Eufrônio.

Embora seus biógrafos não saibam afirmar com certeza se iniciou a carreira das letras anteriormente à sua ordenação como bispo de Tours, em 573, acabou se destacando pelos escritos deixados, que sobreviveram à diminuição de fontes escritas durante o período classificado como Alta Idade Média, constituindo a documentação por ele legada um conjunto de fontes incontornáveis para a compreensão do século VI na Gália. A obra de Gregório, ainda hoje, ocupa lugar proeminente dentre as fontes sobre seu contexto, como postula Jose Rivair Macedo

> Tal posição deve-se em parte à exiguidade de textos conservados relativos a este período da história europeia e, em parte, graças à riqueza das informações fornecidas e a amplitude dos temas tratados. Há consenso quanto ao fato de que a obra em questão seja o mais importante testemunho concernente ao século VI, e que tenha exercido considerável influência no modo de se escrever a história adotado nos séculos posteriores da Idade Média (1999, p. 59).

Para Edmar Checon de Freitas, é a "partir de sua elevação ao episcopado que Gregório tornara-se uma testemunha privilegiada dos eventos que ele se propôs narrar" (FREITAS, 2009, p. 219), particularmente daqueles relacionados à região em que viveu[5], tendo desempenhado funções políticas e pastorais importantes em seu contexto – o que lhe permitiu acompanhar os percursos da história da sociedade franca, visto ter convivido com muitas das personagens descritas em sua obra (GANSHOF, 1970, p. 635).

Dentre os livros que legou à posteridade estão os *Septem libri miraculorum* e *Liber Vitae Patrum*, conjuntos de narrativas de milagres de São Martinho de Tours e vidas hagiográficas de 23 santos galo-romanos; *Liber in Gloria Confessorum*, tratado sobre os Confessores da Igreja; *In Psalterii tractatum commentarius*, livro perdido, do qual resta apenas alguns fragmentos, de comentários dos salmos; *Liber de miraculis beati Andrea apostoli*, outra hagiografia, sobre a vida do Apóstolo André; *Passio Sanctorum Martyrum* e *De septem dormientibus apud Ephesum*, sobre a Paixão dos sete dormentes de Éfeso; e *De Cursu Stellarum Ratio*, livro litúrgico que determinava a hora das preces em função da posição dos astros.[6] De sua vasta obra literária, somente alguns livros nos chegaram completos[7], porém, o mais importante deles é, sem dúvida, sua maior e mais conhecida crônica – *Decem Libri Historiarum*[8], ou *Dez livros de História* – sua obra de maior fôlego, denominada, posteriormente, já no período carolíngio, por *Historia Francorum* – que começa como uma história da criação da igreja de Cristo, em paralelo com a criação do próprio mundo, e que se estende até o tempo presente do autor (Gregório encerra a narrativa em 591) e narra, *grosso modo*, os acontecimentos de ordem eclesiástica, social e política do *Regnum Francorum*.

A exemplo de muitos dos historiadores antigos, que iniciavam suas obras enunciando o conteúdo que iriam abordar nas mesmas – comumente deixando clara a ideia e a relação que estabeleciam com o passado, com o presente, com o futuro, com a história e com a memória – Gregório apresenta, logo no prefácio da obra, alguns elementos para a compreensão de seus intuitos em chave similar:

---

5 "Em geral, mantinha-se bem-informado sobre o que se passava nas cidades galo-romanas, na Borgonha, na região da Bacia Parisiense e no reino visigodo de Toledo". A quantidade de informações diminui e torna-se mais vaga no que respeita ao norte do reino franco, aos saxões, vândalos da África, ostrogodos e lombardos da Itália, aos povos da Grã-Bretanha e a Bizâncio. Nesses últimos casos, até o nome de certos governantes lhe escapa" (MACEDO, 1999, p. 64).

6 O próprio Gregório deixa uma lista de seus escritos no livro final dos *Decem Libri Historiarum* (X,31), na qual relata ter escrito 10 livros de histórias, 07 de milagres, 01 sobre a vida dos padres, 01 sobre o Saltério e 01 sobre os ofícios eclesiásticos.

7 *Decem Libri Historiarum, Liber in Gloria Martyrum, Liber in Gloria Confessorum, Liber de Passione et Virtutibus Sancti Iuliani Martyris, Libri de Virtutibus Sancti Martini Episcopi, Liber Vitae Patrum, De cursu stelarum ratio* (A esse respeito ver: FREITAS, 2010, p. 2018).

8 Obra a partir desse ponto denominada de *DLH*.

> As cidades da Gália se deixavam decair, ou antes, deixavam fenecer as belas letras. Enquanto isso, numerosos eventos bons e maus se sucediam: os povos se entregavam à sua ferocidade e os reis aguçavam seu furor; as igrejas, defendidas pelos bons cristãos, eram assaltadas pelos hereges; a maior parte fervia na fé em Cristo, mas outras se deixavam esmorecer, sendo enriquecidas pelos devotos ou depredadas pelos traidores. **Mas não se via um só homem versado em dialética capaz de verter tudo isso em prosa ou verso. A maioria amiúde gemia, dizendo: Infeliz é o nosso tempo, porque o estudo das letras desapareceu entre nós, e não se encontra pessoa no mundo capaz de fazer conhecer, por seus escritos, os acontecimentos de nossos dias!" Considerando este e outros lamentos semelhantes que se repetiam constantemente, e desejoso de conservar a memória das coisas passadas a fim de que o conhecimento fosse transmitido à posteridade, não pude deixar de registrar, no meu estilo inculto, as artimanhas dos falsos e a vida dos bons, seduzindo sobretudo por esta palavra encorajadora que tanto me impressionou quando a escutei: 'Bem poucos compreendem o discurso de um reitor, mas muitos entendem as palavras de um rústico'**[9].

Fazendo-se valer de um artifício retórico no qual reconhece suas limitações, Gregório relata a ausência de pessoas qualificadas para darem a conhecer ao futuro os acontecimentos ocorridos em seu tempo, apresentando-se como aquele a quem coube o papel de registro da memória das coisas ocorridas para que fossem transmitidas à posteridade. No prefácio da *Crônica de Fredegário*, que compõe o conjunto da *História dos Francos*, traduzida por François Guizot (1823), vê-se artifício similar utilizado por Fredegário "um século depois" (discussão levada a termo a seguir) de Gregório; nele pode-se ler:

> Agora o mundo envelhece, e o limite da sabedoria se embota em nós; nenhum homem deste tempo se iguala aos oradores dos tempos passados e nem mesmo ousa pretendê-lo. Esforcei-me, contudo, tanto quanto permitiram a rusticidade e a fragilidade de meu saber, em reproduzir, da maneira mais sucinta que pude, o que aprendi nos livros de que falei (1823, p. 164).

Segundo as edições que se seguiram desde Idade Moderna, os mais antigos manuscritos dos *DLH* datam do século VII. Um desses manuscritos do século, de uma família B (cópia indireta do manuscrito original) possui apenas os seis primeiros livros, com um número menor de capítulos, e é o que mais foi difundido durante a Idade Média e que serviu, inclusive, de base

---

9 Utilizaremos no decorrer deste capítulo a tradução para o português da edição de Robert Latouche (1963) para toda citação dos *DLH*. A tradução dessa passagem, da mesma edição, foi realizada, contudo, por José Rivair Macedo (1999, p. 60). Grifo dos autores.

para a continuação de uma *História dos Francos* no Século VII, escrita por Fredegário (LATOUCHE, 1963). Houve e ainda há grande debate sobre a possibilidade de Gregório ter sido ou não o autor das duas versões. Dentre os autores que sustentam a hipótese a favor da dupla redação pelo próprio bispo de Tours estão François Guizot (1823, p. XXI) e o último editor dos *DLH*, Robert Latouche, para os quais o manuscrito da família B seria uma versão reduzida que chegou a circular de maneira restrita em Tours e que foi acrescida, posteriormente, pelo autor. Gustavo Vinay (1940, p. 173-192) também defende a dupla redação, no entanto, sustenta que a versão reduzida seria, na realidade, a versão final do documento. Contrariando tal tese, temos os editores dos *DLH* da compilação MGH – *Monumenta Germaniae Historica*, Wilhelm Levinson e Bruno Krush, que ressaltam o capítulo final do livro 10 atestando a unicidade da obra:

> Eu vos esconjuro, no entanto, vós, todos bispos do Senhor que governarão a Igreja de Tours após o homem humilde que eu sou, pela vinda de nosso Senhor Jesus Cristo e o dia do julgamento, terrível para todo culpado, se vós não quiserdes serdes confundidos no dito julgamento, nem condenados a descerdes com o diabo, de jamais destruir esses livros, nem reescrevê-los escolhendo peças e removendo outras. Mas que eles permaneçam sem alteração e intactos, tal como deixados por nós (DLH X, 31).

Também compartilha dessa tese, Walter Goffart (1987, 1988, p. 121-124). Para este último, a versão B seria uma abreviação do século VII e utilizada posteriormente pela dinastia carolíngia, como parte fundamental da História dos Francos. O dado a confirmar tal hipótese seria o fato de que essa versão abreviada, depurada de 76 capítulos que tratavam basicamente de eventos envolvendo bispos (SILVEIRA, 2010, p. 85), fora utilizada tanto por Fredegário em suas Crônicas, quanto foi inclusa, no século VIII, no *Liber Historiae Francorum*, ganhando a denominação de *Historia Francorum* desde essa época. Essa nova nomenclatura sobrevive ao período medieval e moderno e é somente questionada no século XIX, pelos editores da compilação MGH já citados. Para Verônica da Costa Silveira, o título é

> [...] mantido pela historiografia e pelos editores desde o século XIX até o XX. Foi A edição dos monumentistas que chamou a atenção para o fato de que *Historia Francorum* não correspondia ao título dado por Gregório. Mesmo assim os *Decem Libri Historiarum* continuaram a ser editados em versões que adotavam o título "História dos francos", algo muito conveniente para os autores que tentaram atribuir a Gregório a paternidade da história da França, mesmo que em flagrante desrespeito ao título dado pelo próprio bispo (SILVEIRA, 2010, p. 91).

A identificação da narrativa de Gregório como *Historiae* ou *DLH* se apresenta como a mais adequada. "A denominação tardia Historia Francorum tornou-se de uso corrente, após manipulações do texto original gregoriano, já no século VII" (FREITAS, 2009, p. 218), o que deixa claro que a ideia de redigir uma "História dos francos" não tinha sido o objetivo de Gregório, embora sua posteridade imediata tenha desejado reconhecer esse aspecto em sua obra. Como observa Freitas,

> [...] não se trata aqui apenas de uma questão de identificação. Aos e tomar o relato de Gregório como uma História dos Francos se está atribuindo ao autor uma intenção que ele não demonstrou ter. [...] Pois a narrativa gregoriana não se resume à história do povo franco, sua origem e ascensão na Gália, como tal título faria supor. Na verdade, trata-se de um texto com ambições muito mais amplas. Inicia-se com a criação do mundo e chega até ao registro de acontecimentos dos tempos do próprio autor. Mas à medida que o relato avança no tempo ele focaliza cada vez mais a Gália e consequentemente o povo que a dominou a partir do século VI, facilitando sua identificação como Historia Francorum (2009, p. 217-218).

A designação dos *DLH* como *Historia Francorum* seria, desse modo, injustificada, ou errônea, como também concorda Martin Heinzelmann (1994, p. 24). Mas é com esse nome que ela alcança a celebridade durante toda a Idade média e faz Gregório de Tours receber a alcunha de "pai da nossa história" – expressão utilizada pela primeira vez em 1579, por Claude Fauchet, em seu *Recueil des antiquitez Gauloises et Françoises*[10] – passando a ser reconhecido, desde então, como pai da história da França. Sobre esse mito historiográfico, Heinzelmann, em importante contribuição sobre o tema – Grégoire de Tours – "père de l'histoire"?, – referindo-se a eruditos dos séculos XVII e XVIII dirá, que para todo esse universo intelectual, "Gregório era não somente o primeiro a tratar da história francesa, "*historia mostra*" ou "*res nostrae*", mas, ainda, parecia digno de ser qualificado de "*príncipe de nossos historiadores*" por Adrien de Valois ou de "*parens Historiae Francicae*", segundo Charles le Cointe", observando, ainda, que "esta qualidade de primeiro historiador do reino franco e, por sua vez, "pai da historiografia *francesa*" possa, ainda em 1993, conferir-lhe um lugar em um colóquio sobre "Histoires de France, historien de la France" (1994, p. 19, 21, respectivamente).

A primeira edição moderna do livro é um pouco anterior ao livro de Fauchet, composta dos Dez Livros e mais uma crônica do bispo Adon de Viena, com o nome de *Historia Francorum, cum Adnis Viennensis chronicon* (1561),

---

10 Nesse capítulo utilizamos a reedição de 1599 – *Les Antiquitez Gauloises et Françoises. Augmentées de trois livres* [...] – p. 79v

e sem o nome do autor da edição. Já em 1610, surge a primeira tradução para o francês, realizada por Claude Bonnet, com o título de *L'histoire française de saint Grégoire de Tours, contenue en dix livres*.... Esse século evidencia o despertar do interesse mais aprofundado pelo bispo de Tours[11], tal como atestam as novas edições realizadas por Michel de Marolles e Frédéric Leonard, em 1668, e pelo monge beneditino, discípulo de Jean Mabillon, Tierry Ruinart, em 1699, citada por Gabriel Monod (1872, p. 56) como a primeira edição crítica da obra.

De fato, o reaparecimento do historiador de Tours na historiografia francesa ocorre concomitantemente aos eventos determinantes para a consolidação da dinastia dos Bourbons na França, e é associado ao interesse crescente sobre a figura do rei merovíngio Clóvis. A ascensão ao trono de Louis XIII, que se seguia ao assassinato de seu pai, Henry IV, bem como do afastamento da regente Maria de Médicis da corte marca um período de renovação do culto monárquico, para o qual a lenda do primeiro rei cristão da Europa, fundador da monarquia na França é resgatada (BOUREAU, 1986). Desenvolve-se então, uma importante frente da historiografia das origens na França, ora datada da chegada na Gália do primeiro rei germano – Pharamond, ou do batismo de Clóvis, ora tomando como marco os "ancestrais gauleses", ou o advento dos romanos. Nesse momento, contudo, para essa historiografia, Clóvis é a grande referência; é o contexto de aparecimento de vários panegíricos ao poder real, um deles se destaca, por solicitar à Louis XIII a canonização de Clóvis, ao qual o associa

> São Louis, dito Clóvis, [que] serviu de exemplo à Carlos Magno [foi o] primeiro cristão e primeiro santo de nossos reis, que transmitiu até vós seu ilustre nome de Louis, seu título de filho primogênito da Igreja Católica, esse de cristianíssimo, seu reino, sua soberania, sua piedade, sua justiça, sobre as quais ele estabeleceu e firmou vossa monarquia: enfim, por ter vivido santamente, ele venceu fortemente seus inimigos desse mundo e vive triunfante no outro (SAVARON, 1622, p. 4)[12].

Este autor, Jean Savaron, magistrado de Clermont e deputado participante dos Estados Gerais de 1614, é descrito por seu biografo, Pierre Durant,

---

[11] Colette Baune (1997, p. 331-339) afirma que, embora conhecido e utilizado no fim da Idade média, através de recopilações de seus manuscritos, o primeiro interesse direto sobre a obra de Gregório é atestado por duas traduções da *Vita de São Juliano de Tours*, escritas pelo bispo, feitas por monges do Monastério de São Juliano e ofertadas ao Rei, Charles VIII (ou, talvez, Louis XII), na segunda metade do século XV (1997, p. 332). A Auvérnia tinha sido reincorporada ao reino da França, em 1444, com Tours passando a ser cidade real, e a tradução serviria de instrumento para religar diretamente a memória de Gregório ao monastério e à monarquia, garantindo-lhe privilégios.

[12] Publicado inicialmente no prefácio de uma reedição das *Chroniques et annales de France*, de Nicole Gilles, Paris,1621 (1551).

como grande conhecedor de Gregório de Tours[13]. E é decorrente do debate em torno de Clóvis e das origens da monarquia que Gregório é colocado em evidência. De fato, o panegírico de Savaron é publicado no exato momento em que há, segundo Chantal Grell, uma viragem historiográfica na França, aparecendo como último avatar dessa tentativa de reescrita da História. A literatura histórica a partir de então se esforça cada vez mais em corrigir a história de Clóvis deixada por Gregório, deixando-a mais racional e menos lacunar (GRELL, 1996, p. 173-218). Não se travava de apagar a memória do primeiro rei cristão, mas de depurar a narrativa, operando uma triagem do excesso de elementos maravilhosos e milagrosos, relatados pelo bispo de Tours. Papel semelhante ao efetuado pelos bolandistas na confecção dos *Acta Sanctorum*, que sacrificaram os milagres mais duvidosos recolhidos na vasta coleção de hagiografias, em prol do que consideravam o núcleo autêntico de seu trabalho de crítica. Exatamente sob este contexto que Ruinart empreende o trabalho de edição dos *DLH*. Assim, Gregório de Tours ganha relevância para os estudos da primeira dinastia franca. Se, por um lado, ele era visto como historiador crédulo e tendencioso (como todos de seu tempo), por outro, era, ainda assim, a fonte mais segura da História das origens da França, como testemunha mais próxima dos acontecimentos e personagens, a menos lacunar dentre as fontes do período merovíngio conhecidas até então.

Não obstante o aperfeiçoamento da crítica histórica, o cuidado maior dos historiadores do período se detém à elucidação de detalhes específicos da narrativa, preservando o todo da obra. Não entra em cena a crítica em relação à veracidade da narrativa ou das fontes utilizadas por Gregório, mas a interpretação e juízo de valor sobre determinados episódios. É com o recurso da interpretação histórica que são preenchidas as lacunas e falhas deixadas por Gregório (GRELL, 1996, p. 180). Um exemplo disso é a crítica efetuada por Jean de Serres, a propósito da passagem do livro II, em que Gregório fala da união entre o Pai de Clóvis, Childerico e de Bassina, casada anteriormente com Basin, aliado e protetor do rei franco, na luta contra Egídio (SERRES, 1620, p. 33). Serres restringe sua crítica ao adultério cometido por Childerico e não diz nada sobre a fiabilidade do relato. Procedimento semelhante ao que realizará mais tarde François de Mézeray (1685, p. 236), com a chave invertida, transformando tal adultério em história de amor entre os pais de Clóvis. Poucos autores do período vão além na crítica, como é o caso de Adrien de Valois. Ainda que considere Gregório "fundo mesmo de nossa história", Valois condena a rudeza de estilo, as omissões, repetições, contradições e falta de

---

13   Pierre Durant realiza um perfil de Savaron na reedição de 1662 – de uma das obras de Savaron – *Les origines de Clairmont*, ville capitale d'Auvergne, publicada originalmente em 1607.

cronologia no texto (1646: pref. T. II). Para outros, as falhas de Gregório são tratadas como qualidades, uma vez que seu estilo bárbaro e sua credulidade seriam fiadores de sua ingenuidade e sinceridade (GRELL, 1996).

Quanto mais nos aproximamos do século XVIII, mais a crítica do texto do bispo de Tours tende a se deslocar do plano religioso (do trabalho de purgação do excesso de relatos miraculosos) para o plano político. A começar por uma crítica mais forte em relação aos crimes cometido por Clóvis e seus sucessores, e à certa indulgência com a qual Gregório tratou, sobretudo, o primeiro. É nessa direção que se voltam as críticas efetuadas pelo jesuíta Gregório Daniel

> Político prudente, sabendo habilmente aproveitar-se de todas as conjunturas próprias a aumentar seu poder: mas de uma ambição que não se prescrevia nenhum limite, e que passava por cima das regras. O desejo de se tornar só e absoluto monarca de todas as Gálias foi sua paixão dominante. Se ele tivesse sabido moderá-la sua reputação seria mais transparente, o fim de sua vida mais inocente: e não teríamos nada a repreender no Clóvis cristão as crueldades tão opostas à ternura e à humanidade que havíamos admirado de início no Clóvis pagão (1713, p. 54).

A passagem é digna de reconhecimento por parte de Voltaire, que não tinha simpatia nenhuma pelo jesuíta, mas que se aproveita da mesma para desconstruir o mito em torno do primeiro rei merovíngio.

> O jesuíta Daniel, historiador francês que disfarça tantas coisas, não ousa esconder que Clóvis era muito mais sanguinário e se maculou com crimes maiores depois do batismo do que quando era pagão. E esses crimes não eram crimes heroicos que ofuscavam a imbecilidade humana: eram roubos e parricídios. Ele subornou um príncipe de Colônia que assassinou seu pai; depois do que ele faz massacrar o filho; ele matou um reizinho de Cambrai (VOLTAIRE, 1963, p. 306)[14].

Um dos elementos ressaltados por Voltaire, a passagem do batismo de Clovis, é fonte de diversas polêmicas. Não obstante àquelas decorrentes da verdadeira data em que teria se realizado a cerimônia, vários historiadores colocam em evidência as intenções políticas por traz da decisão de conversão ao cristianismo. Jean de Serres tinha, já no século XVII, reconhecido as vantagens políticas do batismo, como forma de unificação do reino (SERRES, 1620, p. 34-41). Questão novamente trazida à tona por Mézeray, que a chama de grande golpe de política (1685, p. 11), e, mais adiante, pelo conde Henri de Boulainvilliers, que assim resume a polêmica: *"O cristianismo de*

---

14 A contraposição das duas citações é devida a Chantal Grell, na obra anteriormente citada.

Clóvis é visto por uns como um efeito miraculoso da Graça Divina, e por outros como um desses golpes de política que são postos em uso somente para enganar os povos" (BOULAINVILLIERS, 1727, p. 20). Fato é que nesse caso, a manipulação seria de Gregório, ao colocar o batismo de Clóvis como consequência de sua vitória sobre os alamanos, em 496, criando um paralelo entre esse soberano e o imperador Constantino, conforme veremos mais adiante neste capítulo.

Dentro dos debates históricos que tiveram no centro da disputa política no século XVIII, uma passagem dos *DLH* se converte em problema maior entre as historiografias que propunham legitimar o poder político da Franca. É o famoso caso do vaso de Soisson, narrado no livro II, em que Clovis se vinga friamente de um soldado franco que não reconhece a preeminência do rei franco sobre o butim adquirido na guerra sobre Siagrius (*DLH*, II, 27). A anedota será utilizada como símbolo maior da natureza do poder real dos francos, em meio grupos de intelectuais que se opõem em focos narrativos distintos acerca das origens da nação, representados nesse contexto – da monarquia de Luís XIV –, pelas querelas entre romanistas e germanistas acerca das origens da monarquia, da nobreza e da burguesia; a busca e a representação das origens desses grupos guardam estreitos laços com os direitos que reivindicam – com suas causas políticas, sociais e diplomáticas.

Boulainvilliers, importante representante dos germanistas, será um dos primeiros a evidenciar no evento do vaso de Soissons o início da usurpação real sobre os direitos da nobreza franca

> Eu gostaria poder dispensar-me de recordar aqui a tão conhecida história do vaso de Soissons, de um franco que o recusou a Clovis, a mais de sua parte da pilhagem, porque ele o quis devolver ao bispo que ele destinava engajar nos interesses de sua nação. Porque, se, por um lado, encontramos um exemplo da antiga liberdade dos franceses [François] e a extensão dos seus direitos, pois que a oposição de um só colocava obstáculo ao arbítrio do rei, e encontramos tão imediatamente após o de uma investida contra este direito e liberdade, ou melhor, o uso de um falso pretexto, a perder um homem inocente, mas desagradável. E que a Deus esses exemplos fossem esquecidos para sempre, ou o Príncipe, que lhes ofereceu fosse apagado do coração dos príncipes. No entanto, neste exemplo, vemos as duas funções bem diferenciadas. Como Rei, como chefe de justiça, Clovis concorda com um direito certo, deixando o vaso ao soldado porque a divisão deveria ser igual, que ele havia caído em seu quinhão, e que ele tinha adquirido a propriedade absoluta; mas ele continua ofendido contra aquele que usou de seu direito (BOULAINVILLIERS, 1727, p. 50).

Para Boulainvilliers, o evento marcava uma virada decisiva em direção ao governo absolutista, modificando, assim, a constituição primitiva de origem aristocrática da monarquia germânica. Não demorou muito para que Boulainvilliers fosse respondido por um dos grandes nomes do que a crítica histórica posterior consagrou como partido romanista, o Abade Dubos. Em sua *História Crítica do estabelecimento da monarquia franca nas Gálias*, Dubos, ainda que reconheça a caráter autoritário da primeira dinastia franca, decorrente do senso de liberdade de guerreiros de origem germânica, esforça-se a todo custo para evidenciar a transmissão legítima do poder de romanos a francos, confirmada pelo imperador Anastásio. O evento do vaso de Soissons colocaria, assim, a questão em relação à legitimidade do soberano que deveria se mostrar respeitado.

> Que terror não deveria inspirar aos amotinados e facciosos um rei de vinte anos que, ao final de sua primeira vitória, tivera a força para controlar seu ressentimento e esperar, a fim de satisfazê-lo adequadamente, uma oportunidade onde poderia ele se vingar, não de maneira particular àquele que se entrega aos movimentos impetuosos de uma paixão repentina, mas a um soberano que faz justiça a um sujeito insolente? Que ideia os romanos da Gália não conceberam das grandes qualidades do jovem rei dos sálios, ao ouvirem esse acontecimento, em que ele demonstrara tão claramente que tinha tanta justiça quanto coragem, tanto firmeza quanto prudência? Eles não terão se destinado desde então, a ser um dia seu apoio contra os arianos? (DUBOS, 1734, p. 340).

O debate entre romanistas e germanistas terá em Boulainvilliers e em Dubos seus principais propugnadores. Para Boulaivilliers, o reino se fundava com a vitória dos guerreiros francos, aí justificando a origem da nobreza e seus direitos advindos da conquista[15]; o povo tinha sua origem nos galo-romanos vencidos. Sua teoria, uma espécie de "guerra das raças", consistia numa verdadeira crítica ao absolutismo monárquico de Luis XIV, no qual os nobres exerciam um papel um tanto secundário. Se herdeiros dos francos, como o rei, por que o poder absoluto deste último, se entre os francos as assembleias tinham lugar? (1727a, p. 46). Boulainvilliers postulava a importância das assembleias nos moldes das assembleias "primitivas"; o governo só poderia ser legítimo se respeitasse a constituição das assembleias francas. Já para Dubos, Roma era a principal referência, estava no cerne do debate, em franca oposição às premissas de legitimação aristocrática de Boulainvilliers. Para Dubos, não havia nem submissão gaulesa nem conquista franca. Por isso não se justificava a reivindicação de poderes feita pela nobreza baseada nas conquistas francas. Esses debates marcam bem

---

15   Os livros de XXVII a XXXI do *Espírito das Leis*, de Montesquieu, demonstram isso – o caráter germânico direito francês, fundamentado na conquista.

as noções de "raça" e cultura, assentadas nas crenças de homogeneidade, consistindo numa espécie de justificação e naturalização das possibilidades, dos cortes sociais, enfim, das figurações dos indivíduos e grupos junto ao Estado nesse período. É um contexto em que monarquia e aristocracia intentam legitimar suas posturas por grandes embates historiográficos (sobre a amplitude desse debate ver: NICOLET, 2003).

Mais próximo dos eventos decisivos que levaram à Revolução de 1789, vemos o aparecimento de uma terceira via, dita democrática, que teve papel de influência sobre os acontecimentos da segunda metade do Século XVIII. Um de seus principais representantes é o Abade de Mably. De formação eclesiástica e saído de uma próspera família que ascendeu sob a condição de nobreza de Serviço em Grenoble, Mably reconhecia no evento de Soissons o começo das usurpações que resultariam no modelo absolutista da monarquia francesa. Mas, se houve usurpações por parte da monarquia, ela teria sido não contra a nobreza franca, mas contra a nação (MABLY, 1765, p. V-XIV)[16].

Uma clara evidência nesses debates é o deslocamento da história de um viés providencialista, para outro mais social, buscando a explicação para os eventos no interior do próprio tempo social e não em causas sobrenaturais e exteriores a ele; nisso contribuiu o expurgo feito ao trabalho de Gregório. Ainda assim, o historiador não é contestado no todo, mas, somente em partes que pudessem pôr a verossimilhança do relato em xeque. Tal estratégia por parte dos historiadores dos séculos XVII e XVIII contribuiu para reforçar o mito do primeiro rei franco, ainda que depurado (GRELL, 1996, p. 216).

Tanto o mito de Clóvis quanto a própria narrativa de Gregório só começam a ter um tratamento mais aprofundado a partir do século XIX, com a institucionalização da disciplina histórica; data desse período o rebaixamento de suas obras como fontes seguras. Ainda assim, os debates de ordem política incidem diretamente sobre o debate acerca da obra do bispo de Tours, como bem comprova o desdobramento transnacional da questão romanismo x germanismo, no embate entre França e Alemanha.

No livro *Études critiques sur les sources de l'Histoire merovingienne*, de 1872, Gabriel Monod acusava K. G. Kries, em nome da historiografia alemã, de pôr em xeque o relato de Gregório, por descrever um quadro bastante negativo da primeira dinastia franca

> Nos nossos dias um crítico alemão, o Sr. Kries, levantou novas objeções contra a autoridade e autenticidade do texto da História dos Francos [Franks]. Ele não rejeitou, como Lecointe, os capítulos omitidos

---

16 Mably faz severas críticas em relação aos usos das fontes por parte de seus adversários, acusando-os de deturpação ou desconhecimento e indagando a interpretação de Boulainvilliers, Montesquieu e Dubos a respeito de várias passagens de Gregório de Tours.

pelos manuscritos incompletos; mas, impulsionado por um **patriotismo retrospectivo**, queria pôr em suspeita os relatos de Gregório sobre a brutalidade e os vícios dos francos. Para isso, ele procurou minar o crédito que geralmente é dado ao testemunho do Bispo de Tours. Finalmente, concentrando-se particularmente no Capítulo 31 do Livro X, ele negou sua autenticidade apontando contradições entre seu conteúdo e o restante do trabalho. A autoridade de Gregório será apreciada no resto do nosso trabalho. Vamos nos limitar aqui a examinar as objeções do Sr. Kries contra o último capítulo da História dos Francos" (MONOD, 1872, p. 64, grifo nosso).

A crítica à historiografia alemã por Monod é, contudo, um tanto circunscrita, visto a admiração que guarda em relação aos historiadores alemães[17]. A razão para as críticas decorreria, como vimos, no excerto do "patriotismo retrospectivo" do historiador alemão. Entrando em debate sobre as contradições e sobre a autenticidade de alguns capítulos da obra, que compunham as edições disponíveis até então, Monod põe-se de acordo com as decisões de tomadas por Ruinart, na edição de 1699, para quem o texto sofrera apenas algumas alterações marginais e saúda o projeto de uma nova edição pelas mãos dos editores dos MGH: "*Nós esperamos com impaciência a edição de Gregório de Tours prometida pelos Monumenta Germaniae. Ela fixará, sem dúvidas, o texto de maneira definitiva, graças a um estudo completo e minucioso de todos os manuscritos da Historia Francorum*" (MONOD, 1872, p. 57).

Essa nova edição, de fato, é realizada no ano de 1885, por Levison e Krusch e, finalmente, o título *História dos Francos* (utilizado ainda por Monod) é revisto. Os editores das Monumenta são os responsáveis, assim, por recuperarem o título original dos *Decem Libri Historiarum*[18].

Embora o aparecimento da nova edição, os *DLH* de Gregório participam do rebaixamento de fontes literárias e de caráter religioso que marca o período cientificista da disciplina histórica, em benefício das fontes de caráter oficial. Exemplo disso é a descrição feita por Ferdinand Lot, em seu *O Fim do mundo antigo e o princípio da Idade Média*, de um autor, de fato, sincero, mas de estilo rude, de credulidade sem limites e ingênuo (LOT, 2008).

---

17 "É a Alemanha quem contribuiu mais fortemente para o trabalho histórico de nosso século. De outros países pode-se citar nomes de historiadores tão ilustres como os seus. Mas de nenhum se poderia citar um tão grande número; nenhum poderia se glorificar de ter feito tanto progredir a ciência. Esta superioridade, a Alemanha a deve, sem dúvida, a seu próprio gênio, essencialmente próprio aos estudos pacientes da erudição; ela a deve, também, ao pouco desenvolvimento das vias política e a vida industrial tiveram do outro lado do Reno até uma época recente e à alta estima em que sempre teve os trabalhos do espírito; ela a deve, sobretudo, à forte organização de suas universidades" (MONOD, 2006 [1876], p. 40).

18 Numa edição anterior, de 1836-38, acompanhada da tradução para o francês, já há a mudança do nome consagrado de "*Historia Francorum*". Editada por Jeseph Guadet e N. R. Taranne, seu título buscava evidenciar a pretensão de uma história eclesiástica por parte de Gregório: *Historiæ ecclesiasticæ Francorum / Histoire ecclésiastique des Francs*.

Somente a partir da segunda metade do século XX assistimos a uma nova renovação, tanto no que diz respeito à ciência histórica, como um todo, quanto na evolução do método e do tratamento de fontes. Para isso pesam as mudanças de ordem política, evidentemente, como, por exemplo, o fim dos antagonismos franco-germânicos que moldavam suas historiografias em função da ideia de ruptura (germanismo) ou permanência (romanismo) e que com isso permitiram uma abertura a novos estudos, disciplinas e quadros de análise. Por outro lado, pesa o próprio desenvolvimento das Ciências Humanas sob este novo contexto de revalorização da interdisciplinaridade, e no que nos diz respeito, mais de perto, de novas abordagens metodológicas, como a influência dos novos estudos culturais e seu entrecruzamento da Histórica Política, verificado a partir de então[19].

Ao abordar a renovação metodológica que acompanhou essa grande viragem historiográfica, referimo-nos àquilo que Jörn Rüsen nos ensina sobre a modificação no trato das fontes ao longo da História, ou seja, uma vez que mudam os critérios orientadores de sentido que motivam a escrita da História, o historiador é levado a uma nova relação com suas fontes, uma vez que técnicas diferentes de pesquisa são formuladas para que produzam os significados diferentes requeridos pela mudança no tempo. Com isso abre-se a oportunidade tanto da reformulação das perguntas que fazemos às mesmas fontes como, também, a mobilização de outros tipos de fontes, que não eram aceitos até então (RÜSEN, 2001). No caso dos *DLH*, a renovação de "*regard*" se dá a partir do momento que as novas abordagens renunciam, aprioristicamente, a conceitos anacrônicos e noções já superadas na historiografia, como a crença na existência de uma verdade histórica que devesse ser extraída das fontes. É no privilegiamento de uma metodologia que passou a investigar os interesses subjacentes à produção dos documentos, na análise de seus contextos de produção e difusão e das representações culturais que presidiram sua elaboração que avançamos em relação ao quadro precedente; isso no que concerne à dimensão coeva de produção das fontes analisadas, importando também considerar, em termos discursivos similares, sua recepção posterior: quem interpretou? Como interpretou? Em quais contextos? E tantas outras questões que nos remetem à discursividade dos documentos analisados e, por corolário, à própria ideia de história na obra de Gregório, ideia essa particularmente desenvolvida nos *DLH*; para compreendê-la é necessário voltar-se para o contexto intelectual de produção da obra e escrutinar quais eram as intenções de seu autor. Para Macedo (1999, p. 61), Gregório

---

19 Se a explosão cultural dos anos 60 favoreceu essa viragem historiográfica, não podemos deixar de evidenciar o quanto ela é tributária do movimento iniciado pelos Annales no final dos anos 20, que tiveram implicações diretas na ampliação do conceito de fonte e no trabalho de autores tais como Marc Bloch e Ernest H. Kantorowicz como precursores de perspectivas de análise como a História das mentalidades e a nova história política – com obras como *Os reis taumaturgos* e *Os dois corpos do rei*, respectivamente.

[...] admirava o saber e a eloquência de homens como Sidônio Apolinário [...] aprendeu as primeiras letras com São Nizier de Lyon, tendo depois como mentores dois bispos de Clermont: São Galo e Santo Avito. Seus estudos do latim partiram da leitura dos Salmos de David, dos Evangelhos, Epístolas, Atos dos apóstolos e textos hagiográficos. Enfim, teve formação eminentemente eclesiástica [...] **A obra pretendeu ser o registro histórico do passado. Por essa razão se distingue das demais crônicas e anais redigidos no princípio da Alta Idade Média em domínio franco, cujo propósito não ultrapassava o mero registro dos acontecimentos contemporâneos. Nestes casos, a narração limitava-se a indicar as efemérides singulares, inserindo-as em quadros cronológicos vagos e imprecisos. Indo além, Gregório procurou retratar toda a trajetória dos povos francos, enquadrando-a no âmbito da História da humanidade. Não poderia executar projeto desse porte sem uma reflexão prévia a respeito da natureza da história, do tempo e duração, ou prescindir de trabalho de pesquisa e organização segundo certos princípios de estruturação de uma obra historiográfica**[20].

O artifício retórico do qual se faz valer Gregório no prefácio dos *DLH* no que se refere à sua capacidade e qualificação para o desenvolvimento da empreitada a que se propunha é em parte apontado/reconhecido pela crítica posterior à obra, sobretudo por seus conhecimentos limitados relacionados à língua latina. Monod (1886, p. 265), por exemplo, lembra a rudeza de sua linguagem e de sua gramática, mas, também, quanto à sua literatura. Um crítico duro como Ferdinand Lot, irá dizer que Gregório "*não ousa escrever em verso, e tem, de fato, toda a razão em falar da rusticidade do seu estilo em prosa*" (2008, p. 380), apontando para sua grande ignorância quanto à literatura sagrada e quanto à literatura profana (2008, p. 494). Em artigo publicado na *Revue Historique* em 1886 – *Les aventures de Sichaire*[21], a título de abordar o sistema de justiça entre os francos na época merovíngia, Monod retoma os capítulos 47 do livro VII e 19 do livro IX da *Historia Francorum*, nos quais Gregório narra episódios de violência e narrativas de vingança entre os francos e seus encaminhamentos, tratando, particularmente, do caso de uma personagem chamada Sicário, envolvida em uma trama de assassinato e roubo com duas outras, Austregésilo e Cramnesindo – todas pertencentes à classe de proprietários de terras francos. Quase duas décadas depois da crítica de Lot, Eric Auerbach (1946), também duro crítico do estilo de Gregório, de quem aponta para a desordem de sua ortografia e das terminações flexionais (1971, p. 69), tomando como estudo de caso as duas passagens da *História*

---
20 Grifo nosso.
21 Esse artigo integra uma controvérsia entre Gabriel Monod e Fustel de Coulanges, ver, particularmente, Coulanges (1885, 1887) e Monod (1886, 1887).

dos Francos de Gregório (VII,47 e IX,19) analisadas por Monod, se debruça sobre as mesmas intentando compreender sua relação com questões relacionadas à narrativa histórica do bispo de Tours.

Auerbach chama, inicialmente, a atenção para a falta de clareza das histórias narradas, fato comprometedor de sua intelecção, visto sua narrativa não observar uma ordenação concatenada que leve a uma compreensão do que narra pelos seus leitores, lembrando "a espécie de relato que se encontra frequentemente na língua falada, sobretudo em pessoas pouco cultas, apressadas ou descuidadas" (1971, p. 70-71). As histórias seriam confusas, com informações incompletas ou imprecisas e frequentemente desordenadas – ricas em detalhes de "pouca relevância" para o entendimento do que narram, e pobres em outros detalhes que auxiliariam em uma melhor compreensão da narrativa[22] (algo talvez explicável pelo fato de sua obra voltar-se para um público conhecedor das histórias apresentadas, o que lhe permitiria compreendê-las em seu contexto). No que concerne à pouca inteligibilidade apontada pelas limitações da língua, Auerbach crê se tratar de infiltrações da língua falada na língua escrita do período.

> [...] em toda parte pode-se sentir inconfundivelmente a presença da linguagem vulgar falada, que, apesar de não poder ainda, nem longinquamente, ser escrita, ressoa, contudo, continuamente, na consciência de Gregório. O latim escrito de Gregório não está somente degenerado gramatical e sintaticamente[23]. É também empregado, na sua obra, com uma finalidade para a qual, originalmente, ou, pelo menos, nos seus tempos de esplendor, parecia pouco adequado, isto é, para imitar realidade concreta. Pois o latim escrito do apogeu, sobretudo a prosa, é uma linguagem quase excessivamente ordenadora, na qual o que as situações fatuais têm de material e

---

22 Uma interpretação detalhada das histórias tratadas na *História dos Francos* em VII,47 e IX,19 e de sua relação com as pretensões históricas de Gregório e questões correlatas pode ser lida na obra de Auerbach anteriormente citada (1971 – Capítulo 4).

23 A respeito de Fredegário, a crítica não é menos dura; veja-se, por exemplo, a consideração de Lot: "O cronista Fredegário *faz esforços perfeitamente desesperados para escrever em latim. A sua língua, a dos diplomas e das cartas, dos formulários e das vidas de santos (quando não se deu o caso de terem vindo a ser reescritas na época carolíngia), é de uma barbaridade quase cômica. E isso não é, de modo algum, devido ao fato de o latim merovíngio ser influenciado pela linguagem corrente, mas sim antes, bem pelo contrário, porque toda a gente que tem uma pena pretende à viva força saber escrever em latim correto, declinar e conjugar, quando já ninguém emprega nem genitivo, nem dativo, nem depoente, nem passiva, nem futuro, distinguir vogais que já todos os ouvidos confundem, etc. Usam, assim, o ablativo, o genitivo, o depoente, o futuro, de qualquer maneira, fiando-se apenas em vagas reminiscências, e a ironia das coisas faz com que na maior parte dos casos, os usem a despropósito. Quanto menos se sabe o latim clássico, tanto mais o veneram. O enigmático Virgílio, o gramático, chega ao ponto de o considerar uma língua hermética, ou melhor, como uma série de línguas misteriosas, pois ele distingue doze espécies diferentes de latinidades! Trata-se, de resto, de um ignorante que não possui quaisquer conhecimentos reais da literatura profana nem das regras da prosódia*" (LOT, 2008, p. 380).

de sensível mais é visto e ordenado de cima do que tornado inteligível na sua sensibilidade material (AUERBACH, 1971, p. 76).

A forma como aborda o conteúdo dos capítulos 47 do livro VII e 19 do livro IX é, desse modo, mediada e limitada pela linguagem – mas, dedicando-se com esmero a narrar fatos que seriam tidos como desimportantes para quaisquer autores clássicos, mas que são dignos de serem revelados pela sua obra de uma forma quase que visualizadora, paradoxalmente, clara. Se, por um lado, adota uma linguagem limitadora para com a ordenação dos fatos, mostrando-se incapaz de transmitir os acontecimentos de forma concatenada e nítida, por outro, vive no bojo dos acontecimentos concretos que relata, tendo acesso a matérias-primas que lhe são "disponibilizadas" em primeira mão – relacionadas imediatamente ao mundo em que vive, com suas tramas e dramas locais, o que o torna um espectador privilegiado dos acontecimentos da Gália de seu período, particularmente, de sua diocese e adjacências, que poderia ser tomado como um historiador regional. Poder-se-ia indagar, como o faz Auerbach, "Quem são Austregésilo, Sicário e Cramnesindo?" (1971, p. 72).

A considerar os exemplos dos capítulos e livros supracitados e o caráter lacunar da narrativa de Gregório, o modo como os interpreta Monod é metodologicamente interessante. Ele

> [...] oferece detalhes que não poderiam ser extraídos da principal fonte histórica sobre as tais desordens cívicas em Tours [...] A estratégia de Monod é a de ler a História dos Francos em paralelo com outros documentos ou informações disponíveis sobre a época dos fatos. Por esta razão, ao comentar passagens um tanto confusas de Gregório, Monod utiliza outras informações extratextuais que o auxiliariam a tornar mais claro o relato do bispo de Tours sobre o ocorrido em sua cidade. (Deste modo, Monod chega a detalhamentos relevantes para a compreensão das circunstâncias históricas" (PINTO, 2012, p. 32).

Uma síntese do conteúdo da narrativa de Gregório e de sua organização nos *DLH* dá-se da seguinte forma:

I. da criação do mundo à morte de São Martinho (397).
II. do episcopado de Brício (sucessor de Martinho como bispo emTours) à morte de Clóvis (511).
III. da sucessão de Clóvis à morte do rei Teudeberto, seu neto (548).
IV. do reinado de Clotário I ao assassinato do rei Sigiberto (575).
V. reinados de Childeberto II e de Chilperico.
VI. os últimos anos de Chilperico (assassinado em 584).
VII – X: reinados de Childeberto II e Gontrão (592).

Mas, para além de eventuais questões estilísticas, quais seriam os objetivos de Gregório com os DLH? Se ligados à história, como ordinariamente entendidos, é imperativo considerar que tanto a ideia de história (WALLACE-HADRILL, 1951, p. 27) quanto a ideia de verdade, bem como a ideia de documentos e a forma de lidar com os mesmos mudaram de sua época até hoje. Já em seu contexto, Gregório se fez valer de "uma quantidade apreciável de textos escritos" (MACEDO, 1999, p. 64). Para Wallace-Hadrill, Gregório fez vagamente uma distinção entre as funções de historiador e hagiógrafo (1951, p. 30); ao analisar sua obra indaga-se: Por que as histórias foram escritas? concluindo que: "*Seguramente, não fora para entreter a corte austrasiana; nem para satisfazer a curiosidade merovíngia acerca da pobreza de seu latim. A obra tinha por objetivo ser atraente, parecer autêntica, impressionar e, a julgar pelos manuscritos que nos chegaram foi bem-sucedida*" (1951, p. 44-45). Para Felix Thürlemann, "o objetivo do bispo-historiador com seu trabalho era *Simplicem historiam explicare*" (1974, p. 36 apud OLIVEIRA, 2010, p. 26).

Os trabalhos de Thürlemann figuram dentre os primeiros estudos inovadores no que diz respeito à produção dos *DLH*, particularmente no livro Der historische Diskurs bei Gregor *Von Tours*: Topoi und Wirklichkeit, de 1974. Tal autor vê um plano de redação bem delimitado por Gregório, buscando evidenciar uma tipologia de semelhanças entre eventos e personagens da história franca correlacionados, por vezes parafraseados com o *Antigo testamento*[24], que teria lhe servido de inspiração, modelo e fonte. Desse modo, Gregório não teria nada de ingênuo ou de falsificador, mas seu livro refletiria a concepção de História de seu momento, com a ação divina sendo o motor da história, e os agentes de sua vontade funcionando como elementos cíclicos dentro do plano escatológico da providência divina. Isso explicaria, inclusive a falta de cronologia no texto de Gregório, uma vez que os eventos específicos seriam menos importantes em si, que em sua função sintagmática (THÜLERMANN, 1974 apud OLIVEIRA, 2010, p. 79-82). Para Thülermann, Gregório

> [...] é, por um lado, narrador do passado, contador de História; podemos dizer com tranquilidade. Quem não sabe contar [uma história] é um péssimo historiador. Mas aquele que escreve historiografia é ao mesmo tempo um cientista. Ele não se contenta apenas em descrever o passado, também pretende entender, esclarecer, interpretar, ensinar ou ainda algo mais (THÜRLEMANN, 1974, p. 16 apud OLIVEIRA, 2010, p. 26).

---

24 "*Felix Thürlemann faz uma tipologia dos Decem Libri Historiarum. Ele define tipologia como 'um método de exegese da Bíblia, no qual são feitos links entre os dois testamentos; um evento (ou pessoa) do velho testamento é visto como uma pré-figuração (typus ou figura) de um evento (ou pessoa) do novo testamento, que então aparece como um todo (anti-typus ou matéria)*" (THÜRLEMANN, 1974, p. 86 apud OLIVEIRA, 2010, p. 79).

A obra de Thürlemann inspirou vários autores, dentre eles dois dos maiores estudiosos de Gregório de Tours nas últimas décadas, Walter Goffart e Martin Heinzelmann.

O professor canadense Goffart, assim como Thürlemann, e ao contrário dos detratores de Gregório no século XIX, também vê um plano consciente e a valorização de uma concepção escatológica em sua "filosofia da História". Goffart é sistemático em refutar a ideia de uma "História dos Francos", uma vez que os objetivos de Gregório eram estritamente pedagógicos e relacionados à sociedade cristã. Sua filosofia da História seria de ordem escatológica, com a alternância (ou equilíbrio) na mesma sociedade de atos de personagens santos e condenados (GOFFART, 1988, p. 156 -174)[25].

Martin Heinzelmann também é partidário da ideia de um plano de escrita dos DLH inspirado no velho testamento[26]. Para o autor, há uma clara intenção pedagógica com vistas no programa de cristianização da sociedade Franca. Assim, Gregório cumpria papel de agente num plano de intervenção moral da sociedade em que vivia, ao qual cabia a ele desvendar os significados ocultos dos eventos que se sobrepunham. Para Heinzeilmann também seria muita clara a tensão entre bons e maus governando a História (2001).

> Desse modo, os livros I e X formam o quadro espiritual das *Histórias*. Mas a ideia de uma existência da Igreja de Deus sobre a terra e suas relações com a "cidade terrestre" – relações cuja exegese é finalmente a verdadeira razão de ser de toda grande historiografia cristã (*historia*) –, esta ideologia fundamental ultrapassa a função de um quadro e deve, necessariamente, ter um impacto considerável sobre a totalidade dos dez livros. [...] o assunto central das *Histórias* é, efetivamente, a qualidade dos reis no contexto da Igreja de Cristo, ou seja, na sociedade cristã contemporânea. Mais concretamente ainda, é em função das relações dos reis com os representantes desta Igreja, bispos e (outros) santos, que Gregório situa seu julgamento sobre os reis. A esta regra absoluta, o Clóvis de Gregório não faz derrogação. [...] Clóvis é o personagem-chave do livro II, como de outros reis depois deles dos livros III ao IX, como o Cristo e Martin o são no primeiro livro. Regularmente, esta qualidade de figura principal implica um elogio mais ou menos detalhado, no meio ou no fim do livro em questão. De todo modo, é o livro I que, por sua estrutura narrativa, fornece o modelo dos outros livros (HEINZEILMANN, 1993, p. 40-41).

---

25   Goffart enfatiza as transformações na abordagem dos *DLH* que rompem com as perspectivas de identificar nos escritos de Gregório as origens, seja da realeza franca ou da Europa cristã.

26   Opinião contrária é encontrada no trabalho de A.H. B Breukelaar (1994). Embora concorde com a ideia de que a obra de Gregório tenha servido como instrumento no estabelecimento de uma sociedade cristã na Gália merovíngia, na qual os bispos ganhavam preeminência, Breukelaar refuta a tese de que Gregório tenha tido um plano inicial bem delimitado, ou mesmo visão de sociedade. A obra teria sido fruto de uma compilação de várias crônicas esparsas que Gregório tinha escrito durante sua vida – algumas antes mesmo de ascender ao episcopado em Tours – e agrupadas para sua publicação por volta de 594 d. C.

Além de ser reconhecido como um dos marcos da renovação historiográfica acerca do bispo de Tours, o trabalho de Heinzelmann ressoa na obra de um dos mais eminentes medievalistas brasileiros contemporâneos, Marcelo Cândido da Silva, conhecido por sua tese sobra a formação de uma monarquia cristã no Ocidente Medieval, já sob os merovíngios. Segundo Silva, Gregório seria o propagandista de um modelo de sociedade cristã, que tentava se sobrepor em relação a um outro de natureza constantiana, refundado por Clóvis e que ainda lutava por triunfar. Essa tensão fica bem representada nos dois modelos de governantes desenhados por Gregório. De um lado o rei Chilperico, "Herodes de seu tempo", rei cruel e ignorante, que não esquiva em utilizar-se da função real em benefício próprio; e de outro o rei Gontrão, espécie de rei-sacerdote, que governa em função de uma *utilitas publica* Cristã e com auxílio dos bispos. A participação desses últimos no governo dos sucessores de Clóvis teria levado a uma "cristianização" da noção de bem comum, no decorrer do século VI (SILVA, 2008, p. 41-172).

Essa renovação dos estudos sobre Gregório de Tours tem despertado o interesse de pesquisadores brasileiros, que têm buscado se inserir no debate internacional a seu respeito. Em 2004, na Universidade Federal Fluminense, temos a tese defendida por Edmar Checon de Freitas – Realeza e santidade na Gália Merovíngia: o caso dos Decem Libri Historiarum de Gregório de Tours (538-594). O autor parte da mesma perspectiva que enxerga na obra de Gregório de Tours a progressiva cristianização da sociedade franca. Em 2010, Natália Codo de Oliveira apresenta – sob a orientação do professor Marcelo Cândido da Silva – a dissertação Da aurora da História Nacional ao Estudo da História da Igreja. Os Decem Libri Historiarum na Historiografia, dissertação na qual busca realizar um balanço historiográfico da passagem de Gregório, de historiador dos francos a historiador da Igreja, ou, de uma sociedade cristã (OLIVEIRA, 2010). Também em 2010, e sob a mesma orientação, Verônica da Costa Silveira apresenta a dissertação História e historiografia na Antiguidade Tardia à luz de Gregório de Tours e Isidoro de Sevilha, dissertação na qual analisa e compara duas histórias maiores da Alta Idade Média, buscando determinar os elementos que presidiram a escolha do gênero histórico pelos dois bispos analisados. Vejamos a seguir como a historiografia tem dialogado com a obra de Gregório de Tours, no que concerne aos pressupostos que conduziram os DLH.

Gregório historiador da sociedade cristã

Como vimos a obra *DLH* esteve por séculos envolta em polêmicas que foram sempre além das questões meramente historiográficas. Isso se deveu, primeiro, em função da escassez de fontes para o período que eles abordam.

Mas, também, pelo fato essencial de sua história estar diretamente vinculada aos mitos fundadores da realeza francesa, seja no contexto da constituição monárquica ou da fundação de uma Europa Cristã.

Gregório se tornou desde sempre historiador essencial, apesar das desconfianças em relação à sua História dos Francos – seja porque sua descrição era muito crédula e vaga, sem uma cronologia delimitada, como na crítica de Ruinart, em 1699, ou muito parcial, sendo exageradamente crítica aos francos, como afirma Kries em 1859, seja, ainda, por seu baixo valor literário e sem estilo algum, nas palavras de Lot. Silva observa que Gregório possuía *"até há pouco tempo, uma má reputação entre os historiadores"*[27]. A descrição de Gregório continuou sendo utilizada pelo fato de o autor ser uma das mais importante (ou únicas) testemunhas diretas dos eventos ocorridos na Gália no século VI, ainda que parcial, que nos legaram relatos. Dubos, que foi um dos primeiros historiadores de França a disseminar o uso sistemático de citações de fontes resume bem o reconhecimento que Gregório possui no século XVIII:

> Finalmente, Gregório de Tours quase nunca dá a data dos eventos que ele relata, de modo que ainda disputamos hoje o ano em que vários desses eventos aconteceram. Não desejo atacar ainda mais a reputação desse autor; mas se olharmos para o de suas obras, de que estamos falando aqui, como a tocha de nossa história, não é porque ele coloca em grande luz a origem e os primeiros crescimentos da monarquia francesa, é porque não temos uma luz que espalhe mais clareza: é porque à luz desta tocha, pálida como é, descobrimos muitas coisas que não veríamos se não tivéssemos iluminados (DUBOS, 1734, t. I, p. 26).

Ainda que a escassez de outras fontes no período merovíngio justifique, em parte, sua perenidade na historiografia, a celebridade dos *DLH* está no fato maior da obra ser, como vimos, um dos textos maiores do mito fundacional da monarquia francesa pela tradição historiográfica posterior, justamente por colocar no centro de sua narrativa o processo de ocupação da Gália pelos francos, conferindo um lugar menos importante "aos outros reinos bárbaros ou mesmo ao Império do Oriente" (SILVA, 2020, p. 97)[28]. A transformação da nomen-

---

27 *"Vários salientaram o "estilo rude", as "omissões", as "repetições", as "contradições internas" e os "erros cronológicos", que fariam das Histórias uma testemunha pouco fiável da história merovíngia. Na Alemanha, no século XIX, havia quem considerasse que Gregório exagerava a brutalidade dos povos bárbaros. Ferdinand Lot, no início do século XX, chegou a qualificar Gregório de "pouco inteligente" e, para justificar sua apreciação, mencionou a credulidade do mesmo em relação aos milagres, assim que sua "ingenuidade infantil"* – como se os seus contemporâneos também não acreditassem nos milagres. Desde o final dos anos 1980, essa visão alterou-se sensivelmente" (SILVA, 2020, p. 96); conforme apontado anteriormente.

28 Ante o exposto, convém reforçar que a ideia de construção de um mito fundacional já presente na obra do bispo de Tours não se sustenta, visto que elementos comuns aos mitos identitários, ligados a princípios de uma identidade comum, uma suposta coesão (em quaisquer que sejam as esferas – sociais, culturais)

clatura dos *DLH* dá testemunha disso – desde que o período carolíngio lhe designou *como Historia Francorum*, ou quando passou a ser referenciada como *História Eclesiástica dos Francos*, em alguns manuscritos do período medieval e resgatada na edição de Guadet e Taranne nos mesmos termos (1836). Mesmo tendo encontrado adeptos e detratores, ela continuou a ser a referência maior nos debates sobre as origens da nação, sobre a natureza e constituição da realeza franca e sobre o prevalecimento da ortodoxia católica no continente europeu. Apesar de suas pretensões, diferentes autores, particularmente do século XIX, viram nos *DLH* os primórdios de uma historiografia nacional. Na obra *Le latin de Grégoire de Tours*, por exemplo, ao tratar da abordagem de uma história universal nos *DLH*, que daria início, a partir do livro II, após o batismo de Clóvis, a uma história dos francos, Max Bonnet considera:

> A partir deste momento, é verdadeiramente a história dos francos, até o momento da morte de Gregório. É a historiados reis dos francos, de suas conquistas, de suas lutas fratricidas, de seus desregramentos, de suas crueldades e de algumas de suas boas ações. Mas é também a história dos francos e, diria melhor, dos franceses, no sentido de que quase todos os elementos desta futura nação estão aí representados [...] (1890, p. 6).

Nem o reconhecimento de suas falhas e omissões tiraram o papel de "iluminação" dos *DLH* do qual fala Dubos, e fosse para louvá-lo ou detratá-lo, até o século XIX pouco se alterou os procedimentos de análise do documento. Um dos primeiros focos dessa mudança foi a questão da veracidade dos manuscritos (no século XVII, com o aparecimento da Diplomática, e, ainda no XIX, no contexto da História científica). O segundo foi o do julgamento de valor do relato, com os historiadores tratando de purgar, de racionalizar a narrativa, e encobrindo suas lacunas (e.g. análise levada a termo por Monod) através do viés interpretativo da filosofia da história (GRELL, 1996). Podemos dizer que somente com a renovação historiográfica e metodológica recente o quadro se transforma, com uma crítica interna mais aprofundada dos DLH.

Como já nos referimos anteriormente, tem papel de destaque o estudo pioneiro de Thürlemann na descrição de um plano interno ordenado e coerente,

---

parecem não orientar os *DLH*, ainda que constituam uma importante frente narrativa dos mitos de origem franceses. A esse respeito ver (GEARY, 2005, p. 32). O trabalho de Oliveira nos auxilia nessa compreensão: "Mas por que Gregório de Tours não cita em sua obra nenhum mito de origem dos merovíngios? Nesse ponto, a sua visão de mundo cristã é definidora. Primeiro porque não faz sentido um autor cristão partir de um mito pagão para narrar a história de seus contemporâneos. Além disso, tal escolha explicita que o objetivo do Bispo de Tours não é contar a saga dos merovíngios, mas sim a História da cristandade. O início dos *Decem Libri Historiarum* é a criação do mundo por Deus, e não a origem, seja ela mítica ou política, dos merovíngios. Essa constatação corrobora o argumento de que Gregório de Tours não escreveu uma História dos francos" (2010, p. 20).

utilizando-se, inclusive, de métodos de análise quantitativos na delimitação de tipologias modeladas pelo *Antigo Testamento*, utilizadas por Gregório. Goffart é um dos primeiros a reconhecer o trabalho do professor suíço

> Prova de um plano para sua [de Gregório de Tours] obra é especialmente importante, porque se acreditou por muito tempo que Gregório de Tours não fosse capaz de estruturar a sua narrativa. Minha 'descoberta', seguindo os passos de Thürllermann, da forma de pensamento tipológica ou figurativa de Gregório — aplicável como sistema permanente de referências para a estrutura espiritual e de formulação da História — abrem várias portas para entender seu trabalho histórico (GOFFART, 1988, p. 204).

A maioria dos trabalhos recentes têm apontado criticamente o enfoque dado pela historiografia anterior de que os *DLH* tratassem essencialmente de uma História política do reino dos Francos. Embora o debate em torno da temática política ou religiosa no trabalho de Gregório não fosse inovadora, a mudança se dá em função de uma análise, essa sim nova, de tentativa de entendimento interno do documento e de seu contexto de produção, e não mais a partir do juízo de valor e intenções subjacentes à crítica historiográfica. Nesse sentido, já em 1962, Wallace-Hadrill apontava para a postura teleológica e anacrônica que buscava nas intenções do bispo a tentativa de constituição da história de uma entidade política que nem havia se consolidado durante o período de escrita da obra. Este autor foi um dos primeiros, sob novo enfoque, a enxergar na obra do bispo de Tours intenções religiosas, como por exemplo, o fato de Gregório ter sido um dos grandes propagadores do culto de Martinho de Tours e de sua vinculação à dinastia merovíngia (HALLACE-HADRILL, 1962, p. 47-70).

Como vimos, historiadores posteriores como Goffart (1988), Heinzelmann (2001) e Silva (2008) são concordantes com um plano pastoral guiando o trabalho historiográfico de Gregório, e dão um valor renovado à narrativa, no entendimento melhor das mentalidades, representações culturais e práticas políticas do período merovíngio. Para esses autores, muito mais que apontar para a veracidade dos eventos, ou ingenuidade e credulidade de seu autor, o livro abre a possibilidade de entendimento das representações políticas, culturais e religiosas que presidiam a escrita de Gregório, e das disputas que estavam colocadas. Nesse sentido, vemos grande mérito da dissertação de Silveira (2010), ao buscar entender por que o gênero da história foi o escolhido tanto por Gregório quanto para Isidoro como o melhor veículo de transmissão das ideias que os dois bispos pretendiam veicular.

Nesse ponto, salientamos que, embora a maioria dos especialistas contemporâneos apontem nessa direção, encontramos honrosas exceções à tese do plano coerente e de uma filosofia da História em Gregório de Tours. Para retornar a um autor já citado, Breukelaar, por exemplo, vê um uma obra muito mais fragmentada, com mudança de foco (por exemplo, os primeiros livros se concentram muito mais sobre acontecimentos da Auvérnia), e sem uma ideia tão clara de "sociedade". A razão disso é que os *DLH* seriam a coletânea de uma série de crônicas escritas ao longo da vida, e não de uma História pensada previamente pelo Bispo. O historiador não nega que o livro serviria como instrumento propagandístico para o estabelecimento do poder episcopal na Gália merovíngia, mas a coerência interna encontrada seria fruto da edição efetuada pelo próprio bispo, antes de sua publicação e não de um plano prévio de escrita da História. Ainda assim, prevalece na historiografia recente o resgate do Gregório historiador (embora ainda caiba questionamentos sobre a história do que ele realmente se dedica).

Lembremos a renovação historiográfica recente, consagrada por Peter Brown (1971) e Henri-Irénée Marrou (1977), que enfatizava a prevalência cultural da Antiguidade Clássica sobre a erudição da Antiguidade Tardia, mesmo em círculos cristãos. Não era diferente com o gênero histórico, que gozava da autoridade, mesmo entre historiadores cristãos (MOMIGLIANO, 2004, p. 51). A História, desde Antiguidade grega, era fonte do registro dos acontecimentos com o compromisso com a verdade. Momigliano reconhece que o compromisso com a verdade não invalidava a seleção e interpretação dos eventos, de acordo com a ideologia ou crença do historiador.

> Os homens escrevem a História quando querem registrar acontecimentos em um quadro cronológico. Todo registro é uma seleção, e ainda que uma seleção de fatos não implique necessariamente em princípios de interpretação, muitas vezes é o que acontece. Acontecimentos podem ser escolhidos para registro porque tanto explicam uma mudança ou apontam para uma moral como indicam um padrão recorrente. A conservação da memória do passado, o quadro cronológico e uma interpretação dos acontecimentos, são elementos de historiografia que são encontrados em muitas civilizações. [...] O que me parece ser tipicamente grego é a atitude crítica com relação ao registro de acontecimentos, isto é, o desenvolvimento de métodos críticos que nos permitem distinguir entre fatos e fantasias. Até onde vão meus conhecimentos, nenhuma historiografia anterior à dos gregos ou independente desta, desenvolveu estes métodos críticos; e nós herdamos os métodos gregos (MOMIGLIANO, 2004, p. 54-55).

Assim, fica claro que ao se decidir pela escrita da História os autores cristãos tinham a clara noção da responsabilidade que ela implicava. Gregório deixa claro esse compromisso no prólogo do livro 1, em que afirma o *topos* da modéstia e compromisso com a verdade, para que os fatos narrados não caíssem no esquecimento. Segundo Freitas, *"ao dar a sua narrativa um caráter histórico, Gregório de Tours sinalizava se tratar de um discurso verdadeiro e neutro*" (2009, p. 240). Silveira aponta para o fato de que

> [...] *as recorrências do termo "verdade" na obra de Gregório de Tours indicam que o bispo possuía uma ideia de "verdade semelhante à atual. Verdade era o oposto de mentira, da falsidade. O Termo "verdade" aparece quando se refere a um evento real (DLH, II, 3); DLH, V, 49; DLH, VIII, 10), à verdadeira fé (DLH, II,34; DLH, V, 38; DLH, VI, 17), razão (DLH, IV, 47) ou Jesus enquanto aquele que traz a verdade (DLH, V, 42)* (2010, p. 111).

Isso nos leva a questionarmo-nos sobre a ideia de história do bispo e sua relação com a ideia de verdade. Cobrar de sua obra os mesmos pressupostos que a atual ciência histórica impõe ao ofício dos historiadores seria no mínimo anacrônico. Para Oliveira,

> *Felix Thürlemann entra nesse ponto de controvérsia acerca da fidedignidade histórica de Gregório de Tours de maneira diversa. A verdade de um fato, uma narrativa, para Gregório de Tours é diferente do que hoje se aceita como verdadeiro e autêntico.*

Desse modo, na perspectiva de uma ideia de história mais aberta, acordamos com a autora quando assevera que

> [...] *o papel de Gregório de Tours como historiador se consolida não apenas ao ler suas narrativas vivas e ricas, mas também ao analisar a historiografia que estuda sua obra. Independente de sua intenção e objetivos, ele se consolida como o historiador merovíngio ao longo dos séculos.*

A ideia de História de Gregório também se manifesta em sua concepção da ordem do tempo e da consciência da tradição em que se inseria, conforme vemos no prólogo do Livro II

> Como nós seguimos a ordem do tempo, relataremos, entremeados e confusamente sem nenhuma ordem a não ser aquela do Tempo, as virtudes dos santos, e os desastres dos povos. Eu não creio que seja irrazoável entremear na narrativa, não por conta da fantasia do escritor, mas por se conformar à marcha dos acontecimentos, as alegrias da vida dos bem-aventurados com a calamidade dos miseráveis; um leitor atento, de resto, que faz uma investigação diligente, descobre na história dos reis de Israel pois que Fineu, o sacrílego, perece sob Samuel, o justo, e que sob o reinado de Davi, dito o homem com a mão forte, fez tombar Golias, o filisteu; que ele se lembre também do tempo de Elias, o eminente profeta, que cessava a chuva quando desejava ou fazia cair sobre terras áridas

quando convinha... que ele se lebre dos males que suportou Jerusalém no tempo de Ezequias, do qual Deus prolongou a vida em quinze anos. E, também, sob o profeta Eliseu, que ressuscitou dos mortos e que fez, no meio da multidão muitos milagres, e que massacres e miséria se abateram sobre esse mesmo povo de Israel. Assim como também, **Eusébio, Severo, Jerônimo e Orósio** inseriram em suas crônicas tanto a guerra dos reis quanto os milagres dos mártires. É assim que nós também compusemos nosso escrito, para que o desmembramento dos séculos e o cálculo dos anos até nosso tempo seja mais fácil a compreender em sua totalidade. Tendo chegado aonde estamos, em meio às histórias dos autores precitados, nós vamos tratar com o apoio de Deus dos eventos que decorreram posteriormente (DLH, II, 1, grifo nosso).

Embora nessa passagem Gregório não faça a distinção entre crônica e história, em várias outras ele a estabelece, como ao final do livro X, ao dizer "eu escrevi Dez livros de História...". No livro IV, ele vai além e cita o autor latino Salústio[29], buscando evidenciar seu conhecimento dos autores clássicos e legitimar sua narrativa[30], dando prova de consciência do quão ainda era tributário deste modelo e no que implicava o trabalho do historiador.

Enquanto eu escrevo essa história não posso deixar de pensar na sentença que Salústio (Guerra Catilinária, III) proferiu contra os detratores dos historiógrafos, ele diz, em efeito: "é tarefa árdua escrever a história: primeiramente porque o que você escreve deve corresponder exatamente aos fatos; e segundo, porque se você se permite criticar qualquer ato errado, a maioria dos seus leitores pensam que você é malevolente ou até mesmo invejoso" (DLH, IV, 13).

Para Freitas, a proximidade entre o Cristianismo e o Império Romano levou a uma alteração da própria concepção de História para os cristãos, diante da necessidade de explicar a história aos novos conversos. A nova perspectiva cristã tornava imperativa uma narrativa que integrasse o passado judaico-cristão na totalidade da história dos povos, "*sobretudo havia que insistir na apresentação da história cristã como a de um povo eleito, guiado por Deus através dos tempos*" (2009, p. 228). O autor se indaga:

---

29 Para uma análise mais elaborada da mobilização de Salústio por Gregório ver FREITAS, 2009, p. 240.

30 Macedo aponta a opinião um pouco diferente de que, "*Malgrado não ter conhecido bem os clássicos latinos, pode ler com proveito autores tradicionais do pensamento cristão como Prudêncio, Paulino de Nola, São Hilário de Poitiers, Sulpício Severo, Eusébio de Cesaréia, São Jerônimo e Paulo Orósio [...]. Com os últimos, aliás aprendeu os procedimentos de como estruturar formalmente o conteúdo global do trabalho historiográfico*" (1999, p. 60-61), grifo nosso. Ao nosso ver, mesmo que não fosse propriamente mestre da cultura clássica latina, Gregório dá mostras do conhecimento de autores clássicos, tais como Cícero e Salústio e seu modelo de história, embora já envolto de uma perspectiva cristã é totalmente tributário do modelo clássico. A necessidade de homens capazes de escrever em prosa em verso, já demonstrada na passagem do prefácio confirma sua vinculação às letras latinas.

Essa nova história, em que sentido diferiria do material já produzido pelo mundo greco-romano? Ou, em outras palavras, o que exatamente significava a história para pagãos e cristãos? A tradição historiográfica clássica era algo bastante conhecido no século IV, mas seu uso modificou-se sensivelmente. Desde Heródoto e Tucídides, passando no mundo de fala latina por Tito-Lívio, Salústio, Tácito e Suetônio, a narrativa da história tinha uma dupla função. Por um lado, servia como mantenedora da memória dos antepassados ilustres. Por outro, tinha um caráter pragmático e didático: a história fornecia exemplos, modelos para a conduta na vida pública e textos de referência para o estudo da retórica e da oratória.

Gregório cumpre os principais topos dessa tradição de historiadores que remontam à Antiguidade. Sua História tem a mesma pretensão daquela de Cícero de ser *Lux veritatis* e *magistra vitae*, e busca o objetivo servir de exemplo para o homem, "como *continuum* de validade geral" (KOSELLECK, 1979, p. 43). Como também está presente a preocupação com as origens, topo importante das Histórias Antigas (SILVEIRA, 2010, p. 101). Assim sua História inicia-se pela criação do mundo, surgimento do cristianismo, aparecimento do povo franco e surgimento do *Regnum Francorum*. Ao falar das origens do mundo, o bispo vê o prenuncio da origem da própria Igreja (Livro I, 1-4); e quando dá conta da origem dos francos, as categorias etnológicas que se utiliza são aquelas da tradição latina.

Na passagem anteriormente citada, do livro II dos *DLH*, Gregório dá conta da filosofia da História que o conduz; como ele a constrói tem a ver com a leitura cristã que ele tem da História e, nesse sentido, reafirma sua fé para que ninguém duvide: "eu sou católico"

A ordem do tempo para Gregório é dada pela tensão eterna e coexistência de dois tempos que se superpõe: o tempo "bem-aventurados" e aquele dos "miseráveis" que coabitam, sem prevalecimento de um sobre o outro, antes do juízo final. Conforme autores como Thülermann e Heinzelmann afirmam, há uma correlação estrutural entre arquétipos do *Antigo Testamento* e os eventos mais próximos a ele, mas isso não se deve a uma deturpação no relato dos acontecimentos, mas da interpretação cristã da passagem do tempo. Assim, as convulsões registradas no *Regnum Francorum* foram prenunciadas por outros acontecimentos da história pagã e cristã, e todos os acontecimentos são guiados pela providência divina que age na História.

No prefácio do capítulo V ele exorta os francos, assolados pelas guerras civis, a olharem para o exemplo de Roma, que tantas vezes se viu perdida por suas divisões internas.

> Repugna-me de ter que contar as vicissitudes das guerras civis que consomem fortemente a nação e o reino dos Francos. Nós podemos ver nisso o

tempo em que o Senhor predisse que seria 'o começo dos sofrimentos': 'E o irmão entregará à morte o irmão, e o pai o filho; e os filhos se levantarão contra os pais, e os matarão' [Matheus, 10, 21]. Eles deveriam, em efeito, serem tomados de medo pelo exemplo dos reis precedentes, que toda vez que tiveram divididos sucumbiram face aos inimigos. Também todas as vezes que a cidade das cidades, ela mesma, a capital do mundo inteiro se extraviou em guerras civis, ela sucumbiu. Quando elas se encerraram, ela, por assim dizer, se reergueu da terra. (DLH, V: pref).

É evidente a correlação entre Roma (que por sua vez era ligada pela tradição cristã à Jerusalém errante) e o novo povo-eleito, os habitantes do *Regnum Francorum*, pelos quais providência divina pôde se materializar. Inclusive, essa correlação explica as passagens negativas em que descreve a sociedade de seu tempo e a exortação a mudança de postura.

Na obra também fica muito clara uma narrativa à contraposição entre o fim trágico destinado aos maus (sejam bispos, reis) e a vida afortunada, das pessoas santas. Um dos dualismos maiores é o que ele desenvolve nos 5 livros finais dos *DLH* e que cobrem um período de que vai de 575 a 591, concentrados na oposição de dois modelos de governo – o do rei mau Chilperico da Neustria, patrimonialista, interventor nos assuntos eclesiais; e o reino burgúndio do rei Gontrão – modelo de rei sábio que governa com o conselho dos bispos. Na passagem final do livro VI, em que relata o fim trágico Chilperico, "*o Nero e o Herodes de nosso tempo*", Gregório deixa evidente os motivos maiores que eram fontes da visão negativa que possuía desse governante:

> Ele [Chilperico] blasfemava continuamente contra os servos do senhor e nada lhe agradava mais quando ele estava entre seus amigos do que ridicularizar e escarnecer os bispos das igrejas... Ele dizia continuamente: Eis que nosso fisco se empobreceu, eis que nossas riquezas foram transferidas às igrejas. Ninguém tem mais poder do que os bispos. Nossa autoridade morreu e foi transferida aos bispos das cidades (DLH, VI, 46).

Em contraposição ao rei mau, ele tece no capítulo subsequente um retrato do bom governante, caridoso, temente a Deus, e que seguia o conselho de seus bispos. Gregório chega mesmo a atribuir ações taumatúrgicas ao rei que governava "como um bispo do senhor".

> Como eu disse amiúde, o rei Gontrão era bem conhecido por sua caridade e assíduo a vigílias e jejuns. Nessa época (588) foi noticiado que Marseille estava sofrendo com uma severa epidemia de inchaço na virilha e essa doença rapidamente se espalhou para uma vila perto de Lyon, chamada de Ozon. Como alguns bons bispos que provêm os remédios

pelos quais as feridas de um pecado comum são curadas, o rei Gontrão ordenou que toda gente se reunisse na igreja e que rogações fossem celebradas lá com grande devoção. Ele então ordenou que eles deveriam comer e beber nada além de pão de cevada e água pura, e todos deveriam manter a vigília. Suas ordens foram obedecidas. Por três dias sua alma foi maior do que o usual e ele pareceu tão preocupado com seu povo que ele bem poderia ser tomado por um dos bispos do Senhor, mais do que um rei. Ele colocou suas esperanças na compaixão do Senhor, dirigindo todas as suas preces para ele, pois ele acreditava com perfeita fé que suas preces seriam atendidas por Ele. Os crentes possuem uma história que eles costumam contar sobre Gontrão. Havia uma mulher cujo filho estava seriamente doente. Como o menino continuava a tossir em sua cama, sua mãe atravessou a multidão e ficou atrás do rei. Sem que ele soubesse ele cortou alguns fios de seu manto. Ela colocou esses fios na água e então deu a infusão para o filho beber. A febre o deixou imediatamente e ele ficou bom novamente. Eu aceito isso como verdade, pois eu tenho frequentemente ouvido que homens possuídos pelo demônio chamam pelo nome de Gontrão quando o espírito do mal está neles e através do poder miraculoso confessam seus crimes (DLH, IX,21).

Da mesma forma, Gregório tece elogios em outras passagens dos *DLH* a esse rei, que favorecia as igrejas (*DLH*, VIII) e governava com auxílio dos bispos (*DLH*, IX, 21). A contraposição tem o fim último de confirmar a hipótese da providência divina agindo diretamente sobre os destinos deste povo. O reino dos Francos é o teatro onde se desenvolve este embate entre o bem e o mal, e não à toa o bispo de Tours o coloca em um patamar superior a outros povos

> O rei Clóvis, que a confessou, esmagou os heréticos com a ajuda divina e estendeu sua dominação através de todas as Gálias; porém, Alarico, que se recusou a aceitar a Trindade, foi privado de seu reino, de seu povo, e o que é mais importante, da vida eterna (DLH III, pref.).

É a partir desta perspectiva que entendemos como Gregório ordena os eventos, e vê no advento dos francos e na conversão de Clóvis o fator decisivo da providência divina. Autores como Silva (2008) já mostraram que a tentativa de assimilação de Clóvis a Constantino é anterior ao relato de Gregório, tendo talvez partido do próprio rei, como forma de legitimação de seu poder, e influenciado pelos bispos Remígio e Avitus (SILVA, 2008, p. 83-89). No entanto, é Gregório quem cria a vinculação direta entre a vitória sobre os alamanos e sua conversão ao cristianismo, em paralelismo com a vitória de Constantino sob a Ponte Mílvia e sua conversão posterior.

> A rainha não cessava de pregar de modo que (Clóvis) conhecesse o verdadeiro Deus e abandonasse os ídolos; mas não pôde de nenhuma maneira trazê-lo para essa crença até o dia em que a guerra foi desencadeada contra os alamanos, guerra na qual ele foi levado pela necessidade a confessar o que anteriormente tinha se recusado a fazer voluntariamente [...] Foi o rei quem primeiro pediu para ser batizado pelo pontífice. Ele avança, novo Constantino, em direção à piscina para curar-se da doença de uma velha lepra e para apagar, com água fresca, manchas sujas feitas antigamente (DLH, II, 30-31).

É graças à sua conversão que a providência divina se manifesta e faz do *Regnum Francorum* o centro da ortodoxia cristã.

É nesse sentido que retomamos os objetivos dos *DLH*, dessa vez a partir da perspectiva gregoriana, acerca da suposta "História dos Francos". Como Silveira bem salienta, a historiografia moderna acerta, ao mostrar na obra temáticas heteróclitas, mas acaba por incorrer no mesmo erro que a historiografia anterior, ao isolar categorias de natureza política, religiosa, etnológica, ideológica etc. (SILVEIRA, 2010, p. 109). Por mais que afirmem recusar o anacronismo da separação de esferas política e religiosas, historiadores como Breukelaar acabam por reafirmá-las, ao evidenciarem as preocupações políticas que guiavam a escrita do bispo de Tours, ainda que referenciados por uma ideologia religiosa.

Com o intuito de recolocar no centro da narrativa as preocupações contextuais que levaram Gregório à publicação do livro (que teriam sido escanteadas pelas premissas nacionalistas da historiografia dos séculos XIX e XX), Breukelaar faz um inventário dos protagonistas do relato, chegando à conclusão de que eram todos homens de poder – bispos, reis, altos-dignatários. Assim, conclui que o tema central dos *Decem Libri Historiarum* seria o poder na Gália (BREUKELAAR, 1994).

Marcelo Candido da Silva é mais cuidadoso ao discorrer sobre sua tese da formação de uma monarquia cristã durante a Antiguidade Tardia. O historiador evidencia o embate que é travado durante o século VI, em que dois modelos de governo tentam se afirmar. Um de inspiração "constantiniana", com o rei ocupando o papel de chefe da Igreja, e outro de inspiração gelasiana, no qual ele é chamado a governar com auxílio dos bispos e se abstém de interferir nos assuntos de ordem religiosa. Silva mostra o papel essencial de Gregório, como ator participante e propagandista maior dessa segunda perspectiva (2008). O historiador brasileiro teve grande reconhecimento por parte da historiografia recente, por recolocar a questão da autoridade pública para o período da Antiguidade Tardia (ou Alta Idade Média, como ele prefere) e por mostrar que a estreita vinculação entre a realeza e a Igreja, já se dá sob os francos merovíngios, e não sob os carolíngios, como defendia a historiografia anterior.

Há uma forte preeminência das questões políticas na tese de Silva, mas o autor se esforça em mostrar que não há uma separação de esferas, e que, ao contrário, há uma interpenetração de ideais cristãos tanto na teoria quanto na prática do poder no período. Uma observação que gostaríamos de fazer sobre esse trabalho, a exemplo do que ocorre com outros, como os de Heinzelmann e de Goffart, ao tratarem da "sociedade cristã", é que nele poderíamos entrever um projeto universalista por parte de Gregório (p. ex. SILVA, 2002, p. 138; SILVA, 2008, p. 229)[31]. No entanto, não podemos nos esquecer que é a Gália merovíngia, e não a cristandade como um todo, que é valorizada por Gregório. A ela é reservada o papel de destaque no curso do tempo e a ela são voltadas as preocupações do bispo relacionadas ao destino que a providência lhe reserva.

> Repugna-me de ter que contar as vicissitudes das guerras civis que consomem fortemente a nação e o reino dos Francos. Nós podemos ver nisso o tempo em que o Senhor predisse que seria "o começo dos sofrimentos": "E o irmão entregará à morte o irmão, e o pai o filho; e os filhos se levantarão contra os pais, e os matarão". Eles deveriam, em efeito, serem tomados de medo pelo exemplo dos reis precedentes, que toda vez que tiveram divididos sucumbiram face aos inimigos. (DLH, V, Pref.).

Por essa razão, vemos menos o viés escatológico, no sentido do fim dos tempos próximo (e menos a confusão que tendemos a ter sobre essas duas ideias – providência: escatologia, sobretudo para o período medieval) – e mais a condução ao cumprimento da providência divina, representada na vitória da ortodoxia católica no reino dos francos.

Certamente a ideia de escatologia cristã aparece no texto do bispo, como bem mostra a passagem do prefácio do capítulo V supracitada, ou no prefácio do livro I, quando demonstra como um dos motivos de ter escrito a obra era o fato de deixar testemunho para

> [...] o bem daqueles que perdem as esperanças conforme veem o fim do mundo cada vez mais próximo", ao que continua dizendo: "quanto ao fim do mundo, eu acredito como aprendi com os antigos que primeiro virá o Anticristo..." mas esse dia segue desconhecido de todos os homens; o Senhor mesmo, assim o disse: "a respeito daquele dia ou hora ninguém sabe; nem os anjos no céu, nem o Filho do homem, senão apenas o Pai [Mc, 13, 32]" (DLH, I, pref.).

---

31 O que abrangeria, segundo Macedo, diferentes tempos e espaços, não observado anteriormente nem em autores gregos nem latinos, mas, particularmente, em escritores da Patrística, que erigiram "a concepção providencialista, procurando nos fatos sinais da manifestação divina ao homem" (MACEDO, 1999, p. 62).

Conforme vemos na apresentação geral do livro, Gregório confirma a ideia da tensão entre o bem e o mal que governa o tempo, sem que haja prevalência de um sobre o outro. E ao exortar os fiéis a se conduzirem pelo direito caminho, não parece dar mostras de uma crença de fim do mundo próximo

> Uma grande quantidade de coisas acontece, algumas boas outras ruins. As gentes lutam entre si e os reis perdem o senso do modo mais furioso. Nossas igrejas são atacadas pelos hereges e protegidas pelos católicos; a fé em Cristo brilha em muitos homens, mas permanece fraca em outros; tão logo as igrejas são erguidas pelos piedosos são roubadas pelos impiedosos. Mesmo assim, nenhum escritor suficientemente treinado na gramática existe para poder descrever essas coisas em prosa ou verso. De fato, nas cidades da Gália a cultura literária declinou até quase desaparecer [...]. Eu escrevi esse livro para manter viva a memória dos que partiram e para que as futuras gerações os conheçam. Meu estilo não é muito polido e eu precisei dedicar muito espaço para as disputas entre os fracos e os virtuosos" (DLH, pref.).

Em nossa opinião, há em Gregório mais a prevalência da comparação do *Regnum Francorum* com Roma, do que Jerusalém, o que segundo nossas hipóteses está relacionado com a alteração verificada na historiografia cristã a partir do século V, e já presente em Santo Agostinho. De fato, a passagem do século IV para o V assiste a um momento de transformações decisivas de integração da Igreja ao mundo secular, no qual os bispos das cidades cumprem o papel de destaque, como centro de autoridade.

No que diz respeito à literatura cristã assistimos, concomitantemente, ao declínio das narrativas de paixões de mártires e à ascensão de um novo tipo narrativo – as Vidas de santos – inspirado nas biografias latinas, e dedicados à nova força em ascensão da Antiguidade Tardia – os santos intercessores (DANTAS, 2015, p. 66). O gênero historiográfico é totalmente influenciado por essa nova conjuntura – ainda que continue a ser tributário da tradição historiográfica greco-romana (sobretudo Romana – Cícero, Flávio Josefo), que se coaduna com a nova perspectiva cristã (Eusébio, Severo e Jerônimo). Assim, escrever história, a partir desse momento, continua a ser utilizar de um gênero narrativo de preservação da memória, com critério de veracidade que dá autoridade ao relato e, sobretudo, com a dimensão de *mestra da vida* amplificada, pela perspectiva modelar para a sociedade cristã. Deixamos claro que não há uma substituição de uma tradição por outra, mas uma transmutação no interior da civilização romana da Antiguidade tardia, da tradução da *Romanitas* em *Christianitas* (FRIGHETTO, 2006).

Esse processo já estaria consolidado no século VI, e inclusive muito teria contribuído para isso, o papel do monasticismo desenvolvido na Gália, que chamava à renovação da religião, por meio de uma atitude proativa do homem em relação à graça e salvação³². Os bispos constituem-se, então, uma das fontes de autoridade pública fundamentais da sociedade franca, e Gregório é um dos grandes influenciadores da transformação das premissas de governo e poder na sociedade Franca. Além disso, fica evidente no texto de Gregório uma dupla preeminência dos bispos: a primeira religiosa, como artífices de uma sociedade Cristã na Gália; e a segunda, relacionada à origem senatorial dos membros da nova ordem episcopal, como fonte legítima de autoridade, confirmada pela tradição. Gregório ressalta isso, em diversas partes do texto, e ao falar dos seus antecessores na diocese de Tours é crítico, sobretudo, a um deles, Injurius, ressaltando sua origem plebeia (DLH, X, 31). Bispos como Sidônio Apolinário, no século V, e Gregório de Tours, no século VI, participam, assim, diretamente, da fusão entre as antigas elites galo-romanas e as novas elites francas, o que favorece a unificação do *Regnum Francorum*.

É na integração da Igreja ao âmbito dos poderes seculares que defendemos a passagem de uma história escatológica, representada pelas crenças dos cristãos dos primeiros séculos (e mesmo sob a perspectiva de autores pagãos do final do Império, impregnados pelo sentimento de decadência) para a História entre os séculos V e VI, com seu programa de cristianização tanto da romanidade quanto da "barbárie" germânica. Ela se diferencia progressivamente da História Clássica, ao adotar uma configuração linear (ao contrário da ideia de História cíclica dos antigos) e tem um sentido teleológico providencial, mas não aparece mais a preocupação direta com o fim dos tempos próximo de acontecer. A própria escrita hagiográfica tem um sentido muito mais exemplar do que remitente. Há cada vez mais a inserção plena dos cristãos no tempo secular, nesse período que coincide com a ascensão do papel episcopal nas cidades do império (DANTAS, 2015). Um marco dessa nova historiografia seria *Cidade de Deus*, de Agostinho de Hipona, pois ali não há mais o sentido escatológico de fim dos tempos próximo e sim a aceitação dos cristãos na Cidade terrena. Partilha dessa tese François Hartog, que em conferência no início de 2019, na EHESS, anunciou uma nova publicação na qual questiona até onde seu conceito de "presentismo" não se aplicaria à percepção da ordem do tempo e à escrita da História nesse período final da Antiguidade Tardia. Talvez esse período, compreendido entre a Cidade de Deus de Agostinho e os Dez livros de História de Gregório de Tours possa, de fato, ser classificado como de um presentismo, manifestando, de um lado, a crise de uma determinada representação do tempo e a consequente formulação de um novo regime de historicidade, ainda que tributário do precedente, tendo em Gregório uma testemunha privilegiada.

---

32   Em sua dissertação de mestrado Felipe Alberto Dantas (2015), desenvolve como o monasticismo monástico desenvolvido no sul da Gália, no século V, que chegou a ser considerado herético por defender uma postura colaborativa dos homens em relação à graça, teria influenciado na tomada de posição da elite episcopal do período, que se sobressai como uma das fontes de autoridade pública maiores durante a Antiguidade Tardia.

REFERÊNCIAS

Fontes documentais

Gregório de Tours

GRÉGOIRE DE TOURS. *Histoire des Francs*. Collection des Mémoires relatifs à l'histoire de France, depuis la fondation de la monarchie française jusqu'au XIIIe siècle. Avec une introduction, des supplemens, des noitices et des notes, par François Guizot. Paris: J.-L.-J. Brière, 1823.

SANCTI GEORGII FLORENTII GREGORII; GEORGES FLORENT GRÉGOIRE. *Historiæ ecclesiasticæ Francorum / Histoire ecclésiastique des Francs*. Texte en latin et traduction par Joseph Guadet et N. R. Taranne. Paris: Société de l'histoire de France et Édition Renouard, 1836/1838. 4 t.

GREGORII EPISCOPI TURONENSIS LIBRI HISTORIARUM X. *Monumenta Germaniae histórica (MGH)*: Scriptores rerum Merovingicarum (editio altera). Hanovre: Hahn: Ed. B. Krusch: W. Levison, 1937 [1885].

TOURS, Grégoire. *Histoire des Francs*. Traduite du latin, avec introduction par Robert Latouche. Paris: Les Belles Lettres, 1963/1965. 2 v.

TOURS, Gregório de. História dos Francos (c. 591). Tradução de Josemar Machado; revisão de Edmar Checon de Freitas. *Idade Média*, [s. l.], [20--?]. Disponível em: https://www.ricardocosta.com/traducoes/textos/historia-dos-francos-c-591. Acesso em: 22 jun. 2019

Fontes textuais do período compreendido entre os séculos XVI e XIX

BIONDUS, Flavius. *Historiarum ab inclinatione romanorum imperii decades*. Venezia: Tommaso de'Blavi, 1484 [1453].

BONNET, Max. *Le latin de Grégoire de Tours*. Thèse de doctorat. Paris: Librairie Hachette et Cie:1890.

BOULAINVILLIERS, Comte Henri de. *Histoire de l'ancien gouvernement de la France avec XIV lettres historiques sur les Parlements ou États-Généraux*. 3 vols. La Haye & Amsterdam, aux dépens de la compagnie, 1727.

BOULAINVILLIERS, Henri de. *État de la France, dans lequel on voit tout ce qui regarde le gouvernement ecclésiastique, le militaire, la justice, les finances, le commerce, les manufactures, le nombre des habitants, et en général tout ce qui peut faire connaître à fond cette monarchie. Extrait des mémoires dressés par les intendants du royaume, par ordre du roi, Louis XIV,... avec des mémoires historiques sur l'ancien gouvernement de cette monarchie jusqu'à Hugues Capet. On y a joint une nouvelle carte de la France.* Londres: T. Wood et S. Palmer, 1727a.

COULANGES, Numa Denis Fustel de. De l'Analyse des Textes Historiques. *Revue des Questions Historiques.* Paris, v. XLI, p. 05-35, 1er janvier, 1887.

COULANGES, Numa Denis Fustel de. *Recherches sur quelques problèmes d'Histoire.* Paris: Librairie Hachette et Cie, 1885.

DANIEL, Grégoire. *Histoire de France depuis l'établissement de la monarchie française dans les Gaules.* Paris: 1713 (1696).

DUBOS (Abbé Jean Baptiste). *Histoire critique de l'établissement de la Monarchie françoise dans les Gaules.* 3 vols. Paris: Osmont, 1734.

DURAND, Pierre. *Les Origines de la ville de Clairmont*, par feu Mr le Prést Savaron, augmentées des remarques, nottes et recherches... ensemble des généalogies de l'ancienne et illustre maison de Senectère... par Pierre Durand. Paris: F. Muguet, 1662.

FAUCHET, Claude. *Les Antiquitez Gauloises et Françoises.* Augmentées de trois Livres: contenans les choses advenuës en Gaule & en France, iusques en l'an sept cens cinquante & un, de Jesus Christ. Recueillies par Monsieur le President Fauchet. Paris: Chez Ieremie Perier: 1599 (1579).

MABLY (abbé Gabriel Bonnot de). *Observations sur l'Histoire de France.* 2 vols. Genève: Compagnie des Libraires, 1765.

MÉZERAY, François de. *Histoire de France depuis Pharamond jusqu'à maintenant.* T. 1. Paris: M. Mathieu Guillemot, 1685, 2 v. (1643-1651).

MONOD, Gabriel. *Études critiques sur les sources de l'Histoire merovingienne.* Par M. Gabriel Monod,... et par les membres de la Conférence d'Histoire. 1re partie: Introduction. – Grégoire de Tours, Marius d'Avenches. Paris: Librairie A. Franck (F. Vieweg), 1872 (1978).

MONOD, Gabriel. Introdução. Do progresso dos estudos históricos na França desde o século XVI. *In*: SILVA, Glaydson José da. *A Escola Metódica*. Seleção de textos, tradução e organização. Campinas: IFCH, 2006 (1876).

MONOD, Gabriel. Les aventures de Sichaire. Commentaire des chapitres XLVII du livre VII et XIX du livre IX. *Revue Historique*. Paris, p. 259-290, Mai-Aôut, 1886.

MONOD, Gabriel. Letre de M. G. Monod en réponse à L'Article de M. Fustel de Coulanges, Intitulé: *De l'analyse des textes historiques.* – Réplique de M. Fustel de Coulanges. *Revue des Questions Historiques*, v. XLI, p. 540-548, 1er janvier 1887.

SAVARON, Jean. *De la saincteté du roy Louys, dict Clovis, avec les preuves et autoritez et un abrégé de sa vie et de ses miracles*. Lyon: N. Jullieron, 1622.

SERRES, Jean de. Inventaire général de l'histoire de France. T. 1. Paris: 1620 [1597]).

VALOIS, Adrian de; Valesius, Hadrianus. *Rerum francicarum*. Libri VIII. Préface du tome II. Paris: Sebastiani Cramoisi Architupographi, 1646.

VOLTAIRE. *Essai sur les mœurs*. Paris: R. Pomeau, 1963 [1756]. 2 v.

Referências bibliográficas

AUERBACH, Eric. Sicário e Cramanesindo. *In*: AUERBACH, Eric. *Mimesis*: a representação da realidade na literatura ocidental. Tradução de George Bernard Sperbe e equipe. São Paulo: Editora Perspectiva, 1971. p. 66-81.

BAUNE, Colette. Traduire Grégoire à Tours au XVe siècle. *Revue archéologique du Centre de la France*, année 13, supl., 1997.

BOUREAU. Alain. Les enseignements absolutistes de saint Louis, 1610-1630. *In*: GRELL, Chantal, LAPLANCHE, François. *La monarchie absolutiste et l'histoire en France*: théories du pouvoir, propagandes monarchiques et mythologies nationales. Paris: Colloque tenu à la Sorbonne, 1986.

BRAUDEL, Fernand. Lucien Febvre et l'Histoire. *Cahiers Internationaux de Sociologie*, Paris: Presses Universitaires de France, Cahier double, nouvelle serie, annee 4, v. 22, p. 15-20, jan./juin, 1957.

BREUKELAAR, Adriaan H. B. *Historiography and episcopal Authorithy in sixth-century Gaul*. The histories of Gregory of Tours interpreted in their historical context. Göttingen: Vandenhoeck & Ruprecht, 1994.

DANTAS, F. A. *Construções discursivas e usos do passado. Autoridade e poder na Gália Romana do século V*: o caso da vida de São Germano de Auxerre. 2015 Dissertação (Mestrado) – Universidade Federal de São Paulo, Guarulhos, 2015.

FREITAS, Edmar Checon de. Gregório de Tours e suas histórias. *Canoa do Tempo – Revista do Prog. Pós-Graduação de História*, Manaus v. 3/4, n. 1, p. 217-243, jan./dez. 2009/2010.

FREITAS, Edmar Checon de. *Realeza e santidade na Gália Merovíngia*: o caso dos Decem Libri Historiarum de Gregório de Tours [Royauté et sainteté en Gaule Mérovingienne: les Decem Libri Historiarum de Grégoire de Tours]. 2004. Tese (Doutorado em História) – Universidade Federal Fluminense, Niterói, 2004.

FRIGHETTO, Renan. *Cultura e poder na Antiguidade Tardia Ocidental*. Curitiba: Juruá, 2005.

GEARY, Patrick J. *O mito das nações*: a invenção do nacionalismo. Tradução de Fábio Pinto. São Paulo: Conrad Editora do Brasil, 2005.

GOFFART, Walter. From *Historiae* to *Historia Francorum* and Back Again: Aspects of the Textual History of Gregory of Tours. *In*: SULLIVAN, Richard Eugene, NOBLE, Thomas F. X, CONTRENI, John J. (org.) *Religion, Culture and Society in the Early Middle Ages*: Studies in Honour of Richard Sullivan. Michigan: Western Michigan University, 1987. p. 55-76.

GOFFART, Walter. *The Narrators of Barbarian History (A.D. 550-800):* Jordanes, Gregory of Tours, Bede, and Paul the Deacon. Princeton: Princeton University Press, 1988.

GRELL, Chantal. *Clovis du Grand siècle aux Lumières*. Paris: Bibliothèque de l'École des Chartes, 1996. t. 154,

HARTOG, François. François Hartog. *Regimes de Historicidade*: presentismo e experiências do tempo. Tradução de Andréa Sousa de Meneses *et al.* Belo--Horizonte: Autêntica, 2013.

HEINZELMANN, Martin. Grégoire de Tours "père de l'histoire"? *In*: BERCÉ, Yves-Marie, CONTAMINE, Philippe. *Histoires de France, Historiens de la France – Actes du Colloque international, Reims, 14 et 15 mai 1993*. Paris: Librairie Honoré Champion, 1994. p. 19-45

HEINZELMANN, Martin. *Gregory of Tours*: History and Society in the sixth century. Cambridge: Cambridge University Press, 2001.

KOSELLECK, R. *Futuro Passado*: contribuição à semântica dos tempos históricos. Tradução de Wilma Patrícia Mass e Carlos Almeida Pereira. Rio de Janeiro: Contraponto, 2006. Editora PUC-Rio.

LOT, Ferdinand. *O fim do mundo antigo e o princípio da Idade Média*. Lisboa: Edições 70, 2008 [1927].

MACEDO, José Rivair. Tempo, Providência e apocalipse na Historia Francorum, de Gregório de Tours. *Anos 90*: Revista do Programa de Pós-Graduação em História da UFRGS, Porto Alegre, RS, v. 12, p. 59-77, 1999.

MOMIGLIANO. Arnaldo. *As raízes clássicas da historiografia moderna*. Tradução de Maria Beatriz Borba Florenzano. Bauru: Edusc, 2004.

NICOLET, Claude. *La fabrique d'une nation. La france entre Rome et les Germains*. Paris: Perrin, 2003.

OLIVEIRA, Natalia Codo de. *Da aurora da História Nacional ao Estudo da História da Igreja*: Os Decem Libri Historiarum na Historiografia. 2010. Dissertação (Mestrado em História) – Universidade de São Paulo, São Paulo, 2010.

PINTO, Gabriel Nascimento. *A emergência do real quotidiano – dois exemplos de delimitação do público e do privado no direito brasileiro*. 2012. Dissertação (Mestrado em Filosofia e Teoria Geral do Direito) – Universidade de São Paulo, São Paulo, 2012.

RÜSEN, Jörn. *Razão histórica. Teoria da história*: os fundamentos da ciência histórica. Tradução de Estevão de Rezende Martins. Brasília: Editora UNB, 2001.

SILVA, Marcelo Cândido da. *A Realeza Cristã na Alta Idade Média*. Fundamentos da Autoridade Pública no período Merovíngio (séculos V – VIII). São Paulo: Alameda, 2008.

SILVA, Marcelo Cândido da. Gregório de Tours. *Dicionário*: Cem fragmentos biográficos – A Idade Média em trajetórias. São Paulo: Tempestiva, 2020.

SILVEIRA, Veronica da Costa. *História e historiografia na Antiguidade Tardia à luz de Gregório de Tours e Isidoro de Sevilha*. 2010. Dissertação (Mestrado em História) – Universidade de São Paulo, São Paulo, 2010.

VINAY, Gustavo. *San Gregorio di Tours* (Saggio). Carmagnola (Torino): "Barbaries" Ed. meditev. [*S. l.*: *s. n.*], 1940. (Séries: Studi di letteratura latina medievale, v. 1).

WALLACE-HADRILL, John Michael. *Barbarian West*: The Early Middle Ages, A. D. 400-1000. New York: Harper & Row, 1962.

WALLACE-HADRILL, John Michael. The Work of Gregory of Tours in the Light of Modern Research. *Transactions of the Royal Historical Society*, v. 1, p. 25-45, 1951.

A IDEIA DE HISTÓRIA NA OBRA DE AGATIAS DE MIRINA

Lyvia Vasconcelos Baptista[1]

Apresentação

Agatias de Mirina escreveu, no século VI d.C., um conjunto diversificado de textos que nos permite explorar questões importantes para o entendimento do contexto político, social e literário da época. A sua obra de maior envergadura é a história dos eventos bélicos envolvendo a força militar dos romanos contra os godos e os persas. Ao apresentar os acontecimentos de seu tempo, privilegiando aspectos políticos e militares, Agatias desenvolveu um sentido muito próprio de processo histórico, centrado na relação entre os homens e a providência divina. O objetivo deste capítulo é apresentar elementos que nos aproximem da *Persona* de Agatias e da ideia de História contemplada em sua obra sobre as guerras.

Divida em 5 livros[2], a obra compreende o período entre os anos de 552 e 559, informando sobre as campanhas na Itália e na região de Lázica[3]. No proêmio, Agatias apresenta informações pessoais, as credenciais que o habilitariam ao exercício de escrita histórica, os motivos do empreendimento literário e observações gerais sobre as relações entre História, Poesia e Ciência Política. Além disso, ressalta a especificidade de sua composição, baseada no critério da verdade, ao contrário de alguns trabalhos dos "charlatões" de seu tempo. Afirma também que seu texto, escrito após a morte de Justiniano (565), é uma continuação da obra de Procópio de Cesaréia.

No livro I, Agatias disponibiliza uma espécie de segundo prefácio, refletindo sobre as forças motrizes dos acontecimentos históricos. A história, propriamente dita, começa com a descrição da vitória de Narses, general romano, e a morte do rei godo Teias, em 552, seguida do pedido de ajuda

---

[1] Professora Adjunta de História Antiga e Medieval na Universidade Federal do Rio Grande do Norte. E-mail: lyviavasconcelos@gmail.com.

[2] As *Histórias* de Agatias foram finalizadas devido à morte do autor, como parece sugerir Menandro Protetor (*História*. fr. I), que atribui a esse fato a motivação para escrever a sua própria obra.

[3] A Cólquida encontra-se no atual território da Geórgia, e passou a ser denominada, pelo menos a partir do século I d.C., de Lázica. Segundo Agatias, os lazes eram um grupo forte e corajoso, orgulhosos dos antigos nomes cólquidas (AGATIAS. *Histórias*. III, 5). Uma análise da formação história da Geórgia e a da relação entre os termos Cólquida e Lázica nas fontes antigas pode ser encontrada em: Lawrence, Paul. From Colchis to the Laz. *Родной язык* 1, 2018 e Braund, David. *Georgia in Antiquity: A History of Colchis and Transcaucasian Iberia 550 BC-AD 562*. Oxford: Clarendon Press, 1994.

dos ostrogodos que sobreviveram aos francos. O autor inclui uma digressão sobre o estilo de vida e a organização dos francos, explicando como a base do poder, entre eles, permanece segura e estável. O livro ainda informa sobre a rendição dos habitantes de Florença, Centumcellae (Civitavecchia), Volterra, Luni e Pisa os cercos de Narses nas cidades de Cumas e Lucca, que ofereceram grande resistência aos romanos.

O livro II inicia com o relato do treinamento das forças militares sob o comando de Narses, reunidas em Roma, enquanto os irmãos alamanos Butilino e Leutaris, junto com os francos, saqueavam outras regiões da Itália. O livro também informa sobre um ataque de peste, a loucura que acometeu e matou Leutaris (como punição divina), a derrota e morte de Butilino e sobre o terremoto que, em 551, destruiu Berytus (Beirute) e Cos. O relato abrange também os acontecimentos da guerra em Lázica (554), quando os persas derrotaram os romanos, e termina com uma digressão sobre os costumes persas e sobre como seria justificado admirar o rei dos persas, Cosroes, pela sua habilidade militar e força, mas não pelo seu conhecimento literário e filosófico.

O livro seguinte começa com afirmações pessoais sobre a ocupação "mundana" do autor e sobre os objetivos e dificuldades do seu esforço para escrever a história daqueles acontecimentos. O relato segue com a descrição do assassinato do rei de Lázica, Gubazes, em 555, e com a posterior decisão dos lazes de permanecerem do lado do imperador Justiniano. Entretanto, os misimianos, súditos dos lazes, se revoltaram com o tratamento dispensado e se juntaram aos persas. Agatias relata o cerco dos persas na cidade de Fasis, que terminou com a vitória dos romanos.

O livro IV começa com a informação de que a vitória dos romanos e o fim das hostilidades permitiu que Justiniano levasse a cabo a investigação dos crimes cometidos contra Gubazes. Agatias apresenta com detalhes o estilo daqueles que discursaram dos dois lados da querela jurídica, que terminou com a decapitação dos acusados. Além de informar sobre a derrota dos misimianos, o historiador também oferece ao leitor uma extensa digressão sobre a história dos persas, possível graças à tradução dos documentos persas para o grego, realizada por Sergio.

O último livro da obra relata a vitória de Justiniano contra a revolta dos tzanos (macrões), condenados a pagar um tributo perpétuo ao imperador. Agatias também informa sobre o terremoto que atingiu Constantinopla, em 557, destruindo parte do domo original da Santa Sofia, aproveitando a oportunidade para fazer uma digressão sobre as calamidades (terremotos e pragas) que acometeram a capital. Em seguida, o leitor é informado sobre a ameaça dos hunos (tribo dos cutrigures) na Capital (559), contida e eliminada graças à atuação dos generais e diplomacia de Justiniano.

Narrativa histórica

O pensamento histórico reconhece a sua expressão no procedimento narrativo e, talvez, essa seja a premissa que imediatamente relaciona a escrita da história na Antiguidade e atualmente[4]. Angelika Epple (2006, p. 149), discutindo os estilos da história, a partir das considerações de Paul Ricoeur[5], afirma que uma narrativa adquire sentido na configuração de eventos heterogêneos e na capacidade de torná-los compreensíveis. A autora acrescenta que a narrativa deve obedecer a algumas condições para ser compreensível, condições determinadas por regras e padrões, enraizadas nas estruturas de poder. Na tentativa de diferenciar a narrativa histórica e a literária, Epple afirma que a primeira desenvolve estratégias específicas, vinculadas ao critério de verdade, para ser designada dessa maneira. No caso da narrativa histórica, o critério de verdade reside em estar vinculada à experiência vivida (EPPLE, 2006, p. 150).

Na Antiguidade, o critério de verdade da História estava fortemente interligado à integridade da personalidade do autor. Apesar das reflexões modernas sobre historiografia nos ajudarem a introduzir o tema desse capítulo – a ideia de História na obra de Agatias de Mirina –, pensar sobre as características fundamentais do texto histórico entre os Antigos é adentrar em terreno movediço, pois os historiadores sequer compunham um corpo social especializado e aqueles que se dedicavam à escrita da História, aparentemente o faziam à parte de outras funções.

Entretanto, os Antigos elaboraram algumas distinções importantes para suas composições, com relação a outras formas de conhecimento. Heródoto e Tucídides já haviam declarado fazer algo muito diferente dos poemas

---

4　No discurso atual, que os teóricos da história elaboram, a confluência entre a lógica narrativa e o material histórico é tratada como uma tese do paradigma narrativista. Segundo Jörn Rüsen (2001, p. 150) a tendência narrativista pressupõe uma relação entre a qualidade estética da história e a racionalidade metódica de seu conhecimento. A narrativa passa a ser encarada como um modo próprio da explicação histórica e torna-se a resposta para a questão sobre o que significa "pensar historicamente" (RÜSEN, 2001, p. 150).

5　Na abordagem de Ricoeur a história, tal como entendida atualmente, estabelece uma "representação" no campo literário, que serve para marcar a união entre signos de "literariedade" e critérios de cientificidade. Desta forma, o conceito operacional de "representação literária" permite a articulação entre a coerência interna textual e a capacidade referencial da historiografia. Ao tratar da condição da ciência histórica, Paul Ricoeur dirá que, diferentemente de um texto de ficção, o pacto tácito de leitura entre o auditório e o autor de um texto histórico convenciona "que se tratará de situações, acontecimentos, encadeamentos, personagens que existiram realmente anteriormente, isto é, antes que tenham sido relatados, o interesse ou o prazer da leitura resultando como que por acréscimo" (RICOEUR, 2007, p. 289). À pergunta sobre como e até que ponto esse pacto pode ser cumprido Ricoeur (2007, p. 292) responde enfatizando que somente a articulação entre três fases da operação historiográfica, a saber, escrituralidade, explicação compreensiva e a prova documental, pode credenciar e conferir legibilidade e visibilidade à pretensão de verdade do discurso histórico.

homéricos. Tucídides ainda reivindicou mais a especificidade de sua prática, ao afirmar que a partir dos indícios apresentados sobre a guerra do Peloponeso, o leitor deveria considerar os eventos tais como foram apresentados pelo historiador "[…] não acreditando em como os poetas os cantaram, adornando-os para torná-los maiores, nem em como os logógrafos os compuseram, para serem mais atraentes para o auditório, em vez de verdadeiros […]" (TUCÍDIDES. *História da guerra do Peloponeso*. I, 21). Políbio estabeleceu a fronteira entre a história e a tragédia, afirmando que elas possuem objetivos opostos. Enquanto a tragédia possibilita o fascínio do auditório, por meio de discursos críveis; a história promove instrução e convencimento, através de discursos verdadeiros (POLÍBIO. *Histórias*. 2, 56, 11-12). Já Luciano de Samosata compõe um tratado sobre o estatuto da história e do historiador, estabelecendo a diferença entre história e poesia. Se a poesia se associa à liberdade pura, é porque o poeta é inspirado pelas Musas e pode compor o que a sua imaginação permitir (LUCIANO. *Como se deve escrever a história*. 8).

No século VI, Procópio de Cesaréia contrapõe a história à poesia e à retórica. Segundo o historiador "[…]a habilidade [*deinotēta*] era apropriada à retórica [*rhetorikēi*], a invenção [*mythopoiian*] à poesia [*poiētikēi*] e a verdade [*alētheian*] à história [*xyngraphēi*]" (PROCÓPIO. *Guerra pérsica*. I, 1, 4). Não sabemos o que ele entende por "verdade", mas o autor esclarece que é em conformidade com essa premissa que "ele não ocultou as falhas dos seus mais íntimos conhecidos, mas compôs por escrito e com total precisão tudo o que aconteceu aos interessados, se o que aconteceu foi feito por bem ou de outra forma por eles" (PROCOPIO. Guerra pérsica. I, 1, 5).

Agatias de Mirina, ao esclarecer sobre a importância de descrever o estilo de vida dos godos – embora alguns leitores pudessem julgar desnecessário –, se permite refletir sobre a própria narrativa e afirma que se a sua escrita não apresentar "a característica redentora de servir como um guia para vida", configurando-se apenas como uma narração simples e acrítica dos eventos, então, ela pode, talvez, ser avaliada por alguns como não sendo mais do que "uma coleção de contos de velhas esposas [*gynaikōnitidi para tēn talasian aidomenōn mythologēmatōn*]" (AGATIAS. *Histórias*. I, 7, 7).

Formação e contexto literário

O discurso histórico, entre os bizantinos, é um gênero literário que envolve composição e leitura. A audiência para os textos históricos é uma questão chave para entender a produção literária, ainda que ela tenha sido reconhecidamente, muito restrita. Brian Croke apresenta resultados sobre o conjunto dos leitores que conheciam e se interessavam pela escrita da história em Bizâncio. Para dar conta da complexidade e das mudanças das expectativas dos leitores, Croke divide-os em subgrupos. Dos séculos IV ao VII, segundo o autor, vemos o surgimento de um público, para os trabalhos de história, no seio da elite política e da aristocracia civil e eclesiástica, com destaque para a importância da capital nesse processo de recepção, pois embora os historiadores tivessem nascido e sido educados em diferentes locais, quase todos elaboraram seus trabalhos em Constantinopla (CROKE, 2010, p. 28).

O século VI testemunhou uma rica variedade de autores e obras produzidas. Os autores foram chamados de "escolásticos" ou "advogados" em referência aos muitos anos de estudos, que frequentemente incluía o estudo formal da lei. Também poderiam ter títulos como *notarius* ou *cancellarius*, que indicavam suas posições administrativas ou militares privilegiadas.

De forma geral, é possível estabelecer um vínculo entre a erudição e a função pública no cenário bizantino. O nível de educação de mediano a superior envolvia a escolha de funcionários civis e eclesiásticos, uma vez que eles precisavam não somente de habilidades e competências técnicas ou jurídicas, mas de uma formação em gramática e retórica. Uma boa preparação literária contribuiria para a composição de cartas, entendimento de tratados e escrita de atos públicos ou normas imperiais, atribuições que compunha o rol de exigências do cargo burocrático (CAVALLO, 2006, p. 68-77).

Bernard Flusin (2004, p. 261) divide os estágios educacionais em Bizâncio em *grammatistes*, endereçado às crianças; *grammatikos*, quando o jovem entra em contato com as exigências da *paideia*, aprendendo uma forma artificial da língua grega; e *rhetor*, que oferece o desenvolvimento pleno dos ensinamentos apresentados[6]. Segundo o autor, é no segundo estágio que o estudante entra em contato com um conjunto de textos clássicos, reconhece os primeiros elementos retóricos e é capaz de desenvolver um comentário gramatical e moral sobre os poetas gregos, sobretudo Homero.

Para completar um ciclo de estudos era necessário um sólido aparato financeiro (FLUSIN, 2004, p. 261). Os alunos que se interessavam em prosseguir com a sua formação tinham que dispor da ajuda financeira de seus parentes e muitas vezes saíam de sua cidade natal para frequentar os grandes

---

6   Segundo Guglielmo Cavallo (2006, p. 35-41), pode-se dividir a formação educacional em Bizâncio em três estágios. O primeiro nível envolvia a alfabetização, com mínimo conhecimento gramatical e a leitura de textos religiosos, como os Salmos. A instrução primária ensinava a ler, escrever e a contar e era acompanhada por um *grammatistes*. Alguns estudantes poderiam passar ao nível secundário que, por falta de padronização, apresentava uma diversidade muito grande de competências e conhecimentos, englobando, teoricamente, aquelas disciplinas que compunham o *trivium* (gramática, retórica e dialética) e o *quadrivium* (aritmética, geometria, música e astronomia) da Antiguidade. O último nível envolvia uma instrução superior baseada, primordialmente, no ensino da retórica e da composição, a partir dos *progymnasmata* ou exercícios escritos e orais sobre temas diversos, frequentemente, ligados a elementos e personagens da Antiguidade. No curso de sua instrução nos *progymnasmata*, o aluno aprendia sobre história, historiadores e historiografia, portanto, esses exercícios aparecem como um indício do quanto História e Retórica estavam interconectadas na Antiguidade (CAVALLO, 2006, p. 37).

centros culturais, na capital do Império ou em outras cidades importantes, como Antioquia, Alexandria, Beirute ou Atenas. Agatias, por exemplo, relata a sua dificuldade em conciliar o trabalho e os estudos afirmando que "embora eu me ressinta da sobrecarga de trabalho estou muito triste, pois é impossível para mim ganhar a vida sem considerável trabalho e fadiga (AGATIAS. *Histórias*. 3, 1, 4).

Embora os níveis de educação entre os bizantinos fossem bastante variados, os leitores de um conjunto de textos clássicos compartilhavam uma formação voltada para o ideal da *paideia*, que envolvia a leitura dos autores antigos e um conhecimento retórico significativo. Segundo Flusin (2004, p. 256) a *paideia* enquanto ideal de educação e cultura, funcionou como elemento unificador das elites, sua prática envolvia um número limitado e específico de textos e o conhecimento de uma forma erudita de escrita, apartada do falar cotidiano, que somente uma pequena parcela da população atingia.

De forma geral, a cultura literária refletiu a mistura processada entre as formas pagãs e os elementos cristãos, característica da Antiguidade Tardia. Os escritores cristãos utilizaram a herança helenística literária e filosófica de diferentes formas; assim como os autores pagãos incorporaram as questões do contexto cristão.

Bronwen Neil (2007, p. 320-321), aponta dois movimentos administrativos que nos ajudam a caracterizar essa relação. Em 362, Juliano reúne no poder do imperador a autoridade para influenciar a organização do ensino, pela nomeação dos funcionários. Enquanto Juliano esteve no poder a cultura clássica greco-romana ganhou destaque, e foi declarada superior à cultura hebraica em relação ao estudo da lógica, medicina e filosofia. O imperador lançou um édito que proibia que professores cristãos ensinassem literatura clássica, com o objetivo de romper a manipulação cristã do conteúdo clássico. Num movimento contrário, de valorização da cultura cristã, Justiniano fechou, em 529, as escolas seculares e a historiografia enfatiza principalmente o fechamento da famosa escola de Atenas[7], centro de boa parte da cultura clássica até esse momento. O imperador restringiu o ensino do conteúdo jurídico às escolas localizadas em Roma, Beirut e Constantinopla, exigindo a vinculação dos professores com a religião cristã.

---

[7] A Academia neoplatônica, freqüentemente chamada Escola de Atenas, era uma instituição privada, com ressonâncias próprias, principalmente no século IV d.C., composta por "um chefe de escola (*scholarque*), de alguns filósofos e de um pequeno grupo de estudantes em nível avançado. O século V é marcado pela atividade de Proclos na Academia. No VI século [...] as leis de Justiniano atingem em particular essa Academia que é fechada em 529. Os filósofos [Damascio, natural da Síria, Simplício da Sicília, Prisciano da Lídia, Hermias e Diógenes, oriundos da Fenícia e Isidoro de Gaza], segundo o relato de Agatias, partem para a Pérsia [buscando apoio na corte de Cosroes I], mas retornam posteriormente ao Império" (FLUSIN, 2004, p. 265).

No contexto bizantino, portanto, é impossível desconsiderar o elemento cristão nas produções literárias. A literatura profana se une às composições propriamente cristãs, compartilhando alguns valores do helenismo erudito. Apesar da existência de um cânone literário de autores clássicos, a produção bizantina só poderia se basear massivamente nos elementos cristãos já que do mais modesto ao mais elevado nível de instrução são os livros de conteúdo teológico os mais lidos e veiculados, de maneira proporcional ao nível cultural de cada leitor (CAVALLO, 2006, p. 5). A cultura dominante, parece se constituir, portanto de uma relação entre a *paideia* grega e o cristianismo oficial (FLUSIN, 2004, p. 255). Frente a essa aliança, alguns elementos pagãos são redimensionados pelos valores cristãos, como é o caso do termo *tyche* que no Império Bizantino, apesar na manutenção da palavra grega, ganha outros sentidos. Agregada à ideia de "sorte" ou "destino", vemos as referências aos elementos e sentidos religiosos.

No período que compreende o IV e o VII séculos, a produção escrita bizantina se caracteriza pela "coexistência de uma literatura profana, classicizante, e de uma literatura cristã marcada pela dupla referência da cultura grega e da Bíblia" (FLUSIN, 2004, p. 266). Vemos uma separação nas produções historiográficas profanas e cristãs, embora muitos aspectos da literatura cristã sejam baseados na tradição clássica. A partir do século VII essa separação se torna bastante imperceptível, principalmente devido ao esgotamento da produção profana classicista. Uma retomada da influência classicista somente toma corpo novamente na virada do século VIII para o IX, quando também a história eclesiástica já está bastante desenvolvida.

Vida e obra de Agatias

Autor influente no círculo literário, Agatias nasceu provavelmente em 532[8], e esteve em Alexandria, na época de um grande terremoto (AGATIAS. *Histórias*. II, 15, 5-7). Os detalhes de sua biografia são escassos[9]. As informações básicas sobre sua cidade natal, profissão e filiação são disponibilizadas no prefácio de sua obra de História, como parte de um "protocolo" de escrita. Segundo o autor:

> Em primeiro lugar eu devo seguir a prática estabelecida de escrita histórica e divulgar minha origem e identidade. Meu nome é Agatias, meu lugar de

---

8   Segundo Averil Cameron (1970, p. 1-2), se o historiador tinha aproximadamente 20 anos quando começou seus estudos jurídicos, e a sua mudança se deu aproximadamente na época do terremoto mencionado, portanto, em 551, ele deve ter nascido por volta de 532.

9   A Suda (*alpha* 112) apresenta Agatias como um advogado de Mirina, que escreveu a História como uma continuação de Procópio de Cesareia, além de ter elaborado outros livros em métrica e prosa, incluindo a Daphniaca e o Ciclo de Novos Epigramas.

nascimento Mirina, meu pai Memnonius, minha profissão a prática das leis dos romanos e o que é chamado advogado. Por Mirina eu não me refiro à cidade na Trácia ou qualquer outra cidade de mesmo nome na Europa ou Líbia como pode ser o caso, eu me refiro à cidade na Ásia que é uma antiga colônia dos Eólios, [...] (AGATIAS. *Histórias.* Prefácio, 14).

Como advogado (*scholastikos*), Agatias, teria trabalhado na Capital do império. João de Epiphaneia (fr. 1), no século VI, afirma que ele foi um proeminente *Rhetor* em Constantinopla e o próprio autor menciona o seu trabalho na *Basileios Stoa*, um lugar onde advogados e procuradores preparavam seus casos[10]. Na passagem, Agatias sugere que a sua vontade de oferecer diversão e edificação aos leitores é dificultada pela rotina de deveres imposta pela necessidade de trabalhar. Ao invés de melhorar o seu estilo de escrita, afirma o autor, "através da leitura das obras dos grandes escritores da Antiguidade [...]", precisa ficar na *Basileios Stoa*, de cedo da manhã até tarde da noite, ocupado "com a incessante leitura cuidadosa de inúmeros documentos legais" (AGATIAS. *Histórias*. III, 1). Embora dedicado ao trabalho como autor, essas "preocupações mundanas" impediriam Agatias de se voltar "de todo o coração" (AGATIAS. *Histórias*. III, 1, 3) à atividade de escrita das *Histórias*.

Apesar de Agatias ver o seu trabalho com as leis como uma desvantagem para a escrita da História, a Antiguidade Tardia testemunhou uma verdadeira "proliferação de advogados-historiadores", como acentua Geoffrey Greatrex (2001, p. 156). A educação clássica e o conhecimento da retórica mantiveram a sua importância para a elite que tinha acesso à educação tradicional e que se interessava cada vez mais pelo prática jurídica. Parece-nos que o estudo das leis, nesse período, possibilitava oportunidades sociais, podendo transformar o cidadão em "assessor" de um oficial importante ou em um advogado proeminente.

Nesse contexto, a composição literária poderia ser, *a posteriori*, o meio para chamar a atenção do imperador ou de um importante oficial da corte, no caso dos indivíduos mais ambiciosos que buscavam recompensa ou reconhecimento (GREATREX, 2001, p. 157). Agatias parece fazer referência a essa ideia quando afirma que àqueles que se dedicavam a essa área da literatura "deveria ser concedida a maior admiração", devendo ser elogiados como os "benfeitores da sociedade" (AGATIAS. *Histórias*. Prefácio, 6). Além disso, deixa claro que o amigo que o incentivou a escrever a obra de História, Euticiano (membro do secretariado imperial), estava particularmente interessado em ampliar a reputação e o status do autor (AGATIAS. *Histórias*. Prefácio, 12).

---

10 Situada a oeste da Basílica de Santa Sofia, em Constantinopla, a informação sobre a finalidade da *Basileios Stoa* ou *Real Stoa* pode ser encontrada na obra de Procópio (PROCOPIO. *Sobre os edifícios*. I, XI, 12).

Além do conhecimento legal, Agatias também transitava no meio literário mesmo antes de se consagrar historiador. No prefácio de suas *Histórias*, Agatias nos informa sobre as obras que foram por ele anteriormente elaboradas. Por considerar a poesia, antes de tudo, uma "atividade sagrada" (AGATIAS. *Histórias*. Prefácio, 9), teria composto algumas peças curtas em hexâmetros, com motivos amorosos, intituladas Daphniaca, além de ter organizado/ classificado uma coleção de epigramas junto a outros autores (AGATIAS. *Histórias*. Prefácio, 7-8).

Da *Daphniaca* restam apenas as referências do próprio autor. Além da menção feita no prefácio das Histórias, um dos epigramas faz referência ao material: "Eu sou os nove livros da Daphniaca de Agatias, e aquele que me compôs me dedica a ti, Afrodite. [...]" (ANTOLOGIA GREGA. VI, 80). Os epigramas, por outro lado, estão disponíveis e compõem parte do material atualmente conhecido como Antologia Grega ou Antologia Palatina[11] – uma coleção de centenas de poemas de poetas gregos e bizantinos. O livro IV da Antologia comporta também um prefácio de Agatias, explicando que a coleção de novos epigramas foram apresentados a Teodoro, filho de Cosmas, o decurião, em Constantinopla, como um "banquete de vários pratos literários" (ANTOLOGIA GREGA. IV, 3). Segundo o autor:

> Eu introduzo uma pequena porção de cada poeta, apenas para provar; mas se alguém desejar ter todo o resto e se satisfazer, deve procurar no mercado. Para adicionar ornamento ao meu trabalho, começarei o prefácio com um elogio ao imperador [Justiniano], pois assim tudo continuará sob bons auspícios (ANTOLOGIA GREGA. IV, 3).

Denominada pela historiografia pelo termo *Ciclo* (*Kyklos*) ou Ciclo de Novos Epigramas, devido a referência que consta no texto da Suda, a coleção de Agatias, publicada nos primeiros anos do governo de Justino II, contém epigramas de diferentes autores, datados de 518 a 568. Alguns desses poemas ficavam exibidos em monumentos públicos na capital, agregando elementos classicistas ao cenário bizantino[12].

---

11 A base do material é a reunião, em ordem cronológica, das coleções de Meleagro de Gadara, Filipe de Tessalônica e Agatias. Posteriormente, no século X, a edição foi ampliada e finalizada por Constantino Céfalas, alto funcionário em Constantinopla. O material encontra-se atualmente preservado na biblioteca da Universidade de Heidelberg e uma parte menor em Paris.

12 Os poemas dos autores ligados ao Círculo de Agatias podem ser encontrados nos monumentos em Constantinopla e em regiões próximas. Steven D. Smith cataloga e analisa algumas dessas evidências, poemas encontrados nos banhos, na ponte Sangário, na latrina pública em Esmirna, no palácio construído por Justino II para a imperatriz Sofia, no prédio renovado do Pretório e em algumas estátuas de indivíduos do período. Segundo o autor „a cidade imperial no século VI estava, em outras palavras, repleta de inscrições

Para explicar o salto de poeta a historiador, Agatias faz uma comparação entre os dois gêneros no prefácio de suas *Histórias*. O historiador apresenta a opinião de Euticiano, enfatizando o quanto a História não fica muito longe da Poesia, "sendo ambas parentes e disciplinas relacionadas" (AGATIAS. *Histórias*. Prefácio, 12). Anteriormente, entretanto, afirma que a principal motivação de sua obra é "contribuir para algo útil", a fim de que a vida "[...] não fosse inteiramente dedicada à elaboração pouco prática da fantasia poética" (AGATIAS. *Histórias*. Prefácio, 11).

A mesma relação desajeitada aparece no interior da obra. Por mais que Agatias indicasse que a invenção dos poetas deveria estar apartada da narrativa histórica, como numa passagem do livro IV, quando afirma que o conto sobre Marsias, o frígio, não passa de uma fabricação dos poetas, sem relação com a veracidade (AGATIAS. *Histórias*. IV, 23, 4), sua narrativa está repleta de sinais da sua experiência poética, seja no conteúdo, seja na terminologia utilizada[13].

Agatias, por exemplo, associa, acriticamente, elementos mitológicos à sua narrativa quando realiza digressões com o intuito de apresentar informações de algumas cidades. No livro primeiro, ao relatar a estratégia militar do general Narses em Cumas, o autor afirma que "antigamente a famosa italiana Sibila vivia lá e possuída e inspirada por Apolo poderia prever os eventos futuros àqueles que consultassem ela." Sibila teria, inclusive, informado o futuro a Enéias, filho de Anquises (AGATIAS. *Histórias*. I, 10, 2).

Em outras passagens utiliza o conteúdo de poemas como fonte confiável para a narrativa. No livro segundo, inicialmente, Agatias transcreve um poema que teria sido gravado em pedra e que serviria "inegavelmente como um não deselegante testemunho do curso dessa batalha [de Butilino contra os romanos]" (AGATIAS. *Histórias*. II, 10, 9). Em seguida, informando sobre a cidade Trales (atual Aidim, na Turquia), Agatias relata como a cidade caiu em ruínas, tal como consta na "História oficial" e foi "corroborado por um epigrama", que o próprio autor afirma ter lido quando esteve na cidade (AGATIAS. *Histórias*. II, 17, 6).

Há também comparações entre indivíduos que aparecem nas *Histórias* e personagens dos poemas homéricos. Dentre eles Uranius, médico siríaco que costumava ser encontrado na porta da *Basileios Stoa*, engajado em debates grandiloquentes, indivíduo barulhento, "como o Tersites de Homero[14]" (AGATIAS. *Histórias*. II, 29, 6).

---

poéticas compostas por Agatias e seus amigos. Esses epigramas davam para as paisagens de Byzantium um lustro classicista, conectando os espaços públicos dentro de um esmagador ambiente cristão com as ricas tradições cultural e literária do passado helenístico" (SMITH, 2016, p. 34).

13 Averil Cameron (1970, p. 67-68) rastreia o uso de uma terminologia poética, advinda sobretudo de Homero e Nono de Panópolis, mostrando como a prosa de Agatias foi inclueunciada por sua experiência com epigramas.

14 Referência ao personagem da *Ilíada* (II, vv. 212).

A relação entre História e Poesia, na obra de Agatias, é alvo de controverso debate historiográfico. Averil Cameron destaca a incongruência dos "poeticismos" no resultado final da obra. De acordo com a autora, a opinião atribuída a Euticiano representaria a própria convicção de Agatias sobre a proximidade técnica e teleológica da prosa e da poesia. Os traços retóricos e literários da obra, que teriam dado tanta satisfação ao autor, parecem, ao leitor moderno, uma grande desvantagem. Cameron enfatiza, por exemplo, como os discursos presentes na obra não passam de simples exercícios retóricos de expressão sentimental, ao invés de servirem como veículo de apresentação da opinião do autor sobre a situação ou para a construção da personalidade dos personagens (CAMERON, 1970, p. 36-37).

Anthony Kaldellis, por outro lado, afirma que não há nada que nos leve a acreditar que Agatias compartilhava a opinião firmemente e claramente atribuída por ele a Euticiano. Inclusive ao longo de toda a obra, ele insiste na separação entre a História e a Poesia, afirmando, em mais de uma ocasião, que o objetivo da poesia é o encantamento/entretenimento, pois ela não tem valor prático, embora seduza o leitor através do uso da bela linguagem. A História, por outro lado, revela a verdade a despeito de qualquer consequência (KALDELLIS, 1997, p. 298-299). Entretanto, Kaldellis não nega a dimensão literária da composição de Agatias, destacando, justamente, a genialidade do autor em compor uma narrativa que funcionava de forma distinta para diferentes públicos.

Esse "Agatias *Mythistoricus*" (KALDELLIS, 2003), que pode inclusive ter inventado alguns personagens[15], esteve bastante ciente da diferença entre a Poesia e a História e usou isso a seu favor, criando uma composição histórica com imenso valor literário. Agatias acaba possibilitando, ao leitor moderno, adentrar minimamente no universo do conhecimento literário e das regras do discurso histórico disponíveis no século VI d.C. O autor declara no livro terceiro que o seu objetivo é duplo: oferecer "diversão e edificação" e, se possível "unir as Graças com as Musas"[16] (AGATIAS. *Histórias*. III, 1-2).

A ideia de História

Ao estabelecer uma relação complexa entre a apresentação histórica e a poética, Agatias delineia as bases de sua narrativa e atribui sentido aos

---

15 Para Anthony Kaldellis (2003, p. 297) alguns personagens na obra de Agatias parecem inventados como é o caso de Leutaris (AGATIAS. *Histórias*. II, 1, 6-11), um dos irmãos que invadem a Itália em 553. Os eventos relacionados à atuação do alamano seria uma adaptação ao mito de Erisictão, rei da Tessália.

16 Numa clara referência ao Héracles de Eurípides. A passagem fala sobre a sedução e encantamento da poesia e da mitologia: "Não cessarei de unir as Graças às Musas numa deliciosa aliança" (EURÍPIDES. *Héracles*, vv. 673-674).

acontecimentos. Baseado num sistema muito tradicional de classificação e sistematização de obras[17], que vincula autores gregos e bizantinos, as Histórias são agrupadas no gênero da "História contemporânea". Formalmente, as obras bizantinas desse grupo são chamadas "classicistas" e "seculares", pois compartilham elementos da escrita da história grega clássica e evitam tratar de assuntos religiosos, muito embora seus autores estejam profundamente inseridos num ambiente religioso e possuam um ponto de vista cristão sobre os acontecimentos.

Jose Maria Candau Morón (1996), por exemplo, define as estratégias de apresentação desse gênero, chamando a atenção para: 1) a atenção especial dada ao elemento político e às ações militares; 2) a preocupação com o contemporâneo, uma vez que a história era a história do presente, e o passado era utilizado, na medida em que servia ao tempo atual, na forma de digressões e; 3) o método investigativo baseado na *autópsia*, levando em consideração apenas o que a experiência pessoal e a participação direta do historiador registrava, ou sua habilidade no recolhimento de testemunhos confiáveis.

A verdade é que o esquema acima apreende muito pouco da especificidade das *Histórias* de Agatias, servindo apenas como referência para comparações desvantajosas. Como resultado de um verdadeiro "enquadramento" no gênero da "História Contemporânea", o trabalho de Agatias é constantemente comparado ao de Procópio de Cesaréia e julgado pelo valor de suas descrições bélicas[18].

Entender a ideia de História delineada na obra pode ser um artifício interessante para apresentar a particularidade da composição do autor. A forma como Agatias pensa a História, seus sentidos, sua estrutura e seus mecanismos se difere claramente da de outros autores como Procópio de Cesareia e Teofilacto Simocata, por exemplo, ainda que eles dividam a mesma posição cambiante entre a herança da historiografia antiga e as demandas do cristianismo bizantino.

---

17 As tentativas de classificação e avaliação do material historiográfico podem ser encontradas desde a Antiguidade. Élio Teon, provavelmente no século I d.C., propõem para os historiadores, como para os oradores, um programa de leituras. Assim como havia diferentes (três) gêneros de oratória, a história também estava dividida de acordo com suas características particulares: γενεαλογικός (*genealogikos*), πολιτικός (*politikos*), μυθικός (*mythikos*), ἀπομνημονευματικός (*apomenmoneumatikos*) e περιεκτικός (*periektikos*) (ÉLIO TEON. *Progymnasmata*. 13, 25). Assim, não surpreende que a coleção de Felix Jacoby, *Die Fragmente der griechischen Historiker*, datada de 1923, também delineie a configuração de pelo menos cinco subgêneros principais dentro da historiografia: 1) genealogia e mitografia (*Geschichte der Sagenzeit*); 2) etnografia (*ethnographen*); 3) cronografia; 4) história contemporânea (*Zeitgeschichte*); 5) horografia ou história local (MARINCOLA, 1999, p. 283-288).

18 Segundo Michael Whitby, se Agatias como autor parece ter desenvolvido, com notável destreza, os artifícios retóricos capazes de atingir o público almejado; como historiador, possuiu uma fraqueza. Ele foi um funcionário legal, com pouca experiência nos remotos eventos militares que estavam ocorrendo, mas que, paradoxalmente, ocupam grande espaço em sua narrativa. Desta forma, ele, muitas vezes, não foi capaz de enriquecer o texto com descrições detalhadas dos conflitos, como faz Procópio, por exemplo. Além disso, Agatias parece ter tido problemas para compreender a informação disponível a respeito das guerras, pois muitos de seus comentários sobre as causas dos eventos e sobre a motivação humana, parecem banais ou desnecessários (WHITBY, 1992, p. 38).

Dialogando com a tradição literária e a experiência concreta de seu autor, as *Histórias* configuram-se como um exemplo da confluência de características quase opostas de um período em transição. Cristão e pagão, clássico e bizantino, como bem assinalou Averil Cameron (1970, p. vi), Agatias teve que lidar ao mesmo tempo com os modelos "clássicos" e as questões de seu próprio tempo.

Agatias constrói, já no início da obra, os elementos que permearão a sua concepção de História. Ao apresentar os acontecimentos daquela que nós conhecemos hoje como "Batalha do Monte Lactário" (552), o autor informa que Teias, o rei dos godos e sucessor de Totila (541-552), foi derrotado e morto pelo exército romano comandado por Narses. Os godos que sobreviveram foram forçados a estabelecer um contrato, no qual eles manteriam o seu território na condição de permanecerem súditos ao imperador do romanos. Agatias afirma que a reviravolta dos acontecimentos levou os combatentes na Itália a pensarem que o embate havia terminado, enquanto na verdade havia apenas começado, e faz a seguinte reflexão:

> Eu estou convencido, da minha parte, que nossa geração não verá fim para tais males, uma vez que, sendo a natureza humana [*physis anthropon*] o que é, eles são um fenômeno permanente e crescente e, na verdade, praticamente tão antigo quando a própria humanidade. A História e a literatura, por exemplo, estão cheias de relatos de batalhas e combates, quase exclusivamente. Eu, no entanto, não concordo com a visão geral que tais eventos são controlados pelos movimentos dos corpos celestes [*asteroō*] e por algum destino [*Ananke*] impessoal, cego. Se a influência do destino fosse primordial em todas as coisas, então não haveria lugar para o livre-arbítrio, seríamos obrigados a considerar todas as tentativas de conselho, instrução e exposição metódica como uma completa perda de tempo e as esperanças e aspirações dos virtuosos seriam extintas e aniquiladas. Mas eu também não acho correto atribuir à Divindade a responsabilidade das lutas e derramamento de sangue. Não, eu nunca poderia propor ou aceitar a opinião de que um ser benevolente, que é a negação de todo o mal, poderia se deliciar com massacre em massa. São os homens que se entregam voluntariamente à ganância e à violência e enchem toda a terra de guerras e dissensões, dando origem a uma destruição generalizada [...] (AGATIAS. *Histórias.* I, 2-5).

As forças motrizes para os acontecimentos, nesta passagem inicial, seriam, portanto, a natureza humana, os homens e o livre-arbítrio dado a eles. Sem dúvida um conjunto de afirmações que ecoa como um programa estabelecido para a compreensão de toda a obra. O conflito se torna um tipo de evento estrutural que atinge diretamente a dinâmica do processo histórico. Para Dariusz Brodka (2004, p. 156) essa visão traduz a própria época em que o autor escreve: determinada pelas numerosas guerras, migrações de povos, reviravoltas inesperadas e destruição de povos e cidades.

A consideração isolada dessa passagem, entretanto, leva a uma resolução imediata do que significa pensar nos mecanismos da História em Agatias. Ronald C. MacCail (1971, p. 247), por exemplo, afirmou que Agatias apresenta, na sua *História*, uma lúcida e coerente perspectiva de processo histórico, diferentemente de Procópio, cuja visão de mundo encontra lugar ao mesmo tempo para o Deus cristão, o livre-arbítrio humano, o conceito helenístico de *tyche* e uma aceitação supersticiosa do demonismo. Agatias, segundo o autor, afasta de suas explicações os elementos baseados em astrologia ou determinismo, já que eles são incompatíveis com o livre arbítrio, importante para a doutrina cristã. Como Deus não pode causar o mal, Ele intervém na forma de punição e é essa a visão apresentada pelo historiador bizantino repetidas vezes, para analisar os eventos históricos[19]. Segundo McCail, essa ideia do processo histórico está vinculada com a perspectiva cristã do período, que podemos acessar pelos sermões e Hagiografias, mas, em Agatias, isso seria repetido ao ponto de se tornar uma obsessão[20].

A visão de processo histórico na obra de Agatias, entretanto, não parece livre de perspectivas conflitivas[21]. Vejamos o exemplo das passagens que apresentam ataques de peste em diferentes contextos. No livro II o autor relata a dizimação do grupo de soldados, inimigo dos romanos, devido ao ataque de peste que ocorreu inesperadamente. Leutaris, que liderava o grupo, tomado de desespero devido à contaminação da doença, começou a comer os próprios membros do corpo, sofrendo a mais miserável das mortes. Segundo Agatias, alguns acusaram o ar da região de estar contaminado e de ser responsável pela doença, outros a abrupta mudança no estilo de vida, porque após uma rotina de marcha forçada e lutas frequentes, eles caíram no hábito da luxuria e indolência. De qualquer forma, "eles falharam em perceber o que realmente causou o desastre e, de fato, fez ele inevitável, a saber, a perversidade impiedosa com a qual eles desprezaram as leis de Deus e dos homens. Na pessoa do líder deles as marcas da punição divina foram particularmente visíveis" (AGATIAS. *Histórias*. II, 3, 5-6).

No livro V somos informados sobre um surto de peste que ocorreu em Constantinopla, em 558, matando um grande número de pessoas (AGATIAS. *Histórias*. V, 10). O autor esclarece que para entender o fenômeno também houve diferentes interpretações. Se a opinião dos oráculos antigos

---

19   Os episódios usados como exemplos podem ser encontrados em: *Histórias*. 2, 1, 7; 2, 3, 5; 2, 14, 3; 5, 13, 1; 5, 25, 5; 4, 22, 7 (MCCAIL, 1971, p. 248).
20   McCail afirma estar "inclinado a ver isso como um elemento de compulsão psicológicas comparável com aquela que governa suas preocupações com o pecado sexual e (nos epigramas sobre gula) com o motivo anal" (1971, p. 248). O autor evitar desenvolver essa comparação.
21   O próprio artigo de McCail aborda essa nuance da obra, afirmando que o historiador acaba encontrando suporte teórico no empirismo helenístico e numa visão mais erudita do Cristianismo (1971, p. 249).

e os astrólogos persas, segundo a qual existiria uma sucessão sem fim de ciclos de sorte e azar, fosse aceita, então o presente seria o mais desastroso e inauspicioso dos ciclos, devido à guerra e à peste. Entretanto, informa o autor, outros associaram o ocorrido com a cólera divina, como retribuição para os pecados da humanidade (AGATIAS. *Histórias*. V, 10, 6). Diferentemente da passagem anterior sobre a peste, Agatias afirma que não cabe a ele julgar ou demonstrar a verdade de uma teoria sobre a outra, pois isso não seria necessário, nem relevante para a narrativa: "Um relato, na verdade até um resumo dos eventos, é tudo o que as regras da composição histórica exigem de mim" (AGATIAS. *Histórias*. V, 10, 7). O autor dispensa, portanto, a interpretação ética do fenômeno.

Para interpretar as nuances da disparidade na apresentação dos ataques epidêmicos, é preciso voltar a discussão para as antagônicas concepções sobre a finalidade da escrita da História divulgadas no proêmio da obra. Existem, claramente, duas concepções distintas, como corretamente assinalou Anthony Kaldellis (1999). Nas primeiras linhas do prefácio, Agatias informa que o benefício da História é conferir imortalidade aos feitos humanos, pois "uma vez que aqueles que experimentaram em primeira mão se forem, então se vai também e desaparece com eles qualquer conhecimento preciso" (AGATIAS. *Histórias*. Prefácio, 1). O esquecimento ocultaria e distorceria a realidade dos eventos e somente a História, juntamente com a imortalidade que ela oferece, poderia dar a glória que os homens desejam quando competem em jogos ou entram no campo de batalha expondo-se ao perigo (AGATIAS. *Histórias*. Prefácio, 3). Agatias informa ainda que seria muito repreensível da parte dele não relatar os acontecimentos de grande magnitude de seu período: cidades escravizadas, nações dizimadas e populações deslocadas, pois eles poderiam ter um "valor positivo para a posteridade" (AGATIAS. *Histórias*. Prefácio, 10).

Ao comparar a História com a Ciência Política, Agatias informa que a primeira torna tudo o mais atrativo possível, tornando a mensagem mais palatável através da inserção de anedotas edificantes, "apresentando em seu relato os exemplos em que os homens passaram a gozar de boa reputação por meio da sabedoria e justiça de suas ações e onde eles foram desviados por algum erro de cálculo ou pelo acaso" (AGATIAS. *Histórias*. Prefácio, 5). A História seria, portanto, um instrumento para a melhoria da humanidade.

Uma segunda concepção é apresentada tendo em vista a importância da verdade na descrição dos acontecimentos. Ao criticar os seus contemporâneos por escreverem uma história interessada apenas em bajular e lisonjear indivíduos influentes, Agatias afirma que somente a verdade é o seu objetivo mais supremo, "quaisquer que sejam as consequências" (AGATIAS. *Histórias*. Prefácio, 20).

Objetivamente, colocadas lado a lado as duas concepções de História apresentam um paradoxo, materializado pela seguinte questão: o que fazer quando a distorção dos acontecimentos se mostrar mais edificante do que a verdade?[22] Se consideramos novamente as passagens nas quais Agatias relata os efeitos e interpretações dos diferentes ataques de peste, é possível pensar que a anedota edificante se sobrepõe à "verdade", da forma como concebemos o termo. Mais do que um "descuido" literário, a diferença sugere a importância do impacto pedagógico concebido pelo autor, na elaboração de sua narrativa. Isoladamente, os relatos parecem sem qualquer conexão, mas no conjunto da obra, é possível ver o critério de seleção, não apenas dos acontecimentos, mas até mesmo das interpretações dadas pelo autor, com a finalidade de promover o que quer que Agatias pensava sobre a "edificação" dos leitores. Corriqueiramente, o que denominamos a "moral" da história.

Debate historiográfico

A primeira edição moderna do grego original feita das *Histórias* de Agatias é atribuída a Barthold Georg Niebuhr, como parte do *Corpus Scriptorum Historiae Byzantinae* (1828). Mas a obra já contava com uma longa tradição de traduções e edições, tendo sido primeiramente traduzida para o latim por Christophorus Persona, no século XV. Ele teria preparado seis cópias de luxo e dedicado a diferentes patronos, das quais sobreviveram (em diferentes bibliotecas) cinco: ao Papa Sisto IV, à Lorenzo Medici, à Matias Corvino (rei da Hungria), à Ferdinand de Aragão e à Beatriz de Aragão (esposa do rei Matias). As cartas de apresentação dedicadas aos homens – quatro patronos citados – continham ainda a promessa de uma tradução posterior mais interessante, provavelmente da obra de Procópio de Cesaréia[23]. Hadrianus Junius (1556) e Johannes Leunclavius (1576) elaboraram críticas ao trabalho de Persona, complementando a tradução de passagens ignoradas ou retraduzindo fragmentos problemáticos (FORRAI, 2014, p. 242-244).

Em 1914, Georgius Franke analisa o trabalho de Agatias buscando associações com a historiografia clássica, especialmente nos aspectos literários e retóricos da obra de História do autor bizantino. A crítica textual da obra esteve, nesse momento, pautada pela discussão sobre a *imitatio* das obras clássicas. Franke estutura sua análise das *Histórias* em seções: *imitationes longiores, sententiae similes, dictiones vocabulaque paria ac similia, participia et adjectiva, substantiva, verba desiderativa* (REINSCH, 2006, p. 762). Antes, Heinrich Lieberich (1899) já havia vinculado as afirmações programáticas

---

22 É uma das perguntas que Anthony Kadellis faz (1999, p. 210), para argumentar a favor da consciência que Agatias tinha da tensão entre as duas distintas dimensões do projeto historiográfico.
23 Como parte de um projeto maior de análise das traduções latinas dos autores gregos antigos, Reka Forrai elabora, em 2014, um catálogo comentado de traduções e edições das obras de Agatias, disponibilizando partes das cartas e referências dos manuscritos, atualmente espalhados em diferentes bibliotecas.

sobre a escrita da História, em Agatias, à obra de Luciano de Samosata *De arte historiae conscribendae*.

Importante para a análise da obra de Agatias foi a tradução para o inglês feita por Joseph D. Frendo (1975), da edição crítica das Histórias realizada por Rudolfus Keydell (1967). A edição apresentava um estudo dos manuscritos disponíveis e uma análise morfológica e sintática do texto e a tradução posterior possibilitou uma ampla divulgação do material, se tornando ainda hoje a base a partir da qual o trabalho de Agatias é discutido.

As informações sobre a vida de Agatias, para além das referências encontradas na própria obra do autor, foram sistematizadas pela historiografia que ainda se dedica a analisar o conteúdo e forma dos seus escritos. Em 1970 foi publicado o trabalho de Averil Cameron (que utilizou ainda a edição de Niebuhr). O livro se tornou referência para os artigos e capítulos divulgados posteriormente, uma vez que Cameron realizou um cuidadoso trabalho de interpretação e análise dos principais temas abordados pelo historiador, destacando a originalidade e genialidade contida em sua obra, sem considerá-lo um mero imitador de Procópio ou um poeta do declínio bizantino[24]. Ainda assim, compara as obras de Agatias e Procópio, apontando, em certos momentos, a debilidade o texto histórico do primeiro autor, que via a história "em termos puramente moral e literário" (CAMERON, 1970, p. 132).

Warren Treadgold (2007) segue a mesma postura, apresentando Agatias como o primeiro autor num capítulo denominado "sucessores de Procópio". Segundo autor, o historiador bizantino falhou na demonstração de entusiasmo e sua obra necessitava de mais interesse com relação ao próprio objeto do que com as explicações inseridas. Sua *História* é interrompida, diversas vezes, dificultando a apresentação de um assunto principal e seu interesse abordava apenas marginalmente os assuntos de guerra e diplomacia. Treadgold afirma que Agatias escreveu a História com o objetivo de tirar algum benefício disto. Assim, ele teria sido "provavelmente mais brilhante e engajado como um amigo ou convidado de jantar do que como historiador", embora muitos bizantinos gostassem de seu trabalho, já que ele sobreviveu em um número considerável de manuscritos. Talvez pela referência explícita ao trabalho de Procópio ou pelo tamanho da obra, pequeno o suficiente para ser convenientemente copiado, completa Treadgold (2010, p. 290).

Num movimento contrário, de valorização das *Histórias*, encontra-se a produção de Anthony Kaldellis. Em diferentes artigos, o autor procura demonstrar o quão consciente esteve o historiador bizantino das diferentes perspectivas introduzidas no seu trabalho. Contra a teoria do "descuido literário", Kaldellis

---

24 Cameron faz referência à forma como Agatias foi abordado pela historiografia moderna e destaca que uma nova abordagem estava em curso, na década de 70. O problema, segundo Cameron, é lidar com um autor, que por alguma razão, tentou propositalmente obscurecer seu débito para a contemporaneidade, adotando um "modo artificial de pensamento e expressão" (1970, p. vi).

analisa e (re)interpreta as passagens na obra sempre com base na pretensa sagacidade retórica do autor. Como advogado de profissão, Agatias "foi um treinado e altamente habilitado orador" (KALDELLIS, 1999, p. 207). Deveríamos, portanto, antes de mais nada, reconhecer em nele uma "complexa persona literária", pois cada elemento de sua experiência contribuiu para dar aos seus escritos uma forma única e admirável. Assim, poderíamos apontar na leitura de suas obras um "Agatias-advogado", com seu forte senso de justiça e julgamento moral; um "Agatias-filósofo", refletindo sobre as crenças e sugerindo lições políticas; um "Agatias-poeta", encorajado por amigos, com seu vocabulário poético e conhecimento clássico; e um "Agatias-erudito", ansioso por mencionar os erros de seus predecessores (KALDELLIS, 2003, p. 295-296).

A especificidade do texto e a ideia de História é ainda melhor discutida por Dariusz Brodka (2004), que leva a cabo a tarefa de apresentar uma *Geschichtsphilosophie* em Agatias (bem como em Procópio e Teofilacto). Essa "Filosofia da História" é discutida a partir dos elementos que aparecem na obra vinculados à concepção de processo histórico. Assim, o autor analisa e interpreta, nas Histórias: 1) a relação entre Deus e os Homens – forças motrizes dos acontecimentos; 2) a relação entre Deus e a natureza do mundo, já que a ordem universal está sob o controle de Deus, mas os fenômenos naturais, como os terremotos[25], pertencem à essência do mundo, ou seja, não são extraordinários; 3) os fatores éticos e racionais do processo histórico, uma vez que as categorias éticas compõem apenas a superestrutura moral/pedagógica da obra. Quando deixamos de lado esse nível, torna-se claro que o sucesso ou insucesso dos acontecimentos é uma questão de racionalidade ou irracionalidade, capacidade ou incapacidade ou de tomar medidas certas numa situação concreta; 4) a imagem do ser humano, pois, no começo da obra, Agatias parece considerar a natureza humana como constante. Os homens, sob certas circunstâncias se deixariam guiar por motivos semelhantes; 5) o papel do indivíduo no processo histórico, já que, apesar da apresentação das características dos personagens ser bastante superficial e unilateral, Agatias atribuía um papel chave, nos acontecimentos, aos indivíduos; 6) o pensamento histórico, como categoria a ser decifrada, pois na obra o processo histórico é claramente uma sequência linear de eventos, mas a conexão causal é apenas superficialmente esboçada (BRODKA, 2004, p. 155-192).

Apesar de diferentes, os trabalhos historiográficos sobre Agatias concordam com a importância do critério moral nas *Histórias*, como elemento fundador da sua perspectiva histórica. Além disso, concordam em atribuir ao autor bizantino um lugar de destaque na reflexão sobre o que fazem os historiadores quando escrevem suas histórias.

---

25 Em referência à descrição do terremoto que destruiu Cos, transformando a cidade numa gigantesca ruína (AGATIAS. *Histórias*. II, 16, 1-5).

REFERÊNCIAS

Documentos

AELIUS THEON. *Progymnasmata*. Traduit par Michel Patillon. Paris: Les Belles Lettres, 1997.

AGATHIAS. *The histories*. Translated by Joseph D. Frendo. Berlin: De Gruyter, 1975.

ANTOLOGIA GREGA. *Epigramas vários*. Tradução de Carlos A.M. de Jesus. Coimbra: Imprensa da Universidade de Coimbra, 2017.

EURÍPIDES. *Héracles*. Tradução de Trajano Vieira. São Paulo: Ed. 34, 2014.

HOMERO. *Iliade*. Traduit par Eugène Bareste. Paris: Libraire-éditeur, 1843.

JOHN OF EPIPHANIA. *History of the submission of Chosroës the Younger to Maurice the Roman Emperor by John of Epiphania the Scholastic and the Expraefectus*. Trad. by Scott Kennedy. [*S. l*: *s. n.*], 2018.

LUCIANO. *Como se deve escrever a história*. Tradução de Jacyntho Lins Brandão. Belo Horizonte: Tessitura, 2009.

MENANDER THE GUARDSMAN. *The History of Menander the Guardsman*. Translated by R. C. Blockley. Cambridge: Francis Cairns, 2006.

POLÍBIO. *The Histories*. Translated by W. R. Paton. Cambridge, MA, London: Harvard University Press, 2005.

PROCOPIUS. *Buildings*. Translation by H. B. Dewing. Cambridge: Harvard University Press, 1996.

PROCOPIUS. *History of the war*. Translated by H. B. Dewing. Cambridge: Harvard University Press, 2006.

SUDA. *Suda On Line*: Byzantine Lexicography. Stoa Consortium, 2000. Disponível em: http://www.stoa.org/sol/.

THUCYDIDES. *History of the Peloponnesian War*. Translated by Charles Forster Smith. Cambridge: Harvard University Press, 1962.

Bibliografia

ADSHEAD, Katherine. Thucydides and Agathias. *In*: CROKE, Brian; EMMETT, Alanna M. *History and historians in Late Antiquity*. Sydney: Pergamon Press, 1983. p. 82-87.

BRAUND, David. *Georgia in Antiquity: A History of Colchis and Transcaucasian Iberia 550 BC-AD 562*. Oxford: Clarendon Press, 1994.

BRODKA, Dariusz. *Die Geschichtsphilosophie in der spätantiken Historiographie. Studien zu Prokopios von Kaisareia, Agathias von Myrina und Theophylaktos Simokattes*. Bern / Frankfurt a.M. [u.a.]: Peter Lang, 2004.

CAMERON, Averil. *Agathias*. Oxford: Oxford University Press, 1970.

CAMERON, Averil. Christianity and tradition in the historiography of the Late Empire. *The Classical Quarterly*, v. 14, n. 2, p. 316-328, 1964. Disponível em: http://www.jstor.org/stable/637735. Acesso em: 17 jan. 2010.

CAMERON, Averil; CAMERON, Alan. The Cycle of Agathias. *The Journal of Hellenic Studies*, v. 86, p. 5-25, 1966.

CANDAU MORÓN, Jose Maria. El universo referencial de los historiadores griegos tardios. *In*: BRIOSO, M.; GONZÁLEZ PONCE, F. J. (ed.). *Las letras griegas bajo el Imperio*. Sevilha, 1996. p. 151-163.

CATAUDELLA, Michele. F. Historiography in the East. *In*: MARASCO, Gabriele (ed.). *Greek and Roman historiography in late antiquity*: fourth to sixth century A.D. Leiden; Boston: Brill, 2003. p. 391-447.

CAVALLO, Guglielmo. *Lire à Byzance*. Paris: Les Belles Lettres, 2006.

CROKE, Brian. CROKE, Brian. Uncovering Byzantium's historiographical audience. *In*: MACRIDES, Ruth (ed.). *History as literature in Byzantium*: papers from the Fortieth Springs Symposium of Byzantine Studies, University of Birmingham, April 2007. Surrey: Ashgate, 2010. p. 25-53.

EPPLE, Angelika. Gênero e a espécie da história: uma reconstrução da historiografia. *In*: MALERBA, J. (ed.). *A história escrita*: teoria e história da historiografia. São Paulo: Contexto, 2006. p. 139-156.

FLUSIN, Bernard. La culture écrite. *In*: MORRISSON, Cécile. *Le monde byzantin*. Paris: Universitaires de France, 2004. p. 255-276.

FORRAI, Reka. Agathias *In*: DINKOVA-BRUUN, G. *Catalogus Translationum et Commentariorum. Mediaeval and Renaissance Latin Translations and Commentaries*: Annotated Lists and Guides. Toronto: PIMS, 2014. v. X, p. 239-272.

FRANKE, G. Quaestiones Agathianae'. *Breslauer Philol. Abhandl.*, v. 47, 1914.

GREATREX, Geoffrey. Lawyers and Historians in Late Antiquity. *In*: MATHISEN, R. W. (ed.). *Law, Society, and Authority in Late Antiquity*. Oxford: University Press, 2001. p. 149-161.

KALDELLIS, A. Agathias on History and Poetry. *GRBS*, v. 38, p. 295-306, 1997.

KALDELLIS, A. The historical and religious views of Agathias: a reinterpretation. *Byzantion*. v. 69, n. 1, p. 206-252, 1999.

KALDELLIS, A. Things are not what they are: Agathias "Mythistoricus" and the last laugh of classical culture. *The Classical Quarterly*, New Series, v. 53, n. 1, p. 295-300, 2003.

LAWRENCE, Paul. From Colchis to the Laz. *Родной язык*, v. 1, p. 68-84, 2018.

LIEBERICH, Heinrich. *Studien zu den Proömien in der griechischen und byzantinischen Geschichtschreibung, II*. Program des Kgl. Realgymnasiums München für das Schuljahr 1899/1900. München: [*S. n.*], 1900.

MARINCOLA, John. Genre, convention, and innovation in Greco-roman historiography. *In*: KRAUS, Christina Shuttleworth. *The limits of historiography*: genre and narrative in ancient historical texts. Brill: Mnemosyne, 1999. p. 281-324.

MCCAIL, Ronald C. The education preliminary to law": Agathias, "Historiae", II, 15, 7. *Byzantion*, v. 47, p. 364-367, 1977

MCCAIL, Ronald C. The erotic and ascetic poetry of agathias scholasticus. *Byzantion,* v. 41, p. 205-267, 1971.

NEIL, Bronwen. Towards defining a Christian culture: the Christian transformation of classical literature. *In*: CASIDAY, Ausutine; NORRIS, Frederick W. *The Cambridge history of Christianity*: Constantine to c. 600. Cambrigde: Cambrigde University Press, 2007. p. 317-366.

ORTEGA VILLARO, Begoña. Some characteristics of the works of Agathias: morality and satire. *Acta Ant. Hung.*, v. 50, p. 267-287, 2010.

REINSCH, Diether Roderich. Byzantine adaptations of Thucydides. *In*: RENGAKOS, Antonios; TSAKMAKIS, Antonios. *Brill's Companion to Thucydides*. Leiden: Brill, 2006, p. 755-778.

RICOEUR, Paul. L'écriture de l'histoire et la representation du passe. *Annales HSS*, v. 4, p. 731-747, 2000.

RICOEUR, Paul. *Memória, história, esquecimento*. Campinas, SP: Editora da UNICAMP, 2007.

RUBIN, Berthold. *Das Zeitalter Iustinians*. Berlim: W. de Gruyter, 1960.

RÜSEN, Jörn. *Razão Histórica*: teoria da história: os fundamentos da ciência histórica. Brasília: Unb, 2001.

SMITH, Steven D. Classical Culture, Domestic Space and Imperial Vision in the Cycle of Agatias. *In*: DAY, J. *et al.* (ed.). *Spaces in late antiquity*: cultural, theological and archaeological perspectives. Oxon: Routledge, 2016. p. 32-47.

TREADGOLD, Warren. *The early byzantine historians*. London: Palgrave Macmillan, 2010.

WHITBY, Michael. Greek historical writing after Procopius: variety and vitality. *In*: CAMERON, Averil; CONRAD, Lawrence I. (ed.). *The byzantine and early Islamic near east* I: problems in the literary source material. Princeton: The Darwin Press, 1992. p. 25-80.

PROCÓPIO DE CESARÉIA:
um historiador da/na Corte de Justiniano

Kelly Cristina Mamedes[1]
Marcus Cruz[2]

Introdução

Procópio de Cesaréia é, segundo Averil Cameron, um dos importantes historiadores da Antiguidade Tardia (CAMERON, 2005, p. IX). Em suas obras o autor imortalizou não apenas os feitos do Império Romano do Oriente, bem como a figura do imperador Justiniano.

Além de um testemunho obrigatório e insubstituível para a compreensão da sociedade imperial romana oriental do IV século, a obra de Procópio de Cesaréia também se constitui como um marco capital do campo historiográfico tardo antigo, demonstrando a vitalidade e a diversidade das formas de escrita de História existentes no espaço mediterrânico da Antiguidade Tardia.

O objetivo é, nesta oportunidade, tanto inserir a produção histórica de Procópio de Cesaréia no ambiente social, no universo cultural e no campo historiográfico tardo antigo quanto refletir acerca dos elementos que marcam o seu pensamento histórico, com especial atenção para questões como o papel da memória e o lugar da verdade.

O ponto de partida de nossa abordagem é que a escrita da História de Procópio de Cesaréia se situa na confluência conflitiva na qual se articula uma longa tradição escriturística que remonta aos primórdios da constituição da historiografia clássica com as tensões e as linhas de força que marcam o momento em que produz a sua narrativa histórica, qual seja, o reinado de Justiniano, em plena Antiguidade Tardia.

Assim sendo, é necessário começarmos esta jornada pelo pensamento histórico procopiano apresentando em grandes linhas o ambiente social no qual o nosso autor se subsume, que encontra-se em grande medida estruturado em torno do imperador Justiniano.

A época de Justiniano

A vertiginosa carreira de Justiniano se iniciou quando o detentor do poder era ainda seu tio Justino, entre os anos de 518 a 527, que se transformou

---

1 Doutoranda em História PPGHis/UFMT. kelly_mamedes@hotmail.com
2 Professor Associado do Departamento de História e do PPGHis/UFMT. marcuscruzcba@gmail.com

rapidamente em uma das pessoas mais influentes e importantes na corte de Constantinopla. Enquanto Justino ainda ocupava o cargo imperial, seu sobrinho começou a ser seu parceiro e o poder efetivo por trás dos bastidores, e em abril de 527 Justiniano galgou o penúltimo degrau à sua elevação máxima, foi consorciado ao trono. Conforme as palavras de Procópio de Cesaréia "Porém, seu sobrinho Justiniano, que era todavia jovem, se fez cargo de toda administração do poder" (PROCÓPIO DE CESARÉIA, *História Secreta*, VI, 19). Em 527 Justino tornou a sua sucessão clara, ele nomeou Justiniano coimperador. A cerimônia não aconteceu no hipódromo, diante da população, mas dentro do palácio, no *Triclinium*, onde Justiniano recebeu do patriarca de Constantinopla o diadema. Quando Justino morreu, três meses depois, a sucessão de Justiniano estava assegurada (EVANS, 2001, p. 62).

Uma vez à frente do trono imperial, Justiniano deu início a um grande projeto de renovação, com o propósito de retomada dos territórios romanos, a elaboração de uma compilação jurídica e ambiciosos projetos arquitetônicos, além da pretensão de uma igreja única, livre das heresias. Com isso Justiniano imprimiu, sem dúvida, sua personalidade não apenas no VI século, mas na história. Porém, concordamos que essa longevidade também teve revezes; com um governo bem mais longevo que o de seu tio, trinta e oito anos, o monarca viveu tempo demais, o que lhe permitiu sobreviver para ver os seus próprios fracassos (O'DONNEL, 2010, p. 272).

Durante o longo reinado de Justiniano observamos uma importante transformação no que concerne ao poder imperial, cujas origens remontam a um momento anterior da Antiguidade Tardia, a saber, os imperadores já não deixavam mais seus palácios para dirigir diretamente os assuntos de Estado; já não estavam à frente de seus exércitos nas campanhas militares. Observamos que aqui a burocracia assume um papel decisivo, e os imperadores passam a governar com as ferramentas dessa instituição.

Tal característica torna a Corte um espaço político de primeira grandeza. O conceito de corte tardo antiga consegue explicar a convergência de pessoas e aparato em torno dessa figura tão poderosa. Dentro dessa nova esfera de poder, grupos sociais são formados em torno do imperador, com organizações cada vez mais elaboradas. Tais transformações ocorreram em ambas as metades do império e afetaram o mundo tardo romano, embora tenha se difundido de forma mais ampla na parte oriental do império (MCCORMICK, 2008, p. 135).

As relações entre os imperadores e a Corte conheceram grandes diferenças ao longo da Antiguidade Tardia. Alguns se comportavam como fantoches para funcionários, imperatrizes e eunucos, que efetivamente governavam o destino do império, enquanto outros, como é o caso do imperador Justiniano, estavam à frente da gestão, a fim de concretizar suas ambições.

Para Justiniano e seus súditos, o imperador romano segue sendo chefe supremo de toda Orbis romana, e os territórios que haviam pertencido ao império romano seguem sendo considerados como uma possessão eterna e irrevogável, ainda que fossem governados por reis bárbaros. A ideia de uma universalidade do poder imperial atraía também os soberanos ocidentais da época, que exerciam somente o poder delegado pelo imperador.

Baseado em um direito natural do imperador de restituir a herança romana, Justiniano concebe como sua missão sagrada libertar o território romano do domínio de bárbaros estrangeiros e arianos heréticos, para restabelecer ao império suas antigas fronteiras, e um espaço vital da cristandade ortodoxa. Dessa forma, o ideal político se comunga com o ideal religioso, e a concepção justiniana se identifica com a intenção de restaurar o *Imperium Romanum Christianum*, em seu sentido estrito.

Justiniano se consolidou como um governante que concentrava em suas mãos o poder sobre o império. Segundo Meier "uma das ideias que lhe dominava com a força de uma paixão, foi a do ilimitado poder do imperador, como representante de Deus sobre a terra" (MAIER, 1983, p. 39-40). O imperador logrou implantar um governo e também parte da Igreja neste conceito de plenitude imperial.

O legado do imperador Justiniano para a posteridade nos parece inegável, a *renovatio* do antigo esplendor Romano se deu através das batalhas de reconquista, das suntuosas construções arquitetônicas, da compilação das leis e o aumento da interferência imperial sobre as questões religiosas. Essa grandeza governamental, que foi dirigida por um imperador autocrata, também teve um lado controverso que não podemos deixar de expor, em que tamanhas ambições governamentais acabaram por deixar o império em uma situação de crise financeira e campanhas militares frustradas, além da dificuldade em promover a unificação de um único dogma cristão.

No governo de Justiniano, elementos decisivos de sua estrutura seguiam sendo a Corte, a administração civil, o exército profissional. Outra base importante do poder estava constituída pela força econômica e financeira do governo imperial. O Estado buscava regulamentar e controlar toda a existência dos súditos, pois, dessa forma, pretendia garantir também sua sobrevivência, segurança e estabilidade. O principal instrumento do poder destinado a impor a vontade imperial até as fronteiras mais longínquas era uma burocracia organizada que descansava sobre os princípios da centralização, de uma separação estrita entre poder civil e militar, do profissionalismo e o controle geral.

Esse aparato burocrático era bastante heterogêneo, sendo composto pelos membros do exército, da aristocracia, dos grandes proprietários, por magistrados, prefeitos, juristas, além de membros da igreja. Essas eram algumas das principais figuras que estavam regulamentadas por um escalão hierárquico, assim como uma distribuição de funções e uma gama de competências claramente delimitadas.

O imperador Justiniano, mesmo sendo um autocrata, necessita se utilizar desse aparato para governar; para tanto, é preciso lançar mão de estratégias como: o dar e o receber, a persuasão, a negociação, a imposição. Portanto, apesar do imenso poder dos imperadores, eles tiveram, por vezes, que convencer, como também realizar arbitragens entre os indivíduos que apesar de serem subordinados, eram poderosos. O lócus por excelência onde tais relações políticas se desenvolviam era a Corte.

A política de dar e receber, os esforços de persuasão e de pressão eram artifícios que os imperadores deveriam aplicar sobre seus súditos para conseguir governar com sucesso; muitas vezes era preciso convencer, bem como realizar arbitragens sobre os indivíduos subordinados poderosos.

É dentro desse cenário que inserimos Procópio de Cesaréia. O historiador exercia um cargo burocrático na política da corte imperial, e com isso participou de importantes fatos ocorridos durante o VI século. Não podemos esquecer que o nosso autor também estava vinculado a um determinado campo historiográfico, que havia se estruturado e que caracterizava a escrita da História na Antiguidade Tardia.

O campo historiográfico na Antiguidade Tardia

No ano de 1963, um dos maiores historiadores do século passado, o italiano Arnaldo Momigliano, publicou uma coletânea de artigos intitulada *The conflict between paganism and christianity in the fourth century*. Nesta obra encontramos um artigo no qual o eminente antiquista discute um momento particular do campo historiográfico da Antiguidade Tardia. No texto que recebeu a denominação de *Pagan and Christian Historiography in the Fourth Century A.D.* o autor afirma:

> Podemos ver, pois, que no século IV não se podia esperar um conflito direto entre cristãos e pagãos no plano superior da historiografia. Os cristãos, com toda sua agressividade, se atinham a seus novos tipos de história e biografia[...] Os pagãos ficam em paz para cultivar seus próprios campos, e possivelmente isso reforçou sua tendência a evitar qualquer discussão direta com seus formidáveis vizinhos no campo da historiografia. Na maioria dos estudiosos pagãos da história, a oposição ao cristianismo se advinha, mas quase nunca se pode demonstrar (MOMIGLIANO, 1993, p. 107).

Discordamos da proposta analítica de Arnaldo Momigliano tanto para compreender as relações entre a historiografia pagã e cristã no IV século quanto se estendermos essa perspectiva para abranger o campo historiográfico da Antiguidade Tardia em seu conjunto. Nossa divergência esta alicerçada em dois pontos fundamentais.

Em primeiro lugar, é preciso perceber que a historiografia tardo antiga se insere no universo simbólico que caracteriza as sociedades que ocupam o espaço mediterrâneo deste período, cujo centro é a *Paideia* greco-romana. Por conseguinte, o campo historiográfico se constitui como uma das amplas zonas de contato entre o pensamento pagão e o cristão, uma vez que essas duas historiografias constroem seus discursos a partir de uma herança advinda da historiografia clássica, apesar de certas inovações cristãs acerca da temática ou em termos das dimensões da cronologia do processo histórico.

Em segundo lugar, o campo historiográfico tardo antigo também é um dos lócus do conflito entre os intelectuais pagãos e cristãos pela *Paideia* Greco-romana. Por meio do discurso historiográfico, tanto os historiadores pagãos quanto os historiadores cristãos buscam legitimar sua posição como os verdadeiros herdeiros da tradição clássica e, simultaneamente, desqualificar seus adversários na medida em que estes não são autênticos representantes deste legado cultural.

Após essas considerações iniciais acerca do campo historiográfico tardo antigo é preciso e crucial traçarmos algumas questões e princípios que atravessam a escrita da História ao longo da Antiguidade Tardia, e que, portanto, Procópio de Cesaréia necessariamente se defronta em suas obras históricas.

O primeiro aspecto a ser destacado concerne à tensão existente, na historiografia deste momento, entre o antigo e o novo. É importante notar que esse mesmo tipo de estiramento marca e caracteriza a Antiguidade Tardia como etapa do devir histórico. Na escrita da História tardo antiga o principal elemento que representa o vetusto é a continuidade de uma firme e robusta tradição escriturística clássica, cujas origens remontam aos fundadores do campo historiográfico, Heródoto e Tucídides (SCHOTT, 1983, p. 169). Em outros termos, os historiadores tardo antigos continuam escrevendo a partir de modelos e parâmetros de um legado clássico que atravessa os séculos e chega até autores como Procópio de Cesaréia.

Por outro lado, a escrita da história da Antiguidade Tardia apresenta elementos inovadores no que diz respeito às temáticas abordadas, como o surgimento de um novo gênero historiográfico com a multiplicação das Histórias Eclesiásticas. (MOMIGLIANO, 2004, p. 187-212). Da mesma forma com a elaboração de uma filosofia da História por Agostinho, com a sua obra *Civitate Dei* (REGALADO DE HURTADO, 2010, p. 75-76).

O campo historiográfico, portanto, e não poderia ser diferente, se articula dialeticamente com o contexto social no qual se insere. Nesse sentido, é relevante atentarmos para o público ao qual as obras históricas eram dirigidas, uma vez que os próprios historiadores também atentam para a questão da sua audiência (MARINCOLA, 1997, p. 20).

A escrita da história durante a Antiguidade Tardia teve que se adaptar à realidade surgida após as dramáticas transformações ocorridas no mundo romano a partir do III século, particularmente o surgimento de novos grupos dirigentes que progressiva e paulatinamente se aglutinam em torno do imperador constituindo a sua Corte e que tinham, por sua origem social e mesmo geográfica, dificuldades para recordar e se identificar com os fatos da história romana.

Os homens novos, oriundos das fileiras do exército, das províncias menos romanizadas como a Germânia ou a Trácia, estavam ascendendo socialmente, adquirindo riqueza e poder, e precisavam possuir algum conhecimento do glorioso passado romano. Por outro lado, este grupo social estava se integrando e se fundindo com a aristocracia tradicional romana, para a qual o conhecimento da história e das antiguidades romanas era um componente essencial da sua formação e da sua identidade.

Tal situação nos aponta para outro elemento constitutivo do campo historiográfico tardo antigo, especialmente no que se refere à função da história nas sociedades da Antiguidade Tardia, a saber, as obras históricas como forma de preservação da memória. Ou seja, os historiadores assumem a missão de lutar contra o esquecimento, pois com o seu labor é possível proteger e salvaguardar os feitos e atos considerados gloriosos e, por isso, dignos de recordação (ROHRBACHER, 2002, p. 150).

Tal característica remonta, também, aos primórdios do campo historiográfico, pois podemos perceber essa preocupação com a preservação da memória logo nas primeiras linhas da obra de Heródoto:

> Ao escrever sua história, Heródoto de Halicarnasso teve em mira evitar que os vestígios das ações praticadas pelos homens se apagassem com o tempo e que as grandes e maravilhosas explorações dos Gregos, assim como as dos Bárbaros, permanecessem ignoradas... (HERÓDOTO, 1.1).

A função social das obras históricas no que tange a conservação da memória nas sociedades tardo antigas nos permite perceber dois outros aspectos existentes no campo historiográfico deste período. O primeiro deles é, particularmente, presente nos textos de Procópio de Cesaréia, ou seja, a clivagem entre obras realizadas por encomenda e aquelas produzidas de forma independente, ainda que essa "independência" talvez fosse mais um desejo do que uma realidade (ROHRBACHER, 2002, p. 152).

O segundo fator que devemos atentar é a conexão entre a historiografia e o poder. Essa é uma característica que se acentua num momento, como aquele em que Procópio de Cesaréia escreveu suas obras, no qual observamos um expressiva concentração de poder na figura do imperador e de sua Corte. Em suma, escrever história é uma atividade que interessa, e muito, aos detentores do poder que buscam controlar e vigiar aquilo que os historiadores escolheram salvar do esquecimento.

A preservação da memória empreendida pelos historiadores tardo antigo está forte e grandemente impregnada de um conteúdo, de um objetivo de cunho moral. Podemos embasar nossa afirmativa nesta passagem do autor que estamos analisando:

> Considerava com efeito que esta obra resultaria inconveniente às gerações futuras porque antes convém que as mais vis ações sejam desconhecidas, que não cheguem aos ouvidos dos tiranos e suscitem neles o desejo de imita-las. Pois, para a maior parte dos que sustentam o poder sempre é fácil que a ignorância os mova facilmente a imitar as más ações de seus antepassados, e assim se sintam invariavelmente atraídos, de uma forma natural e espontânea, pelos crimes cometidos pelos mais antigos. No entanto, ao final uma consideração me levou a redigir a história destes fatos: o pensar que os tiranos que venham depois tenham a clara consciência, em primeiro lugar, de que não é improvável que lhes sobrevenha um castigo por seus crimes – justamente o que chegaram a padecer estes homens –, e além disso, de que suas ações e caráter fiquem para sempre consignados por escrito: talvez assim sejam por este mesmo motivo mais relutantes na hora de transgredir as leis (PROCOPIO DE CESAREIA, 1.6-8).

As palavras de Procópio são claras, pouco necessitam de comentários para percebemos que para este autor a história tem uma função moral, de tentar impedir que os erros acontecidos no passado se repitam, na perspectiva consagrada pela máxima ciceroniana *"historiæ magister vitæ est"*.

Finalmente, não podemos nos esquecer ao traçar essa visão panorâmica do campo historiográfico tardo antigo que escrever história nesse momento é fundamentalmente escrever um discurso persuasivo, capaz de convencer a audiência, o público. Em outras palavras, é preciso lançar mão dos instrumentos e estratégias narrativas oriundas da retórica.

Um desses recursos, como destaca John Marincola no seu livro *Authority and tradition in ancient historiography*, era procurar que convencer seus leitores dos méritos da sua obra através da apresentação desta (MARINCOLA, 1997). O método mais tradicional era convencer o público da importância e da grandeza das ações que iriam ser tratadas no texto. Podemos citar como exemplo a seguinte passagem de Procópio de Cesaréia, historiador pagão do VI século:

> No entanto, agora que me encaminho para outra empresa, de certo modo árdua e terrivelmente difícil de superar, as vidas de Justiniano e Teodora,

resulta que me encontro tremendo e me encontro em boa medida quando considero que isto que irei escrever neste momento possa parecer incrível ou inverossímil às futuras gerações; especialmente, quando o tempo, em seu largo fluxo, tenha envelhecido o meu relato, temo colher a reputação de um mitógrafo e ser incluído entre os poetas trágicos (PROCOPIO DE CESAREIA,1.4).

A importância da retórica para a escrita da História na Antiguidade Tardia nos remete para o último aspecto que pretendemos destacar acerca do campo historiográfico tardo antigo, qual seja, o problema da verdade.

A relação entre História e verdade não possui na historiografia tardo antiga uma conexão necessária, ou seja, não havia uma forma única ou exclusiva para se pensar a questão ainda que a perspectiva defendida por Tucídides fosse a mais aceita e utilizada. (MARTINEZ LACY, 2004, p. 60-61).

O argumento tucidideano acerca da verdade começa por enfatizar a impossibilidade de se chegar à verdade se o historiador se limita a recolher os testemunhos, pois é preciso criticar os vestígios. O ateniense continua suas alegações afirmando que o historiador não apenas pode, mas deve ir além dos fatos para captar e aclarar o sentido profundo destes.

Um maneira, largamente utilizada por Tucidides e também por Procópio, para captar e aclarar o sentido profundo dos acontecimentos é o recurso dos discursos fictícios. Estes não possuem veracidade, no entanto, não só são verossímeis como, também, permitem ao historiador que utiliza esse instrumento retórico o desenvolvimento da narrativa no sentido da explicação dos fatos contemplados.

Estamos, portanto, em um regime de historicidade no qual a verdade do conhecimento histórico não exclui a utilização de instrumentos e estratégias retóricas que incorporam ao relato elementos ficcionais em prol da compreensão dos processos históricos.

Apresentado o ambiente do governo de Justiniano e o campo historiográfico tardo antigo se faz necessário conhecermos mais de perto o nosso autor, Procópio de Cesaréia, bem como as suas obras históricas.

Procópio: apontamentos biográficos

Poucos são os dados concretos sobre a sua vida e quase todos os que se tem, foram fornecidos por ele mesmo em suas obras. O autor nasce em Cesaréia, na Palestina, uma importante cidade costeira fundada pelos fenícios e depois reformada e rebatizada por Herodes, o Grande, em honra ao imperador Otávio Augusto, a cidade também reconhecida por possuir uma importante biblioteca, formada por Orígenes no III século e organizada por Pâmphilus, que posteriormente será o mentor de Eusébio de Cesareia.

Cesaréia foi um grande centro intelectual até meados do IV século. Apesar da pouca referência à sua grandeza no VI século devemos imaginar que Procópio tenha tido ao longo de sua formação acesso a obras de tradição clássica, que vieram a influenciar marcadamente a sua forma de escrita. A opção por essa escriturística aos moldes classicistas permitiu que Procópio pudesse compor a sua narrativa voltada para temas como política e questões militares.

As informações sobre a sua família não são precisas, mas estudiosos sobre Procópio como Averil Cameron e Geoffrey Greatex acreditam que o historiador seria oriundo de uma família de bem-nascidos de Cesaréia. Warren Treadgold também aponta para essa direção; segundo ele, a esmerada educação recebida por Procópio aponta para o seu pertencimento a uma família proeminente (TREADGOLD, 2010, p. 176).

O fato do nosso autor pertencer a uma família abastada, ter recebido uma educação aprimorada, oriundo de uma cidade que ainda no VI século possuía uma tradição intelectual com forte influência nos textos clássicos nos permite perceber o grande influxo que a sua trajetória teve na construção da sua narrativa, aos moldes da historiografia clássica, principalmente Heródoto e Tucídides.

Ressaltamos, ainda, que em Cesareia os filhos pertencentes à elite seguiam geralmente carreiras jurídicas e assumiam elevados cargos dentro do império, inclusive em Constantinopla (GREATEX, 2014, p. 82). Dentro desse contexto, sabemos que Procópio teve uma esmerada educação retórica em grego, visível em seu estilo retórico, ainda sendo interessante destacar sua formação jurídica, fato este que lhe permitiu que, no ano de 527, assumisse o cargo de "conselheiro", a serviço do *magister militum* do imperador Justiniano, o General Belisário. O cargo de conselheiro era de grande responsabilidade, convertendo-se em um dos mais necessários e de importante posição no exército romano, à medida que cabia àqueles que exerciam este posto a responsabilidade pelas negociações com os adversários, ainda mais em um momento em que a maioria dos generais careciam da formação apropriada para promover acordos com os inimigos (CORDOÑES, 2000, p. 11).

Procópio permaneceu longos anos ao lado de Belisário nas campanhas militares, mais especificamente, entre os anos de 527, quando o general foi designado como chefe das tropas militares na fronteira oriental em Daras, até aproximadamente o ano de 540, saindo da Península Itálica, quando retornou a Constantinopla juntamente com Belisário.

Ao assumir o cargo de conselheiro, Procópio recebeu também a incumbência do imperador de registrar os feitos que aconteceram durante as campanhas militares da "Reconquista" promovida por Justiniano nos territórios ocupados pelos bárbaros[3].

---

3 Utilizamos o termo seguindo o conceito de que a noção de bárbaro dentro do universo cultural e simbólico romano serve para designar todos os povos que não se encontram inseridos dentro da civilização clássica,

Ao se dedicar a essa tarefa de narrar as guerras promovidas pelo império no VI século, nosso autor esperava contemplar os maiores feitos históricos de sua época. Segundo suas palavras, no primeiro volume de sua obra Guerras, "é evidente que nenhum feito mais importante ou mais grandioso está para ser encontrado na história que aqueles os quais têm sido documentados nessas guerras" (PROCÓPIO DE CESARÉIA, *Guerra Persa*, I, I, 6).

Inicialmente Procópio permaneceu no Oriente, na guerra contra os persas, mas segundo os relatos em sua obra, entre os anos de 531 e 532 esteve em Constantinopla, onde nesse período se deu a revolta de Nika, a qual ele vai narrar com detalhes em seu livro "Guerras Persas". No ano de 533, Procópio retoma aos campos de batalha, na campanha contra os Vândalos; nesse momento tem uma efetiva participação junto ao general, participa da Batalha de Décimo, quando se dá a derrota dos vândalos e celebra, junto de Belisário, a vitória alcançada. Vai para Cartago em 534, lá permanecendo por dois anos; em 536 ruma para a Itália, na chamada guerra Gótica. Em 542, nosso autor se encontra novamente em Constantinopla, onde vive de perto a peste que assolou o império, matando milhares de pessoas; o próprio imperador é atingido, mas apesar das previsões mais pessimistas, consegue sobreviver. Após essa data, permanece obscuro o destino de Procópio, não se sabe ao certo se ele permaneceu na capital ou se retornou, juntamente com Belisário, na segunda campanha na Itália, uma vez que a narrativa dentro de seu trabalho não esclarece esses fatos (CAMERON, 2005, p. 188-189).

A partir dos anos de 554, as referências sobre a vida de Procópio são desconhecidas. Assim como a data de seu nascimento, a de sua morte também não é do conhecimento da historiografia; o desfecho da carreira do nosso autor é algo incerto, embora algumas fontes tragam informações sobre um certo Procópio, como, por exemplo, as crônicas de Malalas e Teófanes que, no ano de 562, relatam que havia um prefeito como o mesmo nome; a associação desse burocrata com o historiador de Cesaréia possui elementos contraditórios e pouco plausíveis, e por isso não obteve muita aceitação pela historiografia moderna e com isso o seu destino final permanece obscuro (CORDOÑES, 2000, p. 19).

---

mas que vive à margem desta e em relação com ela. Essa concepção abrange um conjunto múltiplo e variado de sociedades. A palavra aponta para a diversidade e heterogeneidade dos povos que viveram no *limes* dos territórios romanos e que posteriormente se assentaram no território imperial, algo que o uso da expressão "germânicos" escamoteia, dando uma ideia de uniformidade e homogeinização a esses povos. Cf. CRUZ, Marcus Silva da. Gregório de Tours e Jordanes: a construção da memória dos "bárbaros" no VI século. *Acta Scientiarum*, Maringá, v. 36, n. 1, p. 13-27, 2014. Além do conceito abarcar de forma mais ampla os povos que viveram próximo às linhas fronteiriças romanas, entre eles persas, hunos, visigodos, vândalos, esse é o termo utilizado por Procópio para se referir a essas populações Ocidentais e Orientais que não se inseriam na *Orbis Romanorum*.

Procópio e suas obras

Escreveu ao longo de sua vida três trabalhos: sua obra mais conhecida denominada *Guerras (Bella)*, narra algumas das campanhas militares mais importantes promovidas pelo imperador, nas quais o historiador participou pessoalmente. A obra é composta por oito livros e, de acordo com a maioria dos estudiosos do autor, publicados provavelmente entre os anos de 550 e 551, *Sobre os Edifícios (De aedificiis)*, composta por seis volumes, que versa sobre as construções realizadas por Justiniano em todo o território romano e História Secreta *(Anecdota)*, uma obra controvertida, que tem, segundo o autor, a função de revelar muitos acontecimentos mencionados nos livros precedentes, mas que havia sido obrigado a ocultar; a narrativa traz fatos permeados por escândalos, corrupções e traições na corte de Justiniano.

Segundo Averil Cameron, através das obras de Procópio encontramos um problema de compreensão de um autor singular da história de um importante período. Ele é o maior historiador grego da Antiguidade tardia; talvez de Bizâncio, como um todo, e o próprio entendimento de seu trabalho sejam cruciais para se entender o período. Ele é tanto um escritor tradicional, como um produtor de seu tempo (CAMERON, 2005, p. 3).

Faz-se necessário buscar na leitura de seus trabalhos conciliar a abordagem de uma narrativa clássica, como a que foi utilizada em *Guerras*, com os panegíricos *Dos Edifícios* e *História Secreta*, buscando colocá-los no contexto contemporâneo em que foram escritos. Por ser um importante autor do período, um entendimento próprio de sua obra é o ponto de partida para a história do VI século e da Antiguidade Tardia em geral. Além de não ser possível evitar analisar as questões da sua visão pessoal sobre o mundo em que viveu.

A primeira obra que vamos apresentar é a denominada *Guerras* ou *Bella*. Foi encomendada por Justiniano para narrar e exaltar os feitos do imperador nas campanhas militares mais importantes do período; assinalamos que Procópio participou pessoalmente na maioria delas. É uma obra composta por oito livros; os sete primeiros foram publicados entre os anos de 550 e 551, e o oitavo volume foi escrito posteriormente, aproximadamente no ano de 554. A narrativa não segue uma ordem cronológica, são escritos seguindo uma ordem temática, sendo que, os dois primeiros se referem às Guerras Persas, que ocorreram nos anos 527-549, apesar que Procópio se atém muito mais aos anos iniciais, os livros III e IV foram dedicados às Guerras Vândalas, que se deram entre os anos de 533 a 536 e, por fim, os volumes V a VII, as campanhas contra os godos, entre os anos de 536 a 540. Os livros são precedidos por introduções históricas onde o autor busca fazer uma recapitulação dos feitos que se deram antes do começo da ação tratada na obra.

Se levarmos em conta que a publicação das obras se deu entre os anos de 550 e 551, muitos fatos já se encontravam muito longe temporalmente, o que leva Averil Cameron a falar que Procópio possuía diários com as anotações dos acontecimentos e que, portanto, serviriam de base para seus escritos (CAMERON, 2005, p. 11). Como algumas campanhas se alargaram alguns anos, como no caso da italiana, segundo Geoffrey Greatex, isso provavelmente levou Procópio a atualizar seus relatos ano a ano, criando, assim, a teoria de uma narrativa em várias fases (GREATEX, 2014, p. 105).

No oitavo volume Procópio abandona a ordenção por cenários; a razão apontada por ele seria o fato de que os tomos anteriores já estavam publicados e seria impossível acrescentar nesses volumes os acontecimentos que ocorreram depois. Segundo Averil, é provável que o oitavo volume e a obra História Secreta tenham sido escritos em períodos muito próximos (CAMERON, 2005, p. 54).

A narrativa seguida por Procópio nos oito volumes sofre uma sensível alteração; em um primeiro momento se percebe claramente a proximidade e admiração do historiador com Belisário, mas, posteriormente, essa postura começa a mudar e no Guerra Gótica a sua crescente desilusão com o general se torna perceptível, com consequente transferência de sua admiração para outros personagens, como Germanus, sobrinho do imperador. Essa passagem da emoção alegre, estusiástica, a uma resignação crítica chega ao ponto de que no final do livro o verdadeiro herói foi o godo Totila, uma reversão que teria sido impensável quando Procópio começou a escrever.

Os motivos pelos quais Procópio teria tomado tal atitude não é unívoco entre os especialistas de sua obra; para alguns, teriam sido as tomadas de decisão de Belisário que resultaram na derrota na campanha itálica, para outros, essa crítica seria ao próprio regime de governo de Justiniano, a admiração inicial pelo general poderia ser uma esperança de que com seus feitos e vitórias resultasse em uma alternativa sólida à política imperial, que se mostrou extremamente hostil aos privilégios dos membros da elite. A medida que percebe que Belisário não corresponde a essa expectativa, Procópio perde seu apreço pelo general e segue o caminho de expressar suas críticas contra ele no fim do Guerras e depois no História Secreta (CORDOÑES, 2000, p. 34).

Para Averil Cameron, o acontecimento que teria marcado essa virada discursiva seria o fato da saída de Procópio da Itália juntamente com Belisário, por volta de 540, quando o general foi chamado para combater novamente na fronteira oriental, e de ter permanecido em Constantinopla nos anos seguintes (CAMERON, 2005, p. 7). No ano de 542, quando narra sobre a grande peste, o autor afirma claramente a sua permanência na capital. Conforme o trecho que se segue:

Começava sempre essa doença pelas zonas costeiras e de lá foi para as regiões do interior. E no segundo ano, em meados da primavera ela chegou a Bizâncio, onde casualmente de eu estava residindo naquela época (PROCÓPIO DE CESARÉIA, II, XXII, 9).

Pelo fato de não estar presente durante os acontecimentos da década de 540, a narrativa não seria mais a partir do próprio testemunho do autor, mas por informações percebidas por terceiros. Conforme Warren Treadgold, isso fez com que sua narrativa fosse menos detalhadas em comparação com a dos primeiros anos de guerra (TREADGOLD, 2010, p. 185).

Outra característica que queremos ressaltar na obra é o fato de que mesmo sendo um trabalho encomendado pelo imperador, Procópio faz em diversos momentos críticas à política de Justiniano, embora elas sejam feitas de maneira muito mais sutil e velada, do que as que ele vai fazer na História Secreta. Muitas vezes as críticas são expressas não pelas palavras do nosso historiador, mas através da fala de outros personagens:

> E Mermeroes, de forma zombeteira, assegurava que o estado romano não merecia mais do que lágrimas e lamentos, porque havia vindo a parar em uma situação de tal debilidade que não havia por nenhum meio a capturar cento e cinquena persas que não contavam nem com muralhas para defender-se (PROCÓPIO DE CESARÉIA, II, XXX, 17).

Para Averil essas críticas fazem parte da opinião de Procópio, que utiliza a fala de terceiros para não se expor diretamente. Em outros momentos da sua escrita, principalmente no Guerras Gótica, o autor fala diretamente:

> Ao receber o tesouro de Teodorico (Justiniano), que era digno de se ver, os exibiu no palácio aos senadores tal espetáculo a portas fechadas, gabando-se da suntuosidade do que ele havia ganhado. Porém não o expos ante o povo nem concedeu a Belisário triunfo, como quando chegou depois de haver vencido Gelimer e os vândalos (PROCÓPIO DE CESARÉIA, *Guerra Gótica*, VII, I, 3).

Queremos destacar também em nossa análise acerca da obra a característica mais marcante na escriturística de Procópio, qual seja, o seu estilo classicista, muito próximo da retórica de Heródoto e Tucídides. Essa escolha significava para Procópio a tomada de toda uma concepção da historiografia com seus modos de pensamento. Este estilo de escrita adotado em *Guerras* abarcava algumas restrições de conteúdo, bem como injunções positivas e normas de linguagem, até mesmo suposições sobre comentários autorais apropriados (CAMERON, 2005, p. 36).

Dentro de toda essa estrutura linguística tão própria devemos lembrar ao analisarmos a obra, que há um Procópio separado do que ele escolheu para escrever e que nós podemos compreender se olharmos próximo o bastante. Não há como separar o pensamento de um autor da sua expressão, ou seja, existe a escolha consciente em utilizar um estilo classicista de escrita, outra parte, é sua própria essência e a parte de sua concepção histórica.

A composição da escrita de Procópio mostra uma imitação clássica em diferentes níveis: desde puramente linguística, o uso do classicismo grego muito longe do discurso diário no sexto século, a adoção de incidentes específicos ou eventos dos trabalhos clássicos e uma profunda influência em seu trabalho de uma concepção completa de uma escrita formal.

Procópio utiliza em Guerras a fórmula escriturística de Tucídides, explicitamente em discursos e cenas de batalha. O prólogo do primeiro livro destaca a importância da testemunha ocular, seguindo uma linha bem tucididiana, mas evoca também Heródoto e Políbio, através da justificativa de que os grandes feitos não devem permanecer anônimos e o princípio da imparcialidade.

> Procópio de Cesareia colocou por escrito as guerras que Justiniano, o imperador dos romanos, levou a cabo contra os bárbaros do Oriente e Ocidente, mostrando como vieram a se desenvolver os acontecimentos em cada uma delas, para que o largo curso dos séculos não reduza em nada os feitos marcantes, por falta de relatos, nem abandoná-los ao esquecimento, nem os deixe desvanecer-se. [...] Ademais, o autor sabia bem que era o mais capacitado que ninguém para escrever sobre isso, senão por outra razão porque ao ser nomeado conselheiro do general Belisário, lhe tocou estar presente em quase todos os feitos [...] A oratória deve corresponder ao rigor, a poesia às invenções fantásticas e a obra histórica à verdade. Por isso não tratou de encobrir as ações mais desafortunadas, nem sequer nenhuma das pessoas mais próximas a ele, senão que escreveu com exatidão [...]" (PROCÓPIO DE CESAREIA. *Guerra Persa*. I, I, 1-6).

Segundo Averil Cameron, toda a influência que Procópio teve em sua obra, inclusive com passagens que remontam as obra de Heródoto e Tucídides gerou uma ampla discussão na qual ele foi acusado de importar pura ficção em sua própria história, além da acusação de plágio. Para a historiadora, essa atribuição de plágio direto é anacrônica, fere a integridade de Procópio enquanto escritor e um completo processo de incompreensão do autor e das suas influências. Em primeiro lugar Procópio apresentou o seu modo de ver Justiniano e as guerras de reconquista através da lente da historiografia grega. A evolução do tipo de prosa escrita por ele foi acontecendo após um estudo árduo e anos de trabalho exatamente sobre os textos clássicos. Procópio teve uma educação esmerada e um amplo acesso aos textos gregos. Dessa forma, foi intencional e inevitável em si mesmo que seu trabalho muitas vezes evocasse a memória de passagens específicas em seus exemplos. (CAMERON, 2005, p. 36-37).

O ponto é que seria muito difícil descrever alguns desses eventos e incidentes na linguagem clássica sem chamar famosas passagens de autores clássicos.

A escolha temática de Procópio é outro fator que aponta para a escolha de uma historiografia clássica. Para falar de política e feitos militares nosso historiador precisava buscar na raiz da escrita clássica os moldes para construir uma narrativa bem estruturada. Para a maior parte dos historiadores gregos e romanos da Antiguidade, as questões políticas eram a temática principal, o que os levou a criar a ideia de que a história deveria estar ligada fundamentalmente aos assuntos que versassem sobre a política e associado a ela as questões militares (GRANT, 2003, p. 93-94).

Procópio tinha a pretensão de narrar sobre as guerras do VI sécul; tanto Heródoto quanto Tucídides tiveram como escopo de seu trabalho os feitos militares – o primeiro tem como base de sua narrativa o conflito entre os gregos e as populações asiáticas e o segundo a guerra entre os espartanos e os ateninenses. Dessa forma, Procópio encontrou nesses dois autores não apenas o estilo narrativo como a comunhão de tema, qual seja, a guerra.

A segunda obra de nosso historiador que queremos discutir é a chamada "História Secreta", ou em grego *Anecdota*. Entre todos os três livros esse é o que possui um conteúdo eminentemente político. Sua narrativa se volta não apenas às questões da política imperial, mas, também, a importantes atores políticos, além de mostrar como eles atuavam dentro da corte palaciana.

A obra é composta apenas de um único livro e a data em que foi escrita é palco de divergência entre os seus estudiosos; vários fatores poderiam cogitar datas distintas, que seria entre os anos de 558 e 559, pois em várias passagens da obra o autor fala que escreve no trigésimo segundo ano do reinado de Justiniano, mas considerando que Procópio também marca que o governo de Justiniano efetivamente começou ainda no reinado de Justino, seria então a contagem a partir de 518, dessa forma, resultaria no ano de 550. Para Greatex, ele parte do ponto de que os livros Guerras I a VII foram publicados em 551; ele considera que a História Secreta não poderia ter sido escrita entre 549 e 550, já que o prefácio alude à publicação de Guerras, por isso ele coloca a data de 558 e justifica a ausência dos fatos ocorridos entre 550 e 558 pelo fato de que Procópio só pretendia dar causa aos fatos ocorridos nos livros de I a VII (GREATEX, 1994, p. 101-114). Mas um fato deve ser colocado, o livro como um todo não possui uma narrativa coesa, e em muitos pontos o autor termina uma seção de forma brusca, como já dissemos anteriormente, e na seguinte inicia uma narrativa com outra temática, isso nos possibilita uma interpretação, onde mais uma vez concordamos com Cameron, de que a obra pode não ter sido escrita ao mesmo tempo, e sim em momentos distintos (2005, p. 55). O próprio prólogo parece ter sido colocado posteriormente ao final da obra. Desta forma, não podemos precisar uma data de forma tão contundente.

História Secreta foi classificada por muitos estudiosos de Justiniano e do VI século como um panegírico maledicente e grosseiro (MAIER, 1986, p. 176), uma vez que Procópio tece críticas ácidas ao imperador Justiniano e sua esposa Teodora, além de figuras eminentes da burocracia imperial, como Belisário e sua esposa Antonina e o prefeito do pretório, João da Capadócia.

O prefácio da obra faz uma alusão que une História Secreta a Guerras. Procópio se propõe tratar de temáticas que, por medo de sofrer represálias, omitiu anteriormente, mas que agora se sente obrigado a dizer.

> Ao narrar o que há chegado a suceder-se até agora ao povo romano nas guerras, expus em ordem todas suas ações, na medida em que me era possível, de acordo como o tempo e os cenários correspondentes. Porém já não vou organizar deste modo os sucessos posteriores, posto que a partir desse momento me proponho a escrever tudo quanto haja possível suceder a qualquer parte do império romano. A razão disso é que não era sem dúvida possível contar esses sucessos de modo em que deve ser feito quando, todavia, estavam vivos seus atores. Não era possivel nem passar inadvertido ao grande número de espiões, nem ser descoberto sem padecer de uma morte miserável, pois nem sequer podia confiar aos familiares mais próximos, antes me vi obrigado a ocultar as causas de muitos dos acontecimentos mencionados nos livros anteriores. Será, portanto, preciso que neste ponto de minha obra revele o que até o momento havia silenciado, assim como as causas do que havia exposto anteriormente (PROCÓPIO DE CESAREÍA, *História Secreta*, prólogo).

É evidente que o trabalho foi concebido para ser publicado após a morte de Justiniano e Teodora, e o seu conteúdo não foi algo escrito para fins privados. Esse prefácio foi elaborado, assim como o de Guerras, seguindo um modelo de historiografia clássica, como Políbio, e sua linguagem, de certa forma, é muito homogênea com os outros dois trabalhos. Há constantes referências que cruzam esta obra à Guerras, especialmente na primeira seção, a até o fim do quinto capítulo.

Apenas na primeira parte ele cumpre a proposta do prefácio, de trazer as razões específicas dos incidentes narrados no livro Guerras; o resto do trabalho se alarga em outro sentido. Os capítulos não possuem uma ordem muito clara, enquanto na primeira parte Procópio retoma os fatos que ocorreram durante as campanhas militares, na parte seguinte ele busca construir um perfil do imperador e de sua esposa, na sequência, sua temática segue em direção à política fiscal e religiosa do governo. Essa mudança de temáticas, muitas vezes brusca, deixa pontos de construções soltos, o que levou à sugestão por alguns estudiosos que a obra tivesse sido escrita por vários autores.

A parte final, onde Procópio trata sobre o cerimonial adotado por Justiniano, termina de forma brusca, o que levanta a possibilidade de que a obra ficou inacabada, agora, os motivos que levaram a isso são obscuros, várias possibilidades podem ser aventadas, tanto poderia ser porque o autor morreu antes de terminar o livro, ou porque faltou uma revisão antes de sua publicação (CAMERON, 2005, p. 52), ainda poderíamos levantar a hipótese de que a parte final do manuscrito tenha se perdido com o tempo. Por alguma razão, o final do panegírico da forma como foi feito não foi possui coesão com o prefácio, e alguns fatos são excluidos propositalmente, como os motivos da morte de Teodora.

Toda a primeira seção foi devotada a Belisário e sua esposa Antonina, e não a Justiniano, e foi escrita pouco depois ou simultaneamente com a última parte de Guerras, quando as queixas de Procópio ainda estão frescas. Para Averil Cameron isto pode significar o primeiro impulso para a obra e pode ser isso que ele quis dizer no prólogo quando pretende na História Secreta preencher as lacunas impostas em Guerras e abre a possibilidade que o trabalho tenha tomado forma substancial depois de 540, quando para Procópio a desilusão tanto com Belisário, como com a política imperial, estava crescendo rapidamente (CAMERON, 2005, p. 53-54).

A obra inicia exatamente no período que marca o retorno de Belisário da segunda expedição da Itália, quando Procópio foi mais hostil com ele. Os capítulos sobre o general são relativamente pequenos em proporção ao trabalho como um todo. E eles apenas preenchem os objetivos de Procópio, como declarado no prefácio. A crítica de historiador é principalmente muito pessoal, e retrata Belisário como um homem fraco e totalmente manipulado por uma esposa de reputação duvidosa. As infidelidades de Antonina são utilizadas para justificar o comportamento de Belisário durante a guerra contra os persas; ainda aponta os motivos para o fracasso na segunda campanha na Itália. Um homem incapaz de se opor as decisões de sua esposa. Segundo Procópio, ao final da seção: "Estes são, portanto, os erros cometidos por Belisário, que expus sem ocultar nada" (PROCÓPIO DE CESARÉIA, *História Secreta*, V, 27).

Na parte seguinte o historiador passa a se concentrar nas figuras de Justiniano e Teodora. Inicia sua narrativa com as origens campesinas de Justino, imperador predecessor de Justiniano e seu tio, e a forma como Justiniano começa a assumir o comando do império antes morte de seu tio. Aqui nesta parte Procópio vai construir uma imagem negativa do imperador, atribuindo a ele qualidades como a avareza e a ganância. Em continuidade, vai reconstruir a vida de Teodora, desde a sua origem humilde e atuação nos prostíbulos. Aqui, a célebre passagem da vida dissoluta de Teodora, com a descrição explícita da sua depravação causou incômodo durante muito tempo entre alguns pesquisadores tardo-antigos, como Gibbon e Maier, mas não se pode negar que se tornou uma parte memorável.

Queremos apontar que vários são os momentos dentro da narrativa da História Secreta em que o autor descreve a intesa atuação política da imperatriz e a forma como o casal imperial operava conjuntamente e em sintonia. Esse exercício de poder desempenhado por Teodora, segundo a narrativa de Procópio, levou com que se formasse um conceito da enorme influência que a imperatriz usufruia dentro do império. Teodora é retratada como uma mulher poderosa, capaz de manobras políticas engenhosas. Essa interpretação levou alguns pesquisadores, como Franz Maier, a colocar a imperatriz como um dos pilares do governo de Justiniano, juntamente com o general Belisário, o prefeito do pretório João da Capadócia e o jurista Triboniano (MAIER, 1986, p. 175). Mas, considerar a imperatriz como um dos pilares da política justiniana não é um pensamento unívoco, por exemplo, para Averil Cameron, embora Teodora possa ter sido uma mulher poderosa e com uma grande influência não podemos considerá-la como uma "corregente", ela agiu em grande parte nos bastidores, e mediante procedimentos de intrigas (CAMERON, 2005, p. 74). Entendemos, porém, que apesar do que Averil descreve como "ação de bastidores", isso não diminui o grande prestígio que a imperatriz possuía dentro do governo de Justiniano, capaz de intervir em questões importantes como, por exemplo, na legislação de algumas leis, e derrocada de homens poderosos. Acreditamos que graças a essa influência e atuação por parte de Teodora, seja um dos motivos que levou Procópio, sendo um tradicionalista, a tecer críticas tão ácidas à figura da consorte imperial.

Outra descrição em relação ao imperador que chama a atenção dentro da obra está no fato de Procópio chamar Justiniano de "príncipe dos demônios", essa passagem parece carregada de elementos ficcionais, mas apesar da aparência de uma descrição irreal, Cameron coloca que atribuir uma faceta demoníaca a Justiniano seria uma contraposição negativa à imagem que se construiu da figura imperial com atributos não humanos, o guardião da vontade divina na terra. Portanto, se a construção do bom imperador perpassa por qualidades não tão humanas, o autor usa como estrutura retórica uma imagem do mau imperador, ligando-o a atributos sobrehumanos (CAMERON, 2005, p. 56-57).

A natureza demoníaca de Justiniano passa ser a justificativa para as desgraças que vão recair sobre o império, sejam desastres naturais, como terremotos, inundações, peste ou a dilapidação da riqueza do império.

> Estes foram os acontecimentos que afetaram a humanidade durante o reinado do demônio encarnado em seu corpo e o mesmo foi o causador deles uma vez que foi eleito imperador [...] Pois, quando esse homem ocupava o governo dos romanos, tiveram lugar outras muitas desgraças, que alguns sustentavam que havia acontecido devido às más artes e intervenção deste demônio perverso, enquanto que para outros era a divindade que, retirando-se do império romano pelo ódio que sentia ante as ações do imperador, deixou que os demônios atuassem dessa forma (PROCÓPIO DE CESARÉIA, *História Secreta*, XVIII, 36-37).

Após essa apresentação do caráter do imperador, Procópio passa, então, a enumerar os desmandos de Justiniano e a corrupção que imperava em sua administração; faz críticas contra personalidades que compõe o corpo burocrático do império; acusa a negligência de Justiniano como responsável pela desolação de algumas regiões do império, como a Líbia, além da dilapidação da riqueza de Bizâncio, causada pelas medidas econômicas que foram adotadas e pelos desvios financeiros com a finalidade de enriquecimento pessoal por parte dos magistrados.

> Em primeiro lugar designou muitas vezes em Bizâncio a um prefeito da população que estivera disposto a permitir a todos os que tinham um comércio vender seus produtos ao preço que quisessem, com a mudança de receber ele uma parte dos ingressos anuais obtidos por ele. Aos habitantes da cidade lhes fez comprar o que necessitavam pagando preços três vezes superiores e sem que pudessem reclamar a ninguém por isso. Essa atuação provocou enormes prejuízos, pois ao receber o estado uma parte destes ingressos, o magistrado que estava encarregado dessa questão quis se enriquecer a custa deles (PROCÓPIO DE CESARÉIA, *História Secreta*, XX, 1-3).

Segue, ainda, expondo os efeitos danosos que recairam sobre os proprietários de terras, artesãos e comerciantes por causa dos altos impostos, a miséria dos soldados devido ao corte dos soldos. Procópio vai neste ponto da obra enumerar os setores da população que foram afetados pelas medidas administrativas imperiais.

> Os que careciam de recurso se viram obrigados a fugir sem que nada pudesse a regressar a sua terra, e os biltres atormentavam aos mais respeitáveis brandindo contra eles a acusação de que muitos anos haviam estado pagando o imposto muito abaixo da taxa destinada à sua região. Aqueles desgraçados não somente temiam que se recaisse novos impostos, bem como, sem que procedesse em absoluto, que foram também gravados com impostos dos numerosos anos precedentes. Desde logo muitos

abandonaram suas terras depois de entregar seus bens aos aviltadores ou ao fisco (PROCÓPIO DE CESARÉIA, *História Secreta*, XXIII, 2-6).

Por fim, a última parte se refere ao cerimonial na corte de Justiniano. Procópio faz referência às mudanças promovidas pelo imperador dentro do *consistorium* e descreve a nova forma como passaram a ser conduzidas as cerimônias imperiais. Durante as solenidades os membros da corte deveriam reverenciar o imperador e da mesma forma sua esposa. Aqui Procópio vai criticar a conduta do casal e a humilhação que passam a sofrer os senadores e os membros da elite do imperio. Mais uma vez, nosso autor demonstra o seu descontentamento com a postura de Justiniano, conforme o trecho que se segue:

> Antes os que vinham ao imperador o chamavam "imperador" e a sua mulher "imperatriz" e davam a cada um dos magistrados a dignidade que tivesse nesse momento, porém, agora, se alguém estava tendo uma conversa com um dos dois e aludia a ele como imperador ou imperatriz, porém não os qualificava como "meu senhor" ou "minha senhora", ou ainda pretendia nomear alguns magistrados com outra palavra que não fosse "servos", se pensava que era um ignorante de lingua insolente e assim se retirava de sua presença como se houvesse cometido um erro gravíssimo e houvesse ofendido a quem menos houvesse devido (PROCÓPIO DE CESARÉIA, XXX, 25-26).

A História Secreta foi e continua sendo uma obra controvertida; as diferentes narrativas adotadas por Procópio dentro de seus trabalhos resultaram no fato de que muitos pesquisadores descredenciassem o panfleto; como poderia o mesmo autor ter escrito as três? Concordamos com Averil Cameron que algumas visões modernas dificilmente levam em conta essa íntima conexão entre as obras História Secreta e Guerras; podemos considerar o início da História Secreta perto da escrita do livro Guerras VIII, no período do retorno de Belisário da segunda expedição da Itália, momento em que Procópio se tornou mais hostil com ele (CAMERON, 2005, p. 51).

Se levarmos a uma visão menos idealizada da narrativa esmerada de Guerras e não demerecermos as outras obras de Procópio, podemos, então, colocar a *Anecdota* não apenas no contexto da própria vida e trabalho de Procópio, mas, também, em sua própria sociedade e configuração intelectual, reinserindo Procópio como alguém que viveu durante o reinado de Justiniano, não como um mero classicista deslocado do mundo que vivia (CAMERON, 2005, p. xii).

Estamos convencidos de que o conjunto das obras de Procópio representam diferentes lados do governo de Justiniano e a sua percepção nesses aspectos. Nosso autor viveu em um regime em que a liberdade de expressão era pouca ou quase nada. Seria então ingenuidade acreditar que um escritor pudesse se expressar de forma plena em suas obras. Procópio precisou escrever trabalhos muito diferentes para encontrar sua exteriorização de forma eficaz.

O autor dirigiu suas críticas em direção à personalidades do governo de Justiniano e políticas, em particular, não princípios gerais, segundo valores da sua classe de origem. Na verdade, o tipo de história que ele escreveu, secular, de estilo clássico, com temáticas voltadas para as questões militares e nos eventos políticos do seu próprio dia a dia e do qual ele muitas vezes teve experiências pessoais, mostra que os destinatários de sua obra eram os membros da classe a qual Procópio se sentia pertencente, e que sofreu com as medidas políticas do governo de Justiniano, como os senadores, proprietários de terras, comerciantes e profissionais de Constantinopla, como advogados e médicos. Esses são os membros de uma camada que sofreu sob a pressão de um governo fortemente centralizado (CAMERON, 2005, p. 62-69).

O fato de que Procópio fala explicitamente que espera a morte de seus protagonistas para a publicação da obra e que provavelmente ela foi escrita entre os anos de 550 e 558, muito antes da morte do imperador levou, segundo Cordoñes, alguns estudiosos a conceberem a ideia de que a obra teria um caráter conspiratório, e que Procópio alimentou uma rebelião contra o governo imperial, ou seja, a História Secreta foi concebida como uma propaganda a serviço dos inimigos de Justiniano. Essa teoria conspiratória, apesar de não ser algo que seja impossível, nos parece carecer de um embasamento suficiente para validá-la (CORDOÑES, 2000, p. 61). Não temos nenhum dado suficiente que realmente apresente Procópio como um conjuro do poder imperial.

Seria, portanto, mais plausível pensar que Procópio, sendo um classicista, teria seguido na linha argumentativa de autores como Sêneca, que construiu uma imagem negativa do governo anterior para favorecer um imperador sucessor. A escrita de uma obra com caráter difamatório de um imperador não era propriamente uma novidade na Antiguidade; temos como exemplo, governantes como Juliano, o Apóstata (361-363), ou Constantino V (741-775), que tiveram suas imagens construídas de forma negativa por escritores de seu tempo (GRANT, 2003, p. 120-122).

Podemos, então, dizer que Procópio escreveu para um público-alvo, as classes que perderam seus privilégios durante o governo de Justiniano. Agora, quais foram as circunstâncias exatas que ocorreram no período que levaram o autor a escrever a obra e, talvez, abandonar a sua conclusão, conforme dissemos anteriormente (uma vez que a sua escrita apresenta lacunas em seu desfecho, o que leva a pensarmos que ficou sem término ou pelo menos careceu de revisão final), não foram realmente elucidadas pelos estudiosos da obra de Procópio.

Essas censuras feitas por Procópio, dirigidas ao governo de Justiniano e aos atores políticos de seu tempo nos leva a acreditar que a publicação da História Secreta se deu após a morte de Procópio, pois devemos considerar que durante o período em que foi escrito, um trabalho como esse custaria a vida do autor, ou, pelo menos, a perda de seu cargo.

Por último vamos discutir sobre a obra *De Aedificiis* ou Dos Edifícios que versa sobre as construções realizadas por Justiniano. Nos encontramos diante de um panegírico que trata sobre o trabalho arquitetônico realizado pelo imperador ao largo de seu reinado.

Em seu proêmio, Procópio indica quais foram os motivos que o levaram a compor essa obra, que diferentemente dos argumentos utilizados por ele em Guerras ou História Secreta, que não versam nem sobre seu domínio de retórica e nem tampouco pela sua experiência vivida, mas pelo desejo de que as gerações futuras conheçam as obras do passado e quem as realizou. Sua obra é um ato de agradecimento ao monarca de que tantos bens recebeu como súdito. Segundo Procópio, Justiniano fortaleceu o império com a conquista de novos territórios, devolveu a unidade frente aos erros anteriores, ordenou as leis, perdoou os que conspiraram contra ele, combateu os bárbaros e construiu muitas fortificações. A obra é composta por seis livros. No primeiro, descreve fundamentalmente as obras do imperador em Constantinopla, em sua maior parte as igrejas, no segundo enumera as fortalezas construídas na fronteira oriental, no terceiro as fortelas erigidas no Caucáso e nas costas do Mar Negro, no IV as construções feitas nos Balcãs, no V as da Ásia Menor, Fenícia, Palestina e Arábia e no sexto livro as da África.

A obra é desigual, pois em muitas partes nosso historiador se limita a copiar largas listas oficiais de lugares sem que tenha feito uma elaboração para isso. Além disso falta a mesma menção a possíveis a possíveis obras realizadas na Itália. Alguns estudiosos, como Otto Veh, acreditam que o livro V rompe a estrutura da obra, pois está menos elaborada e contém estruturas de edificações que pouco tem em comum com as fortificações descritas nos livros II, III e IV, além do que parece ter sido escrito para chegar enfim ao livro dedicado a Itália, que deveria ser continuação do volume IV, de acordo com a ordem geográfica do Oriente ao Ocidente.

A forma como a obra está estruturada passa a impressão de que ficou inacabada, fato que é admitido por alguns estudiosos que a analisaram, o que não impede que seja uma importante fonte do ponto de vista arqueológico do VI século.

Quanto à sua data de produção, provavelmente foi composta posteriormente ao Guerras I-VII, já que remete a esta obra em diversas passagens e, possivelmente, após o ano de 554, já que duas passagens do *Aedificiis*

II 2, presumem a escrita ado livro VIII das Guerras. Algumas vertentes de estudiosos estão inclinados a acreditar que sua produção se deu por volta de 555, baseando-se no silêncio do autor sobre o desmoronamento da cúpula da Igreja de Santa Sofia, em maio de 558; por outro lado, uma grande maioria pressupõe como data o período entre os anos de 558 e 561, considerando que diversas passagens da obra remetem a fatos ocorridos nessas datas, como por exemplo, a reparação dos muros de Anastácio e da muralhas de Selimbria, que foram realizadas aproximadamente em 559.

Indubitavelmente essa obra tem causado mais problemas de interpretação do que a *Anecdota*. Esse ponto de vista toma por base uma suposta falta de sinceridade de nosso historiador em comparação com os sentimentos reais expressos por ele na História Secreta. Segundo Cameron, da mesma forma que não podemos interpretar o Anecdota como uma efusão de sentimentos verdadeiros, também não podemos tomar tão facilmente como premissa que *Aedificiis* seja um epíteto dissimulado (2005, p. 84).

Há, sem dúvida, um contraste entre os livros Dos Edifícios e História Secreta. O problema maior se dá no que diz respeito ao fato de que a visão do autor tanto em História Secreta quanto em Guerras não difere em grande parte, mas que o "espírito adulador" que Procópio adota em Edifícios não se encaixa nas outras duas obras. Diante disso é compreensível o fato de que os especialistas na obra de Procópio busquem compreender quais as motivações levaram o autor a escrevê-la.

As conjecturas sobre qual teria sido a motivação de Procópio variam muito, desde autores como Teuffel, Stein e Evans, que acreditam que Procópio buscava ser perdoado por Justiniano pelas críticas feitas nas Guerras, a outros autores como Jakob Haury, para quem Procópio se viu obrigado a escrever esse panegírico contra sua vontade e que para esse entendimento basta um olhar atento às entrelinhas do próprio texto, onde é possível se visualizar uma crítica irônica ao imperador por debaixo das palavras elogiosas; assim como para Averil Cameron, que busca demonstrar que as posturas adotadas por Procópio são, na verdade, complementares às outras duas, na medida em que ambas procedem do mesmo autor e que são as circunstâncias e as características do gênero escriturístico o que podem explicar as marcantes diferenças entre as três obras. Seria, de fato, muito frutífero se pudéssemos avaliar essa aparente contradição escriturística presente na obra de Procópio – se fosse possível nos apropriarmos melhor da complexa personalidade do historiador; se estivéssemos melhor informados sobre sua vida, mas conforme o que já foi apontado por Averil Cameron, a melhor forma de entendermos nosso historiador deve estar baseada em seus próprios escritos.

Conceitos historiográficos de Procópio: verdade e memória na obra do historiador de Cesareia

Depois de apresentarmos um panorama no qual viveu Procópio de Cesaréia e o seu trabalho, queremos discutir os principais conceitos que, a nosso ver, norteavam a sua obra, qual sejam, o de verdade e memória. Nosso historiador estava inserido em um momento histórico de intensas transformações e isso se refletiu na forma como as narrativas passaram a ser construídas.

Os historiadores tardo antigos, ao escreverem suas obras, se, por um lado, estão inseridos em uma dinâmica do momento em que vivem, que se caracteriza pela tensão entre a continuidade e a ruptura, por outro, precisam enfrentar os desafios impostos, exatamente, pelo estiramento entre o antigo e o novo, os reptos enfrentados por eles são colossais (CRUZ; MAMEDES, 2014, p. 32).

Por outro lado, as obras históricas seguem sendo de grande relevância, pois nos proporcionam uma parcela significativa das informações das quais dispomos sobre o mundo antigo; são uma de nossas principais fonte de dados, embora devamos entender que esses relatos são marcados por imprecisões, com narrativas onde a fronteira da ficção e da realidade é tênue, mas, ainda assim, são narrativas ricas de referências acerca de um passado longínquo. Desta forma, Heródoto, Tucídides, Tácito, Suetônio, Josefo, Amiano Marcelino, Eusébio, continuam a nos auxiliar a investigar o passado. Entre a lista infindável de autores antigos e tardo antigos, Procópio é o que norteia a nossa investigação, é através de sua lente, e do lugar privilegiado que ocupou em seu mundo que perceberemos o universo de Justiniano.

Queremos, através desse debate, refletir acerca da forma de escrita de História na obra de Procópio a partir, principalmente, da questão do regime verdade e do conceito de memória que encontramos em seus escritos. Como dissemos no início desse capítulo, em um momento em que a escrita da história vivencia uma fase de profundas transformações, com uma nova forma de escriturística, Procópio busca na tradição clássica o modelo para se expressar.

Procópio se considerava uma pessoa privilegiadamente habilitada a escrever fatos tão importantes por ocupar uma posição de testemunha visual dos acontecimentos por ele descritos, e essa posição conferia um grau maior de veracidade e confiabilidade a sua narrativa.

> Ademais, o autor, sabia bem que era o mais capacitado que ninguém para escrever sobre isso, e por nenhuma outra razão, senão porque, ao haver sido nomeado conselheiro do general Belisário, coube a ele estar presente em quase todos os feitos [...] Por isso, desde logo, não encobriu as ações mais desafortunadas, nem sequer de nenhuma das pessoas mais

perto a ele, senão que escreveu com exatidão cada uma das coisas que se sucederam a todos, tanto assim que o que se passou foi que trabalhou bem, como se fosse de outra maneira (PROCÓPIO DE CESARÉIA, *Guerra Persa*, I, 1, 3).

Porque a escrita da história na Antiguidade Tardia não é apenas preservação de memória com a utilização de estratégias retóricas; é, também, para dizer a verdade, um relato fidedigno do passado. A questão que se coloca então é: como garantir a verdade da história? Em termos do debate historiográfico atual: qual o regime de verdade da escrita da história na Antiguidade Tardia?

Neste aspecto os historiadores tardo-antigos estão construindo um regime de verdade no qual a autopsia, ou seja, a necessidade da presença *in loco* do historiador como elemento fundamental para legitimar a veracidade do relato vai sendo progressivamente substituída pelo uso da documentação escrita ou da tradição oral como fator de autoridade da narrativa.

Isto não significa dizer que anteriormente os historiadores não se utilizassem de documentos ou tradições orais em suas narrativas, basta ler a monumental obra de Tito Lívio para percebermos como este autor se utiliza para descrever, por exemplo, por primórdios da cidade de Roma, de uma gama variada de fontes, uma vez que, evidentemente, não esteve presente em tais acontecimentos, nem que os historiadores tardo antigos deixaram de narrar os acontecimentos que lhes eram contemporâneos, mas muitas vezes o fazem não se utilizando da autopsia.

Estamos afirmando que a utilização de fontes passa a ser o principal suporte do regime de verdade da escrita da História na Antiguidade Tardia. Um exemplo desta preeminência da documentação encontramos na *História Eclesiástica* de Eusébio de Cesaréia. Observamos que o bispo abandona o recurso dos discursos fictícios, preferindo citar longamente textos escritos das mais variadas procedências, tanto pagãos como cristãos, e até judeus; um dos textos mais citados, por exemplo, são as "Antiguidades Judaicas", de Flávio Josefo. Nestes aspectos, encontramos uma clara divergência entre o "paradigma" escriturístico da história tardo-antiga e Procópio de Cesaréia.

O regime de verdade da escrita da história para Procópio é aquele que emerge com Herótodo e Tucídides, principalmente este último. O historiador precisa presenciar os acontecimentos para poder relatá-los fidedignamente, por isso, toda história é história contemporânea. Evidentemente em um sentido muito diverso daquele atribuído por Colingwood.

O fato de ter presenciado os acontecimentos que relata permite a Procópio utilizar uma estratégia retórica bastante importante na escrita da história grega e romana, qual seja os discursos fictícios. Ou seja, o nosso autor coloca na boca de personagens chaves de sua narrativa, como

Belisário, longos monólogos, por meio dos quais as motivações e os sentimentos dos atores do drama são apresentados ao público. É, por assim dizer, um arcaísmo do historiador de Cesaréia.

Os estudiosos da obra de Procópio concordam substancialmente em classificar a sua produção historiográfica como sendo um exemplo de classicismo. Procópio seria o último historiador, até pelo menos o século XIV ou XV na tradição escriturística ocidental, a escrever uma obra histórica nos moldes tucidideanos. Consideramos tal afirmação de forma alguma equivocada, mas redutora, pois, se por um lado, insere a obra de Procópio em uma longeva e importante tradição histórica, por outro a retira do contexto de sua produção, ou pelo menos minimiza a importância deste para a compreensão e análise do seu trabalho.

Neste sentido é que propomos analisar a obra de Procópio utilizando a ideia de marginalidade. Nosso autor deliberada e conscientemente decidiu se colocar à margem das tendências histográficas existentes no VI século. Mas, ao se colocar à margem, não significou que ele não compartilhou desse ambiente historiográfico, mas, sim, se posicionou de forma periférica; para tanto, se apegou aos modelos clássicos de escrita da História. Dessa forma, entendemos podermos tanto compreender a obra de Procópio dialogando intensamente tanto com o ambiente historiográfico tardo-antigo quanto com a tradição escriturística herotodiana e tucididiana.

Na avaliação do historiador tardo-antigo, os eventos que ele escreveu não apenas teriam função de registro histórico daquilo que tanto ele quanto o imperador julgavam como os fatos mais importantes e grandiosos de sua época, mas, também, que essas histórias teriam utilidade de servir como exemplo para gerações futuras:

> Para os que se propõe a entrar numa guerra ou estão se disponham a combater em qualquer outra circunstância, possam se beneficiar da narrativa de uma situação similar na história, na medida em que esta divulga o resultado final alcançado pelos homens em dias passados numa luta de mesmo tipo e prenunciar, pelo menos para aqueles que são mais prudentes no planejamento quais os resultados que os eventos presentes provavelmente terão (PROCÓPIO DE CESARÉIA, *Guerra Persa*, I, I, 2).

Assim como Tucídides em sua *Guerra do Peloponeso*, Procópio pensava que suas narrativas deveriam ter alguma utilidade, como exemplo para situações semelhantes. Seus textos não deveriam perecer na efemeridade da vida, mas deveriam perdurar para o benefício de tempos futuros.

Procópio se insere em um momento em que o trabalho do historiador é ser um memorialista; história e memória se confluem em um mesmo ofício.

Ele lança mão de uma narrativa que tem por princípio criar uma memória coletiva, perceptível na obra *Guerras*, que ao que tudo indica foi a que teve uma circulação maior dentro do império, em que Procópio utiliza uma forma de escrita dos fatos para criar em seu tempo uma memória que seja a identidade do povo Romano do Oriente.

Relatar os feitos imperiais serviu para contribuir como um elemento de coesão dentro de um império etnicamente muito heterogêneo. A ideia de uma unidade imperial garantia a continuidade do pensamento coletivo de que aquele povo era herdeiro da totalidade do *Imperium Romanorum*, com todas as aspirações políticas que estava inclusa nessa ideia. Quando Procópio narra, suas palavras demonstram não apenas a grandeza de Justiniano, mas de todos os romanos e de cada indivíduo particularmente.

Em contrapartida, quando analisamos a outra obra de Procópio, *História Secreta*, livro em que o autor se propõe a demonstrar os acontecimentos escandalosos do reinado de Justiniano e que precisam ser expostos antes que a morte seja o fator que venha solapar as verdades, o historiador parte da narrativa de uma memória individual, a sua própria. Quando Procópio se propõe a narrar fatos que são de seu conhecimento e que precisam vir à tona através de sua escrita, percebemos que essa volta ao passado não tem por escopo a reconstrução de um passado como total, mas marcado pela intencionalidade daquele que narra, visando buscar os elementos necessários nessa memória interna, vivida, para mostrar a sua interpretação do mundo que o cerca.

Considerações finais

O reinado de Justiniano ao longo do tempo continua a ser muito estudado, e isso não se deve apenas à sua importância, nem às transformações que ocorreram no período, mas, também, é fruto da quantidade de fontes que possibilitam reconstruir o período, entre elas destaca-se a obra de Procópio, que acabou por atrair para si mesmo o interesse de pesquisadores. Como nos coloca Averil Cameron, para que possamos entender o reinado de Justiniano e a sua pessoa, precisamos buscar compreender o labor de Procópio (CAMERON, 2005, p. 3).

Apesar do historiador de Cesaréia ser uma das mais importantes fontes do império Romano Oriental no VI século, não podemos cair na armadilha de nos deixar levar cegamente pela sua narrativa e pelos seus intentos. Procópio foi um homem de seu tempo, e apesar de ter sido testemunha de vários fatos importantes, sua obra expressa seus valores e seus conceitos, ele foi um escritor clássico e com uma visão conservadora do seu mundo, e por muitas vezes escreveu segundo os valores da sua classe de origem.

Por isso, não devemos nos esquecer de seguir na senda de Ginszburg, na qual é possível extrair elementos extra narrativos da narrativa a ser trabalhada. Para que seja possível fazer esse exercício é necessário: a inserção do texto em seu contexto, analisar o processo de elaboração da escrita, no sentido de que no processo da pesquisa possamos encontrar chaves interpretativas para a compreensão da narrativa.

> Ao avaliar as provas, os historiadores deveriam recordar que todo ponto de vista sobre a realidade, além de ser intrinsecamente seletivo e parcial, depende das relações de força que condicionam, por meio da possibilidade de acesso à documentação, a imagem total que uma sociedade deixa de si (GINZBURG, 2002, p. 43).

Ao trabalharmos a obra de Procópio é necessário realizarmos o que se denomina "leitura a contrapelo", ou seja, interpretar aquilo que não está dito de forma direta, todo texto está inserido em uma realidade onde foi produzido e buscar compreendê-la é a porta que nos permite adentrar em uma realidade social diversa da nossa, e é o instrumento que nos permite dominar a interpretação da fonte.

Apesar de nos mantermos atentos para não ceder à sedutora narrativa de Procópio, não podemos esquecer que ele continua sendo uma fonte de suma importância na nossa busca por informações acerca de Justiniano e seu governo, bem como das condições existentes para a escrita da História oferecidas pelo campo historiográfico tardo-antigo. Os testemunhos deixados por Procópio se referem a uma época distante e nos possibilitam em nosso exercício de historiadores a reconstrução de seu tempo e da forma como os homens da Antiguidade Tardia escreveram a sua história.

REFERÊNCIAS

CAMERON, Averil. *Procopius and the Sixth Century*. London: Routledge, 2005

CORDOÑES, Juan Signes, *Historia Secreta. Introdução*. Madrid: Gredos, 2000.

CRUZ, Marcus Silva da. Gregório de Tours e Jordanes: a construção da memória dos "bárbaros" no VI século. *Acta Scientiarum*, Maringá, v. 36, n. 1, p. 13-27, 2014.

CRUZ, Marcus Silva da.; MAMEDES, Kelly Cristina da Costa Bezerra de Menezes. O Poder das Mulheres e a Construção da Memória na Antiguidade Tardia: o Caso de Teodora e Clotilde. *Revista Mundo Antigo*, Campos, ano III, v. 3, n. 6, p. 27-48, 2014.

EVANS, James Allan. *The Age of Justinian*: The Circumstance of Imperial Power. London; New York: Taylor & Francis e-library, 2001.

EVANS, James Allan. *The Emperador Justinian and the Bizantine Empire*. London: Greenwood Press, 2005.

GINZBURG, Carlo. *Relações de Força*: História, Retorica, Prova. São Paulo: Companhia das Letras, 2002.

GRANT. Michael. *Historiadores de Grecia y Roma*. Madrid: Alianza Editorial. 2003.

GREATEX, Geoffrey. Perceptions of Procopius in Recent Scholarship. *Histos*, n. 8, 2014.

GREATEX, Geoffrey. The dates of Procopius's work. *Byzantine and Modern Greek Studies*, Cambridge University Press, n. 18, p. 101-114, 1994.

HERÓDOTO. *História*. Lisboa: Ediçoes 70, 1997.

MAIER, Franz Georg. *Bizancio*. Madrid: Siglo Veintiuno, 1983.

MAIER, Franz Georg. *Las Transformaciones del Mundo Mediterráneo*: Siglos III-VIII. Madrid: Siglo Veintiuno, 1986.

MARINCOLA, John. *Authority and tradition in ancient historiography*. Cambridge: Cambridge University Press, 1997.

MARTINEZ LACY, Ricardo. *Historiadores e historiografia de la Antigüedad Clásica*. México: Fondo de Cultura Económica, 2004.

MCCORMICK, Michel. Imperador e Corte. *In*: CAMERON, Averil; WARD-PERKINS, Bryan; WHITBY, Michel. *The Cambridge Ancient History. Volume XIV*: Late Antiquity: Empire and Sucessors, A.D. 425-600. Cambridge: Cambridge University Press, 2000.

MOMIGLIANO, Arnaldo. *As raízes clássicas da historiografia moderna*. Bauru, SP: EDUSC, 2004.

MOMIGLIANO, Arnaldo. *Historiografia pagana e historiografia Cristiana en el siglo IV*. *In*: MOMIGLIANO, Arnaldo. *Ensayos de historiografia antigua y moderna*. México: Fondo de Cultura Económica, 1993. p. 95-111

O'DONNELL, James. *La Ruina del Imperio Romano*. Barcelona: Ediciones B, 2010.

PROCÓPIO DE CESAREA. *Historia de las Guerras. Guerra Gótica, Libros V-VI*. Introducción, traducción y notas de José Antonio Flores Rubio. Madrid: Gredos, 2006.

PROCÓPIO DE CESAREA. *Historia de las Guerras. Guerra Gótica, Libros VII-VIII*. Introducción, traducción y notas de Francisco Antonio Garcia Romero. Madrid: Gredos, 2007.

PROCÓPIO DE CESAREA. *Historia de las Guerras. Guerra Persas, Libros I-II*. Introducción, traducción y notas de Francisco Antonio Garcia Romero. Madrid: Gredos, 2000.

PROCÓPIO DE CESAREA. *Historia de las Guerras. Guerra Vándala, Libros III-IV*. Introducción, traducción y notas de José Antonio Flores Rubio. Madrid: Gredos, 2008.

PROCÓPIO DE CESAREA. *História Secreta*. Introducción, traducción y notas de Juan Signes Cordoñer. Madrid: Gredos. 2000.

PROCOPIUS. *History of The Wars*. 5 V. English translate by H. B. Dewing. London: Havard University Press, 1912/1926.

PROCOPIUS. *The Anecdota or Secret History*. Translated by H. B. Dewing. London: Havard University Press, 1996.

REGALADO DE HURTADO, Liliana. *Historiografia occidental. Um trânsito por los prédios de Clio*. Lima: Fondo Editorial de la Universidad Catolica del Perú, 2010.

ROHRBACHER, David. *The Historians of Late Antiquity*. London; New York: Routledge, 2002.

SCOTT, Roger. Old and New in Late Antique Historiography. *In*: CROKE, Brian; EMMETT, Alanna. *History and Historians in Late Antiquity*. Sidney: Pergamon Press, 1983. p. 169-173

TREADGOLD, Warren. *The Early Bizantines Historians*. Londres: Palgrave Macmillan, 2010, p. 176.

A DINÂMICA ENTRE O PASSADO, O PRESENTE E O FUTURO: Isidoro de Sevilha e a ideia de História na Antiguidade Tardia

Renan Frighetto[1]

A História enquanto fruto de um período de transformações

Iniciamos a nossa abordagem com uma afirmação que parece contraditória, visto que a História, enquanto fonte de saber e de conhecimento, transcende os períodos de grandes e profundas mudanças. Porém, parece-nos certo afirmar que os momentos de transformações políticas, econômicas, sociais e culturais são particularmente ricos quando pensamos nas novas possibilidades e nos novos olhares que a partir de então podem ser propostos e sugeridos pelos autores que escreveram ou que escrevem a História, sendo esta entendida nas palavras de Jo Guldi e David Armitage como um bem público:

> [...] a História é uma ciência humana crítica e com uma missão pública. A História não é única em sua vocação de ilustração e de reforma [...]. A perda do sentido de finalidade pública, a debilidade da visão panorâmica [...], a proliferação de "histórias" antes que "da" História [...] (GULDI; ARMITAGE, 2016, p. 224).

Por isso, podemos dizer que o homem, enquanto partícipe da História, insere-se neste intrincado mecanismo que envolve aquele conjunto de transformações no qual a sua ação é o verdadeiro motor, como apontou recentemente François Hartog:

> [...] o homem contribui para o fazer história: uma história que por certo lhe escapa, mas que não por isso precisa menos de seu concurso para se realizar. E, no fundo, quanto mais ele sabe disso, melhor ele a faz, pois assim está devidamente advertido de seus limites e de suas ignorâncias [...] (HARTOG, 2017, p. 15).

Poderíamos pensar em vários momentos da História da humanidade que passaram por transformações que foram replicadas nos escritos históricos,

---

[1] Doutor em História Antiga pela Universidade de Salamanca; Professor de História Antiga do Departamento de História da UFPR; Professor Permanente do Programa de Pós-Graduação em História da UFPR; Coordenador do Núcleo de Estudos Mediterrânicos da UFPR; Bolsista ID do CNPq. E-mail: rfrighetto@hotmail.com.

mas iremos nos debruçar sobre um período que na percepção de Jean-Michel Carrié está equivocadamente associado à "renúncia dos princípios sólidos que fizeram grandes as nações ocidentais, a imigração que leva à diminuição da identidade nacional e a perda de posições econômicas, ao flagelo da corrupção e o abandono dos ideais" (CARRIÉ, 2017, p. 174). Falamos da Antiguidade Tardia, para muitos um período "sombrio" que levou ao fim de uma civilização como foi a romana, mas que nas últimas três décadas – entre os anos de 1990 e 2018 – vêm recebendo um olhar mais detalhado e cuidadoso da parte dos historiadores que analisam este período que envolve uma larga duração que vai dos séculos III ao VIII e que colaboram para o desenvolvimento de investigações que contribuem à desmistificação deste momento como sendo uma "época das trevas" (FRIGHETTO, 2018, p. 158-160). Também é certo que devemos evitar o caminho oposto, aquele que leva a forjarmos o mundo tardo-antigo como um período idílico e dourado, pois sabemos que tal caracterização dista enormemente da realidade. Seja como for, estamos nos referindo àquele momento histórico definido por Gasparri e La Rocca nos seguintes termos:

> É um resultado mais profícuo, ao introduzirmos a Alta Idade Média, considerar amplamente a Antiguidade Tardia como fase na qual coexistem e se transformam contemporaneamente velhas e novas realidades nas quais agem velhos e novos processos. O mundo que nele surge é mais "pós-romano" que "alto medieval", entendendo com este último termo uma sociedade muito diferente daquela antiga. A primeira sociedade autenticamente alto medieval é a carolíngia [...] (GASPARRI; LA ROCCA, 2013, p. 24-25).

Velhas e novas realidades, velhos e novos processos. Referimo-nos, portanto, a um momento de transformações que carrega em si múltiplas continuidades e rupturas que atingiram, também, a forma de fazer História na Antiguidade Tardia. Se, por um lado, observamos a manutenção de preceitos característicos da historiografia clássica e helenística que reforçavam a ideia de que a História pautava-se nos exemplos do passado que mereciam ser destacados ao desenvolvimento de ações no presente histórico do autor de História e como modelos a serem seguidos no futuro fortalecendo, com isso, o princípio de preservação da memória coletiva (GOWING, 2007, p. 414-415), de outra parte notamos na documentação historiográfica o incremento da tendência filosófico-religiosa de busca pela unidade à volta do *Uno* neoplatônico e do Deus único cristão, perspectiva historiográfica tardo-antiga que potenciou a legitimidade divina como argumento fundamental dos poderes políticos representados tanto pelo imperador romano e como pelo rei romano-bárbaro entre os séculos III e VIII (TEJA, 1999, p. 44; CROKE, 2003, p. 351; FRIGHETTO, 2010, p. 73). Uma passagem agostiniana relativa à imagem de Constantino reforça este argumento:

> O bom Deus, aos homens convencidos de que devem adora-lo na mira da vida eterna, para impedi-los de imaginarem que alguém pode obter as altas dignidades e os reinos da Terra sem os suplicarem aos demônios, como espíritos muito influentes nestas questões, – ao Imperador Constantino, (que não os suplicou aos demônios mas adorou o verdadeiro Deus), cumulou de tão grandes favores terrestres como ninguém se atreveria a desejar; e permitiu-lhe ainda que fundasse uma cidade associada ao Império Romano, por assim dizer, filha da própria Roma mas sem nenhum templo ou imagem de demônios; reinou por muito tempo; como único Augusto governou e defendeu todo o orbe romano; das guerras que declarou e conduziu, saiu sempre vitorioso; teve pleno êxito na luta contra os tiranos; e morreu em idade avançada, de doença e velhice, deixando o império aos filhos (AGOSTINHO DE HIPONA, *De ciuitate Dei*, V, 25).

Logo, segundo a ótica agostiniana, a filiação de Constantino ao cristianismo projetou-o à condição de *uictor* diante de todos os seus rivais e inimigos (LENSKI, 2016, p. 11), condição *sine qua non* para o seu reconhecimento como legítimo imperador, imputando a ação de Deus e a sua intervenção junto aos homens as razões que levaram Constantino a alçar ao poder imperial (SÁNCHEZ SALOR, 2006, p. 55; TOOM, 2014, p. 118-119). Por certo que podemos questionar a conversão de Constantino à fé cristã (VEYNE, 2011, p. 11-14; FRIGHETTO, 2012, p. 107; RAPP, 2005, 235-236), pois existem indícios tanto na documentação panegirística como historiográfica que levantam está dúvida. Independentemente desta questão, o fato é que a historiografia cristã tardo-antiga ancorou-se neste argumento para reforçar a legitimidade daquele que almejasse e alcançasse o poder imperial e, na sequência, o poder régio no conjunto das monarquias romano-bárbaras que se estabeleceram nos territórios romanos ocidentais. Dinâmica apresentada por Brian Croke nos seguintes termos:

> [...] No entanto, no século VI, as distinções nítidas entre igreja e estado, entre sagrado e profano, e entre "romano" e "bárbaro", com as quais Eusébio e Agostinho haviam lutado, deram lugar a uma visão mais integrada da vida pública e privada em um mundo cristão. Como passado, presente e futuro se tornaram mais naturalmente unidos em um império cristão, governantes como Justiniano tiveram que competir por lealdade com novas alianças baseadas em princípios doutrinais, regionais e culturais [...] (CROKE, 2003, p. 350).

Assim, *ser* e ter reconhecida a sua condição cristã levava o detentor da autoridade política a possuir uma posição superior na narrativa historiográfica dos autores cristãos. Contudo, há um argumento que devemos evocar e que tornou a própria escrita da História mais dinâmica no período tardo-antigo, aquele que revela a inexistência de um pensamento cristão único e uníssono, na medida em que existiam várias tendências e perspectivas dogmáticas que acabavam demonstrando uma pluralidade cristã. Logo, a Antiguidade Tardia é reconhecida como o tempo "dos cristianismos" (HUMFRESS, 2007, p. 218-219; MAR MARCOS, 2009, p. 13-14), época na qual as diferentes formas de interpretar a natureza de Cristo, ou o próprio mistério da encarnação dentre outras várias questões, colocavam em lados opostos os fiéis que faziam parte do âmbito mais extenso da *ecclesia* cristã. Nesse sentido, o Concílio de Niceia de 325 deu o primeiro passo ao reconhecimento dos antagonismos existentes no universo do cristianismo que, a partir de então, dividia-se entre a heresia e a ortodoxia. De fato, existia uma fronteira tão tênue entre estas definições que utilizamos, uma vez mais, as palavras de Agostinho de Hipona que tentou definir tanto o herege como a heresia:

> Eu, inclusive, quero fazer mais, se Deus também o quer: como pode ser evitada toda a heresia, qual é conhecida e qual é desconhecida, e como pode ser verdadeiramente descoberta qualquer que chegue a aparecer? Com efeito, nem todo o erro é uma heresia, embora toda heresia, porque se situa no vício, não pode deixar de ser uma heresia por algum erro. O que faz que alguém seja herege, segundo minha humilde opinião, não se pode definir com total precisão [...] (AGOSTINHO DE HIPONA, *De haeresibus*, Prol., 7).

Ora, esta dificuldade do hiponense de oferecer uma clara definição do binômio herege/heresia devia-se, em parte, a forma como aquele fora apresentado desde 325 por parte do poder imperial. Com efeito, a partir da convocação conciliar e das discussões levadas a cabo durante o Concilio, foi imposta e aprovada uma norma reconhecida pelo poder político "forte", proponente de uma unidade à volta da ortodoxia vitoriosa em Niceia (CAMERON, 2013, p. 112). Porém, as interpretações distintas daquela mantiveram-se ativas gerando, dessa forma, um conflito que persistiu ao longo da Antiguidade Tardia e que opunha duas visões distintas, onde a unidade aparecia em paralelo com a totalidade de um discurso uno e ortodoxo que contrariava uma perspectiva verdadeiramente universal amparada na diversidade de ideias e pensamentos. Logo, seguindo o raciocínio de Caroline Humfress (2007, p. 220), observamos que as discussões relativas a heresia, vista como uma má escolha pessoal e um desvio do caminho perfeito que leva o cristão à Deus deram origem a criação do próprio conceito de ortodoxia, assim apresentado por Isidoro de Sevilha:

Ortodoxo significa "o que acredita retamente e que, de acordo com essa crença, vive retamente". Em grego, *orthôs* se traduz por "retamente" e *dóxa* por "reputação". Este nome não pode ser aplicado ao que vive de forma contrária as suas crenças (ISIDORO DE SEVILHA, *Etimologias*, VII, 14, 5).

Dessa forma, podemos observar a existência de um princípio que estará presente a partir do século IV tanto nos documentos historiográficos como nos de outra natureza e que diferenciavam os indivíduos pertencentes ao conjunto civilizacional romano onde estariam incluídos todos os cidadãos e fieis cristãos, a *romana ciuilitas*, daquele que reuniria apenas os defensores da unidade e da verdadeira fé, que integravam a *christiana ciuilitas*. Esta última contava com a participação dos apoiadores da ortodoxia nicena, separando-os daqueles que defendiam os dogmas tidos como heréticos e estabelecendo, assim, um perfil identitário muito bem definido (FRIGHETTO, 2007, p. 215; HUMFRESS, 2008, p. 131) e apontado por uma grande parcela da documentação manuscrita como o autêntico portador da legitimidade do poder político. Dicotomia entre o legítimo e o ilegítimo governante que aparece no relato de Orósio nos seguintes termos:

> [...] Que se consolem os gentios, na medida em que eles queiram, com as desgraças dos judeus e dos hereges, mas que ao menos confessem que há um só Deus e que esse Deus não é brando com as pessoas como o prova, sobretudo, a sorte de Valente [...]. O imperador Valente com funesta maldade lhes enviou mestres da heresia ariana. Os godos se aferraram aos ensinamentos básicos da primeira fé que receberam. Por isso, no justo juízo de Deus, eles mesmos lhe queimaram vivo, eles que, uma vez mortos, arderão eternamente por sua culpa como consequência de seu erro [...] (PAULO OROSIO, *Historia adversum pxaganus*, VII, 33, 18-19).

> [...] Pois bem, Teodósio pensou que o império, que estava em ruínas por causa da ira de Deus, devia ser restaurado pela misericórdia de Deus; e pondo toda a sua confiança na ajuda de Cristo venceu, lhes agredindo sem parar em muitas e singulares batalhas, aos povos citas [...] (PAULO OROSIO, *Historia adversum aaganus*, VII, 34, 5).

As duas passagens da História de Paulo Orósio reforçam a ideia de que o imperador próximo e apoiador da ortodoxia nicena, no caso Teodósio, acabou recebendo o apoio divino para restituir a ordem interna no mundo romano, convulsionado por seu antecessor, Valente, instigador da cizânia exatamente por sua condição de defensor da heresia ariana. Enquanto Teodósio surge como vitorioso ao lado de Deus, Valente é apresentado como o que foi derrotado e morto de uma forma ignóbil, além de provocar a difusão da heresia entre os godos. Explicação que será retomada dois séculos mais tarde, no primeiro quarto do século VII, por Isidoro de Sevilha e que seguiu a dinâmica da narrativa apresentada por Orósio:

> [...] Mas Valente, que estava separado da verdade da fé católica e dominado pela perversidade da heresia ariana, enviou sacerdotes hereges e valendo-se de vil persuasão, associou os godos ao dogma de seu erro e infundiu entre tão ilustre povo o vírus pestífero de funesta semente. Deste modo fez que o erro, que a nova crença havia bebido até a última gota, se mantivesse e conservasse durante muito tempo (ISIDORO DE SEVILHA, *De origine Gothorum*, 7).

> [...] (os godos) devastam a Trácia a sangue e fogo e, após aniquilar ao exército romano, prendem fogo ao próprio Valente quando, ferido por causa de uma flecha, fugia em direção a uma casa. Mereceu, assim, ser queimado em vida pelo fogo temporal aquele que havia entregado ao fogo eterno almas tão belas (ISIDORO DE SEVILHA, *De origine Gothorum*, 9).

Apesar de abraçarem a heresia ariana, tanto Orósio como Isidoro de Sevilha realçaram que os godos tinham uma parcela menor de culpa, sendo esta plenamente projetada sobre a figura do imperador Valente, apontado como perverso e vil. Porém, é curioso notarmos que é exatamente o tema da heresia que une o discurso historiográfico de autores cristãos e católicos como Orósio e o hispalense[2], pois ao combatê-la propõem a busca pela unidade e pela legitimidade do poder político centradas no dogma católico, entendido como o único reconhecido pela própria divindade. Tal reforço desta perspectiva é uma característica do pensamento isidoriano e tem relação direta com os acontecimentos que marcaram a sua trajetória sociopolítica e cultural.

A função da História, segundo Isidoro de Sevilha

De fato, podemos dizer que Isidoro de Sevilha foi mais que um bispo hispano-visigodo. Homem de grande talento intelectual, autor de uma quantidade significativa de obras que envolviam desde questões dogmáticas às posturas políticas e institucionais do *regnum gothorum*, a vida do hispalense pode ser limitada aos anos de 560/570, período de seu provável nascimento, até o ano de sua morte em 636. Possivelmente, participou como ouvinte no III Concílio de Toledo de 589, reunião na qual os godos abandonaram o arianismo

---

2 Adjetivo que significa "habitante de *Hispalis* (Sevilha)". Neste caso, denominamos Isidoro de Sevilha como hispalense, embora o local exato de seu nascimento seja desconhecido.

e se converteram ao catolicismo graças a grande participação e empenho de seu irmão mais velho e bispo Leandro de Sevilha (JOÃO DE BÍCLARO, *Chronicon*, a. 590, 1). Em 601, ano da morte de Leandro, o sucedeu como cabeça da sede metropolitana da *Baetica* assumindo o bispado de Sevilha. Tais informações foram reforçadas por um de seus discípulos, Bráulio, Bispo de Zaragoza, que realçou a sua condição de bispo ilustrado e portador de um conhecimento extraordinário:

> Isidoro, varão egrégio, bispo de Sevilha e sucessor de Leandro, seu irmão, floresceu no tempo do imperador Maurício e do rei Recaredo [...]. Varão versado, douto e apto em todas as formas de discursos que sempre demonstrou nas oportunidades que teve eloquência incomparável e clara. Dentre muitos destacou-se por sua sabedoria e elaborou diversos estudos e opúsculos simples destinados ao leitor prudente [...] (BRAULIO DE ZARAGOZA, *Renotatio Isidori*).

Além do relato oferecido pelo bispo caesaraugustano[3], encontramos outras fontes hispano-visigodas que nos apresentam o bispo hispalense como o mais destacado homem de saber do reino hispano-visigodo nos primórdios do século VII por suas habilidades retóricas e oratórias:

> [...] iluminou a piedade divina a dois faróis de grande claridade, a saber, Isidoro, o digníssimo bispo de Sevilha [...]. Aquele, reluzente com a sua nítida expressão alcançada pela singular capacidade no campo da retórica, renovou brilhantemente os ensinamentos dos romanos [...]. Aquele, com diligência de sua vida, instruiu no exterior a toda a *Hispania* [...]. Aquele, brilhante por uma expressão fora do comum, destacou-se por seus livros de edificação [...] (ANONIMO, *Vita fructuosi*, 1, 5-15).

> Isidoro, depois de Leandro seu irmão, ocupou a cadeira da sede episcopal de Sevilha da província da Bética. Homem que se destacava por sua distinção, assim como por seu talento pois ao falar alcançou grande facilidade e uma atrativa fluidez; sua admirável riqueza de expressão deixava tão estupefatos os ouvintes que o escutavam [...]. Escreveu importantes e destacadas obras [...] (ILDEFONSO DE TOLEDO, *De uiris illustribus*, VIII).

Por certo que Isidoro de Sevilha desenvolveu a sua capacidade retórica e gramatical em um dos momentos de maior importância política do reino hispano-visigodo de Toledo, fase na qual o *regnum* dos godos ganhou projeção como a *potentia* militar mais importante da *Hispania* (FRIGHETTO, 2016, p. 8-9). Uma coincidência significativa, visto que o hispalense atuou,

---

3   Adjetivo que significa "habitante de Caesaraugusta (Zaragoza)".

de forma direta, como conselheiro de reis e dedicando a alguns destes seus escritos, como no caso de Sisebuto (612-621+), monarca para o qual Isidoro dedicou o seu *De rerum natura* (*Da natureza das coisas*) onde apresenta "a indagação dos eclesiásticos e dos filósofos acerca da natureza dos elementos" (BRAULIO DE ZARAGOZA, *Renotatio Isidori*). Admiração que ficou eternizada na sua História dos Godos quando refere-se à Sisebuto com os seguintes termos: "Foi brilhante em sua palavra, douto em seus pensamentos e bastante instruído em conhecimentos literários" (ISIDORO DE SEVILHA, *De origine Gothorum*, 60).

É exatamente neste escrito histórico, considerado como o mais inovador legado pelo bispo hispalense (FONTAINE, 2002, p. 171-174), que verificaremos a criação isidoriana de uma "identidade goda" (FRIGHETTO, 2013, p. 112-116) que parte, de forma mais concreta, da conversão das *gothicae gentes* ao catolicismo, promovendo, desta forma, o princípio da unidade política acompanhada da proposta de unidade dogmática dos grupos políticos mais destacados do reino hispano-visigodo. A descrição de Isidoro de Sevilha sobre o III Concílio de Toledo de 589 destaca esta dinâmica:

> Seguidamente (Recaredo) reuniu um sínodo de bispos das diferentes províncias da Hispania e da Galia para condenar a heresia ariana. A este concílio assistiu o próprio religiosíssimo principe, e com sua presença e sua subscrição confirmou suas atas. Com todos os seus abdicou da perfídia que, até então, havia aprendido o povo dos godos dos ensinamentos de Ario, professando que em Deus há unidade de três pessoas [...] (ISIDORO DE SEVILHA, *De origine Gothorum*, 53).

Lançando nosso olhar de uma forma global, verificamos que a História isidoriana apresenta a trajetória dos godos desde a sua condição bárbara e ariana até a sua conversão ao catolicismo que possibilitou, na lógica do hispalense, que a hegemonia dos godos se estendesse por toda a *Hispania*. Ao descrever o período de reinado de Recaredo (586-601+), Isidoro destacou que o rei responsável pela conversão dos godos "realizou também gloriosamente a guerra contra os povos inimigos, apoiado no auxílio da fé" (ISIDORO DE SEVILHA, *De origine Gothorum*, 54), apoio divino igualmente oferecido a Suinthila (621-631), rei que possuía várias virtudes próprias dos católicos:

> [...] tinha o rei muitíssimas virtudes próprias da majestade real: fidelidade, prudência, habilidade, exame extremado nos juízos, atenção primordial ao governo do reino, munificência para com todos, generosidade para com os pobres e necessitados, pronta disposição para o perdão [...] (ISIDORO DE SEVILHA, *De origine Gothorum*, 64).

Ou seja, se seguirmos o raciocínio proposto pelo hispalense, notaremos que a conversão dos godos ao catolicismo foi essencial à integração sociopolítica e cultural destes junto aos demais grupos políticos fixados desde o passado romano, em particular os elementos aristocráticos de origem hispano-romana que, a partir do III Concílio de Toledo, encontraram no catolicismo um elemento comum e coletivo. Por outro lado, devemos frisar que apesar desta proposta teórica tendente à unidade política, que em termos gerais fortaleceria a instituição monárquica hispano-visigoda, os acontecimentos pragmáticos revelaram o incremento das disputas entre a realeza e os grupos aristocráticos, elementos estes que aparecem na própria História dos Godos. Como exemplo, podemos observar a narrativa isidoriana sobre a deposição do filho de Recaredo, Liuva (601-603+), por parte do aristocrata godo Witerico (603-610+):

> [...] depois do rei Recaredo reinou seu filho Liuva durante dois anos, filho de uma mãe sem ancestralidade, mas certamente notável pela quantidade de suas virtudes. A Liuva, em plena flor de sua juventude, sendo inocente, o expulsou do trono Witerico depois de usurpar-lhe o poder e, após cortar-lhe a destra, o assassinou aos vinte anos de idade [...] (ISIDORO DE SEVILHA, *De origine Gothorum*, 57).

Porém, o próprio Witerico teve um fim similar ao que havia imposto a Liuva, revelando-nos uma intensa disputa entre grupos aristocráticos hispano-visigodos pela ascensão ao poder régio:

> [...] Fez em vida muitas ações ilícitas e na morte, porque havia matado com a espada, morreu com a espada. Não ficou sem vingança por causa da morte de um inocente, pois foi assassinado em um banquete, vítima de uma conjuração de alguns. Seu cadáver foi vilmente arrastado e sepultado (ISIDORO DE SEVILHA, *De origine Gothorum*, 58).

Tais indícios revelam a importância dada por Isidoro de Sevilha aos acontecimentos ocorridos com anterioridade à escrita de sua História. Como bem apontou Jacques Fontaine "o bispo de Sevilha havia assistido bem de perto aos graves acontecimentos que acabavam de agitar o reino visigodo" (FONTAINE, 2002, p. 162). Vale recordarmos que a História dos Godos do hispalense teve duas versões efetivas, a "breve", concluída pouco depois da morte de Sisebuto, em 621, e a "larga", que incluiu os importantes acontecimentos do reinado de Suinthila, como o da vitória e incorporação das áreas do levante hispânico que ainda estavam sob a dominação romano-oriental no ano de 624:

> [...] Depois que subiu à dignidade do poder real, ocupou, após um combate, as cidades restantes que administrava o exército romano na Hispania,

alcançou por seu feliz êxito a glória de um triunfo superior ao dos demais reis, pois foi o primeiro que obteve o poder monárquico sobre toda a Hispania peninsular, feito que não se deu com nenhum príncipe anterior... (ISIDORO DE SEVILHA, *De origine Gothorum*, 62).

Dessa forma, os acontecimentos narrados por Isidoro de Sevilha tinham uma importante função, a de legitimar o poder da monarquia hispano-visigoda católica, vencedora diante dos inimigos externos e hegemônica dentro do espaço hispânico (HILLGARTH, 1970, p. 279). Além disso, a História dos Godos isidoriana apresenta um importante cariz identitário, pois com ela a unidade religiosa coloca-se no mesmo patamar da unidade dos grupos e das famílias políticas, as *gentes*. Se até o Concílio III de Toledo observamos uma plêiade de grupos distintos – godos, hispano-romanos, suevos – que disputavam entre si as rendas do poder político na *Hispania*, a partir de então a narrativa isidoriana dirige-nos à existência de uma única *gens*, formada pela interação e integração entre aqueles vários grupos e denominada pelo hispalense como a *gens gothorum* (VELÁZQUEZ, 2003, p. 165), forjada com a efetiva vitória militar dos godos sobre os demais grupos estabelecidos numa grande parcela do espaço territorial hispânico (WOOD, 2012, p. 189).

Há, portanto, uma concepção isidoriana sobre o contexto histórico que o precedeu e, inclusive, aquele por ele vivenciado e que, indubitavelmente, acabaram influenciando-o na sua maneira de apresentar a própria História. Nesse sentido, Isidoro de Sevilha aplicou o seu entendimento sobre a História, definida de uma forma mais didática e explicativa, nas suas Etimologias e que encontra equivalência e efetividade na sua História dos Godos. De acordo com o hispalense:

> História é a narração dos fatos acontecidos, pela qual se conhecem os acontecimentos que tiveram lugar em tempos passados. O nome história deriva em grego de *historein*, que significa *ver* ou *conhecer*. Entre os antigos não escrevia história mais que quem havia sido testemunha dos fatos que deviam ser narrados. Melhor conhecemos os fatos que observamos com nossos próprios olhos que os que sabemos de ouvido (ISIDORO DE SEVILHA, *Etimologias*, I, 41, 1).

Chama a nossa atenção o paralelo feito por Isidoro de Sevilha entre a História como fruto daquilo que se vê e se conhece. Logo, num primeiro momento, o hispalense parece dar um destaque especial àquele que foi testemunha dos acontecimentos narrados, seguindo, neste caso, a perspectiva da historiografia greco-romana que desde Heródoto e Tucídides revelava este perfil. Contudo, a última parte da citação isidoriana é muito interessante e reveladora, pois acentua que aquilo que observamos "com nossos próprios olhos" é bem mais preciso que o "que sabemos de ouvido". Ora, partindo desta afirmação podemos pensar na valorização oferecida pelo hispalense do documento manuscrito que recolhe todas as informações e os acontecimentos mais importantes que compõe a narrativa da própria História. Nesse sentido, aquilo que está preservado pelo manuscrito pode ser "visto" com os próprios olhos daquele que o lê, sendo as informações nele existentes idôneas e precisas, levando-nos à constatação de que o hispalense tinha acesso aos documentos manuscritos, consultava as Histórias elaboradas por autores que o antecederam e que estavam a sua disposição (FONTAINE, 2002, p. 169-171), bem como outras fontes, como poemas e normas jurídicas. Assim, Isidoro de Sevilha, quando se refere tanto à História como ao conhecimento de uma forma mais ampla, contradiz aquilo que seus discípulos e herdeiros culturais destacavam, já que no lugar da retórica era a gramática o saber mais elevado para a preservação da própria História (FONTAINE, 2002, p. 115):

> As coisas que se vem podem narrar-se sem falsidade. Esta disciplina se integra na gramática porque às letras se confia quanto é digno de recordação. As histórias recebem também o nome de monumentos, porque guardam a recordação dos acontecimentos ocorridos [...] (ISIDORO DE SEVILHA, *Etimologias*, I, 41, 2).

A associação da História como monumento também é muito significativa, pois o próprio hispalense define os monumentos como "recordação que serve de advertência à memória" (ISIDORO DE SEVILHA, *Etimologias*, XV, 11, 1). Logo, parece plausível pensarmos que o pensamento isidoriano estava reforçando a relação entre a História como preservadora e mantenedora da memória coletiva e voltada, no caso da História dos Godos, à unidade da *gens* dos godos validada pela unidade à volta da fé e da monarquia hispano-visigoda católica. Ademais, podemos recordar que o próprio hispalense destacava a importância material do livro desde os tempos que o antecederam já que o escrito de uma obra de História revelava, assim, a monumentalidade, o valor e a riqueza do próprio manuscrito (ISIDORO DE SEVILHA, *Etimologias*, VI, 12, 1), bem como legava aos leitores importantes informações sobre os fatos, as tradições e os valores que caracterizavam as populações e os grupos políticos que, no caso da História dos Godos, habitavam o espaço da *Hispania* hegemonicamente controlada pelos godos. Por isso, Isidoro de Sevilha nos apresenta a História como conhecimento essencial para a tomarmos consciência dos atos do passado:

> As histórias dos povos não deixam de proporcionar aos leitores coisas úteis que nelas se disseram. Muitos sábios, tomando-os das histórias, narraram acontecimentos humanos de passadas épocas para ensinar no momento presente [...] (ISIDORO DE SEVILHA, *Etimologias*, I, 43).

Além dos ensinamentos do passado, o hispalense destaca que a História tinha a evidente intenção de "ensinar no momento presente", ou seja, que as lições do passado eram fundamentais para que os equívocos anteriores fossem corrigidos e que jamais voltassem a ocorrer naquele presente histórico. Logo, a relação entre o passado e o presente fica evidenciada no pensamento histórico isidoriano e, também, a sua projeção ao futuro, em particular quando analisamos a dimensão histórica isidoriana como reflexo da natureza aristocrática da própria História tardo-antiga. É inquestionável que Isidoro de Sevilha dirigiu a sua atenção e o seu olhar enquanto autor de História à valorização da instituição régia hispano-visigoda e, também, dos grupos aristocráticos que compunham o universo sociopolítico do *regnum gothorum* de Toledo (FRIGHETTO, 2013, p. 111-112). Evidente que na lógica do hispalense estes grupos aristocráticos eram os portadores da ancestralidade gentilícia e uma das virtudes mais eloquentes atribuída aos godos era a da fortaleza que os tornava vitoriosos no campo militar (WOOD, 2012, p. 189). Como o próprio hispalense indica:

> Povos velozes por natureza, vivos de ingenio, confiados na segurança de suas forças, poderosos pela fortaleza de seu corpo, orgulhosos do tamanho de sua estatura, distinguidos em seu porte e vestimenta, prontos à ação, sofridos nas feridas, pelo que um poeta disse deles: "Os Getas desprezam a morte enquanto valorizam as suas feridas". Foi tanta a grandeza de seus combates e tão excelso o valor de sua gloriosa vitória, que a própria Roma, a vencedora de todos os povos, sucumbiu diante de seus triunfos, submetida ao jugo da escravidão, Roma, a senhora de todas as nações, passou a ser escrava ao seu serviço (ISIDORO DE SEVILHA, *De Origine Gothorum*, 67).

De fato, as vitórias militares alcançadas pelos godos diante dos romanos, fossem na época de Alarico, fossem no reinado de Suinthila que foi coevo a escrita da versão "larga" da História dos Godos, mostram-nos a um Isidoro interessado em ressaltar as façanhas dos godos liderados por seus líderes aristocráticos e, consequentemente, pelo próprio rei hispano-visigodo (HILL-GARTH, 2009, p. 35). Por outro lado, o hispalense associou os integrantes da *gens gothorum* – godos, hispano-romanos e suevos – aos antigos Getas, transladando as vitórias do presente aos triunfos do passado e alcançados diante de Alexandre Magno e Júlio Cesar (ISIDORO DE SEVILHA, *De origine Gothorum*, 2-3). Logo, o ímpeto vitorioso, bem como o caráter dos godos estava coligado aos antepassados mais distantes e que faziam parte do conjunto e das tradições ancestrais constantemente recordadas e defendidas pelos grupos aristocráticos. Dessa maneira, o hispalense "materializou" aquelas tradições ao eternizá-las na sua História, concretizou-as da memória coletiva à monumentalização própria do relato histórico.

Conclusão

Portanto, a perspectiva histórica isidoriana estava vinculada com a recuperação da memória aristocrática, amparada num passado com forte valorização das virtudes consuetudinárias e relacionadas à ação militar servindo, dessa forma, como veículo de formação das futuras gerações de líderes políticos das *gentes* hispano-visigodas que, ao fim e ao cabo, escolheriam os futuros reis hispano-visigodos. Tais informações e dados apareceram nos relatos históricos antecedentes, os quais o hispalense teve acesso e pôde consultar, embora fossem menos eloquentes e estivessem desvinculados do perfil aristocrático hispano-visigodo que Isidoro de Sevilha tentava construir a partir dos primórdios do século VII. Logo, partindo desta observação, parece-nos certo afirmar que o pensamento histórico proposto pelo bispo de Sevilha apresentava a dinâmica temporal que coligava o passado, o presente e o futuro, na medida em que buscando nos tempos pretéritos a recuperação das tradições e dos valores ancestrais o hispalense projetava a sua renovação e aplicação no seu presente histórico através da formação dos integrantes do universo aristocrático que, no futuro, manteriam aquele projeto como proposta ao fortalecimento tanto da aristocracia como da realeza hispano-visigoda.

Então, podemos dizer que a ideia de História transmitida por Isidoro de Sevilha era inovadora, especialmente por romper com a noção teleológica do recomeço da História. Nesse sentido, a conversão dos godos no III Concílio de Toledo deve ser entendida como parte de um processo de aperfeiçoamento das *gothicae gentes* liderado e conduzido pelo príncipe cristão sacratíssimo católico. A heresia ariana fizera parte da "identidade" goda e nem por isso as tradições consuetudinárias foram minimizadas, muito pelo contrário. O hispalense tentava, a partir de 589, fixar uma nova realidade coletiva e na qual o cristianismo católico tinha o papel de ser o cimento que uniria o conjunto aristocrático hispano-visigodo e, com ele, fortalecer a instituição régia cristã católica que conduziria à plena unidade do *regnum gothorum*.

É inquestionável que a concretude do passado, pois os fatos narrados por Isidoro de Sevilha aconteceram, esbarrava nos pressupostos teóricos por ele desejados no presente e que eram projetados ao futuro, visto que aqueles tinham uma variável imponderável nesta equação e que estava relacionada com as disputas no espaço político entre os grupos aristocráticos. Antagonismos e conflitos que minavam, no plano prático, a própria unidade tão defendida e propagada pelo relato histórico isidoriano. Talvez este seja um dos motivos pelo qual observamos a insistência do hispalense em reforçar o valor da escrita e do documento manuscrito como monumento que deveria ser preservado ao futuro. Um princípio voltado à preservação da própria História isidoriana e que teve resultados efetivos graças à difusão dos seus escritos por todo o ocidente tardo-antigo e, posteriormente, medieval. Uma vez mais podemos dizer que Isidoro de Sevilha foi inovador na sua proposta de fortalecer a vinculação da História à primeira das artes liberais, a Gramática, distanciando-se aqui do pensamento helenístico ciceroniano e, também, tardo-antigo de Agostinho de Hipona que apontavam a Retórica como fundamento para o desenvolvimento do pensamento histórico.

Por outro lado, o hispalense seguiu a tradição historiográfica helenística e tardia no que tangia a intervenção divina nos acontecimentos do passado, ou seja, na História. Neste caso, a projeção do neoplatonismo é notória e a sua amplificação no cristianismo claramente sentida, sendo a presença de Deus a explicação por excelência para momentos considerados como extraordinários e excepcionais. O hispalense relata-nos batalhas em que os godos tinham tudo para serem derrotados e, graças à intercessão divina, milagrosamente saem vitoriosos. A Providência Divina aparece aqui como uma forma de explicar o inexplicável, mas devemos entendê-la como mecanismo próprio da escrita da História que era válido e reconhecido naquele contexto tardo-antigo. Desacreditar todo o relato histórico isidoriano por conta de nosso olhar com cerca de catorze séculos de distância é, a toda luz, uma grande covardia e um enorme desserviço ao conhecimento histórico. Acima de tudo, devemos observar que estamos diante de um grande pensador, extraordinário político e portador da autoridade como foi Isidoro de Sevilha, que mereceu da parte da historiografia uma associação à todo o século VII, visto como a "era isidoriana" no reino hispano-visigodo de Toledo, dada a influencia e a recuperação de suas perspectivas entre os integrantes do universo aristocrático, laico e eclesiástico, do *regnum gothorum*. Por isso, além de seu pensamento histórico, o conjunto da obra do hispalense deve ser sempre estudado com maior cuidado e atenção, pois a partir dele podemos aprofundar nosso entendimento sobre a *Hispania* goda naquele interessante momento de transformações que foi a Antiguidade Tardia.

REFERÊNCIAS

Documentação impressa

AGOSTINHO DE HIPONA. De Civitate Dei = PEREIRA, J. D. *A Cidade de Deus. Santo Agostinho. Volume I (Livro I a VIII)*. Lisboa: Fundação Calouste Gulbenkian, 1991.

AGOSTINHO DE HIPONA. De Haeresibus = *Obras completas de San Agustín XXXVIII. Escritos contra los arrianos y otros herejes*. Introducciones, versiones, notas e índices de Teodoro Calvo Madrid y José María Ozaeta León. Madrid: Biblioteca de Autores Cristianos, 1990.

ANÔNIMO. Vita Fructuosi = DÍAZ Y DÍAZ, M. C. *La Vida de San Fructuoso de Braga*. Braga: Camara Municipal, 1974, p. 79-117.

BRAULIO DE ZARAGOZA, Renotatio Isidori = LYNCH, C. H. y GALINDO, P. *San Braulio. Obispo de Zaragoza (631-651). Su vida y sus obras*. Madrid: Consejo Superior de Investigaciones Científicas – Instituto 'Enrique Flórez', 1950. p. 356-361.

ILDEFONSO DE TOLEDO. De Viris Illustribus = CODOÑER MERINO, C. *El 'De Viris Illustribus' de Ildefonso de Toledo*. Salamanca: Consejo Superior de Investigaciones Científicas, 1972. p. 109-136.

ISIDORO DE SEVILHA. De Origine Gothorum = RODRÍGUEZ ALONSO, C. *Las Historias de los Godos, Vandalos y Suevos de Isidoro de Sevilla*. León: Colegiata de San Isidoro, 1975.

ISIDORO DE SEVILHA. Etimologias = DÍAZ Y DÍAZ, M. C.; OROZ RETA, J.; MARCOS CASQUERO, M.-A. *San Isidoro de Sevilla. Etimologías. Edición bilíngue, I (Libros I–IX)*. Madrid: Biblioteca de Autores Cristianos, 1982.

JOÃO DE BÍCLARO. Chronicon = CAMPOS, J. *Juan de Biclaro. Obispo de Gerona. Su vida y su obra*. Madrid: Consejo Superior de Investigaciones Científicas, 1960.

PAULO OROSIO. Historia Adversum Paganus = SANCHÉZ SALOR, E. *Orosio. Historias. Libros V–VII*. Madrid: Editorial Gredos, 1982.

Bibliografia

CAMERON, A. Il potere di Costantino. Dimensioni e limitti del potere imperial. *In*: COSTANTINO, I. Enciclopedia costantiniana sulla figura e l'immagine dell'imperatore del cosiddetto Editto di Milano 313-2013. Roma: Istituto della Enciclopedia Italiana, 2013.

CARRIÉ, J.-M. The historical path of 'late antiquity': from transformation to rupture. *In*: LIZZI TESTA, Rita. Late Antiquity in contemporary debate. Cambridge: Cambridge University Press, 2017.

CROKE, B. Latin Historiography and the barbarians kingdoms. *In*: MARASCO, Gabrielle. *Greek and Roman historiography in Late Antiquity. Fourth to Sixth century A. D.* Leiden; Boston: Brill, 2003.

FONTAINE, J. Isidoro de Sevilla. *Génesis y originalidad de la cultura hispánica en tiempos de los visigodos*. Madrid: Ediciones Encuentro, 2002.

FRIGHETTO, R. A *Antiguidade Tardia*: Roma e as monarquias romano-bárbaras numa época de transformações. Curitiba: Juruá Editora, 2012.

FRIGHETTO, R. Cuando la confrontación genera la colaboración: godos, romanos y el surgimiento del reino hispanogodo de Toledo (siglos V–VI). *Vínculos de Historia*, Toledo (España), v. 7, p. 157-172, 2018.

FRIGHETTO, R. De la barbarica gens hacia la christiana ciuilitas: la concepción del regnum según el pensamiento político de Isidoro de Sevilla (siglo VII). *Anuario*, Cordoba, v. 7, p. 203-220, 2007.

FRIGHETTO, R. Do *Imperium* ao *Regnum* na Antiguidade Tardia: o exemplo do reino hispano-visigodo de Toledo (séculos VI-VII). *História*, São Paulo, v. 35, p. 1-22, 2016.

FRIGHETTO, R. Historiografia e poder: o valor da história, segundo o pensamento de Isidoro de Sevilha e de Valério do Bierzo (*Hispania*, século VII). História da Historiografia. Ouro Preto, v. 5, p. 71-84, 2010.

FRIGHETTO, R. Identidade(s) e fronteira(s) na *Hispania* visigoda, segundo o pensamento de Isidoro de Sevilha (século VII). *In*: FERNANDES, Fátima Regina. Identidades e *Fronteiras no Medievo Ibérico*. Curitiba: Juruá Editora, 2013.

GASPARRI, St.; LA ROCCA, Cr. *Tempi Barbarici. L'Europa occidentale tra antichità e medioevo (300-900)*. Roma: Carocci, 2013.

GOWING, A. M. The Imperial Republic of Velleius Paterculus. *In*: MARINCOLA, John. A companion to Greek and Roman Historiography. Oxford: Blackwell, 2007.

GULDI, J.; ARMITAGE, D. *Manifiesto por la Historia*. Madrid: Alianza Editorial, 2016.

HARTOG, F. *Crer em História*. Belo Horizonte: Autêntica, 2017.

HILLGARTH, J. Historiography in Visigothic Spain. *In*: HILLGARTH, J. La Storiografia Altomedievale. Settimane di Studi del Centro Italiano di studi sull'Alto Medioevo XVII. Spoleto: CISAM, 1970.

HILLGARTH, J. *The Visigoths in History and Legend*. Toronto: Pontifical Institute of Mediaeval Studies, 2009.

HUMFRESS, C. Citizens and heretics. Late Roman lawyers on christian heresy. *In*: IRICINSCHI, Eduard; HOLGER, M. Heresy and identity in Late Antiquity. Tubingen: Mohr Siebeck, 2008.

HUMFRESS, C. *Orthodoxy and the courts in Late Antiquity*. Oxford: Oxford University Press, 2007.

LENSKI, N. Constantine and the cities. Imperial authority and civic politics. Philadelphia: University of Pennsylvania Press, 2016.

MAR MARCOS, M. Herejes en la Historia. Madrid: Editorial Trotta, 2009.

RAPP, Cl. *Holy bishops in Late Antiquity*: The nature of christian leadership in an age of transition. Berkeley-Los Angeles-London: University of California Press, 2013.

SÁNCHEZ SALOR, E. *Historiografía Latino-Cristiana*: Principios, contenido, forma. Roma: L'Erma di Bretschneider, 2006.

TEJA, R. El ceremonial en la corte del imperio romano tardío. *In*: TEJA, R. *Emperadores, obispos, monjes y mujeres*: protagonistas del cristianismo antiguo. Madrid: Editorial Trotta, 1999.

TOOM, T. Constantine's *Summus Deus* and the Nicene *Unus Deus*: Imperial agenda and ecclesiastical conviction. *Vox Patrum*, Lublin, 34/61, p. 103-122, 2014.

VELÁZQUEZ, I. Pro Patriae Gentisque Gothorum Statv (4th Council of Toledo, canon 75, a. 633). *In*: GOETZ, Hans-Werner, JARNUT, J., POHL, Walter. *Regna and Gentes. The relationship between Late Antique and Early Medieval peoples and Kingdoms in the transformation of the Roman World.* Leiden; Boston: Brill, 2003.

VEYNE, P. *Quando nosso mundo se tornou cristão (312-394)*. Rio de Janeiro: Civilização Brasileira, 2011.

WOOD, J. *The politics of identity in the Visigothic Spain*: religion and power in the Histories of Isidore of Seville. Leiden: Brill, 2012.

MUIRCHÚ MOCCU MACHTENI – UM ARTIFEX DO PASSADO NA IRLANDA TARDO-ANTIGA

Dominique Santos[1]

Muirchú Moccu Machteni viveu na Irlanda durante o século VII. Como seu último nome indica, temos motivos suficientes para acreditar que ele era membro de uma das várias *Tuatha* que a Irlanda tinha no período, a Mochtaine, que habitava a região de Mag Macha, na planície de Armagh. Sabemos que, junto com o bispo Áed, ele participou do Sínodo de Birr, no Leinster, uma das cinco províncias da Irlanda. Provavelmente, a reunião foi convocada e realizada por Adomnán, com o apoio do rei Loingsech mac Óengusso, no ano de 697. Como nos lembra Thomas-Charles Edwards (2000, p. 277), o sínodo irlandês não era uma atividade que contava apenas com participação de bispos, mas, representava uma oportunidade para que diversas autoridades eclesiásticas e seculares se encontrassem. O Sínodo de Birr não foi diferente, congregou abades de diversos monastérios, professores, sábios, poetas e reis, ou seja, nomes importantes do período. Foram essas autoridades eclesiásticas e seculares irlandesas, Pictas e do Dál Riata, que, por ocasião do Sínodo, promulgaram a *Cáin Adomnáin*, uma lei que defendia mulheres e crianças em determinados contextos, por isso, também conhecida como *Lex Innocentium*/Lei dos Inocentes. Muirchú estava, então, no meio das pessoas mais importantes da Irlanda e de lugares próximos debatendo os problemas mais relevantes de sua época em Birr. Além disso, ele também tornou-se conhecido por ser o autor da *Vita Sancti Patricii*, um dos primeiros e mais mencionados relatos hagiográficos sobre [São] Patrício, o que projetou seu nome como um importante autor da Irlanda Tardo-Antiga.

Apesar de incontornável para compreensão da Irlanda do período em que foi escrita, a obra de Muirchú foi muito depreciada e desqualificada pelos autores modernos, sobretudo pela historiografia contemporânea, principalmente no período entre 1961 e 2006, quando a interpretação de Daniel Binchy, atrelando-a à categoria da ficção, foi predominante, problemática que veremos com maiores detalhes adiante. A partir de padrões historiográficos contemporâneos, generalizações, simplificações e anacronismos foram atribuídos à *Vita Sancti Patricii*, que foi considerada como tendo pouco valor histórico, sendo

---

1   Professor de História Antiga e Medieval da FURB – Universidade de Blumenau e Coordenador do LABEAM – Laboratório Blumenauense de Estudos Antigos e Medievais. E-mail: dvcsantos@hotmail.com

produtora de ficções e que deveria, portanto, ser abandonada, ainda mais se o objetivo fosse o estudo dos séculos V ao VII da história da Irlanda, sobre os quais a obra poderia ser considerada, na melhor das hipóteses, um texto hagiográfico, o que, segundo essa linha de raciocínio, seria algo pejorativo (HOWLETT, 1994; SANTOS, 2013).

Temos dificuldades para compreender as especificidades da história da Irlanda e das historiografias produzidas ali nas mais diversas temporalidades porque queremos utilizar as mesmas categorias que aplicamos para as sociedades da Europa continental, seja quando tentamos dividir a história da Irlanda apenas entre Antiguidade e Medievo, como estamos acostumados a fazer com França, Itália, Alemanha, Espanha e Portugal, utilizando formas que não se aplicam ou requereriam outro tipo de aprofundamento, seja recorrendo a julgamentos historiográficos modernos para avaliar a escrita da história Tardo-Antiga (FARRELL; SANTOS, 2011, p. 185-213).

A partir de leituras e interpretações da *Vita Sancti Patricii*, temos motivos para caracterizar Muirchú Moccu Machteni como historiador. Ele conhecia e dominava os métodos para representar o passado aplicados no período em que viveu e sabia muito bem como organizá-los e sistematizá-los em forma de uma narrativa para atender as exigências específicas de sua época. Podemos considerá-lo um verdadeiro *artifex* do passado. Se o termo *Seanchaidhe*, alguém responsável pela elaboração da *Seanchas* irlandesa, ainda não pode ser aplicado a ele, temos razões para crer que Muirchú conviveu e tinha conhecimento das formas narrativas elaboradas no interior desta tradição. Por isso, se pretendemos compreender sua obra, é necessário que saibamos o que é a *Seanchas*, essa importante tradição narrativa irlandesa.

Muirchú, um escritor *per cola et commata* dos primeiros movimentos do classicismo irlandês inserido na tradição *seanchas*

A palavra *"sean"*, em irlandês, é o equivalente do termo latino "Senior/Senex", relacionado com antigo, costume, tradição. Esta é a raíz a partir da qual *Seanchas* é derivada. O termo em si está relacionado com pelo menos três categorias textuais ou de significados: contos antigos, genealogia ou a legislação tradicional (Senchas/Senchus, 2007: dil.ie/37124). Além disso, na modernidade, queremos separar de maneira muito drástica história de poesia, ficção, ou até mesmo de narrativa. A *Seanchas* irlandesa, no entanto, envolve uma série de formatos textuais, que vão desde os históricos até os boatos; dos protocolos de saúde às estórias contadas; das leis antigas às genealogias (BEINER, 2007, p. 81).

A historiografia tem apontado que a escrita da história tipicamente irlandesa vinculada ao vocábulo *Seanchas* não exclui outros formatos narrativos.

É a comunidade moderna dos historiadores profissionais que apenas com dificuldade aceita que figurem, de forma paralela e/ou periférica, à noção de história científica (SANTOS, 2018, p. 44-60). Afinal, como nos alerta Francis Byrne, enquanto aquilo que denominamos mito, lenda, pseudo-história e ficção é compreendido de forma pejorativa ou somente figura como objeto digno de análise em outras áreas do saber, mas não na Ciência da História, nos textos irlandeses do período aqui abarcado era parte de um todo narrativo (BYRNE, 1974). *Seanchas* deve ser tomada, então, como um sistema narrativo que aglutinava história, mito e tradição (Ó CRÓINÍN, 2005; JOHNSTON, 2013).

Saí seanchasa ou *Seanchaidhe* era o termo utilizado para a pessoa que tinha a responsabilidade de organizar, produzir e apresentar as narrativas sobre o passado que faziam parte da *Seanchas*. Durante o longo período em que tal tradição esteve vigente, a personagem aparece nos manuscritos executando as mais distintas tarefas do ponto de vista da narrativa. Pode aparecer em alguns documentos como guardião da tradição, uma testemunha especialista em interpretar os costumes ancestrais, um genealogista; também como intérprete da lei, árbitro para resolver contendas que envolvam pendências que requeiram conhecimento do passado, um guardião mnemônico de registros cartoriais; ou ainda o detentor do conhecimento sobre divisões territoriais e fronteiras, alguém que prepara o discurso do rei, um mestre da eloquência e aquele que escreve ou narra a história de determinado fato, circunstância, rei ou povo, sempre que requisitado (SIMMS, 1987). Segundo Fergus Kelly, era quem deveria providenciar evidências sobre o passado sempre que fossem requisitadas para resolver qualquer tipo de litígio ou controvérsia relacionada com questões genealógicas, propriedades etc. (KELLY, 1986, p. 93).

Antes do século XII, na maior parte dos manuscritos nos quais o termo *Seanchas* aparece há uma relação maior com a lei, a tradição e a poesia, sendo o fazer historiográfico mais frequentemente representado pelas palavras latinas *Peritia* ou *Historia*. Depois desse período, no entanto, os termos latinos são substituídos pelo vocábulo *Senchus*, que passa a ser utilizado também para designar a História (SIMMS, 1987, p. 278). Mesmo se decidirmos que Muirchú, por ter vivido no século VII, não pode já ser denominado como um *Saí seanchasa* ou *Seanchaidhe*, não devemos nos esquecer que ele estava inserido nessa tradição e dela tinha pleno conhecimento. Afinal, a *Seanchas* pode ser definida como "a memória e a narrativa da história irlandesa desde o primeiro período medieval até o século XVII" (BHREATHNACH, 2007, p. 19). Trata-se de uma "consciência coletiva dos irlandeses tal qual expressa por seus historiadores" (BHREATHNACH, 2014, p. 2).

Desde as cartas de Patrício, compostas no século V, e o texto mais antigo que temos produzido em língua irlandesa, um poema chamado *Amra Choluimb*

Chille, que pode ter sido escrito pelo poeta Dallán Forgail após a morte de Colm Cille em 597 (BREATNACH, 2005, p. 400; O'LOUGHLIN, 2006, p. 468; CLANCY, 2006, p. 557), muitas narrativas foram compostas na Irlanda Tardo-Antiga, tanto em irlandês quanto em latim (SANTOS, 2016, p. 93-110). Os escritores do período estavam preparados para transitar neste bilinguismo e era frequente o acesso, tradução e adaptação de textos clássicos (O'CONNOR, 2014, p. 1-24; NÍ MHAONAIGH, 2008, p. 32-73; FULTON, 2014, p. 41). A oralidade e a escrita eram parte integrante do sistema de aprendizado irlandês do período, conviviam em constante interação (JOHNSTON, 2013, p. 157).

Além de Muirchú ter escrito considerando estas questões, é importante compreender também que ele produzia a partir de uma forma de segmentação textual conhecida como *per cola et commata* (por orações e frases), que dividia o texto em linhas individuais de significado, mesmo sistema utilizado por São Jerônimo. O escritor irlandês figura entre os eruditos responsáveis por perpetuar o estudo das letras clássicas em uma Irlanda já também vernácula. Ele pode, então, ser compreendido a partir do que Brent Miles denominou de Classicismo Irlandês, que existiu de forma paralela aos estudos clássicos na Irlanda do período. Ou seja, uma espécie de movimento ou programa de escritores do período, que não só copiavam, traduziam e interpretavam as obras clássicas, como também elaboravam suas próprias versões delas, além de criar novas narrativas (MILES, 2011; SANTOS, 2016, p. 93-110). Muirchú era, então, uma pessoa importante na Irlanda do século VII. Ele era um escritor *per cola et commata*, integrado à *Seanchas* e ao Classicismo Irlandês, além, claro, de um dos historiógrafos mais respeitados e conhecidos da Irlanda Tardo-Antiga, cujas obras servirão como modelo para autores posteriores, sobretudo sua vida de Patrício.

O manuscrito: a *Vita Sancti Patricii*, parte integrante do Livro de Armagh

A *Vita Sancti Patricii* é a mais conhecida e citada obra sobre a vida de [São] Patrício. Ela foi escrita em latim, no século VII, e dedicada ao bispo Áed de Slébte. A obra aborda as relações de Patrício com a monarquia de Tara e com a fundação de Armagh, com o objetivo de apresentar os motivos pelos quais essa casa monástica deveria ter primazia sobre as demais, tanto na Irlanda, rivalizando com Kildare, quanto fora dela, contrapondo-se à Iona, por exemplo. A narrativa de Muirchú colaborou para que Armagh apresentasse uma espécie de propaganda, segundo a qual, a partir do vínculo com Patrício, era representante terrestre dos interesses celestiais e sintetizadora das ideias romanas e irlandesas de administração eclesiástica (SANTOS, 2013). A obra é uma das seções do Livro de Armagh.

Escrito em latim e denominado como *Liber Ardmachanus* (L.A.), o Livro de Armagh é proveniente da localidade que lhe empresta esse nome e foi confeccionado por volta do ano 807 da Era Comum. A parte mais antiga do manuscrito foi escrita por Ferdomnach de Armagh, que morreu em 845 ou 846. De acordo com o *The Saint Patrick's Confessio Hypertext Stack Project*, página da *Royal Irish Academy* na internet (BOARD OF TRINITY COLLEGE DUBLIN, 2011), que condensa as informações mais relevantes relacionadas aos estudos da vida e da obra de Patrício, o Livro de Armagh passou pela seguinte trajetória: foi entesourado em 937 por Donnchadh, filho de Flan, rei da Irlanda, no ano de 937; alterado com o acréscimo de uma nova entrada reconhecendo a supremacia de Armagh, em 1005, por conta da visita do rei Brían Bóramha; passou aos cuidados de um "cuidador hereditário"; por volta de 1680, passou a pertencer à família Brownlow, de Lurgan; a partir da primeira metade do século XIX, o manuscrito começa a passar por várias mãos, por ocasião de leilões, vendas para antiquários etc. Ele foi visto por Sir William Betham em 26 de Maio de 1831 e, logo depois, leiloado e vendido. Em 1846, todavia, a obra foi depositada na *Royal Irish Academy* pelo Reverendo Francis Brownlow. Em 1852, foi oferecida ao colecionador inglês Sir Thomas Phillipps, mas ele não o comprou. No ano seguinte, a obra foi posta novamente à venda e, dessa vez, comprada pelo antiquário William Reeves, Bispo de Down, que depois a vendeu para o Lord John George Beresford, Arcebispo de Armagh, com uma condição: quando o próprio Reeves morresse, a propriedade do manuscrito deveria passar ao Trinity College, o que ocorreu em 1892; hoje, a obra está catalogada como o manuscrito número 52 (Ms. 52) da Biblioteca do Trinity College Dublin (BOARD OF TRINITY COLLEGE DUBLIN, 2011).

Trata-se de um *Vellum*, que originalmente tinha 222 folhas, porém, dessas, cinco se perderam (a abertura: fol. 1; duas folhas duplas do segundo caderno do Evangelho de Matheus: foll. 42-45). Atualmente, então, o Livro de Armagh conta com 217 foll. O texto foi escrito em colunas duplas com letras minúsculas insulares, a minúscula irlandesa, com cerca de 34-40 linhas por folha. Suas dimensões são de aproximadamente 195x145 mm. O manuscrito pode ser dividido em três partes: a primeira, que contém textos relacionados com Patrício (foll. 2-24); a segunda, que nos apresenta a única cópia sobrevivente do período completa em irlandês do Novo Testamento (foll. 25-191); a terceira e última contém a vida de São Martinho de Tours (foll. 192-222), escrita por Sulpicius Severus. A *Vita Sancti Patricii* está localizada na primeira parte (foll. 2-24), mais especificadamente entre as foll. 2ra-8vb (BOARD OF TRINITY COLLEGE DUBLIN, 2011; GROENEWEGEN, 2015).

O texto *Vita Sancti Patricii* contém uma primeira seção intitulada de Prólogo e um Prefácio dedicado "à vida de São Patrício, o confessor". Nessa parte, Muirchú estabeleceu as divisões e os temas abordados na obra. São 29 tópicos abordados, que vão desde o lugar de onde Patrício veio, como foi raptado e navegou com os pagãos, sua fuga e recaptura, passando por suas experiências transcendentais e culminando em profecias que apresentam explicações de como se dará a relação entre os irlandeses e Patrício após o juízo final. A obra é claramente baseada nos textos de Patrício e outros modelos utilizados no período em que foi escrita e mistura o que denominaríamos como Literatura, Ficção, Poesia, Teologia, Hagiografia, dentre outras coisas, mas também História.

Muirchú e sua *Vita Sancti Patricii* – historiografia irlandesa tardo-antiga

As evidências de que Muirchú estava dialogando em sua obra com uma tradição de escrita historiográfica já podem ser percebidas em suas primeiras linhas do Prólogo dedicado a Áed. Escrever sobre a vida de Patrício era considerado uma tarefa árdua, algo que, como afirma o próprio historiógrafo, muitos tinham tentado fazer antes dele: "narrar essa história de forma coerente e de acordo com as tradições" (VITA SANCTI PATRICII, Prólogo: 1). O motivo seria o fato de que isso implicava em sistematizar inúmeros posicionamentos diferentes, conflitantes e cheio de dúvidas sobre a personagem e sobre a sequência dos eventos. Muirchú se considera "com pouco conhecimento da tradição" (provavelmente, referindo-se aos *topoi* da *Seanchas*), "baseando-se em tradições incertas", "em uma memória fragilizada", além de "ter um estilo débil e pobre" para fazer isso (VITA SANCTI PATRICII, Prólogo: 2-3).

Muirchú recorre à fórmulas retóricas características do período para confeccionar seu texto. Ele está adotando o discurso de uma de suas fontes, a *Confessio*, do próprio Patrício, seu hagiografado. Sabendo que Patrício se considerava um pecador e o menor entre todos os fiéis, que só poderia fazer as coisas com auxílio divino (*Confessio*: 1), Muirchú também se coloca na mesma posição, de forma que, se enfrenta suposta dificuldade narrativa, recorre ao mesmo tipo de ajuda. Em poucos trechos, ele utiliza o tipo de frase que dele se esperava, mostra que conhece o procedimento retórico correspondente ao tipo de narrativa que produzia e dá exemplo de que conhece os textos de Patrício. Analisando o mesmo Prólogo, também a partir da Edição de Ludwig Bieler que figura no *The Saint Patrick's Confessio Hypertext Stack Project*, David Howlett sugere que das cerca de 130 palavras que Muirchú utiliza, ele deve ter retirado cerca de 100 da *Confessio* de Patrício, do Evangelho de Lucas, ou de ambos os textos. Das outras 30, algumas parecem ter sido derivadas das obras de Columba de Bangor (HOWLETT, 2006, p. 30-34).

Além disso, Muirchú menciona em seu Prólogo tanto o termo '*Historia*' quanto '*Peritia*', que conforme já discutimos, eram, antes do século XII, os vocábulos associados com a atividade historiográfica, para além da noção, igualmente importante, de Seanchas, que aparece em textos equivalentes em língua irlandesa e possui mais significados. Se aceitarmos o que Luís Costa Lima diz sobre narrativa, que é por meio dela que "o diverso, o acidental e o irregular entram em uma ordem" (COSTA LIMA, 1989, p. 17), parece ser exatamente o tipo de problema acerca do qual Muirchú tinha consciência. Ao comentar sobre o tema, Muirchú utiliza, em latim, os termos "*acutissimos carubdes*", um dos que ele retira da Vida de São Columba escrita por Adomnan. Conforme sugerimos em outro momento, trata-se de uma metáfora muito rica, que o autor utiliza para se referir à dificuldade de narrar (SANTOS, 2013a). Edo Nyland afirma que Adomnan utilizou o termo provavelmente a partir de leituras da Odisséia de Homero. Na obra do poeta helênico, trata-se do nome de um ser híbrido marinho, filho de Pontos e de Gaia. Era uma divindade protetora de limites marinhos. Dizia-se que três vezes ao dia a "divina carubdis", como Homero a chamava, sugava o mar e o cuspia novamente (NYLAND, 2001). Trata-se de uma fenômeno que caracteriza "agitação", "tormenta". Ou seja, narrar, para Muirchú, era como navegar em um mar e enfrentar redemoinhos e ele tinha consciência de tal dificuldade, ou pelo menos assim relata (SANTOS, 2013a).

Tentando mostrar à audiência interessada em sua narrativa que os escritos do próprio Patrício eram não somente compreendidos como assimilados, Muirchú apresenta várias evidências de que estava escrevendo com base nas cartas do padroeiro dos irlandeses. David Howlett, que renovou a reflexão no campo da Patriciologia com suas obras, sistematizou e analisou alguns dos trechos em questão (1994, 2006), algo que também abordamos em outros momentos (SANTOS, 2013a, 2013b). Como eles tem um padrão, separamos três exemplos para que, assim, possamos perceber essas interações entre os textos de Muirchú e Patrício.

Quando Muirchú escreve sobre quem foi a mãe de Patrício e que ele foi raptado com a idade de dezesseis anos e levado para viver na Irlanda entre bárbaros, no capítulo I. 1 de sua obra, ele está fazendo referência direta à *Confessio* patriciana. O trecho de Muirchú, que precisamos ver em latim, diz o seguinte: *matre etiam conceptus Concessa nomine annorum sedecim puer cum ceteris captus in hanc barbarorum insulam aduectus est* (VITA SANCTI PATRICII: I. 1). Da palavra *matre*, no início da frase, até a palavra sedecim há dezesseis letras e espaços entre as palavras e depois da parte '*decim*' nessa última, há dez palavras até *est*, o fim da sentença. Este era o mesmo procedimento de escrita adotado por Patrício (HOWLETT, 2006, p. 11).

O segundo trecho que mencionamos, dialogando mais uma vez com a obra de Howlett, refere-se ao tempo que Patrício passou na Irlanda, no qual ele escreve "*(1) Intermisi (2) hominem (3) cum (4) quo (5) fueram (6) sex annis*" (*CONFESSIO*: 17). Diferente da obra de Howlett, inserimos a numeração entre parênteses antes de cada termo latino para que possamos acompanhar as sugestões com maior facilidade e clareza. Aqui, é importante observar que a sexta palavra da frase é "*sex*", sua última letra é a sexta antes do fim da linha. A mesma ideia aparece em Muirchú, quando ele aborda a temática da idade de Patrício e seu tempo de servidão. Ele escreve, em latim: "*Etiam in sexto decimo (1) anno (2) aetatis (3) captus (4) et (5) sex (6) annis seruiuit*" (VITA SANCTI PATRICII, II: 15.2). Podemos notar que a sexta palavra depois de "*sexto*" é "*sex*" e que há dezesseis sílabas antes dessa última palavra e seis a partir dela até o fim (HOWLETT, 2006; SANTOS, 2013a; 2013b), o que sugere que Muirchú não somente leu a *Confessio*, mas, ao narrar, sobre algum fato da vida de Patrício, que viveu no século V, ele o fazia de acordo com os princípios adotados nos textos escritos pela própria personagem sobre a qual agora, no século VII, ele escrevia.

Por fim, um terceiro e último exemplo pode evidenciar novamente o método adotado por Muirchú. No trecho em que o historiógrafo narra a conversão de um homem chamado Macc Cuill moccu Greccae, Patrício aparece pedindo que o pagão creia em Deus e em Jesus e que confesse seus pecados para que seja batizado em nome da trindade. O trecho latino da narrativa de Muirchú diz o seguinte: "*Crede ergo in Deo meo Domino Iesu et confitere peccata tua et babtizare in nomine Patris et Filii et Spiritus Sancti*" (VITA SANCTI PATRICII, I: 23.11). De "*crede*" até "*Iesu*", na primeira linha, há trinta e três letras e espaços, correspondendo à idade de Jesus. Do mesmo modo, de "*Iesu*" até "*Patris et Filii et Spiritus Sancti*" há também trinta e três sílabas (HOWLETT, 2006; SANTOS, 2013a, 2013b).

Como é possível perceber, a obra de Muirchú possui muitas interações textuais diretas com a de Patrício. Ou seja, o hagiógrafo não somente seguia a estrutura e o estilo do hagiografado como fazia questão de marcar tais momentos, que podiam ser reconhecidos, acompanhados e compreendidos pelos leitores do período.

Outra secção importante da *Vita Patricii* é a que narra alguns confrontos mágicos entre Patrício e os druidas do rei Lóegaire na província de Tara (VITA SANCTI PATRICII: I. 17). Enquanto os que receberam a obra em sua própria época não viam nessa parte qualquer problema que a impedisse de ser considerada como histórica, os leitores modernos e contemporâneos não só a interpretaram como ficcional como aplicaram tal percepção ao restante do texto.

Para Thomas O'Loughlin, o problema está na forma como os diferentes públicos receberam a obra ao de Muirchú ao longo do tempo. Enquanto os leitores modernos e contemporâneos viram os fragmentos como ficção, aqueles aos quais a obra foi destinada percebiam neles referências literárias, lições morais, questões políticas, dentre outros temas, geralmente emprestados da tradição bíblica e de outros escritores do período (O'LOUGHLIN, 2003; SANTOS, 2014). Vejamos alguns exemplos.

O fragmento do texto de Muirchú que descreve o banquete em si, quando tentaram envenenar Patrício, começa com "*Caenatibus autem omnibus ille magus* [...]" (VITA SANCTI PATRICII: I. 20.1) e é baseado em Mateus 26:26: "*Cenantibus autem eis accepit Iesus panem et benedixit*", que pode ser traduzido por "Enquanto eles comiam, Jesus tomou o pago e o abençoou". Já o fim, que menciona o temor do rei "*Et timuit rex uehimenter et commotum est cor eius et omnis ciuitas cum eo*" (VITA SANCTI PATRICII: I. 20.15) está relacionado com Marcos 1:27, que diz "*Et mirat sunt omnes ita ut conquirerent inter se dicents quidram est hoc quae doctrina haec noua*", que pode ser traduzido como: "E todos se admiraram, a ponto de perguntarem entre si, dizendo: que isto? Que nova doutrina é esta? (O'LOUGHLIN, 2003; SANTOS, 2014).

O episódio supostamente ocorrido em Tara, narrado no primeiro livro da obra de Muirchú contém também inúmeras referências ao livro de Daniel. As disputas entre Patrício e os druidas de Lóegaire são baseadas naquelas entre o Faraó e os magos, no Egito, e no Nabucodonosor apresentado em Daniel. O'Loughlin (2003) mostra, em exemplo que temos adotado tanto em nossa Tese de Doutoramento (SANTOS, 2012) quanto em obras posteriores sobre o tema (SANTOS, 2013a; SANTOS, 2014), que enquanto em Daniel (3.1) a figura predominante é o Rei Nabucodonosor (*Nabuchodonosor Rex*), em Muirchú (VITA SANCTI PATRICII: I. 10.1) trata-se do Rei Lóegaire (*Lóegaire Rex*), além de o próprio Nabucodonosor ser mencionado (VITA SANCTI PATRICII: I. 15.2). No mesmo trecho do Livro de Daniel, tudo acontece no campo de uma província da Babilônia (*In campo Duram provuiciae Babylonis*); em Muirchú, também na mesma passagem, no Campo de Brega (*In campo Brega*). Até mesmo os sátrapas, cargo inexistente na Irlanda, aparecem na obra de Muirchú (*Congregates etiam regibus, satrapis, ducibus, principibus* etc.) em referência ao Livro de Daniel (3.3): (*Tunc congregate sunt satrapae magistratus et iudices duces et tyranny* etc.). O fim do trecho também é semelhante. Daniel (3.8) saúda o rei que vive para sempre (*rex, in aeternum uiue!*), Muirchú (VITA SANCTI PATRICII: I. 15.5) também faz o mesmo (*rex, in aeternum uiue*) (O'LOUGHLIN, 2003; SANTOS, 2012; SANTOS 2013a; SANTOS, 2014).

Os confrontos com os druidas e a tentativa de matar Patrício a partir do envenenamento representam paralelismos que possuem intertextualidades com os mais variados autores, como por exemplo: Pseudo-Abadias, Pseudo-Mellitus, Gregório de Tours e Gregório Magno. Ainda, o modelo de santidade adotada por Muirchú para enquadrar Patrício é derivado de João Cassiano (O'LOUGHLIN, 2003).

Analisando a obra de Muirchú, é possível interpretar que o hagiógrafo de Patrício conhecia muito bem, consultava e utilizava textos como o *Audite Omnes Amantes*, um hino em louvor de Patrício escrito por Sechnall (São Secundinus); o *Commonitorium*, de Vicente de Lérins; as Etymologiae, de Isidoro de Sevilha; o apócrifo *Actus Petri cum Simone*; a *Passio apostolorum Petri et Pauli*; a *Historia Apostolica* ou *Uirtutes Apostolorum*, do Pseudo-Abadias; os *Libri Miraculorum*; de Gregório de Tours; os *Dialogi*, de Gregório Magno; a *Passio Iohannis Apostoli*, do Pseudo-Mellitus; a *Confessio* e a *Epistola ad Milites Corotici*, de [São] Patrício; o Livro de Ultán; *De Locis Sanctis*, de Adomnán; possivelmente, a *Vita Sanctae Brigidae*, de Cogitosus. Além de outras vidas de Santos (BIELER, 1949, p. 115; O'LEARY, 1996, p. 2; O'LOUGHLIN, 2006, p. 121, 159). Sempre que necessário, o autor da *Vita Sancti Patricii* recorria a essas obras para elaborar referências bastantes precisas.

Bernadette Cunningham nos lembra que há uma tendência, mesmo entre historiadores profissionais, de não apreciar os textos produzidos antes do desenvolvimento da Ciência da História. Crônicas e anais, por exemplo, nada mais seriam do que um amontoado de datas, uma recitação de várias coisas que ocorreram, mas sem uma reflexão historiográfica que servisse de sustentáculo para considerarmos textos dessa natureza como historiográficos (CUNNINGHAM, 2010, p. 25). Donnchadh Ó Corráin também tem percepção semelhante, as genealogias irlandesas, por exemplo, teriam recebido, segundo ele, um olhar indiferente, como se fossem um gênero menor, que também não poderiam ser percebidas como historiografia (Ó CORRÁIN, 1998, p. 177).

Trata-se de um problema que depende diretamente de nossa avaliação sobre a *Seanchas* (SANTOS, 2018). A História não era uma categoria independente na Antiguidade e nem no Medievo. Textos que hoje denominaríamos de historiográficos poderiam aparecer como gramáticos ou retóricos. Crônicas, diários, calendários, feitos, biografias, poesias, comentários exegéticos, documentos legais, liturgias, catálogos, interpretações bíblicas e, claro, hagiografias, estilo que nos interessou mais diretamente, podiam conter as expressões historiográficas do período (DELIYANNIS, 2003; SANTOS, 2018, p. 44-60).

Não podemos deixar de apreciar a historiografia irlandesa Tardo-Antiga por ela nunca ter produzido um Beda ou um Gregório de Tours e caminhar lado a lado com a *Seanchas*, com ela confundindo-se (BYRNE, 1974, p. 138; SANTOS, 2018, p. 44-60). A *Vita Sancti Patricii* de Muirchú Moccu Machteni apresenta todas as qualidades necessárias a um historiador do século VII irlandês. Ela está relacionando temporalidades distintas para avaliar e resolver assuntos práticos do presente; recorre à tradição para elucidar seus exemplos; interpreta os fatos acontecidos, os compara e produz novas análises; apresenta uso metódico e controlado das supostas ficções utilizadas no texto; seleciona fragmentos da memória e os apresenta considerando os interesses do narrador e os da audiência; aponta conhecimento das fontes textuais utilizadas (Patrício, tradição bíblica, historiografias). Muirchú, assim como outros autores irlandeses inseridos nessa tradição, eram, de acordo com Ó Corráin, profissionais que "constantemente e necessariamente re-interpretavam o passado de acordo com o interesse das estruturas sócio-políticas contemporâneas" (Ó CORRÁIN, 1998, p. 186).

Da mesma forma, como outros autores irlandeses do período, Muirchú não podia escrever livremente, deveria seguir certas regras, que contemplavam os requisitos e demandas apresentadas socialmente, a partir de um conhecimento coletivo do passado e, além disso, seguir regras retóricas, estéticas e didáticas (POPPE, 2014; SANTOS, 2018, p. 44-60). O que a comunidade moderna dos historiadores profissionais, muitas vezes, insiste que deve ser categorizado como ficção ou literatura, então, os escritores irlandeses do período categorizavam como história (POPPE, 2014, p. 139). Não havia qualquer problema em dramatizar ou ficcionalizar, dependendo dos propósitos, as personagens ou fatos narrados, desde que as regras narrativas da *Seanchas* fossem seguidas e os propósitos políticos, estéticos e didáticos da narrativa fossem considerados e empregados (CARNEY, 2005, p. 479). Uma vez compreendidas essas peculiaridades, podemos afirmar que Muirchú Moccu Machteni, que esteve presente no Sínodo de Bírr e trabalhou para vincular a casa monástica de Armagh ao legado de Patrício, era um *artifex* do passado na Irlanda Tardo-Antiga.

REFERÊNCIAS

Documentação utilizada

A BÍBLIA de Jerusalém. 7. ed. rev. São Paulo: Paulus, 1995.

MUIRCHÚ MOCUU MACTHÉNI. *Vita Sancti Patricii*. Edição Latina e em Língua Inglesa do The Saint Patrick's Confessio Hypertext Stack Project. Royal Irish Academy. Disponível em: www.confessio.ie. Acesso em: 23 jul. 2017.

MUIRCHÚ MOCUU MACTHÉNI. *Vita Sancti Patricii*. Edited and translated by David Howlett. *Muirchú Moccu Macthéni's 'Vita Sancti Patricii' Life of Saint Patrick*. Dublin: Four Courts Press, 2006.

PATRÍCIO. *Confessio*. Edited and translated by Ludwig Bieler. *Libri Epistolarum Santi Patricii Episcopi*. Dublin: Royal Irish Academy, 1993. Disponível em: www.confessio.ie. Acesso em: 23 jul. 2017.

PATRÍCIO. *Confessio*. *In*: PATRÍCIO. *The Book of Letters of Saint Patrick the Bishop*. Edited and translated by David Howlett. Dublin: Four Courts Press, 1994.

PATRÍCIO. *Confessio*. *São Patrício por ele mesmo: Confissão e Carta aos Soldados de Coroticus*. Tradução de Dominique Santos. The Saint Patrick's Confessio Hypertext Stack Project. Royal Irish Academy. Disponível em: www.confessio.ie. Acesso em:: 23 jul. 2017.

Obras de referência

DEVINE, Kieran. *Clavis Patricii I*: Computer – Generated Concordance to the Libri Epistolarum of Saint Patrick. Dublin: Royal Irish Academy, 1989.

SENCHAS, SENCHUS. *eDIL – Electronic Dictionary of the Irish Language, Royal Irish Academy*. [*S. l.*: *s. n.*]: 2007. Disponível em: http://edil.qub.ac.uk/37124. Data de Acesso: 17 nov. 2018.

Obras Gerais

BEINER, Guy. *Remembering the Year of the French. Irish Folk History and Social Memory*. Wisconsin, The University of Wisconsin Press, 2007. p. 81.

BHREATHNACH, E. *Ireland in the Medieval World.* Ad 400-1000. Dublin: Four Courts Press, 2014.

BHREATHNACH, E. *'Seanchas the key to history in medieval Ireland'*. Dublin: Royal Irish Academy, 2013. (Lecture 21 from Humanities Serie).

BHREATHNACH, E. The Seanchas tradition in late medieval Ireland. *In*: BHREATHNACH, E.; CUNNINGHAM, B. *Writing Irish History*: The Four Masters and their World. Dublin: [*s. n.*], 2007.

BIELER, Ludwig. *The Life and Legend of Saint Patrick.* Dublin: Clonmore & Reynolds, 1949.

BOARD OF TRINITY COLLEGE DUBLIN, 2011. The Book of Armagh: Dublin, Trinity College, MS 52. The Saint Patrick's Confessio Hypertext Stack Project. Royal Irish Academy. ©Board of Trinity College Dublin. Disponível em: www.confessio.ie. Acesso em: 21 jul. 2018.

BREATNACH, Caoimhín. 'Rawlinson B 502'. *In*: DUFFY, Seán (ed.). *Medieval Ireland*: an Encyclopedia. Abingdon; New York, Routledge, 2005.

BYRNE, Francis John. *Seanchas:* the nature of Gaelic historical tradition. *In*: BARRY, J. G. (ed.). *Historical Studies*, Belfast, v. 9, p. 137-159, 1974.

CARNEY, James. 'Language and literature to 1169'. *In*: Ó CRÓINÍN, Dáibhí (ed.). *A new history of Ireland, vol. 1:* Prehistoric and early Ireland, Oxford: Oxford University Press, 2005. p. 451-510.

CLANCY, Thomas Owen. 'Dallán Forgail'. *In*: KOCH, John C. (ed.). *Celtic Culture – A Historical Encyclopedia.* Santa Barbara; Denver; Oxford: ABC-CLIO, 2006.

COSTA LIMA, LUÍS. *A Aguarrás do tempo.* Rio de Janeiro: Rocco, 1989.

CUNNINGHAM, Bernadette. *The Annals of the Four Masters –* Irish history, kingship and society in the early seventeenth century. Dublin: Four Courts Press, 2010.

CUNNINGHAM, Bernadette. The Louvain achievement I: The Annals of the Four Masters. *In*: BHREATHNACH, Edel; MAcMAHON, Joseph; McCAFFERTY, John (ed.). *The Irish Franciscans –* 1531-1990. Dublin: Four Courts Press, 2009. p. 177-188.

CHARLES-EDWARDS, T. M. *Early Christian Ireland*. Cambridge: Cambridge University Press, 2000.

DELIYANNIS, Deborah Mauskopf. *Historiography in the Middle Ages*. Leiden: Brill, 2003.

FARRELL, Elaine; SANTOS, Dominique. Early Christian Ireland- Uma reflexão sobre o problema da periodização na escrita da História da Irlanda. *In*: BAPTISTA, L. V.; SANT'ANNA, Henrique Modanez de; SANTOS, D. V. C. (org.). *História antiga*: estudos, revisões e diálogos. Rio de Janeiro: Publit, 2011. p. 185-213.

FULTON, Helen. History and historia: uses of the Troy story in medieval Ireland and Wales. *In*: O'CONNOR, Ralph. (ed.). *Classical Literature and Learning in Medieval Irish Narrative*. Studies in Celtic History XXXIV. D. S. Brewer: Cambridge, 2014.

GROENEWEGEN, Dennis (dir.). CODECS – Online database and e-resources for Celtic Studies. 27 maio 2015. Disponível em: http://www.vanhamel.nl/codecs/Dublin,_Trinity_College,_MS_52. Acesso em: 21 jul. 2018.

HOWLETT, David. *Muirchú Moccu Macthéni's 'Vita Sancti Patricii' Life of Saint Patrick*. Dublin: Four Courts Press, 2006.

HOWLETT, David. *The book of Letters of Saint Patrick the Bishop*. Dublin: Four Courts Press, 1994.

JOHNSTON, Elva. *Literacy and Identity in Early Medieval Ireland*. Wooldbridge: The Boydell Press, 2013.

KELLY, Fergus. *An Old-Irish text on court procedure*. [*S. l.*]: Peritia 5, 1986. p. 74-106.

MILES, Brent. *Heroic Saga and Classical Epic in Medieval Ireland*. Cambridge: DS Brewer, 2011.

NÍ MHAONAIGH, Máire. The literature of medieval Ireland, 800-1200: from the Vikings to the Normans. *In*: KELLEHER, Margaret; O'LEARY, Philip (ed.). *The Cambridge History of Irish Literature – Volume 1*. Cambridge: Cambridge University Press, 2008. p. 32-73.

NYLAND, Edo. "*Odysseus and the sea peoples, a Bronze Age History of Scotland*". Victoria, British Columbia: Trafford Publishing, 2001.

Ó CORRÁIN, Donnchadh. Creating the past: the early Irish genealogical tradition. *Peritia*, v. 12, p. 177-208, 1998.

Ó CRÓINÍN, Dáibhí (ed.). *A New History of Ireland – Prehistoric and Early Ireland*. Oxford, Oxford University Press, 2005. p. 182-234.

O'CONNOR, Ralph. Narrative Literature and Classical Tradition. *In*: O'CONNOR, Ralph. (ed.). *Classical Literature and Learning in Medieval Irish Narrative*. Studies in Celtic History XXXIV. Cambridge: D. S. Brewer, 2014. p. 1-24.

O'LOUGHLIN, Thomas. "Muirchú's Tara-event within its background as a biblical 'trial of divinites'". *In*: CARTWRIGHT, Jane. *Celtic Hagiography and Saint's cult*. Cardiff: University of Wales Press, 2003.

O'LOUGHLIN, Thomas. *Discovering Saint Patrick*. London: Darton, Longman and Todd Ltd, 2005.

O'LOUGHLIN, Thomas. Muirchú's poisoned cup: a note on its sources. *Ériu*, Dublin, v. 56, RIA, p. 157-162, 2006.

O'LEARY, Aideen. An Irish Apocryphal Apostle: Muirchú's Portrayal of Saint Patrick. *Harvard Theological Review*, Massachusetts, v. 89, p. 2, 1996.

O'LOUGHLIN, Thomas. 'Colum Cille, St'. *In*: KOCH, John C. (ed.). *Celtic Culture – A Historical Encyclopedia*. Santa Barbara; Denver; Oxford, ABC-CLIO, 2006. p. 468.

POPPE, Erich. Narrative history and cultural memory in medieval Ireland. Some preliminary thoughts. *In*: REKDAL, Jan Erik; POPPE, Erich (ed.). *Medieval Irish Perspectives on Cultural Memory*. Münster: Nodus Publikationen, 2014. p. 135-176.

SANTOS, Dominique. A Tradição Clássica e o Densevolvimento da Escrita Vernacular na Early Christian Ireland: Algumas Considerações sobre a Matéria Troiana e a Togail Troí. *História e Cultura*, Franca, v. 5, n. 1, p. 93-110, 2016.

SANTOS, Dominique. 'Apresentação ao Dossiê 'A Escrita da História na Antiguidade". *Revista de Teoria da História*, ano 7, n. 13. p. 7-18, abr. 2015.

SANTOS, Dominique. As elaborações retóricas da tradição hiberno-latina: uma leitura da Confessio de São Patrício. *Rètor*: Revista da Associação Argentina de Retórica, v. 3, p. 86-106, 2013b.

SANTOS, Dominique. Patrício: *A Construção da Imagem de um Santo/How the Historical Patrick Was Transformed into the St. Patrick of Religious Faith.* New York; Lampeter: The Edwin Mellen Press, 2013a. 316 p.

SANTOS, Dominique. São Patrício e a festividade pagã no banquete da província de Tara: religião e sociedade na Early Christian Ireland a partir da obra de Muirchú Moccu Machteni. *In*: CANDIDO, Maria Regina (org.). Banquetes, Rituais e Poder no Mediterrâneo Antigo. Rio de Janeiro: D&G Editora, 2014. p. 86-98.

SANTOS, Dominique. Seanchas – An Important Irish Tradition Related to Memory, History and Historiography. *OPSIS*, v. 18, p. 44-60, 2018.

SIMMS, Katharine. *From kings to warlords*: the changing political structures of Gaelic Ireland in the later Middle Ages. Woodbridge: Boydell, 1987.

ÍNDICE REMISSIVO

A

Ações 17, 35, 39, 44, 45, 68, 78, 95, 96, 97, 99, 104, 113, 119, 120, 133, 134, 135, 136, 137, 139, 152, 153, 155, 156, 162, 169, 180, 185, 186, 191, 193, 206, 207, 231, 250, 260, 264, 290, 292, 297, 298, 302, 304, 333, 339, 362, 365, 378, 379, 386, 388, 391, 396, 406, 413

Acontecimentos 44, 49, 50, 51, 52, 53, 65, 67, 68, 70, 73, 82, 85, 93, 94, 95, 97, 98, 117, 125, 126, 133, 136, 138, 139, 190, 222, 225, 231, 249, 250, 258, 261, 262, 271, 272, 274, 275, 276, 277, 280, 281, 282, 283, 298, 304, 305, 314, 315, 317, 319, 323, 326, 328, 335, 336, 338, 351, 352, 353, 362, 363, 365, 366, 368, 380, 383, 384, 385, 386, 388, 391, 396, 397, 399, 410, 413, 414, 415, 416, 418

Antiguidade 3, 4, 9, 10, 11, 17, 19, 20, 21, 23, 24, 28, 32, 34, 36, 40, 41, 43, 44, 46, 47, 48, 50, 59, 66, 67, 87, 94, 104, 106, 107, 109, 113, 119, 124, 142, 158, 161, 162, 166, 173, 206, 214, 225, 231, 232, 236, 241, 242, 249, 252, 253, 255, 263, 267, 273, 277, 282, 292, 295, 313, 331, 335, 338, 341, 343, 344, 348, 350, 353, 355, 356, 358, 362, 373, 374, 376, 377, 378, 380, 383, 387, 393, 397, 400, 401, 405, 406, 408, 419, 420, 424, 432, 437

Autobiografia 43, 48, 50, 51, 52, 53, 290

Autor 12, 20, 35, 36, 37, 43, 45, 48, 53, 60, 62, 65, 66, 68, 70, 72, 73, 91, 92, 93, 94, 95, 96, 98, 99, 100, 101, 103, 104, 105, 109, 112, 117, 118, 119, 120, 121, 126, 127, 129, 130, 136, 138, 139, 144, 149, 150, 161, 163, 168, 178, 185, 205, 218, 231, 232, 233, 235, 236, 237, 238, 239, 240, 241, 242, 243, 250, 260, 262, 264, 273, 274, 275, 277, 278, 279, 280, 281, 282, 283, 284, 285, 289, 290, 292, 293, 294, 296, 298, 302, 303, 304, 311, 314, 316, 317, 318, 324, 325, 329, 330, 331, 332, 333, 334, 335, 337, 338, 342, 351, 352, 353, 354, 355, 357, 358, 359, 360, 361, 362, 363, 364, 365, 366, 367, 368, 373, 376, 379, 380, 381, 382, 383, 384, 385, 386, 387, 389, 390, 392, 393, 394, 395, 396, 397, 398, 399, 406, 410, 416, 423, 429, 432

B

Bárbaros 9, 19, 68, 70, 71, 74, 75, 78, 80, 84, 96, 119, 148, 155, 195, 206, 207, 213, 214, 215, 216, 217, 218, 219, 220, 222, 223, 226, 227, 234, 282, 295, 332, 375, 378, 382, 386, 394, 401, 429

Bispo 18, 23, 25, 26, 30, 31, 33, 35, 36, 38, 39, 41, 97, 109, 112, 114, 115, 116, 117, 121, 151, 152, 153, 165, 167, 180, 205, 209, 211, 213, 214, 215,

219, 221, 223, 249, 250, 251, 252, 254, 255, 258, 259, 260, 261, 262, 263, 265, 266, 279, 289, 290, 297, 301, 302, 313, 316, 317, 318, 319, 320, 321, 323, 324, 327, 328, 329, 331, 332, 333, 334, 335, 336, 338, 339, 340, 341, 342, 397, 410, 411, 412, 413, 417, 423, 426, 427

C

Concílio de Niceia 25, 38, 254, 258, 261, 408

Conhecimento 24, 37, 46, 49, 53, 56, 63, 64, 66, 92, 93, 94, 105, 114, 115, 118, 133, 134, 139, 147, 161, 164, 167, 170, 172, 180, 182, 185, 188, 191, 195, 196, 233, 235, 239, 240, 242, 243, 276, 280, 284, 292, 297, 300, 301, 312, 315, 337, 352, 353, 355, 356, 358, 359, 361, 365, 368, 378, 380, 382, 399, 405, 411, 415, 418, 424, 425, 428, 433

Constantino 23, 24, 25, 27, 33, 34, 35, 36, 37, 38, 39, 40, 41, 48, 62, 70, 74, 125, 145, 146, 148, 149, 153, 159, 164, 177, 178, 179, 180, 224, 225, 237, 249, 251, 260, 262, 263, 264, 266, 280, 284, 321, 340, 341, 359, 393, 407

Constantinopla 18, 24, 38, 52, 53, 110, 129, 130, 145, 149, 205, 208, 211, 217, 237, 249, 250, 251, 255, 256, 257, 258, 259, 261, 263, 264, 265, 266, 269, 276, 277, 278, 279, 283, 285, 290, 305, 352, 355, 356, 358, 359, 364, 374, 381, 382, 384, 393, 394

Contexto 10, 11, 14, 19, 40, 41, 43, 46, 63, 71, 85, 91, 93, 94, 98, 105, 106, 108, 112, 115, 152, 153, 163, 164, 175, 205, 206, 207, 211, 212, 215, 216, 219, 231, 232, 236, 237, 242, 249, 250, 252, 264, 271, 274, 290, 292, 296, 305, 313, 314, 318, 319, 321, 323, 325, 327, 329, 330, 332, 333, 334, 351, 354, 356, 357, 358, 370, 377, 381, 383, 392, 398, 400, 414, 418

Cristãos 17, 18, 19, 24, 25, 26, 29, 30, 31, 32, 35, 37, 40, 109, 110, 113, 114, 115, 116, 118, 121, 126, 129, 140, 144, 145, 150, 151, 159, 161, 163, 164, 166, 167, 168, 169, 170, 171, 173, 174, 180, 184, 185, 188, 193, 195, 197, 198, 204, 205, 206, 207, 212, 213, 216, 217, 218, 219, 221, 222, 223, 224, 225, 227, 234, 241, 249, 251, 258, 260, 262, 271, 272, 273, 274, 276, 278, 283, 284, 289, 293, 294, 296, 301, 315, 335, 337, 338, 342, 344, 356, 357, 376, 377, 397, 408, 409, 410

Cristianismo 10, 17, 18, 23, 24, 25, 29, 30, 31, 34, 35, 38, 39, 41, 42, 70, 88, 108, 110, 114, 115, 117, 124, 125, 128, 129, 130, 139, 140, 145, 146, 148, 149, 153, 159, 161, 165, 169, 171, 179, 180, 182, 185, 189, 191, 194, 195, 198, 201, 202, 204, 212, 224, 225, 233, 234, 239, 241, 263, 271, 273, 275, 277, 278, 280, 281, 282, 284, 285, 289, 290, 320, 321, 337, 338, 340, 357, 362, 364, 376, 407, 408, 417, 418, 421

Cristo 34, 37, 45, 118, 161, 165, 168, 169, 177, 179, 180, 182, 188, 190, 192, 193, 199, 212, 220, 221, 223, 224, 225, 226, 227, 233, 249, 250, 252,

253, 254, 255, 260, 261, 264, 271, 272, 278, 280, 281, 284, 295, 314, 315, 316, 330, 343, 408, 409

Cultura 9, 39, 40, 56, 59, 61, 64, 71, 82, 84, 89, 96, 108, 113, 124, 128, 129, 140, 146, 149, 150, 152, 165, 166, 167, 171, 185, 195, 204, 206, 208, 209, 210, 211, 213, 214, 215, 218, 229, 254, 255, 257, 273, 279, 283, 308, 323, 337, 343, 348, 356, 357, 402, 420, 437

D

Discurso 14, 27, 34, 36, 37, 43, 48, 49, 51, 59, 64, 65, 66, 67, 69, 71, 78, 80, 85, 93, 94, 104, 105, 108, 114, 125, 133, 135, 143, 146, 147, 148, 166, 174, 178, 204, 207, 216, 226, 237, 256, 257, 267, 303, 312, 315, 336, 353, 354, 361, 377, 379, 386, 408, 410, 425, 428

E

Época 9, 11, 17, 20, 24, 25, 30, 31, 32, 33, 34, 45, 53, 59, 61, 62, 65, 69, 70, 75, 76, 78, 79, 81, 84, 92, 93, 95, 99, 100, 102, 103, 107, 124, 125, 128, 130, 132, 133, 135, 137, 140, 144, 146, 149, 150, 151, 152, 153, 154, 155, 156, 167, 174, 175, 176, 205, 206, 207, 212, 215, 224, 225, 227, 231, 235, 242, 243, 249, 259, 265, 275, 276, 277, 279, 280, 283, 284, 289, 290, 291, 292, 293, 297, 298, 301, 302, 304, 307, 316, 324, 326, 327, 328, 329, 339, 351, 357, 363, 373, 375, 382, 385, 398, 400, 406, 408, 416, 420, 423, 424, 430

Escrita 10, 17, 18, 19, 20, 35, 43, 44, 46, 48, 50, 51, 53, 54, 92, 94, 95, 104, 109, 117, 121, 125, 126, 128, 130, 131, 132, 134, 135, 139, 154, 184, 205, 214, 215, 219, 221, 222, 225, 232, 234, 236, 237, 241, 242, 249, 250, 260, 273, 275, 276, 277, 279, 281, 283, 284, 290, 291, 294, 296, 297, 303, 304, 305, 306, 307, 313, 316, 325, 327, 330, 334, 335, 341, 344, 351, 353, 354, 355, 356, 357, 358, 362, 365, 367, 370, 373, 376, 377, 378, 380, 381, 385, 386, 387, 388, 389, 392, 393, 395, 396, 397, 398, 399, 400, 408, 413, 416, 418, 423, 424, 426, 427, 428, 429, 436, 437

Escritos 23, 24, 31, 32, 49, 68, 99, 102, 114, 115, 117, 121, 125, 126, 132, 135, 140, 144, 148, 153, 156, 161, 162, 182, 184, 207, 208, 210, 213, 222, 224, 225, 231, 236, 253, 255, 260, 261, 263, 284, 290, 292, 313, 314, 315, 329, 330, 355, 367, 368, 383, 384, 396, 397, 406, 412, 418, 419, 429, 430

Eventos 18, 19, 24, 25, 28, 30, 31, 33, 39, 40, 43, 45, 46, 49, 50, 52, 62, 63, 68, 75, 91, 115, 118, 134, 144, 145, 148, 151, 152, 153, 156, 194, 205, 206, 218, 256, 257, 261, 273, 274, 275, 277, 280, 281, 296, 305, 306, 314, 315, 316, 318, 323, 329, 330, 332, 334, 335, 337, 338, 340, 351, 353, 354, 360, 361, 362, 363, 364, 365, 368, 386, 387, 393, 398, 428

Exemplo 17, 18, 28, 38, 39, 41, 43, 44, 45, 46, 47, 62, 64, 66, 67, 68, 75, 84, 85, 86, 95, 102, 109, 114, 125, 133, 146, 153, 170, 171, 211, 232, 234, 241, 252, 259, 263, 264, 272, 273, 274, 275, 281, 282, 290, 293, 298, 299, 302, 312, 314, 318, 319, 321, 324, 325, 326, 327, 333, 334, 335, 338, 339, 342, 356, 360, 361, 362, 363, 364, 379, 382, 390, 393, 395, 397, 398, 413, 420, 426, 428, 430, 431, 432

F

Fatos 33, 37, 39, 40, 43, 48, 49, 51, 53, 63, 72, 92, 93, 94, 105, 125, 126, 131, 133, 135, 136, 137, 139, 144, 191, 226, 249, 261, 262, 264, 280, 282, 304, 311, 328, 335, 337, 342, 376, 378, 379, 380, 382, 383, 384, 387, 388, 389, 395, 396, 398, 399, 414, 415, 417, 433

Fé 24, 25, 29, 30, 32, 33, 39, 97, 115, 146, 161, 166, 167, 169, 170, 171, 172, 175, 176, 179, 180, 182, 185, 186, 187, 188, 190, 192, 193, 195, 199, 203, 205, 210, 211, 212, 216, 222, 223, 224, 259, 260, 263, 265, 272, 275, 281, 283, 285, 301, 311, 315, 336, 338, 340, 343, 407, 409, 410, 412, 415

Filosofia 29, 40, 109, 110, 112, 113, 114, 116, 117, 119, 121, 123, 124, 125, 126, 127, 128, 129, 130, 131, 132, 133, 134, 135, 139, 140, 145, 167, 187, 240, 257, 275, 277, 282, 311, 330, 333, 334, 338, 349, 356, 368, 377

Filósofos 29, 116, 117, 125, 126, 127, 129, 130, 131, 132, 133, 134, 135, 136, 137, 139, 140, 195, 209, 210, 211, 251, 356, 412

Fim do mundo 17, 224, 225, 245, 311, 324, 342, 343, 349

G

Gênero 9, 14, 19, 35, 39, 46, 49, 50, 66, 67, 92, 93, 95, 116, 133, 143, 162, 184, 191, 225, 231, 233, 236, 250, 260, 266, 274, 275, 282, 292, 293, 295, 296, 302, 308, 331, 334, 335, 343, 354, 362, 370, 377, 395, 432

Governo 24, 45, 61, 91, 93, 98, 100, 104, 113, 114, 129, 143, 147, 149, 153, 164, 165, 167, 168, 169, 170, 174, 177, 183, 189, 238, 253, 255, 262, 263, 264, 266, 276, 279, 280, 284, 285, 312, 321, 322, 331, 339, 341, 344, 359, 374, 375, 380, 384, 387, 389, 390, 391, 392, 393, 394, 400, 412

Guerras 9, 32, 35, 69, 74, 83, 95, 96, 97, 98, 99, 100, 102, 103, 104, 105, 108, 110, 136, 137, 177, 191, 194, 214, 249, 260, 263, 300, 338, 339, 342, 351, 362, 363, 382, 383, 384, 385, 386, 387, 388, 389, 392, 394, 395, 399, 402, 407

H

História da Igreja 18, 23, 25, 31, 33, 42, 207, 225, 249, 258, 259, 260, 280, 284, 331, 349

História do Império 43, 63, 68, 70, 78, 85, 99, 154, 156

Historiador 19, 24, 36, 39, 40, 41, 43, 44, 45, 48, 49, 50, 53, 59, 62, 65, 67, 69, 70, 72, 73, 75, 76, 77, 78, 79, 81, 83, 85, 90, 92, 94, 97, 98, 100, 101, 102, 115, 119, 133, 137, 138, 142, 161, 162, 207, 214, 224, 227, 236, 241, 243, 252, 255, 257, 259, 260, 261, 262, 265, 266, 267, 273, 278, 281, 282, 285, 311, 317, 318, 319, 320, 323, 324, 325, 328, 329, 331, 332, 335, 336, 337, 341, 352, 354, 357, 359, 360, 362, 364, 367, 373, 376, 379, 380, 381, 382, 383, 384, 385, 387, 389, 394, 395, 396, 397, 398, 399, 424, 433

Historiadores 10, 11, 18, 20, 23, 33, 40, 43, 44, 49, 50, 51, 53, 73, 91, 116, 137, 162, 163, 171, 205, 207, 225, 232, 234, 237, 240, 242, 261, 264, 275, 278, 281, 312, 313, 314, 317, 319, 320, 323, 324, 332, 333, 334, 335, 336, 338, 341, 353, 355, 358, 362, 368, 370, 373, 376, 377, 378, 379, 396, 397, 400, 401, 402, 406, 425, 432, 433

História dos francos 18, 19, 311, 315, 316, 317, 323, 324, 327, 328, 330, 332, 333, 341, 345

História eclesiástica 18, 45, 118, 225, 249, 250, 251, 257, 260, 261, 262, 263, 264, 266, 267, 268, 274, 275, 276, 277, 278, 279, 280, 281, 282, 283, 284, 285, 295, 324, 333, 357, 397

História lausíaca 18, 284, 289, 290, 291, 292, 293, 296, 298, 300, 302, 303, 305

Histórias 17, 18, 19, 23, 27, 28, 32, 33, 45, 46, 48, 59, 62, 63, 64, 65, 66, 67, 68, 69, 71, 74, 75, 76, 77, 78, 79, 80, 81, 82, 84, 85, 86, 87, 91, 92, 93, 94, 95, 97, 104, 117, 131, 136, 236, 263, 264, 273, 277, 283, 284, 294, 295, 300, 302, 304, 311, 314, 327, 329, 330, 331, 332, 337, 338, 348, 351, 354, 356, 357, 358, 359, 360, 361, 362, 363, 364, 365, 366, 367, 368, 369, 377, 398, 405, 415, 416

Histórias abreviadas 19, 59, 62, 63, 64, 65, 66, 67, 68, 69, 71, 74, 75, 76, 77, 78, 79, 80, 81, 82, 84, 85, 86, 87

Historiografia 10, 11, 17, 20, 21, 43, 46, 47, 48, 49, 50, 51, 55, 56, 67, 68, 69, 76, 79, 87, 89, 92, 103, 233, 237, 252, 272, 273, 275, 276, 282, 283, 284, 287, 294, 295, 305, 312, 313, 316, 317, 318, 323, 324, 325, 329, 330, 331, 332, 333, 334, 335, 336, 341, 343, 344, 349, 350, 353, 355, 356, 359, 362, 366, 367, 370, 373, 376, 377, 378, 380, 381, 382, 385, 386, 387, 388, 402, 403, 406, 407, 414, 418, 420, 423, 424, 428, 432

Homens 12, 17, 19, 35, 44, 47, 49, 51, 65, 72, 74, 75, 85, 92, 98, 99, 102, 105, 110, 115, 120, 125, 126, 132, 133, 134, 135, 140, 146, 151, 153, 159, 168, 169, 171, 172, 173, 175, 177, 178, 179, 181, 182, 183, 184, 186, 187, 188, 192, 193, 195, 198, 199, 209, 211, 217, 218, 219, 223, 224, 226, 227, 231, 252, 263, 264, 272, 282, 289, 291, 292, 293, 295, 296, 297, 300, 301,

302, 304, 305, 306, 326, 335, 337, 340, 341, 342, 343, 344, 351, 363, 364, 365, 366, 368, 378, 379, 390, 398, 400, 407

I

Igreja 18, 23, 24, 25, 31, 33, 34, 35, 41, 42, 110, 152, 180, 205, 206, 207, 211, 212, 213, 215, 218, 221, 222, 223, 224, 225, 226, 227, 241, 249, 250, 251, 252, 253, 254, 255, 256, 257, 258, 259, 260, 261, 262, 263, 264, 265, 266, 267, 272, 273, 275, 277, 278, 280, 281, 282, 284, 285, 299, 311, 314, 316, 318, 330, 331, 338, 340, 341, 343, 344, 349, 374, 375, 395, 407

Imperador 14, 21, 24, 25, 29, 30, 34, 35, 36, 37, 38, 39, 41, 62, 66, 68, 71, 72, 73, 78, 79, 80, 82, 83, 85, 86, 94, 96, 97, 98, 100, 101, 102, 103, 104, 105, 106, 109, 111, 112, 113, 114, 116, 117, 118, 119, 120, 121, 123, 124, 125, 126, 127, 128, 129, 130, 140, 146, 147, 149, 151, 153, 154, 155, 164, 165, 166, 167, 168, 169, 170, 177, 178, 179, 183, 193, 216, 217, 224, 225, 226, 233, 234, 237, 238, 239, 249, 250, 251, 252, 253, 254, 255, 256, 257, 259, 261, 263, 264, 265, 266, 267, 269, 274, 290, 321, 322, 352, 356, 358, 359, 363, 373, 374, 375, 376, 378, 380, 381, 382, 383, 384, 385, 386, 388, 389, 390, 391, 392, 393, 394, 395, 398, 402, 406, 407, 409, 410, 411

Imperadores 18, 19, 25, 32, 33, 35, 42, 46, 48, 49, 52, 63, 65, 67, 68, 69, 70, 77, 78, 79, 80, 81, 83, 84, 85, 86, 91, 92, 95, 96, 97, 101, 103, 130, 154, 165, 168, 170, 171, 174, 175, 177, 179, 194, 204, 216, 217, 218, 225, 226, 237, 249, 252, 253, 255, 260, 262, 263, 264, 265, 275, 278, 280, 283, 284, 285, 374, 376

Império 4, 9, 18, 24, 25, 29, 30, 32, 33, 34, 35, 43, 45, 52, 53, 59, 60, 62, 63, 68, 69, 70, 72, 73, 74, 75, 78, 80, 81, 82, 83, 85, 92, 93, 94, 95, 96, 97, 98, 99, 100, 101, 102, 103, 104, 105, 108, 109, 110, 112, 114, 121, 126, 127, 128, 129, 130, 139, 140, 142, 143, 144, 145, 147, 148, 149, 150, 151, 152, 153, 154, 155, 156, 165, 167, 179, 192, 193, 195, 196, 199, 204, 205, 206, 210, 213, 215, 216, 217, 220, 221, 222, 223, 224, 225, 226, 227, 235, 238, 239, 242, 249, 250, 251, 252, 253, 255, 256, 257, 259, 262, 263, 265, 266, 267, 271, 272, 274, 276, 277, 284, 285, 290, 295, 308, 332, 337, 344, 356, 357, 358, 373, 374, 375, 381, 382, 388, 389, 390, 391, 394, 399, 407, 409

J

Justiniano 351, 352, 353, 356, 359, 373, 374, 375, 376, 379, 380, 381, 383, 384, 385, 386, 387, 388, 389, 390, 391, 392, 393, 394, 395, 396, 399, 400, 407

L

Late Antiquity 54, 55, 56, 88, 108, 202, 244, 245, 246, 247, 268, 269, 270, 286, 287, 307, 370, 371, 372, 402, 403, 420, 421

Livros 17, 19, 24, 32, 33, 34, 35, 95, 130, 132, 138, 141, 143, 146, 161, 165, 210, 221, 222, 231, 233, 234, 235, 239, 240, 241, 243, 261, 262, 263, 264, 274, 276, 280, 314, 315, 316, 317, 322, 328, 330, 335, 337, 339, 344, 351, 357, 359, 383, 387, 388, 394, 395, 411

Lugar 23, 44, 45, 52, 53, 64, 65, 72, 76, 80, 94, 95, 103, 118, 120, 121, 125, 134, 149, 155, 165, 171, 184, 214, 215, 218, 219, 224, 225, 254, 256, 259, 266, 275, 281, 282, 289, 291, 292, 298, 300, 304, 305, 313, 317, 322, 332, 357, 358, 363, 364, 368, 373, 377, 379, 386, 391, 396, 407, 414, 415, 428

M

Memória 19, 46, 49, 53, 70, 71, 77, 79, 82, 88, 98, 102, 108, 131, 136, 140, 144, 148, 199, 207, 208, 210, 240, 292, 298, 302, 303, 304, 305, 306, 314, 315, 318, 319, 335, 338, 343, 372, 373, 378, 379, 382, 387, 396, 397, 398, 399, 401, 406, 415, 417, 425, 428, 433

Modo 23, 35, 37, 40, 43, 44, 46, 47, 49, 62, 63, 65, 66, 67, 68, 73, 74, 77, 79, 81, 83, 86, 94, 119, 125, 129, 130, 132, 133, 134, 135, 137, 139, 146, 152, 162, 168, 172, 188, 192, 197, 208, 213, 240, 250, 251, 252, 255, 256, 264, 265, 272, 273, 281, 282, 283, 289, 291, 292, 295, 296, 299, 302, 305, 306, 313, 314, 317, 327, 328, 329, 330, 332, 336, 341, 343, 353, 367, 379, 386, 388, 410, 430

Momento 24, 34, 35, 43, 59, 62, 70, 73, 79, 83, 91, 92, 93, 98, 100, 103, 112, 118, 120, 121, 128, 136, 139, 140, 143, 151, 154, 163, 227, 231, 235, 238, 241, 242, 250, 251, 254, 255, 271, 272, 273, 276, 279, 280, 283, 291, 293, 297, 299, 305, 311, 312, 318, 319, 325, 329, 333, 343, 356, 366, 373, 374, 376, 377, 378, 379, 380, 381, 382, 384, 388, 392, 396, 398, 406, 414, 416, 418, 429

Morte 23, 24, 25, 29, 33, 35, 38, 61, 69, 70, 74, 91, 96, 117, 118, 119, 126, 128, 129, 133, 143, 170, 174, 178, 185, 186, 188, 208, 211, 215, 218, 219, 225, 226, 237, 266, 271, 274, 278, 289, 290, 296, 299, 313, 328, 333, 339, 342, 351, 352, 382, 388, 389, 393, 394, 399, 410, 411, 413, 416, 426

N

Narrativa 9, 10, 17, 30, 31, 32, 35, 36, 40, 45, 51, 52, 53, 59, 60, 62, 63, 64, 65, 66, 67, 68, 69, 70, 71, 75, 76, 77, 79, 80, 83, 85, 86, 91, 92, 93, 94, 95, 96, 98, 99, 100, 101, 102, 103, 105, 126, 130, 131, 133, 134, 135, 137, 138, 162, 163, 199, 234, 240, 249, 250, 259, 260, 262, 263, 266, 275, 277, 281,

282, 283, 292, 293, 294, 295, 299, 300, 303, 304, 305, 306, 312, 314, 317, 319, 323, 327, 328, 330, 332, 333, 334, 336, 337, 338, 339, 341, 353, 354, 360, 361, 362, 365, 366, 373, 380, 381, 382, 383, 384, 385, 387, 389, 390, 392, 396, 397, 398, 399, 400, 408, 410, 413, 414, 415, 424, 425, 426, 428, 429, 430, 433

O

Obra 4, 9, 11, 12, 18, 20, 31, 41, 44, 45, 46, 48, 50, 51, 52, 59, 60, 62, 63, 64, 65, 66, 67, 68, 69, 77, 80, 81, 84, 85, 86, 91, 92, 93, 94, 95, 96, 98, 99, 101, 104, 105, 106, 119, 125, 126, 128, 129, 130, 132, 133, 134, 135, 137, 139, 144, 146, 161, 163, 165, 166, 169, 180, 181, 182, 206, 207, 210, 218, 225, 231, 232, 233, 234, 235, 236, 237, 238, 239, 240, 241, 242, 243, 250, 251, 253, 256, 258, 260, 261, 263, 265, 266, 273, 274, 275, 276, 277, 278, 280, 281, 282, 283, 284, 285, 289, 290, 291, 292, 293, 295, 298, 300, 302, 303, 305, 312, 313, 314, 316, 317, 318, 319, 320, 323, 324, 325, 326, 327, 328, 329, 330, 331, 332, 333, 334, 335, 336, 339, 341, 342, 351, 352, 353, 357, 358, 360, 361, 362, 363, 364, 365, 366, 367, 368, 373, 376, 377, 378, 379, 382, 383, 384, 385, 386, 387, 388, 389, 390, 391, 392, 393, 394, 395, 396, 397, 398, 399, 400, 415, 418, 419, 423, 424, 426, 427, 428, 429, 430, 431, 432, 438

Ordem 10, 46, 61, 70, 74, 77, 78, 79, 91, 92, 93, 95, 99, 101, 102, 103, 108, 112, 115, 121, 143, 146, 148, 149, 154, 155, 156, 163, 164, 165, 180, 188, 192, 197, 243, 264, 273, 274, 305, 313, 314, 323, 325, 330, 336, 338, 341, 344, 359, 368, 383, 388, 394, 409, 429

P

Pagãos 17, 19, 38, 70, 114, 125, 139, 145, 146, 151, 161, 164, 166, 167, 169, 170, 171, 172, 173, 174, 177, 178, 179, 181, 183, 184, 187, 188, 191, 193, 194, 195, 197, 199, 204, 206, 207, 225, 256, 258, 271, 274, 278, 283, 311, 338, 344, 356, 357, 376, 377, 397, 428

Passado 9, 11, 17, 18, 20, 30, 32, 44, 46, 51, 59, 60, 62, 63, 66, 69, 72, 77, 79, 82, 83, 85, 86, 91, 94, 97, 98, 104, 105, 129, 144, 145, 148, 154, 155, 156, 162, 171, 172, 176, 186, 188, 207, 235, 263, 272, 273, 274, 275, 276, 285, 294, 304, 306, 311, 312, 314, 326, 329, 335, 337, 348, 349, 360, 362, 376, 378, 379, 394, 396, 397, 399, 405, 406, 407, 413, 416, 417, 418, 423, 424, 425, 433

Período 9, 10, 17, 18, 19, 24, 26, 29, 30, 33, 44, 62, 67, 68, 69, 70, 95, 102, 113, 125, 131, 135, 145, 146, 186, 192, 205, 213, 222, 231, 232, 234, 235, 236, 237, 238, 239, 240, 241, 243, 249, 250, 251, 253, 255, 258, 259, 260,

261, 264, 265, 277, 280, 293, 296, 297, 313, 314, 316, 318, 319, 323, 324, 327, 328, 331, 332, 333, 334, 339, 341, 342, 344, 345, 349, 351, 357, 358, 359, 363, 364, 365, 377, 378, 382, 383, 389, 392, 393, 394, 395, 399, 405, 406, 408, 410, 412, 423, 424, 425, 426, 427, 428, 430, 431, 432, 433

Poder de império 98, 99, 100, 101, 102, 103, 104, 105

Poder imperial 70, 72, 83, 94, 95, 100, 102, 103, 104, 105, 121, 146, 151, 250, 252, 253, 255, 259, 264, 267, 374, 375, 393, 407, 408

Política 17, 36, 43, 45, 47, 53, 61, 63, 64, 69, 73, 74, 75, 76, 77, 78, 82, 83, 84, 92, 96, 102, 105, 113, 124, 129, 133, 143, 145, 146, 148, 149, 151, 152, 153, 156, 166, 205, 206, 217, 240, 249, 256, 258, 259, 262, 264, 266, 269, 281, 305, 314, 320, 321, 323, 324, 325, 333, 334, 341, 351, 355, 365, 376, 381, 384, 385, 387, 389, 390, 408, 411, 412, 413

Presente 9, 10, 19, 31, 45, 59, 63, 68, 71, 72, 76, 77, 82, 83, 86, 91, 94, 95, 96, 98, 104, 105, 128, 129, 145, 156, 162, 163, 172, 173, 176, 185, 186, 187, 190, 193, 195, 197, 207, 232, 236, 272, 275, 291, 299, 304, 306, 311, 312, 314, 332, 338, 343, 362, 365, 378, 385, 386, 395, 396, 397, 405, 406, 407, 409, 416, 417, 433

R

Rei 30, 31, 62, 69, 96, 100, 101, 178, 193, 210, 224, 231, 232, 233, 234, 235, 236, 237, 239, 240, 241, 242, 245, 247, 253, 269, 318, 319, 320, 321, 322, 323, 325, 328, 331, 339, 340, 341, 351, 352, 361, 363, 366, 406, 411, 412, 413, 416, 423, 425, 427, 430, 431

Relação 10, 26, 33, 39, 40, 43, 45, 46, 48, 50, 53, 64, 70, 77, 78, 79, 81, 82, 86, 91, 95, 115, 129, 145, 149, 154, 155, 188, 211, 212, 213, 214, 215, 218, 221, 226, 231, 232, 240, 250, 252, 254, 256, 257, 258, 259, 260, 264, 301, 303, 312, 314, 319, 320, 322, 323, 324, 325, 327, 331, 332, 335, 336, 344, 351, 353, 356, 357, 360, 361, 367, 368, 380, 382, 390, 410, 415, 416, 425, 428

Relato 18, 24, 25, 33, 35, 36, 40, 41, 48, 50, 53, 67, 68, 71, 73, 85, 92, 133, 135, 137, 140, 156, 161, 162, 171, 191, 199, 219, 220, 221, 254, 259, 262, 272, 273, 279, 290, 292, 295, 300, 306, 317, 319, 323, 327, 328, 333, 338, 340, 341, 343, 352, 356, 365, 380, 397, 409, 411, 417, 418

Retórica 19, 20, 21, 40, 47, 51, 53, 60, 70, 72, 83, 89, 93, 104, 107, 113, 123, 127, 128, 129, 130, 144, 145, 159, 161, 162, 164, 166, 169, 185, 198, 203, 206, 210, 211, 216, 222, 223, 226, 227, 256, 277, 283, 293, 338, 354, 355, 358, 368, 379, 380, 381, 385, 390, 394, 397, 411, 415, 418, 438

Roma 17, 18, 25, 28, 30, 31, 33, 34, 39, 60, 61, 63, 65, 67, 68, 71, 73, 75, 76, 77, 78, 79, 82, 88, 89, 90, 91, 92, 93, 94, 95, 96, 97, 98, 99, 100, 107, 108,

114, 126, 142, 143, 144, 145, 146, 147, 148, 149, 152, 153, 154, 155, 156, 157, 159, 160, 161, 165, 166, 167, 169, 170, 175, 179, 180, 181, 182, 184, 188, 189, 190, 191, 192, 193, 194, 196, 198, 200, 201, 202, 204, 205, 206, 207, 208, 209, 211, 212, 213, 214, 217, 220, 221, 223, 224, 227, 229, 238, 264, 274, 279, 286, 290, 292, 298, 307, 308, 322, 338, 339, 343, 352, 356, 397, 401, 407, 416, 420, 421

Romanos 17, 28, 33, 34, 44, 49, 59, 63, 67, 68, 69, 71, 73, 74, 75, 77, 78, 79, 81, 86, 90, 91, 92, 93, 94, 95, 96, 97, 98, 99, 100, 101, 102, 103, 104, 105, 110, 118, 121, 133, 137, 139, 143, 146, 152, 154, 156, 157, 158, 159, 167, 171, 172, 174, 177, 180, 182, 183, 184, 186, 189, 190, 191, 192, 193, 195, 196, 205, 206, 208, 209, 212, 213, 216, 218, 224, 253, 274, 283, 285, 304, 314, 318, 322, 351, 352, 358, 360, 363, 364, 374, 382, 386, 387, 391, 399, 407, 411, 414, 416, 420

S

Sócrates 18, 24, 135, 249, 250, 251, 252, 254, 255, 256, 257, 258, 259, 260, 261, 262, 263, 264, 265, 266, 267, 277, 278, 280, 281, 283, 284, 287

T

Tempo 17, 19, 23, 25, 28, 29, 30, 35, 38, 40, 41, 42, 44, 45, 46, 48, 59, 60, 61, 62, 63, 64, 65, 68, 70, 74, 75, 77, 78, 79, 80, 83, 84, 93, 94, 97, 98, 99, 101, 105, 112, 113, 120, 125, 126, 128, 129, 130, 131, 133, 134, 135, 137, 140, 144, 146, 154, 160, 161, 163, 164, 168, 169, 171, 172, 173, 176, 179, 180, 181, 184, 186, 187, 188, 189, 190, 192, 194, 197, 198, 205, 206, 208, 209, 213, 217, 218, 220, 221, 224, 225, 226, 227, 231, 233, 235, 237, 238, 242, 249, 253, 257, 261, 264, 265, 266, 275, 276, 281, 285, 289, 292, 294, 296, 298, 300, 303, 304, 305, 308, 312, 313, 314, 315, 317, 319, 323, 325, 326, 329, 331, 332, 334, 336, 337, 338, 339, 342, 343, 344, 348, 349, 351, 362, 363, 364, 374, 378, 380, 383, 388, 389, 390, 393, 394, 399, 400, 407, 408, 410, 411, 430, 431, 435

Texto 24, 25, 27, 37, 51, 52, 59, 60, 62, 63, 64, 66, 67, 68, 70, 71, 72, 73, 74, 76, 78, 83, 84, 86, 92, 95, 104, 132, 136, 147, 164, 217, 219, 232, 233, 234, 236, 237, 239, 240, 242, 272, 274, 275, 276, 281, 283, 289, 294, 298, 317, 320, 323, 324, 329, 342, 344, 351, 353, 359, 362, 367, 368, 376, 379, 395, 400, 424, 425, 426, 427, 428, 431, 433

Trabalho 27, 28, 29, 30, 31, 33, 36, 37, 40, 59, 64, 66, 67, 101, 106, 128, 161, 164, 205, 206, 207, 208, 209, 213, 218, 236, 240, 243, 249, 250, 251, 255, 258, 259, 260, 261, 262, 263, 264, 266, 271, 274, 276, 280, 281, 282, 283, 289, 300, 302, 304, 305, 311, 319, 320, 323, 324, 325, 326, 329, 330,

331, 333, 334, 337, 342, 356, 358, 359, 362, 366, 367, 382, 383, 385, 386, 387, 388, 389, 392, 394, 396, 398

Tradição 18, 27, 31, 41, 48, 60, 66, 71, 77, 78, 82, 91, 94, 95, 98, 102, 119, 125, 126, 127, 130, 133, 134, 137, 140, 149, 154, 155, 159, 185, 208, 213, 242, 260, 263, 276, 283, 332, 336, 338, 339, 343, 344, 357, 363, 366, 373, 377, 381, 396, 397, 398, 418, 424, 425, 428, 431, 433, 437, 438

V

Verdade 19, 21, 26, 27, 30, 35, 47, 48, 49, 50, 51, 53, 66, 67, 68, 78, 83, 84, 86, 94, 105, 120, 121, 131, 137, 138, 139, 195, 222, 237, 255, 262, 264, 281, 312, 317, 325, 329, 335, 336, 340, 351, 353, 354, 361, 362, 363, 365, 366, 373, 380, 386, 393, 395, 396, 397, 410

Vida 9, 23, 25, 26, 35, 36, 37, 38, 39, 40, 41, 43, 50, 51, 52, 53, 59, 60, 61, 68, 71, 73, 80, 81, 82, 83, 96, 99, 101, 102, 104, 114, 116, 117, 119, 120, 121, 125, 126, 127, 128, 129, 131, 132, 133, 136, 137, 142, 146, 152, 153, 162, 163, 167, 170, 177, 185, 186, 187, 188, 191, 194, 195, 197, 198, 200, 205, 206, 207, 208, 209, 210, 211, 213, 215, 218, 222, 226, 227, 232, 234, 240, 243, 250, 251, 253, 255, 263, 271, 272, 278, 282, 289, 290, 291, 292, 293, 294, 295, 296, 297, 299, 300, 304, 306, 314, 315, 320, 324, 330, 335, 336, 337, 338, 339, 340, 343, 348, 352, 354, 356, 357, 360, 364, 367, 380, 382, 383, 390, 392, 394, 395, 398, 407, 410, 411, 413, 419, 426, 427, 428, 429, 430

SOBRE OS AUTORES

Ana Teresa Marques Gonçalves
Professora Titular de História Antiga na Universidade Federal de Goiás. Bolsista Produtividade do CNPq - Nível II. Coordenadora do LEIR-GO. Autora de livros, coletâneas e artigos publicados no Brasil e no exterior. anateresamarquesgoncalves@gmail.com

Bruna Campos Gonçalves
Graduada, Mestra e Doutora em História Antiga pela UNESP/Franca, com bolsa da FAPESP desde a iniciação científica ao doutorado. Com experiência na área de História e História Antiga, tendo lecionado na UEMG/Passos e atualmente membro pesquisadora do G.LEIR.

Daniel de Figueiredo
Doutor em História pela Universidade Estadual Paulista "Júlio de Mesquita Filho" (UNESP/Campus Franca), com bolsa de pesquisa no País e no Exterior (École Pratique des Hautes Études/EPHE) da Fundação de Amparo à Pesquisa do Estado de São Paulo (FAPESP). Pós-doutorado pelo Departamento de História da Universidade de São Paulo (FFLCH/USP). Pesquisador em Culturas político-religiosas na Antiguidade Tardia, com ênfase nas relações entre os Impérios Romano do Oriente e Persa Sassânida.

Dominique Santos
Doutor em História pela Universidade Federal de Goiás, com período sanduíche na University College Dublin, Irlanda. Foi pesquisador visitante no Centro de Estudos sobre Antiguidade Tardia da Universidade de Oxford, Inglaterra (2017), onde fez estágio de Pós-Doutoramento. Foi pesquisador da Cátedra de Estudos Irlandeses W.B. Yeats, da Embaixada da Irlanda/USP (2014-2017). É membro do LEIR - Laboratório de Estudos sobre o Império Romano, da USP; do Mithra - Laboratório de História Antiga Global, da UFSC; e do Insulæ - Grupo de Estudos sobre a Britânia, Irlanda e as Ilhas do Arquipélago Norte na Antiguidade e Medievo, da UPE. É Professor da FURB - Universidade de Blumenau, na qual leciona História Antiga e Medieval e coordena o LABEAM - Laboratório Blumenauense de Estudos Antigos e Medievais. É professor do Programa de Pós-Graduação em História da UFSC - Universidade Federal de Santa Catarina. Tem experiência na área de História Antiga, trabalhando com os seguintes temas: Ordem Social e Fronteiras nos anos finais do Império

Romano: intercâmbios e conexões entre a Britânia, Hibernia e o Mediterrâneo; Celtas-Celticidade-Celtologia; A relação entre História Antiga, Teoria da História e História da Historiografia; História da História Antiga; Ensino e Pesquisa de História Antiga no Brasil.

Érica Cristhyane Morais da Silva
Doutora em História pela Universidade Estadual Paulista "Júlio de Mesquita Filho", Campus de Franca (UNESP/Franca). Professora de História Antiga no Departamento de História do Centro de Ciências Humanas e Naturais (CCHN) da Universidade Federal do Espírito Santo (UFES). Pesquisadora do Laboratório de Estudos sobre o Império Romano, Seção Espírito Santo (LEIR/ES) e Grupo do Laboratório de Estudos sobre o Império Romano, Seção de Franca (G.LEIR/Franca) e do Grupo de Estudos sobre o Mundo Antigo Mediterrânico da Universidade Federal de Santa Maria (GEMAM/UFSM). Tem experiência em ensino e pesquisa na subárea de História Antiga e Medieval, com publicações em temas de História de Roma, Antiguidade Tardia, Império Romano do Oriente, Antioquia de Orontes.

Felipe Alberto Dantas
Doutorando em História pela École des Hautes Études en Sciences Sociales – Paris/França.

Gilvan Ventura da Silva
Professor titular do Departamento de História da Universidade Federal do Espírito Santo, doutor em História Econômica pela Universidade de São Paulo, mestre em História Antiga e Medieval pela Universidade Federal do Rio de Janeiro, pesquisador do Laboratório de Estudos sobre o Império Romano (Leir) e bolsista produtividade 1-C do CNPq.

Glaydson José da Silva
É doutor em História pela Universidade Estadual de Campinas, com estágios pós-doutorais na área de História Antiga junto à Universidade Estadual de Campinas e à Universidade de São Paulo. É professor Associado da Escola de Filosofia, Letras e Ciências Humanas da Universidade Federal de São Paulo e editor da revista Heródoto - Revista do Grupo de Estudos e Pesquisas sobre a Antiguidade Clássica e suas conexões Afro-asiáticas.

Graciela Gómez Aso
Professora de História Antiga da Universidade Católica da Argentina – Buenos Aires doutora em História Antiga pela mesma universidade. Especialista em

mundo antigo greco-romano e antiguidade tardia. Dedica-se ao estudo da alteridade durante a Antiguidade Tardia, as formas de construção e desconstrução do mito, do discurso político clássico e da antiguidade tardia e, em particular, do discurso dos intelectuais romano-cristãos da Antiguidade Tardia.

Harold A. Drake
Professor Emérito de História Antiga da University of California – Santa Barbara/USA, especialista em questões relacionadas à interseção entre o Cristianismo e Roma no século IV EC. Ele é o editor ou co-editor de vários livros que tratam da tolerância e da violência no antigo mundo mediterrâneo e autor de: In Praise of Constantine: A Historical Study and New Translation of Eusebius Tricennial Orations (1976), Constantine and the Bishops: The Politics of Intolerance (Baltimore, 2000) and, most recently, A Century of Miracles: Christians, Pagans, Jews and the Supernatural, 312-410 (Oxford, 2017).

Janira Feliciano Pohlmann
Pós-doutoranda em História pela Universidade Federal do Paraná. Membro do Núcleo de Estudos Mediterrânicos da UFPR (NEMED-UFPR) e do Grupo do Laboratório de Estudos sobre o Império Romano (G.LEIR/UNESP-Franca). Doutora em História pela Universidade Federal do Paraná (2016). Mestra (2012), Bacharel e Licenciada (2009) em História também pela Universidade Federal do Paraná. Bolsista do Conselho Nacional de Desenvolvimento Científico e Tecnológico (CNPq), durante a graduação; do Programa de Apoio a Planos de Reestruturação e Expansão das Universidades Federais (REUNI), no mestrado; e da Coordenação de Aperfeiçoamento de Pessoal de Nível Superior (CAPES), no doutorado. Realizou pesquisas de pós-doutorado na Universidade Estadual Paulista, campus Franca (São Paulo), com bolsa da Fundação de Amparo à Pesquisa do Estado de São Paulo (FAPESP). Entre 2013 e 2014, realizou estágio de pesquisa na Univesidade de Salamanca (Espanha). Entre 2018 e 2019, realizou estágios na Universidad de Zaragoza (Espanha) e na Università degli Studi di Perugia (Itália). Desenvolve suas pesquisas considerando as transformações, reelaborações e permanências ocorridas entre o século III e V no Ocidente romano, período que entende estar inserido no arco cronológico da Antiguidade Tardia.

Kelly Cristina Mamedes
Possui graduação em Direito pela Universidade Federal de Mato Grosso (1998), graduação em História pela Universidade Federal de Mato Grosso (2015) e mestrado em História pela Universidade Federal de Mato Grosso (2018). , atualmente doutoranda em História pela Universidade Federal de

Mato Grosso e professora de História da Igreja na Faculdade Católica de Mato Grosso. Participa do grupo de estudos da Antiguidade e do Medievo Vivarium. Atuando principalmente nos seguintes temas: antiguidade tardia, poder, Justiniano, legislação, Corpus Iuris Civilis, Procópio de Cesareia.

Lyvia Vasconcelos Baptista
Professora adjunta do Departamento de História e dos Programas de Pós-Graduação acadêmico e profissional da Universidade Federal do Rio Grande do Norte. Possui graduação (2005) e mestrado (2008) em História, pela Universidade Federal de Goiás, doutorado (2013) em História, pela Universidade Federal do Rio Grande do Sul e especialização em Museologia (2021), pela Albert-Ludwigs-Universität Freiburg. Realizou estágio de doutorado sanduíche na University of Oxford (2012) e pós-doutorado na Ludwig-Maximilians-Universität, em Munique (2017). É membro-pesquisador do Laboratório de Estudos sobre o Império Romano (Leir) e tem experiência nas áreas de História Antiga e Medieval, atuando principalmente nos seguintes temas: História Romana, Império Bizantino, Antiguidade Tardia e historiografia.

Marcus Cruz
Possui graduação em História pela Universidade Federal do Rio de Janeiro (1989), mestrado em História Social pela Universidade Federal do Rio de Janeiro (1992) e doutorado em História Social pela Universidade Federal do Rio de Janeiro (1997). Professor de história Medieval na Universidade Federal do Espírito Santo entre os anos de 1992 e 1997. Atualmente é professor associado da Universidade Federal de Mato Grosso atuando na área de Teoria e Metodologia da História. Presidente da Associação Brasileira de Estudos Medievais entre os anos de 2009 e 2013. Tem experiência na área de História, com ênfase em História, atuando principalmente nos seguintes temas: Antiguidade Tardia, cristianismo, história da igreja, idade média, história da historiografia e teoria da história.

Margarida Maria de Carvalho
Professora assistente MS3-2 de História Antiga do Departamento de História da UNESP, Franca. Doutora em História Econômica pela USP e Mestre em História Social pela USP. Bolsista de Produtividade em Pesquisa do CNPq - Nível 2. Coordenadora do Grupo do Laboratório de Estudos sobre o Império Romano (G.LEIR) UNESP, Franca. Vice-coordenadora do Laboratório de Arqueologia (Lab.Arque) da Unesp/Franca. Realizou cinco pós-Doutorados: um na UNICAMP/SP-Brasil, um na Universidade de Barcelona/Espanha, e três na École des hautes études en sciences sociales/Paris-França.

Maria Aparecida de Oliveira Silva
Graduada, Mestre e Doutora em História pela USP, com estágios na EFR (Itália) e UNL (Portugal). Pós-Doutora em Estudos Literários pela Unesp/Araraquara e em Letras Clássicas pela USP. Pesquisadora do Heródoto - Grupo de Estudos sobre a Antiguidade Clássica e suas Conexões Afro-asiáticas da Unifesp e do Grupo Taphos – MAE/USP. Líder do LABHAM/UFPI. Autora de "Plutarco Historiador: Análise das Biografias Espartanas", Edusp, 2006 e "Plutarco e Roma: O Mundo Grego no Império", Edusp, 2014. Publicou o Estudo seguido de Tradução e Notas de Plutarco. "Da Malícia de Heródoto". Edição Bilíngue. Edusp/Fapesp, 2013.

Moisés Antiqueira
Doutor (2012) e Mestre (2008) em História Social pela Universidade de São Paulo (USP) e Bacharel e Licenciado (2004) em História pela Universidade Estadual Paulista "Júlio de Mesquita Filho" (Unesp/Franca). Professor Adjunto D dos Colegiados de Graduação e Pós-Graduação (Mestrado e Doutorado) em História da Universidade Estadual do Oeste do Paraná (Unioeste/Mal. C. Rondon). Foi editor-chefe da Revista Tempos Históricos (set./2015 a set./2017) e coordenador do Programa de Pós-Graduação em História (PPGH/Unioeste) (dez./2018 a dez./2020). Integra os Grupos de Pesquisa "História Intelectual e Historiografia" (Unioeste), "Atrivm – Espaço Interdisciplinar de Estudos da Antiguidade" (tanto o GP sediado na UFRJ quanto o sediado na UFMS), bem como o Grupo de Trabalho "Estudos Clássicos e Medievais" (GTECEM/ANPOLL). Trabalha com temas relacionados à historiografia latina nos períodos tardo-republicano romano e tardo-antigo, história política e religiosa da Antiguidade Tardia e a crise do mundo romano no século III.

Renan Frighetto
Professor Titular de História Antiga do Departamento de História da Universidade Federal do Paraná e Professor permanente do Programa de Pós--Graduação em História da UFPR (linha de pesquisa "Cultura e Poder"). Autor de diversos artigos científicos, capítulos de livros e livros nacionais e internacionais, é coordenador do Núcleo de Estudos Mediterrânicos da UFPR e pesquisador nível ID do CNPq. Têm como foco de suas pesquisas nos seguintes temas: Antiguidade Tardia; Reino Hispano-Visigodo de Toledo; Exílio político e confinamento; Isidoro de Sevilha; Valério do Bierzo.

Silvia M. A. Siqueira
Professor de História Antiga da Universidade Estadual do Ceará – Fortaleza e do Programa de Pós-Graduação em História, Culturas e Espacialidades

(PPGHCE) da mesma universidade. Doutora em História pela UNESP/ASSIS e mestre em História pela UNESP/Assis. Realizou pós-doutorado pela Universitá degli Studi Roma Tre/Itália.

Viviana Edith Boch
Professora Graduada em História, Especialista em Docência Universitária, Mestre em História e Doutora em História, todos os títulos pela Universidade Nacional de Cuyo. Atualmente trabalha na Faculdade de Filosofia e Letras da referida Universidade como professora titular nas Cadeiras de História Antiga e História do Antigo Oriente. Ela é a fundadora e diretora da Cátedra Libre Mundo Antiguo: lenguas, mitos, símbolos y creencias primitivas (CALIMA) pertencente à mesma Universidade. É professora titular de História da Cultura na Universidade Católica Argentina, sede de Mendoza.

SOBRE O LIVRO
Tiragem: 1000
Formato: 16 x 23 cm
Mancha: 12,3 x 19,3 cm
Tipologia: Times New Roman 10,5/11,5/13/16/18
Arial 8/8,5
Papel: Pólen 80 g (miolo)
Royal Supremo 250 g (capa)